EXCEL

엑셀 2016 함수&수식 바이블

최준선 지음

엑셀 함수의 거의 **모든** 기능!

· 회사에서 필요한 엑셀 기초 함수부터 중·고급 함수, 배열 수식까지 총정리
· 실무에서 바로 활용할 수 있는 수준 높은 예제

BIBLE

한빛미디어

지은이 **최준선**

마이크로소프트사의 엑셀 MVP로, 엑셀 강의 및 기업 업무 컨설팅과 집필 활동을 활발히 하고 있습니다. 네이버 엑셀 대표 카페인 '엑셀.. 하루에 하나씩(http://cafe.naver.com/excelmaster)'에서 체계적인 교육 프로그램인 '엑셀 마스터 과정'을 운영하고 있습니다. 주요 저서로는 《엑셀 피벗&파워 쿼리 바이블》(한빛미디어, 2017), 《엑셀 2016 바이블》(한빛미디어, 2016), 《엑셀 2016 매크로&VBA 바이블》(한빛미디어, 2016), 《엑셀 함수&수식 바이블》(한빛미디어, 2015), 《엑셀 2013 바이블》(한빛미디어, 2013), 《회사에서 바로 통하는 엑셀 실무 데이터 분석》(한빛미디어, 2012), 《회사에서 바로 통하는 엑셀 2010 함수 이해&활용》(한빛미디어, 2012), 《엑셀 매크로&VBA 바이블》(한빛미디어, 2012), 《엑셀 2010 바이블》(한빛미디어, 2011) 능이 있습니다.

엑셀 2016 함수&수식 바이블

초판 1쇄 발행 2018년 5월 4일
초판 2쇄 발행 2019년 6월 28일

지은이 최준선 / **펴낸이** 김태헌
펴낸곳 한빛미디어(주) / **주소** 서울시 서대문구 연희로2길 62 한빛미디어(주) IT출판사업부
전화 02-325-5544 / **팩스** 02-336-7124
등록 1999년 6월 24일 제25100-2017-000058호 / **ISBN** 979-11-6224-072-4 13000

총괄 전태호 / **책임편집** 배윤미 / **기획** 배윤미 / **편집** 신꽃다미
디자인 표지, 내지 최연희 / **전산편집** 오정화
영업 김형진, 김진불, 조유미 / **마케팅** 송경석, 김나예, 이행은 / **제작** 박성우, 김정우

이 책에 대한 의견이나 오탈자 및 잘못된 내용에 대한 수정 정보는 한빛미디어(주)의 홈페이지나 아래 이메일로
알려주십시오. 잘못된 책은 구입하신 서점에서 교환해 드립니다. 책값은 뒤표지에 표시되어 있습니다.

한빛미디어 홈페이지 www.hanbit.co.kr / **이메일** ask@hanbit.co.kr / **자료실** www.hanbit.co.kr/src/10072

지금 하지 않으면 할 수 없는 일이 있습니다.
책으로 펴내고 싶은 아이디어나 원고를 메일(writer@hanbit.co.kr)로 보내주세요.
한빛미디어(주)는 여러분의 소중한 경험과 지식을 기다리고 있습니다.

개정판을 만들면서

이 책은 2015년에 발간된 '엑셀 함수&수식 바이블'을 개정한 책으로, 다음 내용에 신경을 쓰면서 집필했습니다. 개정되는 책의 목적은 이전 책에서 미흡했던 부분을 보강하고 새로 추가된 정보를 충실하게 싣는 것이므로 그 목적에 온전히 부합할 수 있도록 했습니다.

첫째, 당연한 것이지만 엑셀 2016 버전에서 새로 추가된 함수에 대한 설명을 추가했습니다. 현재 2016 버전에서 추가된 함수들은 오피스 365 버전에서만 사용할 수 있습니다. 2019 버전에서는 모든 사용자가 사용할 수 있으므로 추가된 내용이 도움이 될 것입니다.

둘째, 기존 책에 소개되지 않았던 여러 사례를 추가했습니다. 함수는 변하지 않지만 함수를 응용하는 방법에는 끝이 없습니다. 이 책에 담긴 다양한 사례를 통해 함수에 대한 이해도를 높일 수 있을 것입니다.

셋째, 기존 책에서 독자들이 자주 문의하는 부분의 진행 과정과 설명을 보강하여 혼자 공부하기 더욱 쉽게 구성했습니다.

함수는 얼마나 알아야 업무가 쉬워질까?

함수는 엑셀에서 가장 중요한 요소 중 하나이며, 엑셀의 모든 기능을 제대로 활용하는 데 반드시 필요한 핵심 기술입니다. 그렇기 때문에 엑셀에서 제공하는 함수만 500개가 넘습니다. 또한 필요한 함수 하나만 알면 되는 것이 아니라 다양한 함수를 중첩 사용해야 하는 경우가 많으므로 도대체 어떻게 공부해야 하는지 감이 오지 않을 수 있습니다. 모든 것을 알아야만 원하는 결과를 얻을 수 있는 것은 아니므로 이 책에서는 엑셀의 모든 함수를 소개하는 것보다는 선택과 집중을 통해 꼭 필요한 함수와 업무에 필요한 수식 사례를 배울 수 있도록 하고 있습니다.

실무에서 가장 많이 사용하는 함수를 100개 정도 추려 그 함수들의 다양한 실무 사례를 선별해 구성하고 해당 상황에서 가장 효율적으로 사용할 수 있는 수식 작성 방법을 안내했습니다. 많이 알면 알수록 좋겠지만, 여기 소개한 100여 개의 함수를 제대로 이해하고 활용할 수 있다면 현장에서는 엑셀 전문가가 될 것입니다. 자신의 업무에 맞는 사례를 통해 필요한 함수 위주로 공부하는 것도 좋겠습니다.

먼저 자신의 업무에 자주 쓰이는 함수에 대해 공부하고, 필요한 함수를 하나씩 추가해 익히다보면 수식 사용이 불편하지 않은 단계에 다다르게 됩니다. 그러므로 너무 서두르지 말고 이 책을 가까이 두고 필요할 때마다 꺼내보면 버전과 무관하게 많은 도움을 얻을 수 있을 것입니다.

배열 수식을 사용하면 무엇이 좋은 것일까?

엑셀에 관심이 많은 사용자라면 '배열 수식'이나 '배열 함수'라는 말을 들어보았을 것입니다. 배열 수식은 수식 활용을 한 단계 높여주는 기술로, 잘 활용한다면 수식으로 못하는 것이 없게 됩니다.

PART 01과 PART 02에서는 엑셀 함수에 대한 기본 내용과 실무 사례를 다루고 있습니다. 그리고 PART 03에서는 배열 수식에 대해 소개하고 다양한 실무 사례를 통해 해당 스킬을 학습할 수 있도록 구성했습니다. 시중에 다양한 책이 나와 있지만, 배열 수식에 대해 이렇게 자세하게 설명하고 있는 책은 없습니다. 배열 수식은 계산 속도가 느리다는 단점이 있지만 일반 수식으로는 구하기 어려운 결과를 도출할 수 있다는 장점도 있으니, 배열 수식에 관심이 있는 분들이라면 이 책을 통해 수식을 한 차원 높게 활용하는 방법을 알 수 있을 것입니다.

엑셀에 대해 물어볼 곳이 없을까?

책에 아무리 많은 정보가 있어도 업무에 적용하다보면 잘 풀리지 않거나 궁금한 문제가 생길 것입니다. 이런 문제의 해결을 돕기 위해 저는 '엑셀..하루에 하나씩'(http://cafe.naver.com/excelmaster) 카페(회원수 약 20만 명)를 운영하고 있습니다. 2004년부터 운영하고 있으니 꽤 많은 시간이 흘렀는데, 그동안 하루도 빠짐없이 다양한 고민을 듣고 함께 고민해왔습니다. 주변에 도움을 얻을 곳이 없다면 커뮤니티에 방문해 다른 회원들과 현재 겪고 있는 문제를 공유하는 것도 좋은 방법입니다. 책만으로는 잘 이해되지 않던 부분에 대한 추가 설명을 들을 수 있고, 실무에 적용하면서 생길 수 있는 다양한 문제의 해결 방법에 대해서도 생생한 조언을 구할 수 있을 것입니다.

엑셀..하루에 하나씩(http://cafe.naver.com/excelmaster)

책으로 공부하기에는 시간이 너무 오래 걸리지 않을까?

혼자 책으로 공부하기 버겁거나 빠르게 엑셀 실력을 향상시켜야 하는 분들을 위해 '엑셀..하루에 하나씩' 카페에서는 주말을 이용해 엑셀을 체계적으로 학습할 수 있는 '엑셀 마스터' 과정을 열고 있습니다. 제가 직접 하는 강의를 들으면서 책으로도 학습한다면 가장 효과적으로 원하는 수준에 도달할 수 있으니 빠르게 실력을 향상시키고자 한다면 참여를 검토해보실 것을 권합니다.

요즘은 예전에 비하면 엑셀을 공부할 수 있는 책과 강의가 다양하게 제공되고 있습니다. 이제는 누구나 마음만 먹으면 업무 스킬을 빠르게 향상시킬 수 있습니다. 이 책이 독자 여러분의 자신감을 키우는 데 일익을 담당할 것으로 기대합니다.

고맙습니다.

끝으로 이 책을 선택해주신 독자 여러분께 진심으로 감사 인사를 드립니다. 그리고 책이 발간되기까지 수고를 아끼지 않은 한빛미디어 관계자들께도 감사드립니다. 책을 한 권 마무리할 때마다 못다한 얘기와 아쉬움이 남는 것 같습니다. 앞으로도 더 이해하기 쉬운 책을 만들 수 있도록 꾸준히 노력하겠습니다.

지금까지 많은 책을 발간할 수 있었던 것은 늘 가까이서 저를 지원해준 가족이 있었기 때문입니다. 아내와 사랑하는 아이들 하나, 하얀, 하운에게도 까칠한 남편, 아빠와 살아줘서 고맙다는 인사를 전합니다.

2018년 4월

최준선

핵심 키워드

한 CHAPTER 내에서 소개하
는 엑셀의 다양한 기능을 내용
별 핵심 키워드로 묶어 좀 더 찾
기 쉽게 구성했습니다.

SECTION

엑셀의 수식과 함수 등을 다룰
때 꼭 알고 있어야 할 기능을 모
아 231개의 SECTION으로
구성했습니다. 관련 기능에 대
한 자세한 설명과 활용 방법을
소개합니다.

PLUS

실습 과정에서 사용한 수식에
대한 자세한 설명, 반드시 알아
두어야 하는 관련 지식 등을 해
당 부분에서 바로 확인할 수 있
도록 정리했습니다.

데이터 형식

지수 표시 형식 제대로 이해하기

006

셀에 입력한 숫자 값이 열두 자리 이상(1,000억)이면 입력한 대로 표시되지 않고 **1E+11**처럼 지수 형
식으로 표시됩니다. 지수 형식은 숫자 값을 대략적으로 표시하는 방식이므로 정확한 값을 확인하려면
다른 숫자 표시 형식으로 변경해야 합니다. 지수 표시 형식에 대해 자세히 알아보겠습니다.

예제 파일 입음

01 빈 파일을 열고 숫자가 지수 형식으로 표시되는 상황을 확인하겠습니다. 열한 자리까지의 숫자 값을
임의로 입력하면 왼쪽 화면과 같이 셀 값과 수식 입력줄의 결과가 동일하게 표시됩니다. 하지만 열두 자리
이상의 숫자 값을 입력하면 오른쪽 화면과 같이 셀 값이 지수 형식으로 표시됩니다.

> **Plus⁺ 지수 표시 형식 이해하기**
>
> 오른쪽 화면의 셀에 표시된 **1.23457E+11**은 **1.23457×10^11**을 의미합니다. 하지만 이 값은 수식 입력줄에 표시된
> **123456789012**와 정확히 일치하지 않습니다. 엑셀에서는 열두 자리 이상의 값은 대략의 값만 셀에 표시되고 정확한 값은 수
> 식 입력줄에서 확인할 수 있습니다. 이처럼 열두 자리 이상의 값이 자동으로 지수 형식으로 표시되는 방식은 엑셀의 기본 설정으
> 로, 변경할 수 없습니다.

02 지수 형식으로 표시된 셀 값을 입력한 그대로 표시하려면 [홈] 탭-[표시 형식] 그룹에서 [표시 형식]
을 [숫자]로 변경하거나 [쉼표 스타일] 명령( )을 클릭합니다.

시간을 30분, 1시간 간격으로 조정하기

160

특정 시간부터 일정 간격으로 시간을 반복해서 입력해야 한다면, 처음 몇 개만 입력하고 나머지는 자동 채우기 기능을 이용해 입력하는 것이 일반적입니다. 하지만 이렇게 하면 시간을 변경해야 할 경우 같은 작업을 처음부터 다시 해야 합니다. 그렇기 때문에 변동될 가능성이 있는 시간은 수식을 이용해 입력하는 것이 좋습니다.

예제 파일 | PART 02 • CHAPTER 07 • TIME 함수.xlsx

새 함수

TIME (① 시, ② 분, ③ 초)

시, 분, 초를 의미하는 정수 값을 받아, 시간을 의미하는 소수 값을 반환합니다.

인수	① 시 : 0~32,767 사이의 시(時)를 의미하는 정수 값입니다. 0~23 사이의 값은 그대로 시로 인식합니다. 24 이상의 숫자는 24로 나눈 나머지 값을 시로 사용합니다. ② 분 : 0~32,767 사이의 분(分)을 의미하는 정수 값입니다. 0~59 사이의 값은 그대로 분으로 인식합니다. 60 이상의 숫자는 60으로 나눈 나머지 값을 분으로 사용합니다. ③ 초 : 0~32,767 사이의 초(秒)를 의미하는 정수 값입니다. 0~59 사이의 값은 그대로 초로 인식합니다. 60 이상의 숫자는 60으로 나눈 나머지 값을 초로 사용합니다.
사용 예	=TIME(12, 30, 0) 오후 12:30 시간을 반환합니다.

자주 사용하는 수식 패턴

일정 간격 뒤의 시간

=시작시간+TIME(0, 30, 0)

- **시작시간** : 시작 시간 값
- **TIME(0, 30, 0)**은 오전 12시 30분을 의미하기도 하지만, 30분을 의미하기도 합니다. 이런 방법을 이용해 시간 간격을 조정하는데, 1시간 간격은 TIME(1, 0, 0)과 같이 변경하면 됩니다.

518 PART 01 · 수식의 기본

새 함수

책에서 처음 등장하는 함수를 설명합니다. 엑셀 실무에서 가장 많이 다뤄지는 함수에 대한 설명 및 구문, 사용 형식 등을 꼼꼼하게 알려줍니다.

자주 사용하는 수식 패턴

앞서 학습한 함수를 수식으로 구성해 사용하는 방법을 알려줍니다. 함수마다 널리 사용되는 수식 구성 형태를 보여주므로 실무에 적절하게 응용하여 활용할 수 있습니다.

참조를 이용하기 때문에 엑셀 옵션을 먼저 변경해야 합니다. [파일] 탭-[옵션]을 대화상자의 [수식] 범주에서 '계산 옵션' 그룹의 [반복 계산 사용] 옵션에 체크한 후 합니다.

LINK 순환 참조에 대해서는 No. 073 순환 참조 오류 이해하고 문제 해결하기(188쪽)를 참고합니다.

Plus⁺ 순환 참조와 반복 계산

A1셀의 수식에서 B1셀을 참조하고 있는데 B1셀에서 다시 A1셀을 참조한다면, A1셀의 수식에서는 B1셀의 값이 필요하고 B1셀의 수식에서는 A1셀의 값이 필요하므로 계산이 종료되지 못합니다. 이런 방식의 참조가 발생하면 '순환 참조'가 발생했다고 합니다.

순환 참조가 발생하면 엑셀에서는 기본적으로 경고 메시지 창이 표시되고 순환 참조가 발생한 셀의 수식을 수정할 때까지 수식을 고칠 것을 요구합니다. 그러므로 순환 참조는 매우 불편하고 잘못된 것처럼 보이는데, 순환 참조를 잘 이용하면 기존 수식으로는 얻을 수 없는 계산 결과를 얻을 수 있습니다. 다만 그렇게 하려면 순환 참조가 발생해도 경고 메시지 창이 표시되지 않고 순환 참조를 반복해 계산할 수 있도록 설정해야 합니다.

[반복 계산 사용] 옵션은 순환 참조가 발생할 경우 순환하는 참조를 몇 번까지 반복 연산하도록 할 것인지 결정하는 옵션으로, 이 옵션에 체크하면 순환 참조를 이용한 수식을 사용할 수 있습니다.

03 경비지출내역서에 새 데이터를 입력할 때 E열의 금액이 입력되면 자동으로 시간이 기록되도록 수식을 작성하겠습니다. B7셀에 다음 수식을 입력하고 B7셀의 채우기 핸들(⊞)을 B10셀까지 드래그해 복사합니다.

B7셀 : =IF(LEN(E7)>0, IF(LEN(B7)>0, B7, NOW()-TODAY()), " ")

TIP B6셀의 시간은 계속 변화됩니다.

CHAPTER 07 | 날짜, 시간 함수 465

LINK

추가로 알아두거나 참고할 내용이 있는 위치를 알려줍니다.

TIP

이론 설명이나 실습 중 혼동하기 쉬운 부분을 정리했습니다. 참고하면 유용한 정보, 알고 넘어가면 좋을 참고 사항을 소개합니다.

CHAPTER 02   수식 사용에 도움이 되는 엑셀 기능

CHAPTER 03　수식 문제 해결

PART 02 엑셀 함수

CHAPTER 04. 판단 함수

CHAPTER 05   편집 함수

CHAPTER 07 날짜, 시간 함수

CHAPTER 08   참조 함수

PART 03　배열 수식

CHAPTER 09　배열의 이해

CHAPTER 10　배열 수식

엑셀 2016 함수 & 수식 바이블

수식의 기본

CHAPTER

01

수식의 기본

수식은 등호(=)로 입력되는 모든 계산식을 의미합니다.

수식은 엑셀의 근간을 이루는 가장 중요한 요소라고 할 수 있습니다.

수식을 잘 작성하려면 먼저 수식에서 사용하는 다양한 데이터와 연산자에 대해 알아야 합니다.

많은 엑셀 사용자들이 함수에 비해 데이터 형식이나 연산자를 상대적으로 덜 중요하게 여기지만,

수식을 제대로 활용하려면 CHAPTER 01에서 소개하는 내용을

반드시 정확하고 깊게 이해하고 있어야 합니다. 쉽게 생각하지 말고 꼼꼼하게 학습할 것을 권합니다.

수식과 함수 구분하기

수식(Formula)과 함수(Function)는 다른 개념이지만 혼용해 사용하는 경우가 많습니다. 수식은 셀에 등호(=)를 입력하고 작성하는 모든 계산식을 의미하며, 함수는 합계나 평균처럼 자주 사용하는 계산식을 사용자가 손쉽게 구성할 수 있도록 엑셀에서 제공하는 것을 의미합니다. 엑셀의 모든 함수는 수식 내에서 사용해야 하므로 수식이 함수보다 포괄적인 개념입니다. 간단한 예시를 통해 수식과 함수를 구분해보겠습니다.

예제 파일 없음

다음은 날짜에서 연도를 반환하는 수식으로, YEAR 함수를 사용하고 있는 예입니다.

=YEAR("2018-01-01")
❶   ❷

- ❶ **함수** : 미리 정의된 계산식으로, YEAR 함수는 날짜 값에서 연도를 반환합니다.
- ❷ **인수** : 함수 계산에 필요한 값으로, 셀 주소, 이름, 숫자, 논리 값(TRUE, FALSE) 외에는 모두 큰따옴표(") 안에 입력합니다.

다음은 YEAR 함수와 TODAY 함수를 사용해 나이를 구하는 수식을 작성한 예입니다.

=YEAR(TODAY( )) − 출생연도 + 1
❶   ❷   ❸ ❷❸

- ❶ **함수** : TODAY 함수는 오늘 날짜를 반환하고 YEAR 함수는 날짜 값에서 연도를 반환하므로, 올해 연도를 반환합니다.
- ❷ **연산자** : 수식에서 특정한 역할을 하는 문자로, +는 덧셈을, −는 뺄셈을 의미합니다.
- ❸ **상수** : 계산에 필요한 값입니다.

수식은 항상 등호(=)로 시작하며, 함수, 연산자, 상수 등을 사용해 원하는 결과 값을 반환하도록 구성합니다. 수식에서 함수를 사용하면 편리하지만, 함수를 사용하지 않고도 필요한 계산식을 만들 수 있습니다. 다음은 YEAR 함수를 사용하지 않고 수식을 구성한 예입니다.

=2018 − 출생연도 + 1

하지만 위 수식은 연도가 바뀔 때마다 '2018'에 해당하는 연도 값을 사용자가 직접 수정해야 합니다. 그러므로 올해 연도가 자동으로 계산되도록 TODAY 함수와 YEAR 함수를 사용하는 것이 더 편리합니다.

수식 입력 방법 이해하기

셀에 수식을 입력할 때는 보통 Enter 키를 누르면 되지만, 수식을 복사하거나 배열 수식으로 동작되도록 하려면 Ctrl + Enter 키나 Ctrl + Shift + Enter 키를 눌러 입력해야 합니다. 또한 긴 수식을 여러 줄에 걸쳐 입력하려면 Alt + Enter 키를 사용합니다. 엑셀에서 제공하는 다양한 수식 입력 방법에 대해 자세하게 알아보겠습니다.

\ 예제 파일 PART 01 \ CHAPTER 01 \ 수식 입력.xlsx /

수식을 입력할 때 사용하는 키는 다음과 같습니다.

키	설명
Enter (또는 Tab)	수식을 입력한 후 다음 셀로 이동할 때 사용합니다. Enter 키를 누르면 아래쪽(행 방향) 셀이 선택되고, Tab 키를 누르면 오른쪽(열 방향) 셀이 선택됩니다.
Ctrl + Enter	첫 번째 셀에 있는 수식을 선택한 전체 범위에 복사할 때 사용합니다.
Ctrl + Shift + Enter	수식을 배열 수식으로 입력할 때 사용합니다. **LINK** 배열 수식에 대해서는 'PART 03. 배열 수식'에서 자세히 설명합니다.
Alt + Enter	긴 수식을 다음 줄에 연결해 입력하도록 줄을 바꿀 때 사용합니다. 수식을 여러 줄에 걸쳐 나눠 쓸 수 있습니다. **LINK** Alt + Enter 키의 사용법은 86쪽을 참고합니다.

셀 하나에 수식 입력

예제 파일을 열고 급여의 200%에 해당하는 보너스를 계산하겠습니다. F6셀에 다음 수식을 입력하고 Enter 키를 누릅니다.

F6셀 : =E6*200%

연속된 범위에 같은 수식 입력하기

전체 직원에게 동일한 조건의 보너스를 지급한다면 나머지 셀에 수식을 복사하면 됩니다. 예제처럼 연속된 범위에 값을 복사할 때는 채우기 핸들(⊞)을 드래그하는 방법이 가장 쉽습니다. F6셀의 채우기 핸들(⊞)을 F10셀까지 드래그합니다.

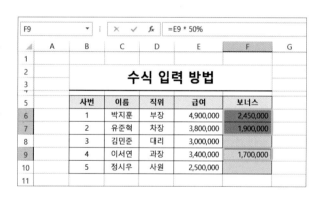

떨어진 위치에 같은 수식 입력하기

부장, 차장, 과장에게만 급여의 50%를 보너스로 지급한다면 해당 영역만 선택한 후 수식을 입력하는 방법이 좋습니다. F6:F10 범위를 선택하고 Del 키를 눌러 앞에서 입력한 수식을 지웁니다. F6:F7 범위를 선택하고 Ctrl 키를 누른 상태로 F9셀을 클릭해 수식을 입력할 범위만 선택한 후 다음 수식을 입력하고 Ctrl + Enter 키를 누릅니다.

F6:F7 범위, F9셀 : =E9*50%

엑셀의 수식 제한 사항 이해하기

003

엑셀은 뛰어난 프로그램이지만 한계가 없는 프로그램은 아닙니다. 그러므로 엑셀로 할 수 있는 일과 할 수 없는 일을 구분하면서 제대로 활용하려면 엑셀 프로그램의 한계를 잘 이해하고 있어야 합니다. 여기 서는 수식을 사용할 때의 제한 사항에 대해 알아보겠습니다.

예제 파일 없음

다음은 엑셀의 수식 제한 사항을 정리한 표입니다.

항목	엑셀 2007 이상	엑셀 2003
숫자 정밀도 ❶	15	15
워크시트의 열	16,384	1,024
워크시트의 행	1,048,576	65,536
수식의 길이(문자 개수)	8,192	1,024
함수의 인수 ❷	255	30
함수의 중첩 ❸	64	7
배열 수식의 열 참조 ❹	제한 없음	65,535

❶ 숫자는 최대 열다섯 자리까지만 정확하게 인식됩니다. 예를 들어 1234567890123456 값을 입력하면 셀에는 1234567890123450으로 표시됩니다.

❷ 인수는 함수를 계산하는 데 필요한 값으로, 사용자에게 전달받아 사용합니다. 함수는 인수로 받을 수 있는 형식과 인수의 개수가 정 해져 있는 경우가 많습니다. 다만 SUM 함수와 같이 인수로 전달해야 할 개수가 정해져 있지 않은 경우에는 엑셀 버전의 최대 인수 허용 개수가 적용됩니다. 엑셀 2007 이상 버전에서는 255개, 엑셀 2003 이하 버전에서는 30개까지 인수로 사용할 수 있습니다.

❸ 함수 내에 다른 함수를 사용하는 것을 '중첩'이라고 합니다.

❹ 수식에서 **A:A**와 같이 열 전체를 참조할 수 있습니다. 단, 2003 이하 버전에서는 배열 수식에서 한 번에 65,535개의 셀만 참조할 수 있으므로 **A:A**와 같은 참조 방법은 사용할 수 없습니다.

참고로 엑셀 2007 이상 버전에서 작성한 문서를 엑셀 2003 형식(XLS)으로 저장하면 엑셀의 수식 제한 사 항이 2003 버전에 맞게 제한되므로 주의해야 합니다.

Plus⁺ 에러(ERROR)와 오류(誤謬)

수식을 작성했을 때 #NAME!, #REF!, #N/A! 등의 결과가 반환되면 보통 '에러가 발생했다'고 합니다. 에러는 이런 상황에 대한 영문 표기인데 도움말에서는 에러를 '오류'라고 번역해 표기합니다. 표현에 차이가 있을 뿐 같은 의미입니다. 이 책에서는 도움말 과 동일하게 '오류'라고 표기하겠습니다.

계산할 수 있는 값과 없는 값 구분하기

004

스프레드시트 프로그램인 엑셀이 워드나 파워포인트 등의 프로그램과 가장 크게 다른 점은 숫자 계산, 즉 사칙연산을 할 수 있다는 것입니다. 엑셀은 사용자가 입력하거나 계산하려는 값을 계산할 수 있는지 여부를 구분하며, 구분한 값을 셀 영역에 표시하는 방법으로 사용자에게 알립니다. 이를 잘 이해하고 있어야 자신의 데이터가 엑셀에서 계산이 가능한 값인지 정확하게 판단할 수 있습니다.

\ 예제 파일 PART 01 \ CHAPTER 01 \ 데이터 형식.xlsx

엑셀은 사용자가 입력한 값을 계산할 수 있는지 여부에 따라 숫자, 논리 값, 텍스트로 구분하며, 숫자는 다시 일반 숫자와 날짜/시간으로 구분합니다.

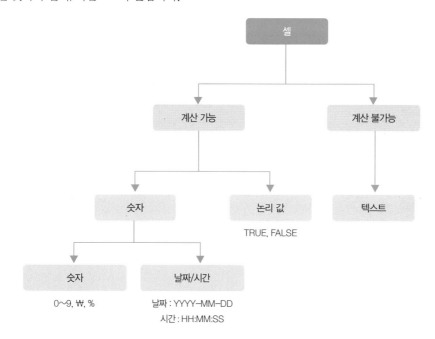

01 엑셀에서 데이터가 어떻게 구분되는지 확인하겠습니다. 예제 파일을 열고 다음 표에 각자의 데이터를 직접 입력합니다.

	A	B	C	D	E	F	G	H
1								
2				데이터 형식				
3								
4								
5		사번	이름	급여	입사일	근무시작시간	퇴사여부	
6								
7								
8								

02 데이터를 입력한 후 각각의 값이 셀의 어느 위치에 맞춰지는지 확인합니다. 엑셀은 셀에 입력된 값을 구분하여 다음 규칙에 따라 표시합니다.

데이터 형식	셀 맞춤	셀 위치
숫자	오른쪽	B6, D6, E6, F6
논리 값	가운데	G6
텍스트	왼쪽	C6

TIP 이 작업을 통해 엑셀에서 인식된 값이 사용자에게 어떤 방식으로 전달되는지 이해할 수 있을 것입니다. 입력한 값이 셀 왼쪽에 맞춰지면 엑셀에서 계산할 수 없는 값(텍스트)이라는 의미이므로 그런 경우에는 셀 오른쪽에 맞춰지도록 데이터 형식을 변환해야 계산에 사용할 수 있습니다.

03 셀 맞춤 위치는 사용자가 변경할 수 있습니다. B6:G6 범위를 선택하고 [홈] 탭-[맞춤] 그룹-[가운데 맞춤] 명령(▤)을 클릭합니다.

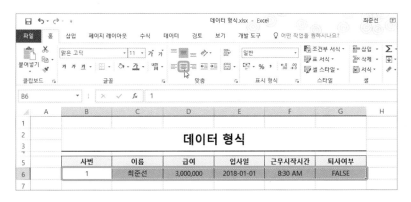

Plus⁺ 셀 맞춤과 데이터 형식

셀의 맞춤 방법을 강제로 변경해도 데이터 형식은 변경되지 않습니다. 셀 맞춤 기능은 셀 값을 보기 좋게 표시하기 위해 데이터의 표시 위치를 단순히 왼쪽/가운데/오른쪽에 맞추는 것으로, 데이터 형식과는 무관합니다.

예제와 같이 셀 맞춤 기능이 적용된 범위(B6:G6 범위)를 선택해보면 [가운데 맞춤] 아이콘이 녹색(▤)으로 표시됩니다. 이것은 선택한 범위에 해당 맞춤 기능이 적용되어 있다는 의미이며, 다시 클릭하면 녹색 표시가 사라지면서 사용자가 설정한 맞춤 설정이 해제됩니다.

---

04 이렇게 셀 맞춤 기능이 적용된 데이터의 경우 [홈] 탭-[맞춤] 그룹에서 녹색으로 표시된 명령 아이콘을 클릭해 맞춤 설정을 해제하면 데이터 형식을 확인할 수 있습니다.

숫자 표시 형식 이해하기

엑셀에는 입력된 숫자를 보기 좋게 표시할 수 있는 여러 방법이 있는데, 이런 방식을 '표시 형식'이라고 합니다. 예를 들어 0.6보다는 60%가 좀 더 이해하기 쉬우므로 엑셀에서는 0.6을 60%로 표시할 수 있는 '백분율' 표시 형식을 지원합니다. 숫자 데이터에 적용할 수 있는 표시 형식에 대해 자세하게 알아보겠습니다.

예제 파일 없음

리본 메뉴를 이용하는 방법

리본 메뉴의 [홈] 탭-[표시 형식] 그룹에 있는 명령은 자주 사용하는 숫자 표시 형식입니다.

리본 메뉴의 명령들은 각각 다음과 같은 역할을 수행합니다.

아이콘	명령	설명
가나다 123 일반 특정 서식 없음 / 12 숫자 / 통화 / 회계 / 간단한 날짜 / 자세한 날짜 / 시간 / % 백분율 / 1/2 분수 / 10² 지수 / 기타 표시 형식(M)...	표시 형식	셀에 입력된 값을 목록에서 선택한 형식으로 표시할 수 있습니다. 아이콘 오른쪽의 아래 화살표 단추(▼)를 클릭하면 다음과 같은 표시 형식을 확인할 수 있습니다. 숫자를 입력하고 [일반], [숫자], [통화], [회계]를 선택하면 각각 다음과 같이 표시됩니다. 소수점 이하 값이 있으면 소수점 위치에서 반올림됩니다. 표시 형식 / 입력 / 표시 일반 / / 1234 숫자 / 1234 / 1234 통화 / / ₩1,234 회계 / / ₩ 1,234 [백분율], [분수], [지수]를 선택하면 입력 값은 다음과 같이 표시됩니다. 표시 형식 / 입력 / 표시 백분율 / / 50% 분수 / 0.5 / 1/2 지수 / / 5.E-01
회계 표시 형식 아이콘	회계 표시 형식	위 표시 형식 목록에서 [회계]를 선택한 것과 동일하게 표시됩니다.
%	백분율 스타일	위 표시 형식 목록에서 [백분율]을 선택한 것과 동일하게 표시됩니다.
,	쉼표 스타일	[회계]를 선택한 것과 동일하며 통화 기호(₩)는 생략됩니다.
←.0 .00	자릿수 늘림	숫자의 소수점 이하 자릿수를 늘려 표시합니다.
.00 →.0	자릿수 줄임	숫자의 소수점 이하 자릿수를 줄여 표시합니다.

'셀 서식' 대화상자를 이용하는 방법

리본 메뉴에 제공되는 표시 형식보다 좀 더 상세한 표시 형식을 설정하려면 '셀 서식' 대화상자를 이용합니다. 표시 형식을 변경하려는 셀을 선택하고 단축키 Ctrl + 1 을 눌러 대화상자를 여는 방법이 가장 편리합니다.

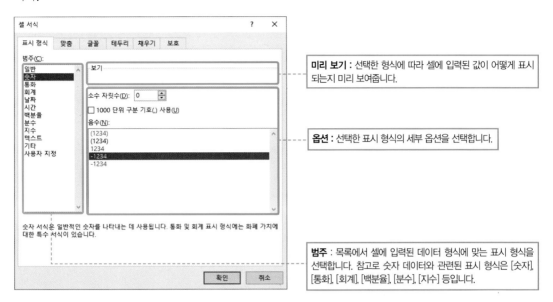

미리 보기 : 선택한 형식에 따라 셀에 입력된 값이 어떻게 표시되는지 미리 보여줍니다.

옵션 : 선택한 표시 형식의 세부 옵션을 선택합니다.

범주 : 목록에서 셀에 입력된 데이터 형식에 맞는 표시 형식을 선택합니다. 참고로 숫자 데이터와 관련된 표시 형식은 [숫자], [통화], [회계], [백분율], [분수], [지수] 등입니다.

지수 표시 형식 제대로 이해하기

셀에 입력한 숫자 값이 열두 자리 이상(1,000억)이면 입력한 대로 표시되지 않고 **1E+11**처럼 지수 형식으로 표시됩니다. 지수 형식은 숫자 값을 대략적으로 표시하는 방식이므로 정확한 값을 확인하려면 다른 숫자 표시 형식으로 변경해야 합니다. 지수 표시 형식에 대해 자세히 알아보겠습니다.

예제 파일 없음

01 빈 파일을 열고 숫자가 지수 형식으로 표시되는 상황을 확인하겠습니다. 열한 자리까지의 숫자 값을 임의로 입력하면 왼쪽 화면과 같이 셀 값과 수식 입력줄의 결과가 동일하게 표시됩니다. 하지만 열두 자리 이상의 숫자 값을 입력하면 오른쪽 화면과 같이 셀 값이 지수 형식으로 표시됩니다.

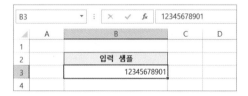 

Plus⁺ 지수 표시 형식 이해하기

오른쪽 화면의 셀에 표시된 **1.23457E+11**은 **1.23457*10^11**을 의미합니다. 하지만 이 값은 수식 입력줄에 표시된 **123456789012**와 정확히 일치하지 않습니다. 엑셀에서는 열두 자리 이상의 값은 대략의 값만 셀에 표시되고 정확한 값은 수식 입력줄에서 확인할 수 있습니다. 이처럼 열두 자리 이상의 값이 자동으로 지수 형식으로 표시되는 방식은 엑셀의 기본 설정으로, 변경할 수 없습니다.

---

02 지수 형식으로 표시된 셀 값을 입력한 그대로 표시하려면 [홈] 탭-[표시 형식] 그룹에서 [표시 형식]을 [숫자]로 변경하거나 [쉼표 스타일] 명령(⟨,⟩)을 클릭합니다.

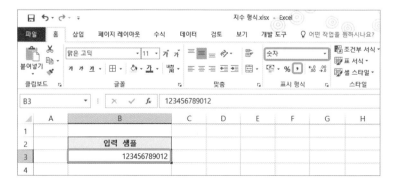

금액을 한글/한자로 표시하기

007

숫자로 입력된 셀 값을 읽기 쉽도록 한글이나 한자로 표시해야 하는 경우가 있는데 이런 경우에도 표시 형식을 변경하는 방법을 사용할 수 있습니다. 복잡한 수식을 사용하거나 셀 값을 직접 수정하지 않아도 되므로 매우 유용하며, 금액을 다루는 견적서 등의 자동화 서식에서 자주 사용하는 방법입니다. 숫자 값을 한글이나 한자로 표시하는 방법에 대해 알아보겠습니다.

예제 파일 PART 01 \ CHAPTER 01 \ 기타 형식.xlsx

01 예제 파일에는 다음과 같은 견적서 서식이 있습니다. F5 병합 셀의 숫자를 한글로 표시해보겠습니다.

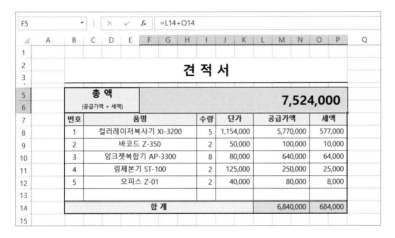

02 F5 병합 셀을 선택하고 단축키 Ctrl + 1 을 눌러 '셀 서식' 대화상자를 엽니다. '표시 형식' 탭의 [범주] 목록에서 [기타]를 선택하고 [형식] 목록에서 [숫자(한글)]을 선택한 후 〈확인〉 버튼을 클릭합니다.

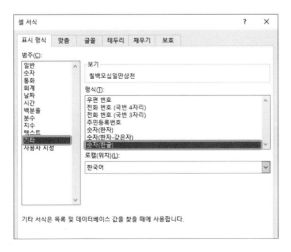

03 숫자 값이 한글로 표시됩니다.

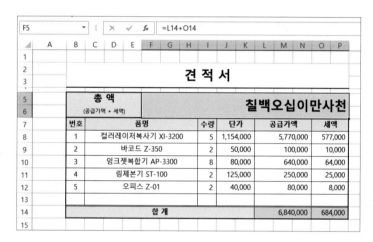

날짜와 시간 형식 이해하기

엑셀에서는 날짜를 '날짜 일련번호'라고 합니다. 이 표현에는 엑셀이 날짜를 일련번호로 관리한다는 의미가 담겨 있습니다. 엑셀에서 날짜와 시간을 관리하는 방법은 사용자가 일반적으로 날짜와 시간을 인식하는 방법과 사뭇 다르기 때문에 날짜와 시간 데이터를 사용하려면 엑셀에서 날짜와 시간을 관리하는 방법을 정확하게 이해하고 있어야 합니다.

예제 파일 없음

날짜

엑셀에서는 1900년 1월 1일부터 9999년 12월 31일까지의 날짜를 인식하며, 1900년 1월 1일 이전 날짜는 날짜로 인식하지 못합니다. 기준일인 1900년 1월 1일을 1로 저장하고 하루가 지날 때마다 1씩 증가하는 방법으로 날짜를 관리하기 때문입니다.

엑셀에서 날짜 값을 관리하는 방법을 좀 더 쉽게 이해할 수 있도록 다이어그램으로 살펴보겠습니다.

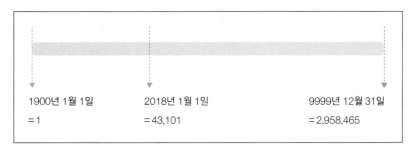

1900년 1월 1일	2018년 1월 1일	9999년 12월 31일
= 1	= 43,101	= 2,958,465

TIP 2018년 1월 1일은 날짜 일련번호로 43101입니다. 이는 1900년 1월 1일부터 43101번째 날이라는 의미입니다.

사용자가 입력한 날짜 값은 엑셀에 의해 날짜 일련번호로 셀에 저장되는데, 엑셀은 사용자가 다음과 같은 형식으로 입력해야만 올바른 날짜 값으로 인식하며 그 외에는 날짜 값으로 인식하지 못합니다.

YYYY-MM-DD
또는
YYYY/MM/DD

TIP 연, 월, 일 값을 하이픈(-)이나 슬래시(/) 문자로 구분해야 날짜로 인식합니다.

빈 파일에 **YYYY-MM-DD** 형식과 **YY.MM.DD** 형식으로 날짜를 입력합니다. 사람은 B3셀과 C3셀에 입력된 값이 모두 날짜라는 것을 알 수 있습니다. 그러나 엑셀은 B3셀의 값만 날짜 값으로 인식합니다. B3셀의 값은 근속기간이나 연차 등을 계산하는 데 사용할 수 있지만 C3셀의 값은 텍스트 값으로 인식되므로 연산할 수 없습니다.

실제 셀에 저장된 값을 확인하기 위해 B3:C3 범위를 선택하고 [홈] 탭-[표시 형식] 그룹에서 [표시 형식]을 [일반]으로 변경합니다. B3셀에는 날짜 일련번호인 **43101**이 표시되지만 C3셀에는 변화가 없습니다.

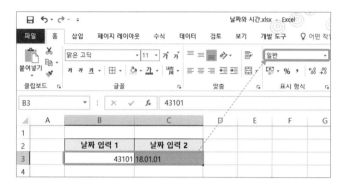

그러므로 엑셀에서는 날짜 데이터를 반드시 **연-월-일** 또는 **연/월/일** 형식으로 입력해야 합니다

시간

엑셀에서 숫자 1은 날짜로 1900년 1월 1일을 의미하기도 하고, 날짜 일련번호 1이 증가하는 하루를 의미하기도 합니다. 엑셀에서는 시간을 하루, 즉 1을 24(시간)로 나눈 값으로 관리합니다.

다음은 엑셀에서의 시간 개념을 이해하기 쉽도록 만든 다이어그램입니다.

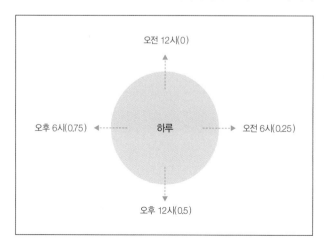

시간도 날짜와 마찬가지로 입력 방법이 중요하며 다음과 같은 형식으로 입력합니다. **AM/PM**은 오전/오후를 의미하는 코드로, 생략하면 24시간 체계로 시간 값을 입력해야 합니다.

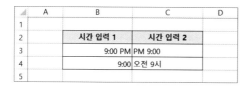

HH:MM:SS AM/PM

빈 파일에 다음과 같이 다양한 방식으로 시간 값을 입력해봅니다. B열에 입력한 값은 엑셀에서 인식할 수 있는 올바른 시간 값으로 연산할 수 있지만, C열에 입력한 값은 사람은 이해할 수 있지만 엑셀에서는 연산할 수 없습니다.

⧸	A	B	C	D
1				
2		시간 입력 1	시간 입력 2	
3		9:00 PM	PM 9:00	
4		9:00	오전 9시	
5				

실제 셀에 저장된 값을 확인하기 위해 B3:C4 범위를 선택하고 [홈] 탭-[표시 형식] 그룹에서 [표시 형식]을 [일반]으로 변경합니다. C열은 아무 변화가 없지만 올바른 시간 값이 입력된 B열의 값은 소수로 표시됩니다.

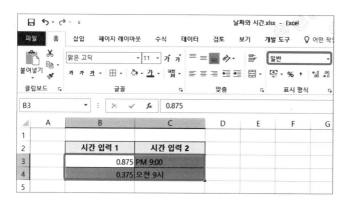

텍스트 표시 형식 이해하기

셀에 텍스트 표시 형식을 지정하면 입력한 값이 모두 텍스트 형식으로 인식됩니다. 텍스트 표시 형식을 지정한 셀에는 **001**과 같은 숫자나 **=SUM(A1:A10)**과 같은 수식을 입력해도 그대로 표시됩니다. 또한 셀 표시 형식을 따로 변경하지 않더라도 작은따옴표(')를 먼저 입력한 후에 값을 입력하면 텍스트 형식으로 인식됩니다. 텍스트 표시 형식에 대해 자세히 알아보겠습니다.

\ 예제 파일 없음 /

셀에 값을 입력했을 때 그 값이 입력한 대로 표시되지 않는 경우가 있습니다. 숫자 앞에 **0**을 입력하거나 **1–1**과 같은 형식으로 입력하는 경우를 예로 들 수 있습니다. 숫자 앞에 입력한 **0**은 표시되지 않고 **1–1**은 날짜 값으로 인식됩니다. 이런 경우 입력 값 그대로 표시되도록 하려면 표시 형식을 [텍스트]로 변경합니다.

빈 파일에 다음과 같이 준비하고 텍스트 형식으로 값을 입력할 B3:B4 범위를 선택한 후 [홈] 탭-[표시 형식] 그룹에서 [표시 형식]을 [텍스트]로 변경합니다.

B3셀과 C3셀에는 **001**을 입력하고 B4셀과 C4셀에는 **1–1**을 입력해봅니다. 표시 형식을 [텍스트]로 지정한 B열에 입력한 값은 그대로 표시되지만, C열에 입력한 값은 숫자 **1**과 날짜로 변환됩니다.

Plus⁺ 결과 이해하기

● **B3, C3셀**

B3, C3셀에 입력한 **001** 값은 숫자라고 생각하기 쉽지만, 숫자는 앞에 **0**을 표시하지 않습니다. 그렇기 때문에 C3셀과 같이 일반 형식일 때는 앞의 **0**이 사라지고 숫자 **1**만 저장됩니다. 하지만 B3셀은 텍스트 형식의 셀이므로 입력한 그대로 값이 저장되고 **001**로 값이 표시됩니다.

● **B4, C4셀**

B4, C4셀에 입력한 **1–1** 값은 항목 번호를 매길 때 많이 사용합니다. 그런데 엑셀에서는 하이픈(–)이 날짜 값을 구분하는 기호이므로, 날짜를 **m월-d일**과 같이 입력했다고 판단하여 C4셀에서는 입력한 값이 날짜 값으로 변환됩니다. 하지만 B4셀은 텍스트 형식의 셀이므로 입력한 그대로 값이 저장되고 **1–1**로 값이 표시됩니다.

서식 코드 이해하기

010

[표시 형식]은 셀 값을 원하는 방법으로 표시하는 기능으로, 사람이 화장을 하는 것과 비슷합니다. 엑셀에서 기본으로 제공되는 표시 형식 이외의 형식을 원한다면 사용자가 새로 생성할 수 있습니다. 새로운 형식을 생성할 때 사용하는 코드를 '서식 코드'라고 합니다. 셀 값을 원하는 형식으로 표시할 수 있는 서식 코드에 대해 알아보겠습니다.

\ 예제 파일 PART 01 \ CHAPTER 01 \ 서식 코드.xlsx

서식 코드를 확인하려면 임의의 셀을 선택하고 단축키 Ctrl + 1 을 눌러 '셀 서식' 대화상자를 연 후 '표시 형식' 탭의 [범주] 목록에서 [사용자 지정]을 선택합니다. [형식] 입력상자 아래에 표시되는 0, # 등의 기호가 서식 코드입니다.

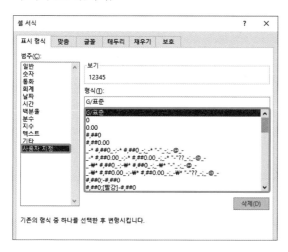

자주 쓰이는 서식 코드는 다음과 같습니다.

데이터 형식	서식 코드	설명
숫자	#	숫자를 의미하는 서식 코드로, # 하나만 사용하면 입력한 숫자 그대로 표시됩니다. 단, 입력한 값이 0이면 아무 값도 표시되지 않습니다.
	0	# 서식 코드와 동일하게 숫자를 의미하지만 # 서식 코드와 달리 입력한 값이 0일 때도 0 그대로 표시됩니다. 또한 입력한 값보다 자릿수를 늘려 지정하면 해당 단위가 0으로 표시됩니다. 예를 들어 1을 입력하고 서식 코드를 000으로 지정하면 001로 표시됩니다.
	?	#과 0의 장점을 섞어 놓은 서식 코드로, 0을 입력하면 #과 마찬가지로 셀에 아무 값도 표시되지 않지만 # 서식 코드와는 달리 0 대신 공백 문자(" ")가 표시됩니다.
	−	음수 기호가 표시됩니다.
	,	천 단위 구분 기호가 표시됩니다.
	.	소수점 기호가 표시됩니다.

분류	서식 코드	설명
	%	숫자가 백분율로 표시됩니다.
	₩, $	통화 기호가 표시됩니다.
날짜/시간	YYYY	날짜 값에서 네 자리 연도(Year)가 표시됩니다. YY 서식 코드를 사용하면 두 자리 연도만 표시됩니다.
	MM	날짜 값에서 월(Month)이 표시됩니다. MM 서식 코드는 01~09와 같이 한 자리 월 앞에 0을 붙여 표시하며, 1~9와 같이 한 자리로 월을 표시하려면 M 하나만 입력합니다.
	DD	날짜 값에서 일(Day)이 표시됩니다.
	AAA	날짜 값의 한글 요일(월~일)이 표시됩니다. '요일' 단위도 함께 표시하려면 AAAA 서식 코드를 사용합니다.
	DDD	날짜 값의 영어 약어 요일(Mon~Sun)이 표시되며, 요일 이름 전체(Monday~Sunday)를 표시하려면 DDDD 서식 코드를 사용합니다.
	HH	시간 값에서 시(Hour)가 표시됩니다.
	MM	시간 값에서 분(Minute)이 표시됩니다. 월을 의미하는 서식 코드와 동일하며, 단독으로 사용하면 월이 표시되고, HH, SS와 같이 시간을 의미하는 서식 코드와 함께 사용하면 분이 표시됩니다.
	SS	시간 값에서 초(Second)가 표시됩니다.
	AM/PM	시간이 12시간제로 표시됩니다.
텍스트	@	텍스트 값이 그대로 표시됩니다.
	*	애스터리스크(*) 뒤에 입력한 문자 또는 문자열이 셀 크기에 맞게 반복 표시됩니다.
일반	G/표준	표시 형식의 '일반'을 의미하는 서식 코드로, 셀에 저장된 값 그대로 표시됩니다.

LINK 공백 문자 : Spacebar 를 눌러 입력된 빈 칸을 '공백 문자'라고 합니다.

예제 파일을 열고 B6:E6 범위에 다양한 서식 코드를 적용해보겠습니다.

	A	B	C	D	E	F
1						
2			서식 코드			
3						
5		숫자	날짜	시간	텍스트	
6		12345	2018-01-01	9:15	엑셀	
7						

다음 표를 참고해 대상 셀을 선택하고 단축키 Ctrl + 1 을 눌러 '셀 서식' 대화상자를 엽니다. '표시 형식' 탭의 [범주] 목록에서 [사용자 지정]을 선택하고 [형식] 입력상자에 다음 서식 코드를 입력해 결과를 확인합니다.

대상 셀	서식 코드	설명	결과
B6	#,###	천 단위 구분 기호(,)가 표시됩니다.	12,345
	#,	천 단위 아래 값이 표시되지 않습니다. 단위를 '원'에서 '천'으로 변경한 것과 같은 효과를 얻을 수 있습니다.	12
	#,###.00	천 단위 구분 기호(,)가 표시되고, 소수점 둘째 자리까지 표시됩니다.	12,345.00
	₩ #,###	통화 기호(₩)와 천 단위 구분 기호(,)가 표시됩니다.	₩ 12,345
	₩* #,###	위 서식 코드와 동일하지만, * 서식 코드로 인해 바로 뒤의 공백 문자가 반복 표시됩니다. 통화 기호(₩)는 셀의 왼쪽에, 숫자는 셀의 오른쪽에 표시됩니다.	₩ 12,345

B6	0%	숫자가 백분율로 표시됩니다.	1234500%
C6	yy/mm/dd	날짜가 두 자리씩 연/월/일로 표시됩니다.	18/01/01
	m"월"-d"일" aaa	날짜가 한 자리씩 월-일로 표시되고, 요일이 함께 표시됩니다.	1월-1일 월
	[$-ja-JP]yy-mm-dd aaa	**[$-ja-JP]**는 2016 버전부터 사용할 수 있는 언어와 국가 코드 표기 방법입니다. ja는 일본어를 의미하는 japanese의 약어이고, JP는 일본을 의미하는 Japan의 약어입니다. 2013 이하 버전과 동일하게 **[$-411]** 코드를 사용해도 됩니다. aaa 서식 코드의 결과가 한자 요일로 표시됩니다.	18-01-01 月
D6	h:mm AM/PM	12시간제로 시간이 표시됩니다.	9:15 AM
	[$-ko-KR]AM/PM h:mm	**[$-ko-KR]**는 한국어와 한국을 의미하는 코드로, 2016 버전부터 사용할 수 있습니다. 2013 이하 버전과 동일하게 **[$-412]** 코드를 사용해도 됩니다. AM/PM 서식 코드의 결과가 오전/오후로 표시됩니다.	오전 9:15
E6	"마이크로소프트" @	입력한 문자열 앞에 '마이크로소프트'가 표시됩니다.	마이크로소프트 엑셀
	* @	입력한 문자열이 셀 오른쪽에 표시됩니다.	엑셀

사용자 지정 숫자 서식 이해하기

엑셀에는 표시 형식을 이용해 숫자를 양수/음수/0으로 구분하거나 별도의 조건을 설정할 수 있는 방법이 있습니다. 이런 방법을 '사용자 지정 숫자 서식'이라고 하는데, 표시 형식뿐만 아니라 간단한 글꼴 서식도 적용할 수 있어 편리합니다. 양수/음수/0을 구분하는 사용자 지정 숫자 서식 구문과 사용자가 작성한 조건을 판단해 처리하는 사용자 지정 숫자 서식 구문에 대해 알아보겠습니다.

\ **예제 파일** PART 01 \ CHAPTER 01 \ 사용자 지정 숫자 서식.xlsx /

사용자 지정 숫자 서식 1

양수/음수/0을 구분하는 사용자 지정 숫자 서식은 다음과 같은 구문을 사용합니다. 증감률 등의 값에 원하는 표시 형식을 적용할 때 많이 사용합니다.

> **양수 ; 음수 ; 0 ; 텍스트**
> ❶   ❷   ❸   ❹
>
> ---
>
> ❶ **양수** : 숫자 값 중에서 0보다 큰 값에 적용할 서식 코드를 입력합니다.
> ❷ **음수** : 숫자 값 중에서 0보다 작은 값에 적용할 서식 코드를 입력합니다.
> ❸ **0** : 숫자 값 중에서 0인 값에 적용할 서식 코드를 입력합니다.
> ❹ **텍스트** : 텍스트 형식의 값에 적용할 서식 코드를 입력합니다.

예제 파일을 열고 증감률이 입력된 E6:E10 범위에 사용자 지정 숫자 서식을 적용해보겠습니다. E6:E10 범위를 선택하고 단축키 Ctrl + 1 을 눌러 '셀 서식' 대화상자를 엽니다. '표시 형식' 탭의 [범주] 목록에서 [사용자 지정]을 선택하고 [형식] 입력상자에 다음과 같이 입력한 후 〈확인〉 버튼을 클릭합니다.

형식 : [파랑]0.0% ; [빨강]−0.0% ; 0%

이번에 적용한 사용자 지정 숫자 서식은 양수/음수/0 값을 구분하는 서식으로 다음과 같이 표시합니다.

- **양수** : 소수점 첫째 자리까지 백분율로 표시하되, 색상은 파랑으로 표시합니다.
- **음수** : 소수점 첫째 자리까지 백분율로 표시하되, 색상은 빨강으로 하고 음수 기호(–)를 함께 표시합니다.
- **0(0%)** : 소수점 아래 자리를 표시하지 않고 백분율 기호만 표시합니다. 이때 색상은 지정하지 않았으므로 검정색으로 표시됩니다.

사용자 지정 숫자 서식에서는 다음과 같은 여덟 가지 색상 코드를 사용해 글꼴 색을 변경할 수 있습니다.

- [검정], [파랑], [녹청], [녹색], [자홍], [빨강], [흰색], [노랑]

사용자 지정 숫자 서식 2

사용자가 작성한 조건을 판단해 처리하는 사용자 지정 숫자 서식의 구문은 다음과 같습니다.

[조건1]서식 코드 ; [조건2]서식 코드 ; 서식 코드
　　　❶　　　　　　　　❷　　　　　　❸

- ❶ **[조건1]서식 코드** : 조건1이 TRUE일 때 적용할 서식 코드를 입력합니다.
- ❷ **[조건2]서식 코드** : 조건1이 FALSE이면서 **조건2**가 TRUE일 때 적용할 서식 코드를 입력합니다.
- ❸ **서식 코드** : 조건1과 조건2가 모두 FALSE일 때 적용할 서식 코드를 입력합니다.

C6:D9 범위에서 매출이 15,000,000 이상인 셀의 숫자를 빨간색으로 표시하고 전체 숫자에 천 단위 구분 기호를 표시해보겠습니다. C6:D9 범위를 선택하고 단축키 Ctrl + 1 을 눌러 '셀 서식' 대화상자를 엽니다. '표시 형식' 탭의 [범주] 목록에서 [사용자 지정]을 선택하고 [형식] 입력상자에 다음과 같이 입력한 후 〈확인〉 버튼을 클릭합니다.

형식 : [빨강][>=15000000]#,###,;#,###,

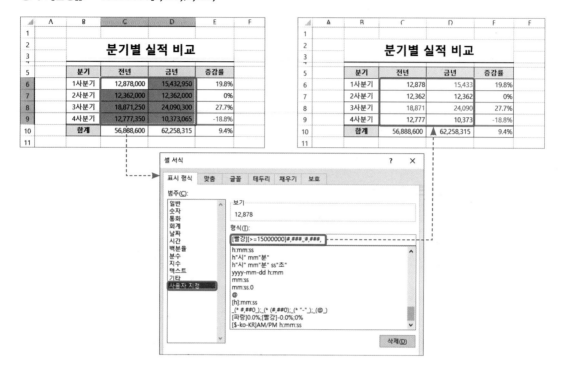

만 단위 구분 기호 표시하기

숫자를 좀 더 쉽게 이해하기 위해 사용하는 천 단위 구분 기호(,)는 우리나라의 화폐 단위(만, 억, 조)와는 맞지 않아 아쉬운 경우가 많습니다. 엑셀에서는 만 단위 구분 기호를 표시하는 방법이 지원되지 않지만, 사용자 지정 숫자 서식의 구문을 이용하면 표시할 수 있습니다. 우리 실정에 맞는 만 단위 구분 기호를 표시하는 방법에 대해 알아보겠습니다.

예제 파일 PART 01 \ CHAPTER 01 \ 만 단위 구분 기호.xlsx

01 예제 파일을 열고 C6:E12 범위에 있는 숫자 값을 보면 천 단위 구분 기호가 있어 숫자의 단위를 쉽게 파악할 수 있습니다. 이를 좀 더 쉽게 읽을 수 있도록 사용자 숫자 서식을 적용해 만 단위 구분 기호를 표시하겠습니다.

02 C6:E12 범위를 선택하고 단축키 Ctrl +1을 눌러 '셀 서식' 대화상자를 엽니다. '표시 형식' 탭의 [범주] 목록에서 [사용자 지정]을 선택하고 [형식] 입력상자에 다음 서식 코드를 입력한 후 〈확인〉 버튼을 클릭합니다.

형식 : [>=100000000]#","####","#### ; [>=10000]#","####

03 C6:E12 범위의 숫자 값에 만 단위 구분 기호가 표시됩니다. 단위 구분 기호가 천, 백만, … 등이 아니라 우리에게 익숙한 만, 억, … 등의 위치에 표시되므로 숫자를 더 빠르게 이해할 수 있습니다.

	A	B	C	D	E	F
1						
2			**영업사원 실적 현황**			
3						
4						
5		사원	상반기	하반기	합계	
6		박지훈	5364,9200	1.1116,1250	1,6481,0450	
7		유준혁	6582,1650	1,2008,6850	1,8590,8500	
8		이서연	3440,5150	3970,6050	7411,1200	
9		김민준	4833,0450	7583,6100	1,2416,6550	
10		최서현	2847,5700	4043,4200	6890,9900	
11		박현우	4688,8600	7670,2150	1,2359,0750	
12		합계	2,7757,0750	4,6392,6600	7,4149,7350	
13						

셀 참조하기

013

엑셀에서는 다른 셀에 입력되어 있는 값을 가져와 사용할 수 있는데 이런 방식을 '참조'라고 합니다. 같은 워크시트의 셀뿐만 아니라 다른 워크시트의 셀도 참조할 수 있습니다. 셀을 참조하면 셀에 적용된 표시 형식이나 색상(글꼴 색, 배경 색), 테두리 설정 등은 제외하고 셀 값만 가져올 수 있습니다. 셀을 참조하는 방법에 대해 알아보겠습니다.

예제 파일 PART 01 \ CHAPTER 01 \ 참조.xlsx

다른 표를 참조하는 방법은 다음과 같습니다.

참조 위치	참조 수식	작성 예
현재 워크시트	=셀 주소	=A1
다른 워크시트	=워크시트명!셀 주소	=Sheet2!A1
다른 파일	=[전체 경로₩파일명.xlsx]워크시트명!셀 주소	=[C:₩Sample.xlsx]Sheet1!A1

TIP 참조한 셀이 빈 셀이면 0 값이 반환됩니다.

01 예제 파일의 '7월' 시트에는 다음과 같은 표가 있습니다. 아르바이트 지급비용을 F열에 계산한 후 그 값을 'sample' 시트에 참조해 넣어보겠습니다.

	A	B	C	D	E	F	G
1							
2			아르바이트 관리 대장				
3							
5		아르바이트	관리부서	작업일수	일당	지급비용	
6		최영원	인사부	8	100,000		
7		손은혜	인사부	5	100,000		
8		임사랑	총무부		100,000		
9		조소연	총무부	6	100,000		
10		장공주	총무부	10	100,000		
11		이민영	재무부	15	150,000		
12		구예찬	재무부	8	150,000		
13			총액				
14							

02 지급비용은 **=작업일수*일당** 계산식으로 구합니다. D6:D12 범위에 입력된 값을 F6:F12 범위에서 사용할 수 있는지 확인하기 위해 F6셀에 다음 수식을 입력하고 F6셀의 채우기 핸들(田)을 F12셀까지 드래그해 복사합니다.

F6셀 : =D6

F6		× ✓ fx	=D6			
	A	B	C	D	E	F	G

아르바이트 관리 대장

아르바이트	관리부서	작업일수	일당	지급비용
최연원	인사부	8	100,000	8
손은혜	인사부	5	100,000	5
임사랑	총무부		100,000	-
조소연	총무부	6	100,000	6
장공주	총무부	10	100,000	10
이민영	재무부	15	150,000	15
구예찬	재무부	8	150,000	8
총액				

Plus+ 참조해온 값 이해하기

D열에 입력된 작업일수를 F열에 참조해보면, D8셀과 같이 빈 셀은 0이 반환(F8셀)됩니다. F8셀의 '–'는 0을 회계 방식으로 표시했을 때 나타나는 기호입니다.

---

03 지급비용을 계산하겠습니다. F6셀의 수식을 다음과 같이 변경하고 F6셀의 채우기 핸들(田)을 F12셀까지 드래그해 복사합니다.

F6셀 : =D6*E6

F6		× ✓ fx	=D6 * E6			
	A	B	C	D	E	F	G

아르바이트 관리 대장

아르바이트	관리부서	작업일수	일당	지급비용
최영원	인사부	8	100,000	800,000
손은혜	인사부	5	100,000	500,000
임사랑	총무부		100,000	-
조소연	총무부	6	100,000	600,000
장공주	총무부	10	100,000	1,000,000
이민영	재무부	15	150,000	2,250,000
구예찬	재무부	8	150,000	1,200,000
총액				

---

04 지급비용의 총액을 계산하기 위해 F13셀에 다음 수식을 입력합니다.

F13셀 : =F6+F7+F8+F9+F10+F11+F12

F13		× ✓ fx	=F6+F7+F8+F9+F10+F11+F12			
	A	B	C	D	E	F	G

아르바이트 관리 대장

아르바이트	관리부서	작업일수	일당	지급비용
최영원	인사부	8	100,000	800,000
손은혜	인사부	5	100,000	500,000
임사랑	총무부		100,000	-
조소연	총무부	6	100,000	600,000
장공주	총무부	10	100,000	1,000,000
이민영	재무부	15	150,000	2,250,000
구예찬	재무부	8	150,000	1,200,000
총액				6,350,000

TIP 수식 간결하게 구성하기

이번 수식은 SUM 함수를 사용하면 =SUM(F6:F12)로 간단하게 구성할 수 있습니다. 이처럼 함수를 사용하면 수식의 길이를 짧게 줄여 쓸 수 있어 편리합니다.

05 계산한 총액을 'sample' 시트로 참조하겠습니다. 'sample' 시트로 이동해 H6셀을 선택합니다.

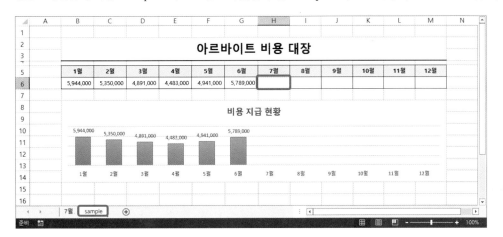

06 H6셀에 등호(=)를 입력하고 '7월' 시트로 이동합니다. 총액이 계산된 F13셀을 선택하고 Enter 키를 누르면 'sample' 시트의 H6셀에 다음 수식이 자동으로 완성됩니다.

H6셀 : ='7월'!F13

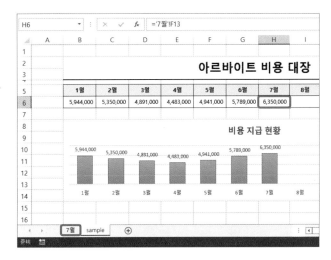

Plus⁺ **시트 이름 앞뒤에 작은따옴표(')가 붙는 규칙**

다른 시트를 참조할 때 시트 이름 앞뒤에 작은따옴표(')가 붙는 경우와 붙지 않는 경우가 있습니다. 작은따옴표는 시트 이름이 숫자로 시작하거나 시트 이름에 공백 문자가 포함된 경우에 붙습니다. 엑셀에서 자동으로 처리하는 부분이지만 이런 규칙을 정확하게 이해하고 있는 것이 좋습니다.

다른 파일의 셀 참조하기

참조를 이용하면 현재 파일뿐 아니라 다른 파일의 셀 값도 가져올 수 있습니다. 엑셀에서 다른 파일의 셀을 참조하는 작업은 파일이 서로 연결된다고 해서 '참조'보다는 '연결'이라는 용어를 사용합니다. 참조 작업 중에서는 다른 파일을 참조하는 작업이 가장 복잡하기 때문에 정확하게 이해하고 사용해야 합니다. 다른 파일의 셀을 참조하는 방법에 대해 알아보겠습니다.

\ 예제 파일 PART 01 \ CHAPTER 01 \ 연결.xlsx, 연결-원본.xlsx /

01 '연결-원본.xlsx' 파일과 '연결.xlsx' 파일을 순서대로 엽니다. '연결.xlsx' 파일의 H6셀에 '연결-원본.xlsx' 파일의 지급 총액을 참조해보겠습니다.

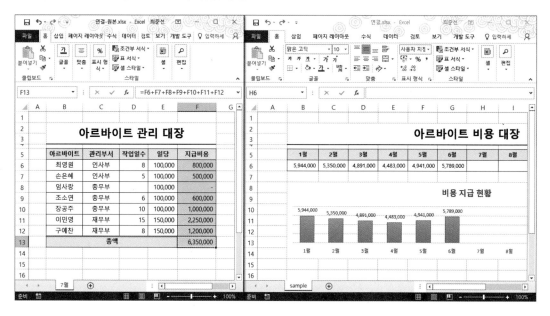

02 H6셀에 등호(=)를 입력한 후 '연결-원본.xlsx' 파일의 '7월' 시트로 이동해 F13셀을 선택하고 Enter 키를 누릅니다. '연결.xlsx' 파일의 H6셀에 다음 수식이 완성되어 '연결-원본.xlsx' 파일의 '7월' 시트에 있는 F13셀이 참조됩니다.

H6셀 : =‘[연결-원본.xlsx]7월’!$F$13

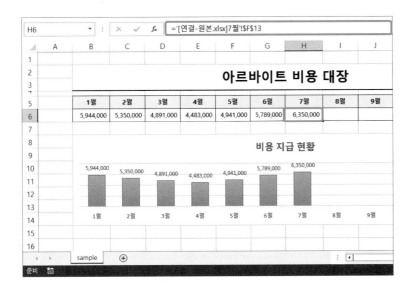

Plus⁺ 참조 수식 이해하기

H6셀에는 '연결-원본.xlsx' 파일의 값을 참조하는 수식이 입력됩니다. 이 수식을 통해 다른 파일을 참조하는 수식에는 다음과 같은 특징이 있다는 것을 확인할 수 있습니다.

- 첫째, 참조한 파일은 대괄호([ ]) 안에 표시됩니다. 대괄호 안의 파일 이름은 파일이 열려 있는 동안에는 '파일 이름.확장자'로만 표시되고 파일 경로는 표시되지 않습니다.
- 둘째, 다른 파일을 참조하면 셀 주소는 절대 참조 방식으로 참조됩니다.

LINK 절대 참조 방식에 대해서는 'NO. 035 절대 참조 방식 이해하기'(94쪽)를 참고합니다.

03 '연결-원본.xlsx' 파일을 닫은 후 '연결.xlsx' 파일의 H6셀을 선택해 수식을 확인합니다. 연결된 파일이 닫혔으므로 참조한 파일의 전체 경로가 표시됩니다.

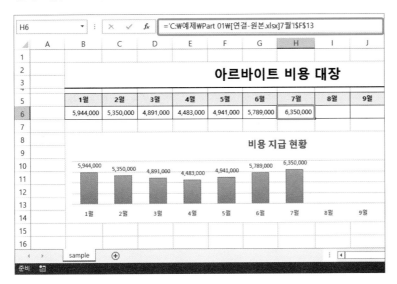

04 파일을 닫았다가 다시 열면 연결된 파일과의 데이터 업데이트가 진행됩니다. 이를 확인하기 위해 '연결.xlsx' 파일을 닫았다가 다시 열면 다음 화면과 같은 보안 경고 메시지 줄이 표시됩니다. 〈콘텐츠 사용〉 버튼을 클릭하면 연결된 파일에서 값을 다시 참조합니다.

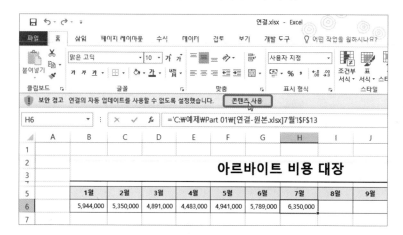

05 한 번 더 파일을 닫았다가 열면 보안 경고 메시지 줄은 더 이상 표시되지 않지만 다음 화면과 같이 업데이트를 안내하는 대화상자가 표시됩니다. 〈업데이트〉 버튼을 클릭해 연결된 파일의 데이터를 다시 참조합니다.

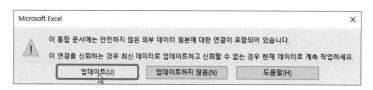

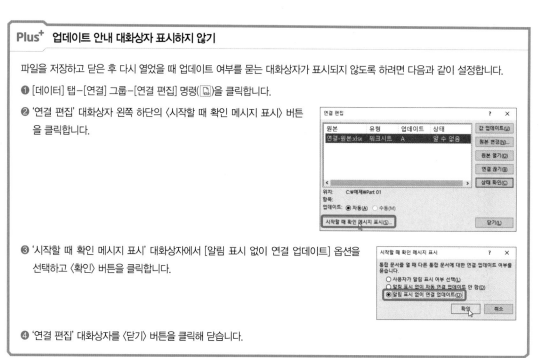

Plus⁺ 업데이트 안내 대화상자 표시하지 않기

파일을 저장하고 닫은 후 다시 열었을 때 업데이트 여부를 묻는 대화상자가 표시되지 않도록 하려면 다음과 같이 설정합니다.

❶ [데이터] 탭-[연결] 그룹-[연결 편집] 명령(🔲)을 클릭합니다.

❷ '연결 편집' 대화상자 왼쪽 하단의 〈시작할 때 확인 메시지 표시〉 버튼을 클릭합니다.

❸ '시작할 때 확인 메시지 표시' 대화상자에서 [알림 표시 없이 연결 업데이트] 옵션을 선택하고 〈확인〉 버튼을 클릭합니다.

❹ '연결 편집' 대화상자를 〈닫기〉 버튼을 클릭해 닫습니다.

연결된 파일 변경하기

참조로 연결된 파일의 데이터가 제대로 업데이트되지 않는다면 연결되어 있는 파일의 저장 폴더나 파일 이름, 혹은 시트 이름이 변경되었을 가능성이 있습니다. 이런 경우에는 연결된 파일을 변경해 업데이트가 원활하게 이루어지도록 해야 합니다. 이 방법은 연결된 파일을 다른 파일로 변경하는 경우에도 유용합니다.

예제 파일 PART 01 \ CHAPTER 01 \ 연결.xlsx, 연결-변경.xlsx

이번 실습은 'No. 014 다른 파일의 셀 참조하기'에서 이어지므로 해당 내용을 먼저 학습한 후 진행합니다.

01 '연결.xlsx' 파일의 H6셀에는 '연결-원본.xlsx' 파일의 셀을 참조하는 수식이 있습니다. '연결-원본.xlsx' 파일을 '연결-변경.xlsx' 파일로 변경해보겠습니다.

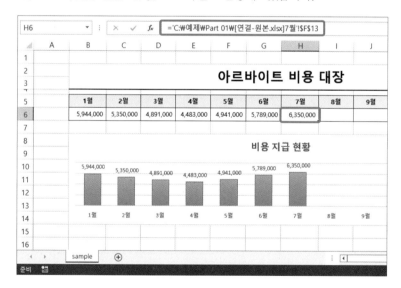

Plus⁺ 작업 이해하기

예제처럼 하나의 셀에서만 다른 파일을 참조한 경우에는 해당 셀에 있는 수식의 참조 파일 이름만 수정하면 됩니다. 그러나 여러 범위나 여러 시트에서 다른 파일을 참조하고 있다면 바꾸기(단축키 Ctrl + H) 기능이나 여기에서 설명하는 연결 편집 기능을 이용하는 것이 좋습니다.

02 [데이터] 탭–[연결] 그룹–[연결 편집] 명령(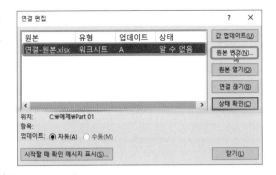)을 클릭합니다. '연결 편집' 대화상자가 열리면 왼쪽 목록에서 '연결–원본.xlsx' 파일을 선택하고 〈원본 변경〉 버튼을 클릭합니다.

Plus⁺ '연결 편집' 대화상자에서 파일 선택하기

예제처럼 연결된 파일이 하나만 있으면 해당 파일이 자동으로 선택되지만 파일이 여러 개일 경우에는 연결할 파일을 정확하게 선택해야 합니다.

---

03 '원본 변경' 대화상자가 열리면 예제 폴더를 선택하고 '연결–변경.xlsx' 파일을 선택한 후 〈확인〉 버튼을 클릭합니다.

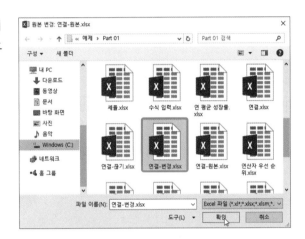

04 '연결 편집' 대화상자는 〈닫기〉 버튼을 클릭해 닫습니다. H6셀의 수식을 보면 '연결–원본.xlsx' 파일이 '연결–변경.xlsx' 파일로 변경되고 그에 따른 결과 값도 수정된 것을 확인할 수 있습니다.

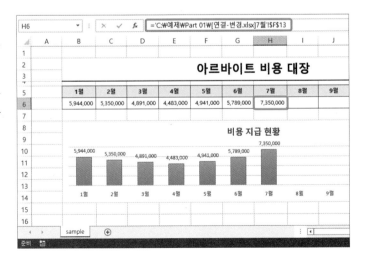

파일 연결을 끊고
수식을 값으로 변경하기

016

파일을 연결해 값을 참조한 후에 해당 파일의 값을 더 이상 참조할 필요가 없다면 파일 연결을 끊습니다. 파일 연결을 끊으면 수식이 값으로 변경되므로 파일의 계산 속도가 빨라집니다. 그런데 파일 연결을 끊은 후에 이전처럼 연결하려면 처음부터 다시 작업해야 하므로 더 이상 해당 파일의 값을 참조할 필요가 없는지 정확하게 판단한 후에 실행해야 합니다. 파일 연결을 끊고 수식을 값으로 변경하는 방법에 대해 알아보겠습니다.

\ 예제 파일 PART 01 \ CHAPTER 01 \ 연결-끊기.xlsx /

01 예제 파일을 열면 다음 화면과 같이 보안 경고 메시지 줄이 표시됩니다. 〈콘텐츠 사용〉 버튼을 클릭합니다.

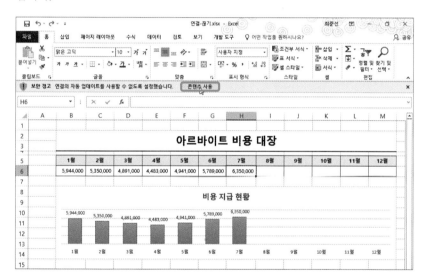

02 연결된 파일을 끊기 위해 [데이터] 탭-[연결] 그룹-[연결 편집] 명령(⊡)을 클릭합니다. '연결 편집' 대화상자가 표시되면 왼쪽 목록에서 연결을 끊을 파일을 선택하고 〈연결 끊기〉 버튼을 클릭합니다.

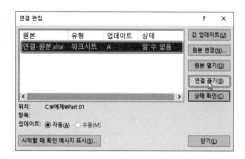

03 다음과 같은 경고 대화상자가 표시되면 〈연결 끊기〉 버튼을 클릭합니다.

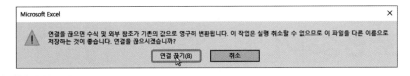

04 '연결 편집' 대화상자를 닫고 H6셀의 수식 입력줄을 보면 수식이 아니라 결과 값만 표시되는 것을 확인할 수 있습니다.

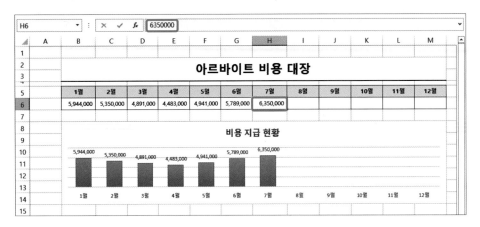

산술 연산자 이해하기

수식 내에서 특정한 역할이 부여된 문자를 '연산자'라고 하며, 그중에서 덧셈, 뺄셈, 곱셈, 나눗셈과 같은 산술 연산을 하는 연산자를 '산술 연산자'라고 합니다. 산술 연산자는 간단한 사칙연산뿐만 아니라 텍스트형 숫자를 숫자로 변환해주는 장점이 있어 수식에서 활용 빈도가 매우 높습니다. 산술 연산자를 사용하는 수식의 반환 값은 항상 숫자이며, 숫자로 반환되지 않는 수식은 #VALUE! 오류를 반환합니다. 산술 연산자에 대해 자세히 알아보겠습니다.

\ **예제 파일** PART 01 \ CHAPTER 01 \ 산술 연산자.xlsx /

산술 연산자의 종류는 다음과 같습니다.

산술 연산자	이름	설명
+	플러스	연산자 왼쪽과 오른쪽 숫자를 더합니다.
-	마이너스	연산자 왼쪽 숫자에서 오른쪽 숫자를 뺍니다. 숫자 앞에 사용되면 숫자 값을 음수로 변환합니다.
*	애스터리스크	연산자 왼쪽과 오른쪽 숫자를 곱합니다.
/	슬래시	연산자 왼쪽 숫자를 오른쪽 숫자로 나눕니다.
^	캐럿	연산자 왼쪽 숫자를 오른쪽 숫자로 거듭제곱합니다.
%	퍼센트	연산자 왼쪽 숫자를 백분율로 표시합니다.

01 산술 연산자를 이용해 수식을 작성해보겠습니다. 예제 파일을 열고 F6:F12 범위에 E6:E12 범위의 계산식을 직접 입력합니다.

	A	B	C	D	E	F	G
1							
2				산술연산자			
3							
5		값1	산술연산자	값2	수식	결과	
6		10	+	5	=B6+D6		
7		10	-	5	=B7-D7		
8					-B7		
9		10	*	5	=B9*D9		
10		10	/	5	=B10/D10		
11		10	^	5	=B11^D11		
12		10	%		=B12%		
13							

02 수식을 제대로 입력하면 다음과 같은 결과를 얻게 됩니다.

F12	▼	:	×	✓	*fx*	=B12%	
	A	B	C	D	E	F	G
1							
2							
3				**산술연산자**			
5		**값1**	**산술연산자**	**값2**	**수식**	**결과**	
6		10	+	5	=B6+D6	15	
7		10	-	5	=B7-D7	5	
8					-B7	-10	
9		10	*	5	=B9*D9	50	
10		10	/	5	=B10/D10	2	
11		10	^	5	=B11^D11	100000	
12		10	%		=B12%	0.1	
13							

Plus⁺ 숫자, 텍스트, 텍스트형 숫자의 차이

'숫자'와 '텍스트'는 익숙한 용어지만 '텍스트형 숫자'는 생소할 수 있습니다. 이해를 돕기 위해 빈 워크시트에 다음 세 가지 값을 입력해봅니다.

셀	입력	구분
A1	1000	숫자
A2	'1000	텍스트형 숫자
A3	1000원	텍스트

데이터를 올바로 입력했다면 다음과 같은 결과를 얻게 됩니다.

	A	B
1	1000	
2	1000	
3	1000원	
4		

A1셀에 입력한 값은 숫자, A3셀에 입력한 값은 텍스트 값입니다. 0~9, 마침표(.), 쉼표(,), 백분율(%), 통화 기호(₩, $)만 이용해 입력하면 숫자이고, '원' 등의 문자를 섞어 입력하면 텍스트 값이 됩니다.

A2셀은 아포스트로피(')를 먼저 입력하고 숫자 1000을 입력한 것입니다. 값을 입력하기 전에 아포스트로피(')를 먼저 입력하면 이후에 입력하는 값이 텍스트 값으로 처리됩니다. A2셀에서 아포스트로피(') 이후에 입력한 값은 모두 숫자이지만 텍스트 값으로 분류됩니다.

또한 LEFT, MID, RIGHT, SUBSTITUTE, TEXT 함수 등에서 반환된 값 역시 숫자로 인식할 수 있는 문자로만 구성되어 있어도 텍스트 값으로 분류됩니다. 이처럼 숫자로 인식할 수 있는 문자로 구성되어 있지만 텍스트 값으로 분류되는 값을 '텍스트형 숫자'라고 합니다.

비교 연산자 이해하기

비교 연산자는 수식에서 값을 비교할 때 사용하는 연산자입니다. 비교 연산자를 사용한 수식은 모두 논리 값(TRUE, FALSE)을 반환하는데, 이렇게 논리 값을 반환하는 수식을 조건식이라고 합니다. 엑셀에서는 조건식을 통해 데이터를 구분할 수 있고, 구분한 값을 처리하는 방법을 IF 함수로 지시할 수 있습니다. 그러므로 엑셀에서 수식을 잘 활용하려면 비교 연산자를 사용하는 조건식을 올바로 구성할 수 있어야 합니다. 비교 연산자에 대해 자세히 알아보겠습니다.

\ **예제 파일** PART 01 \ CHAPTER 01 \ 비교 연산자.xlsx /

엑셀의 비교 연산자는 다음과 같습니다.

비교 연산자	이름	설명
=	같음	연산자 왼쪽과 오른쪽 값이 같은지 판단합니다.
<>	같지 않음	연산자 왼쪽과 오른쪽 값이 다른지 판단합니다.
>	보다 큼	연산자 왼쪽 값이 오른쪽 값보다 큰지 판단합니다.
>=	크거나 같음	연산자 왼쪽 값이 오른쪽 값보다 크거나 같은지 판단합니다.
<	보다 작음	연산자 왼쪽 값이 오른쪽 값보다 작은지 판단합니다.
<=	작거나 같음	연산자 왼쪽 값이 오른쪽 값보다 작거나 같은지 판단합니다.

01 비교 연산자를 이용해 판단 작업을 해보겠습니다. 예제 파일을 열고 F6:F11 범위에 E6:E11 범위의 계산식을 입력합니다.

	값1	비교 연산자	값2	수식	결과
6	10	=	5	=B6=D6	
7	10	<>	5	=B11<>D11	
8	10	>	5	=B7>D7	
9	10	>=	5	=B8>=D8	
10	10	<	5	=B9<D9	
11	10	<=	5	=B10<=D10	

02 수식을 제대로 입력하면 다음과 같은 결과를 얻게 됩니다.

	값1	비교 연산자	값2	수식	결과
6	10	=	5	=B6=D6	FALSE
7	10	<>	5	=B11<>D11	TRUE
8	10	>	5	=B7>D7	TRUE
9	10	>=	5	=B8>=D8	TRUE
10	10	<	5	=B9<D9	FALSE
11	10	<=	5	=B10<=D10	FALSE

참조 연산자 이해하기

수식에서 다른 셀을 참조할 때 사용하는 연산자를 참조 연산자라고 합니다. 참조 연산자에는 콜론(:), 쉼표(,), 공백(" ")이 있으며, 연산자를 사용하면 참조 작업을 좀 더 쉽게 처리할 수 있습니다. 참조 연산자를 잘못 사용하면 #VALUE!, #REF!, #NULL 등의 오류가 발생할 수 있으므로 주의해야 합니다. 다른 위치를 참조할 때 사용하는 참조 연산자에 대해 알아보겠습니다.

예제 파일 PART 01 \ CHAPTER 01 \ 참조 연산자.xlsx

엑셀의 참조 연산자는 다음과 같습니다.

참조 연산자	이름	설명
:	콜론	연속된 데이터 범위를 참조할 때 사용합니다. 예를 들어 A1셀부터 A100셀까지 참조한다면 **A1:A100**으로 사용합니다.
,	쉼표	떨어진 데이터 범위를 참조할 때 사용합니다. 예를 들어 A1셀, D1셀, F1셀을 참조한다면 **A1, D1, F1**으로 사용합니다.
" "	공백	두 데이터 범위의 교집합을 참조할 때 사용합니다. 예를 들어 **A1:C100 B5:Z5**는 두 범위가 교차되는 B5:C5 범위를 참조합니다.

콜론(:) 연산자

예제 파일을 열고 서울 지역 데이터의 합계를 계산하겠습니다. 서울 데이터가 입력된 셀을 모두 더하면 **=C6+C7+C8+C9** 수식이 되는데, 수식에서 참조할 셀이 모두 연속된 범위이므로 콜론(:) 참조 연산자를 사용하면 간편합니다. E11셀에 다음 수식을 입력합니다.

E11셀 : =SUM(C6:C9)

E11	▼	:	×	✓	*fx*	=SUM(C6:C9)	
	A	B	C	D	E	F	

	A	B	C	D	E	F
1						
2			참조연산자			
3						
5		분기	서울	인천	경기	
6		1사분기	4,063	1,677	1,430	
7		2사분기	4,915	2,770	1,637	
8		3사분기	6,258	3,586	2,456	
9		4사분기	3,505	2,315	1,637	
10						
11				합계	18,741	
12						

쉼표(,) 연산자

이번에는 서울과 경기 데이터의 합계를 계산하겠습니다. 각각의 데이터 범위는 연속되지만 두 범위는 떨어져 있으므로 한 번에 참조하려면 쉼표(,) 참조 연산자를 사용합니다. E11셀에 다음 수식을 입력합니다.

E11셀 : =SUM(C6:C9, E6:E9)

공백(" ") 연산자

이번에는 인천의 2사분기 실적을 참조하겠습니다. =D7처럼 참조 수식을 사용해도 되지만 공백(" ") 참조 연산자를 사용해 인천 데이터 전체와 2사분기 데이터 전체를 참조해도 됩니다. E11셀에 다음 수식을 입력하면 D7셀의 결과가 반환됩니다.

E11셀 : =D6:D9 C7:E7

> **Plus⁺ 수식 이해하기**
>
> 여기서는 SUM 함수를 사용하지 않는데, 그 이유는 D6:D9 범위와 C7:E7 범위의 교차 범위가 D7셀 하나이기 때문입니다. 만약 공백 참조 연산자를 사용한 결과가 여러 셀을 참조한다면 SUM 함수를 함께 사용해야 합니다. 이번 수식 역시 SUM 함수를 사용해 다음과 같이 작성해도 됩니다.
>
> **=SUM(D6:D9 C7:E7)**

연산자 우선순위 이해하기

엑셀에는 앞에서 설명한 산술, 비교, 참조 연산자 외에도 값을 연결할 때 사용하는 연결 연산자(&)가 있습니다. 연산자는 수식 내에 함께 사용하는 경우가 많은데, 이때 사용한 연산자는 우선순위에 따라 먼저 계산되는 것과 나중에 계산되는 것으로 구분됩니다. 이 순서를 '연산자 우선순위'라고 합니다. 수식 내에서 연산자 우선순위와 상관 없이 먼저 계산하고 싶은 부분이 있다면 괄호( )를 이용해 묶습니다. 수식에서 사용하는 다양한 연산자의 우선순위에 대해 알아보겠습니다.

예제 파일 PART 01 \ CHAPTER 01 \ 연산자 우선순위.xlsx

엑셀의 연결 연산자는 다음과 같습니다.

연결 연산자	이름	설명
&	앰퍼샌드	연산자 왼쪽과 오른쪽 값을 연결하여 반환합니다.

연산자 우선순위는 다음과 같습니다.

참조 연산자 > 산술 연산자 > 연결 연산자 > 비교 연산자

각 연산자 안에서의 계산 우선순위까지 정리하면 다음과 같습니다.

우선순위	소속	연산자	설명
1	참조	콜론(:)	
2		공백(" ")	
3		쉼표(,)	
4	산술	음수(-)	
5		백분율(%)	
6		제곱(^)	
7		곱셈(*), 나눗셈(/)	함께 사용하면 수식의 왼쪽부터 계산됩니다.
8		덧셈(+), 뺄셈(-)	
9	연결	앰퍼샌드(&)	
10	비교	=, >, >=, <, <=, <>	함께 사용하면 수식의 왼쪽부터 계산됩니다.

01 예제 파일을 열고 F6:G6 범위에 수식을 이용해 공급가와 부가세를 계산해보겠습니다.

	A	B	C	D	E	F	G	H
1								
2			견 적 리 스 트					
3								
5		제품	단가	수량	할인율	공급가	부가세	
6		현진 커피 밀크	30,000	100	15%			
7								
8						세율 (%)	10	

Plus⁺ 계산식 이해하기

공급가와 부가세는 다음과 같이 계산합니다.

● **공급가**
단가(C6셀)와 수량(D6셀), 그리고 1(100%)에서 할인율(E6셀)을 뺀 값을 곱해 계산합니다.

● **부가세**
공급가에 세율(G8셀)을 곱해 계산합니다.

---

02 공급가를 계산하기 위해 F6셀에 다음 수식을 입력합니다. 그런데 계산 결과를 보면 할인된 금액이 아니라 할인되지 않은 금액이 반환됩니다.

F6셀 : =C6*D6*1−E6

F6	▼	:	×	✓	fx	=C6*D6*1-E6		
	A	B	C	D	E	F	G	H
1								
2			견 적 리 스 트					
3								
5		제품	단가	수량	할인율	공급가	부가세	
6		현진 커피 밀크	30,000	100	15%	3,000,000		
7								
8						세율 (%)	10	

Plus⁺ 수식 이해하기

F6셀에 반환된 결과에는 할인율(E6셀)이 반영되지 않았는데, F6셀에 입력한 수식 자체에는 문제가 없습니다. 이런 결과가 반환된 이유는 연산자 우선순위 때문입니다. 수식에 곱셈(*)과 뺄셈 연산자(−)를 함께 사용하면 곱셈 연산자가 먼저 계산되므로 결과가 잘못 반환된 것입니다. 이 수식의 계산 순서는 다음과 같습니다.

	계산 순서	설명
❶	C6*D6	곱셈 연산자(*)가 두 번 사용됐으므로 왼쪽부터 순서대로 계산합니다. 제일 먼저 단가와 수량을 곱합니다.
❷	❶*1	두 번째 곱셈 연산이 진행되어 ❶ 결과에 1을 곱합니다.
❸	❷−E6	마지막으로 뺄셈 연산이 진행되어 ❷ 결과에서 할인율을 뺍니다.

그러므로 이번 수식의 결과는 단가와 수량을 곱한 300만 원에 1을 곱하고 할인율(15%)을 뺀 것입니다. 즉, F6셀의 정확한 결과는 **3,000,000−15%**를 연산한 2,999,999.85입니다. 다만 F6셀에 쉼표 스타일(,)이 적용되어 소수점 이하 값이 표시되지 않았으므로 3,000,000으로 표시된 것입니다.

03 공급가를 정확하게 구하려면 F6셀의 할인율 계산 부분을 괄호로 묶습니다. 수식을 다음과 같이 수정합니다.

F6셀 : =C6*D6*(1-E6)

Plus⁺ 수식 이해하기

이 수식이 **02** 과정의 수식과 다른 점은 1에서 할인율을 빼는 부분을 괄호로 묶어 제일 먼저 계산되도록 한 것입니다. 계산 순서는 다음과 같습니다.

계산 순서		설명
❶	(1-E6)	괄호 안의 계산식을 제일 먼저 계산해 1(100%)에서 할인율을 뺍니다.
❷	C6*D6	첫 번째 곱셈 연산자 부분인 단가와 수량을 곱합니다.
❸	❷*❶	두 번째 곱셈 연산자 부분인 ❷ 결과와 ❶ 결과를 곱합니다.

이런 순서로 계산해야 공급가가 제대로 반환됩니다. 그렇기 때문에 수식을 구성할 때는 우선해서 계산되어야 하는 부분을 괄호로 묶는 것이 중요합니다.

04 부가세를 계산하기 위해 G6셀에 다음 수식을 입력합니다.

G6셀: =F6*G8%

Plus⁺ 수식 이해하기

이 수식에서는 곱셈 연산자(*)와 백분율 연산자(%)를 동시에 사용했으며 계산 순서는 다음과 같습니다.

계산 순서		설명
❶	G8%	백분율 연산자(%)가 곱셈 연산자(*)보다 우선순위가 높으므로 먼저 계산합니다.
❷	F6*❶	첫 번째 곱셈 연산자 부분인 단가와 수량을 곱합니다.

이런 순서로 계산되어 부가세가 제대로 반환됩니다.

전체 대비 비율 계산하기

비율은 비교 대상이 되는 값을 기준 값으로 나눈 것을 의미하며, 간단한 나눗셈 연산으로 구할 수 있습니다. 비율의 계산식은 **=비교 값/기준 값**으로, 전체 대비 비율은 개별 실적(비교 값)을 총합(기준 값)으로 나누면 구할 수 있습니다. 전체 대비 비율을 구하는 계산식은 간단하지만 쓰임새가 많으므로 계산 방법을 잘 이해해야 합니다. 계산식을 이용해 전체 대비 비율을 계산해보겠습니다.

\ **예제 파일** PART 01 \ CHAPTER 01 \ 비율.xlsx /

참고할 계산식

전체 대비 비율	=개별 실적 / 총합

01 예제 파일에는 분기별 매출 실적을 집계한 표가 있습니다. D열에 각 분기별 매출의 전체 대비 비율을 구해보겠습니다.

02 D6셀에 다음 수식을 입력하고 D6셀의 채우기 핸들(田)을 D9셀까지 드래그해 복사합니다. 계산된 결과를 백분율로 표시하기 위해 D6:D9 범위를 선택하고 [홈] 탭-[표시 형식] 그룹-[백분율 스타일] 명령(%)을 클릭합니다.

D6셀 : =C6/$C$10

TIP 이 수식은 분기별 실적의 전체 대비 비율을 구하기 위한 계산식으로, **=분기 실적/총합**입니다. 분모 위치에서 참조한 C10셀은 기준 값으로, 전체 범위(D6:D9)에서 모두 동일해야 하므로 절대 참조 방식으로 참조합니다.

LINK 절대 참조 방식에 대해서는 'No. 035 절대 참조 방식 이해하기'(94쪽)를 참고합니다.

달성률 계산하기

달성률은 목표를 얼마나 달성했는지를 비율로 표시하는 것으로, 기본적으로 전체 대비 비율과 동일한 방법으로 계산합니다. 전체 대비 비율을 구하는 계산식은 **=비교 값/기준 값**이므로, 달성률을 계산하려면 비교할 값과 기준 값을 구별할 수 있으면 됩니다. 달성률은 목표와 실적 두 가지 값으로 계산하는데, 목표가 기준 값이고 실적이 비교 값입니다. 계산식은 동일하지만 달성률에는 음수 값이 포함될 수 있으므로 이를 어떻게 처리하는지 잘 이해하고 사용해야 합니다.

\ **예제 파일** PART 01 \ CHAPTER 01 \ 달성률.xlsx /

참고할 계산식

달성률	=실적/목표

01 예제 파일의 'sample1' 시트에는 법인별 목표와 실적을 집계한 표가 있습니다. E열에 법인별 목표 달성률을 계산해보겠습니다.

	법인	목표	실적	달성률
	한국	4,200,000	3,758,000	
	미국	3,900,000	3,719,000	
	중국	3,600,000	3,605,000	
	영국	1,600,000	1,069,000	
	일본	3,300,000	3,871,000	

02 E6셀에 다음 수식을 입력하고 E6셀의 채우기 핸들(⊞)을 E10셀까지 드래그해 복사합니다.

E6셀 : =D6/C6

	법인	목표	실적	달성률
	한국	4,200,000	3,758,000	89%
	미국	3,900,000	3,719,000	95%
	중국	3,600,000	3,605,000	100%
	영국	1,600,000	1,069,000	67%
	일본	3,300,000	3,871,000	117%

계산할 값에 음수가 있는 경우의 처리 방법

달성률을 구할 때 계산할 값에 음수가 포함되어 있는 경우에는 이전과 동일한 계산식을 사용하면 비율 값이 정확하게 계산되지 않을 수 있습니다. 음수가 포함되어 있다면 먼저 실적에서 목표 값을 뺀 값을 목표의 절댓값으로 나눈 비율을 계산한 후 1(100%)을 더해야 합니다.

참고할 계산식

달성률	=(실적−목표)/ABS(목표)+1

LINK ABS 함수에 대해서는 'No. 220 근삿값 위치 찾아 참조하기'(781쪽)를 참고합니다.

01 'sample2' 시트를 열면 C9셀과 D8셀에 음수가 입력되어 있는 것을 확인할 수 있습니다. E열에 달성률을 계산해보겠습니다.

02 계산할 값에 음수가 포함되어 있는 경우에 앞에서 사용한 달성률 계산식을 사용하면 어떤 문제가 발생하는지 확인하겠습니다. E6셀에 다음 수식을 입력하고 E6셀의 채우기 핸들(田)을 E10셀까지 드래그해 복사합니다.

E6셀 : =D6/C6

> **Plus⁺ 수식 이해하기**
>
> 음수가 포함된 달성률의 계산 결과는 E8셀과 E9셀에서 확인할 수 있습니다. 두 셀의 계산 결과는 다음과 같습니다.
>
> ● **E8셀**
> 목표는 540,000이고 손익은 −320,000입니다. 손익이 0일 때 달성률은 0%입니다. 이 경우 손익이 0보다 작은 −320,000이므로 달성률이 −59%로 계산된 것은 올바른 결과입니다. 음수가 포함되어 있어도 손익만 음수(−)인 경우에는 이처럼 달성률이 정상적으로 계산됩니다.
>
> ● **E9셀**
> 목표는 −100,000이고 손익은 245,870입니다. 목표보다 손익이 높으므로 달성률은 플러스(+) 값이 되어야 합니다. 그런데 계산된 값은 −246%로, 잘못된 결과가 얻어졌습니다. 목표가 음수(−)인 경우에는 기존 계산식으로 달성률을 구할 수 없음을 알 수 있습니다.

03 달성률을 올바르게 계산하기 위해 E6 셀의 수식을 다음과 같이 수정하고 E6셀의 채우기 핸들(+)을 E10셀까지 드래그해 복사합니다.

E6셀 : =(D6−C6)/ABS(C6)+1

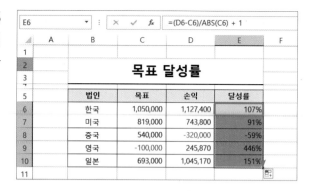

법인	목표	손익	달성률
한국	1,050,000	1,127,400	107%
미국	819,000	743,800	91%
중국	540,000	-320,000	-59%
영국	-100,000	245,870	446%
일본	693,000	1,045,170	151%

Plus⁺ 수식 이해하기

수정한 계산식을 이용하여 계산한 결과를 이전 결과와 비교해보면, E8셀의 결과는 −59%로 이전과 동일하고 E9셀의 결과는 이전의 −246%와 다른 446%입니다. −100,000이 목표였으므로 손익이 −100,000이면 목표를 100% 달성한 것이고 손익이 0이면 200%, 100,000이면 300%를 달성한 것입니다. 그러므로 446%가 올바른 계산 결과임을 알 수 있습니다. 달성률을 계산할 때 음수가 포함되어 있으면 이와 같은 계산식을 사용해야 합니다.

증감률 계산하기

증감률이나 성장률 등은 이번에 얻은 값이 이전에 비해 얼마나 증가/감소했는지를 비율로 표시한 값입니다. 그러므로 증감률을 구하려면 이번에 얻은 값이 이전보다 얼마나 증감했는지 그 차이를 계산한 후 이전의 값으로 나눕니다. 앞에서 설명한 것처럼 비율은 비교 값을 기준 값으로 나눠 계산하는데, 증감률에서는 증감 값이 비교 값이고 이전 값이 기준 값입니다. 이렇게 대부분의 비율 값은 동일한 계산식으로 계산할 수 있으므로 비교 값과 기준 값만 잘 구분하면 됩니다.

예제 파일 PART 01 \ CHAPTER 01 \ 증감률.xlsx

참고할 계산식

증감률	=(이번 값-이전 값)/이전 값

01 예제 파일의 'sample1' 시트에는 전년과 금년의 실적을 집계한 표가 있습니다. 실적의 전년 대비 증감률을 E열에 계산해보겠습니다.

	A	B	C	D	E	F
1						
2			매출 증감률			
3						
5		법인	전년	금년	증감률	
6		한국	8,000,000	7,600,000		
7		미국	12,000,000	15,120,000		
8		중국	15,600,000	16,690,000		
9		영국	5,700,000	5,560,000		
10		일본	10,400,000	12,480,000		
11						

02 먼저 증감 값을 계산하기 위해 E6셀에 다음 수식을 입력하고 E6셀의 채우기 핸들(⊞)을 E10셀까지 드래그해 복사합니다.

E6셀 : =D6-C6

E6		▼	:	× ✓ fx	=D6-C6	
	A	B	C	D	E	F
1						
2			매출 증감률			
3						
5		법인	전년	금년	증감률	
6		한국	8,000,000	7,600,000	(400,000)	
7		미국	12,000,000	15,120,000	3,120,000	
8		중국	15,600,000	16,690,000	1,090,000	
9		영국	5,700,000	5,560,000	(140,000)	
10		일본	10,400,000	12,480,000	2,080,000	
11						

03 계산된 증감 값을 전년 매출로 나누어
증감률을 계산합니다. E6셀의 수식을 다음과
같이 수정하고 E6셀의 채우기 핸들(⊞)을
E10셀까지 드래그해 복사합니다.

E6셀 : =(D6−C6)/C6

법인	전년	금년	증감률
	매출 증감률		
한국	8,000,000	7,600,000	-5%
미국	12,000,000	15,120,000	26%
중국	15,600,000	16,690,000	7%
영국	5,700,000	5,560,000	-2%
일본	10,400,000	12,480,000	20%

E6 : =(D6-C6)/C6

계산할 값에 음수가 포함된 경우의 처리 방법

계산할 값에 음수가 포함되어 있으면 달성률 계산에서와 마찬가지로 ABS 함수를 사용해 분모의 값을 절댓
값으로 변환한 후 증감률을 계산합니다.

참고할 계산식

증감률	=(이번 값−이전 값)/ABS(이전 값)

01 'sample2' 시트에는 전년과 금년의 손
익을 집계한 표가 있습니다. E열에 손익의 전
년 대비 증감률을 계산하겠습니다. 손익의 경
우 음수가 포함될 수 있는데 이 표에서는 C8,
C9, D8셀에 음수(−) 값이 있습니다.

법인	전년	금년	증감률
	손익 증감률		
한국	1,085,000	1,127,400	
미국	1,404,000	743,800	
중국	-580,000	-320,000	
영국	-300,000	245,870	
일본	1,518,000	1,045,170	

02 우선 이전과 동일한 방식으로 증감률을
계산해보겠습니다. E6셀에 다음 수식을 입력
하고 E6셀의 채우기 핸들(⊞)을 E10셀까지
드래그해 복사합니다.

E6셀 : =(D6−C6)/C6

E6 : =(D6-C6)/C6

법인	전년	금년	증감률
	손익 증감률		
한국	1,085,000	1,127,400	4%
미국	1,404,000	743,800	-47%
중국	-580,000	-320,000	-45%
영국	-300,000	245,870	-182%
일본	1,518,000	1,045,170	-31%

Plus⁺ 수식 이해하기

손익에 음수가 포함된 경우의 증감률 계산 결과는 E8셀과 E9셀입니다.

● **E8셀**

전년 손익은 −580,000이고, 금년 손익은 −320,000입니다. 둘 다 음수 값이지만 금년 손익이 전년에 비해 줄었으므로 증감률은 상승해야 합니다. 그런데 계산된 증감률이 −45%이므로 잘못 계산된 것을 알 수 있습니다.

● **E9셀**

전년 손익은 −300,000이고, 금년 손익은 245,870입니다. 계산된 증감률은 −182%인데, 전년에는 손실이 났지만 금년에는 이익이 발생했으므로 잘못 계산된 것을 알 수 있습니다.

이 두 가지 사례를 통해 분모의 전년도 손익이 음수(−) 값이면 증감률 계산 결과에 문제가 생기는 것을 확인할 수 있습니다.

---

03 증감률이 올바로 계산되도록 E6셀의 수식을 다음과 같이 수정하고 E6셀의 채우기 핸들(⊞)을 E10셀까지 드래그해 복사합니다.

E6셀 : =(D6−C6)/ABS(C6)

법인	전년	금년	증감률
한국	1,085,000	1,127,400	4%
미국	1,404,000	743,800	-47%
중국	-580,000	-320,000	45%
영국	-300,000	245,870	182%
일본	1,518,000	1,045,170	-31%

손익 증감률

Plus⁺ 수식 이해하기

수정된 결과를 E8셀과 E9셀에서 확인합니다.

● **E8셀**

수정된 증감률은 45%입니다. 전년 손익이 −580,000이므로 금년 손익이 0이 되면 100% 증가한 것입니다. 금년 손익이 0이 되진 못했지만 −320,000으로 줄어들었으므로 증감률이 제대로 계산된 것을 알 수 있습니다.

● **E9셀**

수정된 증감률은 182%입니다. 전년 손익이 −300,000이므로 금년 손익이 0이 되면 100% 증가한 것입니다. 금년 손익이 0을 넘어 245,870이므로 증감률이 제대로 계산된 것을 알 수 있습니다.

연평균 성장률과
예상 실적 계산하기

성장률과 증감률, 그리고 연평균 성장률(CAGR, Compound Annual Growth Rate)은 조금 다릅니다. 연평균 성장률에 있는 '평균'이라는 용어 때문에 '성장률의 평균'이라고 생각할 수 있지만 그렇게 간단하지 않습니다. 평균은 계산 방법에 따라 산술 평균, 기하 평균, 조화 평균 등으로 구분할 수 있는데, AVERAGE 함수로 구하는 산술 평균은 연평균 성장률을 계산하는 데는 적합하지 않습니다. 예를 들어 A 기업의 매출이 2017년도에 100억 원이었고 2018년도에 200억 원이 되었다면 성장률은 100%이고, 2019년도에 다시 100억 원이 됐다면 성장률은 −50%입니다. 그런데 두 성장률(100%, −50%)의 평균을 산술 평균으로 구하면 25%로, 매년 25%씩 성장했다는 의미가 되므로 이치에 맞지 않습니다. 연평균 성장률을 계산할 때는 매년 일정한 비율로 성장한다는 가정하에 평균을 구하는 기하 평균 방식을 이용해야 합니다.

\ 예제 파일 PART 01 \ CHAPTER 01 \ 연평균 성장률.xlsx

참고할 계산식

연평균 성장률	= GEOMEAN(비율)−1
	= (마지막 실적/첫 번째 실적)^(1/Y)−1
	= RATE(Y, 0, −첫 번째 실적, 마지막 실적)
예상 실적	= 첫 번째 실적*(1+연평균 성장률)^Y

* Y : 마지막 연도에서 시작 연도를 뺀 기간입니다.
* GEOMEAN : 기하 평균을 구하는 함수입니다.
* RATE : 이자 지급 기간 동안의 평균 이율을 계산하는 함수로, 연평균 성장률을 계산할 때도 사용합니다.

산술 평균을 이용해 연평균 성장률 계산하기(잘못된 방법)

연평균 성장률의 '평균'이란 용어 때문에 '성장률의 평균 값'을 구하는 경우가 있는데, 산술 평균은 성장률의 단순 평균 값이고 그 값만큼 매년 성장한 것으로 볼 수는 없으므로 잘못된 결과를 얻게 될 수 있습니다.

01 예제 파일을 열고 'sample1' 시트에서 산술 평균 방식으로 연평균 성장률을 구해보겠습니다. 먼저 매년 성장률을 계산하기 위해 D7셀에 다음 수식을 입력하고 D7셀의 채우기 핸들(⊞)을 D11셀까지 드래그해 복사합니다.

D7셀 : =(C7−C6)/C6

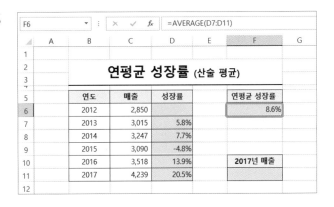

Plus⁺ **성장률과 증감률**

성장률이나 증감률은 이전에 비해 얼마나 증감/성장했는지를 비율로 표시하는 것이므로 계산 방법이 같습니다.

---

02 성장률의 평균을 계산하기 위해 F6셀에 다음 수식을 입력합니다.

F6셀 : =AVERAGE(D7:D11)

03 F6셀에 계산된 연평균 성장률을 신뢰할 수 있는지 확인하겠습니다. 2012년 매출에서 연평균 성장률대로 성장한 경우의 2017년 매출을 계산하기 위해 F11셀에 다음 수식을 입력합니다.

F11셀 : =C6*(1+F6)^(B11−B6)

이번 수식은 F6셀에 계산된 연평균 성장률을 2012년도 매출에 적용해 5년 동안 8.6% 성장을 지속한 경우의 2017년도 매출을 계산한 것입니다.

2012년도 매출(2,850)에 8.6% 성장률을 적용한 매출 계산식은 다음과 같습니다.

    =C6*(1+F6)

2017년까지 5년 동안 연평균 성장률대로 성장한 경우의 수식은 다음과 같습니다.

    =C6*(1+F6)*(1+F6)*(1+F6)*(1+F6)*(1+F6)

위 수식을 거듭제곱을 이용해 간략하게 표현하면 다음과 같습니다.

    =C6*(1+F6)^5

계산 결과는 4,305로 2017년의 실제 매출인 4,239와는 차이가 있습니다. 산술 평균 방식으로는 연평균 성장률을 구할 수 없다는 것을 확인할 수 있습니다.

기하 평균을 이용해 연평균 성장률 계산하기(옳은 방법)

기하 평균은 산술 평균과 달리 숫자를 연속으로 곱한 다음 그 값의 거듭제곱근으로 구합니다. 연평균 성장률은 기하 평균 방식으로 계산해야 합니다. 인구 성장률이나 경제 성장률 등도 기하 평균을 사용해 구합니다.

01 'sample2' 시트의 D7셀에 다음 수식을 입력하고 D7셀의 채우기 핸들(⊞)을 D11셀까지 드래그해 복사합니다.

D7셀 : =C7/C6

D7	: × ✓ fx	=C7/C6

▲	A	B	C	D	E	F	G
1							
2			**연평균 성장률** (기하 평균)				
3							
5		연도	매출	비율		연평균 성장률	
6		2012	2,850				
7		2013	3,015	105.8%			
8		2014	3,247	107.7%			
9		2015	3,090	95.2%			
10		2016	3,518	113.9%		2017년 매출	
11		2017	4,239	120.5%			
12							
13		예상 매출					
14		2018					
15							

02 기하 평균 방식으로 연평균 성장률을 계산해보겠습니다. F6셀에 다음 수식을 입력합니다.

F6셀 : =GEOMEAN(D7:D11)−1

TIP F6셀에 계산 결과로 ###### 오류가 표시되면 1을 빼는 수식 때문이므로 [홈] 탭−[표시 형식] 그룹에서 [백분율 스타일] 명령과 [자릿수 늘림] 명령을 한 번씩 클릭합니다.

03 02 과정에서 구한 연평균 성장률을 적용해 2017년의 매출을 계산하겠습니다. F11셀에 다음 수식을 입력하면 C11셀의 값과 동일한 결과가 구해집니다.

F11셀 : =C6*(1+F6)^(B11−B6)

| F11 | | : | × | ✓ | fx | =C6*(1+F6)^(B11-B6) | |

▲	A	B	C	D	E	F	G
1							
2			**연평균 성장률** (기하 평균)				
3							
4							
5		연도	매출	비율		연평균 성장률	
6		2012	2,850			8.3%	
7		2013	3,015	105.8%			
8		2014	3,247	107.7%			
9		2015	3,090	95.2%			
10		2016	3,518	113.9%		2017년 매출	
11		2017	4,239	120.5%		4,239	
12							
13		예상 매출					
14		2018					
15							

04 연평균 성장률과 동일한 성장을 지속한다고 할 때 2018년의 예상 매출을 계산하기 위해 C14셀에 다음 수식을 입력합니다.

C14셀 : =C6*(1+F6)^(B14−B6)

| C14 | | : | × | ✓ | fx | =C6*(1+F6)^(B14-B6) | |

▲	A	B	C	D	E	F	G
1							
2			**연평균 성장률** (기하 평균)				
3							
4							
5		연도	매출	비율		연평균 성장률	
6		2012	2,850			8.3%	
7		2013	3,015	105.8%			
8		2014	3,247	107.7%			
9		2015	3,090	95.2%			
10		2016	3,518	113.9%		2017년 매출	
11		2017	4,239	120.5%		4,239	
12							
13		예상 매출					
14		2018	4,589				
15							

할인율, 할인액 계산하기

할인율은 받아야 할 돈에서 얼마나 할인을 해줬는지를 비율로 표시한 수치로, 할인된 금액을 판매액으로 나누면 쉽게 구할 수 있습니다. 할인율 계산에 사용하는 정가(단가와 수량으로 계산), 그리고 판매가는 연관성이 높기 때문에 이 중 두 가지가 있으면 나머지 한 가지를 계산할 수 있습니다. 단가, 할인율, 판매가 중 두 가지를 알 경우 나머지 한 가지를 계산하는 방법을 알아보겠습니다.

예제 파일 PART 01 \ CHAPTER 01 \ 할인률.xlsx

참고할 계산식

받아야 할 돈(정가)	= 단가*수량
할인해준 돈(할인액)	= 정가−판매가
받은 돈(판매가)	= 정가*(1−할인율)
할인율	= 1−(판매가/정가)
	= 할인액/정가
단가	= 판매가/(수량*(1−할인율))

01 예제 파일의 'sample1' 시트를 열고 단가와 판매가를 알고 있을 때의 할인율을 계산하겠습니다. F6 셀에 다음 수식을 입력하고 F6셀의 채우기 핸들(╋)을 F12셀까지 드래그해 복사합니다.

F6셀 : =1−(G6/(D6*E6))

	A	B	C	D	E	F	G	H
				F6		=1-(G6/(D6*E6))		
2				**할인율**				
3								
5		번호	제품	단가	수량	할인율	판매가	
6		1	복합기	520,000	2	10%	936,000	
7		2	복사기	850,000	1	20%	680,000	
8		3	문서세단기	103,000	5	10%	463,500	
9		4	팩스	51,000	5	15%	216,750	
10		5	제본기	152,000	5	0%	760,000	
11		6	출퇴근기록기	125,000	4	5%	475,000	
12		7	바코드스캐너	54,000	3	5%	153,900	
13								

할인율을 계산하는 두 가지 수식 중 하나를 적용한 것입니다. 이번 수식은 **=((D6*E6)−G6)/(D6*E6)** 으로 변경할 수 있지만, 그러면 정가를 계산하기 위해 단가와 수량을 곱하는 부분(D6*E6)이 반복되어 비효율적입니다. 그러므로 할인율을 계산할 때는 이번 수식을 사용하는 것이 편리합니다.

02 'sample2' 시트를 열고 단가와 할인율을 알고 있을 때의 판매가를 계산하겠습니다. G6셀에 다음 수식을 입력하고 G6셀의 채우기 핸들(⊞)을 G12셀까지 드래그해 복사합니다.

G6셀 : =D6*E6*(1−F6)

번호	제품	단가	수량	할인율	판매가
		판매가 (할인율 적용)			
1	복합기	520,000	2	10%	936,000
2	복사기	850,000	1	20%	680,000
3	문서세단기	103,000	5	10%	463,500
4	팩스	51,000	5	15%	216,750
5	제본기	152,000	5	0%	760,000
6	출퇴근기록기	125,000	4	5%	475,000
7	바코드스캐너	54,000	3	5%	153,900

03 'sample3' 시트를 선택하고 할인율과 판매가를 알고 있을 때의 단가를 계산하겠습니다. D6셀에 다음 수식을 입력하고 D6셀의 채우기 핸들(⊞)을 D12셀까지 드래그해 복사합니다.

D6셀 : =G6/(E6*(1−F6))

번호	제품	단가	수량	할인율	판매가
		단가			
1	복합기	520,000	2	10%	936,000
2	복사기	850,000	1	20%	680,000
3	문서세단기	103,000	5	10%	463,500
4	팩스	51,000	5	15%	216,750
5	제본기	152,000	5	0%	760,000
6	출퇴근기록기	125,000	4	5%	475,000
7	바코드스캐너	54,000	3	5%	153,900

세율, 원금, 수령/지불액 계산하기

우리가 수령하거나 지불하는 금액에는 정부가 부여한 세율에 따른 세금이 포함되어 있습니다. 하지만 거래 금액에 얼마의 세율이 적용됐는지 정확히 알고 있는 경우는 드뭅니다. 회사에서는 더 다양한 형태의 금융 거래가 발생하므로 세율과 원금, 수령/지불액을 계산하는 방법을 정확하게 알고 있어야 금액 계산에 실수가 발생하지 않을 것입니다. 세율, 원금, 수령/지불액 중 두 가지를 알고 있을 때 나머지 한 가지를 구하는 방법을 알아보겠습니다.

\ **예제 파일** PART 01 \ CHAPTER 01 \ 세율.xlsx

참고할 계산식

세율	= (원금−수령)/원금
원금	= 수령/(1−세율)
수령/지불액	= 원금*(1−세율)

01 예제 파일을 열고 계약금(원금)과 실 수령액을 알고 있을 때의 세율을 계산하겠습니다. F5셀에 다음 수식을 입력합니다.

F5셀 : =(C5−C6)/C5

	A	B	C	D	E	F	G
F5				f_x =(C5-C6)/C5			
1							
2			세율, 세액				
3							
5		계약금	50,000,000		세율	4.4%	
6		실 수령액	47,800,000		수령액		
7					계약금		
8							

Plus+ **세율 수식 이해하기**

비율은 모두 **=비교할 값/기준 값** 수식을 적용해 계산합니다. 세율에서는 세금으로 지불한 금액이 비교할 값이고, 세금을 원금에서 지불하므로 기준 값은 원금입니다. 그러므로 이번 수식은 세액(계약금−실수령액)을 원금(계약금)으로 나눈 것입니다.

02 이번에는 계약금과 세율을 알 경우의 수령액(또는 지불액)이 얼마인지 계산하겠습니다. F6셀에 다음 수식을 입력합니다. 계산된 값이 C6셀의 값과 동일해야 합니다.

F6셀 : =C5*(1−F5)

F6		▼	:	×	✓	*fx*	=C5*(1-F5)	
▲	A	B	C	D	E	F	G	
1								
2				세율, 세액				
3								
5		계약금	50,000,000		세율	4.4%		
6		실 수령액	47,800,000		수령액	47,800,000		
7					계약금			
8								

03 이번에는 수령액(또는 지불액)과 세율을 알 때의 계약금(원금)을 계산하겠습니다. F7셀에 다음 수식을 입력합니다. 계산된 값이 C5셀의 값과 동일해야 합니다.

F7셀 : =C6/(1−F5)

F7		▼	:	×	✓	*fx*	=C6/(1-F5)	
▲	A	B	C	D	E	F	G	
1								
2				세율, 세액				
3								
5		계약금	50,000,000		세율	4.4%		
6		실 수령액	47,800,000		수령액	47,800,000		
7					계약금	50,000,000		
8								

부가세 계산하기

부가세(부가가치세) 대상 제품이나 서비스의 거래에는 10% 부가세 세율이 적용됩니다. 그러므로 거래 금액에 부가세가 포함되었는지 별도인지 여부에 따라 공급가와 총액이 달라집니다. 부가세 별도인 경우에는 계산식이 단순하지만, 부가세 포함인 경우에는 거래 금액에서 공급가와 부가세를 나눠 계산할 수 있어야 합니다.

\ **예제 파일** PART 01 \ CHAPTER 01 \ 부가세.xlsx /

참고할 계산식

부가세	포함	부가세	= 총액/11
		공급가	= 총액−부가세
	별도	부가세	= 총액*10%
		총액	= 공급가+부가세

01 예제 파일을 열고 총액에 부가세가 포함된 경우의 공급가와 부가세를 계산하겠습니다. 이 경우 부가세를 먼저 계산해야 공급가를 알 수 있습니다. 부가세를 구하기 위해 D6셀에 다음 수식을 입력합니다.

D6셀 : =D5/11

Plus⁺ **부가세 포함인 경우의 부가세 계산**

부가세 포함인 경우의 부가세 계산에서 총액을 왜 11로 나누는지 잘 이해되지 않을 수 있습니다. 부가세는 10%이므로 부가세 포함이면 **공급가+(공급가*10%)=총액** 계산식이 만들어집니다. 이 계산식은 공급가의 110% 금액이 총액이라는 의미이므로 **공급가*110%=총액**으로 단순화할 수 있습니다. 그러면 **공급가=총액/110%**가 되고 부가세는 공급가의 10%이므로 **부가세=총액/110%*10%**라는 계산식이 성립합니다. 110%는 1.10이고 10%는 0.1이므로 1.1/0.1을 계산하면 11이 되어 **부가세=총액/11** 계산식이 완성됩니다.

02 부가세를 계산했으면 공급가는 쉽게 구할 수 있습니다. D7셀에 다음 수식을 입력합니다.

D7셀 : =D5−D6

D7				f_x	=D5-D6			
	A	B	C	D	E	F	G	H	I

부가세 계산

	포함	총액	10,000,000		별도	공급가	10,000,000
		부가세	909,091			부가세	
		공급가	9,090,909			총액	

> **Plus⁺ 부가세 포함인 경우의 다른 계산 방법**
>
> 공급가를 먼저 계산하고 부가세를 계산하려면 다음과 같은 순서로 수식을 입력합니다.
>
> **D7셀 : =D5/110%**
> **D6셀 : =D5−D7**

---

03 부가세가 별도인 경우에는 공급가의 10%를 부가세로 계산하면 됩니다. H6셀에 다음 수식을 입력합니다.

H6셀 : =H5*10%

H6				f_x	=H5*10%			
	A	B	C	D	E	F	G	H	I

부가세 계산

	포함	총액	10,000,000		별도	공급가	10,000,000
		부가세	909,091			부가세	1,000,000
		공급가	9,090,909			총액	

04 총액은 공급가와 부가세의 합이므로 H7셀에 다음 수식을 입력합니다.

H7셀 : =H5+H6

H7				f_x	=H5+H6			
	A	B	C	D	E	F	G	H	I

부가세 계산

	포함	총액	10,000,000		별도	공급가	10,000,000
		부가세	909,091			부가세	1,000,000
		공급가	9,090,909			총액	11,000,000

수식 사용에 도움이 되는
엑셀 기능

엑셀에서 수식을 사용하다 보면 다양한 상황을 만날 수 있습니다.

엑셀에는 수식을 사용하는 데 도움이 되는 다양한 기능이 있는데,

그럴 때 이런 기능들을 잘 이해하고 있으면 많은 도움이 됩니다.

CHAPTER 02에서는 함수를 올바로 구성하는 방법, 수식에 발생하는 에러에 대처하는 방법,

복잡한 수식을 쉽게 이해하는 방법 등 수식을 사용할 때 알고 있으면 좋은 여러 기능에 대해 설명합니다.

함수 마법사 활용 방법 이해하기

028

함수는 사용자가 자주 사용하는 계산식을 쉽게 구성할 수 있도록 마이크로소프트에서 엑셀에 내장해 제공하는 것을 말합니다. 함수는 대부분 계산에 필요한 값(인수)을 사용자에게 전달받아 결과 값을 반환하도록 구성되어 있습니다. 함수를 사용하면 수식을 효율적으로 구성할 수 있지만, 엑셀 함수의 개수가 500여 개에 달하므로 각 함수의 용도와 인수 구성 방법을 잘 알기는 쉽지 않습니다. 엑셀에는 함수를 찾고 사용할 수 있도록 돕는 함수 마법사 기능이 제공되는데, 이를 활용하면 초보자라도 함수를 구성할 수 있으므로 사용 방법을 잘 알아두도록 합니다.

예제 파일 없음

01 빈 엑셀 파일을 열고 수식 입력줄 왼쪽의 [함수 삽입] 단추(𝑓𝑥)을 클릭하면 '함수 마법사' 대화상자가 열립니다. '함수 마법사' 대화상자는 다음과 같이 크게 세 영역으로 구성되어 있습니다.

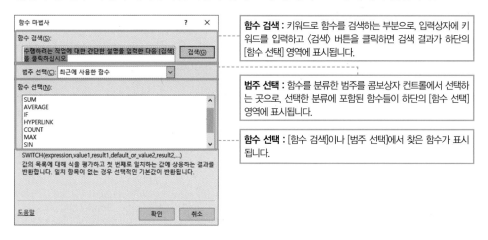

함수 검색 : 키워드로 함수를 검색하는 부분으로, 입력상자에 키워드를 입력하고 〈검색〉 버튼을 클릭하면 검색 결과가 하단의 [함수 선택] 영역에 표시됩니다.

범주 선택 : 함수를 분류한 범주를 콤보상자 컨트롤에서 선택하는 곳으로, 선택한 분류에 포함된 함수들이 하단의 [함수 선택] 영역에 표시됩니다.

함수 선택 : [함수 검색]이나 [범주 선택]에서 찾은 함수가 표시됩니다.

02 '함수 마법사' 대화상자의 [함수 검색] 입력상자에 **합계**를 입력하고 〈검색〉 버튼을 클릭하면 다음과 같은 결과가 얻어집니다.

합계라는 검색어로 함수를 검색하면 SUM, SUMIF, SUMIFS, SUMPRODUCT 등의 검색 결과가 [함수 선택] 목록에 나타날 것으로 예상할 수 있습니다. 그런데 결과를 보면 HYPERLINK 함수와 같이 합계와 무관한 함수들도 포함되어 있습니다. 검색 결과의 신뢰도가 그다지 높지 않다는 것을 알 수 있습니다.

03 함수 카테고리를 이용해 함수를 찾을 수 있습니다. [범주 선택]의 아래 화살표 단추(▾)를 클릭하면 다음과 같은 목록을 확인할 수 있습니다.

[범주 선택] 목록에 표시되는 항목은 다음과 같습니다. 범주를 선택하면 [함수 선택] 목록에 해당 범주 내 함수가 표시됩니다.

- **최근에 사용한 함수** : 최근에 함수 마법사에서 선택한 함수들이 표시됩니다.
- **모두** : 엑셀에서 제공하는 모든 함수가 표시됩니다.
- **재무** : 순현재가치를 계산하는 NPV 함수 등의 재무 계산 관련 함수가 표시됩니다.
- **날짜/시간** : 오늘 날짜를 반환하는 TODAY 함수 등의 날짜, 시간 관련 함수가 표시됩니다.
- **수학/삼각** : 합계나 반올림 처리를 할 때 사용하는 SUM, ROUND 함수 등의 계산 관련 함수가 표시됩니다.
- **통계** : COUNT, AVERAGE, MAX, MIN, RANK 함수 등의 통계 관련 함수가 표시됩니다.
- **찾기/참조 영역** : VLOOKUP, INDEX, MATCH 함수 등의 참조 관련 함수가 표시됩니다.
- **데이터베이스** : DGET, DCOUNT, DSUM 함수 등의 데이터베이스 관련 함수가 표시됩니다.
- **텍스트** : LEFT, MID, RIGHT, FIND 함수 등의 텍스트 관련 함수가 표시됩니다.
- **논리** : IF, IFERROR 함수 등 판단 결과를 처리하는 함수가 표시됩니다.
- **정보** : ISERROR, CELL 함수 등 셀 정보를 반환하는 함수가 표시됩니다.

04 [함수 선택] 목록에 표시된 함수 중 하나를 선택해 함수 구성 방법을 확인하겠습니다. [범주 선택]에서 [논리]를 선택하고 [함수 선택] 목록에서 [IF] 함수를 선택한 후 〈확인〉 버튼을 클릭합니다.

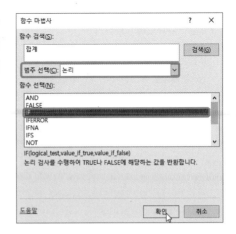

05 선택한 IF 함수를 구성할 수 있는 '함수 인수' 대화상자가 표시됩니다. '함수 인수' 대화상자는 다음과 같은 네 영역으로 구성됩니다.

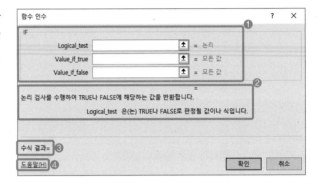

Plus⁺ '함수 인수' 대화상자 이해하기

❶ **함수 인수 구성 영역** : 함수를 구성하는 인수를 하나씩 직접 입력하는 영역으로, 선택한 인수에 대한 도움말이 ❷ 영역에 표시됩니다. 예제 화면에서는 Logical_test 인수의 입력상자에 커서가 있으므로 ❷ 영역의 두 번째 줄에 Logical_test 인수에 대한 도움말이 표시되었습니다.

❷ **간단 도움말 영역** : 함수에 대한 전체 도움말과 함수 인수에 대한 도움말이 표시됩니다.

❸ **수식 결과 표시 영역** : 함수에서 반환할 계산 결과 값이 표시됩니다.

❹ **도움말 하이퍼링크 영역** : 함수의 자세한 사용 방법을 확인할 수 있는 도움말에 연결된 하이퍼링크입니다.

---

06 1과 100이 같은지 여부를 수식으로 확인해 같으면 '맞다', 틀리면 '틀리다'를 반환하도록 IF 함수를 구성하겠습니다. '함수 인수' 대화상자에 다음 화면과 동일하게 인수를 입력한 후 〈확인〉 버튼을 클릭하거나 [수식 결과] 영역에서 결과를 확인합니다.

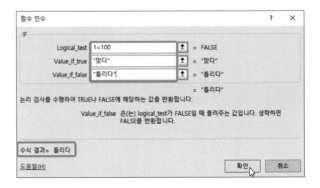

함수를 쉽게 구성하는 방법

029

함수 사용에 아직 익숙하지 않은 초보자라면 함수 마법사 기능을 이용하는 것이 편리합니다. 엑셀에 어떤 함수가 제공되는지 확인할 수 있고 함수 인수를 구성하는 데 도움을 받을 수 있기 때문입니다. 하지만 함수 사용에 어느 정도 익숙하다면 함수 마법사보다는 '함수 인수' 대화상자를 사용하거나 셀에 수식을 직접 입력하는 방법이 더 유용합니다. 함수를 쉽게 구성하고 사용하는 방법에 대해 알아보겠습니다.

예제 파일 없음

01 빈 셀에 등호(=)와 함께 원하는 함수명을 입력하면 해당 이름으로 시작하는 모든 함수의 목록이 표시됩니다. 함수 목록에서 함수를 선택하면 해당 함수에 대한 간략한 설명이 풍선 도움말로 표시됩니다.

02 함수 목록에서 원하는 함수를 선택한 후 괄호를 입력하거나 Tab 키를 누르면 해당 함수의 인수 구성이 풍선 도움말로 표시됩니다.

Plus⁺ 함수 인수 풍선 도움말 사용하기

함수 인수 도움말에는 함수에 전달해야 할 값을 의미하는 영어 인수명이 표시됩니다. 대괄호([ ])로 묶인 인수는 생략할 수 있으며 대괄호로 묶이지 않은 인수는 반드시 입력해야 합니다. IF 함수의 경우는 조금 특이한데, 두 번째, 세 번째 인수를 모두 생략할 수 있지만 =IF(1=2)와 같이 입력하면 에러가 발생합니다. 두 번째, 세 번째 인수를 생략하려면 =IF(1=2,)와 같이 첫 번째 인수 뒤 쉼표(,)까지 입력해야 하며, 이 경우 조건식이 맞으면 0, 틀리면 FALSE가 반환됩니다.

03 함수 인수 풍선 도움말을 보아도 함수 구성이 어렵다면 **02** 과정에서 단축키 Ctrl +A를 누르거나 수식 입력줄 왼쪽의 [함수 삽입] 단추(*f*x)를 클릭합니다. 해당 함수의 '함수 인수' 대화상자가 표시됩니다.

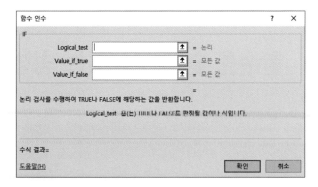

04 '함수 인수' 대화상자의 설명을 읽어도 함수 구성이 어렵다면 '함수 인수' 대화상자 왼쪽 아래에 있는 [도움말] 하이퍼링크를 클릭합니다. 다음과 같이 해당 함수의 도움말이 표시됩니다.

Plus⁺ EXCEL 도움말 제대로 이해하기

'함수 인수' 대화상자에서 [도움말] 하이퍼링크를 클릭하면 마이크로소프트의 온라인 도움말 사이트로 연결됩니다. 도움말을 참고하면 함수 구성에 필요한 거의 모든 정보를 얻을 수 있습니다.

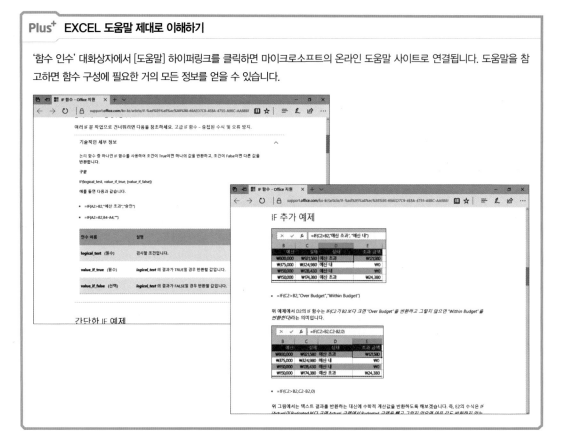

수식 입력줄 사용 방법 이해하기

030

수식은 셀이나 수식 입력줄에서 입력할 수 있습니다. 셀에서 직접 수식을 입력할 때 수식의 길이가 셀 너비보다 길면 다른 셀의 값을 가려 불편합니다. 따라서 셀에서는 비교적 간단한 수식만 작성하고 복잡한 수식은 수식 입력줄에서 입력하는 것이 좋습니다. 수식 입력줄을 효율적으로 사용하는 방법에 대해 알아보겠습니다.

예제 파일 없음

셀과 수식 입력줄에 수식을 입력할 때의 차이

다음 화면은 B2셀을 클릭하고 직접 수식을 입력하는 모습입니다. B2셀의 열 너비보다 수식이 길어 다른 셀까지 수식이 표시되었습니다.

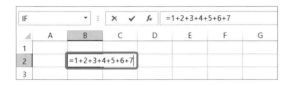

B2셀을 클릭한 후 수식 입력줄을 클릭해 커서를 옮기고 수식을 입력하면 다음과 같이 셀 안에서만 수식이 표시됩니다.

수식 입력줄의 확장

작성할 수식이 수식 입력줄보다 길 때는 수식 입력줄을 확장하면 편리합니다. 수식 입력줄 오른쪽의 [수식 입력줄 확장] 단추를 클릭하거나 단축키 Ctrl + Shift + U 를 누릅니다.

다음과 같이 수식 입력줄이 두 줄로 표시됩니다.

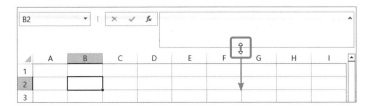

수식 입력줄을 더 넓히려면 수식 입력줄 하단 테두리에 마우스 포인터를 가져다놓아 포인터 모양이 다음 화면과 같이 바뀌면 아래로 드래그합니다.

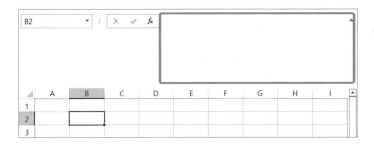

다음과 같이 수식 입력줄이 더 넓어집니다.

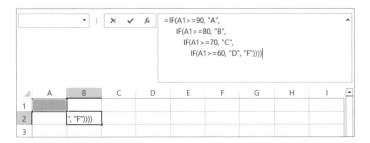

원래대로 한 줄로 돌아가려면 단축키 Ctrl + Shift + U 를 누르거나 수식 입력줄 오른쪽 상단의 [수식 입력줄 축소] 단추(︿)를 클릭합니다.

수식을 여러 줄에 나누어 입력

수식은 필요하다면 여러 줄로 나누어 입력해도 됩니다. 셀에서 줄을 바꿀 때 사용하는 단축키 Alt + Enter 를 수식 입력줄에서 사용해 다음 화면과 같이 입력할 수 있습니다.

수식 입력줄로 이동하는
단축키 사용하기

셀에 수식을 입력하거나 수정할 때는 해당 셀을 더블클릭하거나 셀 편집 단축키인 F2 를 누르면 됩니다. 다만 수식 입력줄은 마우스로만 선택할 수 있는데, 수식 입력줄을 자주 사용한다면 이런 점이 매우 불편할 수 있습니다. 수식 입력줄로 바로 이동하는 단축키는 따로 제공되지 않으므로 엑셀의 옵션을 변경해야 합니다. F2 키를 수식 입력줄로 이동하는 단축키로 설정하는 방법에 대해 알아보겠습니다.

\ 예제 파일 없음 /

01 리본 메뉴의 [파일] 탭–[옵션]을 클릭해 'Excel 옵션' 대화상자를 열고 [고급] 범주를 선택합니다. '편집 옵션' 그룹에서 [셀에서 직접 편집 허용] 옵션의 체크를 해제하고 〈확인〉 버튼을 클릭합니다.

02 이제 셀에서 F2 키를 누르면 셀이 편집 모드로 변경되지 않고 바로 수식 입력줄로 이동합니다.

TIP [셀에서 직접 편집 허용] 옵션을 해제하면 셀에 직접 값을 입력하거나 수정할 수 없고 반드시 수식 입력줄을 이용해야 합니다. 그러므로 이 방법은 셀에서 직접 데이터를 수정하거나 수식을 입력/변경하는 작업을 주로 하는 사용자에게는 권장하지 않습니다.

수식 복사해 사용하기

032

입력한 수식은 복사해 사용할 수 있으며, 수식을 복사하는 가장 쉬운 방법은 자동 채우기입니다. 자동 채우기 기능은 A1:A100과 같이 연속된 범위로 수식을 복사할 때 사용하고, 떨어진 위치로 수식을 복사할 때는 복사한 후 붙여넣는 방법을 사용합니다. 수식을 복사해 사용하는 방법에 대해 알아보겠습니다.

예제 파일 PART 01 \ CHAPTER 02 \ 수식 복사.xlsx

01 예제 파일을 열고 E열과 J열에 각각 퇴근시간에서 출근시간을 뺀 근무시간을 계산하는 수식을 입력해보겠습니다.

02 E6셀에 다음 수식을 입력하고 같은 열에 동일한 수식을 적용하기 위해 E6셀의 채우기 핸들(⊞)을 E13셀까지 드래그합니다. 수식이 복사되면서 한 번에 근무시간이 계산됩니다.

E6셀 : =D6-C6

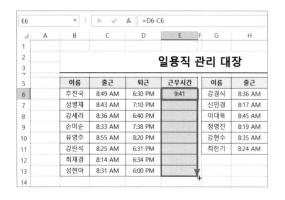

03 J열도 E열과 같은 방법으로 근무시간을 계산할 수 있습니다. E열과 J열은 떨어져 있으므로 자동 채
우기 기능은 사용하지 못하고 복사하여 붙여넣는 방법을 사용합니다. E6셀을 선택하고 단축키 Ctrl + C
를 눌러 복사한 후 J6:J11 범위를 선택하고 [홈] 탭–[클립보드] 그룹–[붙여넣기] 명령을 클릭하면 한 번에
근무시간을 계산할 수 있습니다.

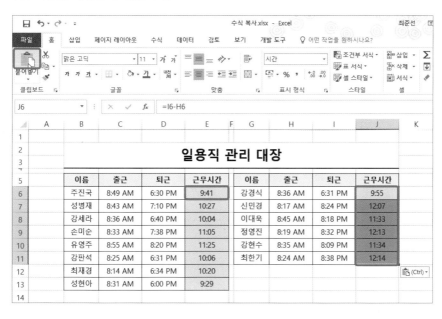

떨어진 영역 내 빈 셀에
바로 위의 셀 값 복사하기

033

자동 채우기 기능이나 복사하여 붙여넣는 방법은 수식을 복사할 범위가 연속된 경우에만 사용할 수 있습니다. 복사할 위치가 떨어져 있다면 이동 기능으로 복사할 위치를 선택하고 Ctrl + Enter 키를 눌러 수식을 복사하는 방법을 사용하면 됩니다. 자주 쓰이는 방법은 아니지만 꼭 필요한 경우가 있으니 반드시 기억해두기 바랍니다.

\ **예제 파일** PART 01 \ CHAPTER 02 \ 수식 복사−단축키.xlsx /

01 예제 파일을 열고 D6:D14 범위의 빈 셀에 바로 위의 셀 값을 채워넣는 작업을 해보겠습니다.

	A	B	C	D	E	F	G
1							
2			**직 원 명 부**				
3							
5		사번	이름	직위	입사일	핸드폰	
6		1	박지훈	부장	2006-05-14	010-7212-1234	
7		2	유준혁	과장	2010-10-17	010-5321-4225	
8		3	이서연		2010-05-01	010-4102-8345	
9		4	김민준	대리	2014-04-01	010-6844-2313	
10		5	최서현		2014-05-03	010-3594-5034	
11		6	박현우		2011-10-17	010-9155-2242	
12		7	정시우	사원	2015-01-02	010-7237-1123	
13		8	이은서		2015-03-05	010-4115-1352	
14		9	오서윤		2016-11-15	010-7253-9721	
15							

02 D6:D14 범위를 선택하고 [홈] 탭−[편집] 그룹−[찾기 및 선택] 명령(🔎)을 클릭한 후 [이동 옵션] 메뉴를 선택합니다. 또는 F5 키를 눌러 '이동' 대화상자를 열고 〈이동 옵션〉 버튼을 클릭합니다.

03 '이동 옵션' 대화상자가 열리면 [빈 셀] 옵션을 선택하고 〈확인〉 버튼을 클릭합니다.

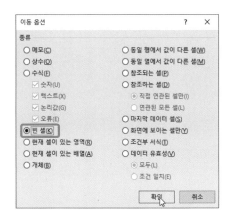

04 다음과 같이 범위 내 빈 셀만 선택됩니다. 선택된 셀 중 첫 번째 셀인 D8셀만 흰색으로 표시되는데 이 셀을 '활성 셀'이라고 합니다. D8셀에서 바로 위의 셀을 참조하도록 다음 수식을 작성하고 Ctrl + Enter 키를 눌러 입력하면 선택된 모든 빈 셀에 수식이 복사됩니다.

D8셀 : =D7

 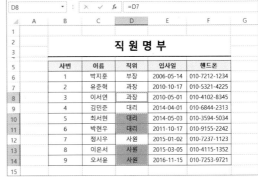

Plus⁺ 수식 이해하기

빈 셀이 모두 선택된 상태에서 활성 셀인 D8셀에 D7셀을 참조하는 수식을 작성하고 Ctrl + Enter 키를 눌러 입력하면 나머지 빈 셀에 수식이 복사됩니다. 그러면 D8셀에는 **=D7** 수식이 입력되고 D10셀에는 수식이 복사되면서 **=D9**와 같이 참조 위치가 변경됩니다. 이로 인해 모든 셀에 값이 채워지는 효과를 얻게 됩니다. 이 방법을 정확하게 이해하려면 먼저 상대 참조 방식을 이해하고 있어야 합니다.

LINK 상대 참조에 대해서는 'No. 034 상대 참조 방식 이해하기'(92쪽)를 참고합니다.

LINK D열의 수식을 값으로 변경하는 방법은 'No. 038 수식을 값으로 변환하기'(101쪽)를 참고합니다.

상대 참조 방식 이해하기

수식을 사용할 때는 빈번하게 다른 위치의 셀이나 범위를 참조합니다. 하나의 셀에 수식을 입력할 때는 상관없지만 수식을 복사해서 사용할 경우에는 복사되는 방향(행, 열)의 주소가 자동으로 변경되므로 주의해야 합니다. 이렇게 참조한 셀이나 범위의 주소가 자동으로 변경되는 방식을 '상대 참조'라고 합니다. 상대 참조 방식으로 셀을 참조하는 방법에 대해 알아보겠습니다.

예제 파일 PART 01 \ CHAPTER 02 \ 상대 참조.xlsx

01 예제 파일을 열고 D6:D9 범위와 G7:J7 범위에 각각 판매량 누계 값을 계산하는 수식을 작성해보겠습니다.

	A	B	C	D	E	F	G	H	I	J	K
1											
2						**상 대 참 조**					
3											
5		분기	판매량	누계		연도	2014년	2015년	2016년	2017년	
6		1사분기	1,200			판매량	5,500	5,800	6,200	6,500	
7		2사분기	1,500			누계					
8		3사분기	1,800								
9		4사분기	2,000								
10											

02 D6셀의 누계 값은 C6셀의 판매량과 같으므로 해당 셀을 참조합니다. D6셀에 다음 수식을 입력합니다.

D6셀 : =C6

	A	B	C	D	E	F	G	H	I	J	K
D6				=C6							
1											
2						**상 대 참 조**					
3											
5		분기	판매량	누계		연도	2014년	2015년	2016년	2017년	
6		1사분기	1,200	1,200		판매량	5,500	5,800	6,200	6,500	
7		2사분기	1,500			누계					
8		3사분기	1,800								
9		4사분기	2,000								
10											

03 2사분기 이후는 현재 판매량과 이전 누계 값을 더해 계산합니다. D7셀에 다음 수식을 입력하고 D7 셀의 채우기 핸들(⊞)을 D9셀까지 드래그해 복사합니다.

D7셀 : =C7+D6

> **Plus⁺ 수식 이해하기**
>
> D7셀에 입력한 수식을 복사한 후 D9셀의 수식을 보면 **=C9+D8**로 참조 위치가 변경된 것을 확인할 수 있습니다. 이렇게 행 방향(아래쪽)으로 수식을 복사하면 참조한 셀의 행 주소만 변경됩니다. 물론 열 방향(오른쪽)으로 복사하면 열 주소만 변경됩니다. 이런 참조 방식을 '상대 참조'라고 합니다.
>
> 상대 참조 방식은 참조한 셀 주소를 확인하는 것보다 수식을 입력한 셀을 기준으로 상하좌우 몇 번째 셀인지 파악해야 이해하기 쉽습니다. 예를 들어 D7셀에 있는 **=C7+D6** 수식은 C7셀과 D6셀의 합계라고 이해하는 것보다 왼쪽 셀(C7)과 위 셀(D6)의 합계라고 이해하는 것이 수식을 복사했을 때의 결과를 보다 정확하게 알 수 있는 방법입니다.

04 G7:J7 범위의 누계 값도 **02~03** 과정을 참고해 계산합니다. 다음 각 셀에 수식을 입력하고 H7셀의 채우기 핸들(⊞)을 J7셀까지 드래그해 복사합니다.

G7셀 : =G6

H7셀 : =G7+H6

절대 참조 방식 이해하기

수식을 복사해도 참조한 셀이나 범위가 변경되지 않도록 하려면 절대 참조 방식으로 참조해야 합니다. 절대 참조 방식은 셀 주소의 열과 행 주소 앞에 절대 참조 기호($)를 붙여 수식을 행 방향이나 열 방향으로 복사해도 참조 위치가 변경되지 않도록 하는 방식입니다. 이 방법은 상대 참조와 더불어 가장 많이 사용되므로 둘의 차이를 잘 구분할 수 있어야 합니다. 수식에서 절대 참조 방식으로 셀을 참조하는 방법에 대해 알아보겠습니다.

예제 파일 PART 01 \ CHAPTER 02 \ 절대 참조.xlsx

01 예제 파일을 열고 G3셀의 고용보험료율을 참고해 각 직원의 고용보험료를 G7:G15 범위에 계산해 보겠습니다. 이때 고용보험료는 D열의 과세급여에 G3셀의 고용보험료율을 곱해 계산합니다.

	A	B	C	D	E	F	G	H
1								
2				**절 대 참 조**			고용보험료율	
3							0.65%	
5		사번	이름	과세급여		공제항목		
6					근로소득세	국민연금	고용보험	
7		1	박지훈	4,438,000	157,490	199,710		
8		2	유준혁	3,566,000	126,550	160,470		
9		3	이서연	2,480,000	88,010	111,600		
10		4	김민준	2,680,000	95,110	120,600		

02 G열에 고용보험료를 계산하겠습니다. G7셀에 다음 수식을 입력하고 G7셀의 채우기 핸들(⊞)을 G15셀까지 드래그해 복사하면 다음과 같이 수식 에러가 여러 개 포함된 결과가 반환됩니다.

G7셀 : =D7*G3

G7			▼ : × ✓ fx	=D7*G3				
	A	B	C	D	E	F	G	H
1								
2				**절 대 참 조**			고용보험료율	
3							0.65%	
5		사번	이름	과세급여		공제항목		
6					근로소득세	국민연금	고용보험	
7		1	박지훈	4,438,000	157,490	199,710	28,847	
8		2	유준혁	3,566,000	126,550	160,470	0	
9		3	이서연	2,480,000	88,010	111,600	0	
10		4	김민준	2,680,000	95,110	120,600	#VALUE!	
11		5	최서현	2,668,000	94,680	120,060	########	
12		6	박현우	2,668,000	94,680	120,060	0	
13		7	정시우	2,480,000	88,010	111,600	0	
14		8	이은서	2,680,000	95,110	120,600	#VALUE!	
15		9	오서윤	2,580,000	91,560	116,100	########	
16								

03 G7셀의 수식에서 G3셀을 절대 참조 방식으로 참조하도록 다음과 같이 변경하고 G7셀의 채우기 핸들(田)을 G15셀까지 드래그해 복사하면 올바른 계산 결과를 얻을 수 있습니다.

G7셀 : =D7*$G$3

혼합 참조 방식 이해하기

혼합 참조 방식은 상대 참조와 절대 참조 방식이 혼합된 것으로, 셀 주소에서 열 주소나 행 주소 중 하나만 변경되지 않도록 고정하는 방법입니다. 수식을 행과 열 방향으로 모두 복사하려고 할 때 사용하며, 잘 이해하면 수식의 숙련도를 크게 높일 수 있습니다. 다만 초보자가 바로 이해하기는 쉽지 않은 방식이므로 여러 번 반복해서 학습할 것을 권합니다. 수식에서 혼합 참조 방식으로 셀을 참조하는 방법에 대해 알아보겠습니다.

예제 파일 PART 01 \ CHAPTER 02 \ 혼합 참조.xlsx

01 예제 파일에는 영업사원별 실적이 정리된 표가 있습니다. D:F열에 실적 대비 110%~130% 향상된 목표를 계산해보겠습니다.

	A	B	C	D	E	F	G
1							
2				**혼 합 참 조**			
3							
5		영업사원	실적	내년 목표			
6				110%	120%	130%	
7		박지훈	22,000				
8		유준혁	16,000				
9		이서연	17,000				
10		김민준	35,000				
11		최서현	46,000				
12		박현우	25,000				

02 먼저 110% 향상된 목표 실적을 계산하겠습니다. D7셀에 다음 수식을 입력하고 D7셀의 채우기 핸들(⊞)을 더블클릭해 수식을 복사합니다.

D7셀 : =C7*$D$6

D7		:	×	✓	*fx*	=C7*$D$6	
	A	B	C	D	E	F	G
1							
2				**혼 합 참 조**			
3							
5		영업사원	실적	내년 목표			
6				110%	120%	130%	
7		박지훈	22,000	24,200			
8		유준혁	16,000	17,600			
9		이서연	17,000	18,700			
10		김민준	35,000	38,500			
11		최서현	46,000	50,600			
12		박현우	25,000	27,500			
13		정시우	26,000	28,600			
14							

03 E열과 F열도 같은 방법으로 수식을 입력하면 내년 목표 금액을 계산할 수 있습니다. 수식을 작성해보면 D열에서 작성한 수식과 동일하고 참조 위치만 변경된다는 것을 알 수 있습니다.

> **Plus⁺ 크로스-탭(CROSS-TAB) 방식의 표**
>
> 이번 표는 행 방향(C7:C13)과 열 방향 머리글(D6:F6)이 교차하며 계산되는 표입니다. 이렇게 두 머리글이 교차하며 계산되는 경우, 수식은 행/열 방향으로 모두 복사할 수 있습니다. 이런 경우에 혼합 참조 방식을 이용하면 한 번에 표 계산 작업을 끝낼 수 있습니다.

04 혼합 참조 방식으로 수식을 수정하겠습니다. 먼저 단축키 Ctrl + Z 를 누르거나 빠른 실행 도구 모음의 [실행 취소] 단추(↺)를 클릭해 **02** 과정을 취소합니다. D7셀을 더블클릭하고 수식을 다음과 같이 변경한 후 Enter 키를 눌러 입력합니다.

D7셀 : =$C7*D$6

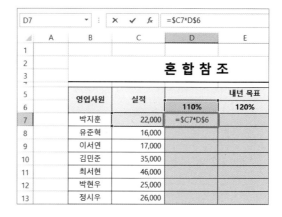

> **Plus⁺ 수식 이해하기**
>
> 참조한 셀 중 C7셀은 행 방향(아래쪽)으로 복사하면 C8, C9, … 와 같이 셀 주소가 변경되어야 하고, 열 방향(오른쪽)으로 복사하면 C7, C7, … 과 같이 셀 주소가 변경되지 않아야 합니다. 그러므로 두 방향으로 모두 복사할 때 열 주소(C)는 변경되지 않고 행 주소(7)는 변경됩니다. D6은 그 반대이므로 열 주소(D)는 변경되고 행 주소(6)는 변경되지 않습니다.

05 D7셀의 채우기 핸들(⊞)을 F7셀까지 드래그한 후 다시 채우기 핸들(⊞)을 13행까지 드래그하면 목표 금액이 한 번에 모두 계산됩니다.

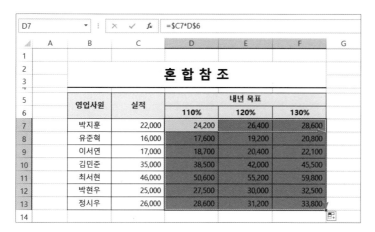

수식 숨기기

037

셀에 입력된 수식을 숨기고 싶다면 '시트 보호' 기능을 이용합니다. 시트 보호를 하면 셀 값을 수정하거나 새 값을 입력하는 것도 허용되지 않기 때문에 불편할 수 있지만, 일반적인 작업은 그대로 하면서 수식만 표시되지 않도록 설정할 수도 있습니다. 수식만 보호하는 방법에 대해 알아보겠습니다.

예제 파일 PART 01 \ CHAPTER 02 \ 수식 보호.xlsx,xlsx

01 예제 파일의 E6:E14 범위에는 보너스 계산 수식이 입력되어 있습니다. 이 수식이 더 이상 수식 입력줄에 표시되지 않도록 해보겠습니다.

02 행 주소와 열 주소가 만나는 위치의 [모두 선택] 단추(◢)를 클릭해 워크시트 내 모든 셀을 선택합니다.

03 단축키 Ctrl + 1 을 누르거나 [홈] 탭-[글꼴] 그룹의 [대화상자 표시] 단추(▫)를 클릭해 '셀 서식' 대화상자를 엽니다. '보호' 탭에서 [잠금] 옵션의 체크를 해제하고 〈확인〉 버튼을 클릭합니다.

Plus⁺ '셀 서식' 대화상자의 '보호' 탭

'셀 서식' 대화상자의 '보호' 탭은 '시트 보호' 기능과 연동됩니다. [잠금] 옵션은 체크, [숨김] 옵션은 체크 해제된 상태가 기본 값입니다.

● [잠금] 옵션에 체크하면 시트 보호가 설정된 후에 셀 값을 수정하지 못합니다.
● [숨김] 옵션에 체크하면 시트 보호가 설정된 후에 셀의 수식이 보이지 않습니다.

---

04 수식이 입력된 E6:E14 범위를 선택하고 단축키 Ctrl + 1 을 눌러 '셀 서식' 대화상자를 엽니다. '보호' 탭에서 [잠금]과 [숨김] 옵션을 모두 체크하고 〈확인〉 버튼을 클릭합니다.

Plus⁺ 수식이 입력된 범위를 한 번에 선택하는 방법

E6:E14 범위와 같이 연속된 범위에 수식이 입력되어 있으면 해당 범위를 쉽게 선택할 수 있지만 여러 범위에 수식이 입력되어 있으면 해당 범위만 선택하기 쉽지 않습니다. 이런 경우에는 '이동' 기능을 이용하는 것이 쉽습니다.

전체 표 범위를 선택하고 [홈] 탭-[편집] 그룹-[찾기 및 선택] 명령 내 [수식] 메뉴를 선택하면 수식이 입력된 셀 범위만 선택할 수 있습니다. [찾기 및 선택] 명령 내 [수식] 메뉴는 [이동 옵션] 중의 하나로, 수식이 입력된 셀로 이동하는 메뉴입니다.

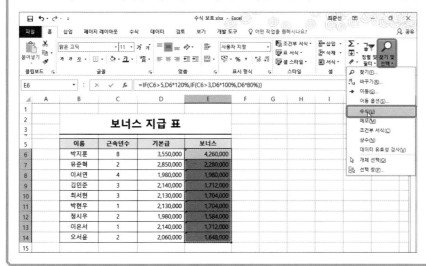

05 이제 시트 보호를 실행합니다. [검토] 탭-[변경 내용] 그룹-[시트 보호] 명령(🖼)을 클릭해 '시트 보호' 대화상자가 표시되면 암호를 입력하고 〈확인〉 버튼을 클릭합니다.

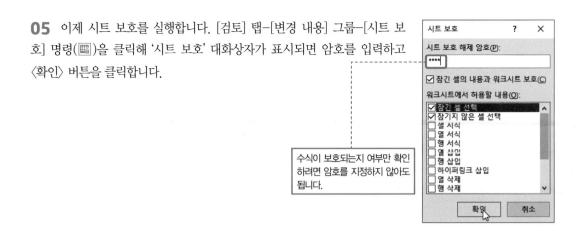

수식이 보호되는지 여부만 확인하려면 암호를 지정하지 않아도 됩니다.

06 '암호 확인' 대화상자가 열리면 **05** 과정에서 입력한 암호를 다시 입력하고 〈확인〉 버튼을 클릭합니다. 이제 G6:G14 범위 내 셀 중 하나를 선택하면 수식 입력줄에 수식이 나타나지 않습니다.

이름	근속년수	기본급	보너스
박지훈	8	3,550,000	4,260,000
유준혁	2	2,850,000	2,280,000
이서연	4	1,980,000	1,980,000
김민준	3	2,140,000	1,712,000
최서현	3	2,130,000	1,704,000
박현우	1	2,130,000	1,704,000
정시우	2	1,980,000	1,584,000
이은서	1	2,140,000	1,712,000
오서윤	2	2,060,000	1,648,000

보너스 지급 표

수식을 값으로 변환하기

038

수식을 사용하면 파일을 열 때나 수식에서 참조하는 셀 값이 변경될 때마다 재계산되기 때문에 파일이 느려집니다. 그러므로 일단 반환받은 수식의 결과가 변경되지 않을 것이라면 수식을 값으로 변환해 사용하는 것이 여러모로 효율적입니다. 수식을 값으로 변환하는 방법에 대해 알아보겠습니다.

\ 예제 파일 없음 /

선택하여 붙여넣기

가장 일반적인 방법입니다. 수식이 입력된 셀을 선택하고 단축키 Ctrl + C 를 누른 후 바로 [홈] 탭–[클립보드] 그룹–[붙여넣기] 명령 내 '값 붙여넣기' 그룹의 [값] 아이콘(📋)을 클릭합니다.

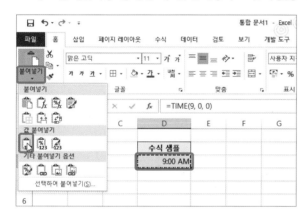

마우스 오른쪽 버튼 이용하기

마우스 오른쪽 버튼을 이용하는 방법은 잘 모르는 사용자가 많은데, 익숙해지면 선택하여 붙여넣기 기능을 사용하는 것보다 더 빠르게 수식을 값으로 변환할 수 있습니다.

01 수식이 입력된 셀을 선택하고 테두리에 마우스 포인터를 가져다 놓으면 마우스 포인터가 양방향 화살표 모양으로 바뀝니다.

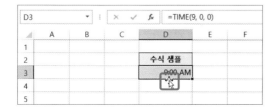

02 마우스 포인터가 양방향 화살표 모양일 때 마우스 오른쪽 버튼을 클릭한 상태로 잠깐 다른 셀로 드래그했다가 다시 원래 셀로 돌아와 드롭합니다. 화면과 같은 단축 메뉴가 표시되면 [값으로 여기에 복사]를 선택합니다.

Plus⁺ 단축 메뉴 이해하기

단축 메뉴에 표시되는 명령은 다음과 같습니다.

● **여기로 이동**

　드래그한 셀을 드롭한 셀로 잘라서 붙여넣습니다.

● **여기에 복사**

　드래그한 셀을 드롭한 셀로 복사합니다.

● **값으로 여기에 복사**

　드래그한 셀의 값만 드롭한 셀로 복사합니다.

● **서식으로 여기에 복사**

　드래그한 셀의 서식만 드롭한 셀로 복사합니다.

● **여기에 연결**

　드롭한 셀에 드래그한 셀을 참조하는 수식이 입력됩니다.

● **여기에 하이퍼링크 만들기**

　드롭한 셀에 드래그한 셀로 이동할 수 있는 하이퍼링크가 생성됩니다.

다음 네 가지 메뉴는 드래그한 셀에 수식이 아닌 값이 입력된 경우에 사용할 수 있습니다.

● **아래쪽으로 이동하고 복사**

　드롭한 위치의 셀을 아래쪽으로 이동한 후 드래그한 셀의 값을 복사합니다.

● **오른쪽으로 이동하고 복사**

　드롭한 위치의 셀을 오른쪽으로 이동한 후 드래그한 셀의 값을 복사합니다.

● **아래쪽으로 이동하고 옮기기**

　드롭한 위치의 셀을 아래쪽으로 이동한 후 드래그한 셀을 잘라서 붙여넣습니다.

● **오른쪽으로 이동하고 옮기기**

　드롭한 위치의 셀을 오른쪽으로 이동한 후 드래그한 셀을 잘라서 붙여넣습니다.

데이터 범위를 이름으로 정의하기

039

엑셀에서는 참조를 사용할 수 있어 편리한 점이 많지만 참조 때문에 수식이 어려워지기도 합니다. 예를 들어 수식에서 A1:A10 범위를 참조했다면 해당 위치를 눈으로 확인하기 전까지는 A1:A10 범위에 어떤 데이터가 입력되어 있는지 이해할 수 없습니다. 이런 불편함 때문에 엑셀에서는 A1:A10과 같은 범위를 원하는 이름으로 정의해 사용할 수 있도록 하는 기능을 제공합니다. '이름 정의' 기능을 사용하면 수식을 이해하기 쉬워지므로 수식을 자주 사용하는 사용자라면 반드시 잘 알아두어야 합니다.

\ **예제 파일** PART 01 \ CHAPTER 02 \ 이름 정의–범위.xlsx /

이름 상자를 이용하는 방법

이름을 정의하는 가장 쉽고 직관적인 방법은 이름 상자를 이용하는 것입니다.

01 예제 파일을 열고 E6셀을 선택해 수식 입력줄을 보면 성과급을 계산하는 수식이 입력되어 있습니다. 참조한 셀을 확인하면 이 수식이 어떻게 계산되는지 이해할 수 있지만, 수식만으로는 어떤 값을 계산에서 사용하는지 알기 어렵습니다.

E6셀 : =(C6+D6)*$G$6

	A	B	C	D	E	F	G	H
1								
2			**법인 성과급**					
3								
5		**법인**	**상반기**	**하반기**	**성과급**		**지급비율**	
6		한국	20,170	37,060	2,862		5%	
7		미국	45,540	60,350	5,295			
8		중국	14,540	27,580	2,106			
9		영국	25,770	26,290	2,603			
10		일본	15,120	23,900	1,951			
11		프랑스	28,310	15,780	2,205			
12								
13				**조회**				
14								

수식 입력줄: E6 / fx =(C6+D6)*$G$6

02 수식을 이해하기 쉽게 하기 위해 이름을 정의하고 사용해보겠습니다. 먼저 E6셀의 수식에서 참조하는 셀 중 G6셀을 이름으로 정의합니다. G6셀을 선택하고 이름 상자에 **지급비율**을 입력한 후 Enter 키를 누릅니다.

Plus⁺ 이름 정의 규칙

이름을 정의할 때는 다음 규칙을 지켜야 합니다.

● 한글이나 영어 문자 또는 밑줄(_)로 시작해야 하고, 숫자로는 시작할 수 없습니다. 예를 들어 **2018년매출**과 같이 숫자로 시작하는 이름은 정의할 수 없습니다.
● **$, #** 등의 특수 문자는 사용할 수 없습니다.
● 단어 사이에 공백(띄어쓰기)을 사용할 수 없습니다. 단어와 단어를 구분해야 한다면 밑줄(_)이나 마침표(.) 등을 사용합니다.
● 255자 이내로 구성합니다.
● 셀 주소는 사용할 수 없습니다. 예를 들어 **A1**이나 **TAX2018** 등은 이름으로 정의할 수 없습니다.

---

03 정의된 이름을 수식에 적용하겠습니다. E6셀의 수식을 다음과 같이 수정하고 E6셀의 채우기 핸들(⊞)을 더블클릭해 E11셀까지 복사합니다.

E6셀 : =(C6+D6)*지급비율

'선택 영역에서 만들기' 기능을 이용하는 방법

이름 상자를 이용하면 한 번에 하나의 셀 또는 범위에만 이름을 정의할 수 있지만, '선택 영역에서 만들기' 기능을 이용하면 한 번에 여러 열의 데이터 범위를 머리글로 이름 정의할 수 있습니다. 표의 데이터 범위를 이름으로 정의할 때는 이 방법을 사용하는 것이 편리합니다.

01 표 범위를 한 번에 이름으로 정의하겠습니다. B5:E11 범위를 선택하고 [수식] 탭-[정의된 이름] 그룹-[선택 영역에서 만들기] 명령(圖)을 클릭합니다.

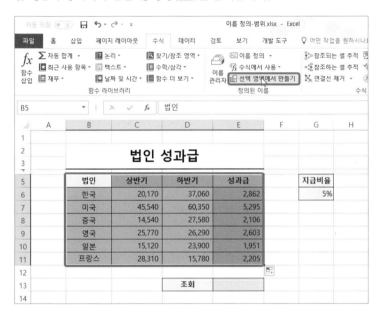

02 '선택 영역에서 이름 만들기' 대화상자가 열리면 [첫 행]과 [왼쪽 열] 옵션이 체크된 상태에서 〈확인〉 버튼을 클릭합니다.

Plus⁺ '선택 영역에서 이름 만들기' 대화상자 이해하기

표 범위에서 원하는 이름을 정의하려면 각 옵션의 역할을 정확하게 이해하고 사용할 수 있어야 합니다.

● **첫 행**

선택된 범위의 첫 행으로, 예제에서는 B5:E5 범위가 첫 행입니다. 이 옵션에 체크하면 첫 행 범위의 값(머리글)으로 아래쪽 데이터 범위를 참조하는 이름이 정의됩니다. 예제에서 B6:B11 범위는 **법인**, C6:C11 범위는 **상반기**, D6:D11 범위는 **하반기**, E6:E11 범위는 **성과급**이라는 이름으로 정의됩니다.

● **왼쪽 열**

선택된 범위의 왼쪽 열로, 예제에서는 B5:B11 범위가 왼쪽 열입니다. 이 옵션에 체크하면 왼쪽 열 범위의 값(머리글)으로 오른쪽 데이터 범위를 참조하는 이름이 정의됩니다. 예제에서 C6:E6 범위는 **한국**, C7:E7 범위는 **미국**, C8:E8 범위는 **중국**, C9:E9 범위는 **영국**, C10:E10 범위는 **일본**, C11:E11 범위는 **프랑스**라는 이름으로 정의됩니다. 참고로 [첫 행] 옵션에 함께 체크한 경우에는 첫 행 범위인 B5:E5 범위는 이 옵션에서 제외됩니다.

● **끝 행**

선택된 범위의 끝 행으로, 예제에서는 B11:E11 범위가 끝 행입니다. 이 옵션에 체크하면 끝 행 범위의 값으로 위쪽 데이터 범위를 참조하는 이름이 정의됩니다.

● **오른쪽 열**

선택된 범위의 오른쪽 열로, 예제에서는 E5:E11 범위가 오른쪽 열입니다. 이 옵션에 체크하면 오른쪽 열 범위의 값으로 왼쪽 데이터 범위를 참조하는 이름이 정의됩니다.

정의된 이름을 빠르게 확인하려면 이름 상자 오른쪽의 아래 화살표 단추(▾)를 클릭합니다.

03 정의된 이름을 수식에 반영하겠습니다. E6셀의 수식을 다음과 같이 변경하고 E6셀의 채우기 핸들(⊞)을 더블클릭합니다. 결과는 동일하지만 수식이 이전에 비해 훨씬 이해하기 쉽게 변경됩니다.

E6셀 : =(상반기+하반기)*지급비율

04 정의된 이름으로 표의 특정 위치를 참조해보겠습니다. E13셀에 다음 수식을 입력하면 E9셀에 있는 영국 법인의 성과급이 바로 반환됩니다.

E13 : =영국 성과급

	A	B	C	D	E	F	G	H
E13		fx =영국 성과급						
1								
2			**법인 성과급**					
3								
5		법인	상반기	하반기	성과급		지급비율	
6		한국	20,170	37,060	2,862		5%	
7		미국	45,540	60,350	5,295			
8		중국	14,540	27,580	2,106			
9		영국	25,770	26,290	2,603			
10		일본	15,120	23,900	1,951			
11		프랑스	28,310	15,780	2,205			
12								
13				조회	2,603			
14								

Plus⁺ 수식 이해하기

이번 수식은 공백 참조 연산자를 사용한 것입니다. **=영국 성과급** 수식은 **영국**으로 이름 정의된 C9:E9 범위와 **성과급**으로 이름 정의된 E6:E11 범위의 교집합인 E9셀 값을 참조합니다. '선택 영역에서 만들기' 기능을 이용하면 이처럼 표의 특정 위치를 정의된 이름만으로 참조할 수 있어 편리합니다.

이름의 사용 범위 이해하기

이름 상자에 입력하거나 '선택 영역에서 만들기' 기능을 이용해 정의한 이름은 해당 파일 내 모든 시트에서 사용할 수 있습니다. 그러니 중복된 이름은 만들어지지 않을 것이라고 생각할 수 있지만, 필요하다면 특정 시트에서만 사용할 수 있도록 이름 정의를 할 수 있습니다. 그러므로 이름을 정의할 때는 그 사용 범위를 정확하게 이해하고 있어야 합니다. 정의된 이름의 사용 범위에 대해 알아보겠습니다.

\ **예제 파일** PART 01 \ CHAPTER 02 \ 이름 정의−사용범위.xlsx

파일 전체에서 사용할 수 있는 이름

이름 상자에 입력하거나 '선택 영역에서 만들기' 기능을 이용해 정의한 이름은 해당 파일 내 모든 시트에서 사용할 수 있습니다. 정의된 이름은 대부분 파일 전체에서 사용 가능하다고 생각하면 됩니다.

특정 시트에서만 사용할 수 있는 이름

이름을 정의할 때 특정 시트에서만 사용할 수 있도록 사용 범위를 제한할 수 있습니다. 이렇게 하면 여러 시트에서 동일한 이름으로 서로 다른 범위를 참조하도록 할 수 있습니다. 특정 시트에서만 사용할 수 있는 이름은 '이름 정의' 기능을 이용해 정의합니다.

01 예제 파일의 '1사분기' 시트와 '2사분기' 시트에는 각각 다음과 같은 표가 있습니다. F열에 있는 매입 금액의 합계를 D5 병합 셀에 계산해보겠습니다. 이때 두 시트의 '매입' 열을 각각 **매입**이라는 이름으로 정의해 사용하겠습니다.

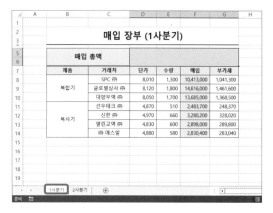

02 '1사분기' 시트를 선택하고 매입 금액이 입력된 F8:F14 범위를 이름으로 정의하기 위해 [수식] 탭-[정의된 이름] 그룹-[이름 정의] 명령(▣)을 클릭합니다.

03 '새 이름' 대화상자가 열리면 다음과 같이 설정하고 〈확인〉 버튼을 클릭합니다.

이름 : 매입

범위 : 1사분기

참조 대상 : ='1사분기'!$F$8:$F$14

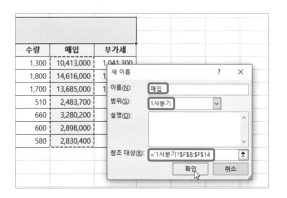

04 정의된 이름을 이용해 매입 총액을 계산하겠습니다. D5 병합 셀에 다음 수식을 입력합니다.

D5 병합 셀 : =SUM(매입)

05 '2사분기' 시트를 선택하고 D5 병합 셀에 **=SUM(매입)** 수식을 입력하면 #NAME? 오류가 발생합니다. **03** 과정에서 정의한 이름인 **매입**은 '1사분기' 시트에서만 사용할 수 있다는 것을 알 수 있습니다.

D5 병합 셀 : =SUM(매입)

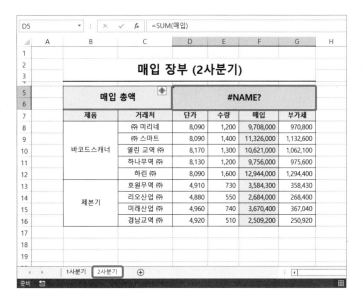

06 이름을 다시 정의하겠습니다. [수식] 탭−[정의된 이름] 그룹−[이름 정의] 명령(▣)을 클릭해 '새 이름' 대화상자가 열리면 다음과 같이 설정한 후 〈확인〉 버튼을 클릭합니다.

이름 : 매입

범위 : 2사분기

참조 대상 : ='2사분기'!$F$8:$F$16

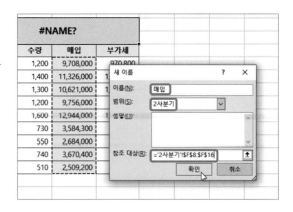

07 D5 병합 셀의 #NAME? 오류가 사라지고 올바른 계산 결과가 반환됩니다.

D5	▼	:	×	✓	fx	=SUM(매입)	

⬠	A	B	C	D	E	F	G	H
1								
2			**매입 장부 (2사분기)**					
3								
5		**매입 총액**				**66,802,900**		
6								
7		제품	거래처	단가	수량	매입	부가세	
8			㈜ 미리네	8,090	1,200	9,708,000	970,800	
9			㈜ 스마트	8,090	1,400	11,326,000	1,132,600	
10		바코드스캐너	열린 교역 ㈜	8,170	1,300	10,621,000	1,062,100	
11			하나무역 ㈜	8,130	1,200	9,756,000	975,600	
12			하린 ㈜	8,090	1,600	12,944,000	1,294,400	
13			호원무역 ㈜	4,910	730	3,584,300	358,430	
14		제본기	리오산업 ㈜	4,880	550	2,684,000	268,400	
15			미래산업 ㈜	4,960	740	3,670,400	367,040	
16			경남교역 ㈜	4,920	510	2,509,200	250,920	
17								

이름으로 정의된 범위를 시각적으로 확인하는 방법

041

이름 정의는 매우 편리한 기능이지만 이름에서 참조하는 범위를 눈으로 확인하기 어렵다는 불편함이 있습니다. 물론 '이름 관리자' 대화상자를 이용하면 되지만 일일이 확인해야 하므로 불편한 것은 마찬가지입니다. 이런 불편함을 해소할 수 있는 방법이 있습니다. 워크시트의 어떤 범위가 이름으로 정의되어 있는지 확인하고 싶다면 워크시트 화면을 축소하면 됩니다. 그러면 데이터 범위에 정의된 이름이 워터마크로 표시됩니다.

예제 파일 없음

이름으로 정의된 범위가 있는 시트에서 화면을 40% 미만으로 축소하면 다음과 같이 정의된 이름이 참조하는 범위가 테두리 선과 함께 표시됩니다.

화면을 축소하는 방법은 두 가지입니다.
첫째, 상태 표시줄의 화면 확대/축소 슬라이드를 이용해 화면 비율을 39% 이하로 조정합니다.

둘째, [보기] 탭-[확대/축소] 그룹-[확대/축소] 명령(🔍)을 클릭해 '확대/축소' 대화상자를 열고 [사용자 지정] 옵션을 선택한 후 화면 비율을 39% 이하로 조정하고 〈확인〉 버튼을 클릭합니다.

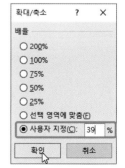

TIP 수식을 사용해 정의한 이름은 화면을 축소해도 나타나지 않습니다.

TIP 이름이 참조한 범위가 겹치는 경우는 더 넓은 범위를 참조하는 이름만 표시됩니다.

이름과 셀 삽입/삭제의
연동 이해하기

이름 정의

042

이름을 정의한 후에도 이름으로 정의된 데이터 범위에서 이전과 동일하게 작업할 수 있습니다. 다만 셀을 삭제하거나 삽입하는 등 셀 위치가 변경되는 작업을 하면 이름에서 참조하는 데이터 범위가 변경될 수 있습니다. 그러므로 이름을 제대로 사용하려면 셀 위치를 변경시키는 동작이 정의된 이름에 어떤 영향을 미치는지 정확하게 이해하고 있어야 합니다.

\ **예제 파일** PART 01 \ CHAPTER 02 \ 이름 정의-범위연동.xlsx /

01 예제 파일을 열고 데이터 범위의 이름을 확인합니다. B6:J14 범위를 선택하고 이름 상자를 보면 **직원명부**라는 이름으로 정의되어 있는 것을 알 수 있습니다.

02 이름으로 참조한 범위에 셀을 하나 추가해보겠습니다. C7셀을 선택하고 [홈] 탭-[셀] 그룹-[삽입] 명령(⊞)을 클릭해 셀을 하나 삽입한 후 이름 상자에서 **직원명부** 이름을 선택해 이름의 참조 범위를 확인합니다. 표 내부에 셀을 추가해도 이름으로 정의된 범위는 변경되지 않는 것을 확인할 수 있습니다.

03 이번에는 이름으로 참조한 범위에 행(또는 열)을 추가해보겠습니다. 우선 단축키 Ctrl+Z를 누르거나 빠른 실행 도구 모음의 [실행 취소] 명령(↶)을 클릭해 이전 작업을 취소합니다. B7:J7 범위를 선택하고 [홈] 탭-[셀] 그룹-[삽입] 명령(▦)을 클릭해 행을 삽입한 후 이름 상자에서 **직원명부** 이름을 선택해 이름의 참조 범위를 확인합니다. 셀 하나만 삽입했을 때와는 달리 이름으로 정의된 셀 범위가 변경된 것을 알 수 있습니다.

사번	이름	직위	주민등록번호	성별	나이	생년월일	입사일	근속기간
1	박지훈	부장	750219-1234567	남	43	1975-02-19	2003-05-14	14년 2개월
2	유준혁	과장	820304-1234567	남	36	1982-03-04	2007-10-17	9년 9개월
3	이서연	과장	841208-2134567	여	34	1984-12-08	2012-05-01	5년 3개월
4	김민준	대리	870830-1234567	남	31	1987-08-30	2016-04-01	1년 4개월
5	최서현	대리	900919-2134567	여	28	1990-09-19	2015-05-03	2년 3개월
6	박현우	대리	880702-1234567	남	30	1988-07-02	2014-10-17	2년 9개월
7	정시우	사원	920529-1234567	남	26	1992-05-29	2016-01-02	1년 7개월
8	이은서	사원	940109-2134567	여	24	1994-01-09	2016-03-05	1년 5개월
9	오서윤	사원	930127-2134567	여	25	1993-01-27	2015-11-15	1년 8개월

Plus+ 삽입 명령과 이름의 참조 범위

삽입 명령을 몇 번 사용해보았다면 이름과 범위가 어떤 방식으로 연동되는지 이해할 수 있을 겁니다. 범위 내에 셀을 하나 삽입하는 것으로는 이름에서 참조한 범위에 변화가 없지만, 행/열을 삽입하면 이름에서 참조하는 범위도 그에 맞게 확장됩니다.

이때 행은 7행 전체를 의미하기도 하고 이름에서 참조한 범위 내 행을 의미하기도 합니다. 예제의 경우를 예로 들면, 참조한 범위 내 행인 B7:J7 범위를 선택하고 행을 삽입하면 이름에서 참조하는 범위가 변경되지만, B7:I7 범위를 선택하고 행을 삽입하면 이름에서 참조한 범위에 있는 J열이 포함되지 않았으므로 이름에서 참조한 범위가 변경되지 않습니다.

삭제 명령도 삽입 명령과 동일한 방법으로 이름에서 참조하는 범위와 연동됩니다. 즉, 행/열을 삭제하면 이름에서 참조하는 범위도 그에 맞게 축소됩니다.

상수를 이름으로 정의하기

043

셀이나 범위뿐만 아니라 다양한 숫자나 텍스트와 같은 상수 값도 이름으로 정의해 사용할 수 있습니다. 수식에서 자주 사용하는 숫자나 텍스트를 이름으로 정의해 사용하면 계산에 필요한 여러 값을 효율적으로 관리할 수 있어 매우 편리합니다. 상수를 이름으로 정의하고 사용하는 방법에 대해 알아보겠습니다.

예제 파일 PART 01 \ CHAPTER 02 \ 이름 정의-상수.xlsx

01 예제 파일의 E6셀에는 다음과 같은 수식이 입력되어 있습니다. 5%와 같이 수식에서 자주 사용하는 상수를 이름으로 정의하고 사용해보겠습니다.

E6셀 : =(상반기+하반기)*5%

E6		fx	=(상반기+하반기)*5%		
	A	B	C	D	E	F

법인 성과급

법인	상반기	하반기	성과급
한국	20,170	37,060	2,862
미국	45,540	60,350	5,295
중국	14,540	27,580	2,106
영국	25,770	26,290	2,603
일본	15,120	23,900	1,951
프랑스	28,310	15,780	2,205

TIP 예제의 B5:E11 범위에는 '선택 영역에서 만들기' 기능을 이용해 이름이 정의되어 있습니다.

LINK '선택 영역에서 만들기' 기능에 대해서는 'No. 039 데이터 범위를 이름으로 정의하기'(103쪽)를 참고합니다.

02 [수식] 탭-[정의된 이름] 그룹-[이름 정의] 명령(▣)을 클릭하고 다음 내용을 입력한 후 〈확인〉 버튼을 클릭합니다.

이름 : 지급비율

참조 대상 : =5%

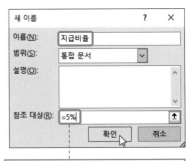

5%와 같은 숫자를 입력할 때는 **0.05** 또는 **5%**로 입력할 수 있습니다. 이때 등호(=)는 생략할 수 있는데, 생략하면 자동으로 입력됩니다.

03 **02** 과정에서 정의한 이름을 사용해 E6 셀의 수식을 다음과 같이 수정하고 E6셀의 채우기 핸들(⊞)을 더블클릭합니다.

E6셀 : =(상반기+하반기)*지급비율

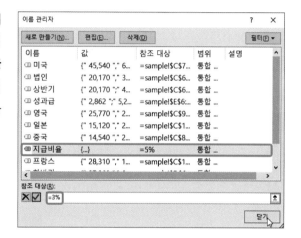

04 이름으로 정의된 상수를 변경하기 위해 [수식] 탭-[정의된 이름] 그룹-[이름 관리자] 명령(📷)을 클릭합니다. 정의된 이름 중 **지급비율**을 선택하고 '참조 대상'의 값을 다음과 같이 변경한 후 [Enter] 키를 눌러 저장하고 〈닫기〉 버튼을 클릭합니다.

참조 대상 : =3%

TIP 정의된 이름 삭제하기

더 이상 사용하지 않는 이름을 삭제하려면 '이름 관리자' 대화상자에서 삭제할 이름을 선택하고 〈삭제〉 버튼을 클릭합니다.

---

05 **지급비율** 이름을 사용하는 수식이 변경된 값에 따라 재계산됩니다. **지급비율** 이름의 값이 줄어들었으므로, E6:E11 범위의 값도 이전보다 작아집니다.

단축 문자 구성하기

044

긴 문자열을 반복적으로 입력해야 한다면 '자동 고침' 기능을 이용해 긴 문자열을 짧은 단어로 변경할 수 있습니다. 하지만 '자동 고침' 기능은 수식 내에서 사용하기에는 불편하므로 수식에서는 이름을 정의해 사용하는 것이 더 편리합니다. 자동 고침과 이름 정의는 각각 장단점이 있으므로 필요한 상황에 맞게 구분해 사용하는 것이 좋습니다.

\ 예제 파일 PART 01 \ CHAPTER 02 \ 이름 정의-단축문자.xlsx /

자동 고침

'자동 고침' 기능을 사용해 단축 문자를 만들면 모든 파일에서 사용할 수 있지만, 수식 내에서 사용하려면 큰따옴표(") 안에 입력해야 합니다.

01 예제 파일을 열고 [파일] 탭-[옵션]을 클릭해 'Excel 옵션' 대화상자가 열리면 [언어 교정] 범주를 선택하고 〈자동 고침 옵션〉 버튼을 클릭합니다.

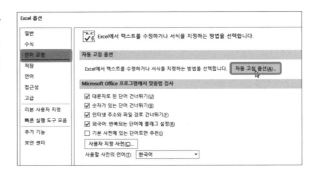

02 '자동 고침' 대화상자가 열리면 '자동 고침' 탭의 [입력]에 **마소**를, [결과]에 **마이크로소프트**를 입력하고 〈추가〉 버튼을 클릭해 등록합니다. 〈확인〉 버튼을 클릭해 '자동 고침' 대화상자와 'Excel 옵션' 대화상자를 모두 닫습니다.

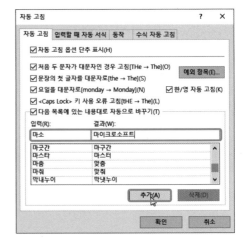

03 이제 **마소**를 입력하면 '마이크로소프트'로 표시됩니다. C6셀에 **마소**를 입력해봅니다.

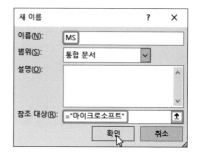

TIP 수식에서 사용하려면 =**"마소"**와 같이 입력합니다.

이름 정의

수식에서 좀 더 편리하게 단축 문자를 사용하려면 '이름 정의' 기능을 사용하면 되는데, '이름 정의' 기능은 이름이 정의된 파일에서만 사용할 수 있습니다.

01 [수식] 탭-[정의된 이름] 그룹-[이름 정의] 명령(▣)을 클릭해 '새 이름' 대화상자가 열리면 다음과 같이 설정하고 〈확인〉 버튼을 클릭합니다.

이름 : MS
참조 대상 : ="마이크로소프트"

02 정의한 이름을 이용해 수식을 입력해보겠습니다. D6셀에 다음 수식을 입력하면 화면과 같이 '마이크로소프트'가 반환됩니다.

D6셀 : =MS

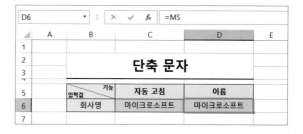

Plus⁺ **이름 정의와 자동 고침의 차이**

이름 정의된 단축 문자를 등호(=) 없이 입력하면 그냥 문자열만 입력됩니다. 예를 들어 **MS**라고 입력하면 그냥 **MS**라고 입력됩니다. 이것은 장점으로 볼 수도 있는데, 이름 정의를 사용하면 등호(=) 입력 여부에 따라 **MS**와 **마이크로소프트** 두 개의 문자열로 구분해 입력할 수 있기 때문입니다. 이와 달리 자동 고침을 사용할 경우에는 **마소**라고 입력하면 항상 **마이크로소프트**로 변경되므로 두 문자열을 구분해 입력할 수 없습니다.

수식을 이름으로 정의하기

수식도 이름으로 정의해 사용할 수 있습니다. 상수를 이름으로 정의하는 방법과 동일하지만, 수식의 결과로 값이 자동으로 바뀔 수 있다는 점에서 매우 효율적입니다. 또한 수식을 이름으로 정의해 사용하면 수식의 길이를 줄여 더 간결하게 만들 수 있습니다. 수식을 이름으로 정의하는 방법에 대해 알아보겠습니다.

\ **예제 파일** PART 01 \ CHAPTER 02 \ 이름 정의-수식.xlsx /

01 예제 파일을 열고 근속일을 계산하겠습니다. 근속일은 회계연도의 시작일을 기준으로 하며, 회계연도의 시작일은 매년 3월 1일이라고 가정합니다.

	사번	이름	입사일	근속일
			근속일 계산	
6	1	최서현	2016-05-14	
7	2	박현우	2015-10-17	
8	3	정시우	2015-05-01	
9	4	이은서	2014-04-01	
10	5	오서윤	2014-05-03	

TIP D6:D10 범위는 **입사일**이라는 이름으로 미리 정의되어 있습니다.

02 회계연도 시작일 날짜를 이름으로 정의하겠습니다. [수식] 탭-[정의된 이름] 그룹-[이름 정의] 명령(回)을 클릭해 '새 이름' 대화상자가 열리면 다음과 같이 설정하고 〈확인〉 버튼을 클릭합니다.

이름 : 회계시작일
참조 대상 : =DATE(2018,3,1)

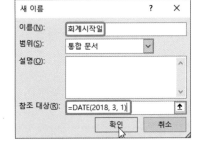

Plus⁺ 매년 회계시작일이 자동으로 변경되도록 하는 방법

변경되지 않는 날짜를 계산에 사용한다면 [참조 대상]란에 ="2018-03-01"과 같이 바로 입력해도 됩니다. 하지만 필요에 따라 매년 회계시작일이 자동으로 계산되도록 할 수 있습니다. 이번 예제와 같이 회계연도가 3월부터 시작된다면, 2월까지는 전년의 3월 1일을, 3월부터는 금년의 3월 1일을 반환하도록 하면 되므로 다음과 같이 수식을 구성합니다.

=DATE(IF(MONTH(TODAY())>2, YEAR(TODAY()), YEAR(TODAY())−1), 3, 1)

LINK 날짜와 시간 관련 함수에 대해서는 'CHAPTER 07. 날짜, 시간 함수'에서 자세하게 설명합니다.

03 E6셀에 다음 수식을 입력하고 E6셀의 채우기 핸들(⊞)을 E10셀까지 드래그하면 근속일이 한 번에 계산됩니다.

E6셀 : =회계시작일−입사일

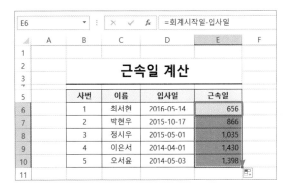

Plus⁺ 정의된 이름이 기억나지 않는다면?

수식에서 정의된 이름을 사용하려고 하는데 이름이 기억나지 않는다면 F3 키를 누릅니다. 이번 예제의 경우 E6셀에서 등호(=)를 입력하고 F3 키를 누르면 화면과 같은 '이름 붙여넣기' 대화상자가 표시됩니다. 목록에서 사용할 이름을 선택하고 〈확인〉 버튼을 클릭합니다.

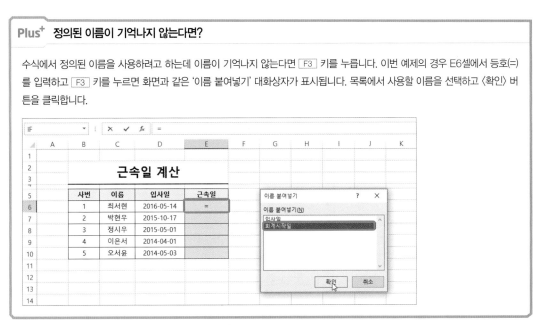

정의된 이름을
한 번에 수식에 적용하기

046

수식을 작성할 때 정의된 이름을 사용하는 것은 쉽지만 이름을 정의한 후에 기존의 수식을 고치는 작업은 불편합니다. 이런 점 때문에 이름을 정의해 사용하는 작업을 꺼리는 사용자도 많습니다. 이런 불편한 점은 정의된 이름을 기존 수식의 참조 범위에 바로 적용하는 '이름 적용' 기능을 사용하면 해결할 수 있습니다.

예제 파일 PART 01 \ CHAPTER 02 \ 이름 정의-적용.xlsx

01 예제 파일의 F6셀에는 평균 급여를 계산하는 수식이 입력되어 있습니다. AVERAGE 함수에서 참조한 B6:D12 범위가 이름으로 정의되어 있을 때 수식을 직접 고치지 않고 정의된 이름을 적용해보겠습니다.

F6셀 : =AVERAGE(D6:D12)

F6		:	×	✓	fx	=AVERAGE(D6:D12)	
◢	A	B	C	D	E	F	G
1							
2			**급여대장**				
3							
5		이름	직위	급여		평균	
6		박지훈	부장	4,503,700		3,134,086	
7		유준혁	과장	3,500,900			
8		이서연	대리	3,082,000			
9		김민준	주임	2,852,000			
10		최서현	주임	2,852,000			
11		박현우	사원	2,668,000			
12		정시우	사원	2,480,000			
13							

02 이름 상자의 아래 화살표 단추(▼)를 클릭해 이름 목록이 열리면 이름(여기서는 **급여**)을 선택해 해당 이름이 참조하는 범위를 확인합니다.

F6		:	×	✓	fx	=AVERAGE(D6:D12)	
급여			C	D	E	F	G
이름							
직위							
3			**급여대장**				
5		이름	직위	급여		평균	
6		박지훈	부장	4,503,700		3,134,086	
7		유준혁	과장	3,500,900			
8		이서연	대리	3,082,000			
9		김민준	주임	2,852,000			
10		최서현	주임	2,852,000			
11		박현우	사원	2,668,000			
12		정시우	사원	2,480,000			
13							

03 정의된 이름을 수식에 적용하겠습니다. [수식] 탭-[정의된 이름] 그룹-[이름 정의] 명령(⊟) 내 [이름 적용] 메뉴를 선택합니다.

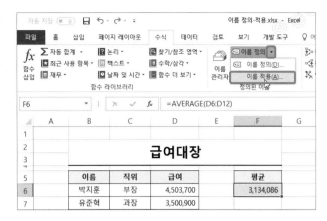

04 '이름 적용' 대화상자가 열리면 적용할 이름인 [급여]를 선택하고 〈확인〉 버튼을 클릭합니다.

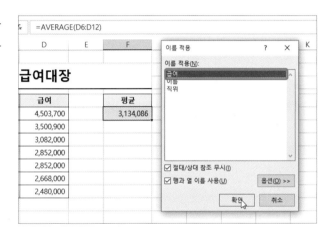

Plus⁺ '이름 적용' 대화상자의 옵션 이해하기

● **절대/상대 참조 무시**

이름은 기본적으로 절대 참조 방식으로 범위를 참조합니다. 수식에서 상대 참조 방식으로 참조했다고 해도 주소가 같다면 이름으로 변경합니다.

● **행과 열 이름 사용**

참조 범위로 정의된 이름이 없어도 정의된 이름이 교차하는 범위와 일치하면 이름으로 변경합니다. 항상 주소만 일치하는 이름이 적용되기를 원한다면 이 옵션의 체크는 해제하는 것이 좋습니다.

LINK 정의된 이름이 교차하는 범위에 대한 설명은 'No. 019 참조 연산자 이해하기'(56쪽)를 참고합니다.

---

05 F6셀을 선택하고 수식 입력줄을 보면 참조 범위의 주소가 이름으로 변경된 것을 확인할 수 있습니다.

	A	B	C	D	E	F	G
F6					=AVERAGE(급여)		
1							
2				급여대장			
3							
5		이름	직위	급여		평균	
6		박지훈	부장	4,503,700		3,134,086	
7		유준혁	과장	3,500,900			
8		이서연	대리	3,082,000			
9		김민준	주임	2,852,000			

참조한 범위가 정의된 이름으로
자동 변경되도록 설정하기

수식에서 원하는 범위를 참조할 때 마우스로 드래그해 범위를 선택하면, 이름이 정의되어 있는 경우 해당 이름이 수식에 표시됩니다. 하지만 셀 주소를 **A1:A10**과 같이 직접 입력하면 이름이 정의되어 있어도 셀 주소로만 표시되는데, 이 경우 자동으로 정의된 이름으로 변경할 수 있습니다. 이 방법은 Lotus 1-2-3 호환 기능을 이용하므로 Excel 옵션을 변경해야 하며, 한 번 변경하면 모든 파일에 적용됩니다.

\ **예제 파일** PART 01 \ CHAPTER 02 \ 이름 정의-자동 적용.xlsx

01 예제 파일을 열고 F6셀에 사원 평균 급여를 계산하겠습니다. 먼저 이름 상자의 아래 화살표 단추(▼)를 클릭해 정의된 이름을 확인하고 목록에서 이름을 선택해 참조 범위를 확인합니다.

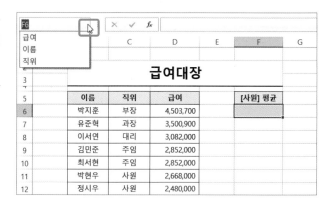

02 수식에서 참조하는 범위가 이름으로 자동 변경되도록 옵션을 변경합니다. [파일] 탭-[옵션]을 클릭해 'Excel 옵션' 대화상자가 열리면 [고급] 범주를 선택하고 'Lotus 호환성 설정 대상' 그룹의 [Lotus 1-2-3 수식 입력]에 체크한 후 〈확인〉 버튼을 클릭합니다.

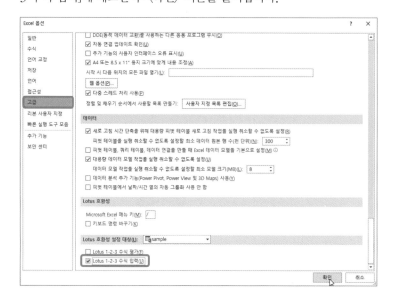

03 F6셀에 직위가 '사원'인 직원의 평균 급여를 계산하기 위해 다음 수식을 입력합니다.

F6셀 : =AVERGAEIF(C6:C12, "사원", D6:D12)

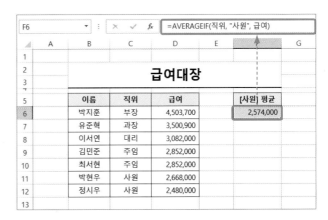

Plus⁺ 작업 이해하기

수식에서 참조하는 범위를 드래그해서 선택하면 정의된 이름이 바로 반환되므로 반드시 직접 수식을 입력해야 합니다. 수식에서 사용한 AVERAGEIF 함수의 사용 방법은 'No. 124 0을 제외한 평균 구하기–AVERAGEIF'(373쪽)를 참고하고, 여기서는 참조 범위가 어떻게 이름으로 표시되는지 주의해서 살펴봅니다.

04 수식이 계산된 후 다시 F6셀을 선택하면 수식 입력줄의 수식 참조 범위가 모두 이름으로 표시됩니다.

Plus⁺ 작업 이해하기

이 방법을 사용할 때는 다음 두 가지에 주의해야 합니다.

● 첫째, 실제로 수식에서 참조 범위가 이름으로 변경된 것이 아니고 수식 입력줄에서 표시되는 방법만 변경된 것입니다. F6셀에서 편집 단축키인 F2 키를 눌러 수식을 확인해봅니다.

● 둘째, **03** 과정에서 작성한 수식의 참조 방식은 상대 참조입니다. 절대 참조 방식으로 범위를 참조했다면 이름 앞에 절대 참조 기호($)가 **$직위**와 같이 표시됩니다.

파일, 시트 관련 이름 정의 방법

048

파일을 사용하다 보면 관리해야 할 시트 수가 늘어나고 다른 시트에서 필연적으로 데이터를 참조해야 하는 경우도 많아집니다. 이런 경우 많은 수식에 참조하는 시트 이름이 입력되어 있으면 참조할 시트가 변경되었을 때 일일이 시트 이름을 수정해야 하는 불편함이 있습니다. 이때 파일이나 주변 시트 이름을 반환하는 이름을 정의해 사용하면 보다 쉽게 다른 시트를 참조할 수 있습니다. 파일과 시트 이름을 반환하는 이름 정의 방법에 대해 알아보겠습니다.

예제 파일 PART 01 \ CHAPTER 02 \ 이름 정의−파일,시트.xlsm

다음은 파일, 시트와 관련해 이름을 정의해 활용할 수 있는 예입니다.

이름	참조 대상
현재파일	=MID(GET.CELL(32, !$A$1), 2, FIND("]", GET.CELL(32, !$A$1))−2)
현재시트	=MID(GET.CELL(32, !$A$1), FIND("]", GET.CELL(32, !$A$1))+1, 100)
전체시트	=GET.WORKBOOK(1)
이후시트	=INDEX(전체시트, MATCH("[" & 현재파일 & "]" & 현재시트, 전체시트, 0)+1)
오른쪽시트	=MID(이후시트, FIND("]", 이후시트)+1, 100)
이전시트	=INDEX(전체시트, MATCH("]" & 현재파일 & "]" & 현재시트, 전체시트, 0)−1)
왼쪽시트	=MID(이전시트, FIND("]" , 이전시트)+1, 100)

TIP GET.WORKBOOK, GET.CELL 함수는 매크로 함수로 이름 정의에서만 사용할 수 있으며, 매크로 함수를 사용한 파일은 '매크로 사용 통합 문서(XLSM)'로 저장해야 합니다.

01 예제 파일을 열면 수식 입력줄 상단에 노란색 '보안 경고' 메시지 줄이 표시됩니다. 〈콘텐츠 사용〉 버튼을 클릭한 후 제목 표시줄에서 파일 이름과 시트 탭에서 사용 중인 시트 이름을 확인합니다.

TIP 파일에 정의된 이름에는 매크로 함수가 사용되고 있으므로 '보안 경고' 메시지 줄에서 〈콘텐츠 사용〉 버튼을 클릭하지 않으면 정의된 이름을 사용할 수 없습니다.

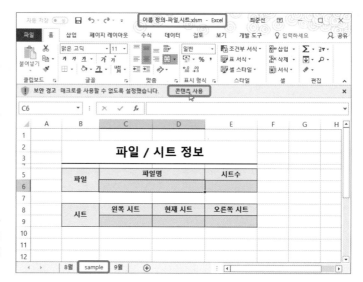

02 정의된 이름을 확인하기 위해 [수식] 탭–[정의된 이름] 그룹–[이름 관리자] 명령(⊞)을 클릭해 '이름 관리자' 대화상자를 엽니다. 소개된 이름이 모두 정의되어 있는 것을 확인하고 〈닫기〉 버튼을 클릭합니다.

03 각 셀에 다음 수식을 입력하면 다음과 같은 결과를 얻을 수 있습니다.

C6 병합 셀 : =현재파일

E6셀 : =COUNTA(전체시트)

C9셀 : =왼쪽시트

D9셀 : =현재시트

E9셀 : =오른쪽시트

| E9 | ▼ | : | × | ✓ | fx | =오른쪽시트 |

	A	B	C	D	E	F
1						
2			**파일 / 시트 정보**			
3						
4						
5		**파일**	**파일명**		**시트수**	
6			이름 정의-파일,시트.xlsm		3	
7						
8		**시트**	**왼쪽 시트**	**현재 시트**	**오른쪽 시트**	
9			8월	sample	9월	
10						

LINK COUNTA 함수에 대한 설명은 'No. 110 개수 세기 – COUNT 계열 함수'(322쪽)를 참고합니다.

상대 참조로 이름 정의해 활용하기

049

이름 정의는 기본적으로 절대 참조 방식으로 범위를 참조하지만, 상대 참조 방식으로도 할 수 있습니다. 상대 참조 방식은 활성 셀을 기준으로 다양한 상대 위치를 이름으로 정의할 수 있으므로 절대 참조 방식보다 활용도가 높습니다. 수식에서는 상대 참조 방식이 가장 쉽지만 이름 정의에서는 상대 참조 방식이 더 이해하기 어려우므로 주의해야 합니다.

\ **예제 파일** PART 01 \ CHAPTER 02 \ 이름 정의–상대.xlsx

상대 참조 원리 이해

이름을 정의하면 보통 **=시트명!$A$1:$A$10**과 같은 절대 참조 방식으로 파일 내에서 항상 특정 시트의 범위만 참조됩니다. 좀 더 자유롭게 활성 셀을 기준으로 상하좌우 셀/범위를 참조하도록 하려면 상대 참조 방식으로 이름을 정의합니다.

Plus⁺ 활성 셀이란?

셀이나 범위를 선택하면 하얀 배경으로 표시되는 셀이 하나 있는데 이를 '활성 셀'이라고 합니다. 활성 셀은 이름 상자에 셀 주소가 표시되므로 이를 보고 구분할 수도 있습니다. 예를 들어 다음과 같이 B2:D4 범위를 선택했다면 B2셀이 활성 셀입니다.

범위가 선택된 상태에서 키보드로 아무 값이나 수식을 입력하면 활성 셀에 입력됩니다. 또한 상대 참조 방식으로 이름을 정의할 때도 활성 셀을 기준으로 상하좌우 상대 위치의 셀이 참조됩니다.

상대 참조 방식으로 이름을 정의할 경우 시트 이름은 생략할 수 있지만 시트 이름과 셀 주소를 구분하는 느낌표(!) 구분 문자는 생략하면 안 됩니다. '참조 대상' 입력상자에 **=!A1:A10**과 같이 입력하는 방법으로 참조하는데, 이때 A1:A10은 해당 셀 주소의 범위를 의미하는 것이 아니라 활성 셀을 기준으로 상하좌우 상대 위치를 의미합니다.

01 예제 파일의 'sample1' 시트에는 다음과 같은 표가 있습니다. 요일을 반환하는 이름을 상대 참조로 정의해 파일 내 다른 위치와 다른 시트에서 사용해보겠습니다.

02 C6셀을 선택한 상태에서 이름을 정의합니다. [수식] 탭-[정의된 이름] 그룹-[이름 정의] 명령(回)을 클릭해 '새 이름' 대화상자가 열리면 [이름]과 [참조 대상] 입력상자에 다음 값과 수식을 입력하고 〈확인〉 버튼을 클릭합니다.

이름 : 요일

참조 대상 : =TEXT(!B6, "aaa")

Plus⁺ 정의된 이름 이해하기

[참조 대상] 입력상자에 작성한 수식은 다음과 같습니다.

=TEXT(!B6, "aaa")

정의된 이름의 동작을 정확하게 이해하려면 TEXT 함수의 첫 번째 인수인 **!B6** 부분의 두 가지 의미를 알아야 합니다.

● 첫째, 느낌표 구분 문자 앞의 시트 이름을 생략했습니다.
느낌표 구분 문자 앞의 시트 이름을 생략하면 이름을 사용한 시트의 셀을 참조합니다. 만약 느낌표(!) 구문 문자를 생략하고 **=B6**과 같이 참조하면, B6셀 앞에 현재 시트가 자동으로 입력되어 **=sample1!B6**로 변경되며, 이 경우 참조할 셀의 시트가 'sample1'로 고정됩니다.

● 둘째, B6셀 주소의 정확한 의미를 파악해야 합니다.
C6셀을 선택한 상태에서 이름을 정의했으므로 B6셀은 정확히 B6셀이 아니라 C6셀의 왼쪽 셀을 의미합니다. 그러므로 **=!B6**은 수식을 입력하는 셀의 왼쪽 셀을 참조하라는 의미가 됩니다.

LINK TEXT 함수에 대한 자세한 설명은 'No. 093 숫자 연결할 때 서식 지정하기 – TEXT'(262쪽)를 참고합니다.

03 정의한 이름을 사용하겠습니다. C6셀에 다음 수식을 입력하고 C6셀의 채우기 핸들(田)을 C9셀까지 드래그해 복사합니다.

C6셀 : =요일

04 다른 열에서도 제대로 된 결과를 반환하는지 확인하겠습니다. F6셀에 다음 수식을 입력하고 F6셀의 채우기 핸들(田)을 F9셀까지 드래그해 복사합니다.

F6셀 : =요일

TIP 수식을 다시 입력하지 않고 C6셀의 수식을 복사해 붙여넣어도 됩니다.

05 다른 시트에서도 제대로 된 결과를 반환하는지 확인하겠습니다. 'sample2' 시트로 이동해 C6:C9 범위와 F6:F9 범위에 각각 다음 수식을 입력합니다.

C6:C9 범위 : =요일
F6:F9 범위 : =요일

혼합 참조로 이름 정의해 활용하기

050

혼합 참조 방식은 참조할 셀/범위의 행이나 열만 고정시키는 방법으로, 이름 정의에서도 혼합 참조 방식을 사용할 수 있습니다. 수식에서 혼합 참조 방식을 익숙하게 사용할 수 있고 No. 049에서 설명한 상대 참조 방식의 이름 정의를 이해했다면 혼합 참조 방식도 어렵지 않게 사용할 수 있습니다. 혼합 참조 방식을 사용하는 이름 정의 방법에 대해 알아보겠습니다.

예제 파일 PART 01 \ CHAPTER 02 \ 이름 정의-혼합.xlsx

01 예제 파일을 열고 C열의 매출과 6행의 달성률을 곱해 D7:F10 범위에 매출 목표를 계산해보겠습니다.

TIP 혼합 참조

이번 이름 정의 방법을 제대로 이해하려면 혼합 참조 개념에 대해서 좀 더 잘 이해해야 합니다.

LINK 혼합 참조에 대한 자세한 설명은 'No. 036 혼합 참조 방식 이해하기'(96쪽)를 참고합니다.

02 먼저 C열의 매출 데이터 범위를 참조하는 이름을 정의합니다. D7셀을 선택한 상태에서 [수식] 탭-[정의된 이름] 그룹-[이름 정의] 명령(🗐)을 클릭합니다. '새 이름' 대화상자가 열리면 다음과 같이 설정하고 〈확인〉 버튼을 클릭합니다.

이름 : 매출

참조 대상 : =!$C7

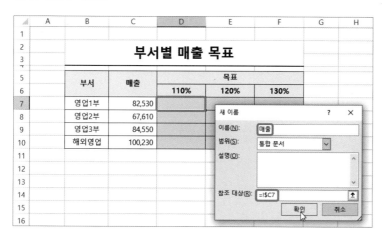

이번에 이름 정의한 **매출**은 D7셀이 선택된 상태에서 C7셀을 참조했습니다. 열 주소만 고정하는 혼합 참조 방식을 사용했으므로 행 방향(아래쪽)으로 수식을 복사할 때는 셀 주소가 변경되지만 열 방향(오른쪽)으로 복사할 때는 셀 주소가 변경되지 않습니다.

느낌표(!) 구분 문자 앞에 시드 이름을 생략한 이유는 다른 시트에서도 정의된 이름을 사용할 수 있도록 하기 위해서입니다. 현재 시트에서만 사용하려면 느낌표(!) 구분 문자를 생략해도 됩니다.

03 이번에는 6행의 달성률 데이터 범위를 참조하는 이름을 정의합니다. D7셀을 선택한 상태에서 [수식] 탭-[정의된 이름] 그룹-[이름 정의] 명령(▦)을 클릭합니다. '새 이름' 대화상자가 열리면 다음과 같이 설정하고 〈확인〉 버튼을 클릭합니다.

이름 : 달성률

참조 대상 : =!D$6

TIP 03 과정에서 이름 정의를 한 방법은 기본적으로 02 과정과 원리가 동일하므로 02 과정의 설명을 참고합니다.

04 정의한 이름을 이용해 매출 목표를 계산하겠습니다. D7셀에 다음 수식을 입력하고 D7셀의 채우기 핸들(田)을 F7셀까지 드래그한 후, 다시 채우기 핸들(田)을 10행까지 드래그해 수식을 복사합니다. 계산 작업이 한 번에 완료됩니다.

D7셀 : =매출*달성률

부서	매출	목표		
		110%	120%	130%
영업1부	82,530	90,783	99,036	107,289
영업2부	67,610	74,371	81,132	87,893
영업3부	84,550	93,005	101,460	109,915
해외영업	100,230	110,253	120,276	130,299

3차원 참조를 이름 정의해 활용하기

051

여러 시트에 동일한 템플릿의 표를 입력해 작업하는 경우가 종종 있습니다. 이런 경우 여러 시트의 동일한 셀/범위만 참조해야 하는 경우가 있는데, 이런 참조 방법을 '3차원 참조'라고 합니다. 이름 정의에서도 3차원 참조 방식을 지원하므로 3차원 참조 방식의 집계 작업을 할 경우에도 이름으로 참조할 범위를 정의해 사용할 수 있습니다.

\ **예제 파일** PART 01 \ CHAPTER 02 \ 이름 정의−3차원 참조.xlsx

3차원 참조

3차원 참조는 연속된 시트 내 동일한 셀/범위를 참조하는 방법으로, 구문은 다음과 같습니다.

=첫 번째 시트:마지막 시트!셀

예를 들어 'Sheet1' 시트부터 'Sheet3' 시트까지 A1셀을 참조한다면 다음과 같은 수식을 사용합니다.

=Sheet1:Sheet3!A1

3차원 참조는 COUNT, COUNTA, SUM, AVERAGE, MAX, MIN, RANK 등의 집계/통계 함수에서 사용할 수 있으며, COUNTIF, SUMIF와 같이 조건을 처리하는 함수에서는 사용할 수 없습니다.

01 예제 파일을 열고 '설문지1', '설문지2', '설문지3' 시트를 살펴보면 동일한 설문지 양식에 다음과 같은 설문 결과가 각각 입력되어 있습니다. 이 설문 결과를 'sample' 시트에 집계해보겠습니다.

02 양식이 모두 동일하므로 집계할 범위를 3차원 방식으로 이름 정의하겠습니다. 'sample' 시트의 C7셀을 선택하고 [수식] 탭–[정의된 이름] 그룹–[이름 정의] 명령(🖾)을 클릭합니다. '새 이름' 대화상자가 열리면 다음과 같이 설정하고 〈확인〉 버튼을 클릭합니다.

이름 : 선택항목
참조 대상 : =설문지1:설문지3!C7

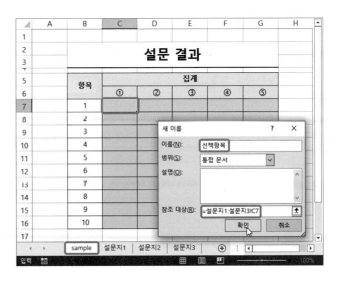

03 정의한 이름을 사용해 설문 결과를 집계하겠습니다. C7셀에 다음 수식을 입력하고 C7셀의 채우기 핸들(➕)을 G7셀까지 드래그한 후, 다시 채우기 핸들(➕)을 16행까지 드래그해 복사합니다.

C7셀 : =COUNTA(선택항목)

항목	①	②	③	④	⑤
1	2	0	0	1	0
2	1	0	2	0	1
3	0	2	0	0	1
4	0	1	0	0	2
5	0	1	2	0	0
6	1	2	0	1	1
7	0	2	0	0	0
8	2	0	2	0	1
9	1	1	0	1	0
10	2	1	1	2	0

오류가 발생한 이름 찾아 삭제하기

이름을 정의한 후 이름에서 참조한 범위나 시트를 삭제해도 이름은 함께 삭제되지 않고 파일에 남아 있습니다. 다만 참조 대상이 사라졌기 때문에 정의된 이름에 #REF! 오류가 발생하여 더 이상 그 이름을 그대로 사용할 수 없습니다. 오류가 발생한 이름은 삭제하거나 다른 범위를 참조하도록 참조 대상을 변경해야 합니다. 여기서는 오류가 발생한 이름을 찾아 삭제하는 방법에 대해 알아보겠습니다.

\ **예제 파일** PART 01 \ CHAPTER 02 \ 이름 정의-오류.xlsx /

01 예제 파일을 열고 [수식] 탭-[정의된 이름] 그룹-[이름 관리자] 명령(📇)을 클릭합니다. 다음 화면과 같이 '이름 관리자' 대화상자에서 #REF! 오류가 발생한 이름을 확인할 수 있습니다.

02 오류가 발생한 이름만 확인하기 위해 '이름 관리자' 대화상자 오른쪽 상단의 〈필터〉 버튼을 클릭하고 [오류가 있는 이름] 메뉴를 선택합니다.

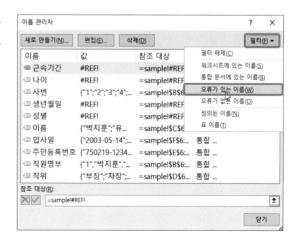

03 오류가 발생한 이름만 목록에 표시됩니다. 목록의 첫 번째 이름을 선택하고 Shift 키를 누른 상태에서 마지막 이름을 선택하면 추출된 이름이 모두 선택됩니다. 〈삭제〉 버튼을 클릭한 후 〈닫기〉 버튼을 클릭해 대화상자를 닫습니다.

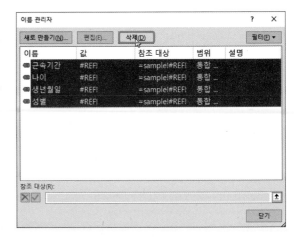

TIP 삭제되지 않은 이름 확인하기

'이름 관리자' 대화상자에서 삭제되지 않은 이름을 표시하려면 〈필터〉 버튼을 클릭하고 [필터 해제] 메뉴를 클릭하거나 대화상자를 닫았다가 다시 엽니다.

시트를 복사할 때 이름이 중복되는 문제 이해하기

053

엑셀에서는 시트를 복사해 사용할 수 있습니다. 같은 파일 내에서 시트를 복사하면 정의되어 있는 이름도 함께 복사되므로 중복된 이름이 발생합니다. 중복된 이름은 복사한 시트에서만 사용할 수 있도록 사용 범위가 제한됩니다. 그러므로 '이름 정의' 기능을 사용할 때는 시트를 복사하는 방법보다는 원하는 범위만 복사해서 붙여넣는 방법을 사용하는 것이 좋습니다.

예제 파일 PART 01 \ CHAPTER 02 \ 이름 정의-복사.xlsx

01 예제 파일을 열고 이름 상자의 아래 화살표 단추(▾)를 클릭하면 **급여**라는 이름을 확인할 수 있습니다. E11셀에는 **=SUM(급여)** 수식이 입력되어 있습니다.

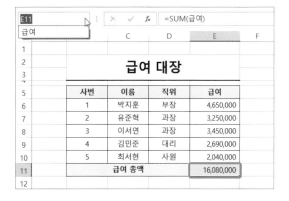

02 시트를 복사하기 위해 'sample' 시트 탭을 마우스 오른쪽 버튼으로 클릭하고 [이동/복사] 메뉴를 선택합니다. '이동/복사' 대화상자가 열리면 [복사본 만들기]에 체크하고 〈확인〉 버튼을 클릭합니다.

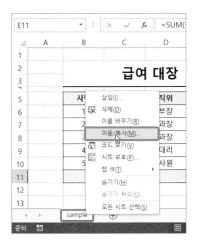

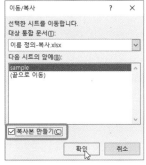

03 'sample (2)' 복사본 시트가 생성됩니다. [수식] 탭–[정의된 이름] 그룹–[이름 관리자] 명령(📇)을 클릭하면 '이름 관리자' 대화상자를 통해 **급여** 이름이 두 개인 것을 확인할 수 있습니다. 첫 번째 이름이 복사된 'sample (2)' 시트를 참조하는 이름입니다.

수식을 쉽게 작성할 수 있는 표 구성 방법 이해하기

복잡한 수식을 구성하는 데 시간을 할애하는 것보다는 수식을 간단하게 작성할 수 있도록 표를 구성하는 방법을 익히는 것이 더 쉽습니다. 표는 데이터를 기록하는 기본 틀이므로 표가 잘못 구성되어 있으면 간단한 수식으로는 원하는 결과를 얻을 수 없습니다. 여기서는 표를 만들 때 반드시 지켜야 하는 몇 가지 규칙에 대해 알아보겠습니다.

예제 파일 PART 01 \ CHAPTER 02 \ 표.xlsx

행 방향으로 데이터를 입력하도록 구성

엑셀의 함수나 기능은 대부분 데이터가 행 방향(아래쪽)으로 기록된다고 가정하고 동작합니다. 특히 COUNTIF, SUMIF 함수와 같이 조건을 판단해 집계하는 함수는 데이터가 행 방향으로 기록되어 있지 않으면 사용할 수 없습니다. 그러므로 표를 구성할 때는 데이터가 행 방향으로 쌓이도록 구성해야 합니다. 예제 파일의 'sample1' 시트에는 다음과 같이 열 방향으로 데이터를 입력하도록 구성된 '근태 현황' 표가 있습니다.

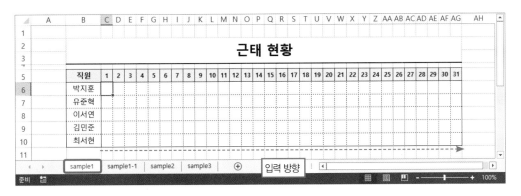

열 방향으로 데이터를 입력하도록 표를 구성하면 수식이나 엑셀 기능을 사용하는 것이 쉽지 않으므로 가급적 오른쪽 화면과 같이 행 방향으로 데이터를 입력하도록 구성합니다. 이 표는 'sample1-1' 시트에서 확인할 수 있습니다.

열이 많아도 두 줄에 나눠 기록하지 않기

'sample2' 시트에는 다음과 같은 표가 입력되어 있습니다. 이 표는 앞서 설명한 열 방향 데이터와 같은 방식인데, 열이 많아 두 줄로 나눠 기록한 경우입니다. 이렇게 표를 구성하면 수식을 사용하기가 어렵습니다. 열 방향으로 데이터를 입력하는 표를 구성할 때 열이 길다고 두 줄로 데이터를 나눠서 입력하면 수식을 작성하기가 더 어렵습니다. 이러한 표 구조는 반드시 피해야 합니다.

예제 파일의 'sample2' 시트에 있는 표는 5:6행의 머리글에서 확인할 수 있듯이 일별 데이터를 두 줄에 걸쳐 입력하도록 구성되어 있습니다. 이 표 역시 'sample1-1' 시트의 표처럼 변경해야 합니다.

병합 기능 사용하지 않기

중복된 값이 있으면 병합 기능으로 셀을 병합해 한 번만 입력하도록 표를 구성하는 경우가 많습니다. 하지만 셀을 병합하면 첫 번째 셀에만 값이 입력되고 나머지 셀에는 값이 없으므로 엑셀의 기능이나 수식을 이용하기 어렵습니다. 그러므로 병합 기능을 사용하는 것보다는 중복되더라도 값을 모두 입력하는 것이 좋습니다.

No	고객	담당	분류	제품	단가	수량	판매
1	S&C무역㈜	유준혁	복사기	컬러레이저복사기 XI-3200	1,176,000	3	2,998,800
			바코드스캐너	바코드 Z-350	48,300	3	144,900
			팩스	잉크젯팩시밀리 FX-1050	47,400	3	142,200
2	자이언트무역㈜	이서연	바코드스캐너	바코드 Z-350	17,800	9	160,200
				바코드 BCD-100 Plus	86,500	7	605,500
3	진왕통상 ㈜	김민준	복사용지	고급복사지A4 500매	3,500	2	7,000
			제본기	링제본기 ST-100	46,300	7	324,100
			출퇴근기록기	RF OA-300	104,500	8	836,000
4	동남무역 ㈜	최서현	복합기	잉크젯복합기 AP-3200	79,800	1	79,800
				레이저복합기 L200	89,300	8	714,400
			바코드스캐너	바코드 BCD-100 Plus	4,100	7	28,700

엑셀 표로 변환하기

사용자는 데이터를 보관하기 위해 표를 만들어 사용하지만, 표 관리를 직접 하다 보면 표를 사용하는 것이 불편해질 수 있습니다. 엑셀에는 표를 등록할 수 있는 '표' 기능이 따로 있는데, 이렇게 등록된 표를 '엑셀 표'라고 합니다. 엑셀 표는 사용자가 새로 입력한 데이터를 표에 입력하는 데이터라고 인식할 수 있고, 해당 범위를 참조하는 차트나 피벗 등의 기능에 추가된 데이터를 자동으로 전달하므로 업무를 자동화하는 데 매우 유리한 기능입니다. 표를 엑셀 표로 변환하고 표 이름을 지정하는 방법에 대해 알아보겠습니다.

\ 예제 파일 PART 01 \ CHAPTER 02 \ 엑셀 표.xlsx /

엑셀 표 변환

표를 엑셀에서 관리하도록 하려면 먼저 표를 변환해야 합니다. 다음 과정을 참고합니다.

01 예제 파일을 열고 B5:D11 범위의 표를 엑셀 표로 변환하겠습니다.

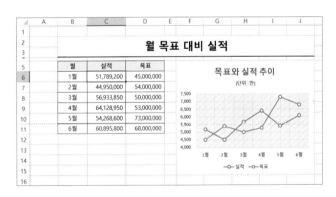

02 B5:D11 범위 내 셀(여기서는 B5 셀)을 선택하고 [삽입] 탭-[표] 그룹-[표] 명령(▦)을 클릭합니다. '표 만들기' 대화상자가 표시되면 변환할 데이터의 범위를 확인하고 〈확인〉 버튼을 클릭합니다.

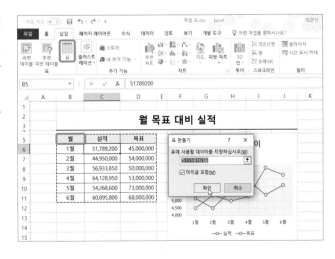

03 B5:D11 범위가 엑셀 표로 변환됩니다. 변환된 표에는 다음과 같은 세 가지 특징이 있습니다.

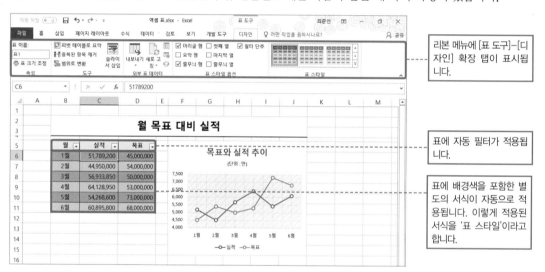

리본 메뉴에 [표 도구]-[디 자인] 확장 탭이 표시됩 니다.

표에 자동 필터가 적용됩 니다.

표에 배경색을 포함한 별 도의 서식이 자동으로 적 용됩니다. 이렇게 적용된 서식을 '표 스타일'이라고 합니다.

04 엑셀 표의 아래쪽이나 오른 쪽에 이어서 데이터를 입력하면 자동으로 범위가 확장됩니다. B12:D12 범위에 다음 값을 입 력하면 차트에 입력된 값이 바로 표시됩니다.

B12셀 : 7월
C12셀 : 65,000,000
D12셀 : 80,000,000

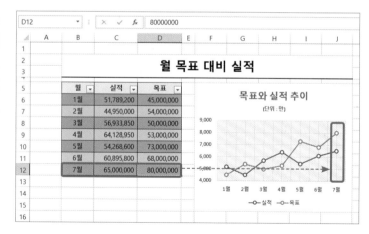

엑셀 표 이름

엑셀 표로 변환하면 표에 이름이 부여됩니다. 표 이름은 변환한 순서대로 표1, 표2, 표3 …으로 붙으며 사용자가 언제든지 변경할 수 있습니다. 표 이름은 이름 정의와 같이 한글이나 영어로 시작해야 하며 띄어쓰기와 특수 문자는 사용할 수 없습니다. [표 도구]–[디자인] 탭–[속성] 그룹의 [표 이름] 입력상자에서 확인하고 수정할 수 있습니다.

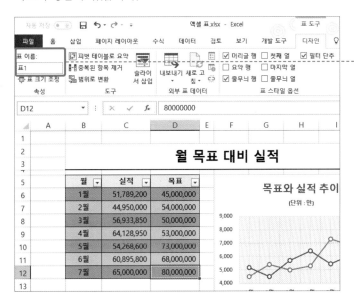

표 이름은 원하는 이름으로 수정할 수 있습니다. 표 이름은 표 데이터를 참조할 때 매우 중요하게 사용되므로 알맞은 이름으로 짓습니다.

엑셀 표 스타일

엑셀 표로 변환하면 배경색을 포함한 서식이 자동 적용되는데, 이 서식을 '표 스타일'이라고 합니다. 엑셀 표로 변환하면 기본 표 스타일이 적용되며 취향에 맞게 다른 표 스타일로 변경할 수 있습니다. 엑셀 표를 선택하고 [표 도구]–[디자인] 탭–[표 스타일] 그룹–[빠른 갤러리]에서 원하는 표 스타일을 선택합니다.

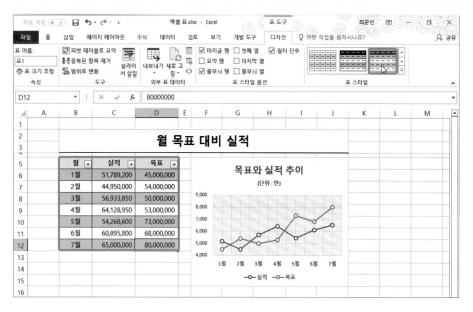

Plus⁺ 엑셀 표 스타일을 깔끔하게 표시하는 방법

엑셀 표 스타일은 기존 표에 적용된 서식 즉 사용자가 지정한 서식에 추가로 적용되므로 깔끔하지 않을 수 있습니다. 표 스타일만 적용하려면 기존에 적용한 표 서식(테두리, 배경색)을 모두 제거하는 것이 좋습니다. 표 전체 범위를 선택하고 [셀 스타일]을 [표준]으로 변경하면 기존 서식이 모두 지워집니다. 예제의 경우 B5:D12 범위를 선택하고 [홈] 탭–[스타일] 그룹–[셀 스타일] 명령(▦)을 클릭하고 [표준]을 선택합니다.

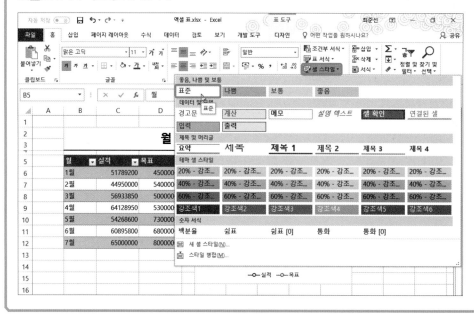

엑셀 표 등록 해제하기

엑셀 표는 등록을 해제해 다시 일반 표로 만들 수 있습니다. 엑셀 표에 추가한 데이터는 표를 참조해 작성한 차트나 피벗 테이블 등에 자동으로 전달되는데, 추가 데이터가 더 이상 전달되지 않도록 하려면 등록을 해제합니다. 엑셀 표를 해제해도 적용된 엑셀 표 스타일은 제거되지 않습니다.

\ **예제 파일** PART 01 \ CHAPTER 02 \ 엑셀 표-해제.xlsx /

01 예제 파일의 B5:D11 범위에는 엑셀 표로 등록된 표가 있습니다.

표 내부의 셀을 선택했을 때 리본 메뉴에 [표 도구]–[디자인] 탭이 나타나면 엑셀 표입니다.

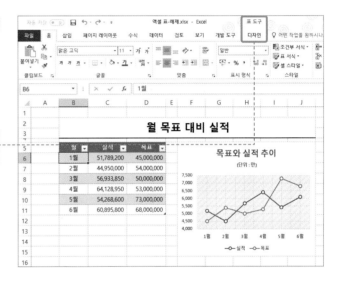

02 엑셀 표 등록을 해제하겠습니다. 표 내부의 셀(여기서는 B6셀)을 선택하고 [표 도구]–[디자인] 탭–[도구] 그룹–[범위로 변환] 명령(圖)을 클릭해 다음과 같은 메시지 창이 표시되면 〈예〉 버튼을 클릭합니다.

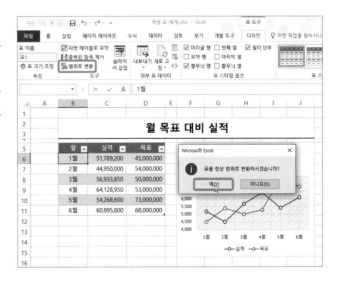

03 엑셀 표 등록은 해제되었지만 B5:D11 범위에서 확인할 수 있듯이 엑셀 표 스타일은 그대로 유지됩니다. 참고로 표 등록이 해제되었으므로 리본 메뉴의 [표 도구]-[디자인] 탭은 더 이상 표시되지 않습니다.

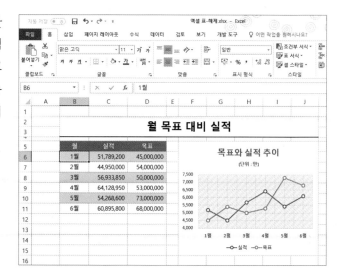

04 새 데이터를 등록해 차트에 해당 데이터가 표시되는지 확인하겠습니다. B12:D12 범위에 임의의 값을 입력합니다. 추가된 데이터가 차트에 반영되지 않는 것을 확인할 수 있습니다.

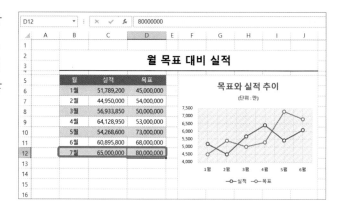

슬라이서를 이용해
엑셀 표 필터하기

057

엑셀 표에는 자동 필터가 적용되지만 자동 필터에 의해 추출된 결과가 어떤 조건에 의한 것인지 확인하기는 어렵습니다. 필터 조건을 확인해야 한다면 자동 필터 대신 슬라이서를 이용하는 것이 좋습니다. 슬라이서 기능은 엑셀 표와 피벗 테이블에서 사용할 수 있으며, 피벗 테이블은 2010 버전부터, 엑셀 표는 2013 버전부터 사용할 수 있습니다.

\ **예제 파일** PART 01 \ CHAPTER 02 \ 엑셀 표−슬라이서.xlsx /

01 예제 파일에는 연간 실적을 월별로 정리한 표가 있습니다. F5:G17 범위에 '월' 슬라이서 창을 삽입해 엑셀 표 데이터를 추출해보겠습니다.

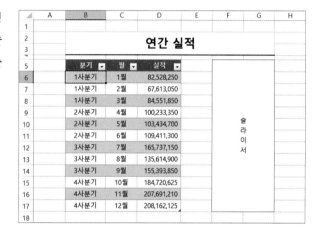

02 엑셀 표 내부의 셀(여기서는 B6셀)을 선택하고 [표 도구]−[디자인] 탭−[도구] 그룹−[슬라이서 삽입] 명령(📊)을 클릭합니다. '슬라이서 삽입' 대화상자가 표시되면 '월' 필드를 선택하고 〈확인〉 버튼을 클릭합니다.

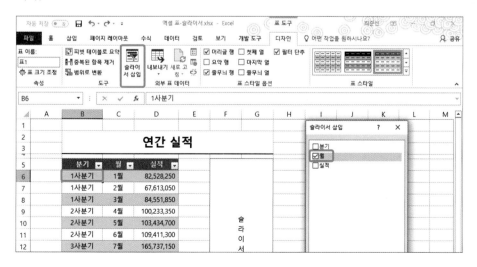

03 '월' 슬라이서 창이 표시되면 F5:G17 범위 위치로 옮기고 모서리의 크기 조정 핸들을 드래그해 창 크기를 F5:G17 범위에 맞게 조절합니다. 이때 [Alt] 키를 누른 상태로 드래그하면 셀 모서리에 맞춰 크기를 조절할 수 있어 편리합니다.

04 '월' 슬라이서 창에 전체 항목이 표시되지 않으므로 2열로 항목을 표시하겠습니다. [슬라이서 도구]-[옵션] 탭-[단추] 그룹에서 [열]의 값을 [2]로 변경합니다.

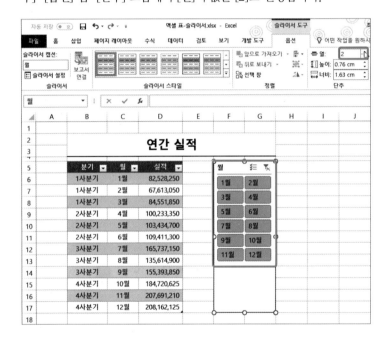

05 '월' 슬라이서 창을 이용해 1월~6월까지의 데이터만 추출하겠습니다. '월' 슬라이서 창의 [1월]부터 [6월] 항목까지 드래그해 선택합니다.

슬라이서 창에서 일부 항목만 선택하면 [필터 지우기] 단추
(▼)가 활성화됩니다. 이 단추를 클릭하면 필터 조건이 한
번에 해제됩니다.

06 떨어진 위치의 항목을 선택하려면 Ctrl 키를 누른 상태로 원하는 항목을 하나씩 선택합니다.

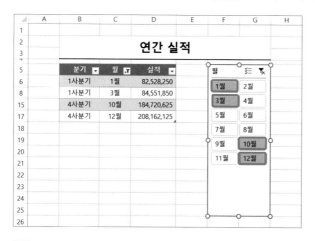

TIP Ctrl 키를 누른 채로 항목을 선택하는 것이 불편하다면 [1월] 항목을 선택하고 슬라이서 창 상단의 [다중 선택] 단추(≣)를 클릭한 후 원하는 항목을 하나씩 클릭해도 됩니다. [다중 선택] 단추는 2016 버전부터 지원됩니다.

Plus⁺ 슬라이서 창 닫기

슬라이서 창을 더 이상 사용하지 않는다면 창을 닫으면 됩니다. 그런데 창을 닫는 단추가 직관적으로 보이지 않아 불편할 수 있습니다. 슬라이서 창을 닫는 가장 쉬운 방법은 슬라이서 창에서 마우스 오른쪽 버튼을 클릭하고 ["창 이름" 제거] 메뉴를 선택하는 것입니다.

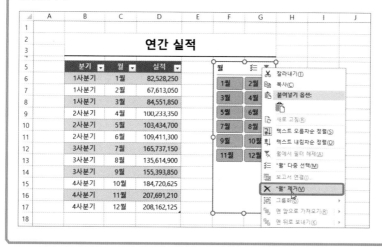

여러 슬라이서 창의
연동 방법 이해하기

슬라이서 창은 동시에 여러 개를 삽입해 사용할 수 있는데, 각 슬라이서 창은 다른 슬라이서 창의 필터 조건과 연동되어 편리합니다. 다만 슬라이서 창을 여러 개 삽입하면 워크시트의 영역이 많이 가려질 수 있으므로 꼭 필요한 창만 삽입해 사용하는 것이 좋습니다. 두 개 이상의 슬라이서 창을 서로 연동시켜 엑셀 표의 데이터 중 원하는 데이터만 화면에 표시하는 방법에 대해 알아보겠습니다.

\ **예제 파일** PART 01 \ CHAPTER 02 \ 엑셀 표—슬라이서 연동.xlsx /

01 예제 파일에는 연간 실적이 월별로 정리된 표가 있고, '분기'와 '월' 슬라이서 창이 삽입되어 있습니다. 두 개의 슬라이서 창에서 원하는 필터 조건을 설정해보겠습니다.

LINK 슬라이서 창을 삽입하는 방법은 'No. 057 슬라이서를 이용해 엑셀 표 필터하기'(145쪽)를 참고합니다.

02 2사분기 데이터만 확인하기 위해 '분기' 슬라이서 창에서 [2사분기] 항목을 클릭합니다. 그러면 '월' 슬라이서 창의 항목 중 2사분기에 해당하는 [4월], [5월], [6월] 항목이 상단에 표시되고 다른 항목은 선택할 수 없도록 비활성화됩니다.

'분기' 슬라이서 창에서 필터 조건을 설정하면 '월' 슬라이서 창에도 필터링된 항목만 활성화됩니다. 이때 '월' 슬라이서 창에서 비활성화된 항목, 예를 들어 [7월], [8월] 항목을 선택하면 엑셀 표의 데이터는 하나도 나타나지 않습니다. '분기' 슬라이서 창에서 필터 조건을 [2사분기] 항목으로 설정한 상태이므로 2사분기이면서 7월, 8월이 될 수는 없기 때문에 데이터가 표시되지 않는 것입니다.

03 '월' 슬라이서 창에서 필터 조건을 설정하기 위해 먼저 '분기' 슬라이서 창의 [필터 지우기] 단추(▼)를 클릭해 필터 조건을 해제합니다. '월' 슬라이서 창에서 [2월]부터 [8월]까지의 항목을 드래그해 모두 선택합니다.

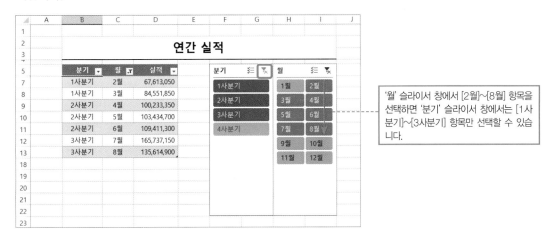

'월' 슬라이서 창에서 [2월]~[8월] 항목을 선택하면 '분기' 슬라이서 창에서는 [1사분기]~[3사분기] 항목만 선택할 수 있습니다.

04 '분기' 슬라이서 창에서 [1사분기] 항목을 선택하면 [1월]을 뺀 [2월], [3월]만 엑셀 표에 표시됩니다.

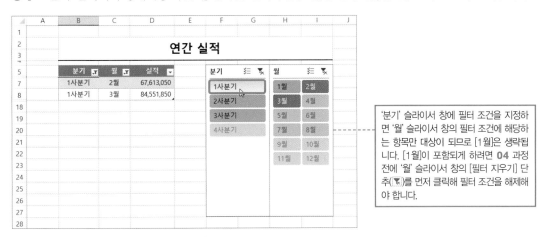

'분기' 슬라이서 창에 필터 조건을 지정하면 '월' 슬라이서 창의 필터 조건에 해당하는 항목만 대상이 되므로 [1월]은 생략됩니다. [1월]이 포함되게 하려면 **04** 과정 전에 '월' 슬라이서 창의 [필터 지우기] 단추(▼)를 먼저 클릭해 필터 조건을 해제해야 합니다.

계산된 열과 구조적 참조 이해하기

엑셀 표에서 수식을 사용해 계산한 열을 '계산된 열'이라고 하는데, 첫 번째 셀에 수식을 입력하면 나머지 셀에 수식이 자동 복사되고, 데이터를 추가하면 수식도 자동으로 복사되어 계산됩니다. 또한 엑셀 표의 데이터 범위를 참조할 때 엑셀 표의 이름과 머리글을 이용하는 방법을 '구조적 참조'라고 하는데, 엑셀 표에는 범위가 자동으로 확장되는 특징이 있으므로 구조적 참조를 이용하면 동적으로 변하는 데이터 범위를 항상 정확하게 참조할 수 있습니다.

예제 파일 PART 01 \ CHAPTER 02 \ 구조적 참조.xlsx

Plus⁺ 구조적 참조 구문

엑셀 표에서 가장 많이 사용하는 구조적 참조 구문은 다음과 같습니다.

구문	설명
[열 머리글]	엑셀 표 내부에서 다른 열의 데이터 범위를 참조합니다.
표 이름[열 머리글]	엑셀 표 외부에서 엑셀 표의 특정 열 데이터 범위를 참조합니다.

---

01 예제 파일의 B5:E14 범위에는 엑셀 표로 변환된 표가 있습니다. D열의 단가와 E열의 수량을 곱해 F열에 판매액을 계산하고 계산된 금액을 I5셀에 집계해보겠습니다.

▲	A	B	C	D	E	F	G	H	I	J
1										
2			**판매 대장**					**집계**		
3										
5		No ▼	제품 ▼	단가 ▼	수량 ▼			매출		
6		1	바코드 Z-350	48,300	3					
7		2	잉크젯팩시밀리 FX-1050	47,400	3					
8		3	프리미엄복사지A4 2500매	17,800	9					
9		4	바코드 BCD-100 Plus	86,500	7					
10		5	고급복사지A4 500매	3,500	2					
11		6	바코드 Z-350	46,300	7					
12		7	바코드 BCD-100 Plus	104,500	8					
13		8	잉크젯복합기 AP-3300	79,800	1					
14		9	잉크젯복합기 AP-3200	89,300	8					
15										

02 먼저 엑셀 표의 이름을 변경합니다. 엑셀 표 내부의 셀(여기서는 B6셀)을 선택하고 [표 도구]− [디자인] 탭−[속성] 그룹에서 [표 이름] 입력상자의 값을 **판매대장**으로 변경합니다.

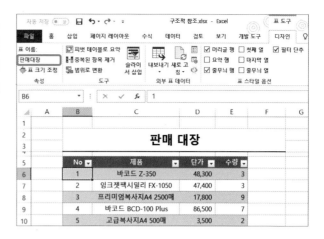

03 이제 계산된 열을 추가합니다. F5셀과 F6셀에 다음과 같이 입력하면 F6셀의 수식이 자동으로 F14셀까지 복사됩니다.

F5셀 : 판매

F6셀 : =[단가]*[수량]

Plus⁺ 수식 이해하기

F6셀에 작성한 수식은 구조적 참조 구문을 사용한 것으로, 같은 표의 다른 열을 참고해 계산식을 만들 때 사용하면 편리합니다. 셀을 참조하는 방식으로 수식을 구성했다면 =D6*E6 수식이 되지만 구조적 참조 구문을 사용하면 표의 열 머리글만으로 원하는 계산 결과를 얻을 수 있습니다.

구조적 참조 구문인 **[단가]**는 '단가' 열의 데이터 범위 즉 D6:D14 범위를 의미하고 **[수량]**은 E6:E14 범위를 의미합니다. 그러므로 이번 수식을 셀 주소로 바꾸면 **=$D$6:$D$14*$E$6:$E$14**입니다.

이렇게 범위를 통째로 연산할 경우 같은 위치의 셀 값만 대상으로 계산이 이뤄지므로 '판매' 열의 계산 결과가 제대로 반환됩니다. 예를 들어 K6셀에 **=$D$6:$D$14** 수식을 입력하고 수식을 K14셀까지 드래그해보면 이를 더 쉽게 이해할 수 있습니다.

참고로 엑셀 2010 이상에서는 열 전체 범위 대신 같은 행의 셀 하나를 참조할 수 있는 **@** 키워드를 제공하므로 수식을 **=[@단가]*[@수량]**으로 변경할 수 있습니다. 이렇게 하면 **=D6*E6**과 같이 셀을 하나씩 참조할 수 있어 편리합니다.

04 이번에는 엑셀 표 외부에서 엑셀 표 데이터를 집계하겠습니다. I5셀에 다음 수식을 입력하면 F6:F14 범위의 판매액 전체 합계가 반환됩니다.

I5셀 : =SUM(판매대장[판매])

05 데이터를 추가해 '계산된 열'의 수식이 자동으로 복사되는지 여부와 I5셀의 집계 결과에 자동으로 반영되는지 여부를 확인하겠습니다. B15:E15 범위에 임의의 값을 입력하면 F15셀의 판매액이 자동으로 계산되고 I5셀의 매출 값도 커집니다.

	A	B	C	D	E	F	G	H	I	J
1										
2			판매 대장					집계		
3										
5		No	제품	단가	수량	판매		매출	5,354,100	
6		1	바코드 Z-350	48,300	3	144900				
7		2	잉크젯팩시밀리 FX-1050	47,400	3	142200				
8		3	프리미엄복사지A4 2500매	17,800	9	160200				
9		4	바코드 BCD-100 Plus	86,500	7	605500				
10		5	고급복사지A4 500매	3,500	2	7000				
11		6	바코드 Z-350	46,300	7	324100				
12		7	바코드 BCD-100 Plus	104,500	8	836000				
13		8	잉크젯복합기 AP-3300	79,800	1	79800				
14		9	잉크젯복합기 AP-3200	89,300	8	714400				
15		10	레이저복사기	585,000	4	2340000				
16										

다양한 구조적 참조 구문 이해하기

구조적 참조를 이용하면 엑셀 표의 범위를 표 이름과 열 머리글로 참조할 수 있는데, 단순히 표의 열 데이터 범위를 참조하는 방법 외에도 다양한 표 범위를 참조할 수 있는 구문이 있습니다. 다양한 구조적 참조 구문을 소개하고 이를 활용해 수식을 작성하는 방법에 대해 알아보겠습니다.

예제 파일 PART 01 \ CHAPTER 02 \ 구조적 참조-구문.xlsx

구조적 참조

엑셀 표는 다음과 같은 세 영역으로 구성되어 있습니다.

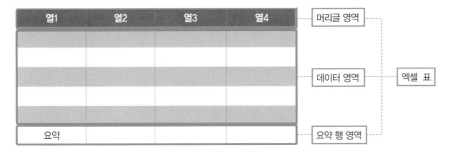

TIP 요약 행은 엑셀 표를 선택하고 [표 도구]-[디자인] 탭-[표 스타일 옵션] 그룹에서 [요약 행] 확인란에 체크하면 나타납니다.

구조적 참조 구문 중 자주 사용하는 구문은 다음과 같습니다.

참조 영역	구문	설명
표 전체	표 이름[#모두]	엑셀 표 전체 범위를 참조합니다.
머리글 영역	표 이름[[#머리글], [열 머리글]]	엑셀 표의 머리글 영역에서 지정한 머리글이 입력된 셀을 참조합니다.
데이터 영역	[열 머리글]	엑셀 표에서 다른 열의 데이터 범위를 참조합니다.
	표 이름[열 머리글]	엑셀 표 외부에서 엑셀 표의 특정 열 데이터 범위를 참조합니다.
	[열 머리글]:[열 머리글]	엑셀 표에서 지정한 시작 열부터 마지막 열까지의 데이터 범위를 참조합니다.
	[@열 머리글]	**[열 머리글]** 구문과 유사하지만, 전체 데이터 범위를 참조하지 않고 수식이 입력된 같은 위치의 셀 하나만 참조합니다. 이 구문은 2010 버전부터 제공되며 2007 버전에서는 **표 이름[[#이 행], [열 머리글]]** 구문을 사용합니다.
요약 행	표 이름[[#요약], [열 머리글]]	엑셀 표의 요약 행 영역에서 지정한 열의 요약 행의 셀을 참조합니다.

TIP [#머리글], [#요약], [#모두] 구문은 항상 표 이름과 함께 사용해야 합니다.

01 예제 파일을 열고 [표 도구]–[디자인] 탭–[속성] 그룹의 [표 이름] 입력상자에서 엑셀 표 이름인 **계약대장**을 확인합니다. 구조적 참조 구문을 이용해 이 표의 각 범위를 다양하게 참조해보겠습니다.

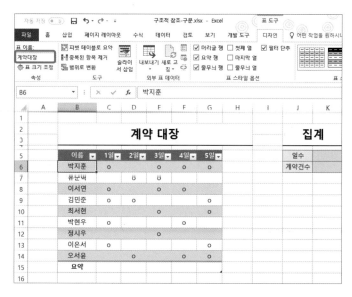

TIP [표 도구]–[디자인] 탭–[표 스타일 옵션] 그룹의 [요약 행] 확인란에 체크되어 있으므로 15행에 요약 행이 표시됩니다.

02 요약 행을 이용해 일별 계약 건수를 집계합니다. C15셀의 아래 화살표 단추(▾)를 클릭하고 집계 방법 중에서 [개수]를 선택하면 '1일'의 계약 건수를 확인할 수 있습니다.

Plus⁺ 요약 행의 수식 이해하기

C15셀을 선택하고 수식 입력줄을 보면 SUBTOTAL 함수를 사용한 것을 확인할 수 있습니다. SUBTOTAL 함수는 부분합 기능이나 엑셀 표의 요약 행 등에서 사용되는 함수로, 화면에 표시된 데이터 범위의 집계 결과를 반환합니다.

LINK SUBTOTAL 함수의 사용 방법은 'No. 140 화면에 표시된 데이터만 집계하기 – SUBTOTAL'(447쪽)을 참고합니다.

03 요약 행은 수식을 사용하므로 C15셀의 채우기 핸들(田)을 G15셀까지 드래그해 일별 계약 건수를 모두 구합니다.

04 영업사원별 계약 건수를 집계하기 위해 계산된 열을 하나 추가합니다. 다음과 같이 H5셀에는 머리글을, H6셀에는 수식을 입력합니다.

H5셀 : 계약

H6셀 : =COUNTA([@1일]:[@5일])

Plus⁺ 수식 이해하기

1일부터 5일까지 범위에서 소문자 o가 입력된 개수를 세기 위해 COUNTA 함수를 사용합니다. COUNTA 함수에서 사용한 구조적 참조 구문은 **[@1일]:[@5일]**로 C6:G6 범위를 가리킵니다. 만약 **[1일]:[5일]**로 구문을 작성하면 C6:G14 범위를 참조하여 잘못된 값이 반환됩니다. **@** 키워드는 엑셀 2010부터 사용할 수 있으므로 엑셀 2007 버전이라면 **=COUNTA(계약대장[[#이행], [1일]:[5일]])** 수식을 사용해야 합니다.

LINK COUNTA 함수에 대해서는 'No. 110 개수 세기 – COUNT 계열 함수'(322쪽)를 참고합니다.

05 계약된 전체 건수를 요약 행에 표시하기 위해 H15셀의 아래 화살표 단추(▼)를 클릭하고 [합계]를 선택합니다.

06 K5:K6 범위에 진행 일수와 계약 건수를 집계합니다. 다음 각 셀에 수식을 입력합니다.

K5셀 : =COUNTA(계약대장[[#머리글], [1일]:[5일]])

K6셀 : =계약대장[[#요약], [계약]]

K6	:	× ✓ ƒx	=계약대장[[#요약], [계약]]

	A	B	C	D	E	F	G	H	I	J	K	L
1												
2				계약 대장						집계		
3												
5		이름 ▼	1일▼	2일▼	3일▼	4일▼	5일▼	계약▼		일수	5	
6		박지훈	o		o	o	o	4		계약건수	22	
7		유준혁		o	o			2				
8		이서연	o		o	o		3				
9		김민준	o	o			o	3				
10		최서현			o		o	2				
11		박현우	o			o		2				
12		정시우			o			1				
13		이은서	o			o		2				
14		오서윤		o		o	o	3				
15		요약	5	3	5	4	5	22				
16												

Plus⁺ 수식 이해하기

● **K5셀 : =COUNTA(계약대장[[#머리글], [1일]:[5일]])**

진행 일수를 알려면 **계약대장** 엑셀 표의 머리글 중에서 '1일'~'5일', 즉 C5:G5 범위의 값을 셉니다. 만약 날짜가 계속 추가 된다면 머리글 범위에서 '이름' 열과 '계약' 열을 뺀 개수를 세면 되므로 수식을 다음과 같이 수정합니다.

=COUNTA(계약대장[#머리글])−2

● **K6셀 : =계약대장[[#요약], [계약]]**

전체 계약 건수는 **05** 과정에서 요약 행에 집계했으므로 이 값을 그대로 가져와 사용한 것입니다. 만약 요약 행을 사용하지 않았다면 **=SUM(계약대장[계약])** 수식을 사용합니다.

061

구조적 참조를 사용한 수식을 복사할 때 참조하는 열이 변경되는 문제 해결하기

엑셀 표 범위를 구조적 참조 구문을 사용해 참조하고 수식을 열 방향으로 복사하면 구조적 참조 구문에서 참조한 열이 변경됩니다. 이런 문제는 수식을 행 방향으로 복사할 때는 나타나지 않습니다. 이를 통해 구조적 참조 구문이 행 주소를 고정하는 혼합 참조 방식으로 참조한다는 것을 알 수 있습니다. 이 문제를 해결하려면 자동 채우기를 이용해 수식을 복사하면 안 되고 범위를 선택한 후 Ctrl + Enter 키로 수식을 복사하는 방법을 사용해야 합니다.

\ 예제 파일 PART 01 \ CHAPTER 02 \ 구조적 참조−절대.xlsx /

LINK 이 예제에서는 아직 배우지 않은 SUMIFS 함수를 사용하는데, SUMIFS 함수에 대한 자세한 설명은 'No. 120 SUMIFS 함수로 다중 조건에 맞는 합계 구하기'(358쪽)를 참고합니다.

01 예제 파일을 열고 '입출고 대장' 엑셀 표를 참고해 오른쪽의 '재고 계산' 표를 완성해보겠습니다. 엑셀 표 내의 셀(여기서는 B6셀)을 선택하고 [표 도구]−[디자인] 탭−[속성] 그룹−[표 이름] 입력상자에서 엑셀 표 이름이 **입출고대장**인 것을 확인합니다.

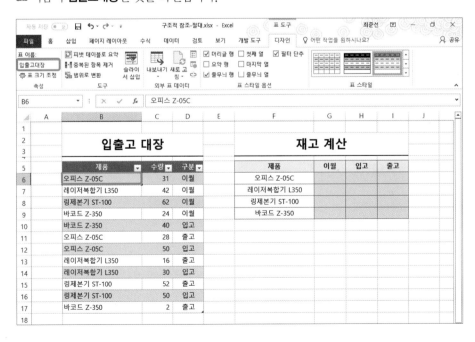

02 재고 계산을 위해 먼저 제품별 이월 수량을 집계하겠습니다. G6셀에 다음 수식을 입력하고 G6셀의 채우기 핸들(⊞)을 G9셀까지 드래그해 복사합니다.

G6셀 : =SUMIFS(입출고대장[수량], 입출고대장[제품], $F6, 입출고대장[구분], G$5)

	A	B	C	D	E	F	G	H	I	J
1										
2		입출고 대장					재고 계산			
3										
5		제품	수량	구분		제품	이월	입고	출고	
6		오피스 Z-05C	31	이월		오피스 Z-05C	31			
7		레이저복합기 L350	42	이월		레이저복합기 L350	42			
8		링제본기 ST-100	62	이월		링제본기 ST-100	62			
9		바코드 Z-350	24	이월		바코드 Z-350	24			
10		바코드 Z-350	40	입고						
11		오피스 Z-05C	28	출고						
12		오피스 Z-05C	50	입고						
13		레이저복합기 L350	16	출고						
14		레이저복합기 L350	30	입고						
15		링제본기 ST-100	52	출고						
16		링제본기 ST-100	50	입고						
17		바코드 Z-350	2	출고						
18										

> **Plus⁺ 수식의 구조적 참조 구문 이해하기**
>
> 이번 수식은 '입출고대장' 엑셀 표의 제품별 '이월' 수량의 합계를 구합니다. 수식을 행 방향(아래쪽)으로 복사했으며, 각 제품의 이월 수량이 제대로 집계되었습니다. 복사된 수식인 G9셀의 수식을 확인해보면 **=SUMIFS(입출고대장[수량], 입출고대장[제품], $F9, 입출고대장[구분], G$5)**로, 구조적 참조 구문에서 참조하는 열(수량, 제품, 구분)이 변경되지 않았습니다.

03 G6:G9 범위가 선택된 상태에서 채우기 핸들(⊞)을 I열까지 드래그합니다. H열과 I열의 '입고', '출고'가 집계되지 않고 결과가 0인 것을 확인할 수 있습니다.

	A	B	C	D	E	F	G	H	I	J
1										
2		입출고 대장					재고 계산			
3										
5		제품	수량	구분		제품	이월	입고	출고	
6		오피스 Z-05C	31	이월		오피스 Z-05C	31	0	0	
7		레이저복합기 L350	42	이월		레이저복합기 L350	42	0	0	
8		링제본기 ST-100	62	이월		링제본기 ST-100	62	0	0	
9		바코드 Z-350	24	이월		바코드 Z-350	24	0	0	
10		바코드 Z-350	40	입고						
11		오피스 Z-05C	28	출고						
12		오피스 Z-05C	50	입고						
13		레이저복합기 L350	16	출고						
14		레이저복합기 L350	30	입고						
15		링제본기 ST-100	52	출고						
16		링제본기 ST-100	50	입고						
17		바코드 Z-350	2	출고						
18										

Plus⁺ 수식이 올바로 집계되지 않는 이유

복사된 수식의 결과가 0인 이유를 확인하기 위해 수식이 복사된 H6셀의 수식을 확인하면 다음과 같습니다.

=SUMIFS(입출고대장[구분], 입출고대장[수량], $F6, 입출고대장[제품], H$5)

위 수식을 보면 G6셀에서 작성한 수식에서 참조한 구조적 참조 위치가 변경되었습니다. 정확하게는 SUMIFS 함수의 첫 번째 인수가 **입출고대장[수량]**이었다가 **입출고대장[구분]**으로 변경되었습니다. 또한 두 번째, 네 번째 구조적 참조 구문 역시 변경되었습니다. 행 방향(아래쪽)으로 복사하면 구조적 참조 구문이 변경되지 않지만, 열 방향(오른쪽)으로 복사하니 참조 위치가 오른쪽 열로 변경된 것입니다. 상황을 종합해보면, 구조적 참조는 열 주소는 변경되고 행 주소만 고정되는 혼합 참조 방식(A$1)을 사용한다는 것을 이해할 수 있습니다.

04 문제를 확인했으니 열 방향(오른쪽)으로 수식을 복사하고 싶을 때 사용할 수 있는 방법에 대해 알아보겠습니다. G6:I9 범위가 선택된 상태에서 F2 키를 눌러 수식을 편집 모드로 확인한 후 Ctrl + Enter 키를 눌러 수식을 입력합니다.

05 **04** 과정과 같이 입력하면 채우기 핸들(⊞)로 수식을 복사했을 때와는 달리 입고와 출고가 모두 올바르게 계산됩니다. 구조적 참조 구문을 사용한 수식을 열 방향(오른쪽)으로 복사할 때는 **04** 과정과 같이 수식을 입력해야 합니다.

구조적 참조를 지원하지 않을 경우 문제 해결 방법

엑셀 표의 구조적 참조 구문은 엑셀 2007 버전부터 제공되며 범위를 참조해 동작하는 엑셀의 모든 기능과 호환되지는 않습니다. 그러므로 호환되지 않는 기능에서 구조적 참조 구문을 사용할 수 있는 방법을 알고 있어야 합니다. 구조적 참조가 지원되지 않는다면 엑셀 표 범위를 이름으로 정의해 사용합니다. '이름 정의'는 범위를 원하는 명칭으로 정의해 사용할 수 있는 기능으로 다른 기능과 완벽하게 호환되므로 엑셀 표의 호환성 문제를 해결하는 데 사용할 수 있습니다.

\ 예제 파일 PART 01 \ CHAPTER 02 \ 구조적 참조-호환.xlsx /

01 예제 파일의 오른쪽에는 신청자 명단 엑셀 표가, 왼쪽에는 참석자 명단을 입력할 수 있는 표가 있습니다. C6:C10 범위 내 참석자를 신청자 명단 엑셀 표에서 선택할 수 있도록 유효성 검사의 목록 기능을 적용해 보겠습니다.

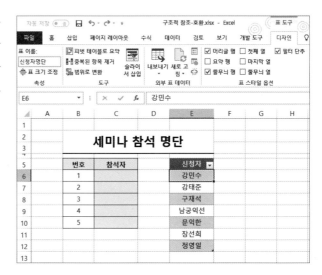

TIP 유효성 검사에 대해 자세하게 학습하려면 《엑셀 2016 바이블(한빛미디어)》을 참고합니다.

02 C6:C10 범위를 선택하고 [데이터] 탭-[데이터 도구] 그룹-[데이터 유효성 검사] 명령(⊞)을 클릭합니다. '데이터 유효성 검사' 대화상자가 열리면 '설정' 탭에서 다음과 같이 설정하고 〈확인〉 버튼을 클릭합니다.

제한 대상 : 목록
원본 : =신청자명단[신청자]

03 다음과 같은 오류 메시지 창이 표시됩니다. 구조적 참조 구문을 '원본' 입력상자에 입력하여 발생한 오류입니다. 〈확인〉 버튼을 클릭해 메시지 창을 닫고 '데이터 유효성' 대화상자도 〈취소〉 버튼을 클릭해 닫습니다.

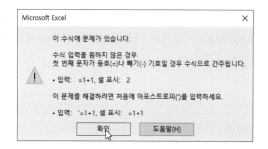

TIP 데이터 유효성 검사, 조건부 서식 등의 엑셀 일부 기능에서는 구조적 참조 구문을 인식하지 못합니다.

04 엑셀 표의 참조할 범위를 이름으로 정의하겠습니다. E6:E12 범위를 선택하고 [수식] 탭-[정의된 이름] 그룹-[이름 정의] 명령(▣)을 클릭합니다. '새 이름' 대화상자의 [참조 대상]을 보면 선택한 범위(E6:E12)가 구조적 참조 구문으로 입력되어 있는 것을 확인할 수 있습니다. [이름] 입력상자에 **신청자**를 입력하고 〈확인〉 버튼을 클릭해 이름을 정의합니다.

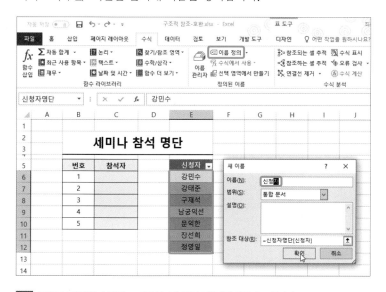

TIP E6:E12 범위를 선택하고 이름 상자에 직접 **신청자**를 입력해도 됩니다.

05 **02** 과정을 참고해 C6:C10 범위에 유효성 검사를 다시 설정합니다. '데이터 유효성' 대화상자의 [원본] 입력상자에 다음 수식을 입력하고 〈확인〉 버튼을 클릭합니다.

원본 : =신청자

06 유효성 검사가 제대로 동작하는지 확인합니다. C6셀을 선택하고 아래 화살표 단추(▼)를 클릭하면 E6:E12 범위의 신청자 이름을 확인할 수 있습니다.

07 이름으로 정의된 참조가 추가된 신청자를 표시할 수 있는지 확인합니다. E13셀에 자신의 이름을 입력하고 C6셀의 아래 화살표 단추(▼)를 클릭해보면 E13셀에 입력한 이름이 목록에 나타나는 것을 확인할 수 있습니다.

TIP 엑셀 표의 구조적 참조는 동적 범위를 매우 쉽게 참조할 수 있어 편리하지만 일부 기능과 호환되지 않는 문제가 있습니다. 구조적 참조 구문을 사용하지 못하는 경우 이름 정의 기능을 이용하면 엑셀 표의 구조적 참조를 사용하는 것과 같은 효과를 얻을 수 있습니다.

엑셀 표 범위가 자동으로 확장되지 않는 문제 해결하기

063

엑셀 표의 가장 큰 특징은 참조할 표의 데이터 범위를 구조적 참조를 이용해 쉽게 참조할 수 있다는 것입니다. 구조적 참조를 사용하면 표에 추가한 범위가 자동으로 인식되므로 편리합니다. 그런데 만약 엑셀 표로 변환한 표에 데이터를 추가했는데 범위가 자동으로 확장되지 않는다면 엑셀의 옵션이 어떤 이유로 변경되었기 때문입니다. 엑셀 표가 자동으로 확장되지 않는 문제를 해결하는 방법에 대해 알아보겠습니다.

＼ 예제 파일 없음 ／

01 엑셀 표 하단에 데이터를 추가해도 엑셀 표 범위가 자동으로 확장되지 않는다면 엑셀 옵션이 변경된 것입니다. [파일] 탭-[옵션]을 클릭합니다.

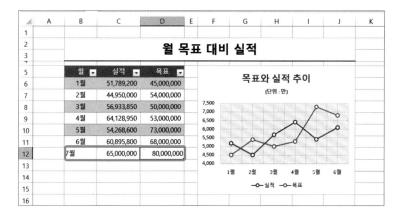

02 'Excel 옵션' 대화상자가 표시되면 [언어 교정] 범주의 〈자동 고침 옵션〉 버튼을 클릭합니다.

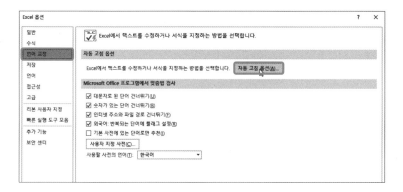

03 '자동 고침' 대화상자가 열리면 '입력할 때 자동 서식' 탭의 [표에 새 행 및 열 포함]에 체크하고 〈확인〉 버튼을 클릭합니다. 'Excel 옵션' 대화상자를 닫고 다시 데이터를 입력해보면 엑셀 표 범위가 확장되는 것을 확인할 수 있습니다.

수식 문제 해결

수식을 사용하다 보면 다양한 문제가 발생합니다.

수식에서 발생할 수 있는 다양한 문제를 직접 해결할 수 있어야

수식을 보다 수월하게 사용할 수 있습니다.

여기서는 수식에서 사용자가 겪게 되는 문제 상황을 정리하고

이를 해결하는 다양한 방법에 대해 설명합니다.

오류 표식 이해하기

셀에 값을 입력하거나 수식을 작성하다 보면 셀 왼쪽 상단에 녹색 삼각형이 표시되는 경우가 있습니다. 이 녹색 삼각형 단추(▸)를 '오류 표식'이라고 합니다. 오류 표식은 엑셀에서 지정한 몇 가지 오류가 의심되는 상황이 발생했음을 사용자에게 알리는 역할을 합니다. 엑셀에서 점검하는 오류 상황은 'Excel 옵션' 대화상자에서 확인할 수 있습니다.

예제 파일 없음

01 오류 표식을 확인하기 위해 빈 파일을 하나 열고 아무 셀에나 **'1** 값을 입력합니다. 그러면 셀 왼쪽 상단에 오류 표식(▸)이 나타납니다.

Plus⁺ 작은따옴표(')의 역할

셀에 값을 입력할 때 작은따옴표(')를 먼저 입력하면 이후에 입력하는 값을 텍스트 형식으로 저장하라는 지시어가 됩니다. 예제에서 입력한 1은 숫자로 인식할 수 있는 값이므로 이런 값을 '텍스트형 숫자'라고 하며, 텍스트 형식으로 구분되므로 SUM 함수 등으로 집계할 수 없습니다. 이런 값이 입력되면 계산할 수 없는 숫자가 입력되었다는 주의 사항을 사용자에게 알리기 위해 오류 표식이 나타납니다.

---

02 오류 표식이 나타날 수 있는 상황을 모두 확인하겠습니다. [파일] 탭-[옵션]을 클릭해 'Excel 옵션' 대화상자가 열리면 [수식] 범주를 선택하고 '오류 검사 규칙' 그룹의 옵션을 확인합니다.

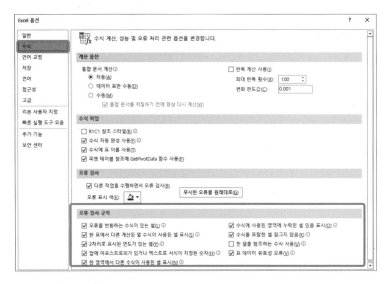

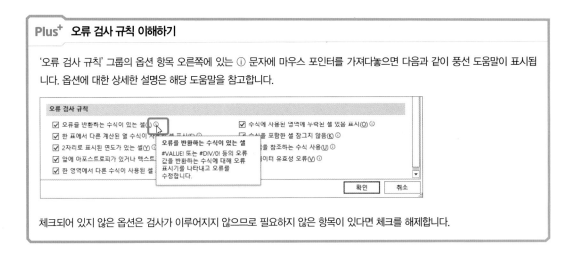

Plus⁺ 오류 검사 규칙 이해하기

'오류 검사 규칙' 그룹의 옵션 항목 오른쪽에 있는 ① 문자에 마우스 포인터를 가져다놓으면 다음과 같이 풍선 도움말이 표시됩니다. 옵션에 대한 상세한 설명은 해당 도움말을 참고합니다.

체크되어 있지 않은 옵션은 검사가 이루어지지 않으므로 필요하지 않은 항목이 있다면 체크를 해제합니다.

03 화면에 오류 표식이 나타나는 것이 불편하다면 더 이상 나타나지 않도록 수정합니다. 'Excel 옵션' 대화상자 [수식] 범주의 '오류 검사' 그룹에서 [다른 작업을 수행하면서 오류 검사]의 체크를 해제하고 〈확인〉 버튼을 클릭합니다.

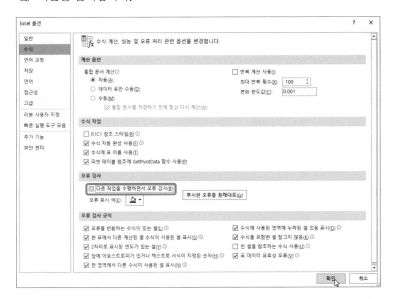

TIP 옵션을 변경하면 **01** 과정에서 텍스트형 숫자를 입력한 셀에 더 이상 오류 표식이 나타나지 않습니다.

#DIV/0! 오류 이해하고
문제 해결하기

#DIV/0! 오류에서 DIV는 나눗셈을 의미하는 Division의 약어이고 슬래시(/)는 나눗셈 연산자이며 0은 숫자 0입니다. 즉, #DIV/0! 오류는 나눗셈 연산을 하는 수식에서 분모 값이 0이 될 때 발생하는 오류입니다. 나눗셈 연산자(/)를 사용하고 있지 않다면, 수식에서 사용한 함수에 나눗셈 연산을 하는 함수(QUOTIENT, MOD 함수 등)가 포함된 경우에 발생합니다. 이 오류는 나눗셈 계산의 분모가 되는 부분의 값이 0이 되지 않도록 수식을 고치면 해결됩니다.

예제 파일 PART 01 \ CHAPTER 03 \ 수식 오류−Division.xlsx

01 예제 파일을 열고 F열의 '판매' 금액을 E열의 '수량'으로 나눠 D열에 '단가'를 계산하겠습니다.

	A	B	C	D	E	F	G
1							
2			수식 오류 - #DIV/0!				
3							
5		번호	제품	단가	수량	판매	
6		1	바코드 Z-350		3	144,000	
7		2	잉크젯팩시밀리 FX-1050		10	475,000	
8		3	프리미엄복사지A4 2500매		5	92,500	
9		4	바코드 BCD-100 Plus		9	774,000	
10		5	고급복사지A4 500매		40	140,000	
11		6	잉크젯복합기 AP-3300		10	798,000	
12							

02 D6셀에 다음 수식을 입력하고 D6셀의 채우기 핸들(⊞)을 D11셀까지 드래그해 복사합니다.

D6셀 : =F6/E6

D6		:	× ✓ fx	=F6/E6			
	A	B	C	D	E	F	G
1							
2			수식 오류 - #DIV/0!				
3							
5		번호	제품	단가	수량	판매	
6		1	바코드 Z-350	48,000	3	144,000	
7		2	잉크젯팩시밀리 FX-1050	47,500	10	475,000	
8		3	프리미엄복사지A4 2500매	18,500	5	92,500	
9		4	바코드 BCD-100 Plus	86,000	9	774,000	
10		5	고급복사지A4 500매	3,500	40	140,000	
11		6	잉크젯복합기 AP-3300	79,800	10	798,000	
12							

=F6/E6은 판매한 금액을 수량으로 나눠 단가를 계산하는 간단한 수식입니다. 이 계산은 반드시 나누어 떨어지므로 나눗셈의 몫을 구하는 QUOTIENT 함수를 사용해 다음과 같이 구할 수 있습니다.

=QUOTIENT(F6, E6)

QUOTIENT 함수와 나눗셈 연산에 대한 좀 더 자세한 설명은 'No. 131 나눗셈의 몫과 나머지 구하기 – QUOTIENT, MOD' (402쪽)를 참고합니다.

03 E6셀에 입력된 수량은 나눗셈 연산의 분모에 해당합니다. 값을 수정한다고 가정하고 E6셀의 값을 지워보겠습니다. E6셀을 선택하고 Del 키를 눌러 값을 지웁니다. 그러면 D6셀에 #DIV/0! 오류가 발생합니다.

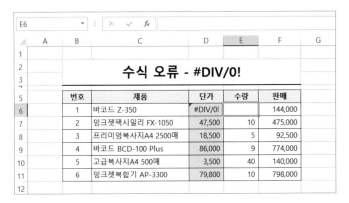

TIP E6셀에 값을 입력하면 D6셀의 오류는 사라지고 다시 정상적인 계산 결과가 반환됩니다.

E6셀의 값을 지우면 빈 셀이 되고, 빈 셀을 참조하면 결과 값은 0이 됩니다. 즉 D6셀의 수식이 =F6/0과 같아져 계산할 수 없으므로 #DIV/0! 오류가 발생합니다.

이 오류는 수식을 입력했을 때 바로 발생하기도 하지만 이번과 같이 나중에 값을 고치거나 지워도 발생할 수 있습니다. 그러므로 나눗셈 연산을 할 때는 IFERROR 함수 등을 사용해 오류가 발생할 때의 반환 값을 미리 지정하는 것이 좋습니다. 예를 들어 D6셀의 수식을 =IFERROR(F6/E6, " ")으로 변경하면 E6셀 값을 지웠을 때 단가도 표시되지 않으므로 오류가 발생하지 않습니다.

LINK IFERROR 함수에 대한 설명은 'No. 081 IS 계열 함수를 사용하는 조건식 구성하기 – ISERROR, IFERROR'(211쪽)를 참고합니다.

#N/A 오류 이해하고
문제 해결하기

#N/A 오류는 Not Available의 약어로, 찾는 값이 존재하지 않을 때 발생합니다. 특정 범위에서 원하는 값을 찾는 함수는 MATCH, VLOOKUP 함수 등이 대표적입니다. #N/A 오류는 이런 함수를 사용해 값을 찾을 때 보통 발생하므로 해당 함수 내의 찾을 값을 수정하거나 값을 찾는 범위에 잘못된 값이 입력되어 있는지 여부를 확인하는 것이 좋습니다.

\ 예제 파일 PART 01 \ CHAPTER 03 \ 수식 오류-Not Available.xlsx

01 예제 파일을 열고 H5셀의 회사를 B열에서 찾을 때 #N/A 오류가 발생하는 상황에 대해 알아보겠습니다.

	회사명	담당자	전화번호	사업자등록번호		찾는 회사	송월무역
6	한영상사	강민영	(02)211-3421	005-62-08515		위치	
7	송현식품	하연두	(051)612-1122	002-22-08595			
8	힐조교역	김보배	(02)444-1978	004-37-02912			
9	가림상사	김영재	(02)903-1908	001-92-08443			
10	화성식품	정다정	(02)894-1111	002-50-08958			
11	S&C무역	채우람	(02)222-2243	005-04-08209			
12	송월무역	서반디	(02)402-1092	002-23-05954			
13	학영식품	배민지	(02)331-0345	001-04-06181			
14	유리식품	김상아	(02)545-8911	006-79-01788			
15	자이언트무역	유예찬	(041)710-2181	006-77-03807			

수식 오류 - #N/A

02 MATCH 함수를 사용해 H5셀의 회사명을 찾겠습니다. H6셀에 다음 수식을 입력하면 7 값이 반환됩니다. 이것으로 B6:B15 범위에 H5셀과 동일한 값이 일곱 번째인 B12셀에 있다는 것을 확인할 수 있습니다.

H6셀 : =MATCH(H5, B6:B15, 0)

H6			fx	=MATCH(H5, B6:B15, 0)			
	회사명	담당자	전화번호	사업자등록번호		찾는 회사	송월무역
6	한영상사	강민영	(02)211-3421	005-62-08515		위치	7
7	송현식품	하연두	(051)612-1122	002-22-08595			
8	힐조교역	김보배	(02)444-1978	004-37-02912			
9	가림상사	김영재	(02)903-1908	001-92-08443			
10	화성식품	정다정	(02)894-1111	002-50-08958			
11	S&C무역	채우람	(02)222-2243	005-04-08209			
12	송월무역	서반디	(02)402-1092	002-23-05954			
13	학영식품	배민지	(02)331-0345	001-04-06181			
14	유리식품	김상아	(02)545-8911	006-79-01788			
15	자이언트무역	유예찬	(041)710-2181	006-77-03807			
16							

수식 오류 - #N/A

Plus⁺ 수식 이해하기

MATCH 함수는 첫 번째 인수 값을 두 번째 범위에서 찾아 몇 번째에 해당 값이 존재하는지 찾아주는 함수입니다.

LINK MATCH 함수에 대한 자세한 설명은 'No. 172 VLOOKUP 함수를 INDEX, MATCH 함수로 전환하기'(574쪽)를 참고합니다.

03 H5셀의 회사명 중간에 공백 문자를 삽입해보겠습니다. H5셀의 값을 **송월 무역**으로 수정하면 H6셀에 #N/A 오류가 반환됩니다.

H5		▼	:	×	✓	*fx*	송월 무역		

▲	A	B	C	D	E	F	G	H	I
1									
2				수식 오류 - #N/A					
3									
5		회사명	담당자	전화번호	사업자등록번호		찾는 회사	송월 무역	
6		한영상사	강민영	(02)211-3421	005-62-08515		위치	#N/A	
7		송현식품	하연두	(051)612-1122	002-22-08595				
8		힐조교역	김보배	(02)444-1978	004-37-02912				
9		가림상사	김영재	(02)903-1908	001-92-08443				
10		화성식품	정다정	(02)894-1111	002-50-08958				
11		S&C무역	채우람	(02)222-2243	005-04-08209				
12		송월무역	서반디	(02)402-1092	002-23-05954				
13		학영식품	배민지	(02)331-0345	001-04-06181				
14		유리식품	김상아	(02)545-8911	006-79-01788				
15		자이언트무역	유예찬	(041)710-2181	006-77-03807				
16									

Plus⁺ #N/A 오류가 발생하는 이유

'송월무역'을 '송월 무역'으로 고치면 두 값은 다른 값이 되므로 H5셀의 값을 B6:B15 범위에서 찾을 수 없어 #N/A 오류가 발생합니다. 이렇게 눈으로 구분되는 경우는 그나마 쉬운데, 공백 문자가 앞(' 송월무역')이나 뒤('송월무역 ')에 입력되면 구분하기 어렵습니다. 두 경우 모두 #N/A 오류가 발생합니다.

MATCH 함수를 사용할 때 #N/A 오류가 반환되지 않게 하려면 IFERROR 함수를 사용해 수식을 다음과 같이 수정합니다.

=IFERROR(MATCH(H5, B6:B15, 0), "찾는 값 없음")

LINK IFERROR 함수에 대한 자세한 설명은 'No. 081 IS 계열 함수를 사용하는 조건식 구성하기 – ISERROR, IFERROR'(211쪽)를 참고합니다.

---

04 이번에는 VLOOKUP 함수를 사용해 H5셀에 있는 회사의 담당자 이름을 찾겠습니다. 우선 빠른 실행 도구 모음의 [실행 취소] 명령(↶)을 클릭하거나 단축키 Ctrl + Z 를 눌러 H5셀의 값을 이전과 같이 '송월무역'으로 표시합니다. H6셀에 다음 수식을 입력하면 왼쪽 표에서 담당자 이름이 반환됩니다.

H6셀 : =VLOOKUP(H5, B6:C15, 2, FALSE)

H6		▼	:	×	✓	*fx*	=VLOOKUP(H5, B6:C15, 2, FALSE)		

▲	A	B	C	D	E	F	G	H	I
1									
2				수식 오류 - #N/A					
3									
5		회사명	담당자	전화번호	사업자등록번호		찾는 회사	송월무역	
6		한영상사	강민영	(02)211-3421	005-62-08515		위치	서반디	
7		송현식품	하연두	(051)612-1122	002-22-08595				
8		힐조교역	김보배	(02)444-1978	004-37-02912				
9		가림상사	김영재	(02)903-1908	001-92-08443				
10		화성식품	정다정	(02)894-1111	002-50-08958				
11		S&C무역	채우람	(02)222-2243	005-04-08209				
12		송월무역	서반디	(02)402-1092	002-23-05954				
13		학영식품	배민지	(02)331-0345	001-04-06181				
14		유리식품	김상아	(02)545-8911	006-79-01788				
15		자이언트무역	유예찬	(041)710-2181	006-77-03807				
16									

05 원본 표의 값을 수정하기 위해 B12셀을 선택합니다. '송월무역' 뒤에서 SpaceBar 키를 눌러 공백 문자를 추가해 '송월무역 '으로 수정합니다. 그러면 H6셀의 수식에서 #N/A 오류가 발생합니다.

	A	B	C	D	E	F	G	H	I
1									
2				수식 오류 - #N/A					
3									
5		회사명	담당자	전화번호	사업자등록번호		찾는 회사	송월무역	
6		한영상사	강민영	(02)211-3421	005-62-08515		위치	#N/A	
7		송현식품	하연두	(051)612-1122	002-22-08595				
8		철조교역	김보배	(02)444-1978	004-37-02912				
9		가림상사	김영재	(02)903-1908	001-92-08443				
10		화성식품	정다정	(02)894-1111	002-50-08958				
11		S&C무역	채우람	(02)222-2243	005-04-08209				
12		송월무역	서반디	(02)402-1092	002-23-05954				
13		학영식품	배민지	(02)331-0345	001-04-06181				
14		유리식품	김상아	(02)545-8911	006-79-01788				
15		자이언트무역	유예찬	(041)710-2181	006-77-03807				
16									

#NAME? 오류 이해하고
문제 해결하기

067

#NAME? 오류는 NAME, 즉 수식에 알 수 없는 이름이 포함된 경우에 발생합니다. 주로 함수명이나 정의된 이름을 잘못 입력하는 경우, 수식에서 텍스트 값을 큰따옴표(") 없이 입력한 경우에 발생합니다. 또한 상위 버전 함수를 사용한 수식을 하위 버전에서 열 때도 발생합니다. 오류가 발생하는 상황이 다양하므로 #NAME? 오류가 발생하면 수식의 어느 부분이 잘못되었는지 주의 깊게 살펴보아야 합니다. #NAME? 오류가 발생하는 상황과 그 해결 방법에 대해 알아보겠습니다.

\ 예제 파일 PART 01\CHAPTER 03\수식 오류-Name.xlsx /

01 예제 파일을 열고 D5 병합 셀에 수식을 입력해 #NAME? 오류가 발생하는 상황에 대해 알아보겠습니다. 정의된 이름을 먼저 확인하기 위해 이름 상자의 아래 화살표 단추(▼)를 클릭하면 **판매**라는 이름이 있습니다. **판매** 이름을 선택하면 F7:F11 범위가 선택됩니다.

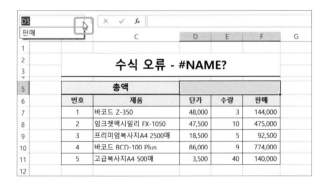

02 D5 병합 셀에 다음 수식을 입력하면 #NAME? 오류가 발생합니다. SUM 함수의 이름을 SUN으로 잘못 입력했기 때문입니다.

D5 병합 셀 : =SUN(F7:F11)

03 D5 병합 셀의 수식을 다음과 같이 변경합니다. 여전히 #NAME? 오류가 발생하는데, 정의된 이름인 **판매**를 **매출**로 잘못 입력했기 때문입니다.

D5 병합 셀 : =SUM(매출)

D5		▼	:	×	✓	*fx*	=SUM(매출)	
◢	A	B	C	D	E	F	G	

	번호	제품	단가	수량	판매
	1	바코드 Z-350	48,000	3	144,000
	2	잉크젯팩시밀리 FX-1050	47,500	10	475,000
	3	프리미엄복사지A4 2500매	18,500	5	92,500
	4	바코드 BCD-100 Plus	86,000	9	774,000
	5	고급복사지A4 500매	3,500	40	140,000

수식 오류 - #NAME?

총액　　#NAME?

Plus⁺ 버전별로 새로 추가된 함수

#NAME? 오류는 상위 버전에서만 사용할 수 있는 함수를 하위 버전에서 사용할 경우에도 발생합니다. 그러므로 버전별로 새로 추가된 함수를 알아두는 것도 중요합니다. 다음은 해당 버전에서 추가된 함수 중 자주 사용하는 함수들을 정리한 것입니다.

버전	함수	설명
2007	SUMIFS, COUNTIFS, AVERAGEIF, AVERAGEIFS, IFERROR	주로 다중 조건을 처리하는 함수들이 추가되었습니다.
2010	RANK.EQ, RANK.AVG, NETWORKDAYS.INTL, WORKDAY. INTL, AGGREGATE	기본 함수명에 마침표(.)를 입력하고 함수의 역할을 의미하는 약어가 입력되는 방식으로 함수명을 제공합니다. 이런 함수들은 보통 2010 버전부터 제공되었습니다.
2013	ISFORMULA, FORMULATEXT, DAYS	수식과 관련한 함수들이 추가되었습니다.
2016	IFS, SWITCH, TEXTJOIN, CONCAT, MAXIFS, MINIFS	실무에 유용하게 사용할 수 있는 함수가 여러 개 제공되지만 오피스 2016 버전은 일부 업데이트 버전에서만 지원되다가 이후 삭제되었습니다. 현재는 오피스 365 버전에서만 사용할 수 있습니다.

#NULL! 오류 이해하고
문제 해결하기

068

#NULL! 오류에서 NULL은 빈 영역을 의미합니다. 이 오류는 참조 연산자 중에서 Spacebar 키를 눌러 입력하는 공백(" ") 참조 연산자를 잘못 사용하는 경우에 발생합니다. 공백 참조 연산자는 두 범위의 교집합 범위를 반환하는데, #NULL! 오류가 발생하면 교집합 범위가 없다는 의미로 이해하면 됩니다. 다만 공백 참조 연산자는 사용 빈도가 떨어지므로 이 오류는 보통 함수의 인수를 구분하는 쉼표(,) 연산자가 실수로 지워진 경우에 발생한다고 생각해도 됩니다. #NULL! 오류가 발생하는 경우와 그 해결 방법에 대해 알아보겠습니다.

예제 파일 PART 01 \ CHAPTER 03 \ 수식 오류–Null.xlsx

01 예제 파일을 열고 F14셀에 몇 가지 수식을 입력해 #NULL! 오류가 발생하는 상황을 확인하겠습니다. 먼저 한국, 일본, 중국의 법인별 실적을 모두 집계하기 위해 F14셀에 다음 수식을 입력합니다. 올바른 계산 결과가 반환됩니다.

F14셀 : =SUM(C6:F6, C10:F11)

02 이번에는 한국과 미국 법인의 실적을 집계하기 위해 F14셀의 수식 중에서 쉼표(,)부터 C10:F11 인수까지 선택하고 Spacebar 키를 누른 후 C8:F8 범위를 드래그해 선택합니다. F14셀에 입력된 수식이 다음과 같이 변경되고 #NULL! 오류가 발생합니다.

F14셀 : =SUM(C6:F6 C8:F8)

03 #NULL! 오류가 발생하는 다른 경우를 확인하겠습니다. 4분기 실적이 높은 상위 세 법인의 합계를 구하기 위해 F14셀의 수식을 다음과 같이 변경합니다. 올바른 계산 결과가 반환됩니다.

F14셀 : =F6+F8+F9

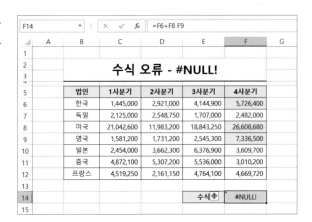

04 F14셀의 수식에서 두 번째 덧셈 연산자 (+)를 드래그하고 Spacebar 키를 눌러 삭제한 후 Enter 키를 눌러 수식을 입력하면 #NULL! 오류가 발생합니다.

F14셀 : =F6+F8 F9

#NUM! 오류 이해하고 문제 해결하기

#NUM! 오류는 NUMBER 오류로, 잘못된 숫자 값을 전달하거나 계산 결과가 −1E−307~1E+307 범위를 벗어날 때 발생합니다. #NUM! 오류는 일반적으로 수식 내에 거듭제곱 연산자(^)가 사용되거나 거듭제곱 연산을 하는 POWER 함수, 루트 값을 반환하는 SQRT 함수, IRR 함수나 RATE 함수와 같은 재무 함수 등을 사용하는 경우에 주로 발생하는데, 수식에서 먼저 계산해야 할 부분을 표시하는 괄호를 열고 닫는 부분에서 실수가 발생하는 경우가 많습니다. #NUM! 오류가 발생하는 경우와 그 해결 방법에 대해 알아보겠습니다.

예제 파일 PART 01 \ CHAPTER 03 \ 수식 오류−Number.xlsx

01 예제 파일을 열고 B6:E6 범위에 수식을 입력해 #NUM! 오류가 발생하는 상황을 확인하겠습니다.

02 #NUM! 오류가 가장 많이 발생하는 거듭제곱 연산을 하는 수식을 작성하겠습니다. B6셀에 다음 수식을 입력하면 수식의 결과가 10^307승(1E+307)을 넘으므로 #NUM! 오류가 발생합니다.

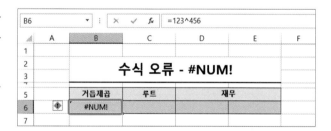

B6셀 : =123^456

> **Plus+** #NUM! 오류가 발생하는 이유
>
> 보통 거듭제곱(^) 연산자나 POWER 함수(거듭제곱 함수)를 사용해 계산하는 경우 #NUM! 오류가 발생하는데, 원인은 대부분 계산식에서 괄호를 열고 닫는 부분이 잘못되었기 때문입니다. 대표적으로 복리 이자와 같은 복잡한 계산을 할 때 오류가 발생하므로 이런 경우 수식의 괄호 부분을 다시 점검합니다.

03 이번에는 루트 값을 계산해보겠습니다. C6셀에 다음 수식을 입력하면 #NUM! 오류가 발생합니다.

C6셀 : =-1^(1/2)

Plus⁺ **#NUM! 오류가 발생하는 이유**

이 수식이 잘못되었다는 것을 알려면 루트의 개념을 정확히 이해하고 있어야 합니다. 루트는 거듭제곱해서 얻을 수 있는 숫자를 의미합니다. 엑셀에서는 1/2을 거듭제곱하는 연산이나 SQRT 함수를 사용할 수 있습니다. SQRT 함수를 사용하도록 이번 수식을 변경하면 다음과 같습니다.

　=SQRT(-1)

그러므로 이번 수식은 거듭제곱해서 -1이 되는 결과를 반환하라는 의미입니다. 거듭제곱은 같은 수를 여러 번 곱셈하는 것으로, 예를 들면 =10^2 수식은 10*10을 의미합니다. 여기에서 모순이 발생합니다. 동일한 음수를 곱하면 양수가 나온다는 사실은 잘 알고 있을 것입니다. 예를 들어 =-1 * -1 수식의 결과는 1입니다. 즉, 거듭제곱한 결과는 음수가 나올 수 없고, 음수의 루트 값은 계산할 수 없습니다. 이번 수식은 계산할 수 없으므로 #NUM! 오류가 발생합니다.

---

04 이번에는 재무 함수 중에서 IRR 함수를 사용해보겠습니다. D6셀에 다음 수식을 입력하면 #NUM! 오류가 발생합니다.

D6셀 : =IRR(G5:G9)

Plus⁺ **#NUM! 오류가 발생하는 이유**

IRR 함수는 주기적인 현금 흐름에 대한 내부 수익률을 반환하는 함수로, 반드시 범위 내에 음수(지출)와 양수(수입) 값이 함께 있어야 합니다. 그런데 참조한 G5:G9 범위에는 양수 값만 있으므로 내부 수익률을 계산할 수 없어 #NUM! 오류가 발생합니다. 이 오류를 해결하려면 G5셀의 값을 -1로 변경해 IRR 함수에서 계산할 첫 번째 값을 음수(지출된 값)로 변경하면 됩니다.

05 RATE 함수를 사용해 이자율을 계산해보겠습니다. E6셀에 다음 수식을 입력하면 #NUM! 오류가 발생합니다.

E6셀 : =RATE(10, −10000, 1000)

Plus⁺ #NUM! 오류가 발생하는 이유

RATE 함수는 이자율을 계산하기 위해 계산을 반복하는 함수입니다. 최대 20회까지 계산을 반복하여 0.00000001 범위 내의 결과가 반환되지 않으면 #NUM! 오류가 발생합니다. 이번 수식은 10개월 동안 1만 원을 지출해 1천 원이 되기 위한 이자율을 계산합니다. 이자율이 음수가 되므로 #NUM! 오류가 발생합니다. 이 수식의 오류를 해결하려면 두 번째 인수와 세 번째 인수의 값을 다음과 같이 수정합니다.

=RATE(10, −1000, 10000)

그러면 10개월 동안 1천 원을 지출해 1만 원(현재 가치)이 되기 위한 이자율(0%)이 반환됩니다.

#VALUE! 오류 이해하고
문제 해결하기

070

#VALUE! 오류에서 VALUE는 값을 의미합니다. 엑셀에서 값은 계산할 수 있는 값과 없는 값으로 구분할 수 있는데, 계산할 수 없는 값을 계산해 사용하려고 할 때 #VALUE! 오류가 발생합니다. 예를 들어 수식 내에서 숫자와 텍스트 값을 연산하려고 하거나 함수의 인수에 잘못된 형식을 전달하는 경우입니다. 이 오류는 다양한 상황에서 발생하므로 작성한 수식에 잘못 사용된 형식의 값이 있는지 확인해야 합니다. #VALUE! 오류가 발생하는 경우와 그 해결 방법에 대해 알아보겠습니다.

\ 예제 파일 PART 01 \ CHAPTER 03 \ 수식 오류-Value.xlsx

01 예제 파일을 열고 G열에 부가세를 구하는 수식을, H열에는 단가 순위를 계산하는 수식을 입력하면서 #VALUE! 오류가 발생하는 상황을 확인하겠습니다.

	A	B	C	D	E	F	G	H	I
1									
2			수식 오류 - #VALUE!						
3									
5		번호	제품	단가	수량	판매	부가세	순위	
6		1	바코드 Z-350	48,000	3	144,000			
7		2	잉크젯팩시밀리 FX-1050	47,500	10	475,000			
8		3	프리미엄복사지A4 2500매	18,500	5	92,500			
9		4	바코드 BCD-100 Plus	86,000	9	774,000			
10		5	고급복사지A4 500매	3,500	40	140,000			
11		6	잉크젯복합기 AP-3300	79,800	10	798,000			
12		7	링 제본기 ST-100	125,000	5	625,000			
13									

02 먼저 부가세를 계산하겠습니다. G6셀에 다음 수식을 입력하고 G6셀의 채우기 핸들(⊞)을 G12셀까지 드래그해 복사합니다. G6:G12 범위에 모두 #VALUE! 오류가 반환됩니다.

G6셀 : =F6*10%

G6		▼ :	× ✓	fx	=F6*10%				
	A	B	C	D	E	F	G	H	I
1									
2			수식 오류 - #VALUE!						
3									
5		번호	제품	단가	수량	판매	부가세	순위	
6		1	바코드 Z-350	48,000	3	144,000	#VALUE!		
7		2	잉크젯팩시밀리 FX-1050	47,500	10	475,000	#VALUE!		
8		3	프리미엄복사지A4 2500매	18,500	5	92,500	#VALUE!		
9		4	바코드 BCD-100 Plus	86,000	9	774,000	#VALUE!		
10		5	고급복사지A4 500매	3,500	40	140,000	#VALUE!		
11		6	잉크젯복합기 AP-3300	79,800	10	798,000	#VALUE!		
12		7	링 제본기 ST-100	125,000	5	625,000	#VALUE!		
13									

03 **02** 과정 수식에서 참조한 F열의 데이터 형식을 확인합니다. F6:F12 범위를 선택하고 [홈] 탭-[맞춤] 그룹을 보면 [오른쪽 맞춤] 명령 단추(▤)가 눌려 있습니다. [오른쪽 맞춤] 명령을 클릭해 맞춤 설정을 해제하면 F6:F12 범위의 값이 모두 왼쪽에 표시됩니다.

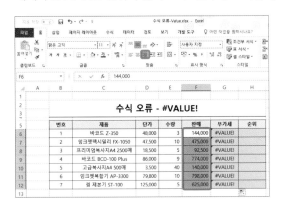 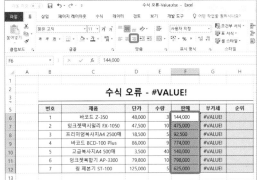

> **Plus⁺ 데이터 형식과 #VALUE! 오류**
>
> 엑셀에서 인식할 수 있는 데이터 형식은 숫자, 논리 값, 텍스트이며 각각 셀 오른쪽, 가운데, 왼쪽에 맞춰 표시됩니다. 이 경우 F2:F12 범위의 값이 텍스트이므로 #VALUE! 오류가 발생한 것입니다.

04 수식이 제대로 계산되게 하려면 F6:F12 범위에서 숫자에 해당되지 않는 문자를 제거합니다. G6셀의 수식을 다음과 같이 수정하고 G6셀의 채우기 핸들(⊞)을 G12셀까지 드래그해 복사하면 정상적인 계산 결과가 표시됩니다.

G6셀 : =CLEAN(F6)*10%

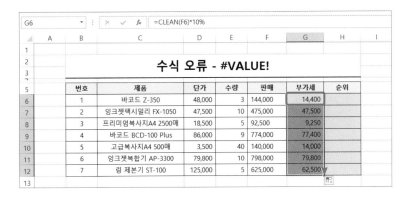

> **Plus⁺ 수식 이해하기**
>
> CLEAN 함수는 인쇄할 수 없는 문자를 제거하는 함수입니다. 엑셀에서는 이런 문자를 유령 문자라고 부르는데, 주로 웹에서 복사해온 데이터의 경우 눈에 보이지 않는 문자가 숫자에 섞여 있는 경우가 많습니다. 이런 경우에 CLEAN 함수가 유용합니다.

05 이번에는 단가의 순위를 구하겠습니다. H6셀에 다음 수식을 입력하고 H6셀의 채우기 핸들을 H12셀까지 드래그해 복사합니다. 모두 #VALUE! 오류가 발생합니다.

H6셀 : =RANK(D6, $D$6:$D$12, "0")

H6		▼	⋮	×	✓	*fx*	=RANK(D6, $D$6:$D$12, "0")	

▲	A	B	C	D	E	F	G	H	I
1									
2			**수식 오류 - #VALUE!**						
3									
5		번호	제품	단가	수량	판매	부가세	순위	
6		1	바코드 고 050	10,000	0	111,000	11,100	#VALUE!	
7		2	잉크젯팩시밀리 FX-1050	47,500	10	475,000	47,500	#VALUE!	
8		3	프리미엄복사지A4 2500매	18,500	5	92,500	9,250	#VALUE!	
9		4	바코드 BCD-100 Plus	86,000	9	774,000	77,400	#VALUE!	
10		5	고급복사지A4 500매	3,500	40	140,000	14,000	#VALUE!	
11		6	잉크젯복합기 AP-3300	79,800	10	798,000	79,800	#VALUE!	
12		7	링 제본기 ST-100	125,000	5	625,000	62,500	#VALUE!	
13									

Plus⁺ #VALUE! 오류 이해하기

RANK 함수는 원하는 값이 지정된 범위에서 몇 번째로 큰지 반환합니다. RANK 함수의 세 번째 인수는 0이나 1 숫자 값을 받아 큰(또는 작은) 순서로 순위를 반환합니다. 이번 수식은 RANK 함수의 세 번째 인수를 큰따옴표(") 안에 넣어 텍스트 값으로 전달했으므로 #VALUE! 오류가 발생한 것입니다. #VALUE! 오류를 없애려면 수식을 다음과 같이 수정합니다.

=RANK(D6, $D$6:$D$12, 0)

#REF! 오류 이해하고
문제 해결하기

#REF! 오류에서 REF는 Reference의 약어입니다. 즉 #REF! 오류는 참조 오류라고 할 수 있는데 정확하게는 참조할 셀이 존재하지 않는 경우에 발생합니다. 참조한 셀/범위가 삭제된 경우에 가장 많이 발행하며 수식을 행/열 방향으로 복사할 때 워크시트의 범위를 넘는 위치를 참조하게 되어도 발생합니다. #REF! 오류가 발생하면 이전에 참조한 셀 주소가 삭제되어 수식을 고치기 어려워지므로 주의해야 합니다. 셀/범위를 삭제하기 전에는 해당 셀을 참조하는 부분이 있는지 먼저 확인하는 것이 좋습니다. #REF! 오류가 발생하는 경우와 그 해결 방법에 대해 알아보겠습니다.

\ 예제 파일 PART 01 \ CHAPTER 03 \ 수식 오류-Reference.xlsx /

01 예제 파일을 열고 오른쪽 표에서 왼쪽 표 범위를 참조하면서 #REF! 오류가 발생하는 상황을 확인하겠습니다.

02 D6셀에서 B6셀을 참조하도록 다음 수식을 입력합니다.

D6셀 : =B6

03 D6셀에서 참조한 B6셀을 삭제하겠습니다. B6셀을 선택하고 [홈] 탭-[셀] 그룹-[삭제] 명령(📑)을 클릭합니다. 셀이 삭제되면 아래쪽 셀이 하나씩 위로 올라와 삭제된 셀 위치가 채워지는데, D6셀에서는 참조했던 셀이 삭제되었으므로 #REF! 오류가 발생합니다.

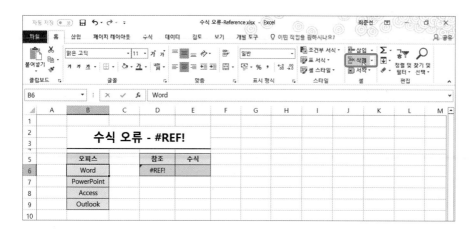

> **Plus⁺ 값 지우기와 셀 삭제**
>
> 엑셀에서는 값을 지우는 명령과 셀을 삭제하는 명령이 따로 제공되는데, 두 명령은 다릅니다. 셀을 선택하고 Del 키를 누르면 해당 셀의 값만 지워지는데, 이것이 '값 지우기'입니다. 이와 달리 [홈] 탭-[셀] 그룹-[삭제] 명령(📑)을 클릭하면 셀이 삭제되면서 아래쪽(기본 값)이나 오른쪽 셀이 이동해 해당 셀 위치를 채우고 해당 행/열의 마지막 위치에 빈 셀이 하나 삽입되는데, 이것이 '삭제'입니다.
>
> #REF! 오류는 [삭제] 명령을 사용한 경우에 발생합니다. #REF! 오류가 발생하면 기존 수식에서 참조한 셀 주소가 삭제되기 때문에 나중에 수식을 고치려고 해도 쉽지 않습니다. 그러므로 셀을 삭제할 때는 해당 셀을 참조하는 수식이 있는지 여부를 먼저 확인해야 합니다.

04 셀을 삭제하기 전에 해당 셀을 참조하는 수식이 입력된 위치를 확인하겠습니다. 우선 빠른 실행 도구 모음의 [실행 취소] 명령(↩)을 클릭하거나 단축키 Ctrl + Z 를 눌러 **03** 과정의 셀 삭제 명령을 취소합니다. 삭제할 B6셀을 선택하고 [수식] 탭-[수식 분석] 그룹-[참조하는 셀 추적] 명령(📱)을 클릭합니다. 참조하는 셀이 있다면 다음 화면과 같이 파란색 화살표가 표시됩니다.

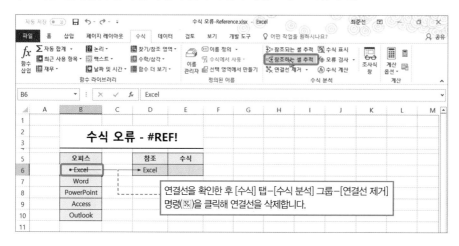

연결선을 확인한 후 [수식] 탭-[수식 분석] 그룹-[연결선 제거] 명령(✕)을 클릭해 연결선을 삭제합니다.

05 수식을 복사하는 경우에 #REF! 오류가 발생하는 상황을 확인하겠습니다. E6셀에 다음 수식을 입력합니다. A1셀에는 값이 없으므로 0 값이 반환됩니다.

E6셀 : =A1

06 E6셀의 채우기 핸들(⊞)을 D6셀로 드래그하면 D6셀에 #REF! 오류가 발생합니다.

Plus⁺ #REF! 오류가 발생한 이유

E6셀에서 A1셀을 참조한 후 채우기 핸들을 왼쪽으로 드래그하면 D6셀에서는 A1셀의 왼쪽 셀을 참조해야 합니다. A열은 워크시트의 첫 번째 열이므로 왼쪽 열은 존재하지 않아 #REF! 오류가 발생합니다.

오류 이해하고 문제 해결하기

072

정확한 의미에서 ######## 오류는 수식 오류로 분류되지는 않습니다. ######## 오류는 여러 가지 사유로 셀에 값을 표시할 수 없는 경우에 발생하며, 가장 대표적인 상황은 셀 값을 표시하기에 열 너비가 충분하지 않을 때입니다. 또한 표시 형식이 '날짜'나 '시간'인 셀에 음수가 반환되는 경우에도 발생합니다. ######## 오류가 발생하는 경우와 그 해결 방법에 대해 알아보겠습니다.

예제 파일 PART 01 \ CHAPTER 03 \ 수식 오류-########.xlsx

01 예제 파일을 열고 E6:E10 범위에 근무시간을 계산하면서 ######## 오류가 발생하는 상황을 확인하겠습니다.

직원	출근시간	퇴근시간	근무시간
박지훈	9:00 AM	2:00 AM	
유준혁	8:18 AM	8:05 PM	
이서연	8:56 AM	7:57 PM	
김민준	8:11 AM	6:04 PM	
최서현	8:57 AM	6:36 PM	

수식 오류 - ########

02 먼저 B열과 C열 사이의 열 구분선에 마우스 포인터를 위치시키고 왼쪽으로 드래그해보면 C6셀에 ######## 오류가 표시됩니다.

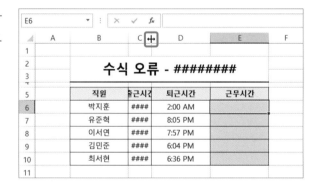

직원	출근시간	퇴근시간	근무시간
박지훈	####	2:00 AM	
유준혁	####	8:05 PM	
이서연	####	7:57 PM	
김민준	####	6:04 PM	
최서현	####	6:36 PM	

수식 오류 - ########

Plus⁺ ######## 오류 발생 상황 이해하기

열 너비를 줄였을 때 그 열 너비가 해당 열의 셀 값을 표시하기에 충분하지 않으면 ########이 표시됩니다. 이 문제를 해결하는 가장 쉬운 방법은 열 구분선을 더블클릭해 열 너비를 자동으로 조절하는 것입니다.

---

03 ######## 오류가 표시되는 다른 상황을 확인하겠습니다. 먼저 빠른 실행 도구 모음의 [실행 취소] 명령(↶)을 클릭하거나 단축키 Ctrl + Z 를 눌러 **02** 과정의 작업을 취소합니다. E6셀에 다음 수식을 입력하고 E6셀의 채우기 핸들을 E10셀까지 드래그해 복사하면 E6셀에만 ######## 오류가 표시됩니다.

E6셀 : =D6−C6

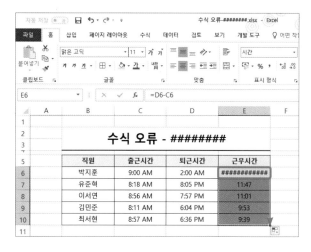

Plus⁺ ######## 오류 발생 상황 이해하기

E6셀에 ######## 오류가 표시되는 이유는 D6셀의 퇴근시간(2:00 AM)에서 C6셀의 출근시간(9:00 AM)을 뺀 값으로 음수가 반환되기 때문입니다. 엑셀의 날짜와 시간 데이터에는 음수 개념이 없으므로 표시 형식이 날짜나 시간인 경우에 계산 결과로 음수 값이 반환되면 ######## 오류가 표시됩니다. 이런 문제를 해결하려면 수식을 다음과 같이 수정합니다.

=IF(C6>D6, (1+D6)−C6, D6−C6)

또는

=IF(C6>D6, 1, 0) + D6−C6

LINK IF 함수에 대한 자세한 설명은 'No. 080 비교 연산자를 이용한 조건식 구성하기 – IF'(208쪽)를 참고합니다.

LINK 날짜/시간을 관리하는 방법에 대한 자세한 설명은 'No. 008 날짜와 시간 형식 이해하기'(31쪽)를 참고합니다.

---

04 단순하게 표시 형식이 [날짜]나 [시간]으로 잘못 지정된 경우라면 표시 형식을 [일반]으로 변경하면 됩니다. E6:E10 범위를 선택하고 [홈] 탭-[표시 형식] 그룹에서 [표시 형식] 목록의 값을 [일반]으로 변경하면 E6셀의 ######## 오류가 사라지고 음수 값이 그대로 표시됩니다.

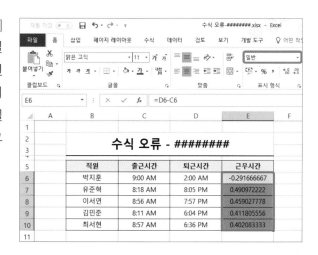

순환 참조 오류 이해하고
문제 해결하기

순환 참조 오류는 수식을 계산하기 위해 참조한 셀에서 다시 자신을 참조하는 경우에 발생하는 오류입니다. 구체적으로는 A1셀에서 **=A1+1**과 같이 자신을 참조하는 수식을 작성했거나, A1셀에 **=B1+1** 수식을 입력하고 B1셀에는 **=A1+1** 수식을 입력한 경우를 예로 들 수 있습니다. 순환 참조 오류가 발생하는 경우와 그 해결 방법에 대해 알아보겠습니다.

예제 파일 PART 01 \ CHAPTER 03 \ 순환 참조.xlsx

01 예제 파일을 열면 다음과 같이 파일 내에 순환 참조가 발생했음을 알리는 오류 메시지 창이 나타납니다. 내용을 읽어 보고 〈확인〉 버튼을 클릭합니다.

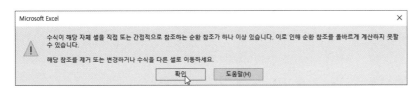

02 상태 표시줄에 '순환 참조: F6'이라는 메시지가 표시됩니다. 메시지에 표시된 F6셀에는 **=E6+100** 수식이 입력되어 있고, F6셀에서 참조하는 E6셀에는 **=F6+100** 수식이 입력되어 있습니다. E6셀의 수식을 계산하려면 F6셀의 값이, F6셀의 수식을 계산하려면 E6셀의 값이 필요하므로 두 셀이 서로 순환하면서 참조가 발생합니다.

03 순환 참조 오류를 해결하려면 F6셀과 E6셀의 수식이 서로 순환되지 않도록 수정해야 합니다. 예를 들어 F6셀의 수식을 다음과 같이 수정하면 두 셀의 순환 참조가 발생하지 않습니다.

F6셀 : =B6+100

Plus⁺ 순환 참조 오류 위치를 한 번에 모두 확인하는 방법

순환 참조가 여러 개 발생해도 상태 표시줄에는 한 번에 하나의 위치만 표시되므로, 여러 개의 순환 참조가 발생한 경우에는 [수식] 탭-[수식 분석] 그룹-[오류 검사] 명령 내 [순환 참조] 메뉴를 선택해 확인하면 편리합니다.

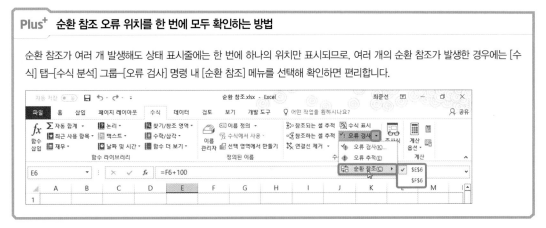

---

04 상태 표시줄을 보면 C6셀에도 순환 참조가 발생한 것을 알 수 있습니다. C6셀에는 다음 수식이 입력되어 있는데, C6셀에서 C6셀을 참조하고 있으므로 순환 참조가 발생한 것입니다.

C6셀 : =C6+B6

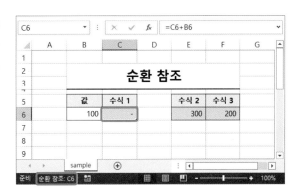

---

05 C6셀의 수식은 B6셀 값의 누계를 구하기 위한 것인데, 이런 방식으로는 집계할 수 없습니다. 수식을 다음과 같이 수정해 순환 참조를 제거합니다.

C6셀 : =B6+100

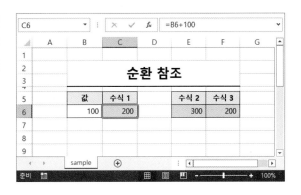

수식이 자동으로 계산되지 않을 때 해결 방법

수식은 파일을 열거나 수식에서 참조하는 셀 값이 변경될 때 자동으로 재계산됩니다. 하지만 수식이 자동으로 계산되지 않는 경우가 있는데, 이는 대부분 수식 계산 옵션이 '수동'으로 설정되어 있기 때문입니다. 수식이 자동으로 계산되지 않을 때 해결하는 방법과 수식 계산을 수동으로 처리하는 방법에 대해 알아보겠습니다.

예제 파일 없음

수식이 자동으로 계산되지 않을 때 해결 방법

수식이 자동으로 재계산되지 않는다면 [수식] 탭-[계산] 그룹-[계산 옵션] 명령(▦)을 확인합니다. 이런 경우에는 보통 [계산 옵션]이 [수동]으로 선택되어 있습니다.

[계산 옵션]을 [자동]으로 변경하면 수식이 정상적으로 계산됩니다. 이런 문제가 자주 발생한다면 다음 방법을 이용해 빠른 실행 도구 모음에서 [계산 옵션]을 시각적으로 확인할 수 있도록 해놓으면 편리합니다.

01 [파일] 탭-[옵션]을 클릭해 'Excel 옵션' 대화상자가 열리면 [빠른 실행 도구 모음] 범주를 선택합니다. '명령 선택' 목록에서 [수식 탭]을 선택하고 하위 목록에서 [자동]과 [수동] 명령을 찾아 〈추가〉 버튼을 클릭해 추가한 후 〈확인〉 버튼을 클릭해 'Excel 옵션' 대화상자를 닫습니다.

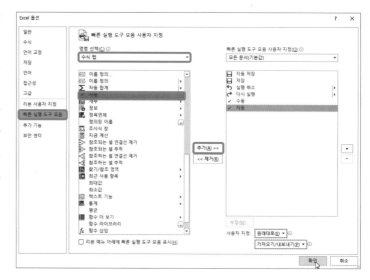

02 이제 빠른 실행 도구 모음에서 [계산 옵션]의 하위 옵션을 확인할 수 있습니다.

수식을 수동으로 업데이트하는 방법

시트에 수식이 많이 사용되었고 수식 계산에 시간이 많이 걸린다면 [계산 옵션]을 [수동]으로 설정하고 필요할 때만 재계산하는 것이 좋습니다. [수식] 탭-[계산] 그룹-[계산 옵션] 명령(▦) 내 [수동] 메뉴를 선택합니다.

재계산을 해야 할 때는 다음 단축키를 이용합니다. 가장 많이 사용하는 단축키는 F9 키입니다.

명령 위치	아이콘	단축키	설명
[수식] 탭-[계산] 그룹-[지금 계산]	▦	F9	현재 열려 있는 모든 파일의 수식 중에서 변경된 수식을 재계산합니다.
[수식] 탭-[계산] 그룹-[시트 계산]	▦	Shift + F9	현재 시트의 수식 중에서 변경된 수식만 재계산합니다. (다른 워크시트의 수식은 재계산되지 않습니다.)
		Ctrl I Alt I F9	현재 열려 있는 모든 파일의 수식을 재계산합니다.

참조하거나 참조되는 셀 확인하고 이동하기

수식에서는 계산에 필요한 값을 다양한 셀/범위에서 참조하게 됩니다. 그러므로 수식을 분석하다 보면 수식에서 참조하는 셀이나 현재 셀을 참조하는 셀을 찾아야 하는 경우가 종종 있습니다. 수식에서 참조하거나 참조되는 셀을 확인하고 해당 위치로 빠르게 이동하는 방법에 대해 알아보겠습니다.

\ 예제 파일 PART 01 \ CHAPTER 03 \ 셀 추적.xlsx /

Plus⁺ 리본 메뉴의 [수식] 탭-[수식 분석] 그룹의 명령 이해하기

[수식] 탭-[수식 분석] 그룹에 있는 각 명령의 역할은 다음과 같습니다.

❶ 참조되는 셀 추적   수식 표시
❷ 참조하는 셀 추적   오류 검사 ▼
❸ 연결선 제거 ▼   ⓕₓ 수식 계산
        수식 분석

❶ **참조되는 셀 추적** : 현재 셀에 참조되고 있는 모든 셀을 연결선으로 표시합니다.
❷ **참조하는 셀 추적** : 현재 셀을 참조하고 있는 모든 셀을 연결선으로 표시합니다
❸ **연결선 제거** : ❶, ❷ 명령을 사용해 표시된 연결선을 모두 삭제합니다.

---

01 예제 파일을 열고 '실적(분기)' 시트의 E6셀에 참조되고 있는 셀을 모두 확인하겠습니다. E6셀을 선택하고 [수식] 탭-[수식 분석] 그룹-[참조되는 셀 추적] 명령(🔡)을 클릭하면 C6:D6 범위에서 E6셀로 파란색 화살표 연결선이 표시됩니다. 이 연결선은 C6:D6 범위가 E6셀에 참조되고 있다는 것을 시각적으로 표시합니다.

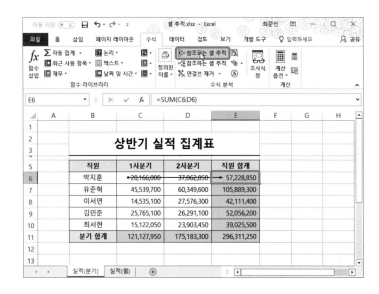

02 E6셀이 선택된 상태에서 [수식] 탭-[수식 분석] 그룹-[참조되는 셀 추적] 명령(🔢)을 한 번 더 클릭합니다. E6셀에 참조되고 있는 셀에 수식이 있으면 해당 셀에 참조된 셀이 추적되는데, 예제의 경우 워크시트 아이콘(⊞)에서 C6셀과 D6셀로 이어지는 검정색 화살표 연결선이 표시됩니다. 이 연결선은 C6셀과 D6셀에 다른 워크시트의 셀이 참조되고 있음을 의미합니다.

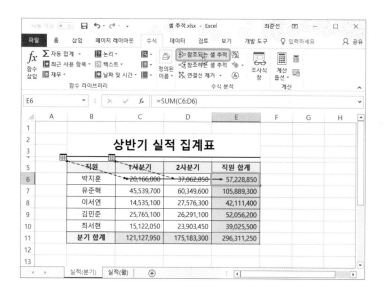

Plus⁺ 워크시트 아이콘(⊞)이 나타난 이유

C6셀과 D6셀의 수식을 보면 '실적(월)' 시트의 셀을 참조하고 있다는 것을 확인할 수 있습니다. 이렇게 다른 워크시트의 셀을 참조하는 경우 참조 위치를 직접 보여줄 수 없으므로 워크시트 아이콘을 표시하고 파란색 화살표 연결선 대신 검정색 화살표 연결선으로 참조 방향을 나타냅니다.

---

03 C6셀에서 참조하는 외부 시트로 바로 이동하려면 검정색 화살표 연결선을 더블클릭합니다. '이동' 대화상자가 표시되면 [이동] 목록에 표시된 주소를 더블클릭하거나 주소를 선택하고 〈확인〉 버튼을 클릭합니다.

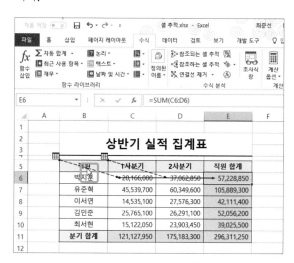

04 '실적(월)' 시트로 화면이 전환되면서 C6:E6 범위가 선택됩니다.

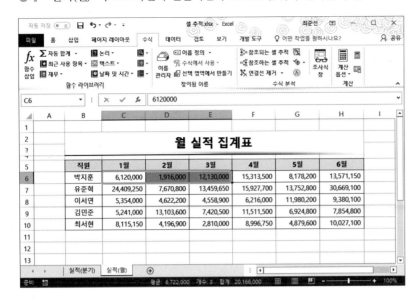

05 이번에는 '실적(월)' 시트의 C6:E6 범위가 선택된 상태에서 [수식] 탭-[수식 분석] 그룹-[참조하는 셀 추적] 명령(🔝)을 클릭합니다. 그러면 C6:E6 범위를 참조하는 위치로 연결선이 표시됩니다. C6:E6 범위는 '실적(분기)' 시트에서 참조하므로 C6:E6 범위에서 워크시트 아이콘(▦) 방향으로 검정색 화살표 연결선이 나타납니다.

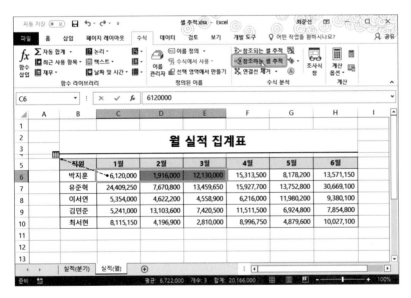

TIP 셀 추적 기능에 의해 나타나는 연결선이 더 이상 필요 없다면 [수식] 탭-[수식 분석] 그룹-[연결선 제거] 명령(🔏)을 클릭합니다. 참고로 이 명령은 워크시트별로 실행해야 합니다.

복잡한 수식을 빠르게 이해할 수 있는 방법

076

엑셀에는 수식의 계산 과정을 단계별로 보여주는 '수식 계산' 기능이 있습니다. 이 기능은 수식에서 참조하는 셀 값을 표시하거나 우선순위에 따른 계산 과정을 보여줍니다. 그러므로 잘 이해되지 않는 복잡한 수식을 이해하거나 수식의 어느 부분 때문에 오류가 발생했는지 확인할 수 있어 편리합니다.

\ 예제 파일 PART 01 \ CHAPTER 03 \ 수식 계산.xlsx /

---

01 예제 파일의 G12셀에는 다음 수식이 입력되어 있습니다. 수식 계산 기능을 이용해 이 수식이 어떻게 계산되는지 알아보겠습니다.

G12셀 : =IF(MOD(MID(H10,8,1), 2)=1,"남","여")

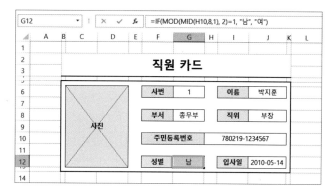

---

02 G12셀이 선택된 상태에서 [수식] 탭-[수식 분석] 그룹-[수식 계산] 명령(⌖)을 클릭하면 다음과 같은 '수식 계산' 대화상자가 표시됩니다.

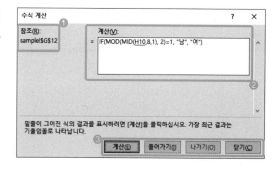

Plus⁺ '수식 계산' 대화상자 이해하기

'수식 계산' 대화상자는 다음과 같이 세 영역으로 구성되어 있습니다.

❶ **참조** : 수식이 입력된 셀 주소를 표시합니다.

❷ **계산** : 수식의 계산 과정을 단계별로 표시합니다. 수식에 밑줄(_)이 표시된 부분부터 순차적으로 계산됩니다.

❸ **명령** : 다음과 같은 네 개의 명령을 사용할 수 있습니다.

• 〈계산〉 : ❷ 영역의 수식에서 밑줄(_)로 표시된 부분을 계산합니다.

• 〈들어가기〉 : ❷ 영역의 수식에서 밑줄로 표시된 부분이 셀 주소인 경우에 사용할 수 있으며, 클릭하면 해당 셀 값이 따로 표시됩니다.

• 〈나가기〉 : 〈들어가기〉 버튼을 클릭했을 때 활성화되며 〈들어가기〉 명령을 취소합니다.

• 〈닫기〉 : '수식 계산' 대화상자를 닫습니다.

03 '수식 계산' 대화상자에 표시된 수식에서 밑줄 (_)이 표시된 부분이 먼저 계산되는데, 밑줄로 표시된 부분 셀 주소라면 해당 셀 값을 확인할 수 있습니다. 밑줄이 **H10**에 표시되었으므로 〈들어가기〉 버튼을 클릭하면 H10셀이 값이 표시됩니다.

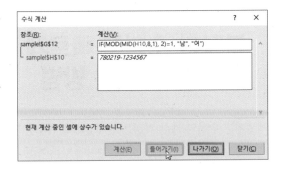

04 〈나가기〉 버튼을 클릭하면 '계산' 영역이 다시 합쳐지면서 H10셀의 값이 수식에 입력되고 **MID ("780219-1234567",8,1)** 부분에 밑줄(_)이 표시됩니다. 〈계산〉 버튼을 클릭해 계산 과정을 살펴봅니다.

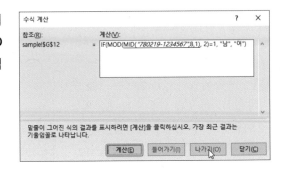

05 〈계산〉 버튼을 계속 클릭하면 수식 결과가 다음과 같이 표시되고 〈계산〉 버튼은 〈다시 시작〉 버튼으로 변경됩니다. 〈다시 시작〉 버튼을 클릭하면 계산 과정이 처음부터 다시 표시됩니다.

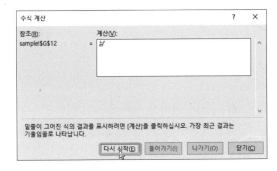

목표값 찾기로
견적서 금액 조정하기

077

A 값과 B 값을 연산해 C라는 결과를 얻었는데 C 대신 다른 결과가 나타나도록 수식을 수정해야 하는 경우가 있습니다. 이런 경우에는 C를 얻을 때 사용한 값(A 또는 B)을 수정하면 됩니다. 이처럼 수식으로 얻은 결과를 원하는 결과로 대체하고 싶을 때, 계산에서 사용한 값 중 하나만 고칠 수 있다면 엑셀에서 제공하는 '목표값 찾기' 기능을 이용합니다.

\ 예제 파일 PART 01 \ CHAPTER 03 \ 목표값 찾기.xlsx /

01 예제 파일에는 다음과 같은 견적서 표가 있습니다. 8:12행의 주문 내역 금액 합계가 15행에 집계되어 있고, F5 병합 셀에는 15행의 공급가액과 세액의 합계 금액이 계산되어 있습니다. 단가가 비싼 '컬러레이저복사기 XI-3200' 모델의 할인율을 추가 조정해 견적서 총액을 500만 원에 맞춰보겠습니다.

| F5 | | | × | ✓ | *fx* | =L15+N15 | | | |

견 적 서

총 액 (공급가액 + 세액)		5,058,884		

번호	품명	수량	단가	할인	공급가액	세액
1	컬러레이저복사기 XI-3200	3	1,175,000	5%	3,348,750	334,875
2	잉크젯팩시밀리 FX-1050	4	47,400	5%	180,120	18,012
3	바코드 BCD-100 Plus	5	86,500	5%	410,875	41,088
4	잉그젯복합기 AP-3300	4	79,800	5%	303,240	30,324
5	프리미엄복사지A4 2500매	20	17,800	0%	356,000	35,600
	합계				4,598,985	459,899

02 총액이 계산된 F5 병합 셀을 선택하고 [데이터] 탭–[예측] 그룹–[가상분석] 명령(📖) 내 [목표값 찾기] 메뉴를 선택합니다. '목표값 찾기' 대화상자가 표시되면 다음과 같이 설정하고 〈확인〉 버튼을 클릭합니다.

수식 셀 : F5

찾는 값 : 5000000

값을 바꿀 셀 : K8

❶ **수식 셀** : 계산 결과를 반환하는 셀, 즉 결과 값이 변경될 셀입니다. 예제에서는 총액이 F5 병합 셀에 있으므로 이 셀을 지정합니다. 병합 셀은 왼쪽 상단의 셀 주소만 표시하므로 F5셀 주소만 입력되었습니다.

❷ **찾는 값** : 얻어야 하는 결과 값으로, 예제에서는 500만 원을 입력하면 됩니다. 숫자 자릿수에 주의해 값을 입력합니다.

❸ **값을 바꿀 셀** : 찾는 값을 얻기 위해 계산에서 사용한 값 중 하나를 선택합니다. 예제에서는 '컬러레이저복사기 XI-3200' 제품의 할인율을 조정한다고 했으므로 K8셀을 선택합니다. 목표값 찾기 기능은 수식 셀의 결과로 원하는 값을 얻기 위해 셀 하나의 값만 조정할 수 있습니다.

03 찾는 값을 구했으면 F5 병합 셀의 값이 500만 원이 되고 K8셀의 값이 5%에서 7%로 조정됩니다. '목표값 찾기 상태' 대화상자의 〈확인〉 버튼을 클릭합니다.

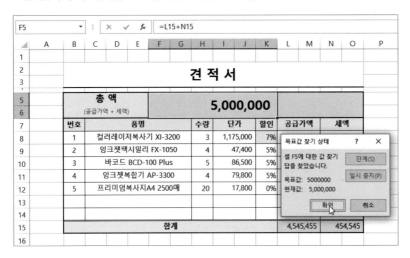

목표값 찾기는 '값을 바꿀 셀'로 지정한 셀의 값을 변경하면서 사용자가 원하는 '찾는 값'이 계산되는지 확인하는 것인데, 사용자가 원하는 '찾는 값'을 얻지 못할 수도 있습니다. 이 경우에는 '값을 바꿀 셀'을 다른 항목으로 변경해 다시 실행해봅니다. 목표값 찾기로 해결되지 않는다면 '해 찾기' 추가 기능을 이용하는 것이 좋습니다.

LINK 해 찾기 추가 기능을 사용하는 방법은 No. 078~079를 참고합니다.

해 찾기 추가 기능 설치하기

목표값 찾기는 편리한 기능이지만 한 번에 하나의 값만 조정할 수 있으므로 복잡한 업무 환경에 알맞지 않습니다. 원하는 답(해)을 찾기 위해 좀 더 다양한 상황을 고려해야 한다면 해 찾기 추가 기능을 사용하는 것이 좋습니다. 해 찾기 추가 기능은 사용자가 'Excel 추가 기능'에서 해당 기능에 체크해야 사용할 수 있습니다. 해 찾기 추가 기능을 설치하는 방법에 대해 알아보겠습니다.

예제 파일 없음

01 해 찾기 기능을 설치하려면 먼저 '추가 기능' 대화상자를 호출해야 합니다. 다음을 참고해 자신의 상황에 맞게 명령을 실행합니다.

리본 메뉴에 [개발 도구] 탭이 있는 경우

[개발 도구] 탭-[추가 기능] 그룹-[Excel 추가 기능] 명령(⚙)을 클릭합니다.

리본 메뉴에 [개발 도구] 탭이 없는 경우

[파일] 탭-[옵션]을 클릭해 'Excel 옵션' 대화상자를 열고 [추가 기능] 범주의 [관리]에서 [Excel 추가 기능]을 선택하고 〈이동〉 버튼을 클릭합니다.

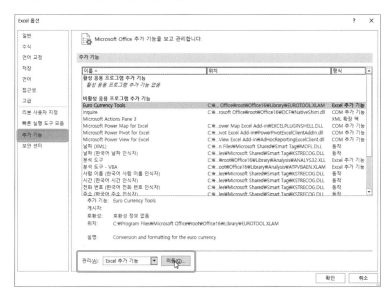

02 '추가 기능' 대화상자가 표시되면 [해 찾기 추가 기능]에 체크하고 〈확인〉 버튼을 클릭합니다. 리본 메뉴의 [데이터] 탭에 [분석] 그룹이 생기고 [해 찾기] 명령이 표시됩니다.

03 [데이터] 탭-[분석] 그룹-[해 찾기] 명령(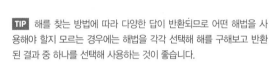) 을 클릭하면 '해 찾기 매개 변수' 대화상자가 표시됩 니다.

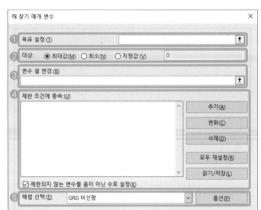

TIP 해를 찾는 방법에 따라 다양한 답이 반환되므로 어떤 해법을 사용해야 할지 모르는 경우에는 해법을 각각 선택해 해를 구해보고 반환된 결과 중 하나를 선택해 사용하는 것이 좋습니다.

Plus⁺ '해 찾기 매개 변수' 대화상자 이해하기

❶ **목표 설정** : 원하는 해를 찾기 위해 수식이 입력된 셀을 지정합니다. 셀 참조 또는 정의된 이름을 사용할 수 있습니다.

❷ **대상** : 목표 셀이 최적의 값이 되기 위한 조건을 지정합니다.

옵션	설명
최대값	목표 설정 셀의 값으로 제한 조건을 모두 만족하는 가장 큰 값을 찾습니다. 예를 들면 최대 매출을 달성하기 위한 계획을 수립할 때 사용합니다.
최소	목표 설정 셀의 값으로 제한 조건을 모두 만족하는 가장 작은 값을 찾습니다. 예를 들어 비용을 최소화하는 운영 계획을 수립할 때 사용합니다.
지정값	목표 셀의 값이 특정 값이 되어야 할 때 사용합니다. 예를 들어 매출 10억 원을 달성하기 위한 지원 계획을 수립할 때 사용합니다.

❸ **변수 셀 변경** : 목표 셀이 지정한 조건에 맞는 값이 되도록 하기 위해 변경해야 할 값이 입력된 데이터 범위를 의미합니다. 셀 참조 또는 정의된 이름을 사용할 수 있고 최대 200개의 셀을 지정할 수 있으며 목표 셀과 직간접적으로 연결된 범위를 지정해야 합니다.

❹ **제한 조건에 종속** : 목표 셀, 값을 바꿀 셀, 또는 지정된 셀들과 연관된 셀이 꼭 지켜야 하는 규칙을 지정합니다. 최대 100개의 조건을 적용할 수 있고, 엑셀 2010의 경우 [해법 선택] 목록에서 [단순 LP] 해법을 선택하면 조건 개수의 영향을 받지 않지만 조건이 많으면 최적의 값을 찾는 과정이 길어질 수 있습니다.

❺ **해법 선택** : 해를 찾는 계산 방법을 선택합니다. 자세한 사항은 http://www.solver.com을 참고합니다.

해법	설명
GRG 비선형	곡선으로 구성된 비선형 문제에 사용합니다.
단순 LP	선형 문제에 사용합니다.
Evolutionary	완만하지 않은 비선형 문제에 사용합니다.

해 찾기 기능으로
견적서 금액 조정하기

079

해 찾기 추가 기능은 여러 조건을 모두 만족하는 해를 찾아주므로 다양한 상황에서 최적의 값을 알아내는 용도로 활용할 수 있습니다. 예를 들면 비용을 최소화하는 프로젝트 계획, 매출을 극대화하는 인원계획, 재고를 최소화하는 생산 계획 등을 세우는 작업에 사용할 수 있습니다. 여기서는 간단하게 회사의 정책에 맞춘 견적서 가격을 조정하는 방법에 대해 알아보겠습니다.

\ 예제 파일 PART 01 \ CHAPTER 03 \ 해 찾기.xlsx /

이 예제는 'No. 078 해 찾기 추가 기능 설치하기'에서 이어지므로 해당 섹션을 먼저 참고합니다.

01 예제 파일을 열고 견적서 총액을 500만 원으로 변경해보겠습니다. 이때 할인 기준은 아래 설명된 규칙에 맞춥니다.

Plus⁺ 견적서 수정 규칙 이해하기

견적서에 포함된 제품 중에서 단가가 10만 원 이상인 제품부터 할인이 가능하며, 10만 원 이상인 제품에는 다시 다음 기준에 맞춰 할인율을 적용할 수 있습니다.

단가	할인율
10만 원 ~ 50만 원	0%에서 최대 5%까지 담당자 재량으로 할인
50만 원 초과	5%에서 최대 10%까지 담당자 재량으로 할인

02 F5 병합 셀을 선택하고 [데이터] 탭−[분석] 그룹−[해 찾기] 명령(🔁)을 클릭합니다. '해 찾기 매개 변수' 대화상자가 표시되면 다음 세 가지 항목을 먼저 설정합니다.

목표 설정 : $F$5
대상 : 지정값 (5000000)
변수 셀 변경 : $K$8:$K$10

---

03 '변수 셀'로 설정된 K8:K10 범위 내 값을 고칠 때 지켜야 할 규칙을 '제한 조건'으로 추가하겠습니다. [제한 조건에 종속] 목록의 오른쪽에 있는 〈추가〉 버튼을 클릭해 '제한 조건 추가' 대화상자가 표시되면 다음 순서로 조건을 추가합니다.

❶ 단가가 50만 원을 초과하는 제품은 1번 제품이므로 K8셀의 경우 5%에서 최대 10%까지 할인할 수 있습니다. 그러므로 [셀 참조]는 K8셀, 비교 연산자는 >=, [제한 조건]은 5%로 설정한 후 〈추가〉 버튼을 클릭합니다.

❷ 다시 '제한 조건 추가' 대화상자가 표시되면 최대 10% 이하로 [제한 조건]을 설정하고 〈추가〉 버튼을 클릭합니다.

❸ 단가가 10만 원에서 50만 원 사이인 제품은 2, 3번 제품이므로 K9:K10 범위의 셀은 0%에서 최대 5%까지 할인할 수 있습니다. [셀 참조]는 K9:K10 범위, 비교 연산자는 >=, [제한 조건]은 0%로 설정하고 〈추가〉 버튼을 클릭합니다.

④ K9:K10 범위 내 셀의 최대 할인율인 5% 이하로 [제한 조건]을 설정하고 〈추가〉 버튼을 클릭합니다.

⑤ 모든 조건을 추가하고 〈취소〉 버튼을 클릭하면 '제한 조건 추가' 대화상자가 닫힙니다.

04 다음과 같이 [제한 조건에 종속] 목록에 추가한 모든 조건이 나타납니다. 〈해 찾기〉 버튼을 클릭해 조건에 맞는 결과가 반환되는지 확인합니다.

05 '해 찾기 결과' 대화상자가 열리고 해를 찾았다는 메시지가 표시되면 〈확인〉 버튼을 클릭해 표를 확인합니다.

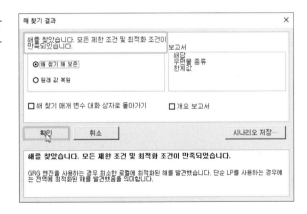

06 견적서 총액이 500만 원으로 변경된 결과를 얻을 수 있습니다. 1번 제품에는 10%, 2, 3번 제품에는 4% 할인율이 적용되었습니다.

	A	B	C D E	F G H	I	J K	L M	N O	P
1									
2					**견 적 서**				
3									
5			**총 액**		**5,000,000**				
6			(공급가액 + 세액)						
7		번호	품명	수량	단가	할인	공급가액	세액	
8		1	흑백레이저복사기 TLE-5000	5	597,500	10%	2,688,750	268,875	
9		2	문서세단기 SCUT-1000	2	415,000	4%	799,670	79,967	
10		3	레이저복합기 L200	3	165,000	4%	795,034	79,503	
11		4	바코드 BCD-100 Plus	2	86,500	0%	173,000	17,300	
12		5	프리미엄복사지A4 2500매	5	17,800	0%	89,000	8,900	
13									
14									
15			합계				4,545,455	454,545	
16									

Plus⁺ 해 찾기의 다른 해법으로 풀기

'해 찾기' 기능에서는 처음 실행할 때 해법을 변경하지 않으면 [GRG 비선형] 해법을 사용하는데, 다른 해법으로도 결과를 얻을 수 있습니다. **04** 과정에서 [단순 LP] 해법을 선택하고 〈해 찾기〉 버튼을 클릭하면 어떻게 되는지 확인해보겠습니다.

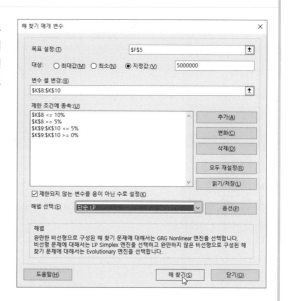

05 과정의 메시지 창은 동일하며 〈확인〉 버튼을 클릭했을 때의 결과는 다음과 같습니다. 총액은 500만 원으로 같지만 할인율이 1번 제품 10%, 2번 제품 5%, 3번 제품 2%로 적용되었습니다. 두 결과 중 마음에 드는 해법을 선택하면 됩니다.

	A	B	C D E	F G H	I	J K	L M	N O	P
1									
2					**견 적 서**				
3									
5			**총 액**		**5,000,000**				
6			(공급가액 + 세액)						
7		번호	품명	수량	단가	할인	공급가액	세액	
8		1	흑백레이저복사기 TLE-5000	5	597,500	10%	2,688,750	268,875	
9		2	문서세단기 SCUT-1000	2	415,000	5%	788,500	78,850	
10		3	레이저복합기 L200	5	165,000	2%	806,205	80,620	
11		4	바코드 BCD-100 Plus	2	86,500	0%	173,000	17,300	
12		5	프리미엄복사지A4 2500매	5	17,800	0%	89,000	8,900	
13									
14									
15			합계				4,545,455	454,545	

04 과정에서 [Evolutionary] 해법을 선택하고 〈해 찾기〉 버튼을 클릭하면 어떤 결과가 나오는지 확인하겠습니다.

이 경우 '해 찾기 결과' 대화상자에 해를 찾았다는 메시지가 아닌 조금 다른 메시지가 표시됩니다. 〈확인〉 버튼을 클릭해 결과를 확인합니다.

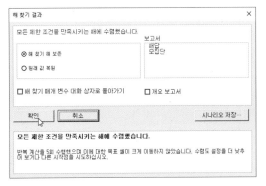

500만 원이 아닌 499.7만 원이 구해졌습니다. 이처럼 [Evolutionary] 해법을 선택한 경우에는 정확한 값이 아니라 근접(수렴)한 결과를 반환할 수 있습니다.

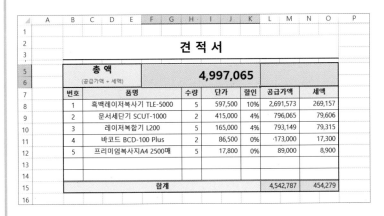

[Evolutionary] 해법의 옵션을 변경해 원하는 결과(500만 원)가 반환되도록 할 수도 있지만, 이미 [GRG 비선형]과 [단순 LP] 해법으로 원하는 결과를 얻었으므로 둘 중 마음에 드는 방법을 선택해 사용하면 됩니다.

엑셀 함수

판단 함수

판단이란 맞는지 틀리는지를 구분하는 동작을 의미하는데,

데이터를 특정 조건에 따라 구분해야 하는 경우에 사용하는 함수를 판단 함수라고 합니다.

사람의 판단은 구분하기 어려운 경우를 포함하면 매우 복잡하지만,

엑셀에서는 데이터를 구분하면 논리 값(TRUE, FALSE) 중 하나만 반환하므로 매우 간단합니다.

이렇게 논리 값을 반환하는 수식을 조건식이라고 하며,

우리가 데이터를 판단하는 방법을 조건식으로 구성할 수 있다면

그 결과에 따라 데이터를 원하는 방식으로 처리할 수 있습니다.

비교 연산자를 이용한
조건식 구성하기 - IF

080

비교 연산자는 가장 중요하게 생각해야 하는 연산자입니다. 비교 연산자를 사용하면 사람이 데이터를 판단하는 대부분의 방법을 조건식으로 구성할 수 있으며, 조건식의 결과로는 논리 값(TRUE, FLASE)이 반환됩니다. 조건식을 구성하는 방법과 구성된 조건식의 반환 값에 따라 서로 다른 값을 반환하도록 지시할 수 있는 IF 함수의 사용 방법에 대해 알아보겠습니다.

\ 예제 파일 PART 02 \ CHAPTER 04 \ IF 함수.xlsx /

새 함수

IF (❶ 조건, ❷ TRUE인 경우 반환 값, ❸ FALSE인 경우 반환 값)

조건(식)이 TRUE인 경우와 FALSE인 경우에 반환할 값(또는 수식)을 지정합니다.

구문	❶ 조건식 : TRUE, FALSE 값을 반환하는 값 또는 계산식
	❷ TRUE인 경우 반환 : 조건식의 결과가 TRUE일 때 반환할 값 또는 계산식
	❸ FALSE인 경우 반환 : 조건식의 결과가 FALSE일 때 반환할 값 또는 계산식
사용 예	=IF(A1>=70, "합격", "불합격")
	A1셀의 값이 70점 이상이면 '합격', 아니면 '불합격' 문자열을 반환합니다.

01 예제 파일을 열고 직위(D열)가 '사원'이면 주임 진급 대상자로 표시하고, 퇴사일(F열)을 확인해 재직 중인지 여부를 표시해보겠습니다. 먼저 직원의 직위가 '사원'인지 여부를 판단하기 위해 E6셀에 다음 조건식을 입력하고 E6셀의 채우기 핸들(⊞)을 E14셀까지 드래그해 복사합니다.

E6셀 : =D6="사원"

E6	▼ : × ✓ fx	=D6="사원"					
	A	B	C	D	E	F	G	H

직원 명부

사번	이름	직위	주임진급	퇴사일	퇴사여부
1	박지훈	부장	FALSE		
2	유준혁	차장	FALSE		
3	이서연	과장	FALSE	2016-08-31	
4	김민준	대리	FALSE		
5	최서현	사원	TRUE		
6	박현우	사원	TRUE	2017-06-30	
7	정시우	사원	TRUE		
8	이은서	사원	TRUE		
9	오서윤	사원	TRUE		

Plus⁺ 수식 이해하기

D6셀의 값이 '사원'인지 여부를 판단하는 수식입니다. 이 수식에서 주의할 점은 D6셀의 값과 비교하는 '사원' 값을 큰따옴표 (")로 묶었다는 것인데, 수식에서 텍스트 형식의 값을 사용할 때는 반드시 큰따옴표(")로 묶어야 합니다. 이렇게 논리 값(TRUE, FALSE)를 반환하는 식을 '조건식'이라고 합니다.

02 반환된 논리 값을 원하는 값으로 대체하기 위해 IF 함수를 사용하겠습니다. E6셀의 수식을 다음과 같이 수정하고 E6셀의 채우기 핸들(田)을 E14셀까지 드래그해 복사합니다.

E6셀 : =IF(D6="사원", "대상", "")

Plus⁺ 수식 이해하기

IF 함수는 조건식의 결과(TRUE, FALSE)를 사용자가 원하는 다른 값으로 대체하는 역할을 합니다. 사원인지 여부를 판단해 사원이면 '대상'이라는 텍스트 값을 표시하고 사원이 아니라면 주임 진급 대상자가 아니므로 빈 셀로 표시합니다. 이번 수식에서 사용된 IF 함수의 세 번째 인수에서 사용한 ""는 '빈 문자'라고 하며, 빈 셀로 표시하고 싶을 때 사용합니다.

03 이번에는 퇴사 여부를 확인하는 조건식을 구성하겠습니다. G6셀에 다음 수식을 입력하고 G6셀의 채우기 핸들(田)을 G14셀까지 드래그해 복사합니다.

G6셀 : =F6<>""

Plus⁺ 수식 이해하기

=F6<>"" 수식은 F6셀의 값이 빈 문자("")가 아닌지를 판단합니다. 빈 문자와 값을 비교하는 조건식은 셀이 빈 셀인지 아닌지를 판단할 때 사용하는 가장 대표적인 조건식입니다. 이번 수식은 빈 문자가 아닌지를 판단하고 있으므로 빈 셀이 아닌 경우(퇴사일이 입력된 경우)에는 TRUE, 빈 셀이면 FALSE 값을 반환합니다. 참고로 날짜 일련번호는 0보다 크므로 이 조건식은 다음과 같이 변경해도 됩니다.

  =F6>0

04 IF 함수를 사용해 셀에 '재직' 또는 '퇴사'를 표시하겠습니다. G6셀의 수식을 다음과 같이 변경하고 G6셀의 채우기 핸들(⊞)을 G14셀까지 드래그해 복사합니다.

G6셀 : =IF(F6<>" ", "퇴사", "재직")

	A	B	C	D	E	F	G	H
					직원 명부			
5		사번	이름	직위	주임진급	퇴사일	퇴사여부	
6		1	박지훈	부장			재직	
7		2	유준혁	차장			재직	
8		3	이서연	과장		2016-08-31	퇴사	
9		4	김민준	대리			재직	
10		5	최서현	사원	대상		재직	
11		6	박현우	사원	대상	2017-06-30	퇴사	
12		7	정시우	사원	대상		재직	
13		8	이은서	사원	대상		재직	
14		9	오서윤	사원	대상		재직	

TIP IF 함수를 사용해 논리 값을 원하는 값으로 대체한 것으로, **=IF(F6=" ", "재직", "퇴사")** 수식으로 변경할 수 있습니다.

05 퇴사자는 주임 진급 대상자가 될 수 없으므로, 퇴사 여부를 판단해 주임 진급 대상 여부를 표시해보겠습니다. E6셀의 수식을 다음과 같이 수정하고 E6셀의 채우기 핸들을 E14셀까지 드래그해 복사합니다.

E6셀 : =IF(D6="사원", IF(G6="재직", "대상", " "), " ")

	A	B	C	D	E	F	G	H
					직원 명부			
5		사번	이름	직위	주임진급	퇴사일	퇴사여부	
6		1	박지훈	부장			재직	
7		2	유준혁	차장			재직	
8		3	이서연	과장		2016-08-31	퇴사	
9		4	김민준	대리			재직	
10		5	최서현	사원	대상		재직	
11		6	박현우	사원		2017-06-30	퇴사	
12		7	정시우	사원	대상		재직	
13		8	이은서	사원	대상		재직	
14		9	오서윤	사원	대상		재직	

Plus⁺ 수식 이해하기

이번 수식은 기존 수식의 '대상' 부분을 재직하고 있는 직원만 대상으로 하도록 변경한 것입니다.

=IF(D6="사원", IF(G6="재직", "대상", " "), " ")

만약 퇴사 여부를 판단하는 G열이 없다면 다음과 같이 수정합니다.

=IF(D6="사원", IF(F6=" ", "대상", " "), " ")

이처럼 IF 함수는 한 번에 하나의 조건식만 판단할 수 있으므로, 여러 조건을 모두 판단하려면 IF 함수 안에 IF 함수를 중첩해 사용합니다. 이렇게 구성하면 여러 조건을 모두 판단하기에 유용하지만 수식을 이해하기 어려워지므로 사용하지 않는 것이 좋습니다. 참고로 함수 안에 함수를 사용하는 것을 '중첩'이라고 하며, 2007 이상 버전에서는 함수의 중첩을 64회까지 허용합니다.

LINK 여러 판단을 좀 더 쉽게 구성하는 방법에 대해서는 'No. 083 복잡한 조건 판단하기'(219쪽)를 참고합니다.

IS 계열 함수를 사용하는 조건식 구성하기 – ISERROR, IFERROR

비교 연산자를 이용해 조건식을 구성하기 쉽지 않은 경우가 있습니다. 예를 들면 셀에 입력된 값이 숫자인지 텍스트 값인지 구분해야 하거나, 수식에서 #N/A, #REF!와 같은 오류가 발생하는지 여부를 판단해야 하는 때입니다. 이렇게 비교 연산자를 사용하기 어려운 경우는 IS로 시작하는 IS 계열 함수를 사용해 조건식을 구성합니다. IS 계열 함수를 사용하는 방법에 대해 알아보겠습니다.

예제 파일 PART 02 \ CHAPTER 04 \ IS 계열 함수.xlsx

새 함수

ISERROR (❶ 수식)

수식에서 오류가 발생하면 TRUE, 아니면 FALSE를 반환합니다.

구문	❶ 수식 : 값 또는 계산식	
유사 함수	IS 계열 함수 전체는 다음과 같습니다.	
	IS 계열 함수	**설명**
	ISBLANK	빈 셀이면 TRUE, 아니면 FALSE가 반환됩니다.
	ISERR	수식에서 #N/A 오류를 제외한 나머지 오류가 발생하면 TRUE, 아니면 FALSE가 반환됩니다.
	ISNA	수식에서 #N/A 오류가 발생하면 TRUE, 아니면 FALSE가 반환됩니다.
	ISEVEN	숫자 값이 짝수이면 TRUE, 아니면 FALSE가 반환됩니다.
	ISODD	숫자 값이 홀수이면 TRUE, 아니면 FALSE가 반환됩니다.
	ISLOGICAL	값이 논리 값이면 TRUE, 아니면 FALSE가 반환됩니다.
	ISNONTEXT	값이 텍스트가 아니면 TRUE, 텍스트이면 FALSE가 반환됩니다.
	ISTEXT	값이 텍스트이면 TRUE, 아니면 FALSE가 반환됩니다.
	ISNUMBER	값이 숫자이면 TRUE, 아니면 FALSE가 반환됩니다.
	ISREF	다른 셀을 참조하면 TRUE, 아니면 FALSE가 반환됩니다.
	ISFORMULA	값이 수식이면 TRUE, 아니면 FALSE가 반환됩니다.
버전	ISFORMULA 함수는 엑셀 2013 버전부터 제공됩니다.	
사용 예	**=ISERROR(A1)** A1셀에 오류가 발생하면 TRUE, 아니면 FALSE가 반환됩니다.	

IFERROR (❶ 수식, ❷ 오류인 경우 반환)

수식에서 오류가 발생할 때 이를 대체할 값이 반환됩니다.

구문	❶ 수식 : 값 또는 계산식 ❷ 오류인 경우 반환 : 수식에서 오류가 발생할 때 반환할 값 또는 계산식
버전	엑셀 2007 버전부터 지원됩니다.
사용 예	**=IFERROR(A1, 0)** A1셀에서 오류가 발생하면 0이 반환되고, 그렇지 않으면 A1셀의 값이 반환됩니다.

자주 나오는 수식 패턴

다음 패턴은 사용하는 수식에서 오류가 발생할 경우 이를 해결하기 위한 구성입니다.

수식	특이 사항
=IF(ISERROR(수식), 오류인 경우 반환, 수식)	엑셀 2003 이하 버전과 호환됩니다.
=IFERROR(수식, 오류인 경우 반환)	엑셀 2007 이상 버전에서 사용 가능합니다.

01 예제 파일의 E열에 증감률을 계산해보겠습니다. 만약 수식 오류가 발생하면 0이 반환되도록 합니다.

02 증감률을 계산하기 위해 E6셀에 다음 수식을 입력하고 E6셀의 채우기 핸들(⊞)을 E10셀까지 드래그해 복사합니다.

E6셀 : =(D6−C6)/C6

E7셀에서 #VALUE! 오류가 발생하는 이유는 C7셀에 텍스트 값인 영문 x가 입력되어 있기 때문입니다. E7셀의 수식은 다음과 같습니다.

=(D7−C7)/C7

위 수식에서는 **(D7−C7)** 부분이 먼저 계산되는데, D7셀에는 숫자 값이 있지만 C7셀에는 텍스트 값이 있어 계산할 수 없으므로 #VALUE! 오류가 발생한 것입니다.

LINK #VALUE! 오류에 대한 자세한 설명은 'No. 070 #VALUE! 오류 이해하고 문제 해결하기'(180쪽)를 참고합니다.

03 증감률 수식에서 오류가 발생했는지 확인하겠습니다. E6셀의 수식을 다음과 같이 수정하고 E6셀의 채우기 핸들(⊞)을 E10셀까지 드래그해 복사합니다.

E6셀 : =ISERROR((D6−C6)/C6)

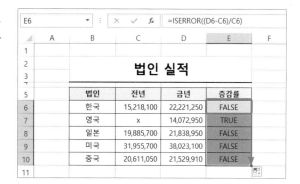

E7셀에 #VALUE! 오류가 발생했는데 이는 비교 연산자로 판단하기 어렵습니다. 예를 들어 다음과 같은 조건식을 입력하면 E7셀에 그대로 #VALUE! 오류가 표시되므로 오류가 발생했는지 여부를 판단할 수 없습니다.

=(D6−C6)/C6 = "#VALUE!"

이렇게 비교 연산자로 판단이 어려운 부분에는 IS로 시작하는 함수를 사용합니다. ISERROR 함수는 수식 오류가 발생하면 TRUE, FALSE를 반환하므로 이런 상황에 가장 적합합니다.

#VALUE! 오류가 발생하는 상황만 판단하려면 ISERROR 함수 대신 ISERR 함수를 사용해도 됩니다.

=ISERR((D6−C6)/C6)

ISERROR 함수와 ISERR 함수는 #N/A 오류가 발생했는지 확인할 수 있거나(ISERROR) 없는(ISERR) 것으로 구분할 수 있습니다.

또는 텍스트 값이 계산되는 상황 때문에 발생하는 문제이므로 ISERROR 함수 대신 C열의 값이 숫자인지 여부를 판단하는 ISNUMBER 함수를 사용해도 됩니다.

=ISNUMBER(C6)

아니면 C열의 값이 텍스트인지 여부를 판단하는 ISTEXT 함수를 사용해도 됩니다.

=ISTEXT(C6)

오류가 발생하는 원인을 이해할 수 있다면 이처럼 다양한 IS 계열 함수로 상황을 판단할 수 있습니다.

04 오류가 발생하면 0, 아니면 증감률이 표시되도록 수식을 수정하겠습니다. E6셀의 수식을 다음과 같이 수정하고 E6셀의 채우기 핸들을 E10셀까지 드래그해 복사합니다.

E6셀 : =IF(ISERROR((D6−C6)/C6), 0, (D6−C6)/C6)

E6		fx	=IF(ISERROR((D6-C6)/C6), 0, (D6-C6)/C6)			
	A	B	C	D	E	F	G

	A	B	C	D	E	F	G
1							
2			법인 실적				
3							
4							
5		법인	전년	금년	증감률		
6		한국	15,218,100	22,221,250	46%		
7		영국	x	14,072,950	0%		
8		일본	19,885,700	21,838,950	10%		
9		미국	31,955,700	38,023,100	19%		
10		중국	20,611,050	21,529,910	4%		
11							

05 IF 함수와 ISERROR 함수를 함께 사용하면 수식이 길어지는데 IFERROR 함수를 사용하면 수식의 길이를 줄일 수 있습니다. E6셀의 수식을 다음과 같이 수정하고 E6셀의 채우기 핸들(⊞)을 E10셀까지 드래그해 복사합니다.

E6셀 : =IFERROR((D6−C6)/C6, 0)

E6		fx	=IFERROR((D6-C6)/C6, 0)		
	A	B	C	D	E	F

	A	B	C	D	E	F
1						
2			법인 실적			
3						
4						
5		법인	전년	금년	증감률	
6		한국	15,218,100	22,221,250	46%	
7		영국	x	14,072,950	0%	
8		일본	19,885,700	21,838,950	10%	
9		미국	31,955,700	38,023,100	19%	
10		중국	20,611,050	21,529,910	4%	
11						

엑셀 버전 구분하기 - INFO

082

엑셀은 버전이 바뀔 때마다 새로운 함수를 제공하는데 상위 버전에서 추가된 함수는 하위 버전에서는 사용할 수 없으므로 주의해야 합니다. 예를 들어 오피스 365 버전에는 IFS 함수가 제공되는데, 이 함수를 사용한 파일을 하위 버전에서 열면 #NAME? 오류가 반환됩니다. 그러므로 업무 환경에서 다양한 버전을 함께 사용한다면 수식을 작성할 때 하위 버전에 맞춰 작성하거나 버전을 구분한 후 각 버전에 맞는 함수를 사용하는 것이 바람직합니다. INFO 함수를 사용해 엑셀의 버전을 확인하는 방법에 대해 알아보겠습니다.

예제 파일 PART 02 \ CHAPTER 04 \ INFO 함수.xlsx

새 함수

INFO (❶ 옵션)

현재 PC 환경에 대한 정보를 텍스트로 반환합니다.

구분	❶ 옵션 : 알고 싶은 정보를 의미하는 값으로, 다음 중 하나를 사용합니다.	
	옵션	설명
	directory	현재 파일의 경로를 반환합니다.
	numfile	열려 있는 모든 파일의 워크시트 수를 반환합니다.
	origin	엑셀 창의 첫 번째 셀 주소를 $A:를 붙여 반환합니다. Lotus 1-2-3과의 호환을 위해 제공되는 옵션입니다.
	osversion	운영체제 버전을 반환합니다.
	recalc	수식 계산 모드를 **자동** 또는 **수동**으로 반환합니다.
	release	엑셀 버전을 텍스트로 반환합니다.
	system	운영체제 이름을 반환합니다. 맥은 **mac**를, 윈도우는 **pcdos**를 반환합니다.
	* 옵션은 대/소문자를 구분하지 않습니다.	

사용 예	=INFO("release") 엑셀 2016 버전 사용자는 16.0 값이 반환됩니다.

버전	release 옵션을 사용하면 다음과 같은 값이 반환되며 의미는 다음과 같습니다.			
	반환	엑셀 버전	반환	엑셀 버전
	11.0	Excel 2003	15.0	Excel 2013
	12.0	Excel 2007	16.0	Excel 2016
	14.0	Excel 2010		
	* INFO 함수의 결과로 반환된 값은 숫자가 아니라 텍스트 값입니다. * 13.0은 반환되지 않습니다.			

01 예제 파일을 열고 B7:B12 범위의 평균 점수를 여러 가지 함수를 이용해 계산해보겠습니다. 엑셀 각 버전에서 동작 가능한 수식을 작성할 것입니다.

02 먼저 평균을 구하는 가장 일반적인 함수인 AVERAGE 함수를 이용하겠습니다. D7셀에 다음 수식을 입력하면 #N/A 오류가 반환됩니다.

D7셀 : =AVERAGE(B7:B12)

Plus⁺ 수식 이해하기

엑셀의 함수는 참조 범위 내에 오류가 발생하면 그 오류를 그대로 표시합니다. 이번 수식은 B10셀의 #N/A 오류 때문에 D7셀의 수식이 계산되지 못하고 #N/A 오류가 반환된 것입니다.

---

03 #N/A 오류는 제외하고 평균을 계산하기 위해 D7셀의 수식을 다음과 같이 수정합니다.

D7셀 : =AVERAGEIF(B7:B12, ">0")

Plus⁺ 수식 이해하기

AVERAGEIF 함수를 사용하니 평균 점수가 구해집니다. 그런데 AVERAGEIF 함수는 엑셀 2007 버전부터 제공되는 함수이므로 2003 버전에서 사용하면 #NAME? 오류가 발생합니다.

LINK AVERAGEIF 함수에 대한 자세한 설명은 'No. 124 0을 제외한 평균 구하기 – AVERAGEIF'(373쪽)를 참고합니다.

---

04 엑셀의 모든 버전에서 동작하도록 D7셀의 수식을 다음과 같이 수정합니다. 배열 수식이므로 Ctrl + Shift + Enter 키를 눌러 입력해야 합니다.

D7셀 : =AVERAGE(IF(ISNUMBER(B7:B12), B7:B12))

	A	B	C	D	E	F	G
D7			fx	{=AVERAGE(IF(ISNUMBER(B7:B12), B7:B12))}			
1							
2				평 균 점 수 계 산			
3							
5		성적		평균 점수			
6				엑셀 2007 이하	엑셀 2010 이상	모든 버전	
7		100		82			
8		90					
9		85					
10		#N/A					
11		65					
12		70					
13							

> **Plus⁺ 수식 이해하기**
>
> 이번 수식은 모든 버전에서 사용할 수 있지만 AVERAGEIF 함수를 사용한 것보다 복잡합니다. 또한 배열 수식에 대한 이해가 없으면 사용하기 어렵습니다.
>
> **LINK** 배열 수식에 대한 자세한 설명은 'PART 03. 배열 수식'을 참고합니다.

05 엑셀 2010 이상 버전에서는 AVERAGEIF 함수보다 AGGREGATE 함수를 사용하는 것이 편합니다. AGGREGATE 함수는 2010 버전부터 사용할 수 있습니다. E7셀에 다음 수식을 입력해 평균 점수를 계산합니다.

E7셀 : =AGGREGATE(1, 6, B7:B12)

	A	B	C	D	E	F	G
E7			fx	=AGGREGATE(1, 6, B7:B12)			
1							
2				평 균 점 수 계 산			
3							
5		성적		평균 점수			
6				엑셀 2007 이하	엑셀 2010 이상	모든 버전	
7		100		82	82		
8		90					
9		85					
10		#N/A					
11		65					
12		70					
13							

> **Plus⁺ 수식 이해하기**
>
> AGGREGATE 함수는 SUBTOTAL 함수를 보완하기 위해 2010 버전부터 제공되는 함수로, 참조 범위 내 오류 값을 제외한 계산 작업을 할 수 있습니다.
>
> **LINK** AGGREGATE 함수에 대한 자세한 설명은 'No. 141 오류 값을 제외한 집계하기 – AGGREGATE'(451쪽)를 참고합니다.

06 이 파일을 다양한 버전에서 사용해야 한다면 **04** 과정의 배열 수식을 사용하거나 버전에 맞는 함수가 동작하도록 수식을 작성합니다. F7셀에 다음 수식을 입력하고 Ctrl + Shift + Enter 키를 눌러 입력합니다.

F7셀 : =IF(INFO("RELEASE")>="14.0",
AGGREGATE(1, 6, B7:B12),
AVERAGE(IF(ISNUMBER(B7:B12), B7:B12)))

| F7 | ▼ : × ✓ fx | {=IF(INFO("RELEASE")>="14.0",
AGGREGATE(1, 6, B7:B12),
AVERAGE(IF(ISNUMBER(B7:B12), B7:B12)))} |

◢	A	B	C	D	E	F	G
1							
2				**평 균 점 수 계 산**			
3							
5		성적		평균 점수			
6				엑셀 2007 이하	엑셀 2010 이상	모든 버전	
7		100		82	82	82	
8		90					
9		85					
10		#N/A					
11		65					
12		70					
13							

Plus⁺ 수식 이해하기

INFO 함수를 사용하면 엑셀의 버전을 확인할 수 있습니다. **INFO("RELEASE")**의 반환 값이 **"14.0"**보다 크거나 같으면 2010, 2013, 2016 버전입니다. 2010 버전 이상에서는 AGGREGATE 함수를 사용해 계산하고 그렇지 않은 하위 버전 (2007 이하)에서는 배열 수식을 이용해 계산하도록 한 수식입니다.

참고로 INFO 함수는 텍스트 값을 반환하므로 값을 비교할 때 **"14.0"**과 같이 큰따옴표로 값을 묶어 비교해야 합니다. 만약 INFO 함수의 결과를 숫자로 변환해 작업하고 싶다면 VALUE 함수를 다음과 같이 사용합니다.

=IF(VALUE(INFO("RELEASE"))>=14,

LINK VALUE 함수에 대한 자세한 설명은 'No. 103 텍스트형 숫자를 숫자 형식으로 변환하기 – VALUE'(297쪽)를 참고합니다.

복잡한 조건 판단하기
– AND, OR, NOT, XOR

복잡한 판단이 필요한 경우에는 먼저 조건을 하나씩 구분한 후 해당 판단을 하는 조건식을 작성해야 합니다. 그 다음에 해당 조건들의 관계를 AND, OR, NOT, XOR 등의 함수로 판단해 원하는 결과 값을 반환받습니다. 그렇게 하지 않고 IF 함수만으로 이런 작업을 하려면 매우 복잡하고 이해하기 어려운 수식이 만들어집니다. 복잡한 조건을 판단하기 위해 상황에 적합한 함수를 선별해 수식을 작성하는 방법을 알아보겠습니다.

\ **예제 파일** PART 02 \ CHAPTER 04 \ AND, OR, NOT, XOR 함수.xlsx /

새 함수

AND (❶ 조건식1, ❷ 조건식2, …)

모든 조건식이 TRUE인 경우에는 TRUE를, 하나라도 FALSE가 포함되면 FALSE를 반환합니다.

구문	❶ 조건식 : TRUE, FALSE 값을 반환하는 값 또는 계산식
특이 사항	– 모든 조건을 만족하는 판단이 필요한 경우에 주로 사용합니다. – 엑셀 2003 버전에서는 30개, 엑셀 2007 버전부터는 255개의 조건을 처리할 수 있습니다.
사용 예	=AND(A1<>" ", B1<>" ") A1셀과 B1셀의 값이 모두 입력된 경우에는 TRUE, 아니면 FALSE를 반환합니다.

OR (❶ 조건식1, ❷ 조건식2, …)

모든 조건식이 FALSE인 경우에만 FALSE를, 하나라도 TRUE가 포함되면 TRUE를 반환합니다.

구문	❶ 조건식 : TRUE, FALSE 값을 반환하는 값 또는 계산식
특이 사항	– 조건 중에서 하나만 맞아도 되는 판단에 주로 사용합니다. – 엑셀 2003 버전에서는 30개의 조건을, 엑셀 2007 버전에서는 255개의 조건을 처리할 수 있습니다.
사용 예	=OR(A1=" ", B1=" ") A1셀이나 B1셀 중 빈 셀이 있으면 TRUE, 아니면 FALSE를 반환합니다.

NOT (❶ 조건식)

조건식의 결과가 TRUE면 FALSE를, FALSE면 TRUE 값을 반환합니다.

구문	❶ 조건식 : TRUE, FALSE 값을 반환하는 값 또는 계산식
사용 예	= NOT(A1=" ") A1셀에 값이 입력된 경우에는 TRUE, 빈 셀이면 FALSE를 반환합니다.

XOR (❶ 조건식1, ❷ 조건식2, …)

조건식 중에서 TRUE를 반환하는 경우가 홀수면 TRUE, 짝수면 FALSE를 반환합니다.

구문	❶ 조건식 : TRUE, FALSE 값을 반환하는 값 또는 계산식
버전	엑셀 2013 버전부터 제공됩니다.
사용 예	=XOR(A1<>" ", B1<>" ", C1<>" ") A1, B1, C1셀 중 하나 또는 세 개가 모두 입력된 경우에 TRUE, 아니면 FALSE를 반환합니다.

01 예제 파일을 열고 이름 상자의 아래 화살표 단추(▼)를 클릭하면 정의된 이름을 확인할 수 있습니다. 복잡한 판단 작업을 하려면 셀 주소보다 정의된 이름을 사용하는 것이 편리합니다. 다양한 조건에 맞는 직원을 I열에 선발해보겠습니다.

담당자	성별	나이	근속년수	외국어	엑셀	파포	대상
호보석	남	31	5	영어	O		
강누리	여	25	2	일어		O	
노이슬	여	26	4	중국어	O	O	
최은호	남	35	3	영어		O	
김느티	남	28	2	중국어	O		
최소라	여	28	4	영어		O	
강단비	여	31	3	중국어			
박영원	남	24	5	영어	O	O	
서보석	남	26	4	일어		O	

LINK 이름을 정의하는 방법은 'No. 039 데이터 범위를 이름으로 정의하기'(103쪽)를 참고합니다.

02 남자이면서 30세 이상이고 영어가 능숙한 직원을 선발하겠습니다. 모든 조건을 만족해야 하므로 AND 함수를 사용합니다. I6셀에 다음 수식을 입력하고 I6셀의 채우기 핸들을 I14셀까지 드래그해 복사합니다.

I6셀 : =AND(성별="남", 나이>=30, 외국어="영어")

담당자	성별	나이	근속년수	외국어	엑셀	파포	대상
호보석	남	31	5	영어	O		TRUE
강누리	여	25	2	일어		O	FALSE
노이슬	여	26	4	중국어	O	O	FALSE
최은호	남	35	3	영어		O	TRUE
김느티	남	28	2	중국어	O		FALSE
최소라	여	28	4	영어		O	FALSE
강단비	여	31	3	중국어			FALSE
박영원	남	24	5	영어	O	O	FALSE
서보석	남	26	4	일어		O	FALSE

성별이 남자인 조건은 C열에서, 나이가 30세 이상인 조건은 D열에서, 영어 능숙 조건은 F열에서 확인해야 합니다. 조건은 세 개이며 모든 조건을 만족해야 하므로 AND 함수를 사용합니다. 대상자가 두 명인 것을 확인할 수 있습니다.

해당 조건을 모두 만족하는 직원을 '선발'이라고 표시하려면 IF 함수를 사용해 다음과 같이 수식을 수정합니다.

=IF(AND(성별="남", 나이>=30, 외국어="영어"), "선발", " ")

AND 함수를 사용하지 않고 IF 함수만 사용하면 다음과 같은 수식이 됩니다.

=IF(성별="남", IF(나이>=30, IF(외국어="영어", "선발", " "), " "), " ")

만약 30세 이상이 아니라 30대를 선발한다면, 조건을 30 이상 40 미만으로 변경해야 합니다.

=AND(성별="남", 나이>=30, 나이<40, 외국어="영어")

이처럼 여러 조건을 한 번에 처리할 수 있으면 IF 함수를 중첩한 것보다 간결하고 이해하기 쉬운 수식을 작성할 수 있습니다.

---

03 남자 직원은 중국어 능통자, 여자 직원은 일어 능통자라는 조건으로 선발하겠습니다. I6셀에 다음 수식을 입력하고, I6셀의 채우기 핸들을 I14셀까지 드래그해 복사합니다.

I6셀 : =OR(AND(성별="남", 외국어="중국어"), AND(성별="여", 외국어="일어"))

성별에 따라 다른 외국어를 구사하는 직원을 선발할 것이므로, C열과 F열에서 조건을 판단해야 합니다. 먼저 남자는 중국어가 능통해야 한다고 했으니 수식은 다음과 같습니다.

=AND(성별="남", 외국어="중국어")

여자는 일어가 능통해야 한다고 했으니 수식은 다음과 같습니다.

=AND(성별="여", 외국어="일어")

둘 다 선발하는 것이므로 두 수식 중 하나만 만족해도 되는 OR 함수로 처리합니다.

=OR(남자 선발 조건, 여자 선발 조건)

이 수식을 IF 함수만으로만 처리하려면 다음과 같습니다.

=IF(성별="남", IF(외국어="중국어", "선발", " "), IF(외국어="일어", "선발", " "))

AND 함수와 OR 함수를 함께 사용해서 복잡해 보이지만 IF 함수만 사용하는 수식에 비하면 훨씬 이해하기 쉽습니다.

04 이번에는 나이가 30세 이상이거나 근속년수가 3년 이내인 직원을 선발하겠습니다. NOT 함수를 사용해보기 위해, 위 조건을 선발이 아닌 제외 조건으로 변경해 구성합니다. I6셀에 다음 수식을 입력하고 I6 셀의 채우기 핸들을 I14셀까지 드래그해 복사합니다.

I6셀 : =NOT(OR(나이<30, 근속년수>3))

담당자	성별	나이	근속년수	외국어	엑셀	파포	대상
호보석	남	31	5	영어	O		FALSE
강누리	여	25	2	일어		O	FALSE
노이슬	여	26	4	중국어	O	O	FALSE
최은호	남	35	3	영어		O	TRUE
김느티	남	28	2	중국어	O		FALSE
최소라	여	28	4	영어		O	FALSE
강단비	여	31	3	중국어			TRUE
박영원	남	24	5	영어	O	O	FALSE
서보석	남	26	4	일어		O	FALSE

Plus⁺ 수식 이해하기

이번 수식은 제외 조건으로 구성한 것입니다. 선발 조건으로 변경하면 다음과 같습니다.

=OR(나이>=30, 근속년수<=3)

NOT 함수는 기존 판단을 부정하는 것이므로 선발이 아니라 제외할 조건을 생각하는 것이 편리할 경우에 사용합니다.

나이가 30세 이상이면 30세 미만의 직원은 제외되며, 근속년수가 3년 이내라면 3년을 초과하는 직원은 제외됩니다. 이런 식으로 조건을 판단할 수 있다면, 이번과 같이 사용할 수 있습니다.

05 오피스 교육 중 엑셀이나 파워포인트 한 과목만 교육받은 직원을 다음 교육에서 우선 신청받아 선발하겠습니다. I6셀에 다음 수식을 입력하고 I6셀의 채우기 핸들을 I14셀까지 드래그해 복사합니다.

I6셀 : =XOR(엑셀="O", 파포="O")

담당자	성별	나이	근속년수	외국어	엑셀	파포	대상
호보석	남	31	5	영어	O		TRUE
강누리	여	25	2	일어		O	TRUE
노이슬	여	26	4	중국어	O	O	FALSE
최은호	남	35	3	영어		O	TRUE
김느티	남	28	2	중국어	O		TRUE
최소라	여	28	4	영어			TRUE
강단비	여	31	3	중국어			FALSE
박영원	남	24	5	영어	O	O	FALSE
서보석	남	26	4	일어		O	TRUE

대 상 자 선 정

Plus⁺ 수식 이해하기

XOR 함수는 2013 버전부터 지원되며 여러 조건식 중에서 홀수 개의 조건을 만족하면 TRUE, 아니면 FALSE 값을 반환합니다. 그러므로 이번과 같이 두 교육 중 하나를 받은 직원을 선발하려는 경우에 사용할 수 있습니다.

이 수식을 IF 함수로만 처리하면 다음과 같습니다.

=IF(엑셀="O", IF(파포=" ", "선발", " "), IF(파포="O", "선발", " "))

만약 XOR 함수를 AND, OR, NOT 함수로 대체하려면 조금 복잡해도 다음과 같이 구성하면 됩니다.

=AND(OR(엑셀="O", 파포="O"), NOT(AND(엑셀="O", 파포="O")))

이 수식은 AND 함수 안의 OR 함수와 NOT 함수 부분을 나눠 이해하면 쉽습니다.

- **OR(엑셀="O", 파포="O")** : 엑셀이나 파워포인트 교육을 받은 직원
- **NOT(AND(엑셀="O", 파포="O"))** : 엑셀이나 파워포인트 교육을 모두 받은 직원을 제외

두 조건을 AND 함수로 판단하면, 엑셀이나 파워포인트 교육을 받은 직원 중 모두 받은 직원은 제외하라는 의미가 되므로 XOR 함수와 동일한 결과가 반환됩니다.

물론 NOT 함수를 사용하지 않고 다음과 같이 변경해도 됩니다.

=AND(OR(엑셀="O", 파포="O"), OR(엑셀=" ", 파포=" "))

이처럼 XOR 함수는 특정 상황에서 유용하게 사용할 수 있으므로 AND, OR, NOT 함수와 함께 이해해두는 것이 좋습니다.

IF 함수를 중첩해
여러 조건 처리하기 - IFS

084

IF 함수는 한 번에 하나의 조건만 판단할 수 있습니다. 여러 조건을 판단해야 한다면 IF 함수를 중첩해 사용해야 합니다. 엑셀 2016 버전에서는 IF 함수의 이런 단점을 보완하기 위해 여러 조건을 판단해 처리할 수 있는 IFS 함수를 제공합니다. IF 함수를 중첩해 사용하는 것보다 IFS 함수가 효율적이므로 IF 함수를 중첩해 만든 수식이 있다면 IFS 함수로 변경하는 것이 좋습니다.

\ 예제 파일 PART 02 \ CHAPTER 04 \ IFS 함수.xlsx /

새 함수

엑셀 2016 이상

IFS (❶ 조건식1, ❷ TRUE인 경우 반환1, ❸ 조건식2, ❹ TRUE인 경우 반환2, …)

여러 조건을 판단해 조건이 TRUE인 경우에 대체할 값을 반환합니다.

구문	❶ 조건식 : TRUE, FALSE 값을 반환하는 값 또는 계산식 ❷ True인 경우 반환 : 조건의 값이 TRUE일 때 반환할 값 또는 계산식
버전	이 함수는 2016 버전이나 오피스 365 버전에서 사용할 수 있지만, 오피스 2016 버전에서는 [Office 업데이트]를 통해 최신 버전으로 업데이트해야만 사용할 수 있습니다. 정확하게는 16.0.6568.2025 이상 버전에서만 사용할 수 있습니다. 사용하고 있는 엑셀의 버전을 확인하려면 [파일]-[계정] 메뉴를 클릭하고 백스테이지 뷰 화면에서 〈Excel 정보〉를 클릭합니다. 업데이트하지 않은 2016 버전이나 2013, 2010 등의 하위 버전에서 IFS 함수를 사용하면 #NAME? 오류가 발생합니다. (참고로 기업에서 구매하는 Volumn Edition 버전의 경우는 2016 버전에서 새로 추가된 함수를 사용할 수 없습니다.)
사용 예	**=IFS(A1>=90, "성과급", A1>=70, "수료", TRUE, "재수강")** A1셀의 값이 90점 이상이면 '성과급', 70점~89점이면 '수료', 70점 미만이면 '재수강'을 반환합니다.

01 예제 파일에는 근속년수를 기준으로 직원의 보너스를 계산하는 표가 입력되어 있습니다. 보너스 금액을 근속년수에 맞게 차등 적용해 계산해보겠습니다. 보너스 지급 기준은 오른쪽 표를 참고합니다.

	이름	직위	근속년수	급여	보너스	근속년수별 보너스 비율	
						근속년수	보너스비율
	박지훈	부장	8	5,350,000		2년 이하	100%
	유준혁	차장	4	4,000,000		3-5년	150%
	이서연	과장	2	2,500,000		6년 이상	200%
	김민준	대리	3	3,300,000			
	최서현	사원	5	2,650,000			
	박현우	대리	1	3,250,000			
	정시우	사원	3	2,750,000			
	이은서	사원	1	2,500,000			
	오서윤	사원	2	2,480,000			

보너스 계산 (근속년수 기준)

02 오른쪽 표의 근속년수별 보너스 지급 기준이 세 가지 조건으로 구분되므로 IF 함수를 중첩한 수식을 작성합니다. F6셀에 다음 수식을 입력하고 F6셀의 채우기 핸들(⊞)을 더블클릭해 F14셀까지 복사합니다.

F6셀 : =IF(D6<=2, 100%, IF(D6<=5, 150%, 200%))

F6   =IF(D6<=2, 100%, IF(D6<=5, 150%, 200%))

보너스 계산 (근속년수 기준)

	이름	직위	근속년수	급여	보너스	근속년수별 보너스 비율	
						근속년수	보너스비율
	박지훈	부장	8	5,350,000	200%	2년 이하	100%
	유준혁	차장	4	4,000,000	150%	3-5년	150%
	이서연	과장	2	2,500,000	100%	6년 이상	200%
	김민준	대리	3	3,300,000	150%		
	최서현	사원	5	2,650,000	150%		
	박현우	대리	1	3,250,000	100%		
	정시우	사원	3	2,750,000	150%		
	이은서	사원	1	2,500,000	100%		
	오서윤	사원	2	2,480,000	100%		

Plus⁺ 수식 이해하기

조건이 세 개이므로 IF 문을 중첩해 조건 두 개를 판단하고 나머지를 반환하는 구조로 수식을 작성합니다. 이번 수식을 알아보기 좋게 정리하면 다음과 같습니다.

=IF(D6<=2, 100%,
**   IF(D6<=5, 150%, 200%))**

오른쪽 표(H7:I9)의 조건을 순서대로 입력한 것으로, D6셀(근속년수)의 값이 2년 이하이면 100%, 5년 이하(2년 초과)는 150%, 나머지(5년 초과)는 200% 값을 반환하도록 되어 있습니다. IF 함수가 한 번밖에 중첩되지 않아 복잡한 수식이라고 할 수는 없지만, 이렇게 구성하면 조건이 추가되는 만큼 IF 함수도 계속 중첩해야 합니다. 예를 들어 이 예제에서 근속년수가 10년 이상인 경우에 300%를 지급하는 조건이 추가된다면 다음과 같이 수식을 변경해야 합니다.

```
=IF(D6<=2, 100%,
         IF(D6<=5, 150%,
                  IF(D6<=9, 200%, 300%)))
```

여기서는 IF 함수의 조건으로 모두 작거나 같은(<=) 조건을 사용했는데, 이것을 크거나 작은(>=) 조건으로 변경하면 큰 값을 구분하는 조건으로 다음과 같이 변경될 수 있습니다.

```
=IF(D6>=10, 300%,
         IF(D6>=6, 200%,
                  IF(D6>=3, 150%, 100%)))
```

이처럼 IF 함수는 한 번에 하나의 조건을 판단해 결과 값을 반환합니다.

03 **02** 과정에서 작성한 수식을 IFS 함수를 사용해 수정하겠습니다. F6셀의 수식을 다음과 같이 수정하고 F6셀의 채우기 핸들(田)을 더블클릭해 F14셀까지 복사합니다.

F6셀 : =IFS(D6<=2, 100%, D6<=5, 150%, TRUE, 200%)

| F6 | ▼ : × ✓ *fx* | =IFS(D6<=2, 100%, D6<=5, 150%, TRUE, 200%) |

▲	A	B	C	D	E	F	G	H	I	J
1										
2					**보너스 계산 (근속년수 기준)**					
3										
5		이름	직위	근속년수	급여	보너스		근속년수별 보너스 비율		
6		박지훈	부장	8	5,350,000	200%		근속년수	보너스비율	
7		유준혁	차장	4	4,000,000	150%		2년 이하	100%	
8		이서연	과장	2	2,500,000	100%		3-5년	150%	
9		김민준	대리	3	3,300,000	150%		6년 이상	200%	
10		최서현	사원	5	2,650,000	150%				
11		박현우	대리	1	3,250,000	100%				
12		정시우	사원	3	2,750,000	150%				
13		이은서	사원	1	2,500,000	100%				
14		오서윤	사원	2	2,480,000	100%				
15										

Plus⁺ 수식 이해하기

IFS 함수는 중첩 없이 여러 조건이 TRUE인 경우에만 반환할 값을 지정할 수 있습니다. 이번 수식에서는 IFS 함수의 다섯 번째 인수를 정확하게 이해해야 합니다.

IFS 함수는 조건식이 TRUE인 경우를 반환할 경우만 지정할 수 있으므로, 조건식이 FALSE인 경우는 처리할 수 없습니다. 그렇기 때문에 마지막 조건식 대신 TRUE 값을 넣어 앞의 조건을 제외한 나머지 모든 조건에 반환하는 값을 지정할 수 있습니다.

이처럼 IFS 함수를 사용하면 IF 함수를 중첩하지 않고도 다양한 조건을 판단할 수 있습니다. IF 함수를 중첩해 사용하는 것보다 계산 속도도 빠릅니다. 하지만 이런 식의 작업이라면 표를 만들어 VLOOKUP 함수를 사용하는 것이 가장 이상적입니다.

LINK VLOOKUP 함수를 사용하는 방법은 'No. 169 VLOOKUP 함수로 다른 표의 값 참조하기'(560쪽)에서 자세히 설명합니다.

일련번호를 원하는 값으로 변환하기 – CHOOSE

데이터를 관리하다 보면 코드 내 일련번호를 사용자가 이해할 수 있는 값으로 변환해야 하는 경우가 있습니다. 그런데 이때 IF 함수를 사용하면 중첩이 너무 많이 발생합니다. 이런 작업에서는 일련번호를 지정한 값으로 변환해주는 CHOOSE 함수로 IF 함수를 대체할 수 있습니다. CHOOSE 함수를 사용하는 방법에 대해 알아보겠습니다.

예제 파일 PART 02 \ CHAPTER 04 \ CHOOSE 함수.xlsx

새 함수

CHOOSE (❶ 일련번호, ❷ 값1, ❸ 값2, …)

일련번호에 따른 변환 값을 반환합니다.

구문	❶ 일련번호 : 1, 2, 3, … 등의 일련번호 값이나 일련번호를 반환하는 수식
	❷ 값 : 일련번호를 변환할 값으로, 최대 244개까지 지정할 수 있습니다. 일련번호+첫 번째 인수의 값이 반환됩니다.
사용 예	**=CHOOSE(3, "가", "나", "다")** 첫 번째 인수 값이 3이므로, 네 번째 인수인 '다'가 반환됩니다.

01 예제 파일을 열고 주민등록번호 뒷자리 두 번째 숫자를 오른쪽 코드 표에서 확인해 출생 지역을 M6 병합 셀에 반환해보겠습니다.

코드	지역
0	서울
1	경기
2	강원
3	충북
4	충남
5	전북
6	전남
7	경북
8	경남
9	제주

인 사 관 리

부서	이름	직위	출생지
기획실	김덕훈	부장	

주민등록번호

8	5	1	2	1	5	-	1	1	5	6	0	2	3

02 IF 함수를 사용해 지역을 반환하겠습니다. M6 병합 셀에 다음 수식을 입력합니다.

M6 병합 셀 : =IF(K9=0, "서울", IF(K9=1, "경기", IF(K9=2, "강원", IF(K9=3, "충북", IF(K9=4, "충남", IF(K9=5, "전북", IF(K9=6, "전남", IF(K9=7, "경북", IF(K9=8, "경남", "제주")))))))))

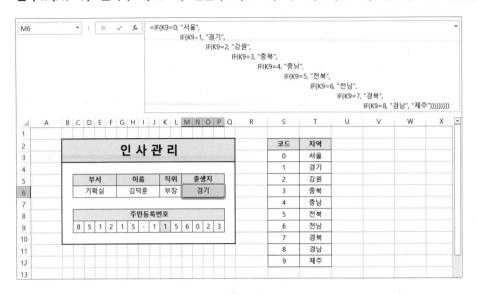

Plus⁺ 수식 이해하기

주민등록번호 뒷자리 두 번째 숫자는 0에서 9까지 열 개이며 각 숫자에 출생 지역이 배당되어 있습니다. 그러므로 IF 함수를 사용하면 여러 번 중첩해야 합니다. IF 함수를 사용한 수식 자체는 어렵지 않지만 여러 번 중첩하면 수식을 작성하고 관리하기가 쉽지 않습니다.

LINK 수식 입력줄에 여러 줄로 수식을 입력하는 방법은 86쪽에 자세하게 설명되어 있습니다.

---

03 IF 함수의 중첩을 피하기 위해 CHOOSE 함수를 사용하겠습니다. M6 병합 셀의 수식을 다음과 같이 수정합니다.

M6 병합 셀 : =CHOOSE(K9+1, "서울", "경기", "강원", "충북", "충남", "전북", "전남", "경북", "경남", "제주")

M6	▼	:	× ✓ fx	=CHOOSE(K9+1, "서울", "경기", "강원", "충북", "충남", "전북", "전남", "경북", "경남", "제주")				

	코드	지역
	0	서울
	1	경기
인 사 관 리	2	강원
	3	충북
	4	충남
기획실 / 김덕훈 / 부장 / 경기	5	전북
	6	전남
주민등록번호	7	경북
8 5 1 2 1 5 - 1 1 5 6 0 2 3	8	경남
	9	제주

주민등록번호 뒷자리 두 번째 숫자는 0~9 사이의 숫자를 사용하므로 숫자 값을 변환할 수 있는 CHOOSE 함수가 IF 함수를 중첩해 사용하는 것보다 좋은 선택이 될 수 있습니다. 단, CHOOSE 함수의 첫 번째 인수는 1부터 시작하는 일련번호여야 하므로 K9셀(주민등록번호 뒷자리 두 번째 숫자) 값에 1을 더해 사용합니다.

04 VLOOKUP 함수를 사용해 S2:T12 범위에 있는 코드 표에서 값을 찾아 표시하겠습니다. M6 병합 셀의 수식을 다음과 같이 수정합니다.

M6 병합 셀 : =VLOOKUP(K9, $S$3:$T$12, 2, FALSE)

따로 코드 표가 없는 경우에는 CHOOSE 함수가 유용하지만, 예제처럼 작성해놓은 코드 표가 있다면 VLOOKUP 함수가 더 편리합니다.

LINK VLOOKUP 함수에 대한 자세한 설명은 'No. 169 VLOOKUP 함수로 다른 표의 값 참조하기'(560쪽)를 참고합니다.

코드 값을 원하는 값으로 변환하기 – SWITCH

중첩

중첩

086

일련번호에 따른 변환 값을 반환하는 CHOOSE 함수는 편리하지만 첫 번째 인수의 값이 항상 1, 2, 3, … 과 같은 인덱스 값이어야 합니다. 만약 텍스트나 인덱스가 아닌 숫자를 원하는 값으로 변환하려면 엑셀 2016 버전부터 제공되는 SWITCH 함수를 사용하면 됩니다. SWITCH 함수는 다양한 코드 값을 원하는 값으로 변환하려고 할 때 유용합니다.

\ 예제 파일 PART 02 \ CHAPTER 04 \ SWITCH 함수.xlsx /

새 함수

엑셀 2016 이상

SWITCH (❶ 수식, ❷ 결과1, ❸ 반환1, ❹ 결과2, ❺ 반환2, …)

수식의 결과가 여러 개(최대 126개)일 때 결과 값을 원하는 값으로 대체해 반환합니다.

구문	❶ 수식 : TRUE, FALSE 값을 반환하는 값 또는 계산식 ❷ 결과 : 조건의 값이 TRUE일 때 반환할 값 또는 계산식 ❸ 반환 : 수식의 값이 결과와 동일할 때 반환할 값 또는 계산식
버전	이 함수는 2016 버전과 오피스 365에서 사용할 수 있으며, 오피스 2016 버전에서는 [Office 업데이트]를 해야 사용할 수 있습니다. 정확하게는 16.0.6568.2025 이상 버전에서만 사용할 수 있습니다. 업데이트하지 않은 2016 버전이나 2013, 2010 등의 하위 버전에서 SWITCH 함수를 사용하면 #NAME? 오류가 발생합니다.
사용 예	=SWITCH(A1, 1, "남자", 2, "여자") A1셀의 값이 1이면 '남자', 2이면 '여자'를 반환합니다.

01 예제 파일을 열고 B열에 입력된 '품번'의 첫 번째 문자를 오른쪽 표에서 확인해 '분류' 열에 반환해보 겠습니다.

	A	B	C	D	E	F	G	H
1								
2			**제품 관리 대장**					
3								
5		품번	품명	분류		코드	분류	
6		X17042	잉크젯복합기 AP-5500			X	복합기	
7		D16093	오피스 Z-05C			C	복사기	
8		Z16091	링제본기 ST-100			Z	제본기	
9		C17013	컬러레이저복사기 XI-2000			D	문서세단기	
10		X17031	레이저복합기 L350					
11		D16072	와이어제본기 WC-5100					
12		D17042	문서세단기 SCUT-1500B					
13								

230 / PART 02 | 엑셀 함수

02 '품번' 열의 첫 번째 문자가 코드이므로 해당 문자만 잘라 사용합니다. D6셀에 다음 수식을 입력하고 D6셀의 채우기 핸들(⊞)을 D12셀까지 드래그해 복사합니다.

D6셀 : =LEFT(B6, 1)

D6		▼	⋮	×	✓	fx	=LEFT(B6, 1)	

◢	A	B	C	D	E	F	G	H
1								
2				제품 관리 대장				
3								
5		품번	품명	분류		코드	분류	
6		X17042	잉크젯복합기 AP-5500	X		X	복합기	
7		D16093	오피스 Z-05C	D		C	복사기	
8		Z16091	링제본기 ST-100	Z		Z	제본기	
9		C17013	컬러레이저복사기 XI-2000	C		D	문서세단기	
10		X17031	레이저복합기 L350	X				
11		D16072	와이어제본기 WC-5100	D				
12		D17042	문서세단기 SCUT-1500B	D				
13								

Plus⁺ 수식 이해하기

이번 수식은 LEFT 함수를 사용해 B6셀의 왼쪽부터 문자 하나를 잘라내 반환합니다. 만약 잘라낼 문자가 품번의 중간에 있다면 LEFT 함수 대신 MID 함수를 사용해야 합니다.

LINK LEFT 함수와 MID 함수의 사용 방법은 'No. 087 셀 값의 일부를 잘라 사용하기 – LEFT, MID, RIGHT'(236쪽)에서 자세히 설명합니다.

---

03 반환된 코드 값을 IF 함수를 사용해 '분류'로 변경합니다. D6셀의 수식을 다음과 같이 수정하고 D6 셀의 채우기 핸들(⊞)을 D12셀까지 드래그해 복사합니다.

D6셀 : =IF(LEFT(B6, 1)="X", "복합기",
　　　　IF(LEFT(B6, 1)="C", "복사기",
　　　　IF(LEFT(B6, 1)="Z", "제본기", "문서세단기")))

D6		▼	⋮	×	✓	fx	=IF(LEFT(B6, 1)="X", "복합기",	
							IF(LEFT(B6, 1)="C", "복사기",	
							IF(LEFT(B6, 1)="Z", "제본기", "문서세단기")))	

◢	A	B	C	D	E	F	G	H
1								
2				제품 관리 대장				
3								
5		품번	품명	분류		코드	분류	
6		X17042	잉크젯복합기 AP-5500	복합기		X	복합기	
7		D16093	오피스 Z-05C	문서세단기		C	복사기	
8		Z16091	링제본기 ST-100	제본기		Z	제본기	
9		C17013	컬러레이저복사기 XI-2000	복사기		D	문서세단기	
10		X17031	레이저복합기 L350	복합기				
11		D16072	와이어제본기 WC-5100	문서세단기				
12		D17042	문서세단기 SCUT-1500B	문서세단기				
13								

이번 수식은 **LEFT(B6, 1)**의 반환 값이 X, C, Z일 경우에는 지정된 분류 값을 반환하고, 그 이외의 경우에는 '문서세단기'를 반환합니다. 만약 X, C, Z, D 외에 다른 코드가 추가될 수 있다면, '문서세단기'도 D인 경우에만 반환하고, X, C, Z, D 이외에는 빈 문자(" ")를 반환하도록 수식을 다음과 같이 수정합니다.

> =IF(LEFT(B6, 1)="X", "복합기",
> IF(LEFT(B6, 1)="C", "복사기",
> IF(LEFT(B6, 1)="Z", "제본기",
> IF(LEFT(B6, 1)="D", "문서세단기", " "))))

IF 함수 안에 IF 함수를 세 번 중첩했는데, 코드가 많아지면 IF 함수를 더 많이 중첩해야 하므로 IF 함수를 중첩해 작성한 수식은 이해하기 어렵고 속도도 느린 단점이 있습니다.

04 IF 함수를 중첩하지 않기 위해 IFS 함수를 사용하겠습니다. D6셀의 수식을 다음과 같이 변경하고 D6셀의 채우기 핸들(田)을 D12셀까지 드래그해 복사합니다.

D6셀 : =IFS(LEFT(B6, 1)="X", "복합기",
LEFT(B6, 1)="C", "복사기",
LEFT(B6, 1)="Z", "제본기",
TRUE, "문서세단기")

D6		:	× ✓ fx	=IFS(LEFT(B6, 1)="X", "복합기", LEFT(B6, 1)="C", "복사기", LEFT(B6, 1)="Z", "제본기", TRUE, "문서세단기")				
	A	B	C	D	E	F	G	H
1								
2			제 품 관 리 대 장					
3								
5		품번	품명	분류		코드	분류	
6		X17042	잉크젯복합기 AP-5500	복합기		X	복합기	
7		D16093	오피스 Z-05C	문서세단기		C	복사기	
8		Z16091	링제본기 ST-100	제본기		Z	제본기	
9		C17013	컬러레이저복사기 XI-2000	복사기		D	문서세단기	
10		X17031	레이저복합기 L350	복합기				
11		D16072	와이어제본기 WC-5100	문서세단기				
12		D17042	문서세단기 SCUT-1500B	문서세단기				
13								

이번 수식은 IFS 함수를 사용한 것으로 03 과정에서 IF 함수를 중첩해 작성한 수식과 구조가 동일합니다. 마지막에 TRUE일 때 '문서세단기'를 반환하도록 구성한 것은 코드 값이 X, C, Z가 아닌 경우를 의미하므로 좀 더 명확하게 코드 값이 D일 때 '문서세단기'가 반환되도록 하려면 다음과 같이 수식을 수정합니다.

=IFS(LEFT(B6, 1)="X", "복합기",
　　LEFT(B6, 1)="C", "복사기",
　　LEFT(B6, 1)="Z", "제본기",
　　LEFT(B6, 1)="D", "문서세단기")

IFS 함수를 사용한 수식은 IF 함수를 중첩한 수식보다는 좋은 선택이지만, 이런 경우에는 LEFT 함수로 셀 값의 일부를 잘라내는 작업을 여러 번 해야 하므로 효율성이 높다고 얘기하긴 어렵습니다.

05 SWITH 함수를 사용해 수식을 더 단순하게 만들겠습니다. D6셀의 수식을 다음과 같이 수정하고 D6셀의 채우기 핸들(⊞)을 D12셀까지 드래그해 복사합니다.

D6셀 : =SWITCH(LEFT(B6, 1), "X", "복합기",
　　　　　　　　　　　　　"C", "복사기",
　　　　　　　　　　　　　"Z", "제본기",
　　　　　　　　　　　　　"D", "문서세단기")

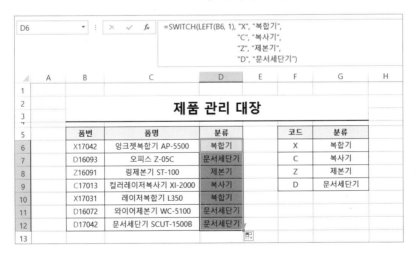

이번 수식은 SWITCH 함수를 사용해 코드 값을 원하는 값으로 변환합니다. SWITCH 함수는 첫 번째 인수의 값을 2, 4, 6, 8번째 인수의 값과 비교해 3, 5, 7, 9번째 인수 값을 반환합니다. 이렇게 특정 문자를 다른 값으로 변환할 때는 SWITCH 함수를 사용하는 것이 IF 함수를 중첩하는 수식과 IFS 함수를 사용하는 수식보다 더 효율적입니다.

06 이번 예제의 경우 오른쪽 표에 '분류' 값이 입력되어 있으므로, VLOOKUP 함수를 사용해 수식을 구성하는 방법이 가장 좋습니다. D6셀의 수식을 다음과 같이 수정하고 D6셀의 채우기 핸들(⊞)을 D12셀까지 드래그해 수식을 복사합니다.

D6셀 : =VLOOKUP(LEFT(B6, 1), $F$6:$G$9, 2, FALSE)

	A	B	C	D	E	F	G	H
1								
2			**제품 관리 대장**					
3								
5		품번	품명	분류		코드	분류	
6		X17042	잉크젯복합기 AP-5500	복합기		X	복합기	
7		D16093	오피스 Z-05C	문서세단기		C	복사기	
8		Z16091	링제본기 ST-100	제본기		Z	제본기	
9		C17013	컬러레이저복사기 XI-2000	복사기		D	문서세단기	
10		X17031	레이저복합기 L350	복합기				
11		D16072	와이어제본기 WC-5100	문서세단기				
12		D17042	문서세단기 SCUT-1500B	문서세단기				
13								

Plus⁺ 수식 이해하기

이번 수식은 SWITCH 함수를 사용하는 대신 VLOOKUP 함수를 사용해 오른쪽 표 범위($F$6:$G$9)에서 '분류' 열의 값을 참조한 것으로, 앞에서 IF, IFS, SWITCH 함수를 사용한 수식과 결과가 동일합니다.

이렇게 코드 표가 작성되어 있다면 VLOOKUP 함수를 사용하는 것이 가장 좋으며, 표가 없는 경우에는 SWITCH 함수를, SWITCH 함수를 사용할 수 없는 경우에는 IFS 함수나 IF 함수를 중첩하는 방법으로 수식을 구성합니다.

LINK VLOOKUP 함수의 사용법은 'No. 169 VLOOKUP 함수로 다른 표의 값 참조하기'(560쪽)에서 자세히 설명합니다.

편집 함수

셀 값을 그대로 사용할 수 있으면 좋겠지만,

상황에 따라 셀 값의 일부만 사용하거나 또는 셀 값을 고쳐 사용해야 하는 경우가 많습니다.

이런 경우 수식에서 셀 값을 편집하기 위해 사용하는 함수들을 '편집 함수'라고 합니다.

보통 회사에서 사용하는 파일에는 데이터가 잘못 입력되어 있거나 문제가 많은 경우가 대부분인데,

편집 함수를 잘 사용하면 데이터를 편집하는 데 많은 도움을 얻을 수 있습니다.

셀 값의 일부를 잘라 사용하기
– LEFT, MID, RIGHT

셀에 입력된 값 중에서 일부 문자(열)만 사용하려면 필요한 부분만 잘라내야 합니다. 셀 값 중 일부를 잘라낼 때는 LEFT, MID, RIGHT 함수를 사용합니다. LEFT 함수는 셀 값의 왼쪽 끝부터 오른쪽 방향으로 잘라낼 때 사용하고, RIGHT 함수는 셀 값의 오른쪽 끝부터 왼쪽 방향으로 잘라낼 때 사용하며, MID 함수는 셀 값의 중간 부분을 잘라낼 때 사용합니다. LEFT, RIGHT, MID 함수를 이용해 셀 값의 일부를 잘라내는 방법에 대해 알아보겠습니다.

예제 파일 PART 02 \ CHAPTER 05 \ LEFT, MID, RIGHT 함수.xlsx

새 함수

LEFT (❶ 텍스트, ❷ 잘라낼 개수)

텍스트의 왼쪽부터 오른쪽 방향으로 지정된 개수만큼 잘라 반환합니다.

구문	❶ 텍스트 : 잘라낼 값을 포함하는 전체 문자열 ❷ 잘라낼 개수 : 텍스트의 왼쪽부터 잘라낼 문자의 개수로, 생략하면 첫 번째 문자만 반환
사용 예	**=LEFT("마이크로소프트 엑셀", 4)** '마이크로소프트 엑셀' 문자열에서 앞 네 개 문자인 '마이크로'를 잘라 반환합니다.

MID (❶ 텍스트, ❷ 시작 위치, ❸ 잘라낼 개수)

텍스트의 왼쪽 n번째 위치부터 지정된 문자 개수만큼 잘라 반환합니다.

구문	❶ 텍스트 : 잘라낼 값을 포함하는 전체 문자열 ❷ 시작 위치 : 텍스트에서 잘라낼 첫 번째 문자의 위치 값 ❸ 잘라낼 개수 : 텍스트에서 잘라낼 문자의 개수로, 이 숫자가 남아 있는 문자 개수보다 크면 시작 위치 다음부터 끝까지 잘라 반환
사용 예	**=MID("마이크로소프트 엑셀", 5, 3)** '마이크로소프트 엑셀' 문자열에서 다섯 번째 문자인 '소' 부터 세 개의 문자(소프트)를 잘라 반환합니다.

RIGHT (❶ 텍스트, ❷ 잘라낼 개수)

텍스트의 오른쪽에서 왼쪽 방향으로 지정된 개수만큼 잘라 반환합니다.

구문	❶ 텍스트 : 잘라낼 값을 포함하는 전체 문자열 ❷ 잘라낼 개수 : 텍스트에서 잘라낼 문자의 개수로, 생략하면 마지막 문자만 반환
사용 예	**=RIGHT("마이크로소프트 엑셀", 2)** '마이크로소프트 엑셀' 문자열의 끝에서 두 개의 문자(엑셀)를 잘라 반환합니다.

01 예제 파일을 열고 C:E열의 주민등록번호에서 출생연도/출생월/출생일과 성별을 구분해보겠습니다.

02 생년월일을 나타내는 주민등록번호 앞 여섯 자리 숫자 중 연도 부분만 F열에 잘라내겠습니다. F6셀에 다음 수식을 입력하고 F6셀의 채우기 핸들(⊞)을 F14셀까지 드래그해 복사합니다.

F6셀 : =LEFT(C6, 2)

Plus⁺ 수식 이해하기

LEFT 함수는 문자열의 왼쪽부터 지정된 문자 개수만큼 잘라내는 함수입니다. 셀 값의 처음부터 필요한 문자 몇 개를 잘라낼 때 주로 사용합니다. 이 경우 만약 네 자리 연도를 반환받고 싶다면 수식을 다음과 같이 수정합니다.

=1900+LEFT(C6, 2)

주민등록번호 뒷자리 첫 번째 숫자가 1, 2면 1900년대 출생자이고 3, 4면 2000년대 출생자입니다. 목록에 2000년 이후 출생자가 있다면 이를 수식을 적용시켜야 합니다. 다음 수식을 참고합니다.

=CHOOSE(LEFT(E6), 1900, 1900, 2000, 2000)+LEFT(C6, 2)

LEFT(E6)에서 두 번째 인수를 사용하지 않은 이유는 문자 개수를 지정하지 않으면 첫 번째 문자만 잘라내는 특성을 이용하기 위해서입니다. CHOOSE 함수를 사용해 1, 2는 1900, 3, 4는 2000을 반환한 후 주민등록번호 앞 두 자리 값과 더합니다. 참고로 CHOOSE 함수에 1900, 2000을 한 번씩만 입력하려면 1, 2와 3, 4를 각각 1, 2가 반환되도록 수정하면 됩니다. 다음 수식을 참고합니다.

=CHOOSE(ROUNDUP(LEFT(E6)/2, 0), 1900, 2000)+LEFT(C6, 2)

LINK ROUNDUP(LEFT(E6)/2, 0) 부분이 잘 이해되지 않으면 'No. 154 날짜에서 반기/분기 그룹화하기'(498쪽)를 참고합니다.

03 생년월일 중 월(月) 부분만 잘라내겠습니다. G6셀에 다음 수식을 입력하고 G6셀의 채우기 핸들(⬚)을 G14셀까지 드래그해 복사합니다.

G6셀 : =MID(C6, 3, 2)

| G6 | ▼ : × ✓ fx | =MID(C6, 3, 2) | | | | | | | |

	A	B	C	D	E	F	G	H	I	J
1										
2					직 원 명 부					
3										
5		이름	주민등록번호			출생연도	출생월	출생일	성별	
6		박지훈	760219	-	1234567	76	02			
7		유준혁	830304		1234567	83	03			
8		이서연	851208	-	2134567	85	12			
9		김민준	860830		1234567	86	08			
10		최서현	920919		2134567	92	09			
11		박현우	860702		1234567	86	07			
12		정시우	930529		1234567	93	05			
13		이은서	910109		2134567	91	01			
14		오서윤	890127		2134567	89	01			
15										

Plus⁺ 수식 이해하기

MID 함수는 문자열의 왼쪽 두 번째 이후 문자부터 오른쪽 방향으로 잘라낼 때 사용합니다. **MID(C6, 3, 2)**는 C6셀의 값 중 세 번째 문자 위치부터 두 개의 문자를 잘라내라는 의미입니다.

---

04 생년월일 중 일(日) 부분만 잘라내겠습니다. H6셀에 다음 수식을 입력하고 H6셀의 채우기 핸들(⊞)을 H14셀까지 드래그해 복사합니다.

H6셀 : =RIGHT(C6, 2)

| H6 | ▼ : × ✓ fx | =RIGHT(C6, 2) | | | | | | | |

	A	B	C	D	E	F	G	H	I	J
1										
2					직 원 명 부					
3										
5		이름	주민등록번호			출생연도	출생월	출생일	성별	
6		박지훈	760219	-	1234567	76	02	19		
7		유준혁	830304	-	1234567	83	03	04		
8		이서연	851208	-	2134567	85	12	08		
9		김민준	860830	-	1234567	86	08	30		
10		최서현	920919	-	2134567	92	09	19		
11		박현우	860702	-	1234567	86	07	02		
12		정시우	930529	-	1234567	93	05	29		
13		이은서	910109	-	2134567	91	01	09		
14		오서윤	890127	-	2134567	89	01	27		
15										

Plus⁺ 수식 이해하기

RIGHT 함수는 문자열의 오른쪽에서 왼쪽 방향으로 지정된 문자 개수만큼 잘라낼 때 사용합니다. 이번 수식은 C6셀의 값 중 끝에서 두 개의 문자를 잘라 반환합니다. RIGHT 함수는 LEFT, MID 함수보다 활용도가 낮으며 MID 함수 대신 사용하는 경우가 많습니다. 이번 수식도 다음 수식으로 변경할 수 있습니다.

=MID(C6, 5, 2)

05 주민등록번호에서 성별을 표시하겠습니다. 주민등록번호 뒷자리 첫 번째 숫자가 홀수면 남자, 짝수면 여자입니다. 여기서는 1900년대 출생자만 있으므로 1과 2만 구분해 작업합니다. 뒷자리 첫 번째 숫자를 잘라내기 위해 I6셀에 다음 수식을 입력하고 I6셀의 채우기 핸들(⊞)을 I14셀까지 드래그해 복사합니다.

I6셀 : =LEFT(E6)

이름	주민등록번호			출생연도	출생월	출생일	성별
박지훈	760219	-	1234567	76	02	19	1
유준혁	830304	-	1234567	83	03	04	1
이서연	851208	-	2134567	85	12	08	2
김민준	860830	-	1234567	86	08	30	1
최서현	920919	-	2134567	92	09	19	2
박현우	860702	-	1234567	86	07	02	1
정시우	930529	-	1234567	93	05	29	1
이은서	910109	-	2134567	91	01	09	2
오서윤	890127	-	2134567	89	01	27	2

06 성별을 구분하기 위해 LEFT 함수의 반환 값이 1인지 판단하는 조건식을 구성하겠습니다. I6셀의 수식을 다음과 같이 변경하고 I6셀의 채우기 핸들(⊞)을 I14셀까지 드래그해 복사합니다.

I6셀 : =LEFT(E6)=1

이름	주민등록번호			출생연도	출생월	출생일	성별
박지훈	760219	-	1234567	76	02	19	FALSE
유준혁	830304	-	1234567	83	03	04	FALSE
이서연	851208	-	2134567	85	12	08	FALSE
김민준	860830	-	1234567	86	08	30	FALSE
최서현	920919	-	2134567	92	09	19	FALSE
박현우	860702	-	1234567	86	07	02	FALSE
정시우	930529	-	1234567	93	05	29	FALSE
이은서	910109	-	2134567	91	01	09	FALSE
오서윤	890127	-	2134567	89	01	27	FALSE

> **Plus⁺ 수식 이해하기**
>
> 수식의 결과가 모두 FALSE인 것이 의아할 수 있습니다. 이번 수식은 LEFT 함수로 잘라낸 값이 숫자 1과 같은지를 묻는 조건식입니다. 그런데 LEFT, MID, RIGHT 함수는 잘라낸 값을 모두 텍스트 형식으로 반환합니다. 그러므로 텍스트 형식의 1과 숫자 형식의 1이 같은지 묻는 수식이 되어 모두 아니라는 답변, 즉 FALSE 값만 돌려받은 것입니다. 이렇게 값을 구성하는 문자는 숫자이지만 텍스트 형식으로 분류된 값을 텍스트형 숫자라고 합니다.
>
> **LINK** 텍스트형 숫자를 숫자로 변환하는 방법은 'No. 103 텍스트형 숫자를 숫자 형식으로 변환하기-VALUE'(297쪽)를 참고합니다.

07 조건식이 올바른 결과를 반환
하도록 I6셀의 수식을 다음과 같이
수정하고 I6셀의 채우기 핸들(⊞)을
I14셀까지 드래그해 복사합니다.

I6셀 : =LEFT(E6)="1"

I6		⌄	:	×	✓	fx	=LEFT(E6)="1"		

	A	B	C	D	E	F	G	H	I	J
1										
2				**직 원 명 부**						
3										
5		이름	주민등록번호			출생연도	출생월	출생일	성별	
6		박지훈	760219	-	1234567	76	02	19	TRUE	
7		유준혁	830304	-	1234567	83	03	04	TRUE	
8		이서연	851208	-	2134567	85	12	08	FALSE	
9		김민준	860830	-	1234567	86	08	30	TRUE	
10		최서현	920919	-	2134567	92	09	19	FALSE	
11		박현우	860702	-	1234567	86	07	02	TRUE	
12		정시우	930529	-	1234567	93	05	29	TRUE	
13		이은서	910109	-	2134567	91	01	09	FALSE	
14		오서윤	890127	-	2134567	89	01	27	FALSE	
15										

Plus⁺ 수식 이해하기

이번 수식은 LEFT 함수의 결과와 텍스트 형식의 '1'이 같은지 판단합니다. 이렇게 하면 LEFT 함수에서 반환한 1과 2 값이 각
각 TRUE, FALSE로 구분된 결과를 얻을 수 있습니다. 이 값을 '남', '여'와 같은 값으로 변환하려면 IF 함수를 사용해 다음과 같
이 변경합니다.

  =IF(LEFT(E6)="1", "남", "여")

잘라낼 문자 개수가 일정하지 않은 경우에 필요한 값 잘라내기 – FIND, SEARCH

일정한 길이의 텍스트에서 원하는 문자열을 잘라낼 경우에는 LEFT, MID, RIGHT 함수를 사용하면 수월하지만, 잘라낼 문자 개수가 일정하지 않다면 LEFT, MID, RIGHT 함수만으로는 어렵습니다. 이런 경우, 잘라낼 문자열 사이에 두 값을 구분할 수 있는 구분 문자가 있고 구분 문자의 시작 위치를 찾을 수 있다면 셀 값을 원하는 방법으로 잘라낼 수 있습니다. 셀 값(텍스트)에서 특정 문자(열)의 시작 위치를 찾을 때 사용하는 함수는 FIND, SEARCH 함수입니다. 이 함수들을 LEFT, MID, RIGHT 함수와 함께 사용하면 이런 작업을 쉽게 처리할 수 있습니다. 잘라낼 문자 개수가 일정하지 않은 경우에 필요한 값을 잘라내는 방법을 알아보겠습니다.

예제 파일 PART 02 \ CHAPTER 05 \ FIND, SEARCH 함수.xlsx

새 함수

FIND (❶ 찾을 문자, ❷ 텍스트, ❸ 시작 위치)

찾을 문자가 텍스트 내에 몇 번째에 존재하는지 찾아 반환합니다.

구문	❶ 찾을 문자 : 텍스트에서 찾으려고 하는 문자(열) ❷ 텍스트 : 찾을 문자가 포함된 전체 텍스트 문자열 ❸ 시작 위치 : 텍스트에서 찾을 문자를 찾기 시작할 문자 위치로 생략하면 처음부터 찾습니다.
특이 사항	찾을 문자 인수에 입력된 문자(열)는 영어의 대/소문자를 구분합니다.
사용 예	=FIND("E", "Super Excel") 'E' 대문자 위치를 'Super Excel'에서 찾습니다. 7이 반환됩니다.

SEARCH (❶ 찾을 문자, ❷ 텍스트, ❸ 시작 위치)

찾을 문자가 텍스트 내 몇 번째에 존재하는지 찾아 반환합니다.

구문	❶ 찾을 문자 : 텍스트에서 찾으려고 하는 문자(열) ❷ 텍스트 : 찾을 문자를 포함하는 전체 문자열 ❸ 시작 위치 : 텍스트에서 찾을 문자를 찾기 시작할 위치로, 생략하면 처음부터 찾음
특이 사항	찾을 문자에 와일드 카드 문자(*, ?, ~)를 사용할 수 있기 때문에 찾을 문자를 모두 몰라도 위치를 확인할 수 있습니다.
참고	와일드 카드 문자란 전체 문자 중에서 하나 또는 다수의 문자를 알지 못할 때 해당 문자를 대신해 사용하는 문자로 ?, *, ~ 등이 있습니다.

	와일드 카드 문자	설명
참고	?	한 개의 문자를 대체하며, 'EXCEL'인지 'EXCEK'인지 모를 때 "EXCE?"과 같이 사용합니다.
	*	여러 개의 문자를 대체하며, 'EXCEL'인지 'EXCELLENT'인지 모를 때 "EXCEL*"와 같이 사용합니다.
	~	?, * 등을 와일드 카드 문자가 아니라 일반 문자로 인식시킬 때 사용하며 ?나 * 바로 앞에 사용합니다. 예를 들어 '3*4'를 찾고 싶을 때 "3~*4"와 같이 사용합니다.
사용 예	=SEARCH("엑셀", "마이크로소프트 엑셀") '마이크로소프트 엑셀' 문자열에서 '엑셀' 문자열의 위치를 찾습니다. 9가 반환됩니다.	

구분 문자 위치를 찾아 좌/우 분리하기

셀 값을 좌/우로 구분하려고 할 때 구분 문자의 위치를 찾을 수 있다면 좌/우를 비교적 쉽게 분리할 수 있습니다. 만약 구분 문자가 없다면 값을 분리하기가 쉽지 않습니다.

01 예제 파일을 열고 B열의 '제품' 값에서 제조사와 모델을 분리해보겠습니다.

02 잘라낼 첫 번째 단어의 문자 개수가 일정하지 않으므로, 제조사와 모델명을 구분하는 첫 번째 공백 문자(" ") 위치를 FIND 함수로 찾습니다. E6셀에 다음 수식을 입력하고 E6셀의 채우기 핸들(田)을 E12셀까지 드래그해 복사합니다.

E6셀 : =FIND(" ", B6)

Plus⁺ 수식 이해하기

E6셀에 입력한 수식은 B6셀의 첫 번째 공백 문자(" ") 위치를 반환합니다. 이 수식에서 FIND 함수는 다음과 같이 SEARCH 함수로 변경해도 무방합니다.

=SEARCH(" ", B6)

이처럼 자릿수가 일정하지 않은 문자열을 잘라낼 때, 잘라낼 값을 구분할 수 있는 구분 문자가 중간에 추가되어 있다면 해당 위치를 찾아 그 위치를 기준으로 좌/우를 분리할 수 있습니다.

제조사		모델

구분 문자는 왼쪽과 오른쪽에 입력되어 있지 않은 것이 좋으며, FIND 함수나 SEARCH 함수로 구분 문자의 위치를 찾은 다음 LEFT 함수와 MID 함수를 사용해 값을 분리합니다.

03 E열에서 찾은 구분 문자 위치를 참고해 제조사를 잘라내겠습니다. B열의 제품명 왼쪽부터 공백 문자 바로 전까지 자르면 되므로 LEFT 함수를 사용합니다. C6셀에 다음 수식을 입력하고 C6셀의 채우기 핸들(⊞)을 C12셀까지 드래그해 복사합니다.

C6셀 : =LEFT(B6, E6-1)

	제품	제조사	모델	구분 문자
	제 품 관 리 대 장			
6	HP AP-3200	HP		3
7	캐논 L200	캐논		3
8	브로더 C-890X	브로더		4
9	렉스마크 5X31W	렉스마크		5
10	삼성 CW100	삼성		3
11	브로더 C-950WC	브로더		4
12	HP P-9220CXW	HP		3

Plus⁺ 수식 이해하기

B열의 제품 값 중 첫 번째 단어가 제조사이므로 LEFT 함수를 사용해 값을 잘라냅니다. 그런데 잘라낼 문자 개수가 2~4개로 다양하므로 E열에서 먼저 찾은 구분 문자 위치 값을 계산에 사용해 잘라냅니다. 이런 경우에는 다음과 같은 계산식이 공식처럼 사용됩니다.

=LEFT(텍스트, 구분 문자 위치-1)

잘라낼 문자 개수를 FIND 함수로 찾은 구분 문자 위치에서 1을 빼서 구하는 이유는 간단합니다. B6셀을 예로 들면 HP라는 제조사를 잘라내야 하는데, 이때 잘라낼 문자 개수는 두 개이고 FIND 함수로 찾은 구분 문자의 위치는 3입니다. 그러므로 1을 빼야 잘라낼 문자 개수를 구할 수 있습니다. B7:B12 범위 내 제품명이 모두 같은 방식으로 입력되어 있으므로 구분 문자 위치에서 하나 전 위치까지 잘라내 제조사를 구합니다.

04 제조사를 제외한 모델명을 D 열에 넣어보겠습니다. D6셀에 다음 수식을 입력하고 D6셀의 채우기 핸들(⊞)을 D12셀까지 드래그해 복사합니다.

D6셀 : =MID(B6, E6+1, 100)

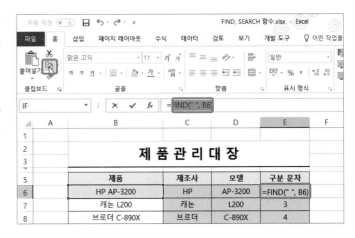

Plus⁺ 수식 이해하기

B열의 제품 값에서 모델명은 두 번째 단어입니다. 이 경우 MID 함수나 RIGHT 함수를 사용할 수 있는데, 왼쪽에서 오른쪽 방향으로 자르는 것이 쉬우므로 MID 함수를 사용합니다.

이번 수식은 MID 함수의 두 번째 인수에서 E6셀의 구분 문자 위치를 사용하고 있습니다. LEFT 함수에서와 마찬가지로 구분 문자 오른쪽을 잘라낼 경우에는 다음과 같은 수식을 공식처럼 사용합니다.

> **=MID(텍스트, 구분 문자 위치+1, 100)**

B6셀에서는 'AP-3200'을 잘라내야 하므로 잘라낼 문자의 시작 위치는 4가 됩니다. E6셀에 구한 구분 문자 위치는 3이므로 1을 더해 4 위치부터 잘라내도록 하는 것입니다.

MID 함수의 세 번째 인수 값인 **100**은 끝까지 잘라내라는 의미로 사용하는 상용구입니다. 정확한 의미는 100개의 문자를 잘라내라는 것이지만 B6셀에 100개의 문자가 있지는 않으므로 끝까지 모두 반환됩니다.

참조한 셀의 수식을 복사해 수식 완성하기

처음부터 복잡한 수식은 작성하기 쉽지 않으므로, 여러 열에 걸쳐 나눠 입력한 다음 참조한 셀의 수식을 복사해 붙여넣는 방법을 사용하면 복잡한 수식도 수월하게 완성할 수 있습니다.

01 값을 분리했으면 이제 필요하지 않은 E열의 수식을 C, D열의 수식에 합치고 E열은 삭제하겠습니다. E6셀을 선택하고 수식 입력줄에서 등호(=)의 뒷부분을 드래그해 선택한 후 [홈] 탭-[클립보드] 그룹-[복사] 명령(📋)을 클릭합니다.

02 ESC 키를 눌러 편집 모드를 해제한 후 수식을 붙여넣을 C6셀을 선택하고 수식 입력줄에서 E6셀 주소 부분을 선택합니다. [홈] 탭-[클립보드] 그룹-[붙여넣기] 명령(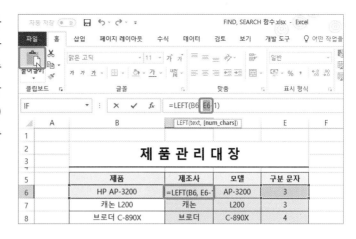)을 클릭해 복사한 수식을 붙여넣습니다.

03 Enter 키를 눌러 수식을 입력하고 C6셀의 채우기 핸들(田)을 C12셀까지 드래그해 복사합니다. D열의 수식도 동일한 방법으로 작업하면 E열은 삭제해도 됩니다.

수식 없이 빠른 채우기로 결과 얻기

수식으로 값을 분리하는 방법은 꼭 알고 있어야 하지만 2013 버전부터 제공되는 빠른 채우기 기능을 이용하면 더 편리하게 같은 결과를 얻을 수 있습니다. 이 기능은 입력된 셀 값에서 필요한 값을 몇 개 입력하면 입력된 값의 패턴을 인식해 나머지 값을 자동으로 채워주는 기능으로, 이런 경우에 유용하게 사용할 수 있습니다.

01 먼저 C6:C12 범위 내 수식을 Delete 키를 눌러 지웁니다. C6셀에 **HP**를, C7셀에 **캐**를 입력하면 '빠른 채우기' 목록이 표시됩니다. Enter 키를 누르면 한 번에 제조사가 분리됩니다.

02 만약 '빠른 채우기' 목록이 표시되지 않는다면 C7셀에 **캐논**을 입력한 후 C8셀에서 [데이터] 탭—[데이터 도구] 그룹—[빠른 채우기] 명령(▦)을 클릭합니다. 나머지 셀에 제조사가 정확하게 입력됩니다.

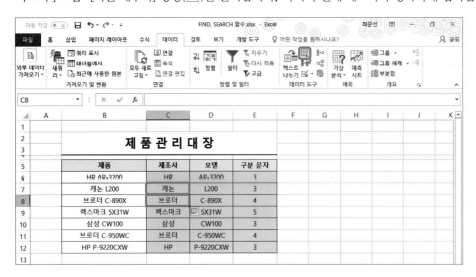

Plus⁺ 빠른 채우기

빠른 채우기는 이처럼 셀 값 중에서 필요한 부분만 따로 입력하려고 할 때 유용한 기능입니다. 다만 모든 경우에 완벽하게 동작하는 것은 아니므로 LEFT, MID, FIND 함수를 사용해 값을 분리하는 방법과 서로 보완하면서 사용하면 좋습니다.

모델명도 동일한 방법으로 얻을 수 있으니 D6:D12 범위의 셀 값을 모두 지운 후 '빠른 채우기'로 결과를 반환받아봅니다.

구분 문자가 없는 셀 값에서 좌/우 잘라내기 – LEN

셀 값을 왼쪽 오른쪽 구분해 잘라내야 할 때 구분 문자가 따로 입력되지 않은 경우가 있습니다. 이런 경우에는 입력된 값의 패턴을 찾을 수 있어야 합니다. 패턴을 찾을 수 있다면 계산식을 만들어 좌/우를 구분해 잘라낼 수 있습니다. 만약 패턴을 찾을 수 없다면 값을 잘라내기 어려운데, 이런 경우라면 저자가 운영하는 카페(책 머리글 참고)를 통해 문의합니다.

\ 예제 파일 PART 02 \ CHAPTER 05 \ LEN 함수.xlsx

새 함수

LEN (❶ 텍스트)

텍스트의 문자 개수를 반환합니다.

구문	❶ 텍스트 : 문자 개수를 셀 전체 문자열
사용 예	**=LEN("마이크로소프트 엑셀")** '마이크로소프트 엑셀' 문자열의 문자 개수를 반환합니다. 10이 반환됩니다. 띄어쓰기에 사용된 공백 문자(" ")도 하나의 문자입니다.

01 예제 파일의 C열에 있는 이름을 보면 2~4개의 문자로 입력되어 있고, 성과 이름이 구분되는 위치가 없습니다. C열에서 성과 이름을 각각 D열과 E열에 분리해보겠습니다. 먼저 성과 이름을 구분할 위치를 계산하기 위해 F6셀에 다음 수식을 입력하고 F6셀의 채우기 핸들(⊞)을 F10셀까지 드래그해 복사합니다.

F6셀 : =LEN(C6)/2

Plus⁺ 수식 이해하기

C열의 이름은 총 2~4개의 문자로 구성되어 있습니다. 문자가 두 개일 때는 성이 한 개, 세 개일 때는 성이 한 개, 네 개일 때는 성이 두 개가 되므로, 이 개수가 성과 이름을 구분할 위치가 됩니다. 2와 3일 때는 1을 반환하고 4일 때는 2를 반환하도록 하려면 2로 나누는 연산을 하면 됩니다. 그렇기 때문에 LEN 함수로 문자 개수를 센 다음 2로 나눈 것입니다.

이렇게 하면 1.5와 같은 실수 값도 반환되는데, 정수 값만 사용하려면 실수를 정수로 변환하는 INT 함수를 추가로 사용합니다. 하지만 **문자 개수** 인수는 정수 값만 사용하므로 실수를 정수로 변환하는 작업은 따로 하지 않아도 됩니다.

03 F열에 계산된 값을 이용해 성을 잘라 내겠습니다. D6셀에 다음 수식을 입력하고 D6셀의 채우기 핸들(⊞)을 D10셀까지 드래그해 복사합니다.

D6셀 : =LEFT(C6, F6)

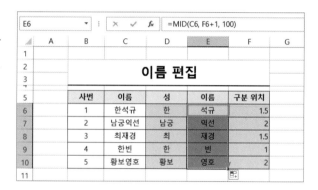

> **Plus⁺** **수식 이해하기**
>
> 이름에서 성만 잘라내기 위해 LEFT 함수를 사용했습니다. LEFT 함수의 두 번째 인수인 **문자 개수**에는 F열에 계산된 숫자를 사용했는데, F6셀과 F8셀에 반환된 1.5 값을 받아 계산한 D6셀과 D8셀에서는 모두 정수 부분인 1만 사용해 성을 잘라낸 것을 확인할 수 있습니다.

04 이번에는 나머지 이름을 잘라내겠습니다. MID 함수를 사용해 E6셀에 다음 수식을 입력하고 E6셀의 채우기 핸들(⊞)을 E10셀까지 드래그해 복사합니다.

E6셀 : =MID(C6, F6+1, 100)

	A	B	C	D	E	F	G
E6			fx	=MID(C6, F6+1, 100)			

이름 편집

사번	이름	성	이름	구분 위치
1	한석규	한	석규	1.5
2	남궁익선	남궁	익선	2
3	최재경	최	재경	1.5
4	한빈	한	빈	1
5	황보영호	황보	영호	2

> **Plus⁺** **수식 이해하기**
>
> F열에서 계산된 문자 위치 다음부터 끝까지 잘라내는 수식입니다.
>
> 앞 단계에서 D열에 성 문자를 잘라냈으므로, 이 수식은 D열의 문자 개수를 세어 그 다음 위치부터 잘라내는 다음 수식으로 대체할 수 있습니다.
>
> **=MID(C6, LEN(D6)+1, 100)**
>
> 또는 전체 문자 개수를 센 후 D열의 문자 개수를 빼는 다음 수식으로 대체할 수도 있습니다.
>
> **=RIGHT(C6, LEN(C6)−LEN(D6))**

주소에서 시/구/동 구분하기

주소와 같이 지역을 구분하는 단어가 동일한 구분 문자로 구분되어 입력되어 있을 때 주소 중 일부 필요한 부분만 잘라내는 일은 쉽지 않습니다. 이런 작업은 먼저 단어와 단어를 구분하는 구분 문자의 위치를 모두 찾는 것으로 시작해야 합니다. FIND 함수로 동일한 문자가 입력된 위치를 모두 찾아 구분 문자 사이에 있는 단어를 잘라내는 방법에 대해 알아보겠습니다.

\ 예제 파일 PART 02 \ CHAPTER 05 \ FIND 함수—구분 문자.xlsx

01 예제 파일을 열고 C열의 주소에서 시/도, 구/군, 동/읍/면을 D:F열에 나눠 기록해보겠습니다.

회사명	주소	시/도	구/군	동/읍/면	구분 문자 위치	
일성 ㈜	경상북도 상주시 가장동 78-3					
동경무역 ㈜	서울특별시 서초구 방배동 883-11					
신화백화점 ㈜	서울특별시 강서구 내발산동 318					
동행상사 ㈜	충청남도 공주시 무릉동 171-3					
누리 ㈜	대전광역시 서구 도마동 110-6					
사선무역 ㈜	서울특별시 서대문구 남가좌1동 121					
동광 ㈜	경기도 광명시 소하동 11-3					
새별 ㈜	부산광역시 부산진구 당감3동 611-3					
삼양트레이드 ㈜	제주도 제주시 건입동 111-16					

고 객 관 리 대 장

Plus⁺ 전체 작업 이해하기

주소 값에서 시/도, 구/군, 동/읍/면을 나눠 표시하고 싶다면 각 단어를 구분하는 문자의 위치를 파악하는 것이 중요합니다. C열의 주소는 다음과 같은 구조로 이루어져 있습니다.

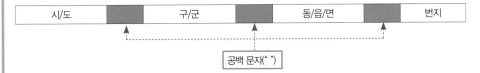

| 시/도 | | 구/군 | | 동/읍/면 | | 번지 |

공백 문자(" ")

위에서 확인할 수 있듯이 잘라낼 시/도, 구/군, 동/읍/면이 모두 공백 문자(" ")로 구분되어 있으므로, 공백 문자 위치를 FIND 함수로 찾은 후 LEFT, MID 함수로 잘라내면 됩니다.

02 먼저 첫 번째 공백 문자(" ")의 위치를 확인하겠습니다. G6셀에 다음 수식을 입력하고 G6셀의 채우기 핸들(田)을 G14셀까지 드래그해 복사합니다.

G6셀 : =FIND(" ", C6)

	A	B	C	D	E	F	G	H	I	J
G6		fx	=FIND(" ", C6)							
1										
2			고 객 관 리 대 장							
3										
5		회사명	주소	시/도	구/군	동/읍/면	구분 문자 위치			
6		일성 ㈜	경상북도 상주시 가상동 78-3				5			
7		동경무역 ㈜	서울특별시 서초구 방배동 883-11				6			
8		신화백화점 ㈜	서울특별시 강서구 내발산동 318				6			
9		동행상사 ㈜	충청남도 공주시 무릉동 171-3				5			
10		누리 ㈜	대전광역시 서구 도마동 110-6				6			
11		사선무역 ㈜	서울특별시 서대문구 남가좌1동 121				6			
12		동광 ㈜	경기도 광명시 소하동 11-3				4			
13		새별 ㈜	부산광역시 부산진구 당감3동 611-3				6			
14		삼양트레이드 ㈜	제주도 제주시 건입동 111-16				4			
15										

Plus⁺ FIND 함수를 사용한 수식 이해하기

FIND(또는 SEARCH) 함수를 사용하면 문자열에서 특정 문자의 위치를 찾을 수 있습니다. 이번에 사용한 수식은 C6셀에서 공백 문자(" ")가 처음으로 나타나는 위치를 반환합니다.

---

03 두 번째 공백 문자(" ")의 위치를 확인하겠습니다. H6셀에 다음 수식을 입력하고 H6셀의 채우기 핸들(田)을 H14셀까지 드래그해 복사합니다.

H6셀 : =FIND(" ", C6, G6+1)

	A	B	C	D	E	F	G	H	I	J
H6		fx	=FIND(" ", C6, G6+1)							
1										
2			고 객 관 리 대 장							
3										
5		회사명	주소	시/도	구/군	동/읍/면	구분 문자 위치			
6		일성 ㈜	경상북도 상주시 가상동 78-3				5	9		
7		동경무역 ㈜	서울특별시 서초구 방배동 883-11				6	10		
8		신화백화점 ㈜	서울특별시 강서구 내발산동 318				6	10		
9		동행상사 ㈜	충청남도 공주시 무릉동 171-3				5	9		
10		누리 ㈜	대전광역시 서구 도마동 110-6				6	9		
11		사선무역 ㈜	서울특별시 서대문구 남가좌1동 121				6	11		
12		동광 ㈜	경기도 광명시 소하동 11-3				4	8		
13		새별 ㈜	부산광역시 부산진구 당감3동 611-3				6	11		
14		삼양트레이드 ㈜	제주도 제주시 건입동 111-16				4	8		
15										

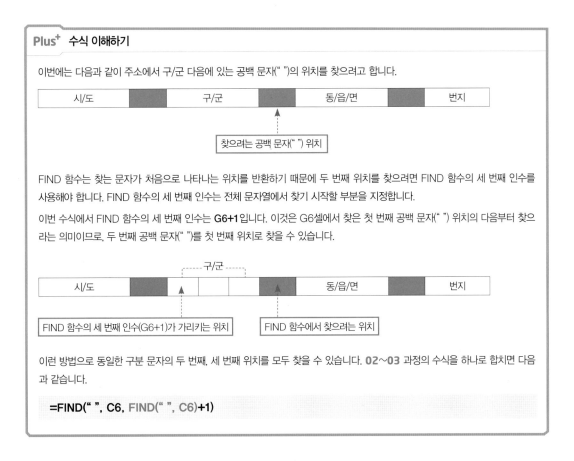

Plus⁺ 수식 이해하기

이번에는 다음과 같이 주소에서 구/군 다음에 있는 공백 문자(" ")의 위치를 찾으려고 합니다.

| 시/도 | | 구/군 | | 동/읍/면 | | 번지 |

찾으려는 공백 문자(" ") 위치

FIND 함수는 찾는 문자가 처음으로 나타나는 위치를 반환하기 때문에 두 번째 위치를 찾으려면 FIND 함수의 세 번째 인수를 사용해야 합니다. FIND 함수의 세 번째 인수는 전체 문자열에서 찾기 시작할 부분을 지정합니다.

이번 수식에서 FIND 함수의 세 번째 인수는 **G6+1**입니다. 이것은 G6셀에서 찾은 첫 번째 공백 문자(" ") 위치의 다음부터 찾으라는 의미이므로, 두 번째 공백 문자(" ")를 첫 번째 위치로 찾을 수 있습니다.

| 시/도 | | | | 동/읍/면 | | 번지 |

FIND 함수의 세 번째 인수(G6+1)가 가리키는 위치   FIND 함수에서 찾으려는 위치

이런 방법으로 동일한 구분 문자의 두 번째, 세 번째 위치를 모두 찾을 수 있습니다. **02~03** 과정의 수식을 하나로 합치면 다음과 같습니다.

=FIND(" ", C6, FIND(" ", C6)+1)

04 세 번째 공백 문자(" ")의 위치를 확인하겠습니다. I6셀에 다음 수식을 입력하고 I6셀의 채우기 핸들 (╬)을 I14셀까지 드래그해 복사합니다.

I6셀 : =FIND(" ", C6, H6+1)

			fx	=FIND(" ", C6, H6+1)						
	A	B	C	D	E	F	G	H	I	J
1										
2			고 객 관 리 대 장							
3										
5		회사명	주소	시/도	구/군	동/읍/면	구분 문자 위치			
6		일성 ㈜	경상북도 상주시 가장동 78-3				5	9	13	
7		동경무역 ㈜	서울특별시 서초구 방배동 883-11				6	10	14	
8		신화백화점 ㈜	서울특별시 강서구 내발산동 318				6	10	15	
9		동행상사 ㈜	충청남도 공주시 무릉동 171-3				5	9	13	
10		누리 ㈜	대전광역시 서구 도마동 110-6				6	9	13	
11		사선무역 ㈜	서울특별시 서대문구 남가좌1동 121				6	11	17	
12		동광 ㈜	경기도 광명시 소하동 11-3				4	8	12	
13		새별 ㈜	부산광역시 부산진구 당감3동 611-3				6	11	16	
14		삼양트레이드 ㈜	제주도 제주시 건입동 111-16				4	8	12	
15										

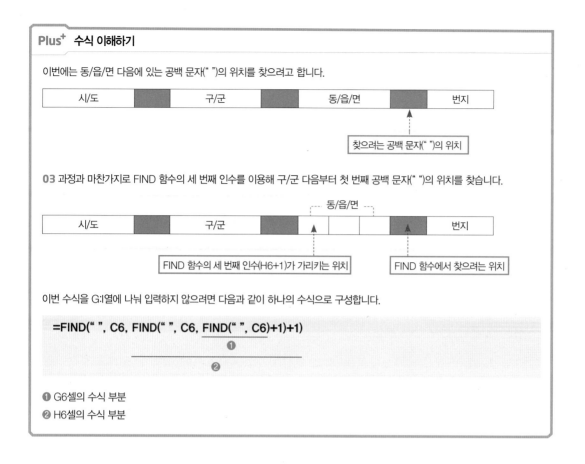

Plus⁺ 수식 이해하기

이번에는 동/읍/면 다음에 있는 공백 문자(" ")의 위치를 찾으려고 합니다.

| 시/도 | | 구/군 | | 동/읍/면 | | 번지 |

찾으려는 공백 문자(" ")의 위치

03 과정과 마찬가지로 FIND 함수의 세 번째 인수를 이용해 구/군 다음부터 첫 번째 공백 문자(" ")의 위치를 찾습니다.

동/읍/면

| 시/도 | | 구/군 | | | | 번지 |

FIND 함수의 세 번째 인수(H6+1)가 가리키는 위치

FIND 함수에서 찾으려는 위치

이번 수식을 G:I열에 나눠 입력하지 않으려면 다음과 같이 하나의 수식으로 구성합니다.

=FIND(" ", C6, FIND(" ", C6, FIND(" ", C6)+1)+1)
                        ❶
              ❷

❶ G6셀의 수식 부분
❷ H6셀의 수식 부분

---

05 모든 공백 문자의 위치를 확인했으므로 주소에서 시/도 부분을 먼저 잘라내겠습니다. D6셀에 다음 수식을 입력하고 D6셀의 채우기 핸들(➕)을 D14셀까지 드래그해 복사합니다.

D6셀 : =LEFT(C6, G6-1)

	A	B	C	D	E	F	G	H	I	J
D6				=LEFT(C6, G6-1)						

	A	B	C	D	E	F	G	H	I	J
1										
2			고 객 관 리 대 장							
3										
5		회사명	주소	시/도	구/군	동/읍/면	구분 문자 위치			
6		일성 ㈜	경상북도 상주시 가장동 78-3	경상북도			5	9	13	
7		동경무역 ㈜	서울특별시 서초구 방배동 883-11	서울특별시			6	10	14	
8		신화백화점 ㈜	서울특별시 강서구 내발산동 318	서울특별시			6	10	15	
9		동행상사 ㈜	충청남도 공주시 무릉동 171-3	충청남도			5	9	13	
10		누리 ㈜	대전광역시 서구 도마동 110-6	대전광역시			6	9	13	
11		사선무역 ㈜	서울특별시 서대문구 남가좌1동 121	서울특별시			6	11	17	
12		동광 ㈜	경기도 광명시 소하동 11-3	경기도			4	8	12	
13		새별 ㈜	부산광역시 부산진구 당감3동 611-3	부산광역시			6	11	16	
14		삼양트레이드 ㈜	제주도 제주시 건입동 111-16	제주도			4	8	12	
15										

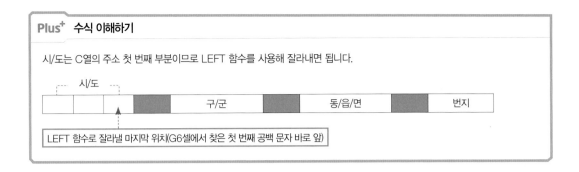
06 이번에는 주소에서 구/군 부분을 잘라내겠습니다. E6셀에 다음 수식을 입력하고 E6셀의 채우기 핸들(⊞)을 E14셀까지 드래그해 복사합니다.

E6셀 : =MID(C6, G6+1, H6-G6-1)

E6		▼ : × ✓ fx	=MID(C6, G6+1, H6-G6-1)						
⊿	A	B	C	D	E	F	G	H	I	J

	회사명	주소	시/도	구/군	동/읍/면	구분 문자 위치		
일성 ㈜	경상북도 상주시 가장동 78-3	경상북도	상주시		5	9	13
동경무역 ㈜	서울특별시 서초구 방배동 883-11	서울특별시	서초구		6	10	14
신화백화점 ㈜	서울특별시 강서구 내발산동 318	서울특별시	강서구		6	10	15
동행상사 ㈜	충청남도 공주시 무릉동 171-3	충청남도	공주시		5	9	13
누리 ㈜	대전광역시 서구 도마동 110-6	대전광역시	서구		6	9	13
사선무역 ㈜	서울특별시 서대문구 남가좌1동 121	서울특별시	서대문구		6	11	17
동광 ㈜	경기도 광명시 소하동 11-3	경기도	광명시		4	8	12
새별 ㈜	부산광역시 부산진구 당감3동 611-3	부산광역시	부산진구		6	11	16
삼양트레이드 ㈜	제주도 제주시 건입동 111-16	제주도	제주시		4	8	12

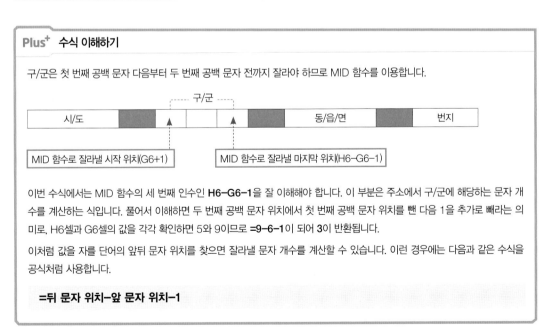

07 마지막으로 주소에서 동/읍/면 부분을 잘라내겠습니다. F6셀에 다음 수식을 입력하고 F6셀의 채우기 핸들(┿)을 F14셀까지 드래그해 복사합니다.

F6셀 : =MID(C6, H6+1, I6-H6-1)

	F6	▼ : × ✓ *fx*	=MID(C6, H6+1, I6-H6-1)						

	A	B	C	D	E	F	G	H	I
1									
2			**고 객 관 리 대 장**						
3									
4									
5		회사명	주소	시/도	구/군	동/읍/면	구분 문자 위치		
6		일성 ㈜	경상북도 상주시 가장동 78-3	경상북도	상주시	가장동	5	9	13
7		동경무역 ㈜	서울특별시 서초구 방배동 883-11	서울특별시	서초구	방배동	6	10	14
8		신화백화점 ㈜	서울특별시 강서구 내발산동 318	서울특별시	강서구	내발산동	6	10	15
9		동행상사 ㈜	충청남도 공주시 무릉동 171-3	충청남도	공주시	무릉동	5	9	13
10		누리 ㈜	대전광역시 서구 도마동 110-6	대전광역시	서구	도마동	6	9	13
11		사선무역 ㈜	서울특별시 서내분구 남가좌1동 121	서울특별시	서내분구	남가좌1동	6	11	17
12		동광 ㈜	경기도 광명시 소하동 11-3	경기도	광명시	소하동	4	8	12
13		새별 ㈜	부산광역시 부산진구 당감3동 611-3	부산광역시	부산진구	당감3동	6	11	16
14		삼양트레이드 ㈜	제주도 제주시 건입동 111-16	제주도	제주시	건입동	4	8	12
15									

Plus⁺ 수식 이해하기

이번 수식은 기본적으로 **06** 과정의 수식과 동일하므로 별도의 설명은 생략합니다. 이렇게 모든 값을 잘라냈다면 수식을 값으로 변환하거나 G:I열의 수식을 D:F에 취합하는 방법을 이용해 수식을 완성합니다.

LINK 수식을 값으로 변경하는 방법은 'No. 038 수식을 값으로 변환하기'(101쪽)를 참고합니다.

LINK 수식을 하나로 취합하는 방법은 'No. 088 잘라낼 문자 개수가 일정하지 않은 경우에 필요한 값 잘라내기 – FIND, SEARCH' (241쪽)를 참고합니다.

현재 시트 이름 알아내기 – CELL

현재 작업하고 있는 파일의 시트 이름이나 파일 경로 등을 확인하려면 CELL 함수를 사용합니다. No. 048에서 소개한 방법들은 매크로 함수를 사용해야 하므로 몇 가지 불편한 점이 있었습니다. 여기서는 셀 정보를 반환하는 CELL 함수를 사용해 시트 및 파일 정보를 구하는 방법에 대해 알아보겠습니다.

\ 예제 파일 PART 02 \ CHAPTER 05 \ CELL 함수.xlsx

새 함수

CELL (❶ 옵션, ❷ 셀)

셀에서 확인할 수 있는 여러 정보를 반환합니다.

구문	❶ 옵션 : 셀에서 얻고자 하는 정보	
	옵션	**설명**
	address	셀 주소가 반환됩니다.
	col	셀의 열 번호가 반환됩니다.
	color	음수 값에 대한 색상 서식이 지정된 경우는 1, 아니면 0이 반환됩니다.
	contents	셀 값이 반환됩니다.
	filename	현재 파일의 전체 경로를 포함한 파일 이름이 반환됩니다.
	format	셀에 지정된 숫자 서식을 의미하는 코드 값이 반환됩니다.
	parentheses	셀에 지정된 숫자 서식에 괄호를 사용한 경우는 1, 아니면 0이 반환됩니다.
	prefix	셀에 적용된 맞춤 설정에 대한 코드 값이 반환됩니다.
	protect	셀에 잠금 속성이 체크되어 있으면 1, 아니면 0이 반환됩니다.
	row	셀의 행 번호가 반환됩니다.
	type	셀에 입력된 데이터 형식에 해당하는 코드가 l(텍스트)와 v(숫자, 날짜/시간, 논리 값)로 반환되며 빈 셀이면 b가 반환됩니다.
	width	셀의 열 너비가 반올림 처리된 정수 값으로 반환됩니다.
	* type 옵션은 인수 목록에서는 '종류'로 표시됩니다. ❷ 셀 : 정보를 얻으려는 셀	
사용 예	=CELL("col", B1) B1셀의 열 번호인 2가 반환됩니다.	

01 예제 파일을 열고 CELL 함수의 반환 값에서 필요한 정보만 잘라보겠습니다. CELL 함수에서 반환되는 값이 정확한지 판단하기 위해 제목 표시줄과 시트 탭에서 파일 이름과 시트 이름을 먼저 확인합니다.

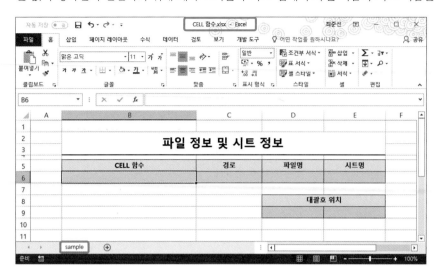

02 B6셀에 다음 수식을 입력합니다.

B6셀 : =CELL("filename", A1)

Plus⁺ 수식 이해하기

CELL 함수의 첫 번째 인수가 **"filename"**이므로 두 번째 인수가 속한 파일의 경로와 파일 이름, 시트 이름이 반환됩니다. 두 번째 인수는 A1셀이 아니라 워크시트 내 어떤 셀을 참조해도 됩니다. 반환된 값의 구조는 다음과 같습니다.

경로	[	파일 이름.확장자	]	시트 이름

그러므로 대괄호 문자([ ])의 위치만 파악하면 경로, 파일 이름, 시트 이름을 분리할 수 있습니다.

LINK 분리 작업에 대한 자세한 설명은 'No. 090 주소에서 시/구/동 구분하기'(249쪽)를 참고합니다.

03 B6셀에서 현재 파일의 경로, 파일 이름, 시트 이름을 분리하겠습니다. 먼저 대괄호([ ]) 문자의 위치를 파악해야 합니다. '[' 문자의 위치를 찾기 위해 D9셀에 다음 수식을 입력합니다.

D9셀 : =FIND("[", B6)

D9	▼ : ✕ ✓ ƒx	=FIND("[", B6)			
	A	B	C	D	E	F

	A	B	C	D	E	F
1						
2		**파일 정보 및 시트 정보**				
3						
5		**CELL 함수**	경로	파일명	시트명	
6		C:₩예제₩Part 05₩[CELL 함수.xlsx]sample				
7						
8				대괄호 위치		
9				15		
10						

04 이번에는 ']' 문자의 위치를 찾기 위해 E9셀에 다음 수식을 입력합니다.

E9셀 : =FIND("]", B6)

E9	▼ : ✕ ✓ ƒx	=FIND("]", B6)			
	A	B	C	D	E	F

	A	B	C	D	E	F
1						
2		**파일 정보 및 시트 정보**				
3						
5		**CELL 함수**	경로	파일명	시트명	
6		C:₩예제₩Part 05₩[CELL 함수.xlsx]sample				
7						
8				대괄호 위치		
9				15	28	
10						

05 C6셀에 다음 수식을 입력해 B6셀의 값에서 경로만 잘라냅니다.

C6셀 : =LEFT(B6, D9-1)

C6	▼ : ✕ ✓ ƒx	=LEFT(B6, D9-1)			
	A	B	C	D	E	F

	A	B	C	D	E	F
1						
2		**파일 정보 및 시트 정보**				
3						
5		**CELL 함수**	경로	파일명	시트명	
6		C:₩예제₩Part 05₩[CELL 함수.xlsx]sample	C:₩예제₩Part 05₩			
7						
8				대괄호 위치		
9				15	28	
10						

06 D6셀에 다음 수식을 입력해 B6셀의 값에서 파일 이름을 잘라냅니다.

D6셀 : =MID(B6, D9+1, E9-D9-1)

D6	▼ : × ✓ *fx*	=MID(B6, D9+1, E9-D9-1)			
◢	A	B	C	D	E	F
1						
2		**파일 정보 및 시트 정보**				
3						
5		**CELL 함수**	**경로**	**파일명**	**시트명**	
6		C:₩예제₩Part 05₩[CELL 함수.xlsx]sample	C:₩예제₩Part 05₩	CELL 함수.xlsx		
7						
8				**대괄호 위치**		
9				15	28	
10						

07 마지막으로 E6셀에 다음 수식을 입력해 B6셀의 값에서 시트 이름을 잘라냅니다.

E6셀 : =MID(B6, E9+1, 100)

E6	▼ : × ✓ *fx*	=MID(B6, E9+1, 100)			
◢	A	B	C	D	E	F
1						
2		**파일 정보 및 시트 정보**				
3						
5		**CELL 함수**	**경로**	**파일명**	**시트명**	
6		C:₩예제₩Part 05₩[CELL 함수.xlsx]sample	C:₩예제₩Part 05₩	CELL 함수.xlsx	sample	
7						
8				**대괄호 위치**		
9				15	28	
10						

셀 값 연결하고 날짜 변환하기
– CONCATENATE, &

LEFT, MID, RIGHT 함수로 셀 값을 분리할 수 있듯이 여러 셀에 나눠 입력된 값을 하나의 셀로 합칠 수도 있습니다. 이 작업에는 CONCATENATE 함수와 앰퍼샌드(&) 연산자를 사용할 수 있습니다. CONCATENATE 함수와 & 연산자는 사용 방법이 유사한데 CONCATENATE 함수는 함수명이 길고 & 연산자에 비해 특이할 만한 점이 없어 활용성은 다소 떨어집니다. CONCATENATE 함수와 & 연산자의 반환 값은 모두 텍스트 형식이므로 데이터 형식이 숫자나 날짜/시간 등이라면 형식 변환 작업을 거쳐야 합니다. CONCATENATE 함수와 & 연산자를 사용해 셀 값을 연결하고 올바른 날짜 형식으로 변환해보겠습니다.

\ 예제 파일 PART 02 \ CHAPTER 05 \ CONCATENATE 함수.xlsx /

새 함수

CONCATENATE (❶ 텍스트1, ❷ 텍스트2, …)

인수로 전달된 모든 텍스트를 하나로 연결한 값을 반환합니다.

구문	❶ 텍스트 : 연결한 값 또는 해당 문자열이 입력된 셀
사용 예	**=CONCATENATE("마이크로소프트", "엑셀")** '마이크로소프트' 문자열과 '엑셀' 문자열을 붙여 '마이크로소프트엑셀' 문자열을 반환합니다. **=CONCATENATE(A1:A10)** CONCATENATE 함수는 범위 내 셀 값을 한 번에 연결하지는 않으므로 이렇게 사용하면 #VALUE! 오류가 반환됩니다. **="마이크로소프트" & "엑셀"** CONCATENATE 함수 대신 & 연산자를 사용한 것으로, 첫 번째 예제와 동일한 결과가 반환됩니다. **="마이크로소프트" & " " & "엑셀"** 단어를 연결할 때 공백 문자(" ")를 중간에 넣어 '마이크로소프트 엑셀'과 같이 띄어쓴 결과가 반환되도록 할 수 있습니다.

DATEVALUE (❶ 텍스트형 날짜)

텍스트형 날짜 값을 날짜 데이터 형식으로 변환해 반환합니다.

구문	❶ 텍스트형 날짜 : 날짜로 변환 가능한 텍스트 문자열
비고	다음 형식 중 하나여야 변환할 수 있습니다. 날짜로 변환할 수 없으면 #VALUE! 오류가 반환됩니다. ● YYYY–MM–DD ● YYYY/MM/DD (MM/DD/YY는 #VALUE! 오류가 발생합니다.) 연도(YYYY)는 두 자리(YY)만 입력해도 되는데, 두 자리만 있으면 00~29는 2000년대로, 30~99는 1900년대로 추정합니다.

01 예제 파일의 C:E열에 나누어 입력되어 있는 생년월일을 F열에 모두 연결하고 올바른 날짜 데이터로 변환해보겠습니다. F열에 연, 월, 일을 연결하기 위해 F6셀에 다음 수식을 입력하고 F6셀의 채우기 핸들(┼)을 F14셀까지 드래그해 복사합니다.

F6셀 : =CONCATENATE(C6, "–", D6, "–", E6)

Plus⁺ 수식 이해하기

CONCATENATE 함수는 인수로 전달된 모든 값을 연결해 반환하므로 이번 수식은 C6, D6, E6셀의 값을 하이픈(–)으로 연결해 YY–MM–DD 모양의 값을 반환합니다. 이 값은 화면에서 확인할 수 있듯이 셀 왼쪽에 표시되며 텍스트 값입니다. 그러므로 올바른 날짜 값으로 변환하는 작업을 추가로 진행해야 합니다.

이번 수식은 & 연산자를 사용해 다음과 같이 변경할 수 있습니다.

=C6 & "–" & D6 & "–" & E6

2016 버전 사용자라면 TEXTJOIN 함수를 사용해 다음과 같이 변경할 수 있습니다.

=TEXTJOIN("–", TRUE, C6:E6)

LINK TEXTJOIN 함수에 대해서는 'No. 096 범위 내 셀 값을 구분 문자로 연결하기 – TEXTJOIN'(273쪽)을 참고합니다.

---

03 DATEVALUE 함수를 사용해 F열에 반환된 값을 날짜 값으로 변환하겠습니다. G6셀에 다음 수식을 입력하고 G6셀의 채우기 핸들(┼)을 G14셀까지 드래그해 복사합니다.

G6셀 : =DATEVALUE(F6)

04 DATEVALUE 함수에서 변환할 수 있는 날짜 형식을 하나 더 확인하기 위해 F열의 수식을 수정하겠습니다. F6셀의 수식을 다음과 같이 변경하고 F6셀의 채우기 핸들(⊞)을 F14셀까지 드래그해 복사합니다.

F6셀 : =CONCATENATE(C6, "/", D6, "/", E6)

이름	연도	월	일	생년월일	날짜변환
박지훈	76	02	19	76/02/19	1976-02-19
유준혁	83	03	04	83/03/04	1983-03-04
이서연	85	12	08	85/12/08	1985-12-08
김민준	86	08	30	86/08/30	1986-08-30
최서현	92	09	19	92/09/19	1992-09-19
박현우	86	07	02	86/07/02	1986-07-02
정시우	93	05	29	93/05/29	1993-05-29
이은서	91	01	09	91/01/09	1991-01-09
오서윤	89	01	27	89/01/27	1989-01-27

=CONCATENATE(C6, "/", D6, "/", E6)

직 원 명 부

숫자 연결할 때
서식 지정하기 - TEXT

& 연산자나 CONCATENATE 함수를 사용해 값을 연결하면, 텍스트 값은 상관이 없지만 숫자와 날짜/시간 값의 경우 셀에 입력된 대로 표시되지 않고 서식이 지워진 셀에 저장된 값이 그대로 표시됩니다. 그렇기 때문에 수식 내에서 참조한 셀 값의 서식을 지정하는 방법을 알고 있어야 하는데, 엑셀에서는 TEXT 함수가 그런 역할을 합니다. 셀 값을 참조할 때 숫자/날짜 서식을 적용하는 방법에 대해 알아보겠습니다

\ **예제 파일** PART 02 \ CHAPTER 05 \ TEXT 함수-숫자.xlsm /

새 함수

TEXT (❶ 값, ❷ 서식 코드)

값을 지정한 서식 코드에 맞게 변환한 값을 반환합니다.

구문	❶ 값 : 변환할 값 ❷ 서식 코드 : 값을 변환할 서식 코드로, 셀 서식의 [사용자 지정]을 선택했을 때 확인할 수 있는 서식 코드와 동일합니다.
특이사항	**LINK** 서식 코드는 'No. 010 서식 코드 이해하기'(35쪽)에서 확인할 수 있습니다.

01 예제 파일을 열면 '보안 경고' 메시지 줄이 표시됩니다. 예제의 날짜를 파일을 여는 날짜로 맞추는 매크로가 삽입되어 있어 표시되는 것이므로 〈콘텐츠 사용〉 버튼을 클릭해야 합니다.

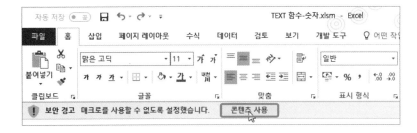

02 다음 표에 계약금, 선금, 지급액이 입력되어 있고, 8행 하단에 지급액에 대한 설명이 몇 줄 있습니다. C10 병합 셀과 C13 병합 셀에 상단의 숫자 값을 참조해 바로 위의 문장을 완성해보겠습니다.

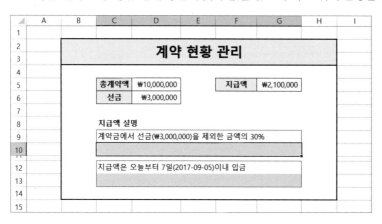

TIP 파일에 적용된 매크로에 의해 C12 병합 셀에는 파일을 연 날짜에서 항상 7일 뒤 날짜가 표시되므로 화면과 다른 날짜가 반환될 수 있습니다.

03 C10 병합 셀에 다음 수식을 입력합니다. 선금은 D6셀을 이용하고 비율은 **G5/(D5–D6)** 수식으로 계산해 문장을 완성합니다.

C10 병합 셀 : =“계약금에서 선금(” & D6 & “)을 제외한 금액의 ” & G5/(D5–D6)

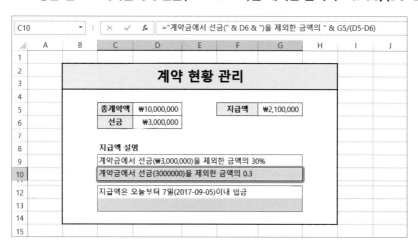

Plus⁺ 수식 이해하기

이번 수식은 문자열과 셀 값 또는 수식 결과를 연결한 것입니다. 다만 셀 값의 서식(통화)이 적용되지 않고 수식의 결과도 0.3으로 표시됩니다. 통화 서식은 TEXT 함수를 사용해야 하지만, 비율을 퍼센트로 나타내려면 다음과 같은 계산식을 사용해야 합니다.

G5/(D5–D6)∗100 & “%”

다만 위와 같은 방법도 그다지 편리한 것은 아니므로 서식 적용 작업을 할 때는 TEXT 함수를 사용하는 것이 편리합니다.

04 C10 병합 셀의 수식을 다음과 같이 수정합니다.

C10 병합 셀 : =“계약금에서 선금(” & TEXT(D6, “₩#,###”) & “)을 제외한 금액의 ” & TEXT(G5/(D5−D6), “0%”)

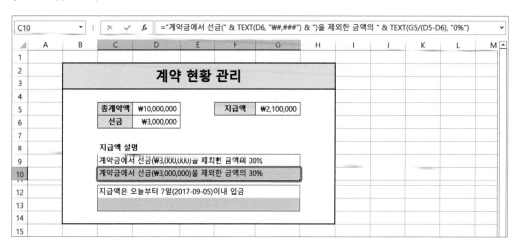

05 C13 병합 셀에 다음 수식을 입력해 C12셀의 문장을 완성합니다.

C13 병합 셀 : =“지급액은 오늘부터 7일(” & TODAY()+6 & “)이내 입금”

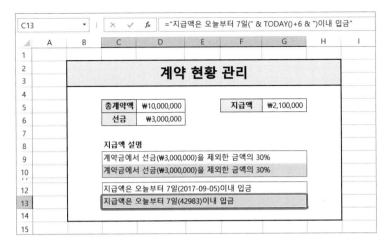

Plus⁺ 수식 이해하기

수식은 제대로 작성했지만, 날짜 값을 연산하는 **TODAY()+6** 부분이 숫자로 표시됩니다. 엑셀에서는 날짜가 숫자로 관리된다는 점만 이해하면 이렇게 표시되는 것이 당연하다는 것을 알게 됩니다. 하지만 알아보기는 어려우므로 날짜 서식(YYYY-MM-DD)을 적용해야 합니다.

---

06 C13 병합 셀의 **TODAY()+6** 부분에 날짜 서식이 적용되도록 TEXT 함수를 사용해 다음과 같이 수정합니다.

C13 병합 셀 : =“지급액은 오늘부터 7일(” & TEXT(TODAY()+6, “yyyy-mm-dd”) & “)이내 입금”

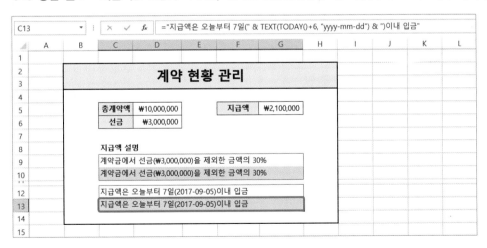

범위 내 셀 값을 하나로 연결하기 (텍스트) – PHONETIC

연결

094

특정 범위 내 셀 값을 하나의 셀에 모두 연결할 때, 셀이 몇 개 되지 않는다면 CONCATENATE 함수나 & 연산자를 이용하면 되지만 셀이 많다면 어려운 작업이 될 수 있습니다. 이런 경우 2016 버전이라면 TEXTJOIN 함수니 CONCAT 함수를 사용하고 하위 버전에서는 PHONETIC 함수를 사용합니다. 다만 PHONETIC 함수는 텍스트 형식의 값에만 사용할 수 있으므로 주의해야 합니다.

\ **예제 파일** PART 02 \ CHAPTER 05 \ PHONETIC 함수.xlsx

새 함수

PHONETIC (❶ 참조)

지정한 셀 또는 범위의 문자열에서 윗주 문자를 반환합니다.

구문	❶ 참조 : 윗주 문자를 포함하는 문자열이 있는 셀 또는 범위
특이 사항	지정한 범위에 윗주 문자가 없고 셀에 입력된 값이 텍스트 형식이라면 범위 내 값을 모두 연결해 반환합니다. 단, 셀 값이 숫자나 수식 계산 결과인 경우는 값을 반환하지 못합니다.
참고	윗주 문자는 본문의 위쪽에 표시하는 주해 또는 참조를 의미합니다.

01 예제 파일을 열고 이메일 주소를 세미콜론(;)으로 구분해 모두 연결하여 C12 병합 셀에 넣어보겠습니다.

	A	B	C	D	E	F
1						
2			**메일 발송자 명단**			
3						
5		**회사명**	**담당자**	**직위**	**이메일**	
6		퓔드유통 ㈜	이서연	영업 사원	linda@excel.com	
7		미래백화점 ㈜	김민준	대표 이사	robert@excel.com	
8		대림인터내셔널 ㈜	최서현	대표 이사	olivia@excel.com	
9		소리상사 ㈜	박현우	영업 사원	william@excel.com	
10		늘봄상사 ㈜	정시우	영업 과장	nicolas@excel.com	
11						
12		**이메일**				
13						
14						

02 이메일 주소가 많지 않으므로 & 연산자로 연결하겠습니다. C12 병합 셀에 다음 수식을 입력합니다.

C12 병합 셀 : =E6 & ";" & E7 & ";" & E8 & ";" & E9 & ";" & E10

03 좀 더 간편하게 값을 연결하려면 C12 병합 셀의 수식을 다음과 같이 수정합니다.

C12 병합 셀 : =PHONETIC(E6:E10)

Plus⁺ 수식 이해하기

PHONETIC 함수는 텍스트 값의 윗주 값을 반환하는 함수입니다. 윗주는 글자 위에 작은 크기로 주석(설명글)을 다는 기능으로, 보통 외국어의 발음을 표시하는 용도로 사용합니다. 다음 화면에서 B2셀의 위에 작게 표시된 '대한민국'이 윗주입니다.

PHONETIC 함수는 윗주를 반환하는데, 윗주가 없으면 셀 값을 그대로 반환합니다. PHONETIC 함수에 E6:E10과 같이 범위를 전달하면 범위 내 셀 값을 모두 연결해 반환하는 특징이 있어 연결 작업을 할 때 자주 사용됩니다.

다만 수식을 사용한 셀 값은 반환하지 못하고 별도의 구분 문자를 설정하지 못한다는 단점이 있습니다. 이번 수식의 결과도 이메일이 모두 연결되기는 했지만 구분 문자가 없어 불편한 점이 있습니다.

04 각 이메일 주소를 구분할 구분 문자를 오른쪽 빈 열에 입력하겠습니다. F6:F9 범위를 선택한 후 세미콜론(;)을 입력하고 Ctrl + Enter 키를 누릅니다.

TIP PHONETIC 함수에서 구분 문자를 사용하도록 오른쪽 빈 열에 세미콜론(;)을 입력합니다. 이때 마지막 이메일 주소 옆에는 세미콜론을 붙일 필요가 없으므로, F6:F9 범위에만 입력합니다.

05 C12 병합 셀의 수식을 다음과 같이 수정합니다.

C12 병합 셀 : =PHONETIC(E6:F10)

Plus⁺ 수식 이해하기

PHONETIC 함수에 세미콜론을 입력한 F열까지 전달하면 이메일 주소가 세미콜론으로 하나씩 연결됩니다. 이렇게 하면 편리하게 여러 값을 구분 문자로 구분해 연결할 수 있습니다.

엑셀 2016 버전이라면 TEXTJOIN 함수를 사용해 다음과 같이 수식을 작성할 수 있습니다.

=TEXTJOIN(";", TRUE, E6:E10)

LINK TEXTJOIN 함수에 대해서는 'No. 096 범위 내 셀 값을 구분 문자로 연결하기 – TEXTJOIN'(273쪽)에서 자세히 설명합니다.

범위 내 셀 값을 하나로 연결하기 - CONCAT

연결 095

여러 셀 값을 하나로 연결할 때 셀이 적다면 & 연산자나 CONCATENATE 함수를 사용하면 되고, 셀이 많다면 PHONETIC 함수를 사용하면 됩니다. 다만 PHONETIC 함수는 텍스트 형식의 셀 값만 연결할 수 있기 때문에 제한적인 상황에서만 사용할 수 있습니다. 엑셀 2016 버전에서는 CONCAT 함수가 추가로 제공되는데, 이 함수는 범위 내 셀 값을 빠르게 연결할 수 있으며 데이터 형식을 구분하지 않아 편리합니다.

예제 파일 PART 02 \ CHAPTER 05 \ CONCAT 함수.xlsx

새 함수

엑셀 2016 이상

CONCAT (❶ 값1, ❷ 값2, …)

인수로 전달된 값을 모두 연결해 반환합니다.

구문	❶ 값 : 서로 연결할 값, 또는 값이 있는 셀(또는 범위)
참고	유사 함수인 CONCATENATE 함수는 값을 하나씩만 전달할 수 있지만, CONCAT 함수는 범위를 한 번에 참조해 값을 연결할 수 있습니다. 예를 들어 A1:A3 범위 내 셀 값을 모두 연결하고 싶을 때 CONCATENATE 함수와 CONCAT 함수는 각각 다음과 같이 사용합니다. =CONCATENATE(A1, A2, A3) =CONCAT(A1:A3)
버전	2016 버전이나 오피스 365에서 사용할 수 있으며, 오피스 2016 버전에서는 [Office 업데이트]를 해야 사용할 수 있습니다. 정확하게는 16.0.6568.2025 이상 버전에서만 사용할 수 있습니다. 업데이트를 하지 않은 2016 버전이나 2013, 2010 등의 하위 버전에서 CONCAT 함수를 사용하면 #NAME? 오류가 발생합니다.
사용 예	=CONCAT(A1:A10) A1:A10 범위 내 셀 값을 모두 연결해 반환합니다.

01 예제 파일을 열고 C5:L5 범위 내 셀 값을 모두 연결한 코드 값을 B8 병합 셀에 반환해보겠습니다.

⩙	A	B	C	D	E	F	G	H	I	J	K	L	M
1													
2					**코드 생성**								
3													
5		선택값	9	A	7	4	C	9	6	D	2	A	
6													
7			코드										
8													
9													

02 PHONETIC 함수를 사용해 C5:L5 범위 내 셀 값을 연결하겠습니다. B8 병합 셀에 다음 수식을 입력합니다.

B8 병합 셀 : =PHONETIC(C5:L5)

B8	▼ : × ✓ fx	=PHONETIC(C5:L5)										
◢	A	B	C	D	E	F	G	H	I	J	K	L	M

	코드 생성

| 선택값 | 9 | A | 7 | 4 | C | 9 | 6 | D | 2 | A |

| 코드 |
| ACDA |

> **Plus⁺ 수식 이해하기**
>
> PHONETIC 함수는 셀의 윗주 문자를 추출해 반환하지만, 텍스트 데이터 형식의 값만 윗주가 제공됩니다. 그러므로 이번 수식의 경우 C5:L5 범위 내 텍스트 값만 연결되어 반환됩니다.
>
> **LINK** PHONETIC 함수에 대해서는 'No. 094 범위 내 셀 값을 하나로 연결하기(텍스트) – PHONETIC'(266쪽)에서 자세히 설명합니다.

03 원하는 결과가 반환되지 않았으므로, CONCAT 함수를 사용하도록 수식을 변경하겠습니다. B8 병합 셀의 수식을 다음과 같이 수정합니다.

B8 병합 셀 : =CONCAT(C5:L5)

B8	▼ : × ✓ fx	=CONCAT(C5:L5)										
◢	A	B	C	D	E	F	G	H	I	J	K	L	M

	코드 생성

| 선택값 | 9 | A | 7 | 4 | C | 9 | 6 | D | 2 | A |

| 코드 |
| 9A74C96D2A |

> **Plus⁺ 수식 이해하기**
>
> CONCAT 함수는 인수로 전달된 범위 내 셀 값을 모두 연결해 반환합니다. 그러므로 & 연산자나 CONCATENATE 함수를 사용하는 것보다 편리하게 셀 값을 연결할 수 있습니다. 이번 수식을 & 연산자나 CONCATENATE 함수를 사용한 수식으로 바꾸면 다음과 같습니다.
>
> = C5 & D5 & E5 & F5 & G5 & H5 & I5 & J5 & K5 & L5
>
> 또는
>
> =CONCATENATE(C5, D5, E5, F5, G5, H5, I5, J5, K5, L5)

04 CONCAT 함수는 하위 버전에서는 사용할 수 없으므로, 하위 버전에서 사용할 수 있는 수식을 작성해보겠습니다. B8 병합 셀을 선택하고 다음 범위를 참조합니다.

B8 병합 셀 : =C5:L5

TIP 아직 수식을 완성한 것이 아니므로 ENTER 키를 누르지 않습니다.

05 범위를 참조한 상태에서 F9 키를 누르면 중괄호 안에 참조된 범위 내 값이 배열로 반환됩니다.

Plus⁺ 수식 이해하기

범위를 참조하고 F9 키를 누르면 참조할 범위 내 셀 값이 모두 배열로 반환됩니다. 이렇게 반환된 값은 중괄호({})로 묶이며, 열 방향(오른쪽) 범위의 값은 쉼표(,)로, 행 방향(아래쪽) 범위의 값은 세미콜론(;)으로 각각 구분됩니다.

만약 예제처럼 열 방향 데이터가 아니라 행 방향 데이터인 경우에는 중괄호 안의 값이 세미콜론(;)으로 구분되므로 행과 열 범위를 바꿔주는 TRANSPOSE 함수 안에서 범위를 참조한 후 F9 키를 눌러야 합니다.

=TRANSPOSE(A1:A10)

LINK TRANSPOSE 함수에 대해서는 'No. 197 1차원 배열의 방향을 바꾸는 방법'(670쪽)에서 자세히 설명합니다.

06 수식 내 중괄호({}) 문자를 지우고, CONCATENATE 함수를 사용해 다음과 같이 완성한 후 [Enter]
키를 눌러 입력합니다.

B8 병합 셀 : =CONCATENATE(9, "A", 7, 4, "C", 9, 6, "D", 2, "A")

B8	▼	:	×	✓	fx	=CONCATENATE(9,"A",7,4,"C",9,6,"D",2,"A")						

◢	A	B	C	D	E	F	G	H	I	J	K	L	M
1													
2					**코드 생성**								
3													
5		선택값	9	A	7	4	C	9	6	D	2	A	
6													
7			코드										
8		9A74C96D2A											
9													

Plus⁺ 수식 이해하기

배열로 반환된 값의 중괄호({})를 지우면 그냥 9, "A", 7, 4, … 와 같이 쉼표(,) 구분 문자로 구분된 값이 됩니다. 이 값을
CONCATENATE 함수에 전달하면 해당 값이 모두 연결됩니다.

범위 내 셀 값을 구분 문자로 연결하기 – TEXTJOIN

096

CONCAT 함수는 범위 내 셀 값을 빠르게 연결할 수 있지만, 연결할 값을 구분 문자로 구분해 연결할 수는 없습니다. 연결할 값을 구분 문자로 연결하려면 2016 버전에 새로 추가된 TEXTJOIN 함수를 사용합니다. TEXTJOIN 함수는 구분 문자를 지정해 사용할 수 있고 범위 내 빈 셀이 포함되어 있는 경우 이를 무시할지 여부도 설정할 수 있어 범위 내 셀 값을 연결하는 작업에서 가장 많이 쓰일 수 있는 함수입니다.

예제 파일 PART 02 \ CHAPTER 05 \ TEXTJOIN 함수.xlsx

새 함수

TEXTJOIN (❶ 구분 문자, ❷ 빈 셀 제외 여부, ❸ 값1, ❹ 값2, …)

엑셀 2016 이상

인수로 전달된 값을 구분 문자로 구분해 모두 연결한 값을 반환합니다.

구문	❶ 구분 문자 : 값을 연결할 때, 값과 값을 구분하기 위한 문자 ❷ 빈 셀 제외 여부 : 값을 연결할 때 빈 셀을 포함할지 제외할지 결정하는 옵션	
	빈 셀 제외 여부	**설명**
	TRUE	빈 셀을 제외하고 연결합니다.
	FALSE	빈 셀을 포함해 연결합니다.
	❸ 값 : 연결할 값(또는 값이 있는 셀이나 범위)	
버전	2016 버전이나 오피스 365에서 사용할 수 있으며, 오피스 2016 버전에서는 반드시 [Office 업데이트]를 해야 사용할 수 있습니다. 정확하게는 16.0.6568.2025 이상 버전에서만 사용할 수 있습니다. 업데이트하지 않은 2016 버전이나 2013, 2010 등의 하위 버전에서 TEXTJOIN 함수를 사용하면 #NAME? 오류가 발생합니다.	
사용 예	**=TEXTJOIN(",", TRUE, A1:A10)** A1:A10 범위 내 값을 쉼표(,) 구분 문자로 연결해 반환합니다. 예를 들어 A1:A10 범위에 1월부터 10월까지의 값이 입력되어 있다면 수식의 결과로 1월, 2월, 3월, 4월, …, 10월 값이 반환됩니다.	

01 예제 파일을 열고 E열에 B:D열의 값을 모두 연결하여 반환해보겠습니다. 첫 번째 표는 공백 문자로, 두 번째 표는 쉼표(,)로 연결하겠습니다.

	A	B	C	D	E	F
1						
2				**텍스트 연결**		
3						
5		**시/도**	**구/군**	**동/읍/면**	**주소**	
6		서울특별시	중구	태평로1가		
7		서울특별시	성북구	삼선동2가		
8		서울특별시	서조구	서초동		
9						
10		**사은품1**	**사은품2**	**사은품3**	**선택 사은품**	
11		보조배터리		터치펜		
12			HDMI	USB 256G		
13		무선충전기	USB Type-C			
14						

02 먼저 첫 번째 표의 주소를 공백 문자로 연결하겠습니다. E6셀에 다음 수식을 입력하고 E6셀의 채우기 핸들(田)을 더블클릭해 E8셀까지 수식을 복사합니다.

E6셀 : =TEXTJOIN(" ", TRUE, B6:D6)

E6		fx	=TEXTJOIN(" ", TRUE, B6:D6)		
	A	B	C	D	E	F

	시/도	구/군	동/읍/면	주소
	텍스트 연결			
	서울특별시	중구	태평로1가	서울특별시 중구 태평로1가
	서울특별시	성북구	삼선동2가	서울특별시 성북구 삼선동2가
	서울특별시	서초구	서초동	서울특별시 서초구 서초동
	사은품1	사은품2	사은품3	선택 사은품
	보조배터리		터치펜	
		HDMI	USB 256G	
	무선충전기	USB Type-C		

Plus⁺ 수식 이해하기

주소는 공백 문자(띄어쓰기)로 구분해 표시해야 하므로 TEXTJOIN 함수의 첫 번째 인수를 공백 문자로 지정합니다. 이번 수식에서는 값을 연결할 범위에 빈 셀이 존재하지 않으므로 TEXTJOIN 함수의 두 번째 인수는 TRUE이든 FALSE이든 상관없습니다.

이번 수식을 & 연산자를 사용해 변경하면 다음과 같습니다.

=B6 & " " & C6 & " " & D6

---

03 이번에는 두 번째 표의 사은품을 쉼표로 연결하겠습니다. E11셀에 다음 수식을 입력하고 E11셀의 채우기 핸들(田)을 더블클릭해 E13셀까지 수식을 복사합니다.

E11셀 : =TEXTJOIN(",", TRUE, B11:D11)

E11		fx	=TEXTJOIN(",", TRUE, B11:D11)		
	A	B	C	D	E	F

	시/도	구/군	동/읍/면	주소
	텍스트 연결			
	서울특별시	중구	태평로1가	서울특별시 중구 태평로1가
	서울특별시	성북구	삼선동2가	서울특별시 성북구 삼선동2가
	서울특별시	서초구	서초동	서울특별시 서초구 서초동
	사은품1	사은품2	사은품3	선택 사은품
	보조배터리		터치펜	보조배터리,터치펜
		HDMI	USB 256G	HDMI,USB 256G
	무선충전기	USB Type-C		무선충전기,USB Type-C

Plus⁺ 수식 이해하기

이번 수식은 **02** 과정의 수식과 거의 동일하며, 첫 번째 인수만 공백 문자에서 쉼표로 변경되었습니다. 다만 이번 작업에서는 연결할 범위(B11:D11)에 빈 셀이 존재하므로 두 번째 인수의 값이 반드시 **TRUE**여야 합니다. 만약 두 번째 인수를 **FALSE**로 지정하면 다음과 같은 결과가 얻어집니다.

=TEXTJOIN(",", FALSE, B1:D11)

사은품1	사은품2	사은품3	선택 사은품
보조배터리		터치펜	보조배터리,,터치펜
	HDMI	USB 256G	,HDMI,USB 256G
무선충전기	USB Type-C		무선충전기,USB Type-C,

셀 값의 일부를 수정/삭제하기
– SUBSTITUTE, REPLACE

097

셀에 입력된 값을 고쳐야 할 때, 몇 개 정도라면 쉽게 고칠 수 있겠지만 고쳐야 할 값이 많다면 '바꾸기' 기능이나 함수를 사용하는 것이 편리합니다. 엑셀에는 셀 값을 고칠 때 사용할 수 있는 SUBSTITUTE 함수와 REPLACE 함수가 있습니다. 두 함수는 셀 값을 고칠 수 있다는 점에서 동일하지만 사용 방법이 약간 다르고 장/단점이 분명하므로 차이점을 정확하게 이해하고 사용하는 것이 좋습니다. 셀 값의 일부를 수정하거나 삭제하는 방법을 알아보겠습니다.

\ **예제 파일** PART 02 \ CHAPTER 05 \ SUBSTITUTE, REPLACE 함수.xlsx /

새 함수

SUBSTITUTE (❶ 텍스트, ❷ 바꿀 문자(열), ❸ 새 문자(열), ❹ 인덱스)

텍스트에서 바꿀 문자(열)을 찾아 새 문자(열)로 수정한 결과를 반환합니다.

구문	❶ **텍스트** : 변경할 값을 포함하고 있는 텍스트 또는 셀 ❷ **바꿀 문자(열)** : 텍스트 내에서 변경할 일부 문자(열) ❸ **새 문자(열)** : 바꿀 문자(열)을 대체할 문자(열) ❹ **인덱스** : 바꿀 문자(열)이 텍스트 내에 여러 개 있을 때, 몇 번째 문자(열)을 변경할 것인지 지정하는 값으로, 생략하면 모든 바꿀 문자(열)을 새 문자(열)로 변경합니다.
사용 예	=SUBSTITUTE("마이크로소프트 엑셀", "엑셀", "아웃룩") '마이크로소프트 엑셀' 문자열에서 '엑셀' 문자열을 '아웃룩'으로 변경해 '마이크로소프트 아웃룩' 문자열을 반환합니다. =SUBSTITUTE("마이크로소프트 엑셀", " 엑셀", " ") '마이크로소프트 엑셀' 문자열에서 '엑셀' 문자열을 삭제해 '마이크로소프트' 문자열을 반환합니다.

REPLACE (❶ 텍스트, ❷ 시작 위치, ❸ 문자 개수, ❹ 새 문자열)

텍스트의 시작 위치에서 지정된 문자 개수에 해당하는 문자열을 새 문자열로 수정한 결과를 반환합니다.

구문	❶ **텍스트** : 변경할 값을 포함하고 있는 텍스트 또는 셀 ❷ **시작 위치** : 텍스트 내에서 변경할 문자(열)의 시작 위치 ❸ **문자 개수** : 시작 위치부터 바꾸려는 문자(열)의 개수 ❹ **새 문자(열)** : 텍스트에서 시작 위치와 문자 개수로 지정한 문자(열)을 바꿀 문자(열)
참고	REPLACE 함수는 SUBSTITUTE 함수에 MID 함수의 방식을 결합한 함수입니다.
사용 예	=REPLACE("마이크로소프트 엑셀", 9, 2, "아웃룩") '마이크로소프트 엑셀' 문자열에서 아홉 번째 문자 위치(엑)부터 두 개의 문자(엑셀)를 '아웃룩'으로 변경해 '마이크로소프트 아웃룩' 문자열을 반환합니다.

01 예제 파일에서 C열의 부서명 중 일부를 변경하고 F열의 핸드폰 번호에 몇 가지 수정 사항을 적용해 보겠습니다.

02 C열의 부서명 중에서 '기획실'을 '전략기획실'로 변경하겠습니다. D6셀에 다음 수식을 입력하고 D6셀의 채우기 핸들(⊞)을 D14셀까지 드래그해 복사합니다.

D6셀 : =SUBSTITUTE(C6, "기획", "전략기획")

Plus⁺ 수식 이해하기

'기획실'을 '전략기획실'로 변경하려면 '기획'을 '전략기획'으로 변경하면 되므로 SUBSTITUTE 함수를 사용합니다. 만약 C열의 값을 직접 변경해도 된다면 C6:C14 범위를 선택하고 단축키 Ctrl + H 를 눌러 '바꾸기' 대화상자를 연 후 다음과 같이 설정하고 〈모두 바꾸기〉 버튼을 클릭합니다.

이렇게 셀 값을 직접 고칠 수 있을 때는 '바꾸기' 기능을, 셀 값을 직접 고칠 수 없을 때는 SUBSTITUTE 함수를 사용하는 것이 좋습니다.

03 F열의 핸드폰 번호에서 '010'만 삭제하겠습니다. G6셀에 다음 수식을 입력하고 G6셀의 채우기 핸들(田)을 G14셀까지 드래그해 복사합니다.

G6셀 : =SUBSTITUTE(F6, "010−", " ")

| G6 | | : | × | ✓ | fx | =SUBSTITUTE(F6, "010-", "") |

직 원 변 동 사 항 정 리

사번	부서	신규부서	이름	핸드폰	번호 수정
1	인사부	인사부	박지훈	010-3722-1234	3722-1234
2	인사부	인사부	유준혁	010 5521 4222	5521-4222
3	기획실	전략기획실	이서연	010-7312-1345	7312-1345
4	총무부	총무부	김민준	010-9364-2313	9364-2313
5	인사부	인사부	최서현	010-8349-1234	8349-1234
6	총무부	총무부	박현우	010-4395-2222	4395-2222
7	인사부	인사부	정시우	010-5937-1123	5937-1123
8	기획실	전략기획실	이은서	010-7415-1234	7415-1234
9	기획실	전략기획실	오서윤	011-3783-1234	011-3783-1234

Plus⁺ 수식 이해하기

SUBSTITUTE 함수로 값을 지울 수도 있습니다. 010을 삭제하려면 정확하게 '010−' 부분을 삭제해야 합니다. SUBSTITUTE 함수의 세 번째 인수를 빈 문자(" ")로 지정하면 값이 수정되는 것이 아니라 삭제됩니다.

F열에서 직접 수정해도 된다면 '바꾸기' 대화상자를 열어 다음과 같이 설정하고 〈모두 바꾸기〉 버튼을 클릭합니다.

04 핸드폰 번호의 끝 네 자리를 "****"문자로 변경하겠습니다. G6셀의 수식을 다음과 같이 수정하고 G6셀의 채우기 핸들(田)을 G14셀까지 드래그해 복사합니다.

G6셀 : =REPLACE(F6, 10, 4, "**")**

| G6 | | : | × | ✓ | fx | =REPLACE(F6, 10, 4, "****") |

직 원 변 동 사 항 정 리

사번	부서	신규부서	이름	핸드폰	번호 수정
1	인사부	인사부	박지훈	010-3722-1234	010-3722-****
2	인사부	인사부	유준혁	010-5521-4222	010-5521-****
3	기획실	전략기획실	이서연	010-7312-1345	010-7312-****
4	총무부	총무부	김민준	010-9364-2313	010-9364-****
5	인사부	인사부	최서현	010-8349-1234	010-8349-****
6	총무부	총무부	박현우	010-4395-2222	010-4395-****
7	인사부	인사부	정시우	010-5937-1123	010-5937-****
8	기획실	전략기획실	이은서	010-7415-1234	010-7415-****
9	기획실	전략기획실	오서윤	011-3783-1234	011-3783-****

Plus⁺ 수식 이해하기

고쳐야 할 값이 모두 다르지만 자릿수가 일정하다면 REPLACE 함수를 사용할 수 있습니다. 이번 수식에서 REPLACE 함수의 구성은 F6셀 값의 열 번째 문자 위치부터 네 개의 문자를 "****"으로 변경하라는 의미입니다. 이런 작업은 '바꾸기' 대화상자를 이용해 처리하기는 어렵습니다.

REPLACE 함수를 사용한 수식은 보통 LEFT, MID 등의 함수로 대체할 수 있습니다. 이번 수식도 다음과 같이 변경할 수 있습니다.

=LEFT(F6, 9) & "**"**

텍스트가 포함된 숫자 계산하기
– SUBSTITUTE

셀 값을 고칠 수 있는 SUBSTITUTE 함수는 여러 상황에서 활용할 수 있습니다. 엑셀에서는 숫자에 텍스트가 포함된 값은 계산할 수 없는데, 예를 들어 '10'은 사칙연산 등의 계산을 할 수 있지만 '10원'은 계산할 수 없습니다. 이런 값을 계산에 사용하려면 숫자 이외의 문자('원')를 삭제해야 합니다. SUBSTITUTE 함수는 셀 값 중 일부를 지울 수 있어 이런 작업에 유용하게 사용할 수 있습니다. 텍스트가 포함된 숫자를 계산하는 방법에 대해 알아보겠습니다.

예제 파일 PART 02 \ CHAPTER 05 \ SUBSTITUTE 함수–텍스트.xlsx

01 예제 파일을 열고 단가와 수량을 곱해 판매 값을 계산하겠습니다. 수량 값은 숫자 뒤에 단위(EA)가 함께 입력되어 있고, D5 병합 셀에는 SUM 함수를 사용해 F7:F11 범위의 합계를 구하는 수식이 입력되어 있습니다.

02 판매 금액을 계산하기 위해 F7셀에 다음 수식을 입력하면 #VALUE! 오류가 발생합니다.

F7셀 : =D7*E7

Plus⁺ 수식 이해하기

단가(D열)는 숫자이지만 수량(E열)은 숫자와 EA라는 텍스트 형식의 값이 함께 사용됐으므로 텍스트 값입니다. 숫자와 텍스트 값을 연산하면 #VALUE! 오류가 발생합니다.

LINK #VALUE! 오류에 대한 자세한 설명은 'No. 070 #VALUE! 오류 이해하고 문제 해결하기'(180쪽)를 참고합니다.

03 수량에서 텍스트 값인 EA 단위를 삭제하겠습니다. F7셀에 다음 수식을 입력하고 F7셀의 채우기 핸들(⊞)을 F11셀까지 드래그해 복사합니다.

F7셀 : =SUBSTITUTE(F6, " EA", " ")

	A	B	C	D	E	F	G
			F7		fx	=SUBSTITUTE(E7, " EA", "")	
2							
3			**견 적 서**				
5			**총 액**			0	
6		번호	제품	단가	수량	판매	
7		1	지문인식 FPIN-1000+	132,500	5 EA	5	
8		2	도트 TIC-1A	3,500	10 EA	10	
9		3	바코드 BCD-200 Plus	94,500	5 EA	5	
10		4	레이저복합기 L200	165,000	9 EA	9	
11		5	복사지A4 5000매	24,500	20 EA	20	
12							

Plus⁺ 수식 이해하기

수량에서 삭제되어야 하는 부분은 " EA"입니다. 참고로 수량 열의 값에는 모두 숫자와 'EA' 단위 사이에 공백 한 칸이 있으므로 SUBSTITUTE 함수의 두 번째 인수인 **"EA"** 앞에 공백 문자(" ")를 반드시 입력해야 합니다. 이번 수식의 결과로 F7:F11 범위에 수량의 숫자 부분만 반환되어 값이 모두 왼쪽에 표시되고, D5 병합 셀에도 0이 반환됩니다. 이것으로 SUBSTITUTE 함수에서 반환되는 값이 모두 텍스트 형식이라는 것을 이해할 수 있습니다.

LINK 텍스트 형식의 숫자를 숫자로 변환하는 방법은 'No. 103 텍스트형 숫자를 숫자 형식으로 변환하기 – VALUE'(297쪽)을 참고합니다.

그리고 이번 수식은 다음과 같이 변경할 수 있습니다.

=LEFT(E7, FIND(" ", E7)–1)

LINK LEFT 함수와 FIND 함수를 사용하는 방법은 'No. 088 잘라낼 문자 개수가 일정하지 않은 경우에 필요한 값 잘라내기 – FIND, SEARCH'(241쪽)를 참고합니다.

---

04 SUBSTITUTE 함수의 반환 값에 단가를 곱해 판매 금액을 계산합니다. F7셀의 수식을 다음과 같이 수정하고 F7셀의 채우기 핸들(⊞)을 F11셀까지 드래그해 복사합니다.

F7셀 : =SUBSTITUTE(E7, " EA", ") *D7

	A	B	C	D	E	F	G
			F7		fx	=SUBSTITUTE(E7, " EA", "") * D7	
2							
3			**견 적 서**				
5			**총 액**			**3,145,000**	
6		번호	제품	단가	수량	판매	
7		1	지문인식 FPIN-1000+	132,500	5 EA	662,500	
8		2	도트 TIC-1A	3,500	10 EA	35,000	
9		3	바코드 BCD-200 Plus	94,500	5 EA	472,500	
10		4	레이저복합기 L200	165,000	9 EA	1,485,000	
11		5	복사지A4 5000매	24,500	20 EA	490,000	
12							

Plus⁺ 수식 이해하기

이번 수식을 이해하려면 다음 내용을 먼저 이해하고 있어야 합니다.

● LEFT, MID, RIGHT, SUBSTITUTE 함수의 반환 값은 데이터 형식이 텍스트입니다.
● SUM 함수 등의 집계 함수는 텍스트 형식의 값은 집계하지 못합니다.
● 텍스트 형식의 숫자를 산술 연산자(+, –, *, /)로 연산하면, 텍스트 형식의 숫자가 숫자로 자동 변환됩니다.

그러므로 **03** 과정의 계산 결과를 숫자로 따로 변환하지 않고 바로 단가와 곱해 판매 금액을 계산한 것입니다.

SUBSTITUTE 함수로
필요한 부분만 잘라내기

셀 값의 일부를 잘라내야 할 때 동일한 구분 문자가 여러 개라면 FIND 함수를 사용해 구분 문자의 위치를 모두 찾은 후 필요한 부분을 잘라낼 수 있습니다. 하지만 이 방법은 FIND 함수로 구분 문자의 위치를 모두 찾아야 하므로 조금 불편합니다. 이런 경우에는 SUBSTITUTE 함수와 '텍스트 나누기' 기능을 이용하는 것이 편리합니다.

\ **예제 파일** PART 02 \ CHAPTER 05 \ SUBSTITUTE 함수—잘라내기.xlsx /

01 예제 파일을 열고 C열의 주소에서 동/읍/면에 해당하는 값만 D열에 잘라보겠습니다.

	A	B	C	D	E
1					
2			고 객 관 리 대 장		
3					
5		회사명	주소	동/읍/면	
6		열린교역 ㈜	경상북도 상주시 가장동 78-3		
7		경남교역 ㈜	서울특별시 서초구 방배동 883-11		
8		한미 ㈜	서울특별시 강서구 내발산동 318		
9		동아 ㈜	충청남도 공주시 무릉동 171-3		
10		㈜ 에스알	대전광역시 서구 도마동 110-6		
11		신한 ㈜	서울특별시 서대문구 남가좌1동 121		
12		한도 ㈜	경기도 광명시 소하동 11-3		
13		하린 ㈜	부산광역시 부산진구 당감3동 611-3		
14		리오산업 ㈜	제주도 제주시 건입동 111-16		
15					

02 잘라내기 시작할 부분의 구분 문자를 SUBSTITUTE 함수를 사용해 다른 문자로 대체하겠습니다. D6셀에 다음 수식을 입력하고 D6셀의 채우기 핸들(田)을 D14셀까지 드래그해 복사합니다.

D6셀 : =SUBSTITUTE(C6, " ", "/", 2)

D6		▼ : ✕ ✓ fx	=SUBSTITUTE(C6, " ", "/", 2)			
	A	B	C	D	E	F	G
1						
2			고 객 관 리 대 장			
3						
5		회사명	주소	동/읍/면		
6		열린교역 ㈜	경상북도 상주시 가장동 78-3	경상북도 상주시/가장동 78-3		
7		경남교역 ㈜	서울특별시 서초구 방배동 883-11	서울특별시 서초구/방배동 883-11		
8		한미 ㈜	서울특별시 강서구 내발산동 318	서울특별시 강서구/내발산동 318		
9		동아 ㈜	충청남도 공주시 무릉동 171-3	충청남도 공주시/무릉동 171-3		
10		㈜ 에스알	대전광역시 서구 도마동 110-6	대전광역시 서구/도마동 110-6		
11		신한 ㈜	서울특별시 서대문구 남가좌1동 121	서울특별시 서대문구/남가좌1동 121		
12		한도 ㈜	경기도 광명시 소하동 11-3	경기도 광명시/소하동 11-3		
13		하린 ㈜	부산광역시 부산진구 당감3동 611-3	부산광역시 부산진구/당감3동 611-3		
14		리오산업 ㈜	제주도 제주시 건입동 111-16	제주도 제주시/건입동 111-16		
15						

Plus+ 수식 이해하기

'찾을 문자'가 여러 개 있다면 SUBSTITUTE 함수의 네 번째 인수를 사용해 고치려는 문자의 위치를 지정할 수 있습니다. C열의 주소는 다음과 같은데 '동/읍/면'을 잘라 사용할 것이므로 잘라낼 시작 위치인 두 번째 공백 문자를 슬래시(/)로 변경하도록 수식을 작성한 것입니다.

시/도	공백	구/군	공백	동/읍/면	공백	번시

이 문자를 슬래시(/)로 변경합니다.

구분 문자를 슬래시(/)로 변경한 이유는 C열에 입력되지 않은 문자이기 때문입니다. C열에 입력되지 않은 문자라면 슬래시(/) 대신 다른 문자를 사용해도 됩니다.

03 잘라내기를 끝낼 부분의 공백 문자도 슬래시로 변경하겠습니다. D6셀의 수식을 다음과 같이 수정하고 D6셀의 채우기 핸들(+)을 D14셀까지 드래그해 복사합니다.

D6셀 : =SUBSTITUTE(SUBSTITUTE(C6, " ", "/", 2), " ", "/", 2)

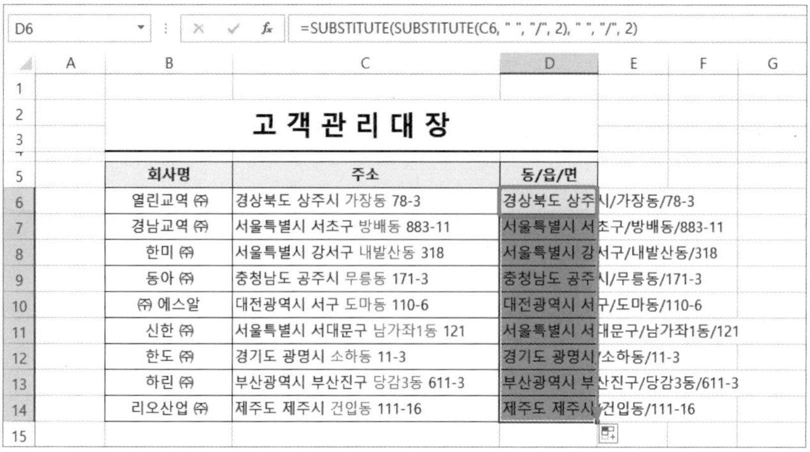

D6
=SUBSTITUTE(SUBSTITUTE(C6, " ", "/", 2), " ", "/", 2)
고 객 관 리 대 장
회사명
주소
동/읍/면
열린교역 ㈜
경상북도 상주시 가장동 78-3
경상북도 상주시/가장동/78-3
경남교역 ㈜
서울특별시 서초구 방배동 883-11
서울특별시 서초구/방배동/883-11
한미 ㈜
서울특별시 강서구 내발산동 318
서울특별시 강서구/내발산동/318
동아 ㈜
충청남도 공주시 무릉동 171-3
충청남도 공주시/무릉동/171-3
㈜ 에스알
대전광역시 서구 도마동 110-6
대전광역시 서구/도마동/110-6
신한 ㈜
서울특별시 서대문구 남가좌1동 121
서울특별시 서대문구/남가좌1동/121
한도 ㈜
경기도 광명시 소하동 11-3
경기도 광명시/소하동/11-3
하린 ㈜
부산광역시 부산진구 당감3동 611-3
부산광역시 부산진구/당감3동/611-3
리오산업 ㈜
제주도 제주시 건입동 111-16
제주도 제주시/건입동/111-16

Plus+ 수식 이해하기

이번 수식은 기존 수식에 SUBSTITUTE 함수를 중첩 사용해 마지막 공백 문자 위치를 슬래시(/)로 변경하는 것입니다. **02** 과정에서 작성한 수식으로 두 번째 공백 문자가 슬래시(/)로 변경될 것이므로, 다시 두 번째 공백 문자를 슬래시(/)로 변경하면 됩니다.

시/도	공백	구/군	/	동/읍/면	공백	번지

이 문자를 슬래시(/)로 변경합니다.

04 주소에서 잘라낼 동/읍/면 부분이 슬래시(/)로 구분되었으므로 텍스트 나누기로 잘라내면 됩니다. 텍스트 나누기는 수식을 사용한 범위에는 적용할 수 없으므로 수식을 값으로 먼저 변환해야 합니다. D6:D14 범위를 선택하고 복사(단축키 Ctrl + C)한 후 [홈] 탭-[클립보드] 그룹-[붙여넣기] 명령 내 [값] 아이콘을 클릭합니다.

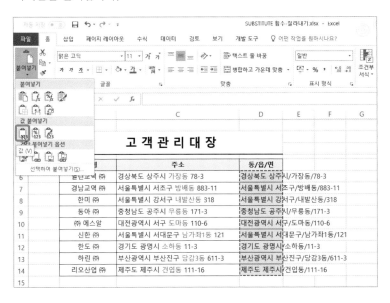

05 수식을 값으로 변환했으면 [데이터] 탭-[데이터 도구] 그룹-[텍스트 나누기] 명령을 클릭합니다.

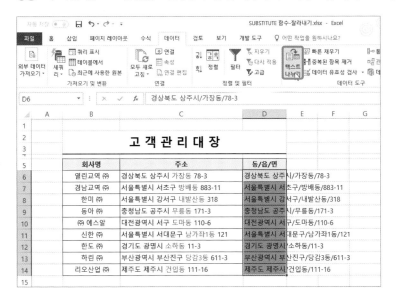

06 '텍스트 마법사' 대화상자가 표시되면 [구분 기호로 분리됨] 옵션이 선택된 상태에서 〈다음〉 버튼을 클릭합니다.

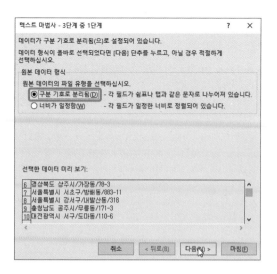

07 2단계 화면의 [구분 기호] 옵션에서 [탭]은 체크를 해제하고 [기타]를 선택한 후 오른쪽 입력란에 슬래시(/)를 입력하고 〈다음〉 버튼을 클릭합니다.

구분 기호가 올바로 설정되면 [데이터 미리 보기] 화면에 잘라낼 값의 좌/우 구분선이 표시됩니다.

08 3단계 화면의 [데이터 미리 보기]에서 첫 번째 열과 마지막 열을 각각 선택하고 [열 데이터 서식] 옵션의 [열 가져오지 않음(건너뜀)]을 선택한 후 〈마침〉 버튼을 클릭합니다.

작업이 제대로 이루어지면 첫 번째 열과 마지막 열의 제목에 '열 건너뜀'이 표시됩니다.

09 다음과 같이 D열에 '동/읍/면' 값만 표시됩니다.

Plus⁺ 엑셀 2013 이상 버전의 '빠른 채우기' 기능을 이용하면 어떻게 될까?

이번에 작업한 것처럼 수식에 SUBSTITUTE 함수를 중첩해 사용하고 결과를 값으로 변환한 후 '텍스트 나누기' 기능을 이용하는 방법이 좋긴 하지만, 단계가 길어 불편하게 여겨질 수 있습니다.

이 작업에 '빠른 채우기' 기능을 이용해보겠습니다. 먼저 D6:D14 범위 내 셀 값을 모두 지우고, D6셀에 **가장동**, D7셀에 **방**을 입력해 빠른 채우기 목록이 표시되면 Enter 키를 눌러 결과를 확인합니다.

결과가 반환되긴 했지만 모든 동/읍/면이 제대로 반환된 것은 아닙니다. D11셀과 D13셀에는 잘못된 결과가 반환되었습니다. 이 두 셀의 결과가 잘못 반환된 이유는 간단합니다.

D6:D7 범위에 입력한 값은 모두 'XX동'으로 숫자가 포함되어 있지 않습니다. 이와 달리 C11셀과 C13셀의 주소는 동 부분에 숫자가 포함되어 있습니다. '빠른 채우기' 기능은 입력된 값의 패턴을 그대로 나머지 셀에 채우는 방법으로 동작하기 때문에 약간의 변형만 있어도 잘못된 결과를 반환할 수 있습니다. 이처럼 빠른 채우기가 만능은 아니지만 편리한 것은 사실이므로, 빠른 채우기를 먼저 실행해보고 결과가 올바로 반환되지 않는다면 이번 예제에서 학습한 방법을 사용할 것을 권합니다.

LINK '빠른 채우기' 기능에 대한 설명은 245쪽을 참고합니다.

한 셀에 여러 값이 서로 다른 구분 문자로 입력되어 있을 때 셀 값을 구분하는 방법

한 셀에 여러 데이터가 함께 입력되어 있고 각 데이터를 구분하는 문자가 여러 종류라면 LEFT, MID, FIND, LEN 함수만으로 셀 값을 분리하기는 쉽지 않습니다. 이런 경우에는 먼저 SUBSTITUTE 함수를 이용해 각 구분 문자를 하나의 구분 문자로 통일한 후 No. 099에서처럼 '텍스트 나누기' 기능을 이용합니다. 한 셀에 여러 값이 다른 구분 문자로 구분되어 있을 경우 셀 값을 손쉽게 구분하는 방법을 알아보겠습니다.

\ 예제 파일 PART 02 \ CHAPTER 05 \ SUBSTITUTE 함수—구분 문자.xlsx

01 예제 파일을 열고 B열의 데이터에서 C:F열로 업체명, 대표이사, 사업자등록번호, 주소를 각각 분리해보겠습니다.

	A	B	C	D	E	F	G
1							
2			**데이터 분리**				
3							
5		데이터	업체명	대표이사	사업자등록번호	주소	
6		동오무역 ㈜(조규현,003-90-03950) 경기도 남양주시 오남읍 오남리 785					
7		누리 ㈜(김명석,004-99-03922) 서울특별시 동대문구 전농1동 742-3					
8		사선 무역 ㈜(허정일,001-31-04610) 경기도 수원시 권선구 세류3동 116					
9		한정교역 ㈜(황영신,002-72-00112) 서울특별시 서초구 방배본동 102-3					
10		반디상사 ㈜(김재균,006-65-07692) 경기도 부천시 남구 소사3동 146					
11		삼양상사 ㈜(감성동,005-61-08765) 서울특별시 용산구 서빙고동 111-16					
12		한남상사 ㈜(김혜령,006-24-08715) 인천광역시 남동구 간석동 264-11					
13		글로벌 백화점 ㈜(박찬희,001-34-00376) 서울특별시 종로구 내자동 190-53					
14		S&C 무역 ㈜(박영아,003-82-04040) 경기도 부천시 중구 원미1동 120-16					
15		송월통상 ㈜(박민희,001-02-02152) 서울특별시 양천구 신정1동 1041-21					
16		영재교역 ㈜(심영국,002-46-06253) 서울특별시 동작구 흑석3동 140-3					
17		한영상사 ㈜(배한석,001-92-04083) 경기도 광명시 가학동 301					
18							

Plus⁺ 분리할 데이터의 구조 이해하기

B열의 데이터는 다음과 같은 구분 문자로 각각의 값이 구분되어 있습니다.

업체명	(	대표이사	,	사업자등록번호	)	주소

이 데이터는 서로 다른 구분 문자로 구분되어 있으므로 값을 분리해내기가 쉽지 않습니다. 그러므로 값을 분리하기 전에 먼저 구분 문자를 모두 통일할 필요가 있습니다.

02 먼저 업체명과 대표이사 사이의 구분 문자를 슬래시(/)로 변경하기 위해 C6셀에 다음 수식을 입력합니다.

C6셀 : =SUBSTITUTE(B6, "(", "/")

	데이터	업체명	대표이사	사업자등록번호	주소
6	동오무역 ㈜(조규현,003-90-03950) 경기도 남양주시 오남읍 오남리 785	동오무역 ㈜/조규현	003-90-03950) 경기도 남양주시 오남읍 오남리 785		
7	누리 ㈜(김명석,004-99-03922) 서울특별시 동대문구 전농1동 742-3				
8	사선 무역 ㈜(허청일,001-31-04610) 경기도 수원시 권선구 세류3동 116				
9	한정교역 ㈜(황영신,002-72-00112) 서울특별시 서초구 방배본동 102-3				
10	반디상사 ㈜(김재균,006-65-07692) 경기도 부천시 남구 소사3동 146				
11	삼양상사 ㈜(김성동,005-61-08765) 서울특별시 용산구 서빙고동 111-16				
12	한남상사 ㈜(김혜령,006-24-08715) 인천광역시 남동구 간석동 264-11				
13	글로벌 백화점 ㈜(박찬희,001-34-00376) 서울특별시 종로구 내자동 190-53				
14	S&C 무역 ㈜(박영아,003-82-04040) 경기도 부천시 중구 원미1동 120-16				
15	송월통상 ㈜(박민희,001-02-02152) 서울특별시 양천구 신정1동 1041-21				
16	영재교역 ㈜(심영국,002-46-06253) 서울특별시 동작구 흑석3동 140-3				
17	한영상사 ㈜(배한석,001-92-04083) 경기도 광명시 가학동 301				

Plus⁺ 수식 이해하기

B열의 값은 모두 업체명과 대표이사 사이에 '(' 문자가 있습니다. 이 문자의 전후로 나누면 업체명과 대표이사를 구분할 수 있으므로 '(' 문자를 통일할 구분 문자인 '/'로 대체합니다.

참고로 만약 변경할 구분 문자가 텍스트 내에서 여러 번 사용되고 있다면 SUBSTITUTE 함수의 네 번째 인수를 사용해 해당 위치의 문자만 변경해야 합니다. 예를 들어 '(' 문자가 B열에 여러 번 사용되었고 처음 나온 '(' 문자만 변경해야 한다면 이번 수식을 다음과 같이 변경해야 합니다.

=SUBSTITUTE(B6, "(", "/", 1)

위 수식에서 SUBSTITUTE 함수의 네 번째 인수가 1인 것은 B6셀의 '(' 문자 중에서 첫 번째 문자만 '/'로 변경하라는 의미입니다.

---

03 대표이사와 사업자등록번호 사이의 구분 문자인 쉼표(,)도 슬래시(/)로 변경하겠습니다. C6셀의 수식을 다음과 같이 수정합니다.

C6셀 : =SUBSTITUTE(SUBSTITUTE(B6, "(", "/"), ",", "/")

	데이터	업체명	대표이사	사업자등록번호	주소
6	동오무역 ㈜(조규현,003-90-03950) 경기도 남양주시 오남읍 오남리 785	동오무역 ㈜/조규현/003-90-03950) 경기도 남양주시 오남읍 오남리 785			
7	누리 ㈜(김명석,004-99-03922) 서울특별시 동대문구 전농1동 742-3				
8	사선 무역 ㈜(허청일,001-31-04610) 경기도 수원시 권선구 세류3동 116				
9	한정교역 ㈜(황영신,002-72-00112) 서울특별시 서초구 방배본동 102-3				
10	반디상사 ㈜(김재균,006-65-07692) 경기도 부천시 남구 소사3동 146				
11	삼양상사 ㈜(김성동,005-61-08765) 서울특별시 용산구 서빙고동 111-16				
12	한남상사 ㈜(김혜령,006-24-08715) 인천광역시 남동구 간석동 264-11				
13	글로벌 백화점 ㈜(박찬희,001-34-00376) 서울특별시 종로구 내자동 190-53				
14	S&C 무역 ㈜(박영아,003-82-04040) 경기도 부천시 중구 원미1동 120-16				
15	송월통상 ㈜(박민희,001-02-02152) 서울특별시 양천구 신정1동 1041-21				
16	영재교역 ㈜(심영국,002-46-06253) 서울특별시 동작구 흑석3동 140-3				
17	한영상사 ㈜(배한석,001-92-04083) 경기도 광명시 가학동 301				

TIP SUBSTITUTE 함수를 중첩해서 두 개의 구분 문자('(' 와 ',')를 하나의 구분 문자('/')로 통일합니다.

04 마지막으로 사업자등록번호와 주소 사이의 구분 문자인 ')'를 '/'로 변경하겠습니다. C6셀의 수식을 다음과 같이 최종 변경하고 C6셀의 채우기 핸들을 C17셀까지 드래그해 복사합니다.

C6셀 : =SUBSTITUTE(SUBSTITUTE(SUBSTITUTE(B6, "(", "/"), ",", "/"), ") ", "/")

	B	C	D	E	F	G
			데이터 분리			
5	데이터	업체명	대표이사	사업자등록번호	주소	
6	동오무역 ㈜(조규현,003-90-03950) 경기도 남양주시 오남읍 오남리 785	동오무역 ㈜/조규현	/003-90-03950/경기도 남양주시 오남읍 오남리 785			
7	누리 ㈜(김명석,004-99-03922) 서울특별시 동대문구 전농1동 742-3	누리 ㈜/김명석/00	/-99-03922/서울특별시 동대문구 전농1동 742-3			
8	사선 무역 ㈜(허청일,001-31-04610) 경기도 수원시 권선구 세류3동 116	사선 무역 ㈜/허청일	/001-31-04610/경기도 수원시 권선구 세류3동 116			
9	한정교역 ㈜(황영신,002-72-00112) 서울특별시 서초구 방배본동 102-3	한정교역 ㈜/황영신	/002-72-00112/서울특별시 서초구 방배본동 102-3			
10	반디상사 ㈜(김재균,006-65-07692) 경기도 부천시 남구 소사3동 146	반디상사 ㈜/김재균	/006-65-07692/경기도 부천시 남구 소사3동 146			
11	삼양상사 ㈜(김성동,005-61-08765) 서울특별시 용산구 서빙고동 111-16	삼양상사 ㈜/김성동	/005-61-08765/서울특별시 용산구 서빙고동 111-16			
12	한남상사 ㈜(김혜령,006-24-08715) 인천광역시 남동구 간석동 264-11	한남상사 ㈜/김혜령	/006-24-08715/인천광역시 남동구 간석동 264-11			
13	글로벌 백화점 ㈜(박찬희,001-34-00376) 서울특별시 종로구 내자동 190-53	글로벌 백화점 ㈜/박찬희	/001-34-00376/서울특별시 종로구 내자동 190-53			
14	S&C 무역 ㈜(박영아,003-82-04040) 경기도 부천시 중구 원미1동 120-16	S&C 무역 ㈜/박영아	/003-82-04040/경기도 부천시 중구 원미1동 120-16			
15	송월통상 ㈜(박민희,001-02-02152) 서울특별시 양천구 신정1동 1041-21	송월통상 ㈜/박민희	/001-02-02152/서울특별시 양천구 신정1동 1041-21			
16	영재교역 ㈜(심영국,002-46-06253) 서울특별시 동작구 흑석3동 140-3	영재교역 ㈜/심영국	/002-46-06253/서울특별시 동작구 흑석3동 140-3			
17	한영상사 ㈜(배한석,001-92-04083) 경기도 광명시 가학동 301	한영상사 ㈜/배한석	/001-92-04083/경기도 광명시 가학동 301			

TIP 마지막으로 변경할 구분 문자는 '(' 문자와 공백 문자(" ")를 함께 입력한 값이어야 합니다.

05 구분 문자를 통일했으므로 No. 099의 **04~06** 과정을 참고해 수식을 값으로 변경하고 '텍스트 나누기' 기능을 이용해 값을 분리합니다.

06 '텍스트 마법사' 대화상자 2단계 화면의 [구분 기호] 옵션에서 [기타]를 선택하고 입력란에 슬래시(/)를 입력한 후 〈마침〉 버튼을 클릭합니다.

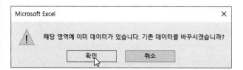

Plus⁺ '텍스트 마법사' 대화상자를 사용할 때 주의할 점

'텍스트 나누기' 기능을 이용하면 구분된 값이 오른쪽 열에 입력됩니다. 이 과정에서 다음 메시지 창이 표시될 수 있습니다.

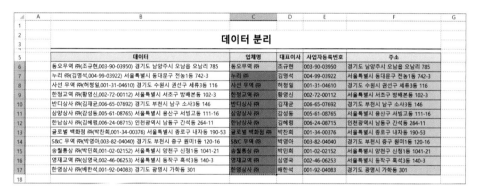

이 창은 분리할 값을 써야 할 위치에 데이터가 존재한다고 감지되었을 때 값을 덮어 쓸지 여부를 묻는 것입니다. 이번 예제는 오른쪽 열이 모두 비어 있는데 이 메시지 창이 표시된 이유는 데이터는 없지만 배경색 등의 서식이 적용되어 있기 때문입니다. 이런 경우에는 〈확인〉 버튼을 클릭합니다.

07 다음과 같이 모든 값이 제대로 분리되었습니다.

데이터 분리

데이터	업체명	대표이사	사업자등록번호	주소
동오무역 ㈜(조규현,003-90-03950) 경기도 남양주시 오남읍 오남리 785	동오무역 ㈜	조규현	003-90-03950	경기도 남양주시 오남읍 오남리 785
누리 ㈜(김명석,004-99-03922) 서울특별시 동대문구 전농1동 742-3	누리 ㈜	김명석	004-99-03922	서울특별시 동대문구 전농1동 742-3
사선 무역 ㈜(허청일,001-31-04610) 경기도 수원시 권선구 세류3동 116	사선 무역 ㈜	허청일	001-31-04610	경기도 수원시 권선구 세류3동 116
한정교역 ㈜(황영신,002-72-00112) 서울특별시 서초구 방배본동 102-3	한정교역 ㈜	황영신	002-72-00112	서울특별시 서초구 방배본동 102-3
반디상사 ㈜(김재균,006-65-07692) 경기도 부천시 남구 소사3동 146	반디상사 ㈜	김재균	006-65-07692	경기도 부천시 남구 소사3동 146
삼양상사 ㈜(김성동,005-61-08765) 서울특별시 용산구 서빙고동 111-16	삼양상사 ㈜	김성동	005-61-08765	서울특별시 용산구 서빙고동 111-16
한남상사 ㈜(김혜령,006-24-08715) 인천광역시 남동구 간석동 264-11	한남상사 ㈜	김혜령	006-24-08715	인천광역시 남동구 간석동 264-11
글로벌 백화점 ㈜(박찬희,001-34-00376) 서울특별시 종로구 내자동 190-53	글로벌 백화점 ㈜	박찬희	001-34-00376	서울특별시 종로구 내자동 190-53
S&C 무역 ㈜(박영아,003-82-04040) 경기도 부천시 중구 원미1동 120-16	S&C 무역 ㈜	박영아	003-82-04040	경기도 부천시 중구 원미1동 120-16
송철통상 ㈜(박민희,001-02-02152) 서울특별시 양천구 신정1동 1041-21	송철통상 ㈜	박민희	001-02-02152	서울특별시 양천구 신정1동 1041-21
영재교역 ㈜(심영국,002-46-06253) 서울특별시 동작구 흑석3동 140-3	영재교역 ㈜	심영국	002-46-06253	서울특별시 동작구 흑석3동 140-3
한영상사 ㈜(배한석,001-92-04083) 경기도 광명시 가학동 301	한영상사 ㈜	배한석	001-92-04083	경기도 광명시 가학동 301

셀 값에서 특정 단어 개수 세기 – SUBSTITUTE, LEN

셀에 입력된 값에서 필요한 단어의 개수를 세야 하는 경우가 있는데 이때도 SUBSTITUTE 함수와 LEN 함수를 사용합니다. SUBSITUTE 함수는 셀 값에서 특정 문자(열)를 삭제할 수 있고 LEN 함수는 문자의 개수를 셀 수 있으므로, 전체 문자에서 원하는 문자(열)를 지운 다음 남은 문자 개수를 전체 문자 개수에서 빼는 방법을 사용하면 필요한 문자나 단어의 개수를 셀 수 있습니다. 셀 값 중 특정 단어가 몇 번 나타나는지 세는 방법을 알아보겠습니다.

\ **예제 파일** PART 02 \ CHAPTER 05 \ SUBSTITUTE 함수–단어.xlsx /

01 예제 파일을 열고 이메일을 발송할 인원수를 구해보겠습니다. C5 병합 셀을 보면 각 이메일 주소가 세미콜론(;)으로 구분되어 있으므로 세미콜론(;)의 개수를 셀 수 있다면 인원수를 파악할 수 있습니다.

	A	B	C	D	E	F
1						
2			**메일 발송자 명단**			
3						
5		이메일	linda@excel.com ; robert@excel.com ; olivia@excel.com ;			
6			william@excel.com ; nicolas@excel.com			
7		인원수	전체문자	수정문자	인원수	
8						
9						

02 먼저 전체 문자 개수를 세기 위해 C8셀에 다음 수식을 입력합니다.

C8셀 : =LEN(C5)

C8	▼	:	× ✓ fx	=LEN(C5)			
	A	B	C	D	E	F	G
1							
2			**메일 발송자 명단**				
3							
5		이메일	linda@excel.com ; robert@excel.com ; olivia@excel.com ;				
6			william@excel.com ; nicolas@excel.com				
7		인원수	전체문자	수정문자	인원수		
8			93				
9							

03 이번에는 C5 병합 셀에서 이메일 주소를 구분하는 세미콜론(;) 값을 지우겠습니다. D8셀에 다음 수식을 입력합니다.

D8셀 : =SUBSTITUTE(C5, ";", " ")

04 세미콜론(;)을 지운 이메일 주소의 문자 개수를 세기 위해 D8셀의 수식을 다음과 같이 변경합니다.

D8셀 : =LEN(SUBSTITUTE(C5, ";", " "))

Plus⁺ 수식 이해하기

SUBSTITUTE 함수로 특정 문자(;)를 제거한 후 LEN 함수로 문자 개수를 센 것입니다.

---

05 이제 이메일을 발송할 인원수를 세기 위해 E8셀에 다음 수식을 입력합니다.

E8셀 : =C8−D8+1

Plus⁺ 수식 이해하기

이메일 주소가 세미콜론(;)으로 구분되어 있으므로 세미콜론(;) 개수에 1을 더한 값이 인원수입니다.

이메일1	;	이메일2	;	이메일3

그러므로 C8셀의 전체 문자 수에서 D8셀의 세미콜론(;)을 제외한 문자 수를 뺀 다음 1을 더하면 인원수를 계산할 수 있습니다.

세미콜론은 한 개의 문자이므로 이런 방식으로 셀 수 있지만, 두 개 이상의 문자로 이루어진 단어라면 단어의 문자 수로 나누는 연산을 추가로 해야 단어의 개수를 구할 수 있습니다. 예를 들어, 이메일 주소에 'excel'이란 단어가 몇 개 들어가 있는지 세려면 수식을 다음과 같이 작성합니다.

=(LEN(C5)−LEN(SUBSTITUTE(C5, "excel", " ")))/5

여기서 **5**는 'excel' 단어의 문자 개수로, 이렇게 단어의 문자 개수로 나누어 계산하면 해당 단어가 문장에서 몇 번 나오는지 알 수 있습니다.

눈에 보이지 않는 유령 문자 삭제하기 – TRIM, CLEAN

업무용 문서를 만드는 데 필요한 기초 자료 중에는 웹에서 다운로드하거나 복사한 데이터가 많습니다. 그런데 그런 데이터에는 눈에 보이지 않는 불필요한 문자가 포함된 경우가 많습니다. 불필요한 문자를 제거하지 않으면 계산이 제대로 되지 않을 수 있고, 셀 값을 고칠 때 잘못된 결과가 반환될 수도 있습니다. TRIM 함수와 CLEAN 함수를 사용해 눈에 보이지 않는 문자를 없애는 방법을 알아보겠습니다.

예제 파일 PART 02 \ CHAPTER 05 \ TRIM, CLEAN 함수.xlsx

새 함수

TRIM (❶ 텍스트)

텍스트에서 단어 사이의 공백을 제외한 모든 공백 문자를 제거합니다.

구문	❶ 텍스트 : 공백 문자가 포함된 텍스트 값 또는 셀
사용 예	=TRIM(" 마이크로소프트 엑셀 ") ' 마이크로소프트 엑셀 ' 문자열의 첫 번째와 마지막 공백 문자가 제거되어 '마이크로소프트 엑셀' 문자열이 반환됩니다.

CLEAN (❶ 텍스트)

텍스트에서 인쇄할 수 없는 문자를 모두 제거합니다.

구문	❶ 텍스트 : 공백 문자가 포함된 텍스트 값 또는 셀

CHAR (❶ ANSI 코드)

문자 코드에 할당된 문자를 반환합니다.

구문	❶ ANSI 코드 : 1~255 사이의 숫자로, 컴퓨터에서 사용하는 문자 집합
사용 예	=CHAR(65) 영어 대문자 'A'를 반환합니다.

01 예제 파일에 있는 D열의 제품명과 F열의 판매처는 웹 데이터입니다. 이 데이터에 어떤 문자가 포함되어 있는지 살펴보고 CLEAN 함수와 TRIM 함수를 사용해 정리하겠습니다.

	번호	고객	제품	제품	판매서	판매치
			판 매 대 장			
6	1	뉴럴네트워크 ㈜	레이저복사기 XI-3200 바코드 Z-350		옥션	
7	2	길가온교역 ㈜	잉크젯팩시밀리 FX-1050		다음	
8	3	한성트레이딩 ㈜	복합기 AP-3200 링제본기 ST-100 복사지A4 1000매		네이버	
9	4	고려무역 ㈜	오피스 Z-03 문서세단기 SCUT-1000		Gsshop	
10	5	진왕통상 ㈜	RF OA-300 바코드 BCD-100 Plus		11번가	
11	6	삼성통상 ㈜	바코드 Z-350		쿠팡	

02 먼저 D열의 제품을 한 줄로 표시하겠습니다. 줄 바꿈 문자를 제거하기 위해 E6셀에 다음 수식을 입력하고 E6셀의 채우기 핸들(⊞)을 E11셀까지 드래그해 복사합니다.

E6셀 : =CLEAN(D6)

E6	: × ✓ fx	=CLEAN(D6)				

	번호	고객	제품	제품	판매처	판매처
			판 매 대 장			
6	1	뉴럴네트워크 ㈜	레이저복사기 XI-3200 바코드 Z-350	레이저복사기 XI-3200바코드 Z-350	옥션	
7	2	길가온교역 ㈜	잉크젯팩시밀리 FX-1050	잉크젯팩시밀리 FX-1050	다음	
8	3	한성트레이딩 ㈜	복합기 AP-3200 링제본기 ST-100 복사지A4 1000매	복합기 AP-3200링제본기 ST-100복사지A4 1000매	네이버	
9	4	고려무역 ㈜	오피스 Z-03 문서세단기 SCUT-1000	오피스 Z-03문서세단기 SCUT-1000	Gsshop	
10	5	진왕통상 ㈜	RF OA-300 바코드 BCD-100 Plus	RF OA-300바코드 BCD-100 Plus	11번가	
11	6	삼성통상 ㈜	바코드 Z-350	바코드 Z-350	쿠팡	

Plus⁺ 수식 이해하기

셀에서 Alt + Enter 키를 누르면 줄을 바꿔 새 줄에 데이터를 입력할 수 있는데, Alt + Enter 키로 줄을 바꾸면 줄이 바뀐 위치에 캐리지 리턴(Carriage Return) 문자와 라인 피드(Line Feed) 문자가 삽입됩니다. 이 두 문자는 타자기의 다음 동작을 의미합니다.

● **라인 피드(Line Feed)** : 커서를 아랫줄로 이동시킵니다.
● **캐리지 리턴(Carriage Return)** : 커서를 맨 앞으로 이동시킵니다.

엑셀에서 Alt + Enter 키로 줄을 바꾸는 작업은 라인 피드 문자를 사용하며, 이 문자는 CLEAN 함수를 사용해 제거할 수 있습니다. 라인 피드 문자가 제거되면 여러 줄의 데이터가 한 줄로 붙게 됩니다.

03 제품명을 한 줄로 표시할 때 슬래시(/)와 같은 구분 문자를 추가하고 싶다면 CLEAN 함수 대신 SUBSTITUTE 함수를 사용합니다. E6셀의 수식을 다음과 같이 수정하고 E6셀의 채우기 핸들(⊞)을 E11 셀까지 드래그해 수식을 복사합니다.

E6셀 : =SUBSTITUTE(D6, CHAR(10), "/")

Plus⁺ 수식 이해하기

라인 피드 문자를 입력할 수만 있다면 SUBSTITUTE 함수를 사용해 다른 문자로 수정할 수 있습니다. 라인 피드 문자는 사용자가 직접 입력할 수 없기 때문에 아스키 코드로 문자를 반환해주는 CHAR 함수를 사용해야 합니다.

이번 수식에서 CHAR 함수에 전달한 **10**은 라인 피드 문자의 아스키 코드 값으로, 이렇게 하면 라인 피드 문자가 반환됩니다. 참고로 캐리지 리턴 문자의 아스키 코드 값은 13입니다.

이렇게 직접 입력하기 어려운 문자는 CHAR 함수를 사용하면 되므로, SUBSTITUTE 함수를 사용해 원하는 문자로 수정하고 여러 줄의 데이터를 한 줄로 구분해 입력할 수 있습니다.

---

04 판매처 데이터를 살펴보겠습니다. F6셀을 선택하고 수식 입력줄을 클릭해보면 입력된 값 뒤에 공백 문자가 여러 개 있는 것을 확인할 수 있습니다.

05 판매처 뒤에 삽입된 공백 문자를 지우기 위해 G6셀에 다음 수식을 입력하고 G6셀의 채우기 핸들 (⊞)을 G11셀까지 드래그해 복사합니다.

G6셀 : =TRIM(F6)

G6		× ✓ *fx*	=TRIM(F6)				
A	B	C	D	E	F	G	H

판 매 대 장

번호	고객	제품	제품	판매처	판매처
1	뉴럴네트워크 ㈜	레이저복사기 XI-3200 바코드 Z-350	레이저복사기 XI-3200/바코드 Z-350	옥션	옥션
2	길가온교역 ㈜	잉크젯팩시밀리 FX-1050	잉크젯팩시밀리 FX-1050	다음	다음
3	한성트레이딩 ㈜	복합기 AP-3200 링제본기 ST-100 복사지A4 1000매	복합기 AP-3200/링제본기 ST-100/복사지A4 1000매	네이버	네이버
4	고려무역 ㈜	오피스 Z-03 문서세단기 SCUT-1000	오피스 Z-03/문서세단기 SCUT-1000	Gsshop	Gsshop
5	진왕통상 ㈜	RF OA-300 바코드 BCD-100 Plus	RF OA-300/바코드 BCD-100 Plus	11번가	11번가
6	삼성통상 ㈜	바코드 Z-350	바코드 Z-350	쿠팡	쿠팡

Plus⁺ 수식 이해하기

TRIM 함수는 단어 사이의 공백 문자를 제외한 맨 앞과 뒤의 공백 문자를 제거합니다. 반환된 결과에서 공백 문자가 제거되었는 지 확인하려면 LEN 함수를 사용해 H열에 다음과 같은 수식을 사용합니다.

=LEN(G6)

만약 이번 예제와 같이 단어 사이에 공백 문자가 없다면 SUBSTITUTE 함수를 사용해도 됩니다.

=SUBSTITUTE(F6, " ", "")

이렇게 해도 공백이 제거되지 않는다면 그것은 공백 문자가 아니라 눈에 보이지 않는 다른 문자입니다. 이런 문자를 엑셀에서 유 령 문자라고 하는데, 유령 문자는 **04** 과정에서 확인한 공백을 한 칸 선택하고 복사(단축키 Ctrl + C)하여 '바꾸기' 대화상자의 [찾을 내용]에 붙여넣고 〈모두 바꾸기〉 버튼을 클릭해 제거합니다.

텍스트형 숫자를 숫자 형식으로 변환하기 – VALUE

103

텍스트와 텍스트형 숫자는 다릅니다. 텍스트 값은 숫자에서 사용하는 문자 이외의 문자가 혼합된 값을 의미합니다. 예를 들어 '10EA', '100원' 값은 텍스트 값입니다. 텍스트형 숫자는 숫자에서 사용하는 문자(0~9, ₩, %, ',', '.' 등)로만 구성되는데 분류상 텍스트 형식으로 분류된 값입니다. 보통 LEFT, MID, RIGHT, SUBSTITUTE, TEXT 등의 함수에서 반환된 값은 숫자에서 사용하는 문자로 구성되어 있어도 텍스트 형식으로 분류됩니다. 이런 값을 텍스트형 숫자라고 합니다. 텍스트형 숫자를 올바른 숫자 형식으로 변환하는 방법에 대해 알아보겠습니다.

\ **예제 파일** PART 02 \ CHAPTER 05 \ VALUE, NUMBERVALUE 함수.xlsx

새 함수

VALUE (❶ 텍스트)

텍스트형 숫자를 계산할 수 있는 숫자 값으로 변환합니다.

구문	❶ 텍스트 : 텍스트 형식의 날짜, 시간, 숫자 값입니다.	
특이사항	VALUE 함수를 사용해 변환하는 작업은 숫자와 산술 연산자를 이용해 연산하는 방법으로 대체할 수 있는데, 이때 가장 자주 사용하는 변환식은 다음과 같습니다.	
	계산식	**설명**
	= 1 * 텍스트	1을 곱하면 원래 값이 반환되는데, 곱셈 연산(*)에 의해 텍스트형 숫자가 숫자로 자동 변환됩니다.
	= − − 텍스트	엑셀은 음수 기호(−)를 숫자 앞에 입력하면 −1을 곱하는 연산을 사용해 음수로 변환합니다. 이 원리를 이용한 것으로, 음수 기호를 두 번 입력하면 **= − 1 * − 1 * 텍스트** 연산이 이뤄지므로 텍스트형 숫자가 숫자로 변환됩니다.

NUMBERVALUE (❶ 텍스트, ❷ 마침표 기호, ❸ 천 단위 구분 기호)

텍스트형 숫자를 계산할 수 있는 숫자 값으로 변환합니다.

인수	❶ 텍스트 : 텍스트 형식의 날짜, 시간, 숫자 값입니다. ❷ 마침표 기호 : 정수와 소수 부분을 구분하는 기호로, 생략하면 시스템 설정을 따릅니다. 우리나라에서는 '.'를 마침표 기호로 사용합니다. ❸ 천 단위 구분 기호 : 천, 백만 단위를 구분하는 기호로, 생략하면 시스템 설정을 따릅니다. 우리나라에서는 ','를 천 단위 구분 기호로 사용합니다.

01 예제 파일을 열고 법인 실적 합계를 구해보겠습니다. 먼저 C6:H7 범위를 선택하고 데이터 형식을 확인합니다. [홈] 탭의 [맞춤] 그룹을 보면 [오른쪽 맞춤] 명령(☰)이 눌려 있는 것을 확인할 수 있습니다.

TIP 눌려 있는 [오른쪽 맞춤] 명령을 클릭해 해제하면 C6:H7 범위의 값이 모두 셀 왼쪽에 맞춰 표시됩니다. 이 과정을 통해 C6:H7 범위의 값이 모두 텍스트 형식이라는 것을 알 수 있습니다.

LINK 셀 맞춤으로 데이터 형식을 확인하는 방법은 'No. 004 계산할 수 있는 값과 없는 값 구분하기'(24쪽)를 참고합니다.

02 법인 실적의 합계를 구해보겠습니다. I6셀에 다음 수식을 입력하고 I6셀의 채우기 핸들(田)을 I7셀까지 드래그해 복사합니다. 모두 0이 반환되며 합계가 구해지지 않습니다.

I6셀 : =SUM(C6:H6)

	A	B	C	D	E	F	G	H	I	J
1										
2					법인 실적					
3										
5		법인	1월	2월	3월	4월	5월	6월	합계	
6		미국	2,148	2,518	2,473	1,869	2,637	2,173	-	
7		캐나다	1, 220	2, 765	1, 408	2, 611	1, 588	1, 547	-	
8										

03 미국 법인의 실적을 숫자로 변환하겠습니다. C9셀에 다음 수식을 입력하고 C9셀의 채우기 핸들(田)을 H9셀까지 드래그해 복사합니다.

C9셀 : =VALUE(C6)

	A	B	C	D	E	F	G	H	I	J
1										
2					법인 실적					
3										
5		법인	1월	2월	3월	4월	5월	6월	합계	
6		미국	2,148	2,518	2,473	1,869	2,637	2,173	-	
7		캐나다	1, 220	2, 765	1, 408	2, 611	1, 588	1, 547	-	
8										
9		변환	2,148	2,518	2,473	1,869	2,637	2,173		
10										
11										

04 같은 방법으로 캐나다 실적도 숫자로 변환해봅니다. C10셀에 다음 수식을 입력하고 C10셀의 채우기 핸들을 H10셀까지 드래그해 복사합니다. 모두 #VALUE! 오류가 반환됩니다.

C10셀 : =VALUE(C7)

05 이렇게 숫자 값에 공백 문자가 포함된 경우는 NUMBERVALUE 함수를 이용하면 됩니다. C10셀의 수식을 다음과 같이 변경하고 C10셀의 채우기 핸들(⊞)을 H10셀까지 드래그해 복사합니다.

C10셀 : =NUMBERVALUE(C7)

Plus⁺ 수식 이해하기

NUMBERVALUE 함수를 사용하면 캐나다 법인 실적을 숫자 값으로 변환할 수 있습니다. 다만 NUMBERVALUE 함수는 엑셀 2013 버전부터 제공되므로 하위 버전(2010, 2007, 2003)에서는 사용할 수 없습니다.

만약 하위 버전 사용자를 고려해야 한다면 이번 수식을 다음과 같이 변경합니다.

```
=VALUE(SUBSTITUTE(C7, " ", " "))
```
또는
```
=--SUBSTITUTE(C7, " ", " ")
```

이 과정 없이 바로 I7셀에 캐나다 법인의 실적 합계를 구하려면 다음 수식을 입력합니다.

```
=SUM(NUMBERVALUE(C7:H7))
```

배열 수식이므로 Ctrl + Shift + Enter 키를 눌러 입력해야 합니다.

Plus⁺ 숫자를 텍스트형 숫자로 변환하기

이번 예제와 반대로 숫자 값을 텍스트 형식으로 변환하려면 숫자 값 뒤에 빈 문자(" ")를 연결합니다. 예를 들어 A1셀의 숫자를 텍스트형 숫자로 변환하려면 다음 수식을 사용합니다.

```
=A1&" "
```

올바른 날짜/시간 값으로 변환하기 – TEXT

엑셀에서는 날짜/시간 값을 잘못된 형식으로 입력하면 텍스트 데이터로 분류됩니다. 텍스트 데이터로는 날짜/시간 계산을 할 수 없습니다. 그러므로 날짜/시간 데이터를 입력할 때는 정확한 형식(YYYY–MM-DD, HH:MM:SS)을 지켜야 합니다. 하지만 다른 사람이 만든 데이터나 다른 프로그램으로 작성한 데이터를 가져오는 경우가 많으므로 잘못된 날짜/시간 데이터를 사용하게 되는 일이 생각보다 자주 있습니다. 잘못된 날짜/시간 값을 올바른 날짜/시간 값으로 변환하는 방법에 대해 알아보겠습니다.

예제 파일 PART 02 \ CHAPTER 05 \ TEXT 함수-날짜.xlsx

01 예제 파일을 열고 주민등록번호 앞 여섯 자리 숫자와 입사일을 올바른 날짜 형식으로 변환해보겠습니다.

사번	이름	주민등록번호		생년월일	입사일	입사일
1	박지훈	760219	1234567		2008.05.14	
2	유준혁	830304	1234567		2012.10.17	
3	이서연	851208	2134567		2012.05.01	
4	김민준	860830	1234567		2016.04.01	
5	최서현	920919	2134567		2016.05.03	
6	박현우	860702	1234567		2013.10.17	
7	정시우	930529	1234567		2017.01.02	
8	이은서	910109	2134567		2017.03.05	
9	오서윤	800127	2134567		2017.11.15	

직 원 명 부

02 D열의 주민등록번호 앞 여섯 자리는 숫자 값이므로 TEXT 함수를 사용해 간단하게 변환할 수 있습니다. F6셀에 다음 수식을 입력하고 F6셀의 채우기 핸들(⊞)을 F14셀까지 드래그해 복사합니다.

F6셀 : =TEXT(D6, "00-00-00")

`=TEXT(D6, "00-00-00")`

사번	이름	주민등록번호		생년월일	입사일	입사일
1	박지훈	760219	1234567	76-02-19	2008.05.14	
2	유준혁	830304	1234567	83-03-04	2012.10.17	
3	이서연	851208	2134567	85-12-08	2012.05.01	
4	김민준	860830	1234567	86-08-30	2016.04.01	
5	최서현	920919	2134567	92-09-19	2016.05.03	
6	박현우	860702	1234567	86-07-02	2013.10.17	
7	정시우	930529	1234567	93-05-29	2017.01.02	
8	이은서	910109	2134567	91-01-09	2017.03.05	
9	오서윤	890127	2134567	89-01-27	2017.11.15	

직 원 명 부

TEXT 함수에서 사용한 "00-00-00"은 하이픈(-)을 두 자리마다 삽입한 형태로 숫자를 변환하라는 의미입니다. 여기서 사용한 0은 숫자를 의미하는 서식 코드로, #으로 변경해도 동일한 결과를 얻을 수 있습니다.

=TEXT(D6, "##-##-##")

참고로 TEXT 함수의 반환 값은 화면에서 확인할 수 있듯이 셀 왼쪽에 표시됩니다. 즉 텍스트 데이터라는 점에 주의합니다.

03 TEXT 함수의 반환 값을 날짜 데이터로 변환하기 위해 F6셀의 수식을 다음과 같이 변경하고 F6셀의 채우기 핸들을 F14셀까지 드래그해 복사합니다.

F6셀 : =--TEXT(D6, "00-00-00")

	A	B	C	D	E	F	G	H	I
1									
2						직 원 명 부			
3									
5		사번	이름	주민등록번호		생년월일	입사일	입사일	
6		1	박지훈	760219	1234567	1976-02-19	2008.05.14		
7		2	유준혁	830304	1234567	1983-03-04	2012.10.17		
8		3	이서연	851208	2134567	1985-12-08	2012.05.01		
9		4	김민준	860830	1234567	1986-08-30	2016.04.01		
10		5	최서현	920919	2134567	1992-09-19	2016.05.03		
11		6	박현우	860702	1234567	1986-07-02	2013.10.17		
12		7	정시우	930529	1234567	1993-05-29	2017.01.02		
13		8	이은서	910109	2134567	1991-01-09	2017.03.05		
14		9	오서윤	890127	2134567	1989-01-27	2017.11.15		
15									

TEXT 함수 앞에 음수 기호(-)를 두 번 추가한 것은 VALUE 함수 때 설명한 것과 마찬가지로 텍스트형 숫자(날짜도 숫자입니다)를 숫자 데이터로 변환하는 역할을 합니다. 음수 기호(-)를 두 번 입력하는 것이 불편하다면 다음과 같이 VALUE 함수나 DATEVALUE 함수를 사용해 변환할 수도 있습니다.

=VALUE(TEXT(D6, "00-00-00"))

또는

=DATEVALUE(TEXT(D6, "00-00-00"))

참고로 이렇게 변환 작업을 하면 셀 값이 숫자로 표시될 수 있습니다. 이 경우에는 [홈] 탭-[표시 형식] 그룹-[표시 형식]에서 [날짜] 형식을 선택합니다.

04 G열의 입사일을 올바른 날짜 데이터로 변환해보겠습니다. H6셀에 다음 수식을 입력하고 H6셀의
채우기 핸들(⊞)을 H14셀까지 드래그해 복사합니다.

H6셀 : =SUBSTITUTE(G6, ",", "−")

> **Plus⁺ 수식 이해하기**
>
> 입사일에 구분 문자(.)가 잘못 입력되어 있으므로 SUBSTITUTE 함수를 이용해 구분 문자를 하이픈(−)으로 변경합니다. 변경은
> 제대로 되었지만, 반환 값이 셀 왼쪽에 표시되므로 모두 텍스트 데이터라는 것을 알 수 있습니다. **03** 과정과 동일하게 날짜 데이
> 터로 변환하는 작업이 필요합니다.

05 SUBSTITUTE 함수의 반환 값을 올바른 날짜 데이터로 변환하겠습니다. H6셀의 수식을 다음과 같
이 변경하고 H6셀의 채우기 핸들을 H14셀까지 드래그해 복사합니다.

H6셀 : =−−SUBSTITUTE(G6, ",", "−")

Plus⁺ 시간 변환하기

시간 역시 날짜를 변환하는 것과 동일한 방법을 사용할 수 있습니다.

● **시간 구분 기호가 없고 숫자만 입력된 경우**

시간이 830과 같이 입력되어 있는 경우에는 TEXT 함수를 사용해 변환할 수 있습니다. 830과 같은 값이 A1셀에 입력되어 있다면 다음과 같은 수식을 사용합니다.

> **=--TEXT(A1, "0!:00")**

위 수식이 날짜를 변환할 때와 다른 점은 시간 구분 문자인 콜론(:) 앞에 느낌표(!) 문자가 사용되었다는 것입니다. 콜론(:) 구분 문자는 시간을 의미하는 **h, m, s**와 같은 서식 코드와 함께 사용하지 않으면 #VALUE! 오류가 발생합니다. 그러므로 오류가 발생하지 않도록 콜론(:) 구분 문자 앞에 느낌표(!)를 입력해 시간을 구분하는 기호가 아니라 일반 문자로 인식되게 합니다.

● **시간 구분 기호(:)가 제대로 사용되지 않은 경우**

시간이 **8.30**과 같이 입력되어 있다면 실제 입력된 값은 **8.3**입니다. 이 값을 **8:30**과 같이 변환해야 하므로 날짜에 비해 좀 더 복잡한 과정을 거쳐야 합니다.

> **=--SUBSTITUTE(TEXT(A1, "0.00"), ".", ":")**

위 수식은 다음 순서로 계산됩니다.

❶ TEXT(A1, "0.00")

A1셀의 값을 소수점 두 자리까지 표시합니다. 이렇게 되면 8.3이 8.30이 됩니다. 이 작업을 거치지 않으면 8.3은 8시 03분이 됩니다.

❷ SUBSTITUTE(❶, ".", ":")

마침표(.)를 콜론(:)으로 변경합니다. 이 과정에서 8.30이 8:30이 됩니다.

❸ --(❷)

반환된 값을 숫자로 변환합니다.

숫자를 한글이나 한자로 변경하기 – NUMBERSTRING

데이터 형식 변환

105

견적서와 같은 서식에서 금액을 한글이나 한자로 표기해야 하는 경우가 있습니다. 이런 경우에 사용할 수 있는 함수가 NUMBERSTRING 함수입니다. 이 함수는 엑셀에서 공개적으로 지원하는 함수가 아니기 때문에 도움말이나 함수 목록에서는 확인할 수 없습니다. NUMBERSTRING 함수를 사용하는 방법에 대해 알아보겠습니다.

예제 파일 PART 02 \ CHAPTER 05 \ NUMBERSTRING 함수.xlsx

새 함수

NUMBERSTRING (❶ 숫자, ❷ 옵션)

숫자를 지정한 옵션에 맞게 한글이나 한자로 변환한 값을 반환합니다.

구문	❶ 숫자 : 변환할 숫자 ❷ 옵션 : 숫자를 한글이나 한자로 변환할 옵션을 의미하는 숫자		
	옵션	**설명**	**사용 예**
	1	한글 금액	1,234 → 일천이백삼십사
	2	한문 금액	1,234 → 壹阡貳百參拾四
	3	한글 숫자	1,234 → 일이삼사
특이사항	– 엑셀에서 정식으로 지원하지 않는 함수로, 도움말이 제공되지 않습니다. – NUMBERSTING 함수는 다음과 같이 TEXT 함수로 대체할 수 있습니다. **NUMBERSTRING(1234, 1) → TEXT(1234, "[DBNUM4]")** **NUMBERSTRING(1234, 2) → TEXT(1234, "[DBNUM2]")** **NUMBERSTRING(1234, 3) → TEXT(1234, "[DBNUM4]#")**		

01 예제 파일을 열고 견적 총액을 한글이나 한자로 표시해보겠습니다. F5 병합 셀을 선택하면 수식 입력줄에서 SUM 함수를 사용한 수식을 확인할 수 있습니다.

02 계산된 총액을 한글로 표시하
겠습니다. F5 병합 셀의 수식을 다
음과 같이 수정합니다.

**F5 병합 셀 : =NUMBERSTRING
(SUM(K13:N13), 1)**

| F5 | ▼ : × ✓ fx | =NUMBERSTRING(SUM(K13:N13), 1) |

견 적 서

번호	품명	수량	단가	공급가액	세액
	총 계 (공급가액 + 세액)		**이백사십육만사천**		
1	지문인식 FPIN-2000F	7	165,000	1,155,000	115,500
2	잉크젯팩시밀리 FX-1050	5	55,000	275,000	27,500
3	도트 TIC-7A	6	45,000	270,000	27,000
4	레이저복합기 L950	1	540,000	540,000	54,000
	합 계			2,240,000	224,000

Plus⁺ 수식 이해하기

견적 총액을 한글로 표시하기 위해 NUMBERSTRING 함수를 사용했습니다. NUMBERSTRING 함수는 다음과 같이 TEXT
함수로 대체할 수 있습니다.

=TEXT(SUM(K13:N13), "[DBNUM4]")

한글로 표시된 금액 앞에 '일금', 뒤에 '원 정'과 같은 표현을 추가하고 싶다면 NUMBERSTRING 함수 앞뒤에 해당 문자열을
다음과 같이 연결합니다.

="일금" & NUMBERSTRING(SUM(K13:N13), 1) & "원 정"

---

03 이번에는 총액을 한자로 표시
해보겠습니다. F5 병합 셀에 입력된
수식에서 NUMBERSTRING 함수
의 두 번째 인수 값을 1에서 2로 수
정합니다.

**F5 병합 셀 : =NUMBERSTRING
(SUM(K13:N13), 2)**

| F5 | ▼ : × ✓ fx | =NUMBERSTRING(SUM(K13:N13), 2) |

견 적 서

번호	품명	수량	단가	공급가액	세액
	총 계 (공급가액 + 세액)		**貳百四拾六萬四阡**		
1	지문인식 FPIN-2000F	7	165,000	1,155,000	115,500
2	잉크젯팩시밀리 FX-1050	5	55,000	275,000	27,500
3	도트 TIC-7A	6	45,000	270,000	27,000
4	레이저복합기 L950	1	540,000	540,000	54,000
	합 계			2,240,000	224,000

Plus⁺ 수식 이해하기

이 수식도 TEXT 함수를 사용한 다음 수식으로 대체할 수 있습니다.

=TEXT(SUM(K13:N13), "[DBNUM2]")

수식 문자열 계산하기
– EVALUATE

셀에 **100+200+300**과 같은 계산식이 등호 없이 입력되어 있고, 이 계산식의 결과를 얻고 싶은 경우가 있습니다. 엑셀 함수로는 이런 계산 작업을 지원하는 함수가 제공되지 않지만, 예전에 매크로 개발에 사용하던 매크로 함수 중에는 이런 계산 작업을 지원하는 EVALUATE 함수가 있습니다. 매크로 함수는 엑셀 5.0 버전(1993년)부터 VBA로 대체되어 더 이상 사용할 필요가 없지만 하위 버전과의 호환성 때문에 계속 지원되므로 최근 버전에서도 사용할 수 있습니다. EVALUATE 매크로 함수를 사용해 셀에 입력된 계산식의 결과를 얻는 방법에 대해 알아보겠습니다.

예제 파일 PART 02 \ CHAPTER 05 \ EVALUATE 함수.xlsx

새 함수

EVALUATE (❶ 수식 문자열)

인수로 전달된 수식 문자열의 계산 결과 값을 반환하는 매크로 함수

구문	❶ 수식 문자열 : 계산하려는 수식 문자열 또는 수식 문자열이 입력된 셀 수식 문자열의 최대 길이는 256를 넘을 수 없습니다.
특이사항	– 매크로 함수는 반드시 이름으로 정의해 사용해야 합니다. – 매크로 함수를 사용한 파일은 '매크로 사용 통합 문서' 파일(XLSM)로 저장해야 합니다.

01 예제 파일을 열고 F열에 입력된 계산식의 결과를 G열에 구해보겠습니다. F6셀에는 셀을 참조하는 방식으로 구성된 수식이, F7셀에는 숫자를 이용한 수식이 입력되어 있습니다. F7셀에서 사용한 곱셈 연산자는 영문자 x입니다.

	측정값1	수량	측정값2	수량	계산식	결과
					EVALUATE 함수	
	8.5	4	44.2	5	B6*C6+D6*E6	
					(8.5x4)+(44.2x5)	

02 EVALUATE 함수를 사용하는 이름을 정의하겠습니다. 수식을 입력할 G6셀을 선택하고 [수식] 탭-[정의된 이름] 그룹-[이름 정의] 명령(📖)을 클릭합니다. '새 이름' 대화상자가 열리면 다음을 참고해 설정하고 〈확인〉 버튼을 클릭합니다.

이름 : 계산
참조 대상 : =EVALUATE(F6)

Plus⁺ 작업 이해하기
이름을 정의할 때 선택한 셀과 EVALUATE 함수에 전달하는 셀의 관계를 파악하는 것이 중요합니다. 이 예제에서는 G6셀을 선택한 상태에서 이름을 정의하고 있으며, EVALUATE 함수의 인수로 전달된 셀은 F6셀입니다. EVALUATE 함수에 전달한 F6셀은 상대 참조이므로 G6셀 외의 다른 셀에서 이름을 사용하면 참조된 위치가 바뀝니다. 그러므로 F6셀을 셀 주소 그대로 이해할 것이 아니라 G6셀의 왼쪽 셀, 즉 수식을 입력할 때의 왼쪽 셀을 참조해 계산한다고 이해해야 합니다.

03 정의된 이름을 사용해 F열에 입력된 수식 문자열의 계산 결과를 구합니다. G6셀에 다음 수식을 입력하고 G6셀의 채우기 핸들(⊞)을 G7셀까지 드래그해 복사합니다.

G6셀 : =계산

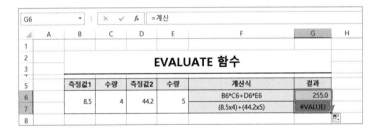

Plus⁺ 수식 이해하기
G6셀에는 계산 결과가 반환되었지만 G7셀에는 **#VALUE! 오류**가 발생합니다. G7셀에 #VALUE! 오류가 발생한 이유는 왼쪽 셀(F7)의 수식 문자열에 입력된 x의 의미를 이해하지 못하기 때문입니다. 엑셀에서 곱셈 연산자는 *이므로 x 문자를 * 문자로 변경해야 제대로 계산됩니다.

04 F7셀의 수식 문자열도 계산할 수 있도록 정의된 이름의 수식을 수정하겠습니다. [수식] 탭-[정의된 이름] 그룹-[이름 관리자] 명령(🖹)을 클릭합니다. [계산] 이름을 선택하고 [참조 대상] 란의 수식을 다음과 같이 수정한 후 Enter 키를 눌러 수식을 수정하고 〈닫기〉 버튼을 클릭합니다.

참조 대상 : =EVALUATE(SUBSTITUTE(sample!F6, "x", "*"))

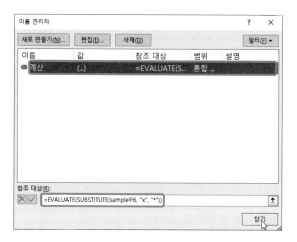

Plus⁺ 수식 이해하기

이번 수식은 SUBSTITUTE 함수를 이용해 sample!F6셀(왼쪽 셀)의 수식 문자열에 있는 소문자 x를 곱셈 연산자 *로 수정한 후 EVALUATE 함수에 전달하는 것입니다. 이번에는 하나만 수정했지만 여러 개의 문자를 수정해야 한다면 SUBSTITUTE 함수를 중첩해 사용합니다.

주의 1)

03 과정에서 바로 04 과정을 실행하지 않고 다른 셀을 선택했다면 선택된 셀의 왼쪽 셀 주소가 '참조 대상'란에 나타납니다. F6셀 대신 다른 셀 주소가 나타나도 SUBSTITUTE 함수를 사용하도록 수식을 수정합니다.

주의 2)

'계산' 이름을 모든 시트에서 사용하려면 02 과정이나 04 과정에서 셀 주소를 !F6과 같이 변경합니다.

---

04 G7셀의 #VALUE! 오류가 사라지고 수식 문자열의 계산 결과가 반환됩니다.

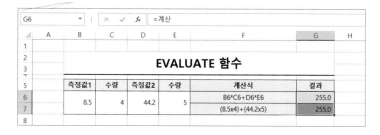

Plus⁺ 작업 과정 이해하기

EVALUATE 매크로 함수를 사용하면 다음과 같은 작업 과정을 이해하고 있어야 합니다.

첫째, 매크로 함수를 사용한 파일은 반드시 '매크로 사용 통합 문서' 파일로 저장해야 합니다.

단축키 F12 (다른 이름으로 저장)를 누르고 '파일 형식'에서 'Excel 매크로 사용 통합 문서'를 선택한 후 저장합니다.

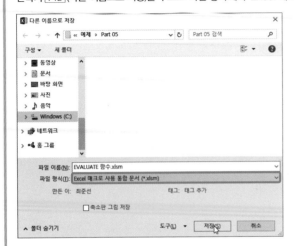

둘째, 파일을 닫고 다시 열면 다음 화면과 같은 '보안 경고' 메시지 줄이 표시됩니다. 이때 반드시 〈콘텐츠 사용〉 버튼을 클릭하고 열어야 정의된 이름을 사용할 수 있습니다. 이 과정을 생략하면 이름을 사용한 수식이 모두 #NAME? 오류를 반환합니다.

'보안 경고' 메시지 줄은 파일을 처음 열 때만 나타나며, 〈콘텐츠 사용〉 버튼을 클릭하면 다음부터는 표시되지 않습니다.

단, 2007 버전에서는 〈콘텐츠 사용〉 버튼이 아니라 〈옵션〉 버튼이 표시되며, 〈옵션〉 버튼을 클릭한 후 [이 콘텐츠 사용] 옵션을 선택해야 합니다. 또한 파일을 열 때마다 '보안 경고' 메시지 줄이 표시됩니다.

수식 문자열(계산식)을 셀에 표시하기 – FORMULATEXT

107

수식에서 사용된 계산식을 다른 셀에 표시해야 하는 경우가 종종 있습니다. 이런 경우 2013 버전부터는 FORMULATEXT 함수를 사용하면 되지만, 2010 이하 버전에서는 FORMULATEXT 함수를 사용할 수 없기 때문에 수식을 일일이 복사해 작은따옴표(')와 함께 입력하거나 사용자 정의 함수를 사용해야 합니다. 수식 문자열을 셀에 표시하는 방법에 대해 알아보겠습니다.

예제 파일 PART 02 \ CHAPTER 05 \ FORMULATEXT 함수.xlsx

새 함수

엑셀 2013 이상

FORMULATEXT (❶ 참조)

인수로 전달된 셀의 수식 문자열을 반환합니다.

구문	❶ 참조 : 수식이 입력된 셀
사용 예	**=FORMULATEXT(A1)** A1셀의 수식이 반환됩니다. 수식이 없다면 #N/A 오류가 반환됩니다.

01 예제 파일을 열고 성별이 반환된 M7 병합 셀을 선택하면 수식 입력줄에서 다음 수식을 확인할 수 있습니다. 이 수식 문자열을 H12 병합 셀에 표시하는 작업을 진행합니다.

M7 병합 셀 : =IF(ISODD(O10), "남", "여")

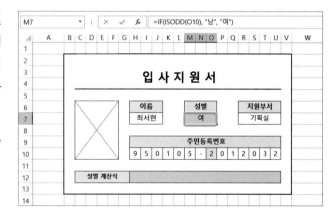

Plus⁺ 수식 이해하기

성별을 반환할 때 사용한 수식은 O10셀(주민등록번호 뒤 첫 번째 숫자)의 값이 홀수(ISODD)면 '남' 문자열을, 아니면 '여' 문자열을 반환합니다.

LINK ISODD 함수에 대한 설명은 'No.081 IS 계열 함수를 사용하는 조건식 구성하기 – ISERROR, IFERROR'(211쪽)를 참고합니다.

02 H12 병합 셀에 다음 수식을 입력하면 M7셀의 수식 문자열이 표시됩니다.

H12 병합 셀 : =FORMULATEXT(M7)

Plus⁺ 2010 이하 버전에서 사용할 수 있는 FORMULATEXT 사용자 정의 함수

2010 이하 버전에서는 FORMULATEXT 함수를 사용하지 못하며, 이 수식을 입력하면 #NAME? 오류가 발생합니다. 하위 버전에서는 다음과 같은 사용자 정의 함수를 사용하면 됩니다.

```
파일 : FORMULATEXT 함수 (코드).txt

Function FORMULATEXT(reference As Range) As String

        FORMULATEXT = reference.Cells(1).Formula

End Function
```

FORMULATEXT 사용자 정의 함수를 사용하려면 위 코드를 사용할 파일에 저장해야 합니다. 다음 과정을 참고합니다.

01 단축키 Alt + F11 을 누르거나 [개발 도구] 탭–[코드] 그룹–[Visual Basic] 명령을 클릭합니다.

02 VBA 편집기가 열리면 [삽입]–[모듈] 메뉴를 클릭한 후 위 코드를 복사하여 붙여넣습니다.

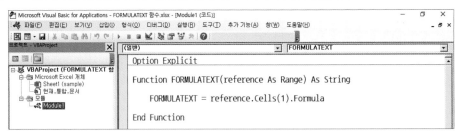

03 VBA 편집기를 닫고 FORMULATEXT 함수를 사용합니다.

사용자 정의 함수를 사용한 문서는 EVALUATE 매크로 함수를 사용한 문서와 마찬가지로 '매크로 사용 통합 문서' 파일로 저장해야 합니다.

LINK 매크로 사용 통합 문서로 저장하는 방법은 310쪽을 참고합니다.

03 수식을 입력 값으로 변경하고 FORMULATEXT 함수가 어떻게 동작하는지 확인하겠습니다. M7 병합 셀에 직접 **여** 값을 입력하면, H12 병합 셀에 #N/A 오류가 반환됩니다.

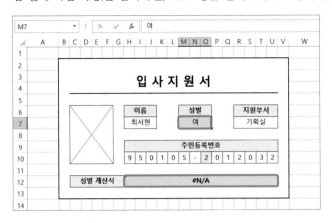

TIP FORMULATEXT 함수는 인수로 전달된 셀에 수식이 없으면 #N/A 오류를 반환합니다.

04 수식이 입력된 경우에는 수식 문자열을 반환하고 그렇지 않은 경우에는 지정된 문자열을 반환하도록 H12 병합 셀의 수식을 다음과 같이 수정합니다.

H12 병합 셀 : =IF(ISFORMULA(M7), FORMULATEXT(M7), "입력")

> **Plus⁺ 수식 이해하기**
>
> 이번 수식에서 사용된 ISFORMULA 함수 역시 엑셀 2013 버전부터 지원됩니다. 이 함수는 셀에 수식이 입력되어 있는지 여부를 판단해 TRUE, FALSE로 반환합니다. 그러므로 이번 수식은 수식이 입력되어 있다면 FORMULATEXT 함수를 사용해 수식 문자열을 반환하고, 수식이 입력되어 있지 않다면 '입력' 문자열을 반환합니다.

대/소문자 변경하기 – UPPER, LOWER, PROPER

엑셀 수식은 대부분 영어 대/소문자를 구별하지 않으므로 굳이 구분할 필요는 없지만, 입력된 값을 보기 좋게 정리할 목적으로 대/소문자를 정리하는 경우가 있습니다. 이런 경우를 위해 엑셀에서는 수식에서 사용할 수 있는 UPPER, LOWER, PROPER 함수를 제공합니다.

\ 예제 파일 PART 02 \ CHAPTER 05 \ UPPER, LOWER, PROPER 함수.xlsx

새 함수

UPPER (❶ 텍스트)

텍스트 문자열의 모든 소문자를 대문자로 변환합니다.

구문	❶ 텍스트 : 변환할 영문자가 포함된 값 또는 셀
사용 예	=UPPER("microsoft excel") 'microsoft excel' 문자열을 대문자로 변경한 'MICROSOFT EXCEL' 값이 반환됩니다.

LOWER (❶ 텍스트)

텍스트 문자열의 모든 대문자를 소문자로 변환합니다.

구문	❶ 텍스트 : 변환할 영문자가 포함된 값 또는 셀
사용 예	=LOWER("MICROSOFT EXCEL") 'MICROSOFT EXCEL' 문자열을 소문자로 변경한 'microsoft excel' 값이 반환됩니다.

PROPER (❶ 텍스트)

텍스트 문자열의 영어 단어 첫 번째 문자를 대문자로, 나머지는 모두 소문자로 변환합니다.

구문	❶ 텍스트 : 변환할 영문자가 포함된 값 또는 셀
사용 예	=PROPER("MICROSOFT EXCEL") 'MICROSOFT EXCEL' 문자열에서 단어의 첫 번째 문자만 대문자로 표시한 'Microsoft Excel' 값이 반환됩니다.

01 예제 파일을 열고 영어 대/소문자 변경 작업을 해보겠습니다. 소문자로 입력된 B열의 값을 C열에는 영어 대문자로 변경해 입력하고, D열에는 단어의 첫 글자만 영어 대문자로 변경해 입력할 것입니다.

02 C6셀에 다음 수식을 입력하고 C6셀의 채우기 핸들(⊞)을 C11셀까지 드래그해 복사합니다.

C6셀 : =UPPER(B6)

03 이번에는 D6셀에 다음 수식을 입력하고 D6셀의 채우기 핸들(⊞)을 D11셀까지 드래그해 복사합니다.

D6셀 : =PROPER(B6)

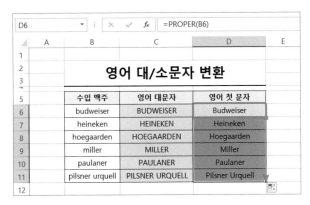

특정 문자 반복 입력하기
– REPT

특정 문자(열)를 반복해서 입력하고 싶을 때는 REPT 함수를 사용합니다. 이 함수는 단독으로 많이 사용되는 함수는 아니지만, 수식 내에서 특정 문자(열)를 반복해서 입력해야 할 때 사용하면 수식의 길이도 줄이고 입력도 간편하게 할 수 있어 매우 편리합니다. 여기에서는 세금 계산서 등의 양식에서 자주 사용하는 금액을 한 칸씩 나눠 입력하는 경우에 REPT 함수를 사용하는 방법에 대해 알아보겠습니다.

예제 파일 PART 02 \ CHAPTER 05 \ REPT 함수.xlsx

새 함수

REPT (❶ 문자(열), ❷ 반복 횟수)

문자(열)를 지정된 횟수만큼 반복한 값을 반환합니다.

구문	❶ 문자(열) : 반복해 표시하고 싶은 문자(열) ❷ 반복 횟수 : 반복 표시할 횟수
사용 예	=REPT("–", 5) '–' 문자가 5회 반복된 '–––––' 문자열이 반환됩니다.

ROW (❶ 참조)

참조된 셀의 행 번호를 반환합니다.

구문	❶ 참조 : 행 번호를 확인할 셀로, 생략하면 수식이 입력된 셀을 대상으로 합니다.
사용 예	=ROW(A1) A1셀의 행 번호인 1이 반환됩니다.

COLUMN (❶ 참조)

참조된 셀의 열 번호를 반환합니다.

구문	❶ 참조 : 열 번호를 확인할 셀로, 생략하면 수식이 입력된 셀을 대상으로 합니다.
사용 예	=COLUMN(A1) A1셀의 열 번호인 1이 반환됩니다.

01 예제 파일에는 세금계산서 양식이 입력되어 있습니다. G5 병합 셀에 입력된 금액의 숫자를 I9:AC9 범위 내 각 셀에 단위에 맞게 하나씩 표시해보겠습니다.

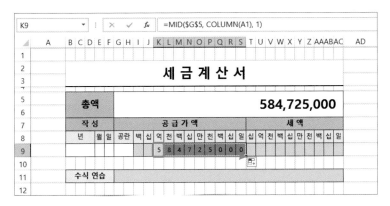

02 금액 단위가 일정하다면, 해당 단위 위치에서 값을 하나씩 잘라 표시합니다. K9셀에 다음 수식을 입력하고 K9셀의 채우기 핸들을 S9셀까지 드래그해 복사합니다.

K9셀 : =MID($G$5, COLUMN(A1), 1)

> ### Plus⁺ 수식 이해하기
>
> 이번 수식을 이해하려면 다음 두 가지를 정확하게 이해해야 합니다.
>
> ● **K9셀에서 수식을 작성하는 이유**
>
> 총액(G5셀)이 5억 8천 4백… 으로, 가장 큰 금액 단위인 '억'의 위치가 K9셀이기 때문입니다.
>
> ● **MID 함수의 두 번째 인수로 COLUMN(A1)을 쓴 이유**
>
> 이것을 이해하려면 COLUMN 함수의 반환 값에 대해 정확하게 이해해야 합니다. COLUMN 함수는 열 번호를 반환하며 **COLUMN(A1)**과 같은 수식은 1을 반환합니다. 이 수식을 열 방향(오른쪽)으로 복사하면 **COLUMN(B1)**, **COLUMN(C1)**, … 과 같이 참조 위치가 변경되면서 반환 값은 2, 3, … 과 같은 일련번호 값이 됩니다.
>
> 그러므로 이번 수식은 MID($G$5, 1, 1)과 같고, 수식을 오른쪽으로 복사하면 **MID($G$5, 2, 1)**, **MID($G$5, 3, 1)**, … 과 같이 되어 G5셀의 총액 금액이 한 자리씩 나뉘어 반환됩니다.

03 그런데 이 수식을 이용한 경우 금액 단위가 달라지면 문제가 발생합니다. G5 병합 셀의 값에서 맨 뒤의 0을 하나 삭제해보면 I9:S9 범위 내 숫자가 잘못된 금액 단위에 표시되는 것을 확인할 수 있습니다.

04 문제를 확인했으니 단축키 Ctrl + Z 를 눌러 **03** 과정을 취소해 G5 병합 셀의 금액을 원래대로 되돌립니다. 세금계산서 양식은 I8셀에서 확인할 수 있듯이 금액을 백억 원까지 표시할 수 있습니다. 그러므로 총액의 금액 단위를 백억에 맞춰 하나씩 잘라내겠습니다. G11 병합 셀에 다음 수식을 입력합니다.

G11 병합 셀 : =TEXT(G5, "00000000000")

Plus⁺ 수식 이해하기

세금계산서에는 백억 원까지 표시할 수 있고 백억은 열한 자리 숫자이므로 G5 병합 셀의 금액을 열한 자리 숫자로 변환하면 한 자리씩 잘라 표시하는 데 문제가 없습니다.

TEXT 함수의 두 번째 인수로 사용한 서식 코드 0은 숫자 한 자리를 의미하며, 열한 번 입력했으니 총 열한 자리 숫자로 G5셀의 금액을 변환하라는 의미가 됩니다. 하지만 G5셀의 숫자는 아홉 자리이므로 열한 자리로 하면 앞 두 자리가 맞지 않습니다. 서식 코드 0은 이렇게 자릿수가 맞지 않을 때 0을 채워 표시합니다. G11셀의 반환 값을 보면 앞 두 자리에 0이 표시된 것을 확인할 수 있습니다.

05 자릿수를 맞추는 방법을 알았으니, 앞 두 자리에 0이 표시된 것을 공백으로 변경합니다. 숫자 서식 코드인 **0**은 빈 자리에 0을 표시하지만 **?** 서식 코드는 빈 칸을 표시합니다. G11 병합 셀의 수식을 다음과 같이 변경합니다.

G11 병합 셀 : =TEXT(G5, "???????????")

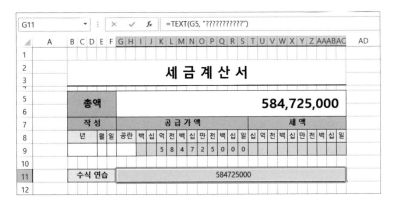

Plus⁺ 수식 이해하기

TEXT 함수에서 사용한 **?**는 0과 동일하게 숫자를 표시하는 서식 코드이지만, 단위가 맞지 않을 때 앞자리에 0이 아닌 공백 문자(" ")를 표시한다는 점이 서식 코드 0과 다릅니다. 그래서 세금계산서 서식과 같이 금액을 한 자리씩 잘라 넣어야 할 때 유용하게 사용됩니다.

06 **0**이나 **?** 서식 코드를 열한 번이나 입력하는 것은 불편하므로 REPT 함수로 대체하겠습니다. G11 병합 셀의 수식을 다음과 같이 변경합니다.

G11 병합 셀 : =TEXT(G5, REPT("?", 11))

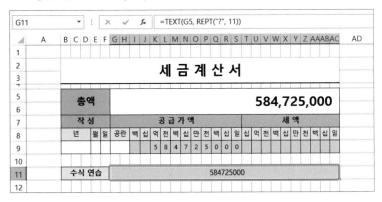

Plus⁺ 수식 이해하기

REPT 함수는 특정 문자(열)를 반복한 값을 반환합니다. 서식 코드 0이나 ?과 같은 값을 여러 차례 반복해서 입력하다 보면 입력 오류가 생길 수 있으므로, 이번과 같이 REPT 함수를 사용하는 것이 좋습니다.

07 이제 금액 단위에 맞게 숫자를 한 칸씩 반환하는 수식을 작성하겠습니다. I9셀에 다음 수식을 입력하고 I9셀의 채우기 핸들(⊞)을 S9셀까지 드래그해 복사합니다.

I9셀 : =MID($G$11, COLUMN(A1), 1)

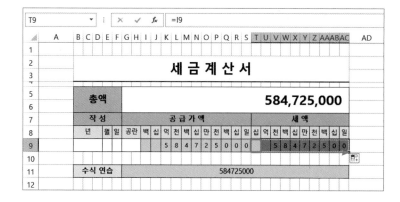

Plus⁺ 수식 이해하기

이번 수식은 기본적으로 **02** 과정의 수식과 동일하며, 참조하는 셀이 G5셀에서 G11셀로 변경된 점만 다릅니다. 만약 G11셀과 같이 별도의 셀에 수식을 넣고 참조하는 방법이 불편하다면 두 셀의 수식을 하나로 합친 다음과 같은 수식을 사용합니다.

=MID(TEXT(G5, REPT("?", 11)), COLUMN(A1), 1)

---

08 세액도 같은 방법으로 구하면 되지만, 보통 세액은 공급가액의 10%이므로 공급가액의 한 단위 위 숫자를 참조하는 방법이 더 쉽습니다. T9셀에 다음 수식을 입력하고 T9셀의 채우기 핸들(⊞)을 AC9셀까지 드래그해 복사합니다.

T9셀 : =I9

집계, 통계 함수

표 데이터를 특정 기준에 맞게 요약(집계)하는 작업은

엑셀로 가장 빈번하게 하는 작업 중 하나입니다.

집계(Summary) 함수는 데이터를 월별/분기별 등 특정 기준으로 요약할 때 사용하는 함수이며,

통계(Statistic) 함수는 집계된 데이터의 의미를 설명하는 평균/최대/최소/순위 등을 구하는 함수입니다.

엑셀에서 제공하는 집계, 통계 함수 중에서

가장 사용 빈도가 높은 함수들에 대해 알아보겠습니다.

개수 세기 - COUNT 계열 함수

범위 내에서 특정 데이터가 얼마나 있는지 알려면 개수를 세야 합니다. 예를 들어 제품별, 고객별, 법인별, 대리점별로 얼마나 거래되고 있는지 확인하고 싶다면 데이터를 세어 확인합니다. 이렇게 개수를 세는 작업이 필요할 때 엑셀에서는 이름이 COUNT로 시작하는 함수를 사용합니다. 저는 개수를 셀 때 사용할 수 있는 여러 COUNT 함수를 묶어 COUNT 계열 함수라고 부릅니다. 이 함수들을 상황에 맞게 사용할 수 있다면 데이터에서 다양한 정보를 손쉽게 확인할 수 있습니다.

\ **예제 파일** PART 02 \ CHAPTER 06 \ COUNT 계열 함수.xlsx /

새 함수

COUNT (❶ 값1, ❷ 값2, …)

지정한 범위에서 숫자 값을 갖는 셀의 개수를 세어 반환합니다.

구문	❶ 값 : 개수를 셀 데이터 범위(또는 값)로, 최대 255개까지 지정할 수 있습니다.
사용 예	**=COUNT(A1:A10)** A1:A10 범위에서 숫자 값을 갖는 셀의 개수를 반환합니다.

COUNTA (❶ 값1, ❷ 값2, …)

지정한 범위에서 값이 입력된 셀의 개수를 세어 반환합니다.

구문	❶ 값 : 개수를 셀 데이터 범위(또는 값)로, 최대 255개까지 지정할 수 있습니다.
사용 예	**=COUNTA(A1:A10)** A1:A10 범위에서 값이 입력된 셀의 개수를 반환합니다.

COUNTBLANK (❶ 범위)

범위에서 빈 셀의 개수를 세어 반환합니다.

구문	❶ 범위 : 개수를 셀 데이터 범위
사용 예	**=COUNTBLANK(A1:A10)** A1:A10 범위에서 빈 셀의 개수를 반환합니다.

COUNTIF (❶ 범위, ❷ 조건 문자열)

범위에서 조건에 맞는 셀의 개수를 세어 반환합니다.

구문	❶ 범위 : 개수를 셀 데이터 범위 ❷ 조건 문자열 : 범위에서 확인할 조건에 해당하는 문자열 보통 ">=10"과 같이 큰따옴표(") 안에 비교 연산자와 비교할 값을 입력하며, 비교 연산자가 생략되면 같다(=)는 비교 연산자를 생략한 것이고, 비교할 값을 셀에서 참조하려면 ">=" & A1과 같이 & 연산자로 비교 연산자와 셀 참조를 연결해야 합니다.
참고	조건 문자열에는 와일드 카드 문자(*, ?)를 사용할 수 있습니다.
사용 예	=COUNTIF(A1:A10, ">=70") A1:A10 범위 내에서 70점 이상인 셀의 개수를 반환합니다.

엑셀 2007 이상

COUNTIFS (❶ 범위1, ❷ 조건 문자열1, ❸ 범위2, ❹ 조건 문자열2, …)

여러 개의 데이터 범위에서 지정한 조건을 모두 만족하는 셀의 개수를 세어 반환합니다.

구문	❶ 범위 : 개수를 셀 데이터 범위입니다. ❷ 조건 문자열 : 범위에서 확인할 조건 문자열 보통 ">=10"과 같이 큰따옴표(") 안에 비교 연산자와 비교할 값을 입력하며, 비교 연산자가 생략되면 같다(=)는 비교 연산자를 생략한 것이고, 비교할 값을 셀에서 참조하려면 ">=" & A1과 같이 & 연산자로 비교 연산자와 셀 참조를 연결해야 합니다.
특이 사항	이 함수는 COUNTIF 함수처럼 조건을 하나만 사용해도 됩니다. 즉, COUNTIF 함수 대신 COUNTIFS 함수를 사용해도 됩니다. COUNTIF(범위, 조건) = COUNTIFS(범위, 조건)
버전	엑셀 2007 버전부터 제공되는 함수로, 하위 버전과 호환되도록 하려면 다음 수식으로 대체합니다. =SUMPRODUCT((범위1=조건 문자열1)*(범위2=조건 문자열2)* …)
사용 예	=COUNTIFS(A1:A10, ">=70", B1:B10, "남") A1:A10 범위에서 70점 이상이고 B1:B10 범위의 값이 '남'인 개수를 반환합니다.

01 예제 파일을 열고, 왼쪽 표의 데이터를 참고해 오른쪽 표에 조건에 맞는 데이터의 개수를 집계해보겠습니다.

	A	B	C	D	E	F	G	H	I	J	K	L
1												
2				**판 매 대 장**						**집계**		
3												
4												
5		번호	제품	단가	수량	할인율	판매	입금		항목	건수	
6		83101	잉크젯복합기 AP-3200	72,800	9	0%	655,200	o		전체 판매		
7		83102	컬러레이저복사기 XI-3200	1,152,000	4	15%	3,916,800	o		입금 완료건		
8		83103	복사지A4 2500매	14,000	10	0%	140,000	o		미 입금 건		
9		83104	컬러레이저복사기 XI-2000	909,500	5	15%	3,865,375	o		할인율 적용 판매 건		
10		83105	RF OA-200	34,300	7	5%	228,095	o		수량 5건 이상인 것 중에서 할인율 미 적용 판매 건		
11		83106	바코드 BCD-100 Plus	108,300	7	5%	720,195	o				
12		83107	바코드 BCD-200 Plus	93,000	4	5%	353,400	o				
13		83108	고급복사지A4 2500매	18,200	10	5%	172,900	o				
14		83109	복사지A4 2500매	13,100	7	5%	87,115					
15		83110	잉크젯팩시밀리 FX-1050	47,900	9	5%	409,545	o				
16		83111	도트 TIC-1A	3,600	1	0%	3,600	o				
17		83112	열제본기 TB-8200	138,300	6	0%	829,800					
18		83113	고급복사지A4 5000매	29,400	4	0%	117,600	o				
19		83114	RF OA-200	35,700	5	0%	178,500					
20		83115	바코드 BCD-200 Plus	94,900	7	5%	631,085	o				

TIP '판매대장' 표에 데이터가 계속 누적될 것이라면 엑셀 표로 변환하고 [구조적 참조] 구문을 이용해 수식을 작성하는 것이 좋습니다.

02 B열의 거래번호를 참고해 전체 판매 건을 셉니다. K6셀에 다음 수식을 입력합니다.

K6셀 : =COUNTA(B6:B20)

| K6 | ▼ | : | × | ✓ | *fx* | =COUNTA(B6:B20) |

▲	A	B	C	D	E	F	G	H	I	J	K	L
1												
2			**판 매 대 장**							**집계**		
3												
5		번호	제품	단가	수량	할인율	판매	입금		항목	건수	
6		83101	잉크젯복합기 AP-3200	72,800	9	0%	655,200	○		전체 판매	15	
7		83102	컬러레이저복사기 XI-3200	1,152,000	4	15%	3,916,800	○		입금 완료건		
8		83103	복사지A4 2500매	14,000	10	0%	140,000	○		미 입금 건		
9		83104	컬러레이저복사기 XI-2000	909,500	5	15%	3,865,375	○		할인율 적용 판매 건		
10		83105	RF OA-200	34,300	7	5%	228,095	○		수량 5건 이상인 것 중에서 할인율 미 적용 판매 건		
11		83106	바코드 BCD-100 Plus	108,300	7	5%	720,195	○				
12		83107	바코드 BCD-200 Plus	93,000	4	5%	353,400	○				
13		83108	고급복사지A4 2500매	18,200	10	5%	172,900	○				
14		83109	복사지A4 2500매	13,100	7	5%	87,115					
15		83110	잉크젯팩시밀리 FX-1050	47,900	9	5%	409,545	○				
16		83111	도트 TIC-1A	3,600	1	0%	3,600					
17		83112	열제본기 TB-8200	138,300	6	0%	829,800					
18		83113	고급복사지A4 5000매	29,400	4	0%	117,600	○				
19		83114	RF OA-200	35,700	5	0%	178,500					
20		83115	바코드 BCD-200 Plus	94,900	7	5%	631,085	○				
21												

Plus⁺ 수식 이해하기

'판매대장' 표의 한 행이 판매 건 하나라고 가정하면, 어느 열의 개수를 셀 것인지에 따라 사용하는 함수가 달라집니다. 보통 이렇게 전체 개수를 세는 경우에는 빈 셀이 없는 열을 선택해야 하며, 현재까지의 데이터뿐만 아니라 앞으로 입력될 데이터에도 빈 셀이 포함될 가능성이 없는 열이어야 합니다.

이번 예제에서는 B열의 (거래)번호가 생략되지 않을 것이라고 판단하여 B열의 데이터를 세도록 하였습니다. B열의 데이터는 모두 숫자이므로 COUNT와 COUNTA 함수를 모두 사용할 수 있습니다. 다만 현재까지의 데이터가 숫자라고 해서 앞으로도 모든 데이터가 숫자일 것이라는 보장은 없으므로 COUNT 함수보다는 COUNTA 함수를 사용하는 것이 현명합니다.

이번 수식을 COUNTIF 함수로 대체하면 다음과 같습니다.

=COUNTIF(B6:B20, "<>")

COUNTIF 함수의 두 번째 인수에 비교 연산자만 있고 비교할 값은 입력되지 않았으므로 빈 문자(" ")와 비교한다고 생각하면 됩니다. 즉, < > " " 조건이라고 생각하면 되는데, 빈 문자(" ")는 큰따옴표 안에 아무 것도 입력하지 않는 것이므로 "< >"와 동일한 조건이 됩니다.

참고로 엑셀에서 빈 셀은 빈 문자(" ")와 동일하므로, < > " " 조건은 빈 셀이 아닌, 값이 입력된 셀을 세는 조건이 되어 COUNTA 함수와 동일한 결과를 반환합니다.

03 이번에는 K7셀에 입금 완료 건의 개수를 세겠습니다. H열에 입금 여부가 소문자 **o**와 빈 셀로 구분되어 있으므로 H열에서 소문자 **o**가 입력된 셀을 셉니다. K7셀에 다음 수식을 입력합니다.

K7셀 : =COUNTIF(H6:H20, "=o")

K7	▼ : × ✓ fx	=COUNTIF(H6:H20, "=o")								
A	B	C	D	E	F	G	H	I	J	K	L

번호	제품	단가	수량	할인율	판매	입금		항목	건수
83101	잉크젯복합기 AP-3200	72,800	9	0%	655,200	o		전체 판매	15
83102	컬러레이저복사기 XI-3200	1,152,000	4	15%	3,916,800	o		입금 완료건	12
83103	복사지A4 2500매	14,000	10	0%	140,000	o		미 입금 건	
83104	컬러레이저복사기 XI-2000	909,500	5	15%	3,865,375	o		할인율 적용 판매 건	
83105	RF OA-200	34,300	7	5%	228,095	o		수량 5건 이상인 것 중에서 할인율 미 적용 판매 건	
83106	바코드 BCD-100 Plus	108,300	7	5%	720,195	o			
83107	바코드 BCD-200 Plus	93,000	4	5%	353,400	o			
83108	고급복사지A4 2500매	18,200	10	5%	172,900	o			
83109	복사지A4 2500매	13,100	7	5%	87,115				
83110	잉크젯팩시밀리 FX-1050	47,900	9	5%	409,545	o			
83111	도트 TIC-1A	3,600	1	0%	3,600	o			
83112	열제본기 TB-8200	138,300	6	0%	829,800				
83113	고급복사지A4 5000매	29,400	4	0%	117,600	o			
83114	RF OA-200	35,700	5	0%	178,500				
83115	바코드 BCD-200 Plus	94,900	7	5%	631,085	o			

판 매 대 장 / 집계

Plus⁺ 수식 이해하기

입금이 완료된 경우 H열('입금' 열)에 소문자 o가 입력되어 있으므로 입금 완료 건은 H열에서 소문자 o를 세어 구하면 됩니다. 이런 경우는 COUNT, COUNTA, COUNTBLANK 함수로는 셀 수 없으므로 COUNTIF 함수를 사용합니다.

COUNTIF 함수 두 번째 인수인 "=o"에서 같다는 의미의 비교 연산자는 생략할 수 있으므로 다음과 같이 변경할 수 있습니다.

=COUNTIF(H6:H20, "o")

물론 이번 예제에 한정하면 '입금' 열은 소문자 o가 아니면 빈 셀이므로 COUNTIF 함수 대신 COUNTA 함수를 사용해도 동일한 결과가 얻어집니다.

=COUNTA(H6:H20)

단, 빈 셀이 정말 비어 있는 셀인지 눈에 보이지 않는 값이 입력됐는지는 확인할 수 없으므로 COUNTA 함수보다는 COUNTIF 함수를 사용하는 것이 좋습니다.

04 K8셀의 미입금된 개수 역시 '입금' 열인 H열을 확인해 구합니다. 이번에는 '입금' 열에서 빈 셀의 개수를 세면 됩니다. K8셀에 다음 수식을 입력합니다.

K8셀 : =COUNTBLANK(H6:H20)

	A	B	C	D	E	F	G	H	I	J	K	L
1												
2			**판 매 대 장**							**집계**		
3												
5		번호	제품	단가	수량	할인율	판매	입금		항목	건수	
6		83101	잉크젯복합기 AP-3200	72,800	9	0%	655,200	o		전체 판매	15	
7		83102	컬러레이저복사기 XI-3200	1,152,000	4	15%	3,916,800	o		입금 완료건	12	
8		83103	복사지A4 2500매	14,000	10	0%	140,000	o		미 입금 건	3	
9		83104	컬러레이저복사기 XI-2000	909,500	5	15%	3,865,375	o		할인율 적용 판매 건		
10		83105	RF OA-200	34,300	7	5%	228,095	o		수량 5건 이상인 것 중에서 할인율 미 적용 판매 건		
11		83106	바코드 BCD-100 Plus	108,300	7	5%	720,195	o				
12		83107	바코드 BCD-200 Plus	93,000	4	5%	353,400	o				
13		83108	고급복사지A4 2500매	18,200	10	5%	172,900	o				
14		83109	복사지A4 2500매	13,100	7	5%	87,115	o				
15		83110	잉크젯팩시밀리 FX-1050	47,900	9	5%	409,545	o				
16		83111	도트 TIC-1A	3,600	1	0%	3,600	o				
17		83112	열제본기 TB-8200	138,300	6	0%	829,800					
18		83113	고급복사지A4 5000매	29,400	4	0%	117,600	o				
19		83114	RF OA-200	35,700	5	0%	178,500					
20		83115	바코드 BCD-200 Plus	94,900	7	5%	631,085	o				
21												

Plus⁺ 수식 이해하기

COUNTBLANK 함수는 빈 셀의 개수를 세는 함수이므로 이번과 같은 경우에 사용하기 적합합니다. 다만, 데이터 범위 내 빈 셀이 정말 비어 있는지는 확인하기가 어려우므로 COUNTIF 함수를 사용해 다음과 같이 작성하는 것이 더 적합합니다.

=COUNTIF(H6:H20, "<>o")

02-03 과정을 통해 '전체 판매건'과 '입금 완료건'을 모두 구했다면 다음 수식을 사용하는 것도 좋은 방법입니다.

=K6-K7

이렇게 데이터 상황에 맞는 함수와 수식을 사용할 수 있어야 하므로 개수를 세는 작업은 많은 연습이 필요합니다.

05 K9셀에는 할인해서 판매한 건을 세겠습니다. 할인 여부는 '할인율' 열인 F열에서 확인하면 됩니다. 할인된 판매 건은 모두 할인율이 0보다 크므로 K9셀에 다음 수식을 입력해 개수를 셉니다.

K9셀 : =COUNTIF(F6:F20, ">0")

	A	B	C	D	E	F	G	H	I	J	K	L
K9				fx	=COUNTIF(F6:F20, ">0")						
1												
2				판 매 대 장						집계		
3												
5		번호	제품	단가	수량	할인율	판매	입금		항목	건수	
6		83101	잉크젯복합기 AP-3200	72,800	9	0%	655,200	o		전체 판매	15	
7		83102	컬러레이저복사기 XI-3200	1,152,000	4	15%	3,916,800	o		입금 완료건	12	
8		83103	복사지A4 2500매	14,000	10	0%	140,000	o		미 입금 건	3	
9		83104	컬러레이저복사기 XI-2000	909,500	5	15%	3,865,375	o		할인율 적용 판매 건	9	
10		83105	RF OA-200	34,300	7	5%	228,095	o		수량 5건 이상인 것 중에서 할인율 미 적용 판매 건		
11		83106	바코드 BCD-100 Plus	108,300	7	5%	720,195	o				
12		83107	바코드 BCD-200 Plus	93,000	4	5%	353,400	o				
13		83108	고급복사지A4 2500매	18,200	10	5%	172,900	o				
14		83109	복사지A4 2500매	13,100	7	5%	87,115					
15		83110	잉크젯팩시밀리 FX-1050	47,900	9	5%	409,545	o				
16		83111	도트 TIC-1A	3,600	1	0%	3,600	o				
17		83112	열제본기 TB-8200	138,300	6	0%	829,800					
18		83113	고급복사지A4 5000매	29,400	4	0%	117,600	o				

> **Plus⁺ 수식 이해하기**
>
> 할인해서 판매한 건은 F열('할인율' 열)의 값이 0보다 큽니다. 그러므로 0보다 큰 값이 입력된 셀의 개수를 세면 됩니다. 이 경우 COUNT, COUNTA, COUNTBLANK 함수는 사용할 수 없으므로, 조건이 하나면 COUNTIF, 조건이 둘 이상이면 COUNTIFS 함수를 사용합니다. 0보다 큰 조건은 하나이므로 COUNTIF 함수를 사용합니다.
>
> 참고로 이번 수식에서 사용한 COUNTIF 함수를 잘 이해하려면, 첫 번째, 두 번째 인수를 결합해보면 됩니다. 그러면 F6:F20>0 과 같으므로 F6:F20 범위에서 0보다 큰 셀의 개수를 세는 것으로 이해할 수 있습니다.

06 K10 병합 셀에는 여러 개 구매했는데 할인해주지 않는 판매 건을 세겠습니다. 구체적으로 수량이 다섯 건 이상인 판매 건 중에서 할인율을 적용하지 않고 판매한 개수를 셉니다. K10 병합 셀에 다음 수식을 입력합니다.

K10 병합 셀 : =COUNTIFS(E6:E20, ">=5", F6:F20, "=0")

	A	B	C	D	E	F	G	H	I	J	K	L
K10				fx	=COUNTIFS(E6:E20, ">=5", F6:F20, "=0")						
1												
2				판 매 대 장						집계		
3												
5		번호	제품	단가	수량	할인율	판매	입금		항목	건수	
6		83101	잉크젯복합기 AP-3200	72,800	9	0%	655,200	o		전체 판매	15	
7		83102	컬러레이저복사기 XI-3200	1,152,000	4	15%	3,916,800	o		입금 완료건	12	
8		83103	복사지A4 2500매	14,000	10	0%	140,000	o		미 입금 건	3	
9		83104	컬러레이저복사기 XI-2000	909,500	5	15%	3,865,375	o		할인율 적용 판매 건	9	
10		83105	RF OA-200	34,300	7	5%	228,095	o		수량 5건 이상인 것 중에서 할인율 미 적용 판매 건	4	
11		83106	바코드 BCD-100 Plus	108,300	7	5%	720,195	o				
12		83107	바코드 BCD-200 Plus	93,000	4	5%	353,400	o				
13		83108	고급복사지A4 2500매	18,200	10	5%	172,900	o				
14		83109	복사지A4 2500매	13,100	7	5%	87,115					
15		83110	잉크젯팩시밀리 FX-1050	47,900	9	5%	409,545	o				
16		83111	도트 TIC-1A	3,600	1	0%	3,600	o				
17		83112	열제본기 TB-8200	138,300	6	0%	829,800					
18		83113	고급복사지A4 5000매	29,400	4	0%	117,600	o				
19		83114	RF OA-200	35,700	5	0%	178,500					
20		83115	바코드 BCD-200 Plus	94,900	7	5%	631,085	o				
21												

이번 개수를 구하려면 다음 두 가지 조건을 만족해야 합니다.

● 첫째, 수량이 다섯 건 이상(E열의 '수량' 데이터 확인)
● 둘째, 할인해주지 않음(F열의 '할인율' 데이터 확인)

이렇게 조건이 두 개 이상이면 COUNTIFS 함수를 사용합니다. COUNTIFS 함수는 인수를 두 개씩 짝지어 이해하는 것이 쉽습니다. 두 개씩 짝을 지으면 다음과 같은 식으로 이해할 수 있습니다.

● 첫 번째, 두 번째 : E6:E20>=5
● 세 번째, 네 번째 : F6:F20=0

네 번째 인수에서 같다(=)는 연산자는 생략할 수 있으므로, 수식을 다음과 같이 수정할 수 있습니다.

=COUNTIFS(E6:E20, ">=5", F6:F20, "0")

F6:F20 범위의 데이터는 모두 숫자이므로, 네 번째 인수에서 비교할 값도 숫자이니 큰따옴표(")역시 생략해도 됩니다.

=COUNTIFS(E6:E20, ">=5", F6:F20, 0)

COUNTIFS 함수는 엑셀 2007 버전부터 제공되므로, 그 이하 버전에서는 SUMPRODUCT 함수를 사용해 다음과 같이 수정할 수 있습니다.

=SUMPRODUCT((E6:E20>=10)*(F6:F20=0))

일련번호 표시하기
– ROW, COUNTA

일련번호는 1, 2, 3, …과 같이 일정한 간격(보통 1씩)으로 증가하는 숫자 값으로, 보통 데이터를 식별하기 위해 입력합니다. 일련번호는 1, 2 값을 셀에 먼저 입력하고 자동 채우기 기능을 이용해 값을 채워 넣는 방법을 사용해도 되지만, 그러려면 데이터가 먼저 입력되어 있어야 합니다. 데이터를 추가로 입력하거나 기존 데이터를 고칠 때 일련번호가 그에 맞게 표시되도록 하려면 수식을 이용해 넣는 방법을 이해하고 있어야 합니다.

예제 파일 PART 02 \ CHAPTER 06 \ COUNT 계열 함수–일련번호.xlsx

연속된 범위에서 일련번호

연속된 범위에 일련번호를 넣을 때는 ROW 함수나 COUNTA 함수를 사용합니다. ROW 함수는 사용하기 쉽지만 행을 삭제하는 등의 작업을 하면 #REF! 오류가 발생할 수 있으므로 COUNTA 함수를 더 많이 사용합니다.

01 예제 파일을 열고 'sample1' 시트의 견적서에 1, 2, 3, …과 같은 일련번호를 넣는 수식을 작성하겠습니다.

02 일련번호를 넣는 가장 쉬운 방법은 ROW 함수를 사용하는 것입니다. B6셀에 다음 수식을 입력하고 B6셀의 채우기 핸들(田)을 B12셀까지 드래그해 복사합니다.

B6셀 : =ROW(A1)

03 ROW 함수를 사용해 일련번호를 표시한 경우, 참조한 행 사이에 새 행을 추가하거나 참조한 행을 삭제하면 일련번호가 유지되지 않습니다. 1행을 선택하고 [홈] 탭−[셀] 그룹−[삽입] 명령(🔲)을 클릭해 행을 하나 추가해봅니다. B7셀의 일련번호가 2부터 시작됩니다.

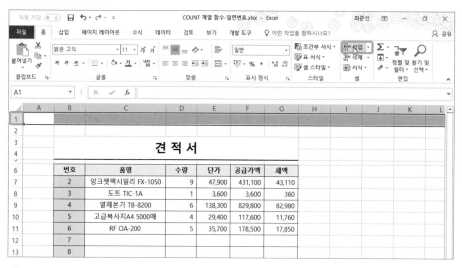

📖 일련번호가 잘못되는 것을 확인하였으면 다음 작업을 위해 단축키 Ctrl + Z 를 누르거나 빠른 실행 도구 모음의 [실행 취소] 명령(↩)을 클릭해 이번 작업을 취소합니다.

04 이번에는 데이터가 입력된 개수를 세는 방법으로 일련번호를 계산하겠습니다. B6셀에 다음 수식을 입력하고 B6셀의 채우기 핸들(⊞)을 B12셀까지 드래그해 복사합니다.

B6셀 : =COUNTA($C$6:C6)

번호	품명	수량	단가	공급가액	세액
1	잉크젯팩시밀리 FX-1050	9	47,900	431,100	43,110
2	도트 TIC-1A	1	3,600	3,600	360
3	열제본기 TB-8200	6	138,300	829,800	82,980
4	고급복사지A4 5000매	4	29,400	117,600	11,760
5	RF OA-200	5	35,700	178,500	17,850
5					
5					

05 품명(C열)이 입력된 경우에만 일련번호가 나타나도록 수식을 수정하겠습니다. B6셀의 수식을 다음과 같이 변경하고 B6셀의 채우기 핸들(⊞)을 B12셀까지 드래그해 복사합니다.

B6셀 : =IF(C6<>" ", COUNTA($C$6:C6), " ")

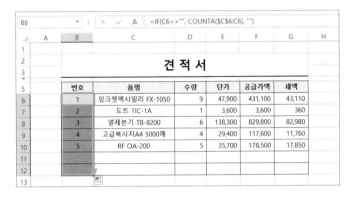

병합된 셀 일련번호 넣기

병합된 셀이 포함되어 있는 표에 일련번호를 넣는 경우에는 수식을 복사하기가 쉽지 않으므로 범위를 먼저 선택하고 Ctrl + Enter 키를 눌러 수식을 복사해 넣는 방법을 사용합니다. 이 방법으로 복사하려면 ROW 함수는 사용하지 못하고 반드시 COUNTA 함수를 사용해야 합니다.

01 'sample2' 시트를 열고, 병합 셀이 있는 '번호' 열(B열)에 일련번호를 넣어보겠습니다. B열의 병합된 셀들은 셀의 개수가 세 개, 두 개, 세 개, 세 개로 일정하지 않아 수식을 복사해 사용하기 어렵습니다.

	A	B	C	D	E	F	G	H
1								
2					주문 내역			
3								
5		번호	고객	담당자	제품	단가	수량	
6					잉크젯팩시밀리 FX-1000	41,400	12	
7			S&C무역 ㈜	박현우	바코드 BCD-100 Plus	114,000	10	
8					프리미엄복사지A4 2500매	19,800	5	
9			자이언트무역 ㈜	김민준	바코드 Z-350	52,300	9	
10					잉크젯복합기 AP-3300	100,000	40	
11					잉크젯팩시밀리 FX-1000	54,700	10	
12			진왕통상 ㈜	최서현	문서세단기 SCUT-1000	465,300	35	
13					와이어제본기 WC-5100	92,100	15	
14					바코드 Z-350	46,300	6	
15			한남상사 ㈜	유준혁	잉크젯팩시밀리 FX-1000	51,100	15	
16					RF OA-300	47,800	20	
17								

TIP 병합된 셀의 개수가 일정하다면, COUNTA 함수를 사용한 수식을 B6 병합 셀에 입력하고 수식을 복사해 일련번호를 넣을 수 있습니다.

02 일련번호를 넣을 B6:B16 범위를 선택하고 다음 수식을 작성한 후 Ctrl + Enter 키를 눌러 입력합니다.

B6:B16 범위 : =COUNTA($C$6:C6)

B6			× ✓ fx	=COUNTA($C$6:C6)				
	A	B	C	D	E	F	G	H
1								
2					주문 내역			
3								
5		번호	고객	담당자	제품	단가	수량	
6					잉크젯팩시밀리 FX-1000	41,400	12	
7		1	S&C무역 ㈜	박현우	바코드 BCD-100 Plus	114,000	10	
8					프리미엄복사지A4 2500매	19,800	5	
9		2	자이언트무역 ㈜	김민준	바코드 Z-350	52,300	9	
10					잉크젯복합기 AP-3300	100,000	40	
11					잉크젯팩시밀리 FX-1000	54,700	10	
12		3	진왕통상 ㈜	최서현	문서세단기 SCUT-1000	465,300	35	
13					와이어제본기 WC-5100	92,100	15	
14					바코드 Z-350	46,300	6	
15		4	한남상사 ㈜	유준혁	잉크젯팩시밀리 FX-1000	51,100	15	
16					RF OA-300	47,800	20	
17								

TIP 셀 하나에 수식을 입력할 때는 Enter 키를 사용하지만, 선택한 범위에 수식을 입력하고 복사하는 작업을 한 번에 하려면 Ctrl + Enter 키로 입력합니다. Ctrl + Enter 키를 눌러 수식을 입력하는 방법은 셀이 떨어져 있거나 이번 예제와 같이 셀이 병합되어 수식을 복사하기 어려운 경우에 주로 사용합니다.

COUNTIF 함수의 다양한 활용 방법 이해하기

개수를 세는 작업에 가장 많이 사용되는 함수는 COUNTA 함수와 COUNTIF 함수입니다. 특히 COUNTIF 함수는 사용자가 지정한 조건에 맞는 셀 개수를 셀 수 있어 많은 사랑을 받는 함수 중 하나 입니다. COUNTIF 함수를 잘 사용하려면 두 번째 인수 위치에 조건을 설정하는 방법을 정확하게 이 해하고 있어야 합니다. COUNTIF 함수를 구성하는 다양한 조건 문자열을 구성하는 방법에 대해 알아 보겠습니다.

예제 파일 없음

조건 문자열 패턴 #1 - 비교 연산자

COUNTIF 함수는 다음과 같은 방법으로 사용하는 경우가 가장 일반적입니다.

=COUNTIF(A1:A10, ">=70")

* A1:A10 범위에서 70점 이상인 셀 개수를 셉니다.

조건 문자열에서는 비교 연산자와 비교할 값을 큰따옴표(")로 묶어야 합니다. 이때 비교 연산자 중 같다(=) 연산자는 생략할 수 있습니다. 다음 수식에서 두 번째 인수는 "=합격"과 동일합니다.

=COUNTIF(A1:A10, "합격")

* A1:A10 범위에서 "합격" 문자열이 있는 셀 개수를 셉니다.

만약 두 번째 조건 문자열에 큰따옴표(")가 없다면 비교할 값이 숫자이고 같다(=) 연산자가 생략된 경우입 니다. 다음 수식에서 두 번째 인수는 "=0"과 같습니다.

=COUNTIF(A1:A10, 0)

* A1:A10 범위에서 0 값을 갖는 셀 개수를 셉니다.

조건 문자열 패턴 #2 - 셀 참조

조건 문자열에서 비교할 값이 다른 셀 값을 참조하도록 할 수 있습니다. 이 경우 다음과 같이 비교 연산자 와 셀을 & 연산자로 연결해야 합니다.

=COUNTIF(A1:A10, ">" & B1)

* A1:A10 범위에서 B1셀의 값보다 큰 값이 있는 셀 개수를 셉니다.

같다(=) 연산자는 생략할 수 있으므로 특정 셀 값과 같은 셀만 세려면 다음과 같이 구성합니다. 다음 수식에서 두 번째 인수는 **"=" & B1** 조건과 같습니다.

=COUNTIF(A1:A10, B1)

* A1:A10 범위에서 B1셀과 값이 같은 셀 개수를 셉니다.

조건 문자열 패턴 #3 - 와일드 카드

COUNTIF 함수와 같이 함수 이름 뒤에 IF가 붙는 함수에는 와일드 카드 문자(*, ?, ~)를 사용할 수 있습니다. 와일드 카드 문자에 대한 자세한 설명은 다음과 같습니다.

와일드 카드 문자	설명
?	찾을 값 중에서 모르는 문자 하나를 대체할 때 사용합니다. 예를 들어 '엑셀' 값이 입력된 셀 개수를 세려고 할 때, '엑'으로 시작한다는 것과 단어가 두 글자로 이루어져 있다는 것을 안다면 다음과 같이 조건 문자열을 구성할 수 있습니다. **=COUNTIF(A1:A10, "엑?")** * A1:A10 범위에서 '엑' 문자로 시작하고 문자가 두 개 입력된 셀 개수를 셉니다.
*	찾을 값의 일부만 알고 나머지 문자(열)를 알 수 없을 때 사용합니다. 예를 들어 '마이크로소프트' 값이 입력된 셀 개수를 세려고 할 때, '마이크로'만 안다면 다음과 같은 수식을 구성할 수 있습니다. **=COUNTIF(A1:A10, "마이크로*")** * A1:A10 범위에서 '마이크로' 문자열로 시작하는 셀 개수를 셉니다.
~	?, * 와일드 카드 문자를 일반 문자로 인식시킬 때 사용합니다. 예를 들어 ?, * 문자가 셀 값에 포함되어 있고 이 문자가 포함된 범위에서 셀 개수를 세려면 다음과 같이 수식을 구성합니다. **=COUNTIF(A1:A10, "A~*B")** * A1:A10 범위에서 'A*B' 값이 입력된 셀 개수를 셉니다.

조건 문자열 패턴 #4 - 함수

조건 문자열에서 비교할 값을 함수의 결과로 대체할 수 있습니다. 이 경우 역시 큰따옴표(") 안에 넣을 수 없으며 비교 연산자와 & 연산자로 연결해야 합니다.

=COUNTIF(A1:A10, ">=" & AVERAGE(A1:A10))

* A1:A10 범위에서 평균 값 이상인 셀 개수를 셉니다.

비교 연산자가 생략된다면 같다(=) 비교 연산자가 생략된 것입니다.

=COUNTIF(A1:A10, TODAY())

* A1:A10 범위에서 오늘 날짜를 갖는 셀 개수를 셉니다.

COUNTIFS 함수로
AND, OR 조건 구성하기

COUNTIF 함수는 조건 하나를 판단한 결과를 세지만, COUNTIFS 함수는 여러 조건을 판단한 결과를 셀 수 있습니다. 다만 COUNTIFS 함수는 모든 조건을 만족하는 AND 조건만 판단할 수 있으며 OR 조건은 판단할 수 없습니다. COUNTIFS 함수를 사용하는 방법에 대해 알아보겠습니다.

예제 파일 PART 02 \ CHAPTER 06 \ COUNTIFS 함수.xlsx

예제 파일을 열면 다음과 같은 표를 확인할 수 있습니다.

번호	고객	담당	주문일	제품	단가	수량	할인율	판매
				판 매 대 장				
83125	S&C무역 ㈜	오서윤	2018-01-02	컬러레이저복사기 XI-3200	1,176,000	3	15%	2,998,800
83126	드림씨푸드 ㈜	박현우	2018-01-02	바코드 Z-350	48,300	3	0%	144,900
83127	자이언트무역 ㈜	정시우	2018-01-03	잉크젯팩시밀리 FX-1050	47,400	3	0%	142,200
83128	진왕통상 ㈜	오서윤	2018-01-04	프리미엄복사지A4 2500매	17,800	9	0%	160,200
83129	삼양트레이드 ㈜	김민준	2018-01-05	바코드 BCD-100 Plus	86,500	7	0%	605,500
83130	자이언트무역 ㈜	정시우	2018-01-06	고급복사지A4 500매	3,500	2	0%	7,000
83131	동남무역 ㈜	최서현	2018-01-08	바코드 Z-350	46,300	7	0%	324,100
83132	한남상사 ㈜	오서윤	2018-01-08	바코드 BCD-100 Plus	104,500	8	0%	836,000
83133	금화트레이드 ㈜	최서현	2018-01-09	잉크젯복합기 AP-3300	79,800	1	0%	79,800
83134	칠성무역 ㈜	박현우	2018-01-10	잉크젯복합기 AP-3200	89,300	8	0%	714,400
83135	뉴럴네트워크 ㈜	박지훈	2018-01-12	고급복사지A4 500매	4,100	7	0%	28,700
83136	신성백화점 ㈜	최서현	2018-01-12	잉크젯복합기 AP-3200	79,500	2	0%	159,000
83137	사선무역 ㈜	김민준	2018-01-13	레이저복합기 L200	165,300	3	0%	495,900
83138	네트워크통상 ㈜	박현우	2018-01-14	고급복사지A4 500매	3,600	8	0%	28,800
83139	동행상사 ㈜	이서연	2018-01-15	링제본기 ST 100	127,800	4	0%	511,200
83140	뉴럴네트워크 ㈜	박지훈	2018-01-16	RF OA-300	46,800	6	0%	280,800
83141	스마일백화점 ㈜	이서연	2018-01-17	오피스 Z-01	39,900	2	0%	79,800

구간별 값 세기

만약 2018년 1월 5일부터 2018년 1월 15일까지의 판매 개수를 세려면 다음과 같은 수식을 구성합니다. 결과는 11이 반환됩니다.

=COUNTIFS(E6:E22, ">=2018-01-05", E6:E22, "<=2018-01-15")

위와 같이 시작~끝 값 사이의 개수를 세려면 시작 값보다 크거나 같은 조건과 끝 값보다 작거나 같은 조건을 설정해야 합니다. 위 수식에 맞는 데이터는 다음 화면과 같습니다.

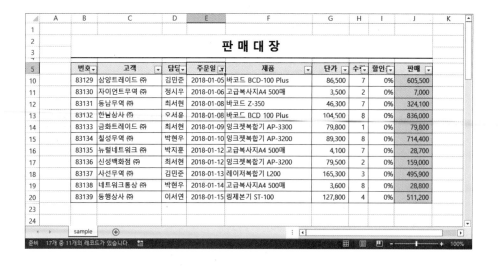

위 수식을 COUNTIF 함수로 대체하려면 다음과 같이 작성합니다.

=COUNTIF(E6:E22, ">=2018−01−05") − COUNTIF(E6:E22, ">2018−01−15")

2018년 1월 5일 이후의 개수를 모두 센 후, 2018년 1월 15일 이후(정확하게는 1월 16일)의 개수를 세어서 빼면 1월 5일부터 1월 15일 사이의 개수를 셀 수 있습니다.

세 개 이상의 복합 조건 처리하기

예를 들어 1월 10일 이후에 잉크젯복합기 제품을 다섯 대 이상 구매한 개수를 세려면 수식을 다음과 같이 구성합니다. 결과는 1이 반환됩니다.

=COUNTIFS(E6:E22, ">=2018−01−10", F6:F22, "잉크젯복합기*", H6:H22, ">=5")

위 수식에서 COUNTIFS 함수의 조건을 하나씩 끊어 확인하면, 날짜(E6:E22)가 2018년 1월 10일 이후이고 제품(F6:F22)명이 '잉크젯복합기'로 시작하며 (판매)수량(H6:H22)이 다섯 개 이상인 개수를 셉니다. 참고로 제품명에 와일드 카드 문자를 사용한 이유는 판매 제품 중 '잉크젯복합기' 제품이 '잉크젯복합기 AP−3200'과 '잉크젯복합기 AP−3300' 두 개이기 때문입니다.

위 수식에 맞는 데이터는 다음 화면과 같습니다.

OR 조건 구성하기

COUNTIFS 함수는 모든 조건을 만족하는 개수만 셀 수 있습니다. 조건이 하나만 맞아도 개수를 세야 한다면 별도의 수식을 구성해야 합니다. OR 조건을 처리하려면 COUNTIF 함수나 COUNTIFS 함수로 구한 값을 더해 계산합니다.

예를 들어 'S&C 무역 ㈜'와 '뉴럴네트워크 ㈜'의 판매 개수를 세려면 다음과 같이 수식을 구성합니다. 결과로 3이 반환됩니다.

=COUNTIF(C6:C22, "S&C무역 ㈜") + COUNTIF(C6:C22, "뉴럴네트워크 ㈜")

이때 회사명을 정확하게 입력해야 합니다. ㈜는 특수 문자이며 회사명과 한 칸 띄어 써야 합니다. 이런 점이 불편하다면 와일드 카드 문자를 사용해 다음과 같이 구성할 수 있습니다.

=COUNTIF(C6:C22, "S&C*") + COUNTIF(C6:C22, "뉴럴*")

위 수식에 맞는 데이터는 다음 화면과 같습니다.

번호	고객	담당	주문일	제품	단가	수량	할인	판매
83125	S&C무역 ㈜	오서윤	2018-01-02	컬러레이저복사기 XI-3200	1,176,000	3	15%	2,998,800
83135	뉴럴네트워크 ㈜	박지훈	2018-01-12	고급복사지A4 500매	4,100	7	0%	28,700
83140	뉴럴네트워크 ㈜	박지훈	2018-01-16	RF OA-300	46,800	6	0%	280,800

또는 '박현우'와 '최서현' 직원이 1월 10일 이후에 판매한 개수를 세려면 수식을 다음과 같이 구성합니다. 결과는 3이 반환됩니다.

**=COUNTIFS(D6:D22, "박현우", E6:E22, ">=2018-01-10")+
COUNTIFS(D6:D22, "최서현", E6:E22, ">=2018-01-10")**

위 수식에 맞는 데이터는 다음 화면과 같습니다.

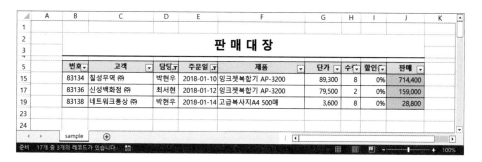

번호	고객	담당	주문일	제품	단가	수량	할인	판매
83134	칠성무역 ㈜	박현우	2018-01-10	잉크젯복합기 AP-3200	89,350	8	0%	714,400
83136	신성백화점 ㈜	최서현	2018-01-12	잉크젯복합기 AP-3200	79,500	2	0%	159,000
83138	네트워크통상 ㈜	박현우	2018-01-14	고급복사지A4 500매	3,600	8	0%	28,800

FREQUENCY 함수로
구간별 개수 세기

COUNTIF 함수나 COUNTIFS 함수로 구간별 셀 개수를 셀 수 있지만, 하나의 구간이 아니라 여러 개의 구간별 개수를 세려면 조금 불편합니다. 이 경우 COUNT 계열 함수 대신 FREQUENCY 함수를 사용하면 더 쉽습니다. 다만 이 함수를 이용하려면 구간의 최대값이 입력되어 있어야 하고, 배열 함수이므로 반드시 범위를 선택한 상태에서 수식을 Ctrl + Shift + Enter 키로 입력해야 합니다.

\ 예제 파일 PART 02 \ CHAPTER 06 \ FREQUENCY 함수.xlsx /

새 함수

FREQUENCY (❶ 데이터 범위, ❷ 구간 범위)

데이터 범위에서 해당 구간의 셀 값을 세어 배열로 반환합니다.

구문	❶ 데이터 범위 : 개수를 셀 데이터 범위 ❷ 구간 범위 : 구간의 대푯값이 입력된 범위로, 구간의 최대값이 대푯값으로 입력되어 있어야 합니다.
특이사항	FREQUENCY 함수는 배열 함수로 전체 범위의 개수를 한 번에 배열로 반환하므로 개수를 구할 전체 범위를 선택하고 Ctrl + Shift + Enter 키로 수식을 입력해야 합니다.

01 예제 파일을 열고, D열의 직원 연봉을 참고해 각 구간(F열)별 인원수를 H열에 구해보겠습니다.

	A	B	C	D	E	F	G	H	I
1									
2				**연 봉 분 포**					
3									
5		사번	직원	연봉		구간	대표값	건수	
6		1	호보석	2,930		2천만원대			
7		2	강누리	4,450		3천만원대			
8		3	노이슬	5,270		4천만원대			
9		4	최예지	4,260		5천만원대			
10		5	최느티	4,050		6천만원 이상			
11		6	최소라	5,360					
12		7	강단비	5,550					
13		8	구겨울	3,670					
14		9	최영원	3,350					
15		10	손은혜	6,330					
16									

TIP F6:F10 범위는 연봉이 오름차순으로 정렬되어 있지만, 내림차순으로 정렬되어 있어도 상관 없습니다.

02 조건에 맞는 셀 개수를 세는 COUNTIFS 함수를 사용해 2천만 원대 연봉을 받는 인원을 확인합니다. H6셀에 다음 수식을 입력합니다.

H6셀 : =COUNTIFS($D$6:$D$15, "＞=2000", $D$6:$D$15, "＜3000")

Plus⁺ 수식 이해하기

2천만 원대 연봉을 받는 인원을 세어야 하므로, '연봉' 열(D열)의 숫자가 2000보다 크거나 같고 3000보다 작도록 조건을 지정합니다. 이렇게 구간에 속한 셀 개수를 셀 때 COUNTIFS 함수를 사용하지만, 2000, 3000과 같은 값을 외부에 참조하려면 일일이 사용자가 해당 숫자를 입력해두어야 하므로 불편합니다.

---

03 FREQUENCY 함수를 사용하기 위해 G열에 구간별 대푯값을 입력하겠습니다. 구간별 대푯값으로는 구간의 값 중 가장 큰 값(최대값)을 입력합니다. G6:G9 범위에 순서대로 **2999**, **3999**, **4999**, **5999** 값을 입력합니다.

04 FREQUENCY 함수는 한 번에 결과를 반환하므로 H6:H10 범위 전체에 수식을 입력하겠습니다. H6:H10 범위를 선택하고 다음 수식을 작성한 후 [Ctrl]+[Shift]+[Enter] 키를 눌러 입력합니다.

H6:H10 범위 : =FREQUENCY(D6:D15, G6:G10)

05 수식이 제대로 입력되면 수식 입력줄의 수식이 중괄호({})로 묶여 표시됩니다. 그리고 H6:H10 범위에는 각 연봉대의 인원 수가 구해집니다.

| H6 | ▼ | : | × | ✓ | *fx* | {=FREQUENCY(D6:D15, G6:G10)} |

◢	A	B	C	D	E	F	G	H	I
1									
2				**연 봉 분 포**					
3									
5		사번	직원	연봉		구간	대표값	건수	
6		1	호보석	2,930		2천만원대	2999	1	
7		2	강누리	4,450		3천만원대	3999	2	
8		3	노이슬	5,270		4천만원대	4999	3	
9		4	최예지	4,260		5천만원대	5999	3	
10		5	최느티	4,050		6천만원 이상		1	
11		6	최소라	5,360					
12		7	강단비	5,550					
13		8	구겨울	3,670					
14		9	최영원	3,350					
15		10	손은혜	6,330					
16									

중복 확인하고 데이터 구분하기

중복이란 동일한 값이 두 개 이상 있는 경우를 의미합니다. 중복을 확인하려면 개수를 세어야 하므로 COUNTIF 함수나 COUNTIFS 함수를 사용하는 경우가 많습니다. 하나의 값이 동일한 경우를 의미하는 중복을 확인할 때는 COUNTIF 함수를 사용하고, 여러 개의 값이 모두 동일한 경우를 의미하는 중복을 확인할 때는 COUNTIFS 함수를 사용합니다. 수식으로 중복 데이터를 확인하고 데이터를 구분하는 방법에 대해 알아보겠습니다.

\ **예제 파일** PART 02 \ CHAPTER 06 \ COUNTIFS 함수–중복.xlsx /

01 예제 파일을 열고, 고객명부에서 중복 데이터가 존재하는지 확인하여 표시해보겠습니다. 중복 조건은 주소만 같은 경우와 주소와 사업자등록번호가 모두 같은 경우를 구분해 처리할 것입니다.

	A	B	C	D	E	F	G
1							
2			**고 객 명 부**				
3							
5		회사명	주소	전화번호	사업자등록번호	중복 여부	
6		S&C무역 ㈜	경상북도 상주시 가장동 78-3	(051)575-5776	005-62-08515		
7		송월통상 ㈜	서울특별시 서초구 방배동 883-11	(02)681-6889	002-22-08595		
8		학영식품 ㈜	서울특별시 강서구 내발산동 318	(02)989-9889	004-37-02912		
9		유리식품 ㈜	인천광역시 남구 연수동 208-16	(031)776-4568	001-92-08443		
10		자이언트무역 ㈜	대전광역시 서구 도마동 110-6	(041)492-3778	002-50-08958		
11		오늘무역 ㈜	서울특별시 서대문구 남가좌 1동 121	(02)211-1234	005-04-08209		
12		송현식품 ㈜	부산광역시 사하구 신평동 701-29	(051)745-9483	002-23-05954		
13		신성교역 ㈜	경상북도 상주시 가장동 78-3	(051)342-3333	001-04-06181		
14		다림상사 ㈜	서울특별시 강남구 대치동 315-11	(02)483-4486	006-79-01788		
15		한별 ㈜	서울특별시 서초구 방배동 883-11	(02)681-6889	002-22-08595		
16							

02 먼저 주소가 같은 중복 데이터가 있는지 확인하겠습니다. F6셀에 다음 수식을 입력하고 F6셀의 채우기 핸들(⊞)을 F15셀까지 드래그해 복사합니다.

F6셀 : =COUNTIF($C$6:$C$15, C6)

F6	▼	:	×	✓	*fx*	=COUNTIF($C$6:$C$15, C6)	
	A	B	C	D	E	F	G
1							
2			**고 객 명 부**				
3							
5		회사명	주소	전화번호	사업자등록번호	중복 여부	
6		S&C무역 ㈜	경상북도 상주시 가장동 78-3	(051)575-5776	005-62-08515	2	
7		송월통상 ㈜	서울특별시 서초구 방배동 883-11	(02)681-6889	002-22-08595	2	
8		학영식품 ㈜	서울특별시 강서구 내발산동 318	(02)989-9889	004-37-02912	1	
9		유리식품 ㈜	인천광역시 남구 연수동 208-16	(031)776-4568	001-92-08443	1	
10		자이언트무역 ㈜	대전광역시 서구 도마동 110-6	(041)492-3778	002-50-08958	1	
11		오늘무역 ㈜	서울특별시 서대문구 남가좌 1동 121	(02)211-1234	005-04-08209	1	
12		송현식품 ㈜	부산광역시 사하구 신평동 701-29	(051)745-9483	002-23-05954	1	
13		신성교역 ㈜	경상북도 상주시 가장동 78-3	(051)342-3333	001-04-06181	2	
14		다림상사 ㈜	서울특별시 강남구 대치동 315-11	(02)483-4486	006-79-01788	1	
15		한별 ㈜	서울특별시 서초구 방배동 883-11	(02)681-6889	002-22-08595	2	
16							

03 중복 데이터 중 첫 번째 데이터는 그대로 두고 두 번째 이후 데이터에는 중복 여부를 표시하겠습니다. F6셀의 수식을 다음과 같이 변경하고 F6셀의 채우기 핸들(⊞)을 F15셀까지 드래그해 복사합니다.

F6셀 : =COUNTIF($C$6:C6, C6)

회사명	주소	전화번호	사업자등록번호	중복 여부
고 객 명 부				
S&C무역 ㈜	경상북도 상주시 가장동 78-3	(051)575-5776	005-62-08515	1
송월통상 ㈜	서울특별시 서초구 방배동 883-11	(02)681-6889	002-22-08595	1
학영식품 ㈜	서울특별시 강서구 내발산동 318	(02)989-9889	004-37-02912	1
유리식품 ㈜	인천광역시 남구 연수동 208-16	(031)776-4568	001-92-08443	1
자이언트무역 ㈜	대전광역시 서구 도마동 110-6	(041)492-3778	002-50-08958	1
오늘무역 ㈜	서울특별시 서대문구 남가좌 1동 121	(02)211-1234	005-04-08209	1
송현식품 ㈜	부산광역시 사하구 신평동 701-29	(051)745-9483	002-23-05954	1
신성교역 ㈜	경상북도 상주시 가장동 78-3	(051)342-3333	001-04-06181	2
다림상사 ㈜	서울특별시 강남구 대치동 315-11	(02)483-4486	006-79-01788	1
한별 ㈜	서울특별시 서초구 방배동 883-11	(02)681-6889	002-22-08595	2

04 중복된 첫 번째 데이터는 '중복'으로, 두 번째 이후는 '삭제 대상'으로 표시하겠습니다. F6셀의 수식을 다음과 같이 변경하고 F6셀의 채우기 핸들(田)을 F15셀까지 드래그해 복사합니다.

F6셀 : =IF(COUNTIF($C$6:$C$15, C6)>1,
IF(COUNTIF($C$6:C6, C6)=1, "중복", "삭제 대상"),
" ")

F6	▼	:	×	✓	fx	=IF(COUNTIF($C$6:$C$15, C6)>1,		
						IF(COUNTIF($C$6:C6, C6)=1, "중복", "삭제 대상"),		
						"")		

	A	B	C	D	E	F	G
1							
2			**고 객 명 부**				
3							
5		회사명	주소	전화번호	사업자등록번호	중복 여부	
6		S&C무역 ㈜	경상북도 상주시 가장동 78-3	(051)575-5776	005-62-08515	중복	
7		송월통상 ㈜	서울특별시 서초구 방배동 883-11	(02)681-6889	002-22-08595	중복	
8		학영식품 ㈜	서울특별시 강서구 내발산동 318	(02)989-9889	004-37-02912		
9		유리식품 ㈜	인천광역시 남구 연수동 208-16	(031)776-4568	001-92-08443		
10		자이언트무역 ㈜	대전광역시 서구 도마동 110-6	(041)492-3778	002-50-08958		
11		오늘무역 ㈜	서울특별시 서대문구 남가좌 1동 121	(02)211-1234	005-04-08209		
12		송현식품 ㈜	부산광역시 사하구 신평동 701-29	(051)745-9483	002-23-05954		
13		신성교역 ㈜	경상북도 상주시 가장동 78-3	(051)342-3333	001-04-06181	삭제 대상	
14		다림상사 ㈜	서울특별시 강남구 대치동 315-11	(02)483-4486	006-79-01788		
15		한별 ㈜	서울특별시 서초구 방배동 883-11	(02)681-6889	002-22-08595	삭제 대상	
16							

Plus⁺ 수식 이해하기

이 수식은 **02~03** 과정에서 작성한 수식을 혼합해서 사용한 것으로, IF 함수와 함께 사용해 1, 2, 3, … 과 같은 개수 대신 사용자가 이해하기 쉬운 텍스트 값을 셀에 표시합니다.

수식의 의미를 설명하면 다음과 같습니다.

❶ 만약(IF) 중복 값이 존재하면(COUNTIF($C$6:$C$15, C6)>1)

❷ 첫 번째 값(IF(COUNTIF($C$6:C6, C6)=1)은 '중복' 문자열을 표시하고, 아니면(2 이상이면) '삭제 대상' 문자열을 표시하라.

❸ ❶이 아니면(중복 값이 존재하지 않으면) 빈 문자(" ")를 표시하라.

05 이번에는 주소와 사업자등록번호가 모두 같은 경우에만 중복 여부를 표시하겠습니다. F6셀의 수식을 다음과 같이 변경하고 F6셀의 채우기 핸들(⊞)을 F15셀까지 드래그해 복사합니다.

F6셀 : =COUNTIFS($C$6:$C$15, C6, $E$6:$E$15, E6)

F6		×	✓	ƒx	=COUNTIFS($C$6:$C$15, C6, $E$6:$E$15, E6)		
◢	A	B	C	D	E	F	G
1							
2			**고 객 명 부**				
3							
5		회사명	주소	전화번호	사업자등록번호	중복 여부	
6		S&C무역 ㈜	경상북도 상주시 가장동 78-3	(051)575-5776	005-62-08515	1	
7		송월통상 ㈜	서울특별시 서초구 방배동 883-11	(02)681-6889	002-22-08595	2	
8		학영식품 ㈜	서울특별시 강서구 내발산동 318	(02)989-9889	004-37-02912	1	
9		유리식품 ㈜	인천광역시 남구 연수동 208-16	(031)776-4568	001-92-08443	1	
10		자이언트무역 ㈜	대전광역시 서구 도마동 110-6	(041)492-3778	002-50-08958	1	
11		오늘무역 ㈜	서울특별시 서대문구 남가좌 1동 121	(02)211-1234	005-04-08209	1	
12		송현식품 ㈜	부산광역시 사하구 신평동 701-29	(051)745-9483	002-23-05954	1	
13		신성교역 ㈜	경상북도 상주시 가장동 78-3	(051)342-3333	001-04-06181	1	
14		다림상사 ㈜	서울특별시 강남구 대치동 315-11	(02)483-4486	006-79-01788	1	
15		한별 ㈜	서울특별시 서초구 방배동 883-11	(02)681-6889	002-22-08595	2	
16							

Plus⁺ 수식 이해하기

이 수식은 정확하게 **02** 과정의 수식과 동일하며, '주소' 하나이던 조건에 '사업자등록번호' 조건을 추가한 것입니다.

🖑 이 수식 역시 **03~04** 과정과 같이 다양한 방식으로 변경할 수 있습니다. **03~04** 과정에서 적용해본 방식을 이 수식에도 적용해 보세요.

SUM 함수의 집계 범위 이해하기

SUM 함수는 덧셈 연산을 하는 함수로, 인수로 전달된 숫자 값의 합계를 구합니다. 엑셀에서 가장 자주 사용되는 함수이므로 엑셀 사용자라면 누구나 한번쯤 사용해보았을 겁니다. 이 함수의 유일한 단점은 워낙 자주 사용되는 함수여서 사용자들이 딱히 공부할 필요를 못 느낀다는 것입니다. 여기서는 SUM 함수뿐만 아니라 대부분의 함수에서 대상 범위를 지정할 때 실수하기 쉬운 부분에 대해 알아보겠습니다.

\ **예제 파일** PART 02 \ CHAPTER 06 \ SUM 함수.xlsx /

새 함수

SUM (❶ 숫자1, ❷ 숫자2, …)

인수로 전달된 숫자 값의 합계를 반환합니다.

구문	❶ 숫자 : 합계를 구할 데이터 범위(또는 값)로, 최대 255개까지 지정할 수 있습니다.
특이사항	=SUM(A1:A10) A1:A10 범위에 있는 숫자 값의 합계를 구합니다.

집계 범위 설정 방법 이해하기

SUM 함수를 사용할 때 사용자들이 가장 즐겨쓰는 패턴은 다음과 같이 집계할 데이터 범위를 정확하게 지정하는 것입니다.

=SUM(A1:A10)

위 수식에서 SUM 함수는 A1:A10 범위를 대상으로 동작하며, A1:A10 범위 내 숫자 값의 합계만 반환합니다. 이렇게 하면 추가된 데이터 범위의 숫자를 집계할 수 없으므로 다음과 같은 방법도 많이 사용합니다.

=SUM(A:A)

위 수식은 A열 전체(A1:A1048576) 범위가 대상이지만, 실제로는 데이터가 입력된 범위만 대상으로 동작합니다. 그러므로 실제 데이터가 A1:A10 범위에만 있다면 두 수식은 같은 수식이 됩니다.

이렇게 A:A와 같이 A열 전체를 집계할 대상 범위로 지정했을 때의 장점은 추가로 데이터가 입력된 부분이 자동으로 더해진다는 점입니다. 즉, A11셀에 데이터를 입력하면 =SUM(A1:A10) 수식은 A11셀의 값을 더하지 못하지만 =SUM(A:A) 수식은 A11셀의 값을 더한 결과를 반환합니다.

열 전체를 범위로 설정할 때의 문제

앞의 설명대로라면 A:A와 같이 열 전체를 범위로 지정하는 것이 항상 좋을 것 같지만, 이런 방식은 수식의 계산 속도를 떨어뜨리는 주요 원인이 됩니다. 사소하게는 A:A와 같이 참조한 곳이 많다면 데이터가 입력된 범위를 엑셀이 일일이 확인해야 하므로 계산 속도가 약간 떨어지는 문제가 발생합니다. 그보다 심각하게는 파일에 문제가 있는 경우 눈에 보이지 않는 영역이 수식에 사용되고 있을 수 있어 집계할 범위가 과도하게 커지는 문제가 생길 수 있습니다.

그러므로 가급적 A1:A10 범위와 같이 집계할 대상 범위를 정확하게 지정하는 것이 좋으며, 데이터가 추가될 수 있다면 표를 엑셀 표로 변환하고 다음과 같이 '구조적 참조' 구문을 사용할 것을 권합니다.

=SUM(판매대장[판매])

LINK 엑셀 표의 구조적 참조 구문을 사용하는 방법은 'No. 059 계산된 열과 구조적 참조 이해하기'(150쪽)를 참고합니다.

Plus⁺ 워크시트에서 데이터가 사용된 마지막 위치 확인하기

워크시트에서는 데이터 입력과 삭제 작업이 매우 빈번하게 발생하는데, 이때 지워진 부분이 제대로 처리되지 않아 눈으로 볼 때는 사용 중이지 않은 곳이 사용되고 있는 경우가 있습니다. 이런 경우에 A:A와 같이 열 전체를 참조해 집계하면, 사용된 위치는 A1:A10 범위인데 A1:A1000과 같이 잘못된 데이터 범위를 계산하게 되어 파일의 계산 속도가 떨어집니다.

그러므로 사용 중인 워크시트에서 사용된 마지막 위치를 확인하는 방법을 이해하고 있어야 합니다. 단축키 Ctrl + End 를 누르면 셀 위치가 자동으로 워크시트에서 사용된 마지막 셀 위치로 이동합니다. (예제 파일을 열고 단축키 Ctrl + End 를 누르면 다음 화면의 위치로 이동합니다.)

예제뿐만 아니라 사용하던 다른 파일을 열고 이 작업을 진행해보세요.

위와 같은 경우 **=SUM(G:G)**와 같은 수식을 입력하면 **=SUM(G5:G22)**와 동일한 방식으로 계산 작업이 이루어집니다. 그러므로 불필요하게 사용된 영역은 제거하는 것이 좋습니다. 다음 과정을 참고합니다.

01 사용하지 않는 15:22행을 선택하고 [홈] 탭—[셀] 그룹—[삭제] 명령(圈)을 클릭합니다.

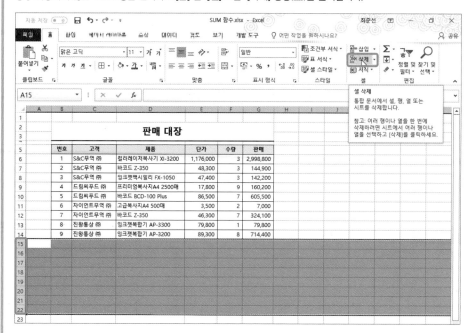

02 사용하지 않는 H:I열을 선택하고, [홈] 탭—[셀] 그룹—[삭제] 명령(圈)을 클릭합니다.

03 파일을 저장(圈)하고 닫은 후, 다시 열고 단축키 Ctrl + End 를 눌러 마지막 위치를 확인합니다.

SUMIF 함수로
조건에 맞는 합계 값 계산하기

SUMIF 함수는 조건에 맞는 숫자 값의 합계를 구할 수 있는 함수로, COUNTIF 함수와 사용 방법이 거의 비슷합니다. SUMIF 함수는 SUM 함수와 더불어 가장 빈번하게 사용되는 함수이므로 사용 방법을 잘 숙지하고 있어야 합니다. SUMIF 함수의 사용 방법에 대해 알아보겠습니다.

\ 예제 파일 PART 02 \ CHAPTER 06 \ SUMIF 함수.xlsx /

새 함수

SUMIF (❶ 범위, ❷ 조건 문자열, ❸ 합계 범위)

범위 내에서 조건에 맞는 값을 찾아 합계 범위에서 같은 행에 위치한 숫자를 더합니다.

구문	❶ **범위** : 조건을 확인할 데이터 범위 ❷ **조건 문자열** : 범위에서 확인할 조건에 해당하는 문자열 　보통 "**>=10**"과 같이 큰따옴표(")안에 비교 연산자와 비교할 값을 입력하며, 비교 연산자가 생략되면 같다(=)는 비교 연산자를 생략한 것이고, 비교할 값을 셀에서 참조하려면 "**>=**" **& A1**과 같이 & 연산자로 비교 연산자와 셀 참조를 연결해야 합니다. ❸ **합계 범위** : 합계를 구할 범위로 조건을 만족하는 범위와 같은 행에 있는 값만 합계를 구합니다. 합계 범위는 생략할 수 있으며, 생략하면 범위 내 숫자 값의 합계를 구합니다.
참고	조건 문자열 인수에는 와일드 카드 문자(*, ?)를 사용할 수 있습니다.
특이사항	COUNTIF 함수와 사용 방법이 동일하며, 차이점은 세 번째 인수로 합계 범위 인수가 있다는 것입니다.

예제 파일을 열면 다음과 같은 표를 확인할 수 있습니다.

번호	고객	지역	주문일	제품	단가	수량	할인율	판매
				판 매 대 장				
1	S&C무역 ㈜	서울	2018-01-02	컬러레이저복사기 XI-3200	1,176,000	3	15%	2,998,800
2	S&C무역 ㈜	서울	2018-01-02	바코드 Z-350	48,300	3	0%	144,900
3	S&C무역 ㈜	서울	2018-01-03	잉크젯팩밀리 FX-1050	47,400	3	0%	142,200
4	드림씨푸드 ㈜	경기	2018-01-04	프리미엄복사지A4 2500매	17,800	9	0%	160,200
5	드림씨푸드 ㈜	경기	2018-01-05	바코드 BCD-100 Plus	86,500	7	0%	605,500
6	자이언트무역 ㈜	충청	2018-01-06	흑백레이저복사기 TLE-5000	489,200	5	10%	2,201,400
7	자이언트무역 ㈜	충청	2018-01-08	바코드 Z-350	46,300	7	0%	324,100
8	자이언트무역 ㈜	충청	2018-01-08	링제본기 ST-100	161,900	9	5%	1,384,245
9	진왕통상 ㈜	광역시	2018-01-09	컬러레이저복사기 XI-2000	1,003,000	2	10%	1,805,400
10	진왕통상 ㈜	광역시	2018-01-10	잉크젯복합기 AP-3200	89,300	8	0%	714,400
11	진왕통상 ㈜	광역시	2018-01-12	고급복사지A4 500매	4,100	7	0%	28,700
12	삼양트레이드 ㈜	서울	2018-01-12	잉크젯복합기 AP-3200	79,500	2	0%	159,000
13	삼양트레이드 ㈜	서울	2018-01-13	레이저복합기 L200	165,300	3	0%	495,900
14	삼양트레이드 ㈜	서울	2018-01-14	고급복사지A4 500매	3,600	8	0%	28,800
15	자이언트무역 ㈜	충청	2018-01-15	링제본기 ST-100	127,800	4	0%	511,200

COUNTIF 함수와 SUMIF 함수의 동일한 사용 방법

예제에서 100만 원 이상의 매출을 보인 판매 개수만 세어야 한다면 다음 수식을 사용할 수 있습니다. 결과는 4가 반환됩니다.

=COUNTIF(J6:J20, "＞=1000000")

* J6:J20 범위에서 100만 원 이상인 셀을 셉니다.

위 수식에 맞는 데이터는 다음 화면과 같습니다.

	A	B	C	D	E	F	G	H	I	J	K
1											
2						판 매 대 장					
3											
5		번호	고객	지역	주문일	제품	단가	수	할인	판매	
6		1	S&C무역 ㈜	서울	2018-01-02	컬러레이저복사기 XI-3200	1,176,000	3	15%	2,998,800	
11		6	자이언트무역 ㈜	충청	2018-01-06	흑백레이저복사기 TLE-5000	489,200	5	10%	2,201,400	
13		8	자이언트무역 ㈜	충청	2018-01-08	링제본기 ST-100	161,900	9	5%	1,384,245	
14		9	진왕통상 ㈜	광역시	2018-01-09	컬러레이저복사기 XI-2000	1,003,000	2	10%	1,805,400	
21											
22											
23											

동일한 작업을 SUMIF 함수로 수행하려면 함수명만 COUNTIF에서 SUMIF 함수로 변경하면 됩니다. 결과는 위 네 건의 판매액 합계인 8,389,845 값이 반환됩니다.

=SUMIF(J6:J20, "＞=1000000")

* COUNTIF 함수와 구성은 동일하지만, 함수가 SUMIF이므로 J6:J20 범위에서 100만 원 이상인 판매액을 모두 더합니다.

SUMIF 함수에서 '합계 범위' 인수가 필요한 이유

이번에는 서울 지역의 판매는 몇 건인지 구해보겠습니다. 수식은 다음과 같고, 결과는 6이 반환됩니다.

=COUNTIF(D6:D20, "서울")

* 조건 문자열에 비교 연산자가 생략되어 있으므로 "=서울"로 이해하면 됩니다. 서울 지역의 판매 개수가 반환됩니다.

위 수식에 맞는 데이터는 다음 화면과 같습니다.

	A	B	C	D	E	F	G	H	I	J	K
1											
2						판 매 대 장					
3											
5		번호	고객	지역	주문일	제품	단가	수	할인	판매	
6		1	S&C무역 ㈜	서울	2018-01-02	컬러레이저복사기 XI-3200	1,176,000	3	15%	2,998,800	
7		2	S&C무역 ㈜	서울	2018-01-02	바코드 Z-350	48,300	3	0%	144,900	
8		3	S&C무역 ㈜	서울	2018-01-03	잉크젯팩시밀리 FX-1050	47,400	3	0%	142,200	
17		12	삼양트레이드 ㈜	서울	2018-01-12	잉크젯복합기 AP-3200	79,500	2	0%	159,000	
18		13	삼양트레이드 ㈜	서울	2018-01-13	레이저복합기 L200	165,300	3	0%	495,900	
19		14	삼양트레이드 ㈜	서울	2018-01-14	고급복사지A4 500매	3,600	8	0%	28,800	
21											
22											
23											

이처럼 COUNTIF 함수는 숫자가 아닌 데이터 범위에서도 개수를 셀 수 있습니다. 그런데 SUMIF 함수를 사용해 서울 지역의 판매 금액의 합계를 구해야 할 경우 COUNTIF 함수와 동일하게 인수를 구성하면 0이 반환됩니다.

=SUMIF(D6:D20, "서울")

이유는 D6:D20 범위에 숫자가 존재하지 않기 때문입니다. 그러므로 첫 번째 인수 범위에 숫자가 없다면 세 번째 인수에 숫자 데이터가 있는 범위를 지정해야 합니다. 즉 다음과 같이 수식을 구성해야 합니다. 결과는 3,969,600 값이 반환됩니다.

=SUMIF(D6:D20, "서울", J6:J20)

* D6:D20 범위의 값이 '서울'인 위치를 찾아 J6:J20 범위에서 같은 행에 있는 셀 값만 모두 더합니다.

서울 지역 이외의 모든 매출을 집계하려면 다음과 같이 수식을 구성하면 됩니다. 결과는 7,735,145 값이 반환됩니다.

=SUMIF(D6:D20, "<>서울", J6:J20)

* 바로 위 수식과 다른 점은 두 번째 조건 문자열에 다르다(<>)는 비교 연산자가 사용된 것입니다.

2018년 1월 10일 이전 매출액만 필요하다면 수식을 다음과 같이 구성하면 됩니다. 결과는 10,481,145 값이 반환됩니다.

=SUMIF(E6:E20, "<=2018-01-10", J6:J20)

* 두 번째 조건 문자열에 작거나 같다(<=)는 비교 연산자와 2018-01-10 날짜 값을 사용했으므로, 2018년 1월 10일 이전의 매출을 집계합니다.

E6:E20 범위 역시 집계할 숫자가 아니므로 이 경우에도 SUMIF 함수의 세 번째 인수를 사용해 집계할 숫자 데이터 범위(J6:J20)를 지정해야 합니다.

날짜 관련 조건에서 항상 오늘 날짜를 기준으로 어제까지의 매출액만 구하려면 TODAY 함수를 사용해 다음과 같이 수식을 구성하면 됩니다.

=SUMIF(E6:E20, "<" & TODAY(), J6:J20)

* 두 번째 인수에 작다(<)는 비교 연산자와 TODAY 함수를 붙여 사용했으므로, 오늘 날짜 이전의 매출액 집계 값만 반환됩니다.

누계, 누계 비율 구하기

일련번호는 1, 2, 3, … 과 같이 일정한 간격(보통 1씩)으로 증가하는 숫자 값이며, 누계는 숫자 값의 합계를 계속해서 누적 합산한 값입니다. 이 두 가지 계산 방법은 서로 다른 것 같지만 매우 유사하며 다른 수식에서 매우 빈번하게 활용하는 기본 수식이므로 잘 이해해두어야 합니다. 누계와 누계 비율을 계산하는 방법에 대해 알아보겠습니다.

\ **예제 파일** PART 02 \ CHAPTER 06 \ SUM 함수−누계.xlsx

01 예제 파일을 열고, 매출(C열)을 월별로 누적한 값을 D열과 E열에 서로 다른 방법으로 구하고, F열에는 누계 비율을 계산해보겠습니다.

	A	B	C	D	E	F	G
1							
2				**누계**			
3							
5		월	매출	누계1	누계2	누계 비율	
6		1월	1,320,000				
7		2월	1,390,000				
8		3월	1,420,000				
9		4월	1,590,000				
10		5월	1,330,000				
11		6월	1,680,000				
12							

02 먼저 함수를 사용하지 않고 간단한 참조를 이용해 누계를 구하겠습니다. 각 셀에 다음 수식을 입력하고 D7셀의 채우기 핸들(⊞)을 D11셀까지 드래그해 복사합니다.

D6 셀 : =C6

D7 셀 : =C7+D6

D7		:	×	✓	fx	=C7+D6	
	A	B	C	D	E	F	G
1							
2				**누계**			
3							
5		월	매출	누계1	누계2	누계 비율	
6		1월	1,320,000	1,320,000			
7		2월	1,390,000	2,710,000			
8		3월	1,420,000	4,130,000			
9		4월	1,590,000	5,720,000			
10		5월	1,330,000	7,050,000			
11		6월	1,680,000	8,730,000			
12							

Plus⁺ **수식 이해하기**

이번 수식은 상대 참조를 이용해 누계를 구하는 방법으로, 셀 참조를 잘 이해하는 데 도움이 됩니다.

● **D6셀**

누계의 첫 번째 값으로, 이 값은 항상 첫 번째 매출과 동일하므로 C6셀을 참조합니다.

● **D7:D11 범위**

누계의 두 번째 값부터는 현재 매출(C7)에 이전 누계(D6)를 더해 구합니다. 모두 상대 참조 방식으로 참조하므로, 수식을 복사하면 항상 현재 매출과 이전 누계를 더하게 되어 누계가 정상적으로 계산됩니다.

이 방법은 수식을 나눠 입력해야 한다는 점만 빼면 두 셀의 계산을 통해 누계를 구하므로 편리합니다. 수식 하나로 전체 누계 값을 구하고 싶다면 D6셀에 다음 수식을 입력하고 복사합니다.

=C6+N(D5)

N 함수는 인수로 전달된 값을 숫자로 변환해주는 함수인데, 텍스트 값인 경우에는 0을 반환합니다. D6셀 위치에서 바로 위 셀인 D5셀에는 텍스트 값이 입력되어 있으므로, D7셀에 입력된 수식과 동일한 패턴을 D6셀에 적용하려면 이런 방식으로 수식을 입력해야 합니다.

03 이번에는 SUM 함수를 사용해 누계를 구하겠습니다. E6셀에 다음 수식을 입력하고 E6셀의 채우기 핸들(┿)을 E11셀까지 드래그해 복사합니다.

E6셀 : =SUM($C$6:C6)

	A	B	C	D	E	F	G
					누계		
5		월	매출	누계1	누계2	누계 비율	
6		1월	1,320,000	1,320,000	1,320,000		
7		2월	1,390,000	2,710,000	2,710,000		
8		3월	1,420,000	4,130,000	4,130,000		
9		4월	1,590,000	5,720,000	5,720,000		
10		5월	1,330,000	7,050,000	7,050,000		
11		6월	1,680,000	8,730,000	8,730,000		

E6 수식 입력줄: =SUM($C$6:C6)

이번 수식은 COUNT 계열 함수에서 일련번호를 반환하고자 할 때 사용하는 것과 동일한 참조 방법을 사용합니다. SUM 함수에서 C6:C6 범위를 참조하는데, 첫 번째 셀 주소를 고정($C$6)했으므로 수식을 복사할 때마다 집계할 셀이 다음과 같이 하나씩 늘어납니다.

=SUM($C$6:C6)

=SUM($C$6:C7)

=SUM($C$6:C8)

...

=SUM($C$6:C11)

이렇게 하면 SUM 함수의 결과가 누계가 됩니다. 정리하면 **$C$6:C6**과 같은 참조 방법을 COUNT 계열 함수에서 사용하면 일련번호를 반환하며, SUM 계열 함수에서는 누계가 반환됩니다.

이번 수식을 사용하면 참조할 범위가 계속해서 중첩되므로 E7:E10 범위에 '오류 표식'이 나타납니다.

LINK 오류 표식에 대한 설명은 'No. 064 오류 표식 이해하기'(166쪽)를 참고합니다.

04 마지막으로 비율 누계 값을 구하겠습니다. F6셀에 다음 수식을 입력하고 E6셀의 채우기 핸들(⊞)을 E11셀까지 드래그해 복사합니다.

F6셀 : =SUM($C$6:C6)/SUM($C$6:$C$11)

월	매출	누계1	누계2	누계 비율
1월	1,320,000	1,320,000	1,320,000	15.1%
2월	1,390,000	2,710,000	2,710,000	31.0%
3월	1,420,000	4,130,000	4,130,000	47.3%
4월	1,590,000	5,720,000	5,720,000	65.5%
5월	1,330,000	7,050,000	7,050,000	80.8%
6월	1,680,000	8,730,000	8,730,000	100.0%

TIP 비율 누계는 여러 통계에서 자주 사용하는 계산식입니다.

조건에 맞는 누계 구하기

특정 조건에 맞는 값만 더해서 누계를 구해야 하는 경우가 있습니다. 이 경우는 조건이 몇 개인지에 따라 SUMIF 함수나 SUMIFS 함수를 사용하면 됩니다. 이런 누계 계산 방법은 이전과 동일하지만, 조건을 적용해야 한다는 점에서 혼란스러울 수 있습니다. 이번 내용이 잘 이해되지 않는다면 No. 117~118을 다시 학습합니다.

\ **예제 파일** PART 02 \ CHAPTER 06 \ SUMIF 함수—누계.xlsx /

01 예제 파일을 열고 거래 은행별 잔액을 계산해보겠습니다. 잔액은 입금액에서 출금액을 빼 계산합니다. 왼쪽 표에는 거래별로 잔액을 계산하고 오른쪽 표에는 현재 잔액을 표시할 것입니다.

	A	B	C	D	E	F	G	H	I	J
1										
2					**은행 잔고**					
3										
5		날짜	은행	입금	출금	잔액		은행	잔액	
6		2018-01-01	국민	3,000,000				국민		
7		2018-01-01	우리	3,000,000				신한		
8		2018-01-01	신한	3,500,000				우리		
9		2018-01-01	국민		1,700,000					
10		2018-01-01	국민		500,000					
11		2018-01-02	신한		600,000					
12		2018-01-03	우리		1,000,000					
13		2018-01-04	신한	1,000,000						
14		2018-01-04	우리		700,000					
15		2018-01-05	우리	1,500,000						
16										

02 거래별로 잔액을 계산하기 위해 먼저 거래 은행별로 입금액 누계를 구하겠습니다. F6셀에 다음 수식을 입력하고 F6셀의 채우기 핸들(⊞)을 F15셀까지 드래그해 복사합니다.

F6셀 : =SUMIF($C$6:C6, C6, $D$6:D6)

F6		▼ :	✕ ✓	fx	=SUMIF($C$6:C6, C6, $D$6:D6)				
	A	B	C	D	E	F	G	H	I	J
1										
2					**은행 잔고**					
3										
5		날짜	은행	입금	출금	잔액		은행	잔액	
6		2018-01-01	국민	3,000,000		3,000,000		국민		
7		2018-01-01	우리	3,000,000		3,000,000		신한		
8		2018-01-01	신한	3,500,000		3,500,000		우리		
9		2018-01-01	국민		1,700,000	3,000,000				
10		2018-01-01	국민		500,000	3,000,000				
11		2018-01-02	신한		600,000	3,500,000				
12		2018-01-03	우리		1,000,000	3,000,000				
13		2018-01-04	신한	1,000,000		4,500,000				
14		2018-01-04	우리		700,000	3,000,000				
15		2018-01-05	우리	1,500,000		4,500,000				
16										

누계는 참조 방식만 주의하면 쉽게 구할 수 있습니다. 결과가 올바른지 확인하기 위해 신한 은행과의 거래 내역만 추출하면 다음 화면과 같습니다. D열의 숫자와 F열의 잔액을 확인하면 입금액의 누계가 제대로 구해졌다는 것을 알 수 있습니다.

03 입금 누계에서 출금 누계를 빼 거래별 잔액을 계산하겠습니다. F6셀의 수식을 다음과 같이 수정하고 F6셀의 채우기 핸들(⊞)을 F15셀까지 드래그해 복사합니다.

F6셀 : =SUMIF($C$6:C6, C6, $D$6:D6)−SUMIF($C$6:C6, C6, $E$6:E6)

	A	B	C	D	E	F	G	H	I	J
F6					fx	=SUMIF($C$6:C6, C6, $D$6:D6)-SUMIF($C$6:C6, C6, $E$6:E6)				
1										
2					은행 잔고					
3										
5		날짜	은행	입금	출금	잔액		은행	잔액	
6		2018-01-01	국민	3,000,000		3,000,000		국민		
7		2018-01-01	우리	3,000,000		3,000,000		신한		
8		2018-01-01	신한	3,500,000		3,500,000		우리		
9		2018-01-01	국민		1,700,000	1,300,000				
10		2018-01-01	국민		500,000	800,000				
11		2018-01-02	신한		600,000	2,900,000				
12		2018-01-03	우리		1,000,000	2,000,000				
13		2018-01-04	신한	1,000,000		3,900,000				
14		2018-01-04	우리		700,000	1,300,000				
15		2018-01-05	우리	1,500,000		2,800,000				
16										

이번 수식은 이전 계산식에서 출금 누계액을 뺀 것으로, 계산 방식은 동일합니다. 거래 은행을 하나로 제한해 제대로 계산됐는지 확인해보면 잔액(F열)의 계산 결과가 올바른 것을 알 수 있습니다.

	A	B	C	D	E	F	G	H	I	J
1										
2					은행 잔고					
3										
5		날짜	은행	입금	출금	잔액		은행	잔액	
8		2018-01-01	신한	3,500,000		3,500,000		우리		
11		2018-01-02	신한		600,000	2,900,000				
13		2018-01-04	신한	1,000,000		3,900,000				
16										

04 은행별 현재 잔액을 오른쪽 표에 구하겠습니다. I6셀에 다음 수식을 입력하고 I6셀의 채우기 핸들(⊞)을 I8셀까지 드래그해 복사합니다.

I6셀 : =SUMIF($C$6:$C$15, H6, $D$6:$D$15) − SUMIF($C$6:$C$15, H6, $E$6:$E$15)

| I6 | ▼ : × ✓ *fx* | =SUMIF($C$6:$C$15, H6, $D$6:$D$15)-SUMIF($C$6:$C$15, H6, $E$6:$E$15) |

⊿	A	B	C	D	E	F	G	H	I	J
1										
2										
3				**은행 잔고**						
5		날짜	은행	입금	출금	잔액		은행	잔액	
6		2018-01-01	국민	3,000,000		3,000,000		국민	800,000	
7		2018-01-01	우리	3,000,000		3,000,000		신한	3,900,000	
8		2018-01-01	신한	3,500,000		3,500,000		우리	2,800,000	
9		2018-01-01	국민		1,700,000	1,300,000				
10		2018-01-01	국민		500,000	800,000				
11		2018-01-02	신한		600,000	2,900,000				
12		2018-01-03	우리		1,000,000	2,000,000				
13		2018-01-04	신한	1,000,000		3,900,000				
14		2018-01-04	우리		700,000	1,300,000				
15		2018-01-05	우리	1,500,000		2,800,000				
16										

Plus⁺ 수식 이해하기

왼쪽 표에서 잔액을 구할 때는 거래별(행별)로 잔액을 구하기 위해 SUMIF 함수에서 범위를 **$C$6:C6**와 같이 지정했는데, 이번에는 전체 표를 대상으로 최종 잔액을 구해야 하므로 SUMIF 함수에서 참조하는 범위를 전체 범위($C$6:$C$15)로 지정했습니다. 이 외의 계산 방법은 **입금액−출금액**으로 동일합니다.

왼쪽 표가 있다고 가정하면, 잔액이 이미 계산되어 있으므로 F열의 값을 참조하는 방법을 사용할 수도 있습니다. 이 경우에는 I6셀의 수식을 다음과 같이 변경할 수 있습니다.

=LOOKUP(2, 1/($C$6:$C$15=H6), $F$6:$F$15)

LOOKUP 함수는 한 개의 행이나 열에서 조건에 맞는 값을 찾아 세 번째 인수에서 같은 위치의 값을 반환하는 함수입니다.

LINK LOOKUP 함수에 대해서는 'No. 170 오름차순 구간에 속한 값을 찾아 참조하기'(565쪽)를 참고합니다.

SUMIFS 함수로 다중 조건에 맞는 합계 구하기

SUMIFS 함수는 엑셀 2007 버전부터 제공된 함수로, SUMIF 함수와는 달리 두 개 이상의 조건을 모두 만족하는 경우의 합계를 구할 수 있습니다. 데이터가 복잡해질수록 다양한 조건을 만족하는 경우의 합계를 구해야 하는 상황이 많아지므로 SUMIFS 함수의 사용 빈도가 높아질 수밖에 없습니다. 다만 조건이 많아질수록 계산 시간도 길어지므로 파일의 계산 속도가 저하되지 않도록 하려면 너무 복잡한 집계 작업에는 사용하지 않는 것이 좋습니다. 복잡한 집계 작업에는 피벗 테이블을 이용하는 것이 더 효율적입니다.

예제 파일 PART 02 \ CHAPTER 06 \ SUMIFS 함수.xlsx

새 함수

SUMIFS (❶ 합계 범위, ❷ 범위1, ❸ 조건 문자열1, ❹ 범위2, ❺ 조건 문자열2, …)

엑셀 2007 이상

여러 조건을 모두 만족하는 범위 내 위치를 찾아 합계 범위 내 숫자를 더합니다.

구문	❶ 합계 범위 : 합계를 구할 데이터 범위로, 생략할 수 없습니다. ❷ ❹ 범위 : 조건을 확인할 데이터 범위 ❸ ❺ 조건 문자열 : 범위에서 확인할 조건 문자열 보통 ">=10"과 같이 큰따옴표(") 안에 비교 연산자와 비교할 값을 입력하며, 비교 연산자가 생략되면 같다(=)는 비교 연산자를 생략한 것이고, 비교할 값을 셀에서 참조하려면 ">=" & A1과 같이 & 연산자로 비교 연산자와 셀 참조를 연결해야 합니다.
특이사항	- SUMIF 함수의 세 번째 인수인 합계 범위가 SUMIFS 함수에서는 첫 번째 인수이며, 생략할 수 없습니다. - COUNTIFS 함수와 동일하게 조건을 하나만 사용해도 됩니다. **SUMIF(범위, 조건 문자열, 합계 범위) = SUMIFS(합계 범위, 범위, 조건 문자열)**

01 예제 파일을 열고, 왼쪽의 입출고 대장을 참고해 오른쪽 재고 관리표에 제품별 재고를 계산해보겠습니다.

	입출고 대장					재고 관리표				
	제품	수량	구분			제품	이월	입고	출고	재고
	도트 TIC-1A	32	이월			레이저복합기 L200				
	링제본기 ST-100	85	이월			링제본기 ST-100				
	레이저복합기 L200	52	이월			도트 TIC-1A				
	링제본기 ST-100	38	출고							
	도트 TIC-1A	2	출고							
	링제본기 ST-100	11	출고							
	도트 TIC-1A	30	입고							
	레이저복합기 L200	28	출고							
	도트 TIC-1A	40	입고							
	링제본기 ST-100	5	출고							
	링제본기 ST-100	30	입고							
	도트 TIC-1A	2	출고							
	링제본기 ST-100	52	출고							
	링제본기 ST-100	4	출고							
	도트 TIC-1A	30	출고							

02 먼저 이월 항목의 개수를 세겠습니다. G6셀에 다음 수식을 입력하고 G6셀의 채우기 핸들(⊞)을 G8셀까지 드래그해 복사합니다.

G6셀 : =COUNTIFS($B$6:$B$20, F6, $D$6:$D$20, $G$5)

Plus⁺ 수식 이해하기

이번 작업은 재고를 구하는 작업에서는 불필요하지만, COUNTIFS 함수와 SUMIFS 함수의 유사성을 이해하기 위해 선행합니다. COUNTIFS 함수는 범위와 조건 문자열 인수가 반복되므로, 인수를 두 개씩 짝지어 구성하면 이해하기 쉽습니다.

- **$B$6:$B$20=F6**
  '입출고 대장' 표의 제품명이 F6셀의 값과 같고

- **$D$6:$D$20=$G$5**
  '입출고 대장' 표의 구분 값이 $G$5셀의 값과 같은 개수

---

03 개수를 확인했으면 COUNTIFS 함수를 SUMIFS 함수로 변경해 합계를 구하겠습니다. G6셀의 수식을 다음과 같이 변경하면 #VALUE! 오류가 발생합니다.

G6셀 : =SUMIFS($B$6:$B$20, F6, $D$6:$D$20, $G$5, $C$6:$C$20)

COUNTIFS 함수를 SUMIFS 함수로 변경해 수식을 완성하려는 경우에는 더할 숫자 값이 있는 범위인 **합계 범위** 인수를 몇 번째에 넣어야 하는지가 중요합니다. SUMIF 함수와 같이 마지막 인수로 **합계 범위**를 전달하면 #VALUE! 오류가 발생합니다.

만약 SUMIFS 함수의 두 번째, 네 번째 인수 중 하나로 셀 참조가 아니라 큰따옴표 안의 문자열을 입력하면 다음과 같은 에러 메시지 창이 표시됩니다.

=SUMIFS($B$6:$B$20, F6, $D$6:$D$20, "이월", $C$6:$C$20)

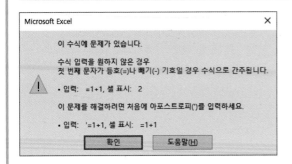

SUMIF 함수와 SUMIFS 함수는 다음과 같이 **합계 범위** 인수의 위치가 다릅니다.

=SUMIF(범위, 조건 문자열, 합계 범위)

=SUMIFS(합계 범위, 범위1, 조건 문자열1, 범위2, 조건 문자열2, ···)

SUMIFS 함수는 조건을 여러 개 처리해야 하기 때문에 마지막 위치에 **합계 범위** 인수를 위치시킬 수 없고 첫 번째 인수에 **합계 범위** 인수를 전달해야 합니다. 초보자의 경우 이런 수식 구성에서 실수를 많이 하므로 좀 더 주의 깊게 이해할 필요가 있습니다.

---

04 SUMIFS 함수가 올바로 계산되도록 G6셀의 수식을 다음과 같이 변경하고 G6셀의 채우기 핸들(⊞)을 G8셀까지 드래그해 복사합니다.

G6셀 : =SUMIFS($C$6:$C$20, $B$6:$B$20, F6, $D$6:$D$20, $G$5)

	A	B	C	D	E	F	G	H	I	J	K
2		입출고 대장				재고 관리표					
3											
5		제품	수량	구분		제품	이월	입고	출고	재고	
6		도트 TIC-1A	32	이월		레이저복합기 L200	52				
7		링제본기 ST-100	85	이월		링제본기 ST-100	85				
8		레이저복합기 L200	52	이월		도트 TIC-1A	32				
9		링제본기 ST-100	38	출고							
10		도트 TIC-1A	2	출고							
11		링제본기 ST-100	11	출고							
12		도트 TIC-1A	30	입고							
13		레이저복합기 L200	28	출고							
14		도트 TIC-1A	40	입고							
15		링제본기 ST-100	5	출고							
16		링제본기 ST-100	30	입고							
17		도트 TIC-1A	2	출고							
18		링제본기 ST-100	52	출고							
19		링제본기 ST-100	4	출고							
20		도트 TIC-1A	30	출고							
21											

03 과정의 수식에서 SUMIFS 함수의 합계 범위 인수를 첫 번째로 옮기면 합계가 제대로 계산됩니다.

05 이월, 입고, 출고는 모두 같은 방식으로 계산할 수 있으므로 G6셀의 수식 참조 방식을 다음과 같이 변경합니다. G6셀의 채우기 핸들(⊞)을 I6셀로 드래그한 후 다시 I8셀까지 드래그해 복사합니다.

G6셀 : =SUMIFS($C$6:$C$20, $B$6:$B$20, $F6, $D$6:$D$20, G$5)

	A	B	C	D	E	F	G	H	I	J	K
2		입출고 대장					재고 관리표				
3											
5		제품	수량	구분		제품	이월	입고	출고	재고	
6		도트 TIC-1A	32	이월		레이저복합기 L200	52	0	28		
7		링제본기 ST-100	85	이월		링제본기 ST-100	85	30	110		
8		레이저복합기 L200	52	이월		도트 TIC-1A	32	70	34		
9		링제본기 ST-100	38	출고							
10		도트 TIC-1A	2	출고							
11		링제본기 ST-100	11	출고							
12		도트 TIC-1A	30	입고							
13		레이저복합기 L200	28	출고							
14		도트 TIC-1A	40	입고							
15		링제본기 ST-100	5	출고							
16		링제본기 ST-100	30	입고							
17		도트 TIC-1A	2	출고							
18		링제본기 ST-100	52	출고							
19		링제본기 ST-100	4	출고							
20		도트 TIC-1A	30	출고							
21											

Plus⁺ 수식 이해하기

재고 관리표의 이월, 입고, 출고 수식을 개별적으로 작성하면 각각 다음과 같이 구성해야 합니다.

G6셀 : =SUMIFS($C$6:$C$20, $B$6:$B$20, F6, $D$6:$D$20, $G$5)
H6셀 : =SUMIFS($C$6:$C$20, $B$6:$B$20, F6, $D$6:$D$20, $H$5)
I6셀 : =SUMIFS($C$6:$C$20, $B$6:$B$20, F6, $D$6:$D$20, $I$5)

위 수식을 보면 기본적으로 함수의 구성이 모두 동일합니다. 다른 부분은 마지막 인수의 G5셀이 H5셀과 I5셀로 변경되는 점입니다. 그러므로 수식을 열 방향(오른쪽)으로도 복사해 사용하려면 다음 두 가지를 변경하면 됩니다.

● 세 번째 인수 : F6
이 부분은 놓치기 쉬운데, F6셀을 참조하는 방식은 상대 참조이므로 행 방향으로 복사할 때는 문제가 되지 않지만 열 방향으로 복사하면 G6, H6셀로 변경됩니다. 그러므로 열 방향으로 복사할 때 참조 위치가 변경되지 않도록 $F6과 같이 열 주소만 고정합니다.

● 다섯 번째 인수 : $G5
이 부분은 절대 참조 방식이므로 수식을 행 방향이나 열 방향으로 복사해도 위치가 변경되지 않습니다. 하지만 열 방향으로 복사할 때는 G5, H5, I5와 같이 참조 위치가 변경되어야 하므로 G$5와 같이 열 주소를 상대 참조 방식으로 변경합니다.

06 마지막으로 재고를 계산하겠습니다. J6셀에 다음 수식을 입력하고 J6셀의 채우기 핸들(⊞)을 J8셀까지 드래그해 복사합니다.

J6셀 : =SUM(G6:H6)−I6

	A	B	C	D	E	F	G	H	I	J	K
2		**입출고 대장**					**재고 관리표**				
3											
4											
5		제품	수량	구분		제품	이월	입고	출고	재고	
6		도트 TIC-1A	32	이월		레이저복합기 L200	52	0	28	24	
7		링제본기 ST-100	85	이월		링제본기 ST-100	85	30	110	5	
8		레이저복합기 L200	52	이월		도트 TIC-1A	32	70	34	68	
9		링제본기 ST-100	38	출고							
10		도트 TIC-1A	2	출고							
11		링제본기 ST-100	11	출고							
12		도트 TIC-1A	30	입고							
13		레이저복합기 L200	28	출고							
14		도트 TIC-1A	40	입고							
15		링제본기 ST-100	5	출고							
16		링제본기 ST-100	30	입고							
17		도트 TIC-1A	2	출고							
18		링제본기 ST-100	52	출고							
19		링제본기 ST-100	4	출고							
20		도트 TIC-1A	30	출고							
21											

Plus⁺ 수식 이해하기

재고는 **=이월+입고−출고** 계산식으로 계산할 수 있으므로, 이월과 입고를 더한 값에서 출고를 뺍니다. 이 계산식은 SUM 함수 내에서 다음과 같이 구성해도 됩니다.

=SUM(G6:H6, −I6)

셀 배경색이나 글꼴 색을 조건으로 합계 구하기

엑셀의 함수는 색상을 조건으로 지정할 수 없기 때문에 배경색이나 글꼴 색을 기준으로 합계를 구하려면 색상을 구분하는 방법을 알아야 합니다. 엑셀에는 색상을 구분할 수 있는 함수는 없지만, 매크로 함수 중에서 셀 정보를 반환하는 GET.CELL 함수를 사용하면 셀에 적용된 색상을 구분할 수 있습니다. 셀에 적용된 색상을 구분해 데이터를 집계하는 방법에 대해 알아보겠습니다.

예제 파일 PART 02 \ CHAPTER 06 \SUMIF 함수—색상.xlsm

새 함수

GET.CELL (❶ 옵션, ❷ 참조)

CELL 함수와 유사하게 셀 정보를 반환하지만 더 자세한 정보를 반환하는 매크로 함수

구문	❶ 옵션 : 알고 싶은 셀 정보를 의미하는 옵션 값으로, 1~66 사이의 값을 사용합니다. 자주 사용하는 옵션 값은 다음 표를 참고합니다.		
	옵션	설명	엑셀 함수
	1	셀 주소	ADDRESS
	5	셀 값 참조	=A1
	6	수식 문자열 참조	FORMULATEXT
	7	셀 표시 형식	CELL
	13	셀 배경색 적용 여부로, 적용됐으면 1, 아니면 0	
	16	열 너비	
	17	행 높이	
	18	글꼴	
	19	글꼴 크기	
	24	글꼴 색	
	32	[파일 이름]시트 이름	CELL
	38	배경색	
	66	파일 이름	CELL
	❷ 참조 : 정보를 얻고 싶은 셀		
특이사항	– 매크로 함수는 반드시 이름으로 정의해 사용해야 합니다. – 매크로 함수를 사용한 파일은 '매크로 사용 통합 문서' 파일(XLSM)로 저장해야 합니다.		

01 예제 파일을 열고, 왼쪽 표에 적용된 색상을 구분해 오른쪽 표에 판매량을 집계해보겠습니다.

02 먼저 표에 적용된 배경색을 확인하겠습니다. GET.CELL 매크로 함수를 사용하기 위해 이름을 정의합니다. D6셀을 선택하고 [수식] 탭–[정의된 이름] 그룹–[이름 정의] 명령(▣)을 클릭합니다.

TIP 매크로 함수를 사용할 경우에는 셀 선택 위치가 중요합니다. 이번 작업에서 D6셀을 선택한 이유는 왼쪽에 있는 C6셀의 배경색 값을 얻기 위해서입니다.

03 '새 이름' 대화상자가 표시되면 다음을 참고해 대화상자를 설정하고 〈확인〉 버튼을 클릭합니다.

이름 : 배경

참조 대상 : =GET.CELL(38, C6)

Plus⁺ 수식 이해하기

'새 이름' 대화상자의 '참조 대상'란에 입력한 **=GET.CELL(38, C6)** 수식에 대한 설명은 다음과 같습니다.

● **첫 번째 인수 : 38**

GET.CELL 함수는 매크로 함수로, 셀 정보를 반환합니다. 첫 번째 인수에 38을 입력하면 두 번째 인수에 참조한 셀의 배경색 번호를 반환합니다. 만약 글꼴 색의 번호를 반환하도록 하려면 첫 번째 인수의 값을 24로 변경합니다.

● **두 번째 인수 : C6**

[이름 정의] 명령(▣)을 실행하기 전에 D6셀을 선택했으므로 C6셀은 C6셀 그 자체로 보기보다는 선택한 셀의 왼쪽 셀로 보아야 이해하기 쉽습니다.

그러므로 이번 수식은 왼쪽 셀의 배경색을 반환하라는 의미입니다.

04 이제 C열에 적용된 배경색 번호를 확인합니다. D6셀에 다음 수식을 입력하고 D6셀의 채우기 핸들(⊞)을 D12셀까지 드래그해 복사합니다.

D6셀 : =배경

> **Plus⁺ 수식 이해하기**
>
> **배경** 이름은 **03** 과정에서 정의한 것으로, 수식을 입력하는 셀의 왼쪽 셀의 배경색 번호를 반환합니다.

05 이제 배경색을 구분해 오른쪽 표를 집계하겠습니다. G6셀에 다음 수식을 입력하고 G6셀의 채우기 핸들(⊞)을 G7셀까지 드래그해 복사합니다.

G6셀 : =SUMIF($D$6:$D$12, 배경, $C$6:$C$12)

> **Plus⁺ 수식 이해하기**
>
> 이번 수식을 이해하려면 SUMIF 함수의 두 번째 인수인 **배경** 이름이 반환할 값을 정확하게 이해해야 합니다. G6셀에서 **배경** 이름을 사용하면 F6셀(G6셀의 왼쪽 셀)의 배경색 번호가 반환됩니다. 그러므로 이번 수식은 D6:D12 범위에서 F6셀의 배경색 번호와 같은 것을 찾아 C6:C12 범위의 숫자 값의 합계를 반환합니다.
>
> 결과가 올바른지 확인하기 위해 배경색이 적용된 필터링을 해보면 판매량의 합계(C6:C8)가 G6셀에 정확하게 구해진 것을 확인할 수 있습니다.
>
>
> 참고로 자동 필터를 적용하고 아래 화살표 단추(▾)를 클릭하면 [색 기준 필터] 조건을 확인할 수 있습니다. 여기에서 해당 열에 적용된 배경색과 글꼴 색을 선택할 수 있습니다. (2007 이상 버전)

평균 구하기 - AVERAGE

우리가 흔히 평균이라고 부르는 값은 산술 평균을 의미하며, 산술 평균은 평균을 구하려는 모든 숫자의 합계를 개수로 나눈 값을 의미합니다. 엑셀에서는 AVERAGE 함수를 사용해 구합니다. 평균은 전체 숫자를 대표하는 값을 구할 때 가장 많이 사용하므로 계산 방법이나 원리를 잘 이해하고 있어야 합니다.

\ 예제 파일 PART 02 \ CHAPTER 06 \ AVERAGE 함수.xlsx /

새 함수

AVERAGE (❶ 값1, ❷ 값2, ⋯)

인수로 전달된 숫자의 산술 평균(합계를 개수로 나눈 평균)을 구합니다.

구문	❶ 값 : 평균을 구할 데이터 범위(또는 값)로, 최대 255개까지 지정 가능
대체 계산식	AVERAGE(범위) = SUM(범위)/COUNT(범위)
사용 예	=AVERAGE(A1:A10) A1:A10 범위에 있는 숫자 값의 평균을 구합니다.

01 예제 파일을 열고 직원들의 교육 성적 평균을 구해보겠습니다.

	A	B	C	D	E	F	G	H
1								
2				직원 IT 교육 성적				
3								
5		직원	오피스 활용				평균	
6			워드	엑셀	파워포인트	액세스		
7		박지훈	85	85	95	55		
8		유준혁	55	80	80	65		
9		이서연	70	75	60	50		
10		김민준	70	80	75	85		
11		최서현	85	95	100	65		
12		박현우	70	85	90	70		
13		정시우	70	60	70	80		
14		평균						
15								

02 먼저 직원 각자의 평균 점수를 구하겠습니다. G7셀에 다음 수식을 입력하고 G7셀의 채우기 핸들(⊞)을 G13셀까지 드래그해 복사합니다.

G7셀 : =AVERAGE(C7:F7)

| G7 | ▼ | : | × | ✓ | fx | =AVERAGE(C7:F7) |

	A	B	C	D	E	F	G	H
1								
2			직원 IT 교육 성적					
3								
5		직원	오피스 활용				평균	
6			워드	엑셀	파워포인트	액세스		
7		박지훈	85	85	95	55	80	
8		유준혁	55	80	80	65	70	
9		이서연	70	75	60	50	64	
10		김민준	70	80	75	85	78	
11		최서현	85	95	100	65	86	
12		박현우	70	85	90	70	79	
13		정시우	70	60	70	80	70	
14		평균						
15								

Plus⁺ 수식 이해하기

이번 수식은 직원 성적 범위(C7:F7)의 평균을 구합니다. AVERAGE 함수는 다음과 같은 수식으로 대체할 수 있습니다.

=SUM(C7:F7)/COUNT(C7:F7)

---

03 이번에는 프로그램별 평균을 구하겠습니다. C14셀에 다음 수식을 입력하고 C14셀의 채우기 핸들(⊞)을 F14셀까지 드래그해 복사합니다.

C14셀 : =SUM(C7:C13)/COUNT(C7:C13)

| C14 | ▼ | : | × | ✓ | fx | =SUM(C7:C13)/COUNT(C7:C13) |

	A	B	C	D	E	F	G	H
1								
2			직원 IT 교육 성적					
3								
5		직원	오피스 활용				평균	
6			워드	엑셀	파워포인트	액세스		
7		박지훈	85	85	95	55	80	
8		유준혁	55	80	80	65	70	
9		이서연	70	75	60	50	64	
10		김민준	70	80	75	85	78	
11		최서현	85	95	100	65	86	
12		박현우	70	85	90	70	79	
13		정시우	70	60	70	80	70	
14		평균	72	80	81	67		
15								

Plus⁺ 수식 이해하기

이번 수식은 프로그램별 성적 범위(C7:C13)의 평균을 구합니다. 산술 평균은 SUM 함수로 구한 합계 값을 COUNT 함수로 구한 개수로 나누어 구할 수 있습니다. 이번 수식 역시 AVERAGE 함수로 더 간단하게 계산할 수 있습니다.

=AVERAGE(C7:C13)

중앙값과 최빈값 구하기 – MEDIAN, MODE

통계를 구할 때는 전체 데이터를 빠르게 이해하기 위해 데이터를 대표하는 값을 구합니다. 이런 값을 대푯값이라고 하는데, 대푯값에는 사용자에게 친숙한 값인 평균, 전체 값의 가운데에 있는 값인 중앙값, 가장 많이 출현하는 값인 최빈값 등이 있습니다. 여기서는 평균, 중앙값, 최빈값을 구하고, 각 값들의 관계를 통해 데이터를 이해하는 방법에 대해 알아보겠습니다.

예제 파일 PART 02 \ CHAPTER 06 \ MEDIAN, MODE 함수.xlsx

새 함수

MEDIAN (❶ 숫자1, ❷ 숫자2, ⋯)

인수로 전달된 숫자의 중앙값을 반환합니다.

구문	❶ 숫자 : 중앙값을 구할 데이터 범위(또는 값)로 최대 255개까지 지정 가능
참고	중앙값은 중간값이라고도 하며, 인수로 전달된 숫자를 정렬해 가운데 숫자를 반환합니다. 숫자 개수가 짝수인 경우에는 가운데 두 개 값의 평균이 반환됩니다.
사용 예	**=MEDIAN(12, 2, 3, 1, 5)** 인수로 전달된 값을 정렬할 때 가운데 있는 3이 반환됩니다.

MODE (❶ 숫자1, ❷ 숫자2, ⋯)

인수로 전달된 숫자에서 가장 많이 나타나는 **최빈값**을 반환합니다.

구문	❶ 숫자 : 최빈값을 구할 데이터 범위(또는 값)로, 최대 255개까지 지정 가능
참고	최빈값이 두 개 이상 있더라도 가장 먼저 확인된 최빈값을 반환합니다.
사용 예	**=MODE(3, 2, 3, 1, 3, 4, 5)** 인수로 전달된 값 중에서 많이 나타나는 3이 반환됩니다.

엑셀 2010 이상

MODE.SNGL (❶ 숫자1, ❷ 숫자2, ⋯)

인수로 전달된 숫자에서 가장 많이 나타나는 **최빈값**을 반환합니다.

구문	❶ 숫자 : 최빈값을 구할 데이터 범위(또는 값)로, 최대 255개까지 지정 가능
참고	MODE 함수와 동일한 함수로, 2010 이상 버전에서는 MODE.SNGL 함수를 사용할 것을 권합니다.

MODE.MULT (❶ 숫자1, ❷ 숫자2, ⋯)

인수로 전달된 숫자에서 가장 많이 나타나는 최빈값을 반환합니다.

구문	❶ 숫자 : 최빈값을 구할 데이터 범위(또는 값)로, 최대 255개까지 지정 가능
참고	최빈값이 여러 개 있으면 모든 최빈값을 배열로 반환하므로, 이 함수는 최빈값을 반환받을 범위를 선택하고 배열 수식(Ctrl + Shift + Enter)으로 입력해야 합니다.

01 예제 파일을 열고 직원의 급여에 대한 대푯값을 구해 전체적인 급여 지급 현황을 분석해보겠습니다.

이름	부서	직책	급여	편차		평균	중앙값	최빈값
박지훈	영업부	팀장	6,750,000					
유준혁	영업부	팀원	5,150,000					
이서연	영업부	팀원	3,980,000					
김민준	영업부	팀원	3,780,000					
최서현	영업부	팀원	3,780,000					
박현우	영업부	팀원	2,940,000					
정시우	영업부	팀원	2,940,000					
이은서	영업부	팀원	2,528,000					
오서윤	영업부	팀원	2,310,000					
강민영	영업부	팀원	1,850,000					

TIP E6:E15 범위는 계산된 값의 이해를 돕기 위해 내림차순으로 정렬되어 있는데, 데이터가 꼭 정렬되어 있을 필요는 없습니다.

02 먼저 가장 많이 사용하는 대푯값인 평균을 구하겠습니다. H6셀에 다음 수식을 입력합니다.

H6셀 : =AVERAGE(E6:E15)

이름	부서	직책	급여	편차		평균	중앙값	최빈값
박지훈	영업부	팀장	6,750,000			3,600,800		
유준혁	영업부	팀원	5,150,000					
이서연	영업부	팀원	3,980,000					
김민준	영업부	팀원	3,780,000					
최서현	영업부	팀원	3,780,000					
박현우	영업부	팀원	2,940,000					
정시우	영업부	팀원	2,940,000					
이은서	영업부	팀원	2,528,000					
오서윤	영업부	팀원	2,310,000					
강민영	영업부	팀원	1,850,000					

> **Plus⁺ 수식 이해하기**
>
> AVERAGE 함수는 산술 평균이므로, E열의 급여 총액을 급여를 받는 인원 수(10)로 나눈 값을 구합니다.

03 이번에는 대푯값 중에서 중앙값을 계산하겠습니다. I6셀에 다음 수식을 입력합니다.

I6셀 : =MEDIAN(E6:E15)

	A	B	C	D	E	F	G	H	I	J	K
1											
2					급 여 대 장						
3											
5		이름	부서	직책	급여	편차		평균	중앙값	최빈값	
6		박지훈	영업부	팀장	6,750,000			3,600,800	3,360,000		
7		유준혁	영업부	팀원	5,150,000						
8		이서연	영업부	팀원	3,980,000						
9		김민준	영업부	팀원	3,780,000						
10		최서현	영업부	팀원	3,780,000						
11		박현우	영업부	팀원	2,940,000						
12		정시우	영업부	팀원	2,940,000						
13		이은서	영업부	팀원	2,528,000						
14		오서윤	영업부	팀원	2,310,000						
15		강민영	영업부	팀원	1,850,000						
16											

Plus⁺ 수식 이해하기

중앙값은 값의 중간에 위치한 값입니다. E6:15 범위에는 열 개의 급여가 입력되어 있으므로 가운데 두 값(E10:E11 범위)의 평균이 반환됩니다. 이번 수식에서 반환된 중앙값은 336만 원으로 평균(360만 8백 원)보다 적습니다. 항상 평균과 중앙값을 보면 데이터(급여)의 분포를 추론할 수 있습니다. 이번과 같이 평균이 중앙값보다 큰 경우에는 중앙값보다 큰 값 중에서 다른 값보다 월등히 큰 값이 존재할 것임을 알 수 있습니다. 이번 데이터에 맞춰 설명하면, 다른 직원보다 급여가 높은 직원이 있어 평균을 중앙값보다 크게 나타나도록 하고 있다는 의미입니다.

반대의 경우(평균이 중앙값보다 작은 경우)에는 어떤 의미가 될 것인지 잘 생각해보세요.

---

04 급여의 분포를 보다 쉽게 이해하기 위해 편차를 계산하겠습니다. 편차는 급여에서 급여 평균을 빼서 구합니다. F6셀에 다음 수식을 입력하고 F6셀의 채우기 핸들(⊞)을 F15셀까지 드래그해 복사합니다.

F6셀 : =E6-$H$6

	A	B	C	D	E	F	G	H	I	J	K
1											
2					급 여 대 장						
3											
5		이름	부서	직책	급여	편차		평균	중앙값	최빈값	
6		박지훈	영업부	팀장	6,750,000	3,149,200		3,600,800	3,360,000		
7		유준혁	영업부	팀원	5,150,000	1,549,200					
8		이서연	영업부	팀원	3,980,000	379,200					
9		김민준	영업부	팀원	3,780,000	179,200					
10		최서현	영업부	팀원	3,780,000	179,200					
11		박현우	영업부	팀원	2,940,000	-660,800					
12		정시우	영업부	팀원	2,940,000	-660,800					
13		이은서	영업부	팀원	2,528,000	-1,072,800					
14		오서윤	영업부	팀원	2,310,000	-1,290,800					
15		강민영	영업부	팀원	1,850,000	-1,750,800					
16											

편차는 개개인의 값이 평균에서 얼마나 떨어져 있는지를 확인하는 값입니다. 아마도 '표준 편차'라는 용어를 들어본 적이 있을 텐데, '표준 편차'는 편차의 평균에 해당하는 값입니다. '표준 편차'는 정확하게는 분산(편차의 제곱값)의 루트 값이지만, 편차의 평균으로 간단하게 이해해도 좋습니다.

수식에서 계산된 결과를 보면, 편차 중에서도 유독 큰 값이 존재한다는 것을 확인할 수 있습니다. F6셀의 값으로, 이 값(이 직원의 급여)이 결국 평균을 끌어올리는 역할을 하고 있다는 것을 확인할 수 있습니다. 이런 분포는 설명보다 차트를 사용하면 좀 더 이해하기 쉽습니다. 아래 차트는 E6:E15 범위를 분산형 차트로 표현한 것입니다.

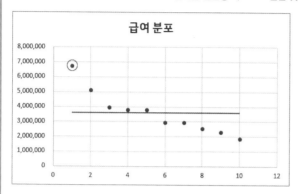

중간의 실선이 평균선으로, 첫 번째 표식이 다른 값들에 비해 평균에서 멀리 떨어져 있는 것을 확인할 수 있습니다.

05 이번에는 급여 중에서 자주 나오는 값(표시 빈도가 높은 값)을 구합니다. 최빈값을 구하기 위해 J6셀에 다음 수식을 입력합니다.

J6셀 : =MODE(E6:E15)

	A	B	C	D	E	F	G	H	I	J	K
										=MODE(E6:E15)	

	이름	부서	직책	급여	편차		평균	중앙값	최빈값
6	박지훈	영업부	팀장	6,750,000	3,149,200		3,600,800	3,360,000	3,780,000
7	유준혁	영업부	팀원	5,150,000	1,549,200				
8	이서연	영업부	팀원	3,980,000	379,200				
9	김민준	영업부	팀원	3,780,000	179,200				
10	최서현	영업부	팀원	3,780,000	179,200				
11	박현우	영업부	팀원	2,940,000	-660,800				
12	정시우	영업부	팀원	2,940,000	-660,800				
13	이은서	영업부	팀원	2,528,000	-1,072,800				
14	오서윤	영업부	팀원	2,310,000	-1,290,800				
15	강민영	영업부	팀원	1,850,000	-1,750,800				

06 최빈값이 여러 개 있다면 MODE.MULT 함수를 사용합니다. 최빈값이 두 개라는 것을 확인했으므로 J6:J7 범위(값을 돌려 받을 두 개의 셀)에 다음 수식을 작성하고 Ctrl + Shift + Enter 키를 눌러 입력합니다.

J6:J7 범위 : =MODE.MULT(E6:E15)

J6	▼ : × ✓ fx	{=MODE.MULT(E6:E15)}							

	A	B	C	D	E	F	G	H	I	J	K
1											
2					**급 여 대 장**						
3											
5		이름	부서	직책	급여	편차		평균	중앙값	최빈값	
6		박지훈	영업부	팀장	6,750,000	3,149,200		3,600,800	3,360,000	3,780,000	
7		유준혁	영업부	팀원	5,150,000	1,549,200				2,940,000	
8		이서연	영업부	팀원	3,980,000	379,200					
9		김민준	영업부	팀원	3,780,000	179,200					
10		최서현	영업부	팀원	3,780,000	179,200					
11		박현우	영업부	팀원	2,940,000	-660,800					
12		정시우	영업부	팀원	2,940,000	-660,800					
13		이은서	영업부	팀원	2,528,000	-1,072,800					
14		오서윤	영업부	팀원	2,310,000	-1,290,800					
15		강민영	영업부	팀원	1,850,000	-1,750,800					
16											

0을 제외한 평균 구하기
– AVERAGEIF

대푯값
124

평균을 구할 때 데이터 범위에 0 값이 있으면 평균이 작아집니다. 데이터 범위에 0 값이 포함되어 있어도 합계는 영향을 받지 않지만, 평균은 합계를 개수로 나눈 것이므로 개수가 한 개 늘어나면 0을 포함하지 않을 때보다 평균이 작아집니다. 그러므로 0 값을 포함해 평균을 구해야 하는 경우가 아니라면, 평균을 구할 때 0 값을 제외하는 조건을 추가해 작업해야 합니다. 이런 경우에는 평균에 조건을 적용해 처리할 수 있는 AVERAGEIF 함수를 사용합니다.

예제 파일 PART 02 \ CHAPTER 06 \ AVERAGEIF 함수.xlsx

새 함수

AVERAGEIF (❶ 범위, ❷ 조건 문자열, ❸ 평균 범위)

엑셀 2007 이상

범위 내에서 조건에 맞는 값을 찾아 평균 범위에서 같은 행에 위치한 숫자의 평균을 구합니다.

구문	❶ **범위** : 조건을 확인할 데이터 범위 ❷ **조건 문자열** : 범위에서 확인할 조건에 해당하는 문자열 　보통 **">=10"**과 같이 큰따옴표(")안에 비교 연산자와 비교할 값을 입력하며, 비교 연산자가 생략되면 같다(=)는 비교 연산자를 생략한 것이고, 비교할 값을 셀에서 참조하려면 **">=" & A1**과 같이 & 연산자로 비교 연산자와 셀 참조를 연결해야 합니다. ❸ **평균 범위** : 평균을 구할 범위로 조건을 만족하는 범위와 같은 행에 있는 값으로 평균을 구합니다. 평균 범위는 생략할 수 있으며, 생략하면 범위 내 숫자 값의 평균을 구합니다.
참고	조건 문자열 인수에는 와일드 카드 문자(*, ?)를 사용할 수 있습니다.
대체 계산식	엑셀 2003 이하 버전에서는 다음과 같은 수식을 이용합니다. **=SUMIF(범위, 조건, 합계 범위)/COUNTIF(범위, 조건)**

자주 사용하는 수식 패턴

0 제외 평균

=AVERAGEIF(평균 범위, "<>0")

* 평균 범위 : 평균을 구할 데이터 범위

=SUM(평균 범위)/COUNTIF(평균 범위, "<>0")

* SUM 함수는 **SUMIF(평균 범위, "<>0")**로 변경할 수 있습니다.

01 예제 파일의 판매 실적 표를 보면 7월까지는 판매량이 입력되어 있고 8월부터는 0 값이 입력되어 있습니다. 직원의 월별 판매 실적의 평균을 O:P열에 구해보겠습니다.

직원	1월	2월	3월	4월	5월	6월	7월	8월	9월	10월	11월	12월	평균 산술	0 제외
박지훈	4	2	5	7	5	3	6	-	-	-	-	-		
유준혁	9	4	9	4	3	10	4	-	-	-	-	-		
이서연	8	8	10	4	9	1	5	-	-	-	-	-		
김민준	9	5	4	3	7	2	1	-	-	-	-	-		
최서현	8	9	4	6	9	2	7	-	-	-	-	-		
박현우	2	5	1	6	1	8	4	-	-	-	-	-		
정시우	7	3	2	8	5	8	7	-	-	-	-	-		
이은서	7	9	7	2	10	4	7	-	-	-	-	-		
오서윤	8	7	12	8	8	9	6	-	-	-	-	-		

02 1월부터 12월까지의 산술 평균을 구하겠습니다. O7셀에 다음 수식을 입력하고 O7셀의 채우기 핸들(⊞)을 O15셀까지 드래그해 복사합니다.

O7셀 : =AVERAGE(C7:N7)

O7 ▾ : × ✓ fx =AVERAGE(C7:N7)

영업 사원 월 판매 실적

직원	1월	2월	3월	4월	5월	6월	7월	8월	9월	10월	11월	12월	평균 산술	0 제외
박지훈	4	2	5	7	5	3	6	-	-	-	-	-	2.7	
유준혁	9	4	9	4	3	10	4	-	-	-	-	-	3.6	
이서연	8	8	10	4	9	1	5	-	-	-	-	-	3.8	
김민준	9	5	4	3	7	2	1	-	-	-	-	-	2.6	
최서현	8	9	4	6	9	2	7	-	-	-	-	-	3.8	
박현우	2	5	1	6	1	8	4	-	-	-	-	-	2.3	
정시우	7	3	2	8	5	8	7	-	-	-	-	-	3.3	
이은서	7	9	7	2	10	4	7	-	-	-	-	-	3.8	
오서윤	8	7	12	8	8	9	6	-	-	-	-	-	4.8	

Plus⁺ 수식 이해하기

월 평균을 구할 때 0 값이 포함되어 있으면 평균이 제대로 계산되지 않습니다. 이 경우 판매량 값이 입력된 범위를 대상으로 평균을 계산하도록 수정합니다.

=AVERAGE(C7:I7)

다만 위와 같은 경우에는 8~12월의 데이터를 입력할 때마다 범위를 C7:J7, C7:K7, … 과 같이 수정해야 하므로 불편합니다. 또는 J7:N15 범위의 0 값을 모두 지워 빈 셀로 변경해도 되지만, 이번 예제와 달리 현실에서는 C7:N15 범위에 수식이 입력되어 있을 가능성이 높으므로 이런 방법을 사용하기도 어렵습니다.

03 이번에는 0 값을 제외하고 평균을 구하겠습니다. P7셀에 다음 수식을 입력하고 P7셀의 채우기 핸들(⊞)을 P15셀까지 드래그해 복사합니다.

P7셀 : =AVERAGEIF(C7:N7, "<>0")

| P7 | | | | | fx | =AVERAGEIF(C7:N7, "<>0") | | | | | | | | | | |

	A	B	C	D	E	F	G	H	I	J	K	L	M	N	O	P	Q
1																	
2						영업 사원 월 판매 실적											
3																	
5		직원	1월	2월	3월	4월	5월	6월	7월	8월	9월	10월	11월	12월	평균		
6															산술	0 제외	
7		박지훈	4	2	5	7	5	3	6	-	-	-	-	-	2.7	4.6	
8		유준혁	9	4	9	4	3	10	4	-	-	-	-	-	3.6	6.1	
9		이서연	8	8	10	4	9	1	5	-	-	-	-	-	3.8	6.4	
10		김민준	9	5	4	3	7	2	1	-	-	-	-	-	2.6	4.4	
11		최서현	8	9	4	6	9	2	7	-	-	-	-	-	3.8	6.4	
12		박현우	2	5	1	6	1	8	4	-	-	-	-	-	2.3	3.9	
13		정시우	7	3	2	8	5	8	7	-	-	-	-	-	3.3	5.7	
14		이은서	7	9	7	2	10	4	7	-	-	-	-	-	3.8	6.6	
15		오서윤	8	7	12	8	8	9	6	-	-	-	-	-	4.8	8.3	
16																	

Plus⁺ 수식 이해하기

AVERAGEIF 함수는 기본적으로 SUMIF 함수와 사용 방법이 동일합니다. 세 번째 인수인 **평균 범위** 인수가 생략되었으므로 이번 수식은 C7:N7 범위의 숫자 값이 0이 아닌 숫자의 평균을 구하게 됩니다. 이때 전체 범위에 음수가 없으므로 두 번째 인수인 **조건 문자열**은 ">0"과 같은 조건으로 변경할 수 있습니다.

=AVERAGEIF(C7:I7, ">0")

다만 일반적인 경우에는 집계 범위에 음수도 나타날 수 있으므로 ">0" 조건보다 "<>0" 조건을 더 자주 사용합니다.

---

04 AVERAGEIF 함수를 사용하지 못할 경우에 대체할 수 있는 수식을 사용해보겠습니다. P7셀의 수식을 다음과 같이 변경하고 P7셀의 채우기 핸들(⊞)을 P15셀까지 드래그해 복사합니다.

P7셀 : =SUM(C7:N7)/COUNTIF(C7:N7, "<>0")

| P7 | | | | | fx | =SUM(C7:N7)/COUNTIF(C7:N7, "<>0") | | | | | | | | | | |

	A	B	C	D	E	F	G	H	I	J	K	L	M	N	O	P	Q
1																	
2						영업 사원 월 판매 실적											
3																	
5		직원	1월	2월	3월	4월	5월	6월	7월	8월	9월	10월	11월	12월	평균		
6															산술	0 제외	
7		박지훈	4	2	5	7	5	3	6	-	-	-	-	-	2.7	4.6	
8		유준혁	9	4	9	4	3	10	4	-	-	-	-	-	3.6	6.1	
9		이서연	8	8	10	4	9	1	5	-	-	-	-	-	3.8	6.4	
10		김민준	9	5	4	3	7	2	1	-	-	-	-	-	2.6	4.4	
11		최서현	8	9	4	6	9	2	7	-	-	-	-	-	3.8	6.4	
12		박현우	2	5	1	6	1	8	4	-	-	-	-	-	2.3	3.9	
13		정시우	7	3	2	8	5	8	7	-	-	-	-	-	3.3	5.7	
14		이은서	7	9	7	2	10	4	7	-	-	-	-	-	3.8	6.6	
15		오서윤	8	7	12	8	8	9	6	-	-	-	-	-	4.8	8.3	
16																	

AVERAGEIF 함수는 엑셀 2007 버전부터 제공되므로 2003 호환 형식(XLS)으로 파일을 저장해 사용하면 다음과 같은 '호환성 검사' 경고 창이 열립니다.

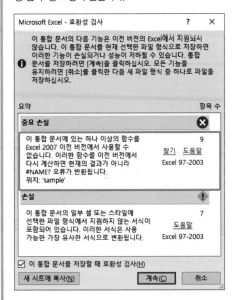

'호환성 검사' 경고 창에는 2003 호환 형식으로 저장할 경우 AVERAGEIF 함수가 2007 이전 버전에서는 사용할 수 없으므로 추후 수식이 재계산될 때 #NAME? 오류가 발생한다는 설명이 포함되어 있습니다. 그러므로 하위 버전 파일 형식으로 저장하려는 경우에는 SUMIF 함수와 COUNTIF 함수를 사용하는 계산식으로 변경해야 합니다. 이번 수식은 원래 다음과 같이 작성해야 합니다.

=SUMIF(C7:N7, "<>0")/COUNTIF(C7:N7, "<>0")

하지만 이번 경우에는 0 값을 제외하는 조건이므로 SUM(C7:N7)이나 SUMIF(C7:N7, "<>0") 수식 모두 동일한 결과를 반환합니다. 그렇기 때문에 합계를 구하는 부분을 SUMIF 대신 SUM 함수로 대체한 것인데 만약 5 이상 숫자의 평균을 구하려면 SUM(C7:N7)과 SUMIF(C7:N7, ">=5")의 결과가 달라지므로 반드시 SUM 함수 대신 SUMIF 함수를 사용해야 합니다.

최대값과 최소값을 제외한 평균 구하기

평균을 구할 범위에 다른 값보다 너무 크거나 작은 값이 포함되어 있다면 평균이 너무 커지거나 작아져 대푯값의 역할을 제대로 하지 못하게 됩니다. 그러므로 이런 경우에는 최대값이나 최소값을 제외한 평균을 구해야 합니다. 이렇게 일부 값을 제외하려고 할 때는 조건의 개수에 따라 AVERAGEIF 함수나 AVERAGEIFS 함수를 사용할 수 있습니다. 데이터 범위 내 최소값과 최대값을 제외한 평균을 구하는 방법에 대해 알아보겠습니다.

\ 예제 파일 PART 02 \ CHAPTER 06 \ AVERAGEIFS 함수.xlsx /

새 함수

AVERAGEIFS (❶ 평균 범위, ❷ 범위1, ❸ 조건 문자열1, ❹ 범위2, ❺ 조건 문자열2, …)

엑셀 2007 이상

여러 조건을 모두 만족하는 범위 내 위치를 찾아 평균 범위 내 숫자의 평균을 구합니다.

구문	❶ 평균 범위 : 평균을 구할 범위로, 생략할 수 없습니다. ❷ ❹ 범위 : 조건을 확인할 데이터 범위 ❸ ❺ 조건 문자열 : 범위에서 확인할 조건 문자열 　보통 **">=10"**과 같이 큰따옴표(")안에 비교 연산자와 비교할 값을 입력하며, 비교 연산자가 생략되면 같다(=)는 비교 연산자를 생략한 것이고, 비교할 값을 셀에서 참조하려면 **">="& A1**과 같이 & 연산자로 비교 연산자와 셀 참조를 연결해야 합니다.

MAX (❶ 숫자1, ❷ 숫자2, …)

데이터 범위에서 가장 큰 숫자 값을 반환합니다.

구문	❶ 숫자 : 최대값을 구할 데이터 범위(또는 값)로, 최대 255개까지 지정할 수 있습니다.
사용 예	=MAX(10, 20, 15, 16) 인수로 전달된 숫자에서 가장 큰 값인 20이 반환됩니다.

MIN (❶ 숫자1, ❷ 숫자2, …)

데이터 범위 내 가장 작은 숫자 값을 반환합니다.

구문	❶ 숫자 : 최소값을 구할 데이터 범위(또는 값)로, 최대 255개까지 지정할 수 있습니다.
사용 예	=MIN(10, 20, 15, 16) 인수로 전달된 숫자에서 가장 작은 값인 10이 반환됩니다.

자주 사용하는 수식 패턴

최대/최소값 제외 평균

=AVERAGEIFS(평균 범위, 평균 범위, "<" & MAX(평균 범위), 평균 범위, ">" & MIN(평균 범위)

* **평균 범위** : 평균을 구할 데이터 범위
* 비교 연산자 "<"나 ">"는 "<>"로 변경할 수 있습니다.

=(SUM(평균 범위)−MAX(평균 범위)−MIN(평균 범위))/(COUNT(평균 범위)−2)

* 분모의 2는 합계에서 뺀 최대값, 최소값 두 개의 값을 의미합니다.
* 이 수식은 최대값과 최소값의 중복이 없는 경우에만 사용할 수 있습니다. 중복이 있다면 분모의 (COUNT(평균 범위)−2) 부분을 COUNTIFS(평균 범위, ">" & MIN(평균 범위), 평균 범위, "<" & MAX(평균 범위))로 변경합니다.

01 예제 파일을 열고 각 분기별 평균을 구해보겠습니다. H열에는 단순 평균을 계산하고 I열에는 최대값과 최소값을 제외한 평균을 계산합니다.

분기	서울	부산	인천	대구	대전	평균 산술	평균 최대/최소 제외
1사분기	6,420	4,015	1,677	1,408	1,430		
2사분기	4,915	5,906	2,770	1,357	1,637		
3사분기	6,258	6,235	3,586	2,487	2,456		
4사분기	8,292	6,646	2,315	2,285	1,637		

TIP 예제의 빨간색 배경은 해당 분기의 최대값을 의미하고, 파란색 배경은 최소값을 의미합니다.

02 분기별 평균을 구합니다. H7셀에 다음 수식을 입력하고 H7셀의 채우기 핸들(⊞)을 H10셀까지 드래그해 복사합니다.

H7셀 : =AVERAGE(C7:G7)

분기	서울	부산	인천	대구	대전	평균 산술	평균 최대/최소 제외
1사분기	6,420	4,015	1,677	1,408	1,430	2,990	
2사분기	4,915	5,906	2,770	1,357	1,637	3,317	
3사분기	6,258	6,235	3,586	2,487	2,456	4,204	
4사분기	8,292	6,646	2,315	2,285	1,637	4,235	

Plus⁺ 수식 이해하기

이번에 실적을 구한 결과를 H7:H10 범위에서 보면, 2,990, 3,317, 4,204, 4,235로 매 분기 실적이 상승했습니다. 다만, 평균을 구한 범위의 값들을 보면 편차가 심한 편이라는 것을 알 수 있습니다. 이렇게 편차가 큰 경우에는 산술 평균만으로 전체 흐름을 파악하기는 쉽지 않습니다.

03 분기별 최대값을 구하겠습니다. I7셀에 다음 수식을 입력하고 I7셀의 채우기 핸들(⊞)을 I10셀까지 드래그해 복사합니다.

I7셀 : =MAX(C7:G7)

| | | | fx | =MAX(C7:G7) | | | | | |

대리점 판매 실적표

분기	서울	부산	인천	대구	대전	평균	
						산술	최대/최소 제외
1사분기	6,420	4,015	1,677	1,408	1,430	2,990	6,420
2사분기	4,915	5,906	2,770	1,357	1,637	3,317	5,906
3사분기	6,258	6,235	3,586	2,487	2,456	4,204	6,258
4사분기	8,292	6,646	2,315	2,285	1,637	4,235	8,292

Plus⁺ 수식 이해하기

MAX 함수는 지정된 범위에서 가장 큰 숫자 값을 반환하는 함수입니다. 이와 유사한 함수로는 데이터 범위에서 n번째로 큰 숫자 값을 반환하는 LARGE 함수를 사용할 수 있습니다. 두 함수의 관계는 다음과 같습니다.

MAX(C7:G7) = LARGE(C7:G7, 1)

LARGE 함수를 사용하면 상위 n번째 값을 구할 수 있어 좀 더 유연한 평균 값을 구할 수 있습니다.

MAX 함수의 반대 함수인 MIN 함수는 가장 작은 숫자 값을 반환합니다. MIN 함수 대신 n번째로 작은 값을 반환하는 SMALL 함수를 사용할 수 있습니다.

MIN(C7:G7) = SMALL(C7:G7, 1)

LINK LARGE 함수와 SMALL 함수에 대해서는 'No. 128 상위/하위 n개 데이터 구하기 – LARGE, SMALL'(391쪽)에서 자세하게 설명합니다.

---

04 최대값과 최소값을 제외한 평균을 구하겠습니다. I7셀의 수식을 다음과 같이 수정하고 I7셀의 채우기 핸들(⊞)을 I10셀까지 드래그해 복사합니다.

I7셀 : =AVERAGEIFS(C7:G7, C7:G7, ">" & MIN(C7:G7), C7:G7, "<" & MAX(C7:G7))

| | | | fx | =AVERAGEIFS(C7:G7, C7:G7, ">" & MIN(C7:G7), C7:G7, "<" & MAX(C7:G7)) | | | | | |

대리점 판매 실적표

분기	서울	부산	인천	대구	대전	평균	
						산술	최대/최소 제외
1사분기	6,420	4,015	1,677	1,408	1,430	2,990	2,374
2사분기	4,915	5,906	2,770	1,357	1,637	3,317	3,107
3사분기	6,258	6,235	3,586	2,487	2,456	4,204	4,103
4사분기	8,292	6,646	2,315	2,285	1,637	4,235	3,749

최대값과 최소값을 제외한 평균을 구하려면 ❶ 최소값보다 크고 ❷ 최대값보다 작은 값의 평균을 구하면 됩니다. 조건이 두 개이 므로 AVERAGEIFS 함수를 사용합니다. AVERAGEIFS 함수는 SUMIFS 함수와 사용 방법이 동일하므로, 첫 번째 인수에서 평균을 구하고 나머지 인수를 두 개씩 짝지어 범위와 조건 문자열을 전달합니다. 이번 수식 내 AVERAGEIFS 함수의 인수는 다음과 같습니다.

❶ C7:G7 : 평균을 구할 범위입니다.

❷ ❸ C7:G7 > MIN(C7:G7) : C7:G7 범위에서 최소값보다 큰 값이어야 하고

❸ ❺ C7:G7 < MAX(C7:G7) : C7:G7 범위에서 최대값보다 작은 값이어야 합니다.

이번 수식과 유사하지만 상위/하위 값을 두 개씩 제외하고 수식을 작성하려면 MAX 대신 LARGE 함수를, MIN 함수 대신 SMALL 함수를 사용해 다음과 같이 구성합니다.

=AVERAGEIFS(C7:G7, C7:G7, ">" & SMALL(C7:G7, 2), C7:G7, "<" & LARGE(C7:G7, 2))

이번 예제에 위와 같은 수식을 사용하면 값 다섯 개 중 상위 두 개, 하위 두 개가 제거되므로 중앙값(MEDIAN)이 반환됩니다. 수식은 올바르지만, 수식이 너무 길다는 점이 문제가 됩니다. 바로 다음 섹션인 No. 126에서 좀 더 간결한 수식에 대해 안내합니다.

05 AVERAGEIFS 함수를 사용하지 못할 경우의 대체 수식을 입력해 최대값과 최소값을 제외한 평균을 구합니다. I7셀의 수식을 다음과 같이 수정하고 I7셀의 채우기 핸들(┼)을 I10셀까지 드래그해 복사합니다.

I7셀 : =(SUM(C7:G7)−MAX(C7:G7)−MIN(C7:G7))/(COUNT(C7:G7)−2)

	A	B	C	D	E	F	G	H	I	J
			I7		fx	=(SUM(C7:G7)-MAX(C7:G7)-MIN(C7:G7))/(COUNT(C7:G7)-2)				
1										
2				대리점 판매 실적표						
3										
5		분기	서울	부산	인천	대구	대전	평균		
6								산출	최대/최소 제외	
7		1사분기	6,420	4,015	1,677	1,408	1,430	2,990	2,374	
8		2사분기	4,915	5,906	2,770	1,357	1,637	3,317	3,107	
9		3사분기	6,258	6,235	3,586	2,487	2,456	4,204	4,103	
10		4사분기	8,292	6,646	2,315	2,285	1,637	4,235	3,749	
11										

이번 수식을 한글로 풀어 설명하면 다음과 같습니다.

=(합계−최대값−최소값)/(개수−2)

분자 부분은 쉽게 이해될 것이고, 분모 부분의 개수에서 2를 빼는 부분만 이해하면 됩니다. 평균을 구할 개수에서 최대값, 최소값 두 개를 빼서 계산했으므로 개수에서도 동일하게 2를 빼는 연산을 한 것입니다. 이렇게 함수를 수식으로 풀어 작성할 수 있으면 보다 응용력 있게 수식을 생성할 수 있습니다.

최대값이나 최소값에 중복이 있다면 두 개보다 더 빼야 하므로 (개수−2) 부분을 COUNTIFS 함수로 다음과 같이 변경합니다.

COUNTIFS(C7:G7, ">" & MIN(C7:G7), C7:G7, "<" & MAX(C7:7))

상위, 하위 n%(개)를 제외한 평균 구하기 – TRIMMEAN

평균을 구할 때 최대값과 최소값을 제외하는 것보다 더 복잡한 작업이 상/하위 n퍼센트(또는 n개)의 데이터를 제외하고 구하는 것입니다. 이런 작업은 AVERAGE 계열 함수로는 처리하기 어렵기 때문에 별도의 함수가 제공되는데, 이때 사용되는 함수가 TRIMMEAN 함수입니다. TRIMMEAN 함수를 사용해 상/하위 n퍼센트(%)를 제외하고 평균을 구하는 방법에 대해 알아보겠습니다.

예제 파일 PART 02 \ CHAPTER 06 \TRIMMEAN 함수.xlsx

새 함수

TRIMMEAN (❶ 배열,❷ 퍼센트)

데이터 범위에서 상위/하위 n 퍼센트 데이터를 제외한 평균을 구합니다.

구문	❶ 배열 : 평균을 구할 데이터 범위(또는 숫자 배열) ❷ 퍼센트 : 평균을 구할 때 제외할 데이터의 비율
사용 예	**=TRIMMEAN(A1:A10, 20%)** A1:A10 범위에서 상위 10%와 하위 10% 데이터를 제외한 숫자 값의 평균을 반환합니다.

자주 사용하는 수식 패턴

상위/하위 n% 제외 계산식

=TRIMMEAN(평균 범위, 제외 비율*2)

* **평균 범위** : 평균을 구할 데이터 범위
* **제외 비율** : 상위/하위에서 제외할 비율, 예를 들어 상위 10%, 하위 10%를 제외하려면 **10%**를 입력

상위/하위 n개 제외 계산식

=TRIMMEAN(평균 범위, (제외 개수*2)/COUNT(평균 범위))

* **제외 개수** : 상위/하위에서 제외할 개수, 예를 들어 상위 한 개, 하위 한 개를 제외하려면 **1**을 입력

01 예제 파일을 열고 법인별 판매량의 평균을 오른쪽 표에 구해보겠습니다. 이때 G8셀에는 단순 평균을, H8셀에는 상/하위 10%를 제외한 평균을, I8셀에는 상/하위 두 건을 제외한 평균을 각각 구합니다.

◢	A	B	C	D	E	F	G	H	I	J
1										
2										
3				법인 실적 집계표						
4										
5		순위	법인	판매량	비율			평균		
6		1	서울	18,741			산술	비율 제외	건수 제외	
7		2	미국	10,348				10%	2	
8		3	중국	7,160						
9		4	영국	4,990						
10		5	일본	3,275						
11		6	독일	2,839						
12		7	캐나다	1,837						
13		8	프랑스	1,116						
14		9	브라질	569						
15		10	러시아	293						

TIP D열의 판매량은 이해를 돕기 위해 내림차순으로 정렬해 판매량이 높은 순으로 표시했습니다.

02 먼저 법인별 판매량 평균을 구하겠습니다. G8셀에 다음 수식을 입력합니다.

G8셀 : =AVERAGE(D6:D15)

G8	▼	:	×	✓	fx	=AVERAGE(D6:D15)			
◢	A	B	C	D	E	F	G	H	I	J
1										
2				법인 실적 집계표						
3										
4										
5		순위	법인	판매량	비율			평균		
6		1	서울	18,741			산술	비율 제외	건수 제외	
7		2	미국	10,348				10%	2	
8		3	중국	7,160			5,117			
9		4	영국	4,990						
10		5	일본	3,275						
11		6	독일	2,839						
12		7	캐나다	1,837						
13		8	프랑스	1,116						
14		9	브라질	569						
15		10	러시아	293						

03 이번에는 상/하위 10% 비율을 제외한 평균을 구하겠습니다. H8셀에 다음 수식을 입력합니다.

H8셀 : =TRIMMEAN(D6:D15, H7)

H8	▼	:	×	✓	fx	=TRIMMEAN(D6:D15, H7)			
◢	A	B	C	D	E	F	G	H	I	J
1										
2				법인 실적 집계표						
3										
4										
5		순위	법인	판매량	비율			평균		
6		1	서울	18,741			산술	비율 제외	건수 제외	
7		2	미국	10,348				10%	2	
8		3	중국	7,160			5,117	5,117		
9		4	영국	4,990						
10		5	일본	3,275						
11		6	독일	2,839						
12		7	캐나다	1,837						
13		8	프랑스	1,116						
14		9	브라질	569						
15		10	러시아	293						

TRIMMEAN 함수는 첫 번째 인수 범위에서 두 번째 인수의 퍼센트를 제외한 평균을 반환합니다. 즉, 이번 수식은 다음과 같습니다.

=TRIMMEAN(D6:D15, 10%)

계산된 결과를 보면 G8셀의 평균과 동일합니다. 이것은 TRIMMEAN 함수가 값을 제외하지 않고 모든 숫자의 평균을 구했다는 의미입니다. 왜 이런 결과가 반환됐는지 이해하려면 TRIMMEAN 함수의 두 번째 인수인 **퍼센트**에 대해 정확하게 이해해야 합니다. **퍼센트** 인수에 전달한 값은 절반으로 나눠 상위/하위에서 제외하게 됩니다. 즉 이번 수식에서 TRIMMEAN 함수에 전달된 10%는 상위 10%, 하위 10%를 제외하는 것이 아니라 상위 5%, 하위 5% 비율로 데이터를 제외합니다. 상위와 하위 5%가 왜 제외되지 않았는지는 **04** 과정에서 이해할 수 있습니다.

04 데이터의 비율을 구해 제외될 데이터를 확인합니다. 비율은 순위를 (개수+1)로 나눈 값으로 구할 수 있습니다. 비율을 계산하기 위해 E6셀에 다음 수식을 입력하고 E6셀의 채우기 핸들(⊞)을 E15셀까지 드래그해 복사합니다.

E6셀 : =B6/(COUNT($D$6:$D$15)+1)

이번 수식은 TRIMMEAN 함수에서 제외되는 데이터를 확인하기 위해 데이터의 비율을 계산한 것입니다. 데이터의 비율은 평균을 구할 범위의 순위를 (개수+1)로 나눠 계산하면 됩니다. 개수로 바로 나누면 100% 값이 나올 수밖에 없으므로, 경계 값을 구하지 않기 위해 (개수+1)로 나눠야 합니다.

이번 수식으로 계산된 비율을 보면 상위 5%와 하위 5% 이내의 데이터가 존재하지 않는 것을 확인할 수 있습니다. 이 과정을 통해 **03** 과정에서 작성한 TRIMMEAN 함수를 사용한 평균과 AVERAGE 함수의 결과가 같은 이유를 알 수 있습니다.

이번 예제처럼 순위(A열)가 따로 계산되어 있지 않다면 다음과 같이 RANK 함수를 사용해야 합니다.

=RANK(D6, $D$6:$D$15)/(COUNT($D$6:$D$15)+1)

LINK RANK 함수에 대해서는 'No. 136 RANK 함수로 순위 구하기'(426쪽)에서 자세하게 설명합니다.

RANK와 COUNT 함수를 사용하는 수식 대신 백분율 순위를 계산하는 PERCENTRANK.EXC 함수를 사용하는 수식으로 대체할 수 있습니다.

=1−PERCENTRANK.EXC($D$6:$D$15, D6)

LINK PERCENTRANK 함수에 대해서는 'No. 139 백분율 순위 구하기 – PERCENTRANK'(442쪽)에서 자세하게 설명합니다.

05 그러므로 상위/하위 10%를 제외하려면 H7셀의 값을 20%로 수정하거나 H8셀에 입력한 수식의 TRIMMEAN 함수의 두 번째 인수에 2를 곱하는 연산을 해야 합니다. 후자가 더 간편하므로 H8셀의 수식을 다음과 같이 수정합니다.

H8셀 : =TRIMMEAN(D6:D15, H7*2)

Plus⁺ 수식 이해하기

수식을 수정하면 H8셀의 평균이 G8셀의 산술 평균보다 작아집니다. 다음 화면과 같이 D7:D14 범위(상위/하위 10% 비율을 제외한)를 선택하고, 상태 표시줄의 자동 요약 값 중 '평균'을 확인해보면 H8셀의 값과 동일한 것을 알 수 있습니다.

이런 방식을 통해 H7셀에서 제외할 비율을 조정하고 해당 비율이 제외된 평균이 올바로 계산됐는지 확인할 수 있습니다.

06 이번에는 상위/하위 데이터를 비율이 아닌 개수로 하여 수식을 작성하겠습니다. 상위/하위 두 개를 제외한 평균을 계산하기 위해 I8셀에 다음 수식을 입력합니다.

I8셀 : =TRIMMEAN(D6:D15, I7/COUNT(D6:D15))

	A	B	C	D	E	F	G	H	I	J
							fx	=TRIMMEAN(D6:D15,I7/COUNT(D6:D15))		
1										
2					법인 실적 집계표					
3										
5		순위	법인	판매량	비율			평균		
6		1	서울	18,741	9%		산술	비율 제외	건수 제외	
7		2	미국	10,348	18%			10%	2	
8		3	중국	7,160	27%		5,117	4,017	4,017	
9		4	영국	4,990	36%					
10		5	일본	3,275	45%					
11		6	독일	2,839	55%					
12		7	캐나다	1,837	64%					
13		8	프랑스	1,116	73%					
14		9	브라질	569	82%					
15		10	러시아	293	91%					
16										

Plus⁺ 수식 이해하기

TRIMMEAN 함수는 퍼센트로만 데이터를 제외할 수 있으므로 제외하려는 개수를 퍼센트 값으로 변환하면 됩니다.

TRIMMEAN 함수의 두 번째 인수는 다음과 같습니다.

● **I7/COUNT(D6:D15)**

즉, I7셀(제외하고 싶은 데이터 개수)의 값을 전체 데이터 개수로 나눈 결과입니다.

이 수식은 **=2/10**이므로 20%와 같습니다.

20%의 절반씩 상위 10%, 하위 10%의 데이터가 제외된 결과가 반환됩니다. 이 결과는 H8셀의 결과와 정확하게 일치하는데, 이것은 상위/하위 두 개씩 제외되지 않았다는 의미입니다.

---

07 상위 두 건, 하위 두 건을 제외하려면 제외하려는 개수에 2를 곱해야 합니다. I8셀의 수식을 다음과 같이 변경합니다.

=TRIMMEAN(D6:D15, (I7*2)/COUNT(D6:D15)

	A	B	C	D	E	F	G	H	I	J
							fx	=TRIMMEAN(D6:D15, (I7*2)/COUNT(D6:D15))		
1										
2					법인 실적 집계표					
3										
5		순위	법인	판매량	비율			평균		
6		1	서울	18,741	9%		산술	비율 제외	건수 제외	
7		2	미국	10,348	18%			10%	2	
8		3	중국	7,160	27%		5,117	4,017	3,536	
9		4	영국	4,990	36%					
10		5	일본	3,275	45%					
11		6	독일	2,839	55%					
12		7	캐나다	1,837	64%					
13		8	프랑스	1,116	73%					
14		9	브라질	569	82%					
15		10	러시아	293	91%					
16										

I7셀의 제외할 개수에 2를 곱했으므로 TRIMMEAN 함수의 두 번째 인수의 계산 결과는 (2*2)/10, 즉 40%가 됩니다. 이것으로 상위/하위 20%씩 데이터가 제외됩니다. 이번 계산 결과가 올바른지 확인하기 위해 상위/하위 두 건을 제외한 범위(D8:D13)를 선택하고 상태 표시줄의 자동 요약 값을 확인합니다.

이번 수식은 AVERAGEIFS 함수를 사용해 구할 수도 있습니다. 다음 수식을 참고합니다.

=AVERAGEIFS(D6:D15, D6:D15, ">" & SMALL(D6:D15, 2), D6:D15, "<" & LARGE(D6:D15, 2))

이 수식의 계산 방식은 No. 125에서 진행한 방식과 동일합니다. 참고로 수식 내 SMALL 함수와 LARGE 함수의 두 번째 인수 값인 2는 I7셀의 값을 참조하도록 변경하면 I7셀의 숫자 변화에 따라 해당 개수를 제외한 평균을 얻을 수 있습니다.

가중 평균 구하기
– SUMPRODUCT

AVERAGE 함수로 구하는 산술 평균은 여러 개의 값에 동일한 가중치를 적용해 계산합니다. 예를 들어 10과 20의 평균은 15인데, 개수가 두 개이므로 계산식은 **=10/2+20/2**로 구성됩니다. 즉, 10과 20의 평균을 계산할 때 가중치는 1/2인 50%가 적용된 것입니다. 하지만 중요도에 따라 가중치를 다르게 해 계산할 필요가 있는데, 이런 경우는 AVERAGE 함수로 계산할 수 없으므로 SUMPRODUCT 함수와 SUM 함수를 사용한 계산식을 이용합니다.

예제 파일 PART 02 \ CHAPTER 06 \SUMPRODUCT 함수.xlsx

새 함수

SUMPRODUCT (❶ 배열1, ❷ 배열2, …)

배열의 각 요소를 서로 곱한 다음 곱한 값을 모두 더해 반환합니다.

구문	❶ 배열 : 데이터 범위(또는 숫자 배열)
참고	SUMPRODUCT 함수는 덧셈 함수인 SUM 함수와 곱셈 함수인 PRODUCT 함수가 결합된 함수입니다. 그러므로 SUMPRODUCT 함수는 곱셈과 덧셈을 연속해서 수행합니다.
사용 예	**=SUMPRODUCT(A1:A3, B1:B3)** A1:A3 범위에는 1, 2, 3 값이, B1:B3 범위에 4, 5, 6 값이 입력되어 있으면 다음과 같은 순서로 계산됩니다. A1:A3 　 B1:B3 　 배열 　 반환 1 × 4 = 4 ┐ 2 × 5 = 10 ├──SUM 32 3 × 6 = 18 ┘ 즉, 범위 내 숫자 값끼리 곱하기 연산(PRODUCT)을 한 값을 배열에 저장해놓고, 배열 내의 값을 모두 덧셈 연산(SUM)한 값, 32가 반환됩니다.

자주 사용하는 수식 패턴

가중 평균 계산식

=SUMPRODUCT(평균 범위, 가중치 범위)/SUM(가중치 범위)

* **평균 범위** : 평균을 구할 데이터 범위
* **가중치 범위** : 가중치 값이 입력된 데이터 범위

01 예제 파일을 열고, 직원별로 받은 점수의 평균을 구해보겠습니다. G열에는 산술 평균을, H열에는 C16:F16 범위의 프로그램별 가중치를 적용한 가중 평균을 구한 것입니다.

	직원	파워포인트	엑셀	워드	액세스	산술평균	가중평균
	박지훈	55	85	85	75		
	유준혁	95	75	95	55		
	이서연	60	95	75	65		
	김민준	95	100	65	55		
	최서현	85	95	60	40		
	박현우	95	95	55	50		
	정시우	95	65	95	90		
	이은서	90	85	70	60		
	가중치(평균)						
	가중치(조정)	30%	40%	10%	20%		

오피스 활용 평가 점수

02 먼저 직원 각자의 산술 평균을 계산하겠습니다. G6셀에 다음 수식을 입력하고 G6셀의 채우기 핸들(⊞)을 G13셀까지 드래그해 복사합니다.

G6셀 : =AVERAGE(C6:F6)

G6 : =AVERAGE(C6:F6)

오피스 활용 평가 점수

	직원	파워포인트	엑셀	워드	액세스	산술평균	가중평균
	박지훈	55	85	85	75	75	
	유준혁	95	75	95	55	80	
	이서연	60	95	75	65	74	
	김민준	95	100	65	55	79	
	최서현	85	95	60	40	70	
	박현우	95	95	55	50	74	
	정시우	95	65	95	90	86	
	이은서	90	85	70	60	76	
	가중치(평균)						
	가중치(조정)	30%	40%	10%	20%		

03 이번 예제는 네 과목 점수의 평균을 구하는 것이므로, 산술 평균의 가중치는 1/n로 정확하게 1/4이 됩니다. 가중 평균을 구하는 원리를 이해하기 위해 산술 평균의 가중치를 입력하고 평균을 구해보겠습니다. C15:F15 범위를 선택하고 다음 수식을 작성한 후 Ctrl + Enter 키를 눌러 입력합니다.

C15:F15 범위 : =1/4

C15 : =1/4

오피스 활용 평가 점수

	직원	파워포인트	엑셀	워드	액세스	산술평균	가중평균
	박지훈	55	85	85	75	75	
	유준혁	95	75	95	55	80	
	이서연	60	95	75	65	74	
	김민준	95	100	65	55	79	
	최서현	85	95	60	40	70	
	박현우	95	95	55	50	74	
	정시우	95	65	95	90	86	
	이은서	90	85	70	60	76	
	가중치(평균)	25%	25%	25%	25%		
	가중치(조정)	30%	40%	10%	20%		

04 산술 평균의 가중치 합계는 항상 1(100%)이 됩니다. 가중치의 합계를 확인하기 위해 G15셀에 다음 수식을 입력하고 G15셀의 채우기 핸들(田)을 G16셀까지 드래그해 복사합니다.

G15셀 : =SUM(C15:F15)

> **Plus⁺ 수식 이해하기**
>
> 산술 평균의 가중치 합계는 항상 1(100%)이 됩니다. 하지만 가중 평균의 경우 합계가 1을 초과하는 경우도 종종 있습니다. 그러므로 가중 평균을 구할 때는 합계를 확인하는 것이 중요합니다.

05 G열에서 AVERAGE 함수로 구한 산술 평균에 가중치 계산식을 적용해보겠습니다. G6셀의 수식을 다음과 같이 수정하고 G6셀의 채우기 핸들(田)을 G13셀까지 드래그해 복사합니다.

G6셀 : =SUMPRODUCT(C6:F6, $C$15:$F$15)

> **Plus⁺ 수식 이해하기**
>
> SUMPRODUCT 함수는 인수로 전달된 범위 내 값을 하나씩 곱한 후 곱한 값을 모두 더해 반환합니다. 산술 평균이 **=값1*1/4+값2*1/4+값3*1/4+값4*1/4**과 같은 방식으로 계산되므로 SUMPRODUCT 함수로도 가중치만 미리 계산해놓는다면 AVERAGE 함수와 동일한 계산 결과를 얻을 수 있습니다. 이번 수식은 다음과 같은 순서로 계산됩니다.
>

위 계산 과정을 일반 수식으로 풀어 쓰면 다음과 같습니다.

=55/4+85/4+85/4+75/4

이런 과정을 통해 SUMPRODUCT 함수로 가중치를 적용한 평균을 구할 수 있다는 점을 이해할 수 있습니다.

---

06 이제 C16:F16 범위에 입력된 가중치를 적용한 가중 평균을 계산합니다. H6셀에 다음 수식을 입력하고 H6셀의 채우기 핸들(⊞)을 H13셀까지 드래그해 복사합니다.

H6셀 : =SUMPRODUCT(C6:F6, $C$16:$F$16)

	A	B	C	D	E	F	G	H
					=SUMPRODUCT(C6:F6, $C$16:$F$16)			
1								
2			**오피스 활용 평가 점수**					
3								
5		직원	파워포인트	엑셀	워드	액세스	산술평균	가중평균
6		박지훈	55	85	85	75	75	74
7		유준혁	95	75	95	55	80	79
8		이서연	60	95	75	65	74	77
9		김민준	95	100	65	55	79	86
10		최서현	85	95	60	40	70	78
11		박현우	95	95	55	50	74	82
12		정시우	95	65	95	90	86	82
13		이은서	90	85	70	60	76	80
14								
15		가중치(평균)	25%	25%	25%	25%	100%	
16		가중치(조정)	30%	40%	10%	20%	100%	
17								

Plus⁺ 수식 이해하기

이번 수식은 **05** 과정의 수식과 동일하지만 C16:F16 범위의 가중치를 적용한 부분만 다릅니다. 그러므로 가중치가 올바로 적용된 결과임을 이해할 수 있을 것입니다.

다만, 이번 수식은 '자주 사용하는 수식 패턴'에서 소개한 수식과 비교했을 때 생략된 부분이 있는데, 정확하게 수식을 작성하면 다음과 같습니다.

=SUMPRODUCT(C6:F6, $C$16:$F$16)/SUM($C$16:$F$16)

앞에서 가중치의 합계가 1(100%)이 아닐 수도 있다는 설명을 한 바 있습니다. 이번 수식에서 분모 부분을 생략한 이유는 가중치의 합계(G16셀)가 1(100%)이었기 때문입니다. 하지만 가중치의 합계가 1(100%)이 아닌 경우에는 분모의 SUM 함수 부분을 반드시 포함시켜야 정확한 가중 평균을 구할 수 있습니다.

상위/하위 n개 데이터 구하기 – LARGE, SMALL

전체 데이터에서 상위(또는 하위) n개 데이터의 값을 구하려면, LARGE 함수나 SMALL 함수를 사용합니다. LARGE 함수는 n번째로 큰 값을, SMALL 함수는 n번째로 작은 값을 반환하므로 MAX, MIN 함수에 비해 활용도가 높습니다. 다만 중복이 있는 데이터라면 중복 값이 그대로 반환되므로 주의해야 합니다. LARGE 함수와 SMALL 함수를 사용하는 방법에 대해 알아보겠습니다.

\ **예제 파일** PART 02 \ CHAPTER 06 \LARGE, SMALL 함수.xlsx /

새 함수

LARGE (❶ 배열, ❷ 순위)

데이터 범위에서 지정된 순위에 해당하는 큰 값을 반환합니다.

구문	❶ 배열 : 데이터 범위(또는 숫자 배열) ❷ 순위 : 배열에서 반환할 값의 순위
참고	배열 내에 중복 값이 있을 경우, 내림차순으로 정렬된 순서로 값이 반환됩니다. 예를 들어 1, 2, 3, 3 값이 존재할 때 **LARGE(배열, 1)**과 **LARGE(배열, 2)**의 반환 값은 3으로 동일합니다.
사용 예	=LARGE(A1:A10, 2) A1:A10 범위에서 두 번째로 큰 값을 반환합니다.

SMALL (❶ 배열, ❷ 순위)

데이터 범위에서 지정된 순위에 해당하는 작은 값을 반환합니다.

구문	❶ 배열 : 숫자 값 집합 또는 데이터 범위 ❷ 순위 : 배열에서 반환할 값의 순위
참고	배열 내에 중복 값이 있을 경우, 오름차순으로 정렬된 순서로 값이 반환됩니다. 예를 들어 1, 1, 2, 3 값이 존재할 때 **SMALL(배열, 1)**과 **SMALL(배열, 2)**의 반환 값은 1로 동일합니다.
사용 예	=SMALL(A1:A10, 2) A1:A10 범위에서 두 번째로 작은 값을 반환합니다.

자주 사용하는 수식 패턴

순위 입력

$$=LARGE(범위, ROW(A1))$$

* ROW(A1) 함수 부분은 일련번호를 반환하는 다른 수식으로 대체할 수 있습니다.

LINK 일련번호를 반환하는 다른 수식에 대해서는 'No. 111 일련번호 표시하기 – ROW, COUNTA'(329쪽)을 참고합니다.

중복이 있는 경우의 고유 항목만 순서대로 값 전달받기

$$=LARGE(범위, ROW(A1)+COUNTIF(범위, LARGE(범위, ROW(A1)))-1)$$

* **범위** : 숫자 값 범위
* **LARGE** 함수는 **SMALL** 함수로 대체할 수 있습니다.

01 예제 파일을 열고 월 판매량의 상위 세 개와 하위 세 개 실적을 오른쪽 표에 정리해 보겠습니다. 이때 중복된 값은 배제하고 순서대로 값을 구합니다. 참고로 C6:C17 범위 내 색상이 적용된 셀은 중복 값이 존재하는 위치입니다.

02 먼저 상위 세 개의 판매량을 구하겠습니다. F7셀에 다음 수식을 입력하고 F7셀의 채우기 핸들(田)을 F9셀까지 드래그해 복사합니다.

F7셀 : =LARGE($C$6:$C$17, E7)

03 이번에는 하위 세 개의 판매량을 구합니다. G7셀에 다음 수식을 입력하고 G7셀의 채우기 핸들(⊞) 을 G9셀까지 드래그해 복사합니다.

G7셀 : =SMALL($C$6:$C$17, E7)

04 하위 세 개의 판매량에서 중복을 제거하겠습니다. G7셀의 수식을 다음과 같이 수정하고 G7셀의 채우기 핸들(⊞)을 G9셀까지 드래그해 복사합니다.

G7셀 : =SMALL($C$6:$C$17, E7+COUNTIF($C$6:$C$17, SMALL($C$6:$C$17, E7))−1)

G7		⋮	×	✓	fx	=SMALL($C$6:$C$17, E7+COUNTIF($C$6:$C$17, SMALL($C$6:$C$17, E7))-1)				
⊿	A	B	C	D	E	F	G	H	I	J	K
1											
2				월 실적 집계표							
3											
5		월	판매량		순위	판매실적					
						상위	하위				
6		1월	580								
7		2월	380		1	1,015	380				
8		3월	655		2	985	535				
9		4월	625		3	920	555				
10		5월	985								
11		6월	805								
12		7월	555								
13		8월	535								
14		9월	1,015								
15		10월	920								
16		11월	675								
17		12월	535								
18											

Plus⁺ 수식 이해하기

이번 수식은 언뜻 보면 너무 어려워 보이지만 간단히 정리하면 다음과 같은 계산식입니다.

=SMALL(범위, 순위+개수−1)

다만 개수는 현재 값의 개수를 세어야 하므로 COUNTIF 함수와 SMALL 함수를 다시 사용한 것입니다. 그러므로 변경된 수식은 범위 내 가져올 값의 개수를 세어 중복 값이 있을 때 그 다음 값이 반환되도록 수정한 수식입니다. 중복이 없는 경우에는 순서대로 값을 반환합니다.

다음 설명을 참고하면 좀더 이해가 잘 될 것입니다.

● **G7셀**
범위 내에서 첫 번째로 작은 값을 가져와야 합니다.
원래 반환되는 380은 고유하므로, 개수는 1이고 수식은 **=SMALL(범위, 1+1−1)**이 됩니다. 이 경우 SMALL 함수의 두 번째 인수는 1이므로 범위 내 첫 번째 작은 값을 반환합니다.

● **G8셀**
범위 내에서 두 번째로 작은 값을 가져와야 합니다.
원래 반환되는 535는 중복이고 두 개이므로, 수식은 **=SMALL(범위, 2+2−1)**이 됩니다. 이 경우 SMALL 함수의 두 번째 인수는 3이 되어 범위 내 세 번째 작은 값을 반환합니다. (두 번째, 세 번째 값이 모두 동일하므로 결과는 이전과 동일합니다.)

● **G9셀**
범위 내에서 세 번째로 작은 값을 가져와야 합니다.
원래 반환되는 535는 중복이고 두 개이므로, 수식은 **=SMALL(범위, 3+2−1)**이 됩니다. 이 경우 SMALL 함수의 두 번째 인수는 4가 되어 범위 내 네 번째 작은 값을 반환하므로 중복이 배제된 결과를 얻을 수 있습니다.

제한 조건이 있는 최대값, 최소값 구하기 – MAX, MIN

최소 얼마는 보장해야 하거나 최대 얼마까지 받을 수 있다는 제한 조건이 있는 경우를 처리하는 수식은 언뜻 생각하면 어렵게 느껴지지만, 최대값과 최소값을 구하는 방법으로 간단하게 해결할 수 있습니다. 만약 최대값, 최소값으로 구하지 않고 IF 함수를 사용하면 수식이 복잡해집니다. 제한 조건이 있는 결과를 반환하는 수식 작성 방법에 대해 알아보겠습니다.

\ 예제 파일 PART 02 \ CHAPTER 06 \MAX, MIN 함수.xlsx

자주 사용하는 수식 패턴

최소 보장 값

=MAX(최소값, 계산식)

* **계산식** : 원래 계산하고자 하는 수식
* **최소값** : 계산식의 결과에서 반드시 보장해야 하는 값

최대 보장 값

=MIN(최대값, 계산식)

* **계산식** : 원래 계산하고자 하는 수식
* **최대값** : 계산식의 결과에서 초과하지 못하는 값

01 예제 파일을 열고, 영업사원의 판매량에 따른 성과급을 계산해보겠습니다. 성과급은 **판매량*단가*지급비율**로 곱해 계산하며, 성과급은 최소 50만 원은 지급해야 하고 최대 500만 원은 초과할 수 없습니다.

	A	B	C	D	E	F	G	H	I	J
1										
2				영업사원 성과급 계산표						
3										
4										
5					성과급 제한조건			단가	399,000	
6		영업	판매량	성과급	최소	최대		지급비율	4.8%	
7					50 만원	500 만원				
8		박지훈	121							
9		유준혁	12							
10		이서연	287							
11		김민준	65							
12		최서현	39							
13		박현우	222							
14		정시우	155							
15		이은서	166							
16										

02 먼저 성과급을 계산하겠습니다. D8셀에 다음 수식을 입력하고 D8셀의 채우기 핸들()을 D15셀까지 드래그해 복사합니다.

D8셀 : =C8*I\$5*I\$6

D8		×	✓	fx	=C8*I$5*I$6				
	A	B	C	D	E	F	G	H	I	J
1										
2			**영업사원 성과급 계산표**							
3										
5					성과급 제한조건			단가	399,000	
6		영업	판매량	성과급	최소	최대		지급비율	4.8%	
7					50 만원	500 만원				
8		박지훈	121	2,317,392						
9		유준혁	12	229,824						
10		이서연	287	5,496,624						
11		김민준	65	1,244,880						
12		최서현	39	746,928						
13		박현우	222	4,251,744						
14		정시우	155	2,968,560						
15		이은서	166	3,179,232						
16										

03 성과급이 최소 50만 원은 보장되도록 수식을 작성하겠습니다. E8셀에 다음 수식을 입력하고 E8셀의 채우기 핸들()을 E15셀까지 드래그해 복사합니다.

E8셀 : =MAX(500000, D8)

E8		×	✓	fx	=MAX(500000, D8)				
	A	B	C	D	E	F	G	H	I	J
1										
2			**영업사원 성과급 계산표**							
3										
5					성과급 제한조건			단가	399,000	
6		영업	판매량	성과급	최소	최대		지급비율	4.8%	
7					50 만원	500 만원				
8		박지훈	121	2,317,392	2,317,392					
9		유준혁	12	229,824	500,000					
10		이서연	287	5,496,624	5,496,624					
11		김민준	65	1,244,880	1,244,880					
12		최서현	39	746,928	746,928					
13		박현우	222	4,251,744	4,251,744					
14		정시우	155	2,968,560	2,968,560					
15		이은서	166	3,179,232	3,179,232					
16										

Plus⁺ 수식 이해하기

이번 수식은 D8셀에 계산된 성과급에서 최소 50만 원은 보장하기 위한 것으로, MAX 함수를 사용해 D8셀의 성과급이 50만 원보다 작으면 50만 원이 반환되도록 구성하였습니다. 이번 수식으로 D9셀의 성과급 229,824가 500,000으로 조정된 결과가 얻어집니다.

이 계산식의 원리는 간단하지만, 쉽게 떠올리지 못하는 경우가 많습니다. 이런 작업에 가장 많이 사용하는 수식은 IF 함수를 사용하는 다음 수식입니다.

=IF(D8>500000, D8, 500000)

위 수식을 보면 이번에 사용한 수식이 더 간결하다는 것을 알 수 있습니다. 참고로 500000과 같이 0을 여러 개 입력해야 하는 숫자는 잘못 입력할 가능성이 높습니다. 이런 경우에는 엑셀에서 지원하는 지수 표기 방식으로 입력하면 쉽습니다. 지수 표기 방식은 10의 제곱승으로 숫자 값을 입력하는 방법으로, 500000은 다음과 같은 두 가지 방법으로 입력할 수 있습니다.

50E4

또는

5E5

50E4는 $50 \times (10^4)$를 의미하며, 5E5는 $5 \times (10^5)$를 의미합니다. 그러므로 이번 수식에 위 표기 방식대로 입력한다면 다음과 같습니다.

=MAX(50E4, D8)

제 경우는 우리 화폐 단위에 맞게 네 자리씩 끊어 입력하는 방법이 편한데, 사람에 따라 다를 수 있으니 편리한 방법을 이용하면 됩니다. 참고로 지수 표기로 입력된 값은 수식 내에서 다시 원 단위로 바뀝니다. 예를 들어 **50E4**로 입력하면 입력된 수식에는 500000으로 나타납니다.

04 이번에는 성과급이 최대 500만 원을 초과하지 못하도록 제한하겠습니다. F8셀에 다음 수식을 입력하고 F8셀의 채우기 핸들(⊞)을 F15셀까지 드래그해 복사합니다.

F8셀 : =MIN(5000000, E8)

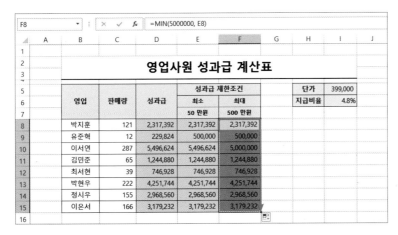

Plus⁺ 수식 이해하기

성과급은 최대 500만 원까지 지급할 수 있다고 했으니 성과급과 500만 원 중에서 최소값을 구하면 됩니다. 이 수식의 결과로 D10셀의 성과급 5,496,624가 500만 원으로 조정됩니다. 이 수식 역시 다음과 같이 IF 함수로 대체할 수 있습니다.

=IF(E8>5000000, 5000000, E8)

만약 두 가지 제한 조건(최소 50만 원 ~ 최대 500만 원)을 모두 처리해야 한다면 수식을 다음과 같이 조정할 수 있습니다.

=MIN(MAX(500000, D8), 5000000)

IF 함수를 사용한다면 다음과 같이 중첩해 작성할 수 있습니다.

=IF(D8>500000, IF(D8>5000000, 5000000, D8), 500000)

위 수식은 이해하기는 어렵지 않지만, 0이 너무 많아 혼란스럽습니다. 지수 표기 방식으로 입력하면 다음과 같습니다.

=IF(D8>50E4, IF(D8>500E4, 500E4, D8), 50E4)

이때 E4 부분을 '만' 단위로 읽으면 수식이 더 쉽게 읽힙니다.

조건에 맞는 최대값, 최소값 구하기 - MAXIFS, MINIFS

2016 버전 이전에는 집계 함수 중 가장 많이 사용되는 MAX 함수와 MIN 함수에 IF 조건을 처리할 수 있는 함수가 제공되지 않았습니다. 2016 버전부터는 MAXIFS 함수와 MINIFS 함수가 제공됩니다. 하지만 다른 함수(SUM, COUNT, AVERAGE)들처럼 IF/IFS 함수를 분리하지 않고 IFS 함수만 지원됩니다. MAXIFS, MINIFS 함수가 모두 하나 또는 여러 개의 조건을 처리할 수 있어 굳이 MAXIF, MINIF 함수를 지원하지 않으므로 주의해서 사용하도록 합니다.

예제 파일 PART 02 \ CHAPTER 06 \ MAXIFS, MINIFS 함수.xlsx

새 함수

엑셀 2016 이상

MAXIFS (❶ 최대값 범위, ❷ 범위1, ❸ 조건 문자열1, ❹ 범위2, ❺ 조건 문자열2, …)

여러 조건을 만족하는 숫자 중 가장 큰 숫자를 반환합니다.

구문	❶ 최대값 범위 : 최대값을 구할 데이터 범위 ❷ 범위 : 조건을 확인할 데이터 범위 ❸ 조건 문자열 : 범위에서 확인할 조건으로, 비교 연산자와 값으로 구성합니다.
버전	2016 버전이나 오피스 365에서 사용할 수 있는 함수로, 오피스 2016 버전에서는 반드시 [Office 업데이트]를 해야 사용할 수 있습니다. 정확하게는 16.0.6568.2025 이상 버전에서만 사용할 수 있습니다. 업데이트하지 않은 2016 버전이나 2013, 2010 등의 하위 버전에서 MAXIFS 함수를 사용하면 #NAME? 오류가 발생합니다.

엑셀 2016 이상

MINIFS (❶ 최소값 범위, ❷ 범위1, ❸ 조건 문자열1, ❹ 범위2, ❺ 조건 문자열2, …)

여러 조건을 만족하는 숫자 중 가장 작은 숫자를 반환합니다.

구문	❶ 최소값 범위 : 최소값을 구할 데이터 범위 ❷ 범위 : 조건을 확인할 데이터 범위 ❷ 조건 문자열 : 범위에서 확인할 조건으로, 비교 연산자와 값으로 구성합니다.
버전	2016 버전이나 오피스 365에서 사용할 수 있는 함수로, 오피스 2016 버전에서는 반드시 [Office 업데이트]를 해야 사용할 수 있습니다. 정확하게는 16.0.6568.2025 이상 버전에서만 사용할 수 있습니다. 업데이트하지 않은 2016 버전이나 2013, 2010 등의 하위 버전에서 MINIFS 함수를 사용하면 #NAME? 오류가 발생합니다.

01 예제 파일을 열고, 왼쪽 표의 실적을 참고해 오른쪽 표에 부서별 최대/최소 실적을 구해보겠습니다.

	A	B	C	D	E	F	G	H	I
1									
2			다중 조건의 최대/최소						
3									
5		부서	사원	판매수량		집계	영업1부	영업2부	
6		영업1부	김덕훈	2,500		최대			
7		영업1부	김소미	3,800		최소			
8		영업2부	김찬진	1,200					
9		영업2부	오영수	5,100					
10		영업1부	유가을	-					
11		영업2부	윤대현	7,100					
12		영업1부	최소라	5,800					
13									

02 먼저 부서별 최대 실적을 구하겠습니다. G6셀에 다음 수식을 입력하고 G6셀의 채우기 핸들(田)을 H6셀까지 드래그해 복사합니다.

G6셀 : =MAXIFS($D$6:$D$12, $B$6:$B$12, G5)

G6		:	×	✓	fx	=MAXIFS($D$6:$D$12, $B$6:$B$12, G5)		
	A	B	C	D	E	F	G	H	I
1									
2			다중 조건의 최대/최소						
3									
5		부서	사원	판매수량		집계	영업1부	영업2부	
6		영업1부	김덕훈	2,500		최대	5,800	7,100	
7		영업1부	김소미	3,800		최소			
8		영업2부	김찬진	1,200					
9		영업2부	오영수	5,100					
10		영업1부	유가을	-					
11		영업2부	윤대현	7,100					
12		영업1부	최소라	5,800					
13									

Plus⁺ 수식 이해하기

부서별 최대 실적은 조건이 '부서' 하나이므로 MAXIFS 함수를 사용해 얻을 수 있습니다. 이때 MAXIFS 함수의 세 번째 인수에서 같다(=)는 비교 연산자가 생략된 것이며, 이를 추가하면 다음 수식이 됩니다.

=MAXIFS($D$6:$D$12, $B$6:$B$12, "=" & G5)

2013 이하 버전에서는 다음 수식을 사용합니다.

=MAX(IF($B$6:$B$12=G5, $D$6:$D$12))

위 수식은 배열 수식이므로 Ctrl + Shift + Enter 키로 입력해야 합니다.

LINK 배열 수식에 대해서는 'PART 03. 배열 수식'을 참고합니다.

03 이번에는 부서별 최소 실적을 구하겠습니다. G7셀에 다음 수식을 입력하고 G7셀의 채우기 핸들(⊞)을 H7셀까지 드래그해 복사합니다.

G7셀 : =MINIFS($D$6:$D$12, $B$6:$B$12, G5)

Plus⁺ 수식 이해하기

이번 수식은 **02** 과정의 수식과 거의 동일하며, MAXIFS 함수 대신 MINIFS 함수를 사용한 것만 다릅니다. 자세한 설명은 **02** 과정의 '수식 이해하기'를 참고합니다.

04 영업1부의 최소 실적으로 0이 구해졌습니다. 0을 제외한 최소 실적을 구하기 위해 G7셀의 수식을 다음과 같이 수정하고 G7셀의 채우기 핸들(⊞)을 H7셀까지 드래그해 수식을 복사합니다.

G7셀 : =MINIFS($D$6:$D$12, $B$6:$B$12, G5, $D$6:$D$12, ">0")

Plus⁺ 수식 이해하기

이번 수식은 **03** 과정 수식에 조건을 하나 추가해 두 가지 조건으로 구성한 것입니다. 첫 번째 조건은 **B6:B12=G5**이고 두 번째 조건은 **D6:D12>0**입니다. 즉, 부서가 G5셀과 같고 판매수량이 0보다 큰 값 중에서 판매수량의 최소 실적을 반환하라는 의미가 됩니다. MINIFS 함수의 다섯 번째 인수인 **">0"**는 0을 제외한다는 의미인 **"<>0"**로 변경할 수 있는데, 범위 내 음수가 반환될 수 있는 경우에는 **">0"** 조건보다 **"<>0"** 조건을 사용하는 것이 더 효과적입니다.

나눗셈의 몫과 나머지 구하기
– QUOTIENT, MOD

나눗셈은 곱셈의 역산으로, **5*4=20** 계산식에서 결과 값을 곱셈한 값 중 하나로 니누면(예를 들어 20/5=4) 나머지 곱셈 값을 알 수 있습니다. 그렇기 때문에 나눗셈의 원리를 이해하고 있으면 다양한 수식을 만들 수 있습니다. 나눗셈은 보통 연산자(/)를 이용해 계산하는데, 이 경우 숫자가 하나 반환됩니다. 예를 들어 **=5/2** 계산식은 2.5를 반환합니다. 그런데 나눗셈은 몫과 나머지 두 개의 값으로 결과를 되돌려받을 수도 있습니다. 즉, 5를 2로 나눴을 때 몫은 2, 나머지 값은 1입니다. 수식에서 몫과 나머지를 구하려면 함수를 사용해야 하며, 각각 QUOTIENT와 MOD 함수로 계산할 수 있습니다.

\ **예제 파일** PART 02 \ CHAPTER 06 \QUOTIENT, MOD 함수.xlsx

새 함수

QUOTIENT (❶ 피제수, ❷ 제수)

피제수를 제수로 나눴을 때, 몫을 반환합니다.

구문	❶ 피제수 : 나누어지는 숫자 값으로, 분수면 분자 값 ❷ 제수 : 값을 나누는 숫자 값으로, 분수면 분모 값
계산식	다음과 같은 수식으로 대체할 수 있습니다. **=INT(피제수/제수)** **LINK** INT 함수에 대한 자세한 설명은 'No. 132 MOD 함수의 버그 해결 방법'(408쪽)을 참고합니다.
사용 예	**=QUOTIENT(10, 3)** 10을 3으로 나눈 몫 3이 반환됩니다.

MOD (❶ 피제수, ❷ 제수)

피제수를 제수로 나누고 남은 나머지를 반환합니다.

구문	❶ 피제수 : 나누어지는 숫자 값으로, 분수의 분자 값 ❷ 제수 : 값을 나누는 숫자 값으로, 분수의 분모 값
계산식	다음과 같은 수식으로 대체할 수 있습니다. **=피제수-(INT(피제수/제수)*제수)**
사용 예	**=MOD(10, 3)** 10을 3으로 나누고 남은 1이 반환됩니다.

01 예제 파일을 열고 직원의 급여를 화폐로 인출할 때 필요한 장수를 계산해보겠습니다. 이때 C열의 급여는 계산의 결과 값이고, D6:H6 범위의 화폐는 급여를 계산하기 위해 필요한 값이므로 나머지 값(화폐별 개수)은 나눗셈으로 계산할 수 있습니다.

이름	급여	화폐						검증
		1,000,000	100,000	50,000	10,000	5,000	1,000	
박지훈	4,763,000							
유준혁	4,418,000							
이서연	2,964,000							
김민준	3,042,000							
최서현	3,956,000							
박현우	3,328,000							
정시우	2,358,000							
이은서	2,976,000							

02 먼저 가장 큰 화폐 단위(100만 원)의 장수를 구하겠습니다. 이 경우 급여를 화폐 단위로 나눈 몫을 계산하면 됩니다. D7셀에 다음 수식을 입력하고 D7셀의 채우기 핸들(⊞)을 D14셀까지 드래그해 복사합니다.

D7셀 : QUOTIENT(C7, $D$6)

D7 | = QUOTIENT(C7, $D$6)

이름	급여	화폐						검증
		1,000,000	100,000	50,000	10,000	5,000	1,000	
박지훈	4,763,000	4						
유준혁	4,418,000	4						
이서연	2,964,000	2						
김민준	3,042,000	3						
최서현	3,956,000	3						
박현우	3,328,000	3						
정시우	2,358,000	2						
이은서	2,976,000	2						

Plus⁺ 수식 이해하기

이번 수식의 구조는 다음과 같습니다.

=QUOTIENT(급여, 100만 원)

D열에 반환된 값을 보면 100만 원권이 몇 장 필요한지 제대로 계산된 것을 알 수 있습니다. 이처럼 여러 단위로 나눈 결과를 반환받고 싶을 때, 최상위 단위(100만 원)는 간단하게 나눗셈의 몫만 구하면 얻을 수 있습니다.

QUOTIENT 함수에 인수를 전달할 때는 분자/분모 순으로 인수를 전달하면 되며, 이번 수식은 INT 함수를 사용하는 다음 수식으로 대체할 수 있습니다.

=INT(C7/$D$6)

참고로 QUOTIENT 함수는 함수 이름이 길고 복잡해 INT 함수가 더 많이 사용되는 경향이 있습니다.

03 이번에는 10만 원권의 장수를 계산하겠습니다. 10만 원권은 100만 원권(상위 화폐 단위)으로 인출하고 남은 급여를 대상으로 구해야 합니다. 그러므로 잔여 급여를 계산하기 위해 E7셀에 다음 수식을 입력하고 E7셀의 채우기 핸들(⊞)을 E14셀까지 드래그해 복사합니다.

E7셀 : =MOD(C7, $D$6)

| E7 | | : | ✕ | ✓ | fx | =MOD(C7, $D$6) | | | | |

	A	B	C	D	E	F	G	H	I	J	K
1											
2											
3					급 여 지 급 대 장						
4											
5		이름	급여			화폐				검증	
6				1,000,000	100,000	50,000	10,000	5,000	1,000		
7		박지훈	4,763,000	4	763,000						
8		유준혁	4,418,000	4	418,000						
9		이서연	2,964,000	2	964,000						
10		김민준	3,042,000	3	42,000						
11		최서현	3,956,000	3	956,000						
12		박현우	3,328,000	3	328,000						
13		정시우	2,358,000	2	358,000						
14		이은서	2,976,000	2	976,000						
15											

Plus+ 수식 이해하기

10만 원권은 두 번째 단위이므로 바로 몫을 구할 수 없고, 상위 화폐 단위로 나눈 나머지 값을 구해서 그 값의 몫을 구해야 합니다. E7셀의 값을 확인해보면 76만3천 원으로, 급여(C7)에서 D7셀의 100만 원권 네 장이 의미하는 400만 원을 뺀 나머지 값이 맞게 계산되었습니다.

이렇게 상위 화폐 단위로 구하고 남은 값을 가지고 10만 원으로 나눈 몫을 구해야 10만 원권의 화폐 장수를 알 수 있습니다. 이렇게 작업해야 할 내용이 여러 단계이면 한 번에 하나씩 수식을 구성하는 습관을 들여야 긴 수식을 무리 없이 작성할 수 있습니다.

---

04 잔여 급여를 10만 원권으로 나눈 몫을 구하겠습니다. E7셀의 수식을 다음과 같이 수정하고 E7셀의 채우기 핸들(⊞)을 E14셀까지 드래그해 복사합니다.

E7셀 : =QUOTIENT(MOD(C7, $D$6), $E$6)

| E7 | | : | ✕ | ✓ | fx | =QUOTIENT(MOD(C7, $D$6), $E$6) | | | | |

	A	B	C	D	E	F	G	H	I	J	K
1											
2											
3					급 여 지 급 대 장						
4											
5		이름	급여			화폐				검증	
6				1,000,000	100,000	50,000	10,000	5,000	1,000		
7		박지훈	4,763,000	4	7						
8		유준혁	4,418,000	4	4						
9		이서연	2,964,000	2	9						
10		김민준	3,042,000	3	0						
11		최서현	3,956,000	3	9						
12		박현우	3,328,000	3	3						
13		정시우	2,358,000	2	3						
14		이은서	2,976,000	2	9						
15											

이번 수식은 기존 수식에 10만 원으로 나눈 몫을 구하는 부분을 추가한 것입니다. E7셀의 결과는 7로, 10만 원권이 일곱 장 필요하다는 의미입니다. 급여(C7셀)가 476만 3천 원이므로 100만 원권은 네 장, 10만 원권은 일곱 장이 필요합니다. 이것으로 계산 방법이 올바르다는 것을 확인할 수 있습니다.

이번 계산으로 두 번째 단위에 맞는 결과는 상위 단위로 나눈 나머지 값을 현재 단위로 다시 나눈 몫으로 구할 수 있다는 것을 이해할 수 있습니다. 최상위 단위(100만 원)를 제외하면 다른 단위는 모두 이런 규칙을 따릅니다. 이런 계산 규칙을 적용하려면 반드시 확인해야 할 점이 있습니다. 바로 각 단위들의 관계인데, 좀 더 정확하게 설명하면 상위 단위를 하위 단위로 나눴을 때 나누어 떨어지는지 여부입니다. 나누어 떨어진다는 표현은 나눗셈을 했을 때 나머지 값이 0이라는 의미입니다.

이번 예제의 경우 100만 원은 10만 원으로 나누어 떨어지고 10만 원은 5만 원으로, 5만 원은 1만 원으로, 1만 원은 5천 원으로, 5천 원은 1천 원으로 모두 나누어 떨어집니다. 그러므로 10만 원권에서 1천 원권까지의 계산 방법이 모두 동일하다는 의미입니다. 즉, 급여를 상위 단위로 나눈 나머지 값을 구한 다음 현재 단위로 나눈 몫을 구하면 됩니다.

05 5만 원권 이하 1천 원권까지 모두 동일한 계산식으로 계산할 수 있으므로 E7셀의 수식을 복사해 사용합니다. E7셀의 참조 방식을 다음과 같이 변경하고 E7셀의 채우기 핸들(⊞)을 I7셀까지 드래그해 복사합니다.

E7셀 : =QUOTIENT(MOD($C7, D$6), E$6)

먼저 이번 수식의 결과를 보면, 100만 원권 네 장, 10만 원권 일곱 장, 5만 원권 한 장, 1만 원권 한 장, 1천 원권 세 장이 계산되었습니다. 이 결과를 모두 합산하면 476만 3천 원으로 급여(C7셀)와 동일합니다. 동일한 계산식으로 모든 단위에 맞는 결과를 얻었습니다.

이번 수식에서 바뀐 부분은 수식을 행(아래) 방향과 열(오른쪽) 방향으로 모두 복사해 사용할 수 있도록 참조 방식을 혼합 참조 방식으로 변경한 것입니다. 참조 방식을 변경한 부분은 다음 설명을 참고합니다.

이전	수정	설명
C7	$C7	C7셀은 행 방향으로 복사할 때는 행 주소가 변경(7에서 8, 9, 10, … 으로)되도록 하고, 열 방향으로 복사할 때는 주소가 변경되지 않도록 합니다.
$D$6	D$6	D6셀은 행 방향으로 복사할 때는 행 주소가 변경되지 않도록 하고, 열 방향으로 복사할 때는 주소가 변경(D에서 E, F, G, … 로)되도록 합니다.
$E$6	E$6	E6셀도 행 방향으로 복사할 때는 행 주소가 변경되지 않도록 하고, 열 방향으로 복사할 때는 주소가 변경(E에서 F, G, H, …로)되도록 합니다.

LINK 혼합 참조에 대한 자세한 설명은 'No. 036 혼합 참조 방식 이해하기'(96쪽)를 참고합니다.

06 수식을 행 방향으로도 복사해 결과를 확인합니다. E7:I7 범위의 채우기 핸들(⊞)을 14행까지 드래그해 수식을 복사합니다.

	A	B	C	D	E	F	G	H	I	J	K
			E7			=QUOTIENT(MOD($C7, D$6), E$6)					

급여지급대장

	이름	급여	화폐						검증
			1,000,000	100,000	50,000	10,000	5,000	1,000	
박지훈	4,763,000	4	7	1	1	0	3	
유준혁	4,418,000	4	4	0	1	1	3	
이서연	2,964,000	2	9	1	1	0	4	
김민준	3,042,000	3	0	0	4	0	2	
최서현	3,956,000	3	9	1	0	1	1	
박현우	3,328,000	3	3	0	2	1	3	
정시우	2,358,000	2	7	1	0	1	3	
이은서	2,976,000	2	9	1	2	1	1	

07 화폐 단위별로 계산된 결과가 맞는지 검증합니다. J7셀에 다음 수식을 입력하고, J7셀의 채우기 핸들(⊞)을 J14셀까지 드래그해 복사합니다.

J7셀 : =SUMPRODUCT(D7:I7, $D$6:$I$6)

	A	B	C	D	E	F	G	H	I	J	K
			J7			=SUMPRODUCT(D7:I7, $D$6:$I$6)					

급여지급대장

이름	급여	화폐						검증
		1,000,000	100,000	50,000	10,000	5,000	1,000	
박지훈	4,763,000	4	7	1	1	0	3	4,763,000
유준혁	4,418,000	4	4	0	1	1	3	4,418,000
이서연	2,964,000	2	9	1	1	0	4	2,964,000
김민준	3,042,000	3	0	0	4	0	2	3,042,000
최서현	3,956,000	3	9	1	0	1	1	3,956,000
박현우	3,328,000	3	3	0	2	1	3	3,328,000
정시우	2,358,000	2	3	1	0	1	3	2,358,000
이은서	2,976,000	2	9	1	2	1	1	2,976,000

Plus⁺ 수식 이해하기

급여에 맞게 화폐 단위별 장수가 제대로 구해졌는지 확인하려면 각 화폐 단위와 장수를 곱한 다음 다시 더하면 됩니다. 이런 작업에 가장 적합한 함수가 SUMPRODUCT 함수로, 첫 번째 인수에는 계산된 장수를, 두 번째 인수에는 화폐 단위를 절대 참조 방식으로 참조해 계산합니다. 계산된 결과는 C열의 급여와 동일해야 합니다. 참고로 SUMPRODUCT 함수에서 인수를 전달하는 순서는 변경해도 상관없습니다.

08 **07** 과정에서 구한 결과가 급여(C열)와 같은지 한눈에 확인하기는 불편합니다. 그러므로 IF 함수를 사용해 계산 결과가 맞으면 '정상', 틀리면 '오류' 문자열을 표시하도록 합니다. J7셀의 수식을 다음과 같이 수정하고 J7셀의 채우기 핸들(⊞)을 J14셀까지 드래그해 복사합니다.

J7셀 : =IF(SUMPRODUCT(D7:I7, $D$6:$I$6)=C7, "정상", "오류")

이름	급여	화폐						검증
		1,000,000	100,000	50,000	10,000	5,000	1,000	
박지훈	4,763,000	4	7	1	1	0	3	정상
유준혁	4,418,000	4	4	0	1	1	3	정상
이서연	2,964,000	2	9	1	1	0	4	정상
김민준	3,042,000	3	0	0	4	0	2	정상
최서현	3,956,000	3	9	1	0	1	1	정상
박현우	3,328,000	3	3	0	2	1	3	정상
정시우	2,358,000	2	3	1	0	1	3	정상
이은서	2,976,000	2	9	1	2	1	1	정상

TIP 수식 결과에서 '오류'가 반환되지 않으면 모두 정확하게 계산된 것입니다.

MOD 함수의 버그 해결 방법

나눗셈의 나머지 값을 구할 때 사용하는 MOD 함수에는 알려진 버그가 있습니다. 큰 숫자를 작은 숫자로 나머지 값을 구할 때 #NUM! 오류가 발생하거나, 실수의 나머지 값을 구할 때 잘못된 값을 반환하는 문제가 있습니다. 이런 문제가 발생하는 경우에는 MOD 함수 대신 별도의 계산식을 사용해 해결해야 합니다. MOD 함수의 버그를 해결하는 방법에 대해 알아보겠습니다.

예제 파일 PART 02 \ CHAPTER 06 \ MOD 함수.xlsx

새 함수

INT (❶ 숫자)

숫자의 소수점 아래 값을 버리고 가장 가까운 정수로 내림합니다.

구문	❶ 숫자 : 정수로 내릴 실수 값
참고	음수의 경우는 0에서 먼 쪽으로 내림 처리한 값을 반환하므로 주의해야 합니다. 예를 들어 INT(–8.5)의 결과는 –8이 아니라 –9입니다.
사용 예	**=INT(12345.67)** 12345.67 값에서 소수점 아래 값을 버린 12345 값이 반환됩니다.

자주 사용하는 수식 패턴

MOD 함수 대체 계산식

MOD(분자, 분모) = 분자-(INT(분자/분모)*분모)

* **분자** : 나누어지는 숫자로, 함수에서는 피제수로 설명됩니다.
* **분모** : 나누는 숫자로, 함수에서는 제수로 설명됩니다.

소수 값 반환식

=실수 – INT(실수)

* **실수** : 소수점 이하 값이 포함된 숫자

01 예제 파일을 열고 B열의 값을 C열의 값으로 나눈 나머지 값을 구해보겠습니다. 이 작업을 통해 MOD 함수의 버그 두 가지를 모두 확인할 수 있습니다.

	A	B	C	D	E	F
1						
2			MOD 함수 버그			
3						
5		피제수	제수	MOD	대체 수식	
6		100.24	0.02			
7		5,000,000,000,000	2			
8						

TIP B열의 값은 모두 C열의 값으로 나누어 떨어지므로, MOD 함수의 결과는 모두 0이 되어야 합니다.

02 나머지 값을 구하기 위해 D6셀에 다음 수식을 입력하고 D6셀의 채우기 핸들(▦)을 D7셀까지 드래그해 복사합니다.

D6셀 : =MOD(B6, C6)

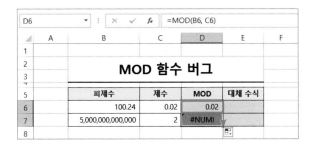

D6		▼	:	×	✓	fx	=MOD(B6, C6)	

	A	B	C	D	E	F
1						
2			MOD 함수 버그			
3						
5		피제수	제수	MOD	대체 수식	
6		100.24	0.02	0.02		
7		5,000,000,000,000	2	#NUM!		
8						

Plus⁺ 수식 이해하기

이번 수식의 결과로 D6셀에는 0.02가, D7셀에는 #NUM! 오류가 반환됩니다. B열의 값은 모두 C열의 값으로 나누어 떨어지므로 이번 수식의 결과는 모두 0이 되어야 맞습니다. 결과가 잘못 반환된 것은 모두 MOD 함수의 버그입니다. MOD 함수의 버그는 다음 두 가지입니다.

- 첫째, 소수점 이하 값이 존재하는 나머지 값을 구할 때 발생할 수 있는 버그입니다. 이 버그는 D6셀에서 확인할 수 있으며, 잘못된 계산 결과가 반환됩니다.

- 둘째, 피제수가 큰 값을 작은 제수 값으로 나눌 경우에 나타나는 MOD 함수의 버그입니다. 이 버그는 D7셀에서 확인할 수 있으며, #NUM! 오류가 반환됩니다. 정확하게 나눗셈의 몫이 2^27(134,217,728) 이상의 값일 때 발생하는 오류입니다.

이 문제의 해결 방법은 **03** 과정에서 확인할 수 있습니다.

03 MOD 함수의 버그를 해결할 수 있는 수식을 E6셀에 입력하고 E6셀의 채우기 핸들(⊞)을 E7셀까지 드래그해 복사합니다. 그러면 모두 0이 반환됩니다.

E6셀 : =B6−(INT(B6/C6)*C6)

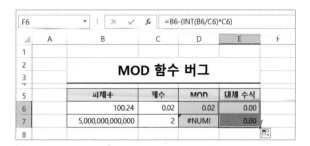

Plus⁺ 수식 이해하기

이번 수식은 MOD 함수의 계산식을 일반 수식으로 대체한 것으로, 다음과 같습니다.

> **=분자−(INT(분자/분모)*분모)**

* 함수 설명에서는 분자는 피제수이고 분모는 제수입니다.

INT(분자/분모) 부분은 나눗셈의 **몫**을 계산하는 부분이므로 수식은 다음과 같이 쉽게 정리될 수 있습니다.

> **=분수−(몫*분모)**

즉, 20을 3으로 나눈다고 할 때, 몫은 6이 되므로 다음과 같은 수식이 됩니다.

> **=20−(6*3)**

위 수식이 나눗셈의 나머지 값인 2를 반환한다는 사실을 이해할 수 있을 것입니다.

반올림, 올림, 내림하기
– ROUND 계열 함수

숫자에 따라 특정 자리에서 반올림, 올림, 내림해야 하는 경우가 많습니다. 이 경우 엑셀에서는 ROUND, ROUNDUP, ROUNDDOWN 함수를 사용합니다. 대표 함수인 ROUND 함수가 반올림 하는 함수이고, ROUND 이름 뒤에 UP이 붙으면 올림, DOWN이 붙으면 숫자를 내림합니다. 이 함 수들의 사용 방법은 모두 동일하며, 숫자에서 반올림할 위치를 정확하게 설정하는 방법만 알면 쉽게 사 용할 수 있습니다.

예제 파일 PART 02 \ CHAPTER 06 \ROUND 계열 함수.xlsx

새 함수

ROUND (❶ 숫자, ❷ 자릿수)

숫자를 지정한 자릿수로 반올림합니다.

구문	❶ 숫자 : 반올림할 숫자 ❷ 자릿수 : 숫자 내에서 반올림할 자리로, 소수점에서 n번째 위치를 의미합니다. 이 값이 양수이면 소수점 아래(오른 쪽) 자리에서, 음수이면 소수점 위(왼쪽) 자리에서 반올림합니다.
특이사항	자릿수 값에 따라 숫자의 다음 단위에서 반올림합니다. 표_1 예를 들어 123456.78 숫자를 천 단위에서 반올림하려면 소수점 위치에서 왼쪽으로 세 번째 위치가 되므로 자릿수 인수의 값은 −3이 됩니다. **123456.78** 이 경우 =ROUND(123456.78, −3)과 같은 수식이 되며, 버릴 값인 456.78의 첫 번째 숫자가 5보다 작으므로 그냥 값이 버려져 123000.00 값이 반환됩니다. 만약 123456.78을 소수점 첫째 자리에서 반올림한다면, 소수점 위치에서 오른쪽으로 첫 번째 위치가 되므로 자릿수 인수의 값은 1이 됩니다. **123456.78** 이 경우 =ROUND(123456.78, 1)과 같은 수식이 되며, 버릴 값인 8은 5 이상이므로 소수점 첫째 자리의 값이 1 증 가된 123456.8 값이 반환됩니다.

표_1:

음수		양수	
자릿수	단위	자릿수	단위
-1	십	0	일
-2	백	1	소수점 아래 첫째 숫자
-3	천	2	소수점 아래 둘째 숫자
-4	만	3	소수점 아래 셋째 숫자
-5	십만	4	소수점 아래 넷째 숫자

ROUNDUP (❶ 숫자, ❷ 자릿수)

숫자를 지정한 자릿수에서 올림합니다.

구문	❶ 숫자 : 올림할 숫자 ❷ 자릿수 : 숫자 내에서 올림할 자리로, 소수점에서 n번째 위치를 의미합니다. 이 값이 양수이면 소수점 아래(오른쪽) 자리에서, 음수이면 소수점 위(왼쪽) 자리에서 올림 처리합니다.
특이사항	– 올림은 버릴 값이 0보다 크면, 지정한 자리의 값을 1 증가시킵니다. – 숫자를 0에서 먼 쪽으로 올림합니다. 예를 들어 음수의 경우 ROUNDUP(–4.1, 0)은 –5가 반환됩니다.
사용 예	**=ROUNDUP(1234.5, –1)** 1,234.5 값을 십 단위에서 올림합니다. 버릴 값이 0보다 크므로 1,240이 반환됩니다.

ROUNDDOWN (❶ 숫자, ❷ 자릿수)

숫자를 지정한 자릿수에서 내림합니다.

구문	❶ 숫자 : 내림할 숫자 ❷ 자릿수 : 숫자 내에서 내림(절사)할 자리로, 소수점에서 n번째 위치를 의미합니다. 이 값이 양수이면 소수점 아래(오른쪽) 자리에서, 음수이면 소수점 위(왼쪽) 자리에서 내림합니다.
특이사항	– 내림은 지정한 자릿수 아래 값을 버린 값을 반환합니다. – 숫자를 0에서 가까운 쪽으로 내림합니다. 예를 들어 음수의 경우 ROUNDDOWN(–4.5, 0)는 –4가 반환됩니다.
사용 예	**=ROUNDDOWN(1234.5, 0)** 1,234.5 값을 소수점 위치에서 내림합니다. 소수점 이하 값을 버린 1,234가 반환됩니다.

TRUNC (❶ 숫자, ❷ 자릿수)

숫자에서 지정한 자릿수 아래 값을 버립니다.

구문	❶ 숫자 : 소수점 이하 값을 버릴 실수 ❷ 자릿수 : 숫자에서 버릴 값의 자리로 생략 가능하며, 생략하면 0입니다.
특이사항	TRUNC 함수는 ROUNDDOWN 함수나 INT 함수와 유사합니다. **TRUNC(4.5) = INT(4.5) = ROUNDDOWN(4.5, 0)** 단, 음수 값의 경우 TRUNC 함수와 ROUNDDOWN 함수는 0에 가까운 값을 반환하지만, INT 함수는 0에 먼 쪽으로 내림한 값을 반환합니다. 즉, **TRUNC(–4.5)**와 **ROUNDDOWN(–4.5, 0)**은 모두 –4를 반환하지만 **INT(–4.5)**는 –5를 반환합니다.
사용 예	**=TRUNC(1234.5)** 1,234.5 값에서 소수점 아래 값을 버립니다. 1,234가 반환됩니다.

자주 사용하는 수식 패턴

숫자를 내림하는 대체 수식

ROUNDDOWN(숫자, 자릿수)=TRUNC(숫자, 자릿수)

* ROUNDDOWN 함수는 TRUNC 함수와 사용 결과가 동일합니다.
* ROUNDDOWN 함수의 **자릿수** 인수는 생략할 수 없지만, TRUNC 함수의 **자릿수** 인수는 생략할 수 있습니다.

ROUNDDOWN(숫자, 자릿수)=INT(숫자/단위)*단위

* **자릿수**가 1이면 단위는 10이 됩니다. 이 부분은 ROUND 함수의 특이사항 표를 참고합니다. 즉, **ROUNDDOWN((123, 1)** = INT(123/10)*10

숫자를 내림하는 대체 수식

ROUND(숫자, 2-LEN(숫자))

* 숫자 2는 금액 단위가 '만'일 때 '천'에서, '십만'일 때 '만'에서 반올림되도록 하고 싶을 때, 금액 단위보다 한 자리 아래에서 반올림하면 되므로, 그 값(1)에 1을 더한 값을 의미합니다. 그러므로 금액의 두 자리 아래에서 무조건 반올림되도록 하려면 숫자 2는 3이 됩니다.

01 예제 파일을 열고 단가에 마진율을 적용한 제품 단가를 계산해보겠습니다. 마진율 적용 단가의 경우 금액에 따라 '천' 단위(또는 '만' 단위)에서 반올림합니다.

품명	단가	마진율	적용가격	판매가격		
				반올림	올림	내림
오피스 Z-05C	111,200	18%				
복사지A4 5000매	24,800	8%				
무한레이저복합기 L800C	568,800	28%				
잉크젯팩시밀리 FX-2000	80,600	5%				
바코드 BCD-200 Plus	91,000	10%				
무한잉크젯복합기 AP-5500W	169,000	25%				
레이저복합기 L350	244,200	26%				
지문인식 FPIN-2000F	145,400	11%				
링제본기 ST-100	140,600	28%				

제품 단가 산정표

02 E열에 마진율 적용 가격을 계산하겠습니다. 단가에 마진율을 적용하려면 **=단가*(1+마진율)** 계산식을 사용할 수 있습니다. E7셀에 다음 수식을 입력하고 E7셀의 채우기 핸들(⊞)을 E15셀까지 드래그해 복사합니다.

E7셀 : =C7*(1+D7)

	A	B	C	D	E	F	G	H	I
E7				f_x	=C7*(1+D7)				

	A	B	C	D	E	F	G	H
1								
2			제품 단가 산정표					
3								
5		품명	단가	마진율	적용가격	판매가격		
6						반올림	올림	내림
7		오피스 Z-05C	111,200	18%	131,216			
8		복사지A4 5000매	24,800	8%	26,784			
9		무한레이저복합기 L800C	568,800	28%	728,064			
10		잉크젯팩시밀리 FX-2000	80,600	5%	84,630			
11		바코드 BCD-200 Plus	91,000	10%	100,100			
12		무한잉크젯복합기 AP-5500W	169,000	25%	211,250			
13		레이저복합기 L350	244,200	26%	307,692			
14		지문인식 FPIN-2000F	145,400	11%	161,394			
15		링제본기 ST-100	140,600	28%	179,968			
16								

03 E열에 마진율이 적용된 가격은 원 단위까지 금액이 존재하므로 판매가로 사용하기는 어렵습니다. 천 단위에서 반올림한 가격으로 조정하겠습니다. F7셀에 다음 수식을 입력하고 F7셀의 채우기 핸들(⊞)을 F15셀까지 드래그해 복사합니다.

F7셀 : =ROUND(E7, −3)

	A	B	C	D	E	F	G	H	I
F7				f_x	=ROUND(E7, -3)				

	A	B	C	D	E	F	G	H
1								
2			제품 단가 산정표					
3								
5		품명	단가	마진율	적용가격	판매가격		
6						반올림	올림	내림
7		오피스 Z-05C	111,200	18%	131,216	131,000		
8		복사지A4 5000매	24,800	8%	26,784	27,000		
9		무한레이저복합기 L800C	568,800	28%	728,064	728,000		
10		잉크젯팩시밀리 FX-2000	80,600	5%	84,630	85,000		
11		바코드 BCD-200 Plus	91,000	10%	100,100	100,000		
12		무한잉크젯복합기 AP-5500W	169,000	25%	211,250	211,000		
13		레이저복합기 L350	244,200	26%	307,692	308,000		
14		지문인식 FPIN-2000F	145,400	11%	161,394	161,000		
15		링제본기 ST-100	140,600	28%	179,968	180,000		
16								

Plus⁺ 수식 이해하기

ROUND 함수의 **자릿수** 인수가 −3이므로, 소수점 위치(131,216.)에서 왼쪽으로 세 칸 이동한 위치(천 단위 구분 기호 위치)에서 반올림 작업을 합니다. E7셀의 131,216은 버릴 값(216)의 첫 번째 숫자가 5보다 작으므로 그냥 버리고 131,000 값이 반환되며, E8셀의 26,784는 버릴 값(784)의 첫 번째 숫자가 5 이상이므로 값이 버려지고 상위 단위(만)의 숫자가 1 증가한 27,000이 반환됩니다.

04 마진율 적용 가격을 '천' 단위에서 올림한 가격으로 조정합니다. G7셀에 다음 수식을 입력하고 G7 셀의 채우기 핸들(⊞)을 G15셀까지 드래그해 복사합니다.

G7셀 : =ROUNDUP(E7, −3)

품명	단가	마진율	적용가격	판매가격		
				반올림	올림	내림
오피스 Z-05C	111,200	18%	131,216	131,000	132,000	
복사지A4 5000매	24,800	8%	26,784	27,000	27,000	
무한레이저복합기 L800C	568,800	28%	728,064	728,000	729,000	
잉크젯팩시밀리 FX-2000	80,600	5%	84,630	85,000	85,000	
바코드 BCD-200 Plus	91,000	10%	100,100	100,000	101,000	
무한잉크젯복합기 AP-5500W	169,000	25%	211,250	211,000	212,000	
레이저복합기 L350	244,200	26%	307,692	308,000	308,000	
지문인식 FPIN-2000F	145,400	11%	161,394	161,000	162,000	
링제본기 ST-100	140,600	28%	179,968	180,000	180,000	

> **Plus⁺ 수식 이해하기**
>
> ROUNDUP 함수는 ROUND 함수와 구성 방법이 동일하며, 버릴 값(E7셀 기준 216)이 0보다 크므로 상위 단위의 값을 무조 건 1 올린 값(132,000)을 반환합니다.

05 이번에는 '천' 단위에서 내림한 가격으로 조정하겠습니다. H7셀에 다음 수식을 입력하고 H7셀의 채 우기 핸들(⊞)을 H15셀까지 드래그해 복사합니다.

H7셀 : =ROUNDDOWN(E7, −3)

품명	단가	마진율	적용가격	판매가격		
				반올림	올림	내림
오피스 Z-05C	111,200	18%	131,216	131,000	132,000	131,000
복사지A4 5000매	24,800	8%	26,784	27,000	27,000	26,000
무한레이저복합기 L800C	568,800	28%	728,064	728,000	729,000	728,000
잉크젯팩시밀리 FX-2000	80,600	5%	84,630	85,000	85,000	84,000
바코드 BCD-200 Plus	91,000	10%	100,100	100,000	101,000	100,000
무한잉크젯복합기 AP-5500W	169,000	25%	211,250	211,000	212,000	211,000
레이저복합기 L350	244,200	26%	307,692	308,000	308,000	307,000
지문인식 FPIN-2000F	145,400	11%	161,394	161,000	162,000	161,000
링제본기 ST-100	140,600	28%	179,968	180,000	180,000	179,000

ROUNDDOWN 함수 역시 ROUND 함수와 구성 방법은 동일하지만 **자릿수** 인수(-3) 아래 값을 버린 결과를 반환합니다. ROUNDDOWN 함수는 이번과 같이 TRUNC 함수로 대체할 수 있습니다.

=TRUNC(E7, -3)

또한 다음과 같이 INT 함수를 사용한 계산식으로도 대체할 수 있습니다.

=INT(E7/1000)*1000

E7셀의 값을 1000으로 나누면 131.216이 되며, 소수 값(216)을 버리고 1000을 곱하면 131,000이 되어 ROUNDDOWN 함수나 TRUNC 함수의 결과와 동일합니다.

---

06 이번에는 가격 단위에 따라 반올림 자릿수를 변경하겠습니다. 그러려면 먼저 마진율 적용 가격의 금액 단위를 파악해야 합니다. 문자 개수를 세면 쉽게 알 수 있으므로 F7셀의 수식을 다음과 같이 수정하고 F7셀의 채우기 핸들(田)을 F15셀까지 드래그해 복사합니다.

F7셀 : =LEN(E7)

품명	단가	마진율	적용가격	판매가격 반올림	판매가격 올림
오피스 Z-05C	111,200	18%	131,216	6	132,000
복사지A4 5000매	24,800	8%	26,784	5	27,000
무한레이저복합기 L800C	568,800	28%	728,064	6	729,000
잉크젯팩시밀리 FX-2000	80,600	5%	84,630	5	85,000
바코드 BCD-200 Plus	91,000	10%	100,100	6	101,000
무한잉크젯복합기 AP-5500W	169,000	25%	211,250	6	212,000
레이저복합기 L350	244,200	26%	307,692	6	308,000
지문인식 FPIN-2000F	145,400	11%	161,394	6	162,000
링제본기 ST-100	140,600	28%	179,968	6	180,000

TIP 반환된 숫자가 5이면 '만' 단위 금액, 6이면 '십만' 단위 금액을 의미합니다.

---

07 단위를 확인했으므로 IF 함수를 사용해 반올림 위치를 조정하겠습니다. F7셀의 수식을 다음과 같이 수정하고 F7셀의 채우기 핸들(田)을 F15셀까지 드래그해 복사합니다.

F7셀 : =IF(LEN(E7)>5, ROUND(E7, -4), ROUND(E7, -3))

품명	단가	마진율	적용가격	판매가격 반올림	판매가격 올림
오피스 Z-05C	111,200	18%	131,216	130,000	132,000
복사지A4 5000매	24,800	8%	26,784	27,000	27,000
무한레이저복합기 L800C	568,800	28%	728,064	730,000	729,000
잉크젯팩시밀리 FX-2000	80,600	5%	84,630	85,000	85,000
바코드 BCD-200 Plus	91,000	10%	100,100	100,000	101,000
무한잉크젯복합기 AP-5500W	169,000	25%	211,250	210,000	212,000
레이저복합기 L350	244,200	26%	307,692	310,000	308,000
지문인식 FPIN-2000F	145,400	11%	161,394	160,000	162,000
링제본기 ST-100	140,600	28%	179,968	180,000	180,000

08 이전 수식을 더 효율적인 방식으로 변경하겠습니다. F7셀의 수식을 다음과 같이 수정하고 F7셀의 채우기 핸들(⊞)을 F15셀까지 드래그해 복사합니다.

F7셀 : =ROUND(E7, 2−LEN(E7))

품명	단가	마진율	적용가격	판매가격		
				반올림	올림	내림
오피스 Z-05C	111,200	18%	131,216	130,000	132,000	131,000
복사지A4 5000매	24,800	8%	26,784	27,000	27,000	26,000
무한레이저복합기 L800C	568,800	28%	728,064	730,000	729,000	728,000
잉크젯팩시밀리 FX-2000	80,600	5%	84,630	85,000	85,000	84,000
바코드 BCD-200 Plus	91,000	10%	100,100	100,000	101,000	100,000
무한잉크젯복합기 AP-5500W	169,000	25%	211,250	210,000	212,000	211,000
레이저복합기 L350	244,200	26%	307,692	310,000	308,000	307,000
지문인식 HPIN-2000F	145,400	11%	161,394	160,000	162,000	161,000
링제본기 ST-100	140,600	28%	179,968	180,000	180,000	179,000

제품 단가 산정표

반올림 기준 변경하기

반올림은 버릴 값의 최상위 숫자가 5 이상인 경우에만 앞의 자리에 1을 더해 반환합니다. 반올림 함수인 ROUND는 이런 반올림 기준 값(5)을 변경할 수 없습니다. 하지만 상황에 따라 반올림 기준 값을 3이나 8로 변경해야 하는 경우가 있습니다. 그러므로 이런 경우에는 별도의 계산식을 구성해 원하는 결과를 계산해 얻을 수 있어야 합니다.

\ **예제 파일** PART 02 \ CHAPTER 06 \ ROUND 계열 함수–반올림 기준.xlsx

자주 사용하는 수식 패턴

반올림 기준 변경 수식

=ROUND(숫자 – (새 반올림 기준 값–5)*단위, 자릿수)

* **새 반올림 기준 값** : 반올림 기준을 변경할 숫자
  예를 들어 5 대신 8에서 반올림하려면 8이 새 기준 값입니다.
* **단위** : 반올림할 자릿수의 단위로, 천 단위에서 반올림하는 경우 **단위** 값은 1,000이 됩니다.

=ROUNDDOWN(숫자＋(단위–(새 반올림 기준 값*단위), 자릿수)

* **새 반올림 기준 값** : 반올림 기준을 변경할 숫자
  예를 들어 5 대신 8에서 반올림하려면 8이 새 기준 값입니다.
* **단위** : 반올림할 자릿수의 단위로, 소수점 둘째 자리에서 반올림하는 경우 **단위** 값은 1/1000이 됩니다.

01 예제 파일을 열고 매출과 일 평균 가입 수를 지정한 기준 값으로 반올림해보겠습니다. C열의 매출은 백만 자리에서 반올림 기준을 8로 변경해 처리하고, E열의 가입자 수는 소수점 첫째 자리에서 반올림 기준을 3으로 변경해 처리할 것입니다.

	A	B	C	D	E	F	G
1							
2			**연간 실적**				
3							
5				반올림		반올림	
6		월	매출	(백만 단위)	일 평균 가입	(소수점 첫째 자리)	
7				반올림 기준 : 8		반올림 기준 : 3	
8		2014년	53,579,250		264.027		
9		2015년	67,192,650		239.035		
10		2016년	82,230,550		198.618		
11		2017년	104,868,050		390.757		
12		2018년	99,448,700		368.946		
13							

02 먼저 매출을 백만 단위에서 반올림하겠습니다. D8셀에 다음 수식을 입력하고 D8셀의 채우기 핸들(田)을 D12셀까지 드래그해 복사합니다.

D8셀 : =ROUND(C8, −6)

D8			fx	=ROUND(C8, -6)	

연간 실적

월	매출	반올림 (백만 단위) 반올림 기준 : 8	일 평균 가입	반올림 (소수점 첫째 자리) 반올림 기준 : 3
2014년	53,579,250	54,000,000	264.027	
2015년	67,192,650	67,000,000	239.035	
2016년	82,230,550	82,000,000	198.618	
2017년	104,868,050	105,000,000	390.757	
2018년	99,448,700	99,000,000	368.946	

Plus⁺ 수식 이해하기

백만 단위는 소수점 위치에서 왼쪽으로 6칸 떨어진 위치이므로, ROUND 함수의 두 번째 **자릿수** 인수는 −6입니다. 이 수식은 십만 단위의 값이 5 이상이면 백만 단위의 값을 1 더한 결과를 반환합니다. C8셀의 매출은 53,579,250이므로 십만 단위(579,250)까지의 값이 버려지는데, 십만 단위의 값이 5이므로 백만 단위의 값을 1 더해 54,000,000 값이 반환됩니다.

---

03 반올림 기준을 8로 변경해 계산합니다. D8셀의 수식을 다음과 같이 수정하고 D8셀의 채우기 핸들(田)을 D12셀까지 드래그해 복사합니다.

D8셀 : =ROUND(C8−(8−5)*100000, −6)

D8			fx	=ROUND(C8-(8-5)*100000, -6)	

연간 실적

월	매출	반올림 (백만 단위) 반올림 기준 : 8	일 평균 가입	반올림 (소수점 첫째 자리) 반올림 기준 : 3
2014년	53,579,250	53,000,000	264.027	
2015년	67,192,650	67,000,000	239.035	
2016년	82,230,550	82,000,000	198.618	
2017년	104,868,050	105,000,000	390.757	
2018년	99,448,700	99,000,000	368.946	

Plus⁺ 수식 이해하기

반올림 기준을 변경하려면 원하는 기준 값(여기서는 8)이 5가 될 수 있도록 조정하면 됩니다. 8이 5가 되려면 두 값의 차이(8−5)만큼 뺀 값을 기준으로 반올림할 수 있도록 계산하면 됩니다. 그러므로 **원래 값−(8−5)*십만**의 계산식이 성립합니다. 하필 십만인 이유는, 이번 작업이 백만에서 반올림하므로 반올림 기준이 되는 단위 값이 십만이기 때문입니다. 그런 이유로 **(8−5)**에 십만(100000) 값을 곱한 것으로, 십만을 좀 더 쉽게 입력하려면 다음과 같은 지수 표시 방법을 이용할 수 있습니다.

=ROUND(C8−(8−5)*10E4, −6)

LINK 지수 표시 방법에 대해서는 'No. 006 지수 표시 형식 제대로 이해하기'(28쪽)를 참고합니다.

이번 수식을 C8셀의 값을 기준으로 설명하면 십만 단위의 값이 5이고 이 값에서 (8−5)=3의 결과를 다시 빼면 2가 되어 D8셀의 값을 보면 반올림되지 않았습니다. 그에 비해 C11셀의 값을 보면 십만 단위의 값이 8이고 이 값에서 3을 빼면 5가 되므로 D11셀의 값처럼 반올림이 됩니다. 이번 수식은 이렇게 간단한 뺄셈 연산으로 반올림 기준 값을 변경한 것입니다.

04 ROUND 함수를 사용한 것이 어렵다면 ROUNDDOWN 함수를 사용해서 반올림 기준을 변경할 수 있습니다. D8셀의 수식을 다음과 같이 수정하고 D8셀의 채우기 핸들(⊞)을 D12셀까지 드래그해 복사합니다.

D8셀 : =ROUNDDOWN (C8+(10-8)*100000, -6)

Plus⁺ 수식 이해하기

반올림을 해야 하는데 ROUNDDOWN 함수를 사용한 부분이 이상할 수 있습니다. 이번 수식에서는 ROUNDDOWN 함수를 사용했으므로 첫 번째 인수의 계산 결과를 내림한 결과를 반환합니다.

내림한 결과가 반올림 결과와 동일하게 되려면, 변경할 반올림 기준 값에서 무조건 올려지도록 계산해야 합니다. 이번 반올림 기준은 8이므로 2를 더하면 무조건 10이 되어 값이 올려집니다. 이런 부분을 계산식으로 구성하면 **원래 값+(10-8)*십만**이 됩니다. 즉, 원래 값에 2십만을 더해 강제로 올려지도록 한 다음, 나머지 값을 ROUNDDOWN 함수로 내림(절사)하면 반올림한 결과와 동일해집니다.

이 수식은 기본적으로 **03** 과정의 ROUND 함수를 사용한 수식과 동일한 결과를 반환하므로 둘 중 더 이해하기 쉬운 것을 선택해 사용하면 됩니다.

---

05 이번에는 일 평균 가입자 수를 소수점 첫째 자리에서 반올림한 결과를 계산합니다. F8셀에 다음 수식을 입력하고 F8셀의 채우기 핸들(⊞)을 F12셀까지 드래그해 복사합니다.

F8셀 : =ROUND(E8, 1)

Plus⁺ 수식 이해하기

소수점 첫째 단위는 소수점 위치에서 오른쪽으로 한 칸 떨어진 위치이므로 ROUND 함수의 두 번째 인수인 **자릿수**의 값은 1입니다. 이 위치에서 반올림하려면 소수점 둘째 단위(1/100)의 값이 5 이상이어야 합니다.

06 반올림 기준 값을 5에서 3으로 변경하겠습니다. F8셀의 수식을 다음과 같이 수정하고 F8셀의 채우기 핸들(⊞)을 F12셀까지 드래그해 복사합니다.

F8셀 : =ROUND(E8-(3-5)*(1/100), 1)

F8		▼	:	×	✓	*fx*	=ROUND(E8-(3-5)*(1/100), 1)	

◢	A	B	C	D	E	F	G
1							
2			**연간 실적**				
3							
5				반올림		반올림	
6		월	매출	(백만 단위)	일 평균 가입	(소수점 첫째 자리)	
7				반올림 기준 : 8		반올림 기준 : 3	
8		2014년	53,579,250	53,000,000	264.027	264.0	
9		2015년	67,192,650	67,000,000	239.035	239.1	
10		2016년	82,230,550	82,000,000	198.618	198.6	
11		2017년	104,868,050	105,000,000	390.757	390.8	
12		2018년	99,448,700	99,000,000	368.946	369.0	
13							

Plus⁺ 수식 이해하기

이 수식은 기본적으로 **02** 과정의 수식과 동일합니다. 다만 이번에는 소수점 첫째 자리에서 반올림된다고 했으니, 반올림 여부는 소수점 둘째 자리 값이 기준이 됩니다. 그러므로 기준 값의 단위는 0.01(1/100)이 되는 것에 주의해야 합니다. 이번 수식은 다음과 같이 간결하게 변경할 수 있습니다.

=ROUND(E8-(3-5)/100, 1)

즉 E8셀에서 -2/100, 즉 -0.02 값을 빼면 E8+0.02가 됩니다. 즉, 원래 값에 0.02를 더한 값을 소수점 첫째 자리에서 반올림한 결과를 반환하게 됩니다. 이렇게 하면 E9셀의 경우는 239.035에 0.02를 더한 239.055가 되어 반올림하면 239.1이 반환되는 것입니다.

이 수식 역시 ROUNDDOWN 함수를 사용하는 다음 수식으로 대체할 수 있습니다.

=ROUNDDOWN(E8+(10-3)*(1/100), 1)

위와 동일하게 (10-3)*(1/100)은 (10-3)/100으로 변경할 수 있습니다.

특정 숫자의 배수로
반올림, 올림, 내림하기

숫자를 반올림할 때 일반적인 기준이 아니라 특정 숫자의 배수로 반올림해야 하는 경우가 있습니다. 예를 들면 일련번호를 2의 배수로 반올림하면 2, 2, 4, 4, 6, 6, … 과 같은 값이 반환됩니다. 이렇게 특정 숫자의 배수로 반올림, 올림, 내림하고 싶다면 ROUND 계열 함수 대신 MROUND, CEILING, FLOOR 함수를 사용합니다. 해당 함수는 순서대로 반올림, 올림, 내림을 하는 함수로, ROUND 계열 함수의 '자릿수' 인수 대신 배수의 기준 값을 사용한다는 점이 다릅니다.

\ 예제 파일 PART 02 \ CHAPTER 06 \ROUND 계열 함수—배수.xlsx

새 함수

MROUND (❶ 숫자, ❷ 기준 값)

숫자를 기준 값의 배수로 반올림한 값을 반환합니다.

인수	❶ 숫자 : 반올림할 숫자 ❷ 기준 값 : 숫자를 반올림할 배수의 기준이 되는 값
특이사항	– 배수는 기준 값의 n배가 되는 숫자 – 숫자를 기준 값으로 나눈 나머지가 기준 값의 1/2보다 크거나 같으면 올림합니다.
사용 예	=MROUND(13, 5) 13을 5로 나눈 나머지 3이 2.5(5의 1/2 값)보다 크므로, 15(5의 3배수)를 반환합니다.

CEILING (❶ 숫자, ❷ 기준 값)

숫자를 기준 값의 배수로 올림한 값을 반환합니다.

인수	❶ 숫자 : 올림할 숫자 ❷ 기준 값 : 숫자를 올림할 배수의 기준이 되는 값
특이사항	음수 값인 경우에는 0에 가까운 쪽으로 결과를 반환합니다.
사용 예	=CEILING(13, 5) 13을 5로 나눈 나머지 3이 0보다 크므로 15(5의 3배수)를 반환합니다.

FLOOR (❶ 숫자, ❷ 기준 값)

숫자를 기준 값의 배수로 내림한 값을 반환합니다.

인수	❶ 숫자 : 내림할 숫자 ❷ 기준 값 : 숫자를 내림할 배수의 기준이 되는 값
특이사항	음수 값인 경우에는 0에서 먼 쪽으로 계산된 결과를 반환합니다.
사용 예	**=FLOOR(13, 5)** 13을 5으로 나눈 나머지(3)을 버린 10(5의 2배수)을 반환합니다.

자주 사용하는 수식 패턴

배수로 반올림

MROUND(숫자, 기준 값) = ROUND(숫자/기준 값, 0)*기준 값

* **기준 값** : 숫자를 반올림할 배수의 기준이 되는 값
* 13을 5의 배수로 반올림하면 **MROUND(13, 5)**나 **ROUND(13/5, 0)*5** 계산식을 사용하면 됩니다. MROUND 함수는 15를 반환하며 ROUND 함수 계산식은 **ROUND(2.6, 0)*5**이므로 15를 반환합니다.

배수로 올림

CEILING(숫자, 기준 값) = ROUNDUP(숫자/배수, 0)*기준 값

* '배수로 반올림' 설명을 참고합니다.

배수로 올림

FLOOR(숫자, 기준 값) = ROUNDDOWN(숫자/배수, 0)*기준 값

* '배수로 반올림' 설명을 참고합니다.

01 예제 파일을 열고 E열의 마진율 적용 가격을 5천 원의 배수로 판매 가격이 정해지도록 반올림, 올림, 내림해보겠습니다.

	A	B	C	D	E	F	G	H	I
1									
2-4			**제품 단가 산정표**						
5		품명	단가	마진율	적용가격	판매가격 (기준 : 5,000원)			
6						반올림	올림	내림	
7		오피스 Z-05C	111,200	18%	131,216				
8		복사지A4 5000매	24,800	8%	26,784				
9		무한레이저복합기 L800C	568,800	28%	728,064				
10		잉크젯팩시밀리 FX-2000	80,600	5%	84,630				
11		바코드 BCD-200 Plus	91,000	10%	100,100				
12		무한잉크젯복합기 AP-5500W	169,000	25%	211,250				
13		레이저복합기 L350	244,200	26%	307,692				
14		지문인식 FPIN-2000F	145,400	11%	161,394				
15		링제본기 ST-100	140,600	28%	179,968				

TIP 5천 원의 배수이면 5,000, 10,000, 15,000, … 과 같은 간격으로 판매 가격이 결정됩니다.

02 마진율 적용 가격을 5천 원의 배수로 반올림하겠습니다. F7셀에 다음 수식을 입력하고 F7셀의 채우기 핸들(⊞)을 F15셀까지 드래그해 복사합니다.

F7셀 : =MROUND(E7, 5000)

| F7 | =MROUND(E7, 5000) |

제품 단가 산정표

품명	단가	마진율	적용가격	판매가격 (반올림)
오피스 Z-05C	111,200	18%	131,216	130,000
복사지A4 5000매	24,800	8%	26,784	25,000
무한레이저복합기 L800C	568,800	28%	728,064	730,000
잉크젯팩시밀리 FX-2000	80,600	5%	84,630	85,000
바코드 BCD-200 Plus	91,000	10%	100,100	100,000
무한잉크젯복합기 AP-5500W	169,000	25%	211,250	210,000
레이저복합기 L350	244,200	26%	307,692	310,000
지문인식 FPIN-2000F	145,400	11%	161,394	160,000
링제본기 ST-100	140,600	28%	179,968	180,000

Plus⁺ 수식 이해하기

E7셀의 가격(131,216)을 5,000으로 나눈 나머지 값은 1,216원으로 2,500(5,000원의 1/2 값)보다 작으므로 그냥 버려지고, 5,000의 배수인 130,000이 반환됩니다. F7:F15 범위에 반환된 값을 보면 모두 이 규칙에 맞게 5,000이나 10,000으로 판매 가격이 결정된 것을 확인할 수 있습니다. 이렇게 MROUND 함수는 ROUND 함수와는 달리, 지정한 값의 배수로 반올림한 결과를 반환합니다. MROUND 함수의 결과를 ROUND 함수로 대체하려면 다음과 같은 수식을 사용합니다.

=ROUND(E7/5000, 0)*5000

위 수식의 계산 과정을 살펴보면, E7셀의 값(131,216)을 5,000으로 나눈 값(26.2432)을 ROUND 함수로 소수점 위치에서 반올림하면 26이 반환됩니다. 이 값에 5,000을 곱하면 130,000 값이 반환됩니다. 이런 식으로 MROUND 함수를 ROUND 함수로 대체할 수 있습니다.

---

03 이번에는 마진율 적용 가격을 5천 원의 배수로 올림하겠습니다. G7셀에 다음 수식을 입력하고 G7셀의 채우기 핸들(⊞)을 G15셀까지 드래그해 복사합니다.

G7셀 : =CEILING(E7, 5000)

| G7 | =CEILING(E7, 5000) |

제품 단가 산정표

품명	단가	마진율	적용가격	판매가격 (기준 : 5,000원) 반올림	올림	내림
오피스 Z-05C	111,200	18%	131,216	130,000	135,000	
복사지A4 5000매	24,800	8%	26,784	25,000	30,000	
무한레이저복합기 L800C	568,800	28%	728,064	730,000	730,000	
잉크젯팩시밀리 FX-2000	80,600	5%	84,630	85,000	85,000	
바코드 BCD-200 Plus	91,000	10%	100,100	100,000	105,000	
무한잉크젯복합기 AP-5500W	169,000	25%	211,250	210,000	215,000	
레이저복합기 L350	244,200	26%	307,692	310,000	310,000	
지문인식 FPIN-2000F	145,400	11%	161,394	160,000	165,000	
링제본기 ST-100	140,600	28%	179,968	180,000	180,000	

04 이번에는 마진율 적용 가격을 5천 원의 배수로 내림합니다. H7셀에 다음 수식을 입력하고 H7셀의 채우기 핸들(┼)을 H15셀까지 드래그해 복사합니다.

H7셀 : =FLOOR(E7, 5000)

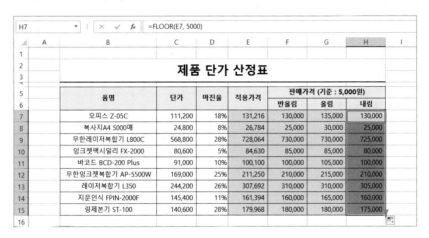

RANK 함수로 순위 구하기

집계된 데이터를 비교하기 위해 RANK 함수를 사용해 순위를 구할 수 있습니다. RANK 함수는 내림
차순(또는 오름차순)으로 순위를 구할 수 있는데, 순위는 자신보다 값이 큰 숫자를 세는 방법과 유사하
므로 RANK 함수를 사용한 수식은 COUNTIF 함수를 사용한 수식으로 대체할 수 있습니다. 참고로
엑셀 2010 버전부터는 RANK 함수와 동일한 RANK.EQ 함수를 함께 제공합니다.

\ **예제 파일** PART 02 \ CHAPTER 06 \RANK 함수.xlsx /

새 함수

RANK (❶ 숫자, ❷ 범위, ❸ 정렬)

범위 내에 지정된 숫자가 몇 번째 값인지 나타내는 순위를 반환합니다.

구문	❶ 숫자 : 순위를 구할 수 ❷ 범위 : 순위를 구할 숫자가 포함된 데이터 범위 ❸ 정렬 : 순위 결정 방법을 지정하는 정렬 옵션	
	정렬	**설명**
	0(또는 생략)	내림차순 순위를 구함(큰 값이 1위)
	1	오름차순 순위를 구함(작은 값이 1위)
버전	– 엑셀 2010 버전부터는 동일한 결과를 반환하는 RANK.EQ 함수를 제공합니다. – 호환성에 문제가 없다면 RANK.EQ 함수를, 2007 이하 버전과의 호환성을 고려한다면 RANK 함수를 사용합니다.	
특이사항	정렬 인수에는 0과 1 이외에도 5나 7 등의 다양한 숫자를 사용할 수 있는데, 그 경우 1과 동일하게 오름차순 순위를 구합니다.	
사용 예	**=RANK(80, A1:A10)** 80점이 A1:A10 범위에서 몇 번째로 큰 값인지 순위가 반환됩니다.	

RANK.EQ (❶ 숫자, ❷ 범위, ❸ 정렬)

숫자가 범위 내에서 몇 번째 값인지를 나타내는 순위를 반환합니다.

구문	❶ 숫자 : 순위를 구할 수 ❷ 범위 : 순위를 구할 숫자가 포함된 데이터 범위 ❸ 정렬 : 순위 결정 방법을 지정하는 정렬 옵션	
	정렬	**설명**
	0(또는 생략)	내림차순 순위를 구함(큰 값이 1위)
	1	오름차순 순위를 구함(작은 값이 1위)
사용 예	=RANK.EQ(80, A1:A10)) 80점이 A1:A10 범위에서 몇 번째로 큰 값인지 순위가 반환됩니다.	

자주 사용하는 수식 패턴

내림차순 순위

RANK(값, 범위) = COUNTIF(범위, ">" & 값)+1

* 큰 값 순위는 내 값보다 큰 값을 갖는 셀의 개수를 세어 1을 더합니다.

오름차순 순위

RANK(값, 범위, 1) = COUNTIF(범위, "<" & 값)+1

* 작은 값 순위는 내 값보다 작은 값을 갖는 셀의 개수를 세어 1을 더합니다.

01 예제 파일을 열고 영업 사원 실적 합계(E열)의 순위를 구해보겠습니다.

직원	매출		합계	순위	
	상반기	하반기		내림차순	오름차순
박지훈	58,351,900	55,531,500	113,883,400		
유준혁	58,589,800	28,316,400	86,906,200		
이서연	12,901,200	19,098,600	31,999,800		
김민준	50,831,450	21,278,900	72,110,350		
최서현	22,040,250	7,844,150	29,884,400		
박현우	38,049,050	41,454,250	79,503,300		
정시우	34,176,450	13,716,250	47,892,700		
이은서	93,741,250	46,078,000	139,819,250		
오서윤	79,428,750	38,454,650	117,883,400		

영업 사원 실적표

02 먼저 내림차순 순위를 구하겠습니다. F7셀에 다음 수식을 입력하고 F7셀의 채우기 핸들(⊞)을 F15 셀까지 드래그해 복사합니다.

F7셀 : =RANK(E7, $E$7:$E$15)

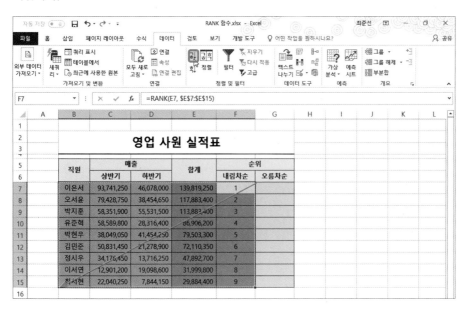

> **Plus⁺ 수식 이해하기**
>
> 이번 수식에서 RANK 함수의 세 번째 인수가 생략되었으므로, 내림차순(큰 순)으로 순위를 구합니다.

03 순위가 제대로 구해졌는지 확인하기 위해 표를 내림차순으로 정렬합니다. F7:B15 범위를 선택(F7 셀을 선택하고 B15셀까지 드래그)하고 [데이터] 탭-[정렬 및 필터] 그룹-[오름차순 정렬] 명령(⬆)을 클릭합니다.

04 순위를 구하는 작업은 개수를 세는 작업과 동일하므로 COUNTIF 함수로 대체할 수 있습니다. F7셀의 수식을 다음과 같이 변경하고 F7셀의 채우기 핸들(⊞)을 F15셀까지 드래그해 복사합니다.

F7셀 : =COUNTIF($E$7:$E$15, ">" & E7)+1

F7	▼ : × ✓ fx	=COUNTIF($E$7:$E$15, ">" & E7)+1					
▲	A	B	C	D	E	F	G	H
1								
2			**영업 사원 실적표**					
3								
5		직원	매출		합계	순위		
6			상반기	하반기		내림차순	오름차순	
7		이은서	93,741,250	46,078,000	139,819,250	1		
8		오서윤	79,428,750	38,454,650	117,883,400	2		
9		박지훈	58,351,900	55,531,500	113,883,400	3		
10		유준혁	58,589,800	28,316,400	86,906,200	4		
11		박현우	38,049,050	41,454,250	79,503,300	5		
12		김민준	50,831,450	21,278,900	72,110,350	6		
13		정시우	34,176,450	13,716,250	47,892,700	7		
14		이서연	12,901,200	19,098,600	31,999,800	8		
15		최서현	22,040,250	7,844,150	29,884,400	9		
16								

05 RANK 함수와 RANK.EQ 함수는 구문과 사용 방법이 동일합니다. 이번에는 RANK.EQ 함수를 사용해 오름차순 순위를 구합니다. G7셀에 다음 수식을 입력하고 G7셀의 채우기 핸들(⊞)을 G15셀까지 드래그해 복사합니다.

G7셀 : =RANK.EQ(E7, $E$7:$E$15, 1)

G7			:	× ✓ fx	=RANK.EQ(E7, $E$7:$E$15, 1)		
▲	A	B	C	D	E	F	G	H

직원	매출		합계	순위	
	상반기	허반기		내림차순	오름차순
이은서	93,741,250	46,078,000	139,819,250	1	9
오서윤	79,428,750	38,454,650	117,883,400	2	8
박지훈	58,351,900	55,531,500	113,883,400	3	7
유준혁	58,589,800	28,316,400	86,906,200	4	6
박현우	38,049,050	41,454,250	79,503,300	5	5
김민준	50,831,450	21,278,900	72,110,350	6	4
정시우	34,176,450	13,716,250	47,892,700	7	3
이서연	12,901,200	19,098,600	31,999,800	8	2
최서현	22,040,250	7,844,150	29,884,400	9	1

영업 사원 실적표

Plus⁺ 수식 이해하기

RANK 함수나 RANK.EQ 함수의 세 번째 인수를 1로 설정하면 오름차순으로 순위를 구합니다. 그러므로 이번 수식에서 RANK.EQ 함수를 RANK 함수로 변경해도 동일한 결과를 얻을 수 있으며, COUNTIF 함수를 사용하는 다음 수식으로 대체할 수도 있습니다.

=COUNTIF($E$7:$E$15, "<" & E7)+1

위 수식에 대한 설명은 **04** 과정의 '수식 이해하기'를 참고합니다.

동순위를 새 기준에 맞게 순위 조정하기

순위를 구할 때, 같은 값은 동일한 순위로 표시됩니다. 이런 동순위를 그대로 사용하는 경우도 있지만, 별도의 기준을 추가로 적용해 순위를 조정하는 작업을 하는 것이 더 일반적입니다. 다만 엑셀에는 동순위를 조정하는 함수가 없습니다. 2010 버전부터는 동순위를 평균 순위로 구해주는 RANK.AVG 함수가 제공되지만, 통계적인 작업을 할 때 주로 사용되며 일반적인 환경에서는 자주 쓰이지 않습니다. 그러므로 별도의 수식을 사용해 동순위를 조정하는 방법을 이해하고 있어야 합니다.

예제 파일 PART 02 \ CHAPTER 06 \RANK 함수—동순위.xlsx

새 함수

엑셀 2010 이상

RANK.AVG (❶ 숫자, ❷ 범위, ❸ 정렬)

범위 내에서 지정된 숫자가 몇 번째 값인지 순위를 반환합니다. 동점자가 있으면 평균 순위를 반환합니다.

구문	❶ 숫자 : 순위를 구할 수 ❷ 범위 : 순위를 구할 숫자가 포함된 데이터 범위 ❸ 정렬 : 순위 결정 방법을 지정하는 정렬 옵션	
	정렬	**설명**
	0(또는 생략)	내림차순 순위를 지정(큰 값이 1위)
	1	오름차순 순위를 지정(작은 값이 1위)
특이사항	동점자가 있으면 평균 순위를 반환합니다. 예를 들어 2등이 두 명이면 2, 3등이므로 평균 순위(AVERAGE(2, 3))인 2.5가 반환됩니다. 만약 2등이 3명이면 2, 3, 4등이므로 평균 순위(AVERAGE(2, 3, 4))인 3등이 반환됩니다.	
사용 예	=RANK.AVG(80, A1:A10) 80점이 A1:A10 범위 내에서 몇 번째로 큰 값인지 순위가 반환됩니다.	

자주 사용하는 수식 패턴

동순위 조정 수식

=RANK(값, 범위)+COUNTIFS(범위, 값, 새 범위, ">" & 새 값)

* **새 범위** : 동순위일 때 새로운 기준 값이 존재하는 데이터 범위
* **새 값** : 새 범위 내의 내 값

=SUMPRODUCT((범위>값)+((범위=값)*(새 범위>새 값)))+1

* 이 수식은 배열 수식이지만, SUMPRODUCT 함수는 자체적으로 배열을 이용하는 함수이므로 [Enter] 키로 입력합니다.

01 예제 파일을 열고 승진 대상자를 선정하기 위해 직원 고과 점수의 합계 순위를 구하고 상위 두 명까지 승진 대상자임을 표시하겠습니다. 만약 동순위가 존재하면 하반기 고과(D열)가 더 높은 직원이 우선순위를 얻도록 조정합니다.

직원	고과		합계	순위		대상자
	상반기	하반기		순위	조정순위	
박지훈	143	166	309			
유준혁	133	107	240			
이서연	131	155	286			
김민준	139	115	254			
최서현	147	162	309			
박현우	100	186	286			
정시우	164	111	275			
이은서	144	120	264			
오서윤	173	157	330			

승진 대상자 선정을 위한 직원 고과표

* 동점자가 존재하면 하반기 고과 높은 사람을 우선 순위로 배치

02 먼저 고과 점수의 합계로 순위를 계산하겠습니다. F7셀에 다음 수식을 입력하고 F7셀의 채우기 핸들(田)을 F15셀까지 드래그해 복사합니다.

F7셀 : =RANK(E7, $E$7:$E$15)

직원	고과		합계	순위		대상자
	상반기	하반기		순위	조정순위	
박지훈	143	166	309	2		
유준혁	133	107	240	9		
이서연	131	155	286	4		
김민준	139	115	254	8		
최서현	147	162	309	2		
박현우	100	186	286	4		
정시우	164	111	275	6		
이은서	144	120	264	7		
오서윤	173	157	330	1		

승진 대상자 선정을 위한 직원 고과표

* 동점자가 존재하면 하반기 고과 높은 사람을 우선 순위로 배치

Plus⁺ 수식 이해하기

RANK 함수의 세 번째 인수인 **정렬** 인수가 생략됐으므로 고과 점수가 높은 순으로 순위가 반환됩니다.

03 동순위가 있는지 확인합니다. F7:F15 범위가 선택된 상태에서 [홈] 탭-[스타일] 그룹-[조건부 서식] 명령 내 [셀 강조 규칙]-[중복 값] 메뉴를 클릭합니다. '중복 값' 대화상자가 표시되면 바로 〈확인〉 버튼을 클릭합니다.

TIP 조건부 서식의 [중복 값] 메뉴 조건은 범위 내에 동일한 값이 있으면 표시해주는 것으로, 이 예제와 같이 동순위가 있는지 확인하려고 할 때 편리하게 사용할 수 있습니다. 화면을 보면 각각 2등 두 명, 4등 두 명의 동순위가 있음을 확인할 수 있습니다.

04 동순위자의 순위를 RANK.AVG 함수를 사용해 평균순위로 반환해보겠습니다. G7셀에 다음 수식을 입력하고 G7셀의 채우기 핸들(⊞)을 G15셀까지 드래그해 복사합니다.

G7셀 : =RANK.AVG(E7, $E$7:$E$15)

Plus⁺ 수식 이해하기

RANK.AVG 함수는 인수 구성과 사용 방법이 RANK 함수와 동일합니다. 단, RANK.AVG 함수는 동 순위(2등, 4등)가 있을 때, 원래 순위인 2, 3 그리고 4, 5의 평균 순위(2.5, 4.5)를 반환한다는 차이만 있습니다.

05 이번에는 고과 점수가 동일한 경우 하반기 고과가 더 높은 직원이 우선순위를 받도록 조정하겠습니다. G7셀에 다음 수식을 입력하고 G7셀의 채우기 핸들(⊞)을 G15셀까지 드래그해 복사합니다.

G7셀 : =COUNTIFS($E$7:$E$15, E7, $D$7:$D$15, ">" & D7)

G7			✕ ✓ fx	=COUNTIFS($E$7:$E$15, E7, $D$7:$D$15, ">" & D7)			
▲	A	B	C	D	E	F	G	H

승진 대상자 선정을 위한 직원 고과표

직원	고과		합계	순위		대상자
	상반기	하반기		순위	조정순위	
박지훈	143	166	309	2	0	
유준혁	133	107	240	9	0	
이서연	131	155	286	4	1	
김민준	139	115	254	8	0	
최서현	147	162	309	2	1	
박현우	100	186	286	4	0	
정시우	164	111	275	6	0	
이은서	144	120	264	7	0	
오서윤	173	157	330	1	0	

* 동점자가 존재하면 하반기 고과가 높은 사람을 우선 순위로 배치

Plus⁺ 수식 이해하기

이번 예제에서는 동순위일 때 하반기 고과가 우수한 사람을 우선순위로 한다고 했으므로, RANK 함수로 순위를 구한 결과가 동순위(2등, 4등)인 경우만 대상으로 순위를 조정하는 작업을 해야 합니다. 이런 작업을 처리하기 위해서는 다음 두 가지 조건을 만족해야 합니다.

- 첫째, E열의 고과 합계 점수가 동일해야 합니다.
- 둘째, D열의 하반기 고과 점수가 나보다 큰 직원이 있는지 확인합니다. (동순위면서 하반기 고과가 더 큰 직원이 있다면 내 순위는 2등에서 3등으로, 4등에서 5등으로 조정되어야 합니다.)

위 두 조건을 모두 만족하는 셀 개수를 세면 되므로, COUNTIFS 함수를 사용합니다. 반환된 값을 보면 모두 0이고 2등과 4등 중 하나의 값에 1이 반환됩니다. 반환된 1은 고과 합계가 동일하면서 하반기 고과가 더 높은 사람이 1명 있다는 의미입니다. 이렇게 반환된 값을 기존 순위에 더하면 조정된 순위를 돌려받게 됩니다.

06 **05** 과정 수식에 기존 순위를 더해 조정 순위를 완성하겠습니다. G7셀의 수식을 다음과 같이 수정하고 G7셀의 채우기 핸들(田)을 G15셀까지 드래그해 복사합니다.

G7셀 : =F7+COUNTIFS($E$7:$E$15, E7, $D$7:$D$15, ">" & D7)

Plus⁺ 수식 이해하기

05 과정 수식에 F열의 순위를 더하면 동순위가 조건에 맞게 변경됩니다. F7셀의 2등은 F11셀의 2등과 동일하지만 조정된 순위에서는 D열의 하반기 고과에 맞게 G7셀은 2등, G11셀은 3등이 됩니다. F9셀과 F12셀의 4등도 어떻게 변화됐는지 표를 확인합니다.

---

07 조정된 순위를 참고해 상위 두 명까지 승진 대상자로 표시합니다. H7셀에 다음 수식을 입력하고 H7셀의 채우기 핸들(田)을 H15셀까지 드래그해 복사합니다.

H7셀 : =IF(G7<=2, "대상", " ")

여러 범위의 값으로 순위 구하기

순위를 구하는 작업은 보통 하나의 열 데이터를 대상으로 작업하는 경우가 많지만, 여러 열에 나뉘어 있거나 여러 시트에 기록된 데이터를 대상으로 순위를 구해야 하는 경우도 있습니다. 이런 경우라면 RANK 함수에서 대상 범위를 괄호로 참조하는 방법이나 3차원 참조를 이용하는 방법을 이해하고 있어야 합니다. 다양한 범위에 나눠 기록된 데이터를 참고해 순위를 구하는 방법에 대해 알아보겠습니다.

예제 파일 PART 02 \ CHAPTER 06 \ RANK 함수–다중 범위.xlsx

자주 사용하는 수식 패턴

같은 시트의 여러 범위에서 순위 구하기

=RANK(값, (범위1, 범위2, 범위3, …))

* 범위는 같은 워크시트에 있어야 합니다.
* 범위 내 셀 개수는 달라도 됩니다.

다른 시트의 동일한 범위를 대상으로 순위 구하기

=RANK(값, 시트1:시트3!범위)

* 시트1은 순위를 구할 첫 번째 시트입니다.
* 시트3은 순위를 구할 마지막 시트입니다.
* **시트1:시트3!범위**와 같은 참조 방식을 3차원 참조라고 합니다.

LINK 3차원 참조에 대해서는 'No. 051 3차원 참조를 이름 정의해 활용하기'(131쪽)를 참고합니다.

01 예제 파일에는 '서울'과 '인천' 두 지역의 주요 대리점별 영업 사원 실적이 시트별로 정리되어 있습니다. 현재 화면은 '서울' 지역 두 대리점의 영업 사원 실적입니다.

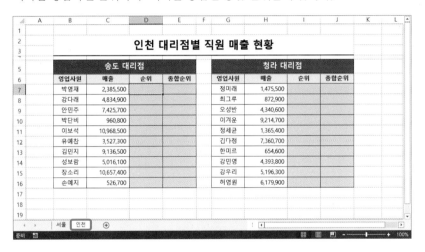

TIP 각 대리점별 인원은 열 명이라고 가정합니다.

02 '인천' 시트를 선택해보면 인천 지역의 대리점별 실적이 서울 지역과 동일하게 정리되어 있습니다. 지역별 영업사원 순위와 두 지역을 통합한 종합 순위를 구합니다.

송도 대리점				청라 대리점			
영업사원	매출	순위	종합순위	영업사원	매출	순위	종합순위
박영재	2,385,500			정미래	1,475,500		
강다래	4,834,900			최그루	872,900		
안민주	7,425,700			오성반	4,340,600		
박단비	960,800			이겨운	9,214,700		
이보석	10,968,500			정세균	1,365,400		
유예찬	3,527,300			김다정	7,360,700		
김민지	9,136,500			한마르	654,600		
성보람	5,016,100			강민영	4,393,800		
장소리	10,657,400			강우리	5,196,300		
손예지	526,700			허영원	6,179,900		

TIP 서울 지역 대리점과 마찬가지로 인천 지역의 대리점도 대리점별 인원은 열 명입니다.

03 먼저 대리점별 순위를 구하겠습니다. '서울' 시트를 열어 다음 각 셀에 아래 수식을 넣고, 채우기 핸들(⊞)을 16행까지 드래그해 수식을 복사합니다.

D7셀 : =RANK(C7, $C$7:$C$16)

I7셀 : =RANK(H7, $H$7:$H$16)

I7	=RANK(H7, $H$7:$H$16)

	A	B	C	D	E	F	G	H	I	J	K	L
2				**서울 대리점별 직원 매출 현황**								
5			**강남 대리점**					**논현 대리점**				
6		영업사원	매출	순위	종합순위		영업사원	매출	순위	종합순위		
7		민기용	5,956,000	5			임사랑	3,285,000	8			
8		이가을	8,786,000	3			조소연	5,186,750	5			
9		노이슬	15,351,450	1			정소라	5,996,850	4			
10		홍진우	4,940,750	7			이민영	2,763,000	9			
11		박다솜	1,120,000	10			구예찬	10,084,750	1			
12		최소라	3,815,100	9			조그림	9,102,000	2			
13		강단비	9,856,800	2			김연주	8,388,200	3			
14		구겨울	3,959,000	8			감용기	5,020,000	6			
15		최영원	8,629,000	4			강영광	4,274,750	7			
16		손은혜	5,490,000	6			문분홍	2,745,000	10			

> **TIP** 인천 대리점의 순위도 동일한 방법으로 구할 수 있습니다.

04 이번에는 서울 지역의 종합 순위를 구하겠습니다. E7셀에 다음 수식을 입력하고 E7셀의 채우기 핸들(⊞)을 E16셀까지 드래그해 복사합니다.

E7셀 : =RANK(C7, ($C$7:$C$16, $H$7:$H$16))

E7	=RANK(C7, ($C$7:$C$16, $H$7:$H$16))

	A	B	C	D	E	F	G	H	I	J	K	L
2				**서울 대리점별 직원 매출 현황**								
5			**강남 대리점**					**논현 대리점**				
6		영업사원	매출	순위	종합순위		영업사원	매출	순위	종합순위		
7		민기용	5,956,000	5	9		임사랑	3,285,000	8			
8		이가을	8,786,000	3	5		조소연	5,186,750	5			
9		노이슬	15,351,450	1	1		정소라	5,996,850	4			
10		홍진우	4,940,750	7	13		이민영	2,763,000	9			
11		박다솜	1,120,000	10	20		구예찬	10,084,750	1			
12		최소라	3,815,100	9	16		조그림	9,102,000	2			
13		강단비	9,856,800	2	3		김연주	8,388,200	3			
14		구겨울	3,959,000	8	15		감용기	5,020,000	6			
15		최영원	8,629,000	4	6		강영광	4,274,750	7			
16		손은혜	5,490,000	6	10		문분홍	2,745,000	10			

05 강남과 서초 대리점의 표 구조가 동일하므로, 서초 대리점의 종합 순위는 E7셀을 복사(단축키 Ctrl +C)하여 J7:J16 범위에 붙여넣으면(단축키 Ctrl +V) 됩니다.

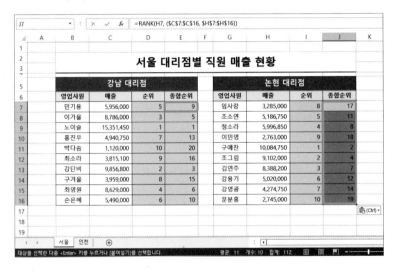

06 괄호를 사용해 범위를 참조하는 방법을 정확하게 이해하기 위해 서울 강남 대리점과 인천 송도 대리점의 종합 순위를 구합니다. E7셀의 수식을 다음과 같이 수정하면 #VALUE! 오류가 발생합니다.

E7셀 : =RANK(C7, ($C$7:$C$16, 인천!$C$7:$C$16))

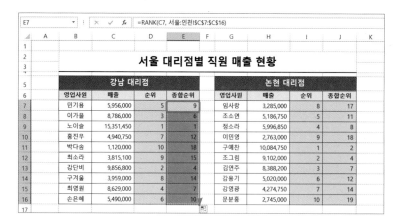

Plus⁺ 수식 이해하기

괄호를 사용해 여러 범위를 참조하는 방법은 같은 워크시트 범위만 지원되므로 다른 워크시트의 범위를 함께 참조할 수는 없습니다.

---

07 다른 워크시트의 범위를 참조해 순위를 구하려면 3차원 참조를 사용합니다. E7셀의 수식을 다음과 같이 수정하고 E7셀의 채우기 핸들(⊞)을 E16셀까지 드래그해 복사합니다.

E7셀 : =RANK(C7, 서울:인천!$C$7:$C$16)

Plus⁺ 수식 이해하기

서울 강남 대리점의 매출은 C7:C16 범위에, 인천 송도 대리점의 매출 역시 C7:C16 범위에 있습니다. 두 범위는 셀 위치가 동일하지만 시트는 서로 다릅니다. 이런 경우에는 여러 시트의 동일한 범위를 참조하는 3차원 참조를 사용합니다. 인천 지역의 '송도' 대리점도 동일한 방식으로 순위를 구할 수 있으므로, E7셀을 복사해서 '인천' 시트의 E7:E16 범위에 붙여넣으면 됩니다.

08 만약 서울과 인천의 모든 대리점 종합 순위를 구하려면 RANK 함수로는 처리하기 어려우므로 COUNTIF 함수를 사용합니다. E7셀의 수식을 다음과 같이 변경하고 E7셀의 채우기 핸들(⊞)을 E16셀까지 드래그해 복사합니다.

E7셀 : =COUNTIF($C$7:$C$16, ">" & C7)+
COUNTIF($H$7:$H$16, ">" & C7)+
COUNTIF(인천!$C$7:$C$16, ">" & C7)+
COUNTIF(인천!$H$7:$H$16, ">" & C7)+1

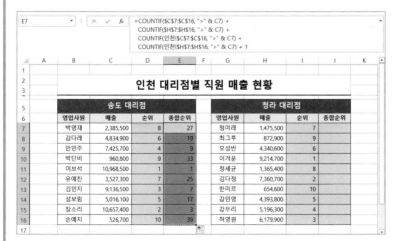

Plus⁺ 수식 이해하기

이번 수식은 서울과 인천 지역 네 개 대리점의 영업사원 순위를 구하기 위한 것으로, 시트가 구분되어 있으므로 괄호를 이용한 범위 참조 방법은 사용하지 못합니다. 또한 3차원 참조는 IF 조건을 사용하는 집계 함수에서는 사용할 수 없으므로 COUNTIF 함수를 사용해 일일이 범위를 하나씩 참조해 순위를 계산하는 방법을 사용한 것입니다.

참고로 논현 대리점의 경우는 E7셀을 복사하여 J7:J16 범위에 붙여넣는 방법으로 종합순위를 바로 구할 수 있으며, 인천 지역의 경우는 송도, 청라 대리점의 경우는 복사히여 붙여넣은 다음 수식 내 '인천'을 '서울' 지역으로 바꾸는 작업을 해야 합니다. 다음 화면은 E7셀을 복사해서 인천 지역의 송도 대리점에 붙여넣은 모습입니다.

수식 내 '인천'을 '서울'로 변경만 하면 되므로 E7:E16 범위를 선택하고 단축키 Ctrl + H 를 누른 후 [찾을 내용]에는 **인천**을, [바꿀 내용]에는 **서울**을 입력하고 〈모두 바꾸기〉 버튼을 클릭합니다.

백분율 순위 구하기
– PERCENTRANK

특정 숫자가 집단 내의 어떤 위치에 해당하는지 표시하고 싶을 때 구하는 순위는 집단 내의 절대 위치를 나타냅니다. 하지만 내신 등급을 평가하는 것과 같이 전체 집단 내 상대적 위치를 나타내고 싶다면 백분율 순위를 구합니다. 백분율 순위는 다른 말로 백분위(百分位)라고도 하는데, 엑셀에서는 PERCENTRANK 함수를 사용해 쉽게 구할 수 있습니다.

예제 파일 PART 02 \ CHAPTER 06 \PERCENTRANK 함수.xlsx

새 함수

PERCENTRANK (❶ 범위, ❷ 값, ❸ 소수 자릿수)

지정한 범위 내에서 특정 값의 백분위 값을 0~1 사이의 소수로 반환합니다.

인수	❶ 범위 : 백분율 순위를 구할 전체 데이터 범위 ❷ 값 : 백분율 순위를 구할 값 ❸ 소수 자릿수 : 반환된 백분율 값의 소수점 이하 자릿수를 의미합니다. 이 값을 생략하면 3자릿수(0.000)로 반환됩니다.
버전	엑셀 2010 이상 버전에서는 동일한 계산 결과를 반환하는 PERCENTRANK.INC 함수를 사용할 것을 권하며, 이 함수는 2007 이하 버전과의 호환성이 필요한 경우에 사용합니다.
특이사항	백분율 순위에 0%와 100%가 모두 반환됩니다. 0% <= PERCENTRANK <=100%
사용 예	=PERCENTRANK(A1:A10, 80) A1:A10 범위에서 80점의 백분위 값을 반환합니다.

엑셀 2010 이상

PERCENTRANK.INC (❶ 범위, ❷ 값, ❸ 소수 자릿수)

지정한 범위 내에서 특정 값의 백분위 값을 0~1 사이의 소수로 반환합니다.

인수	❶ 범위 : 백분율 순위를 구할 전체 데이터 범위 ❷ 값 : 백분율 순위를 구할 값 ❸ 소수 자릿수 : 반환된 백분율 값의 소수점 이하 자릿수를 의미합니다. 이 값을 생략하면 3자릿수(0.000)로 반환됩니다.
버전	2007 이하 버전과의 호환성이 필요한 경우라면 PERCENTRANK 함수를 사용합니다.
특이사항	백분율 순위에 0%와 100%가 모두 반환됩니다. 0% <= PERCENTRANK.INC <= 100%
사용 예	=PERCENTRANK.INC(A1:A10, 80)

PERCENTRANK.EXC (❶ 범위, ❷ 값, ❸ 소수 자릿수)

지정한 범위 내에서 값의 백분위 값을 0~1 사이의 소수로 반환합니다. (0, 1 값은 제외)

인수	❶ 범위 : 백분율 순위를 구할 전체 데이터 범위 ❷ 값 : 백분율 순위를 구할 값 ❸ 소수 자릿수 : 반환된 백분율 값의 소수점 이하 자릿수를 의미합니다. 이 값을 생략하면 3자릿수(0.000)로 반환됩니다.
버전	2007 이하 버전에서는 사용할 수 없으므로, '자주 사용하는 수식 패턴'을 참고해 다른 계산식을 사용합니다.
특이사항	백분율 순위에 0%와 100%는 포함되지 않습니다. 0% 〈 PERCENTRANK.EXC 〈 100%
사용 예	=PERCENTRANK.EXC(A1:A10, 80)

자주 사용하는 수식 패턴

PERCENTRANK, PERCENTRANK.INC 함수 대체 수식

PERCENTRANK(범위, 값)
= 1−((RANK(값, 범위)−1)/(COUNT(범위)−1))
= COUNTIF(범위, "〈" & 값)/(COUNT(범위)−1)

* PRECENTRANK와 PERCENTRANK.INC 함수는 위 두 가지 수식으로 대체할 수 있습니다.

PERCENTRANK.EXC 함수 대체 수식

PERCENTRANK.EXC(범위, 값)
= 1−(RANK(값, 범위)/(COUNT(범위)+1))
= (COUNTIF(범위, "〈" & 값)+1)/(COUNT(범위)+1)

* 엑셀 2007 이하 버전에서 PERCENTRANK.EXC 함수의 결과를 반환받고 싶을 때 사용합니다.

01 예제 파일을 열고 직원의 평가 항목 총점의 백분위 값을 구해 상위 30%에 해당하는 직원만 승진 대상자로 선별해보겠습니다.

	A	B	C	D	E	F	G	H	I	J
1										
2										
3				인사 고과 평가표						
4										
5		직원	평가 항목			총점	평가 결과			
6			업무	근무태도	능력		순위	백분위	승진대상	
7		박지훈	50	65	76	191				
8		유준혁	90	92	53	235				
9		이서연	51	46	57	154				
10		김민준	51	98	45	194				
11		최서현	71	45	83	199				
12		박현우	72	55	52	179				
13		정시우	64	42	54	160				
14		* 총점 기준 상위 30% 이내 직원만 선별								
15										

02 먼저 평가 항목 총점의 순위를 구하겠습니다. G7셀에 다음 수식을 입력하고 G7셀의 채우기 핸들(⊞)을 G13셀까지 드래그해 복사합니다.

G7셀 : =RANK(F7, $F$7:$F$13)

| G7 | : | × | ✓ | fx | =RANK(F7, $F$7:$F$13) |

인사 고과 평가표

직원	평가 항목			총점	평가 결과		
	업무	근무태도	능력		순위	백분위	승진대상
박지훈	50	65	76	191	4		
유준혁	90	92	53	235	1		
이서연	51	46	57	154	7		
김민준	51	98	45	194	3		
최서현	71	45	83	199	2		
박현우	72	55	52	179	5		
정시우	64	42	54	160	6		

* 총점 기준 상위 30% 이내 직원만 선별

03 총점의 상대평가를 위해 백분위(백분율 순위)를 구합니다. H7셀에 다음 수식을 입력하고 H7셀의 채우기 핸들(⊞)을 H13셀까지 드래그해 복사합니다.

H7셀 : =PERCENTRANK($F$7: $F$13, F7)

| H7 | : | × | ✓ | fx | =PERCENTRANK($F$7:$F$13, F7) |

인사 고과 평가표

직원	평가 항목			총점	평가 결과		
	업무	근무태도	능력		순위	백분위	승진대상
박지훈	50	65	76	191	4	0.500	
유준혁	90	92	53	235	1	1.000	
이서연	51	46	57	154	7	0.000	
김민준	51	98	45	194	3	0.666	
최서현	71	45	83	199	2	0.833	
박현우	72	55	52	179	5	0.333	
정시우	64	42	54	160	6	0.166	

* 총점 기준 상위 30% 이내 직원만 선별

Plus⁺ 수식 이해하기

PERCENTRANK 함수는 0~1 사이의 백분위 값을 반환합니다. 세 번째 인수를 생략했으므로 소수점 셋째 자리 값까지 반환되며, 반환된 값은 0(0.000)과 1(1.000) 순위입니다. PERCENTRANK 함수와 PERCENTRANK.INC 함수는 동일하므로 이번 수식은 PERCENTRANK.INC 함수로 대체할 수 있습니다.

=PERCENTRANK.INC($F$7:$F$13, F7)

만약 RANK 함수를 사용하고 싶다면 수식을 다음과 같이 수정해도 됩니다.

=1-((RANK(F7, $F$7:$F$13)-1)/(COUNT($F$7:$F$13)-1))

위와 같은 수식을 사용하면 다음과 같은 계산 결과를 얻게 됩니다.

| H7 | : | × | ✓ | fx | =1-((RANK(F7, $F$7:$F$13)-1)/(COUNT($F$7:$F$13)-1)) |

인사 고과 평가표

직원	평가 항목			총점	평가 결과		
	업무	근무태도	능력		순위	백분위	승진대상
박지훈	50	65	76	191	4	0.500	
유준혁	90	92	53	235	1	1.000	
이서연	51	46	57	154	7	0.000	
김민준	51	98	45	194	3	0.667	
최서현	71	45	83	199	2	0.833	
박현우	72	55	52	179	5	0.333	
정시우	64	42	54	160	6	0.167	

* 총점 기준 상위 30% 이내 직원만 선별

화면을 보면 H10, H13셀의 결과가 PERCENTRANK 함수를 사용한 것과 약간 다릅니다. 이것은 반환될 소수점 자릿수가 결정되어 있지 않기 때문으로, H10셀의 경우 0.6666··· 값이 반환될 것이므로 셀에는 소수점 셋째 자리에서 반올림된 결과가 표시된 것으로 이해하면 됩니다. 이것으로 PERCENTRANK, PERCENTRANK.INC 함수가 소수점 셋째 자리 값까지 반환할 때 나머지 값을 어떻게 처리하는지 이해할 수 있습니다.

PERCENTRANK, PERCENTRANK.INC 함수는 소수점 자릿수가 정해지면 하위 값은 절사하므로, RANK 함수나 COUNTIF 함수 등을 사용할 때 정확하게 일치하는 결과대로 작업하려면 ROUNDDOWN 함수를 중첩하는 다음과 같은 수식을 사용해야 합니다.

=ROUNDDOWN(1−((RANK(F7, $F$7:$F$13)−1)/(COUNT($F$7:$F$13)−1)), 3)

위 수식은 '자주 사용하는 수식 패턴'에서 COUNTIF 함수를 사용하는 부분에도 동일하게 적용됩니다.

04 반환된 백분위 값에서 0과 1을 제외하려면 PERCENTRANK.EXC 함수를 사용합니다. H7셀의 수식을 다음과 같이 수정하고 H7셀의 채우기 핸들(⊞)을 H13셀까지 드래그해 복사합니다.

H7셀 : =PERCENTRANK.EXC($F$7:$F$13, F7)

H7		▼	:	×	✓	fx	=PERCENTRANK.EXC($F$7:$F$13, F7)		
	A	B	C	D	E	F	G	H	I	J

인사 고과 평가표

직원	평가 항목			총점	평가 결과		
	업무	근무태도	능력		순위	백분위	승진대상
박지훈	50	65	76	191	4	0.500	
유준혁	90	92	53	235	1	0.875	
이서연	51	46	57	154	7	0.125	
김민준	51	98	45	194	3	0.625	
최서현	71	45	83	199	2	0.750	
박현우	72	55	52	179	5	0.375	
정시우	64	42	54	160	6	0.250	

* 총점 기준 상위 30% 이내 직원만 선별

Plus⁺ 수식 이해하기

PERCENTRANK.EXC 함수는 PERCENTRANK(또는 PERCENTRANK.INC) 함수처럼 백분위 값을 반환하지만 0과 1 값은 반환하지 않고 그 사이 값으로만 백분위 값을 반환합니다. 보통 일반적인 상위 n%, 하위 n% 값을 구할 경우에는 0과 1을 포함하지 않는 백분위 값을 대상으로 합니다.

이번 수식 역시 RANK나 COUNTIF 함수로 대체하는 수식을 사용할 수 있으며, COUNTIF 함수를 사용하려면 다음과 같은 수식을 입력하면 됩니다.

=(COUNTIF($F$7:$F$13, "<" & F7)+1)/(COUNT($F$7:$F$13)+1)

🖱 RANK 함수를 사용하는 수식 패턴도 함께 입력해 확인해보세요.

05 백분위 값에서 상위 30%까지 승진 대상자를 표시하겠습니다. I7셀에 다음 수식을 입력하고 I7셀의 채우기 핸들(⊞)을 I13셀까지 드래그해 복사합니다.

I7셀 : =IF(H7>=0.7, "대상", " ")

	A	B	C	D	E	F	G	H	I	J
2				인사 고과 평가표						
3										
5		직원	평가 항목			총점	평가 결과			
6			업무	근무태도	능력		순위	백분위	승진대상	
7		박지훈	50	65	76	191	4	0.500		
8		유준혁	90	92	53	235	1	0.875	대상	
9		이서연	51	46	57	154	7	0.125		
10		김민준	51	98	45	194	3	0.625		
11		최서현	71	45	83	199	2	0.750	대상	
12		박현우	72	55	52	179	5	0.375		
13		정시우	64	42	54	160	6	0.250		
14		* 총점 기준 상위 30% 이내 직원만 선별								
15										

Plus⁺ 수식 이해하기

PERCENRANK(또는 PERCENTRANK.INC, PERCENTRANK.EXC) 함수는 모두 큰 값의 백분위 값이 1(100%)에 가까우므로, 상위 30% 이내 값을 확인하려면 백분위 값이 70% 이상이어야 합니다. 만약 상위의 값이 적게 나오도록 하려면 H7셀의 수식을 다음과 같이 변경합니다.

=1−PERCENTRANK.EXC($F$7:$F$13, F7)

그러면 이번 수식 역시 다음과 같이 변경할 수 있습니다.

=IF(H7<=0.3, "대상", " ")

둘 다 동일한 결과를 반환하므로, 둘 중 편한 방법을 사용하면 됩니다.

화면에 표시된 데이터만 집계하기 – SUBTOTAL

자동 필터나 숨기기 명령을 이용하면 원하는 데이터만 화면에 표시할 수 있습니다. 이때, 숨겨진 데이터는 제외하고 화면에 표시된 데이터만 집계하고 싶다면 SUBTOTAL 함수를 사용합니다. 앞에서 배운 SUM, COUNT와 같은 집계/통계 함수는 화면 표시 여부와 무관하게 참조한 범위 내 데이터를 모두 집계하므로 화면에 표시된 데이터만 집계할 수는 없습니다. SUBTOTAL 함수는 다른 집계/통계 함수와는 달리 하나의 함수로 열한 가지 집계 작업을 지원하므로 여러 업무에서 유용하게 사용할 수 있습니다.

예제 파일 PART 02 \ CHAPTER 06 \ SUBTOTAL 함수.xlsx

새 함수

SUBTOTAL (❶ 함수 번호, ❷ 범위1, ❸ 범위2, …)

범위 내의 화면에 표시된 셀만 지정한 함수 번호로 집계한 값을 반환합니다.

구문	❶ 함수 번호 : 집계할 함수를 의미하는 번호로 1~11 또는 101~111 사이의 값을 선택합니다.		
	함수 번호		**함수**
	자동 필터	**자동 필터, 숨기기**	
	1	101	AVERAGE
	2	102	COUNT
	3	103	COUNTA
	4	104	MAX
	5	105	MIN
	6	106	PRODUCT
	7	107	STDEV
	8	108	STDEVP
	9	109	SUM
	10	110	VAR
	11	111	VARP
	❷ 범위 : SUBTOTAL 함수로 집계할 대상 범위		
특이사항	101~111번의 함수 번호는 [숨기기] 명령으로 숨겨진 데이터 범위를 계산에서 제외할 수 있으며, 엑셀 2003 버전부터 제공되었습니다.		
사용 예	**=SUBSTOTAL(9, A1:A100)** A1:A100 범위에서 자동 필터로 화면에 표시된 데이터의 합계만 반환합니다.		

01 예제 파일을 열고 D17:E17 범위 내 셀을 확인하면 다음 수식을 확인할 수 있습니다. 수식은 직원이 아홉 명이고 평균 나이가 30.8세임을 의미합니다.

D17셀 : =COUNTA(C6:C14)
E17셀 : =AVERAGE(F6:F14)

02 D17:E17 범위에 입력된 수식의 결과 값이 필터링된 데이터에 따라 변화하는지 확인하겠습니다. E5셀의 아래 화살표 단추(▼)를 클릭하여 '남' 항목만 선택하면 화면에 표시되는 데이터의 개수는 줄어도 D17:E17 범위 내 숫자가 그에 맞게 변경되지는 않습니다.

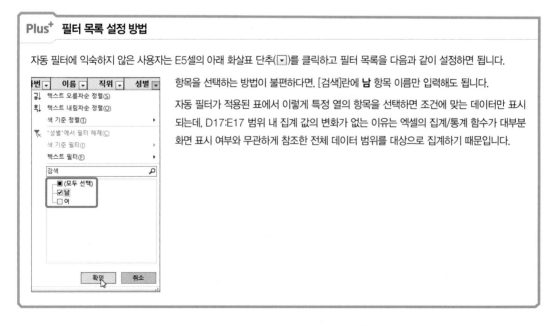

Plus⁺ 필터 목록 설정 방법

자동 필터에 익숙하지 않은 사용자는 E5셀의 아래 화살표 단추(▼)를 클릭하고 필터 목록을 다음과 같이 설정하면 됩니다.

항목을 선택하는 방법이 불편하다면, [검색]란에 **남** 항목 이름만 입력해도 됩니다.

자동 필터가 적용된 표에서 이렇게 특정 열의 항목을 선택하면 조건에 맞는 데이터만 표시되는데, D17:E17 범위 내 집계 값의 변화가 없는 이유는 엑셀의 집계/통계 함수가 대부분 화면 표시 여부와 무관하게 참조한 전체 데이터 범위를 대상으로 집계하기 때문입니다.

03 화면에 표시된 데이터만 집계하는 수식을 작성하겠습니다. 먼저 전체 데이터 범위를 표시하기 위해 [데이터] 탭-[정렬 및 필터] 그룹-[지우기] 명령을 클릭합니다. 그런 다음 아래 각 셀에 다음 수식을 입력합니다.

D18셀 : =SUBTOTAL(3, C6:C14)

E18셀 : =SUBTOTAL(1, F6:F14)

> **TIP** 전체 데이터를 표시한 것은 독자의 이해를 돕기 위해서이며 반드시 필요한 작업은 아니므로 수식만 입력해도 됩니다.

04 다시 E5셀의 아래 화살표 단추(▼)를 클릭하고 '남' 항목만 체크해 화면에 표시될 데이터를 제한하면, 17행과 18행의 집계 값에 차이가 발생합니다.

Plus⁺ 수식 이해하기

SUBTOTAL 함수는 자동 필터로 화면에 표시된 데이터만 대상으로 하므로, IF 조건을 처리하는 함수와 결과가 동일합니다. 즉 D17셀과 E18셀의 수식을 COUNTIF 함수와 AVERAGEIF 함수로 변경하면 SUBTOTAL 함수의 결과와 동일합니다.

　　D17셀 : =COUNTIF(C6:C14, "남")
　　E17셀 : =AVERAGEIF(F6:F14, "남")

이렇게 자동 필터를 사용하는 표에서 SUBTOTAL 함수를 사용하면 다양한 필터 조건에 맞는 요약 값을 바로 확인할 수 있어 편리합니다.

05 SUBTOTAL 함수가 숨기기 명령에도 대응하는지 확인하겠습니다. 먼저 [데이터] 탭-[정렬 및 필터] 그룹-[지우기] 명령을 클릭해 전체 데이터를 표시한 후, 6:9행을 선택하고 마우스 오른쪽 버튼을 클릭하여 [숨기기] 메뉴를 클릭합니다.

	A	B	C	D	E	F	G	H	I
1									
2					**직원 현황**				
3									
5		사번	이름	직위	성별	나이	입사일	근속기간	
10		5	최서현	주임	여	28	2015-05-03	2년	
11		6	박현우	주임	남	30	2014-10-17	3년	
12		7	정시우	사원	남	26	2016-01-02	1년	
13		8	이은서	사원	여	24	2016-03-05	1년	
14		9	오서윤	사원	여	25	2015-11-15	1년	
15									
16		구분		직원수	평균나이				
17		전체		9	30.8				
18		화면에 보이는 셀만		9	30.8				
19									

TIP 숨기기 명령을 사용해 화면에 표시될 데이터를 제약했는데, D17:E18 범위 내 집계 값이 동일합니다. SUBTOTAL 함수의 1~11번 함수 번호는 자동 필터 기능만 연동되기 때문입니다.

06 D18:E18 범위 내 수식에서 SUBTOTAL 함수의 함수 번호만 3은 103으로, 1은 101로 각각 변경합니다. 그러면 D18:E18 범위 내 집계 값이 화면에 표시된 데이터에 맞게 변경됩니다.

D18셀 : =SUBTOTAL(103, C6:C14)

E18셀 : =SUBTOTAL(101, F6:F14)

E18		▼	:	×	✓	*fx*	=SUBTOTAL(101, F6:F14)		
	A	B	C	D	E	F	G	H	I
1									
2					**직원 현황**				
3									
5		사번	이름	직위	성별	나이	입사일	근속기간	
10		5	최서현	주임	여	28	2015-05-03	2년	
11		6	박현우	주임	남	30	2014-10-17	3년	
12		7	정시우	사원	남	26	2016-01-02	1년	
13		8	이은서	사원	여	24	2016-03-05	1년	
14		9	오서윤	사원	여	25	2015-11-15	1년	
15									
16		구분		직원수	평균나이				
17		전체		9	30.8				
18		화면에 보이는 셀만		5	26.6				
19									

TIP SUBTOTAL 함수의 100번대 함수 번호는 자동 필터 기능과 숨기기 기능이 모두 연동됩니다.

오류 값을 제외한 집계하기 – AGGREGATE

SUBTOTAL 함수는 강력하지만 11개의 함수만 대체할 수 있으며 자동 필터와 숨기기 기능에만 대응해 동작합니다. 더 많은 함수와 더 다양한 방식으로 집계하고자 한다면 2010 버전부터 제공되는 AGGREGATE 함수를 사용하면 됩니다. AGGREGATE 함수는 총 19개의 함수를 대체할 수 있으며, 집계에서 제외할 데이터를 사용자가 선택할 수 있다는 점에서 편리합니다. 그러므로 2010 이상 버전만 사용한다면 SUBTOTAL 함수보다 AGGREGATE 함수를 사용할 것을 권합니다.

예제 파일 PART 02 \ CHAPTER 06 \ AGGREGATE 함수.xlsx

새 함수

엑셀 2010 이상

AGGREGATE (❶ 함수 번호, ❷ 제외 옵션, ❸ 범위1, ❹ 범위2, …)

범위 내의 화면에 표시된 셀만 지정한 함수 번호로 집계한 값을 반환합니다.

구문	❶ 함수 번호 : 집계할 함수를 의미하는 번호로, 1~11 또는 101~111 사이의 값을 선택합니다.		
	함수 번호	**함수**	**함수 설명**
	1	AVERAGE	평균
	2	COUNT	개수(숫자)
	3	COUNTA	개수(입력)
	4	MAX	최대값
	5	MIN	최소값
	6	PRODUCT	곱하기
	7	STDEV.S	표준편차(표본)
	8	STDEV.P	표준편차(전체)
	9	SUM	합계
	10	VAR.S	분산(표본)
	11	VAR.P	분산(전체)
	12	MEDIAN	중간값
	13	MODE.SNGL	최빈값
	14	LARGE	n번째 큰 값
	15	SMALL	n번째 작은 값
	16	PERCENTILE.INC	n번째 백분위 수
	17	QUARTILE.INC	사분위수
	18	PERCENTILE.EXC	0과 1 사이의 n번째 백분위 수
	19	QUARTILE.EXC	0과 1 사이의 사분위수

옵션 번호	의미
0	중첩된 SUBTOTAL, AGGREGATE 함수 무시
1	숨겨진 행, 중첩된 SUBTOTAL, AGGREGATE 함수 무시
2	오류 값, 중첩된 SUBTOTAL, AGGREGATE 함수 무시
3	숨겨진 행, 오류 값, 중첩된 SUBTOTAL, AGGREGATE 함수 무시
4	아무것도 무시 안 함
5	숨겨진 행 무시
6	오류 값 무시
7	숨겨진 행 및 오류 값 무시

구문	❷ 제외 옵션 : 계산에서 제외할 값을 의미하는 0~7 사이의 숫자로 생략하면 0. ❸ 범위1 : AGGREGATE 함수로 집계할 대상 범위 ❹ 범위2 : AGGREGATE 함수로 집계할 대상 범위 또는 함수 번호가 14~19번일 때, n번째 값을 지정
특이사항	AGGREGATE 함수의 함수 번호 중 1~11번은 SUBTOTAL 함수의 함수 번호와 동일한 함수 역할을 수행합니다. AGGREGATE 함수의 두 번째 인수인 옵션을 5로 설정하면 SUBTOTAL 함수와 동일한데, 자동 필터와 숨기기 명령으로 화면에 표시되지 않는 데이터는 계산에서 제외합니다. 즉 두 함수의 관계는 다음과 같습니다. AGGREGATE(9, 5, A1:A10)=SUBTOTAL(109, A1:A10)

위 표에서 제외 옵션 설명(❷)과 옵션 번호 표는 "구문" 셀에 함께 속함

01 예제 파일을 열면 다양한 오류(#N/A, #NAME?, #DIV/0!)가 발생된 표를 확인할 수 있습니다. 이 표의 분기별 실적을 집계해 보겠습니다.

	직원	1사분기	2사분기	3사분기	4사분기
	박지훈	1,064	#N/A	#DIV/0!	2,038
	유준혁	1,792	2,295	2,177	1,249
	이서연	689	1,271	770	797
	김민준	1,094	1,239	2,478	964
	최서현	#N/A	#NAME?	965	380
	박현우	1,099	508	1,484	1,469
	정시우	485	609	1,062	514
	합계				

영업사원 실적표

02 먼저 SUM 함수를 이용해 집계하기 위해 C13셀에 다음 수식을 입력합니다. 계산되지 않고 C10셀의 오류(#N/A)가 그대로 반환됩니다.

C13셀 : =SUM(C6:C12)

C13 : =SUM(C6:C12)

	직원	1사분기	2사분기	3사분기	4사분기
	박지훈	1,064	#N/A	#DIV/0!	2,038
	유준혁	1,792	2,295	2,177	1,249
	이서연	689	1,271	770	797
	김민준	1,094	1,239	2,478	964
	최서현	#N/A	#NAME?	965	380
	박현우	1,099	508	1,484	1,469
	정시우	485	609	1,062	514
	합계	#N/A			

영업사원 실적표

03 AGGREGATE 함수를 사용해 오류 값을 제외하고 숫자만 모두 더합니다. C13셀의 수식을 다음과 같이 수정하고 C13셀의 채우기 핸들(⊞)을 F13셀까지 드래그해 복사합니다.

C13셀 : =AGGREGATE(9, 6, C6:C12)

직원	1사분기	2사분기	3사분기	4사분기
박지훈	1,064	#N/A	#DIV/0!	2,038
유준혁	1,792	2,295	2,177	1,249
이서연	689	1,271	770	797
김민준	1,094	1,239	2,478	964
최서현	#N/A	#NAME?	965	380
박현우	1,099	508	1,484	1,469
정시우	485	609	1,062	514
합계	6,223	5,922	8,936	7,411

영업사원 실적표

=AGGREGATE(9, 6, C6:C12)

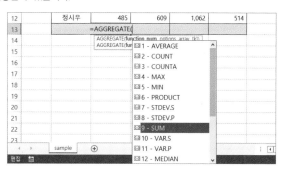

화면에 표시된 데이터의 일련번호 구하기

표에 일련번호를 넣는 방법은 다양합니다. 하지만 필터나 숨기기 등으로 화면에 표시되는 일련번호가 달라질 경우에 자동으로 일련번호를 다시 넣으려면 SUBTOTAL 함수나 AGGREGATE 함수를 사용해야 합니다. 여기서는 자동 필터가 적용된 표에 일련번호를 넣고, 필터 조건이 변경될 때마다 자동으로 일련번호가 다시 계산되도록 하는 수식 작성 방법에 대해 알아보겠습니다.

＼ **예제 파일** PART 02 \ CHAPTER 06 \ SUBTOTAL 함수_일련번호.xlsx

자주 사용하는 수식 패턴

화면에 표시된 데이터의 일련번호

=SUBTOTAL(103, 시작 셀:시작 셀)

* SUBTOTAL 함수의 첫 번째 인수가 103이면 COUNTA 함수를 의미합니다.
* **시작 셀:시작 셀**은 개수를 범위 내 첫 번째 셀로, 예를 들어 A1셀이라면 $A$1:A1과 같은 방식으로 참조합니다.
* 자동 필터가 적용된 표 내부에서 SUBTOTAL 함수로 개수를 구할 때 필터가 잘못 적용되는 버그가 있으므로 AGGREGATE 함수를 사용하는 수식을 권장합니다.

=AGGREGATE(3, 시작 셀:시작 셀)

* AGGREGATE 함수의 첫 번째 인수가 3이면 COUNTA 함수를 의미합니다.
* **시작 셀:시작 셀**은 개수를 범위 내 첫 번째 셀로, 예를 들어 A1셀이라면 $A$1:A1과 같은 방식으로 참조합니다.

01 예제 파일을 열고 표의 'NO' 열에 일련번호를 계산해 넣어보겠습니다. 단, 필터를 적용했을 때 일련번호가 화면에 표시된 데이터에 맞게 자동으로 조정되도록 합니다.

	A	B	C	D	E	F	G	H	I
1									
2					직원 관리 대장				
3									
5		NO	이름	직위	성별	나이	입사일	근속기간	
6			박지훈	부장	남	43	2003-05-14	14년	
7			유준혁	차장	남	36	2007-10-17	10년	
8			이서연	과장	여	34	2012-05-01	5년	
9			김민준	대리	남	31	2016-04-01	1년	
10			최서현	주임	여	28	2015-05-03	2년	
11			박현우	주임	남	30	2014-10-17	3년	
12			정시우	사원	남	26	2016-01-02	1년	
13			이은서	사원	여	24	2016-03-05	1년	
14			오서윤	사원	여	25	2015-11-15	1년	
15									

02 B6셀에 다음 수식을 입력하고 B6셀의 채우기 핸들(⊞)을 더블클릭해 수식을 복사합니다.

=SUBTOTAL(103, $C$6:C6)

| B6 | | ▼ | : | × | ✓ | fx | =SUBTOTAL(103, $C$6:C6) | |

⊿	A	B	C	D	E	F	G	H	I
1									
2					직원 관리 대장				
3									
5		NO ▾	이름 ▾	직위 ▾	성별 ▾	나이 ▾	입사일 ▾	근속기간 ▾	
6		1	박지훈	부장	남	43	2003-05-14	14년	
7		2	유준혁	차장	남	36	2007-10-17	10년	
8		3	이서연	과장	여	34	2012-05-01	5년	
9		4	김민준	대리	남	31	2016-04-01	1년	
10		5	최서현	주임	여	28	2015-05-03	2년	
11		6	박현우	주임	남	30	2014-10-17	3년	
12		7	정시우	사원	남	26	2016-01-02	1년	
13		8	이은서	사원	여	24	2016-03-05	1년	
14		9	오서윤	사원	여	25	2015-11-15	1년	
15									

Plus⁺ 수식 이해하기

이번 수식에서 SUBTOTAL 함수의 구성은 다음과 같습니다.

● **첫 번째 인수 : 103**

103번은 함수 번호로 COUNTA 함수를 의미합니다.

● **두 번째 인수 : $C$6:C6**

범위를 참조할 때 $C$6:C6과 같이 참조하는 방식은 일련번호나 누계를 계산할 때 자주 사용하는 범위 참조 방식입니다. 이번 수식에서 C열을 참조하는 것은 C열의 데이터가 입력될 때 일련번호가 자동으로 계산되도록 하기 위함으로, 이 표에 데이터를 입력할 때 '이름'은 반드시 입력된다는 것을 전제로 합니다.

LINK $C$6:C6과 같이 참조하는 방식에 대해서는 353쪽을 참고합니다.

이번 수식을 COUNTA 함수로 표시하면 다음과 같습니다.

=COUNTA($C$6:C6)

즉, C6셀부터 그 아래로 데이터가 입력된 개수를 세어 반환하는 것이므로 일련번호를 반환받을 수 있습니다.

---

03 표 데이터를 제한해 일련번호가 제대로 계산되는지 확인하겠습니다. E5셀의 아래 화살표 단추(▾)를 클릭하고 필터 목록에서 '남' 항목만 체크한 후 〈확인〉 버튼을 클릭합니다. B열의 일련번호는 제대로 반환되는데 E열을 보면 필터 조건인 '남' 항목 외에 '여' 항목이 마지막에 표시되는 것을 확인할 수 있습니다.

⊿	A	B	C	D	E	F	G	H	I
1									
2					직원 관리 대장				
3									
5		NO ▾	이름 ▾	직위 ▾	성별 ▾	나이 ▾	입사일 ▾	근속기간 ▾	
6		1	박지훈	부장	남	43	2003-05-14	14년	
7		2	유준혁	차장	남	36	2007-10-17	10년	
9		3	김민준	대리	남	31	2016-04-01	1년	
11		4	박현우	주임	남	30	2014-10-17	3년	
12		5	정시우	사원	남	26	2016-01-02	1년	
14		6	오서윤	사원	여	25	2015-11-15	1년	
15									

TIP 자동 필터가 적용된 표 내부에 SUBTOTAL 함수를 사용하면 필터 항목을 설정할 때마다 마지막 행이 필터링되지 않고 그대로 표시되는 버그가 있습니다. 화면에서는 14행의 '여' 데이터가 그대로 표시됩니다.

04 문제를 해결하려면 SUBTOTAL 함수를 AGGREGATE 함수로 대체합니다. [데이터] 탭-[정렬 및 필터] 그룹-[지우기] 명령(▼)을 클릭해 전체 데이터를 표시한 후 B6셀의 수식을 다음과 같이 수정하고 B6셀의 채우기 핸들(⊞)을 더블클릭해 수식을 복사합니다.

B6셀 : =AGGREGATE(3, 5, $C$6:C6)

B6		▾	:	×	✓	_fx_	=AGGREGATE(3, 5, $C$6:C6)	
	A	B	C	D	E	F	G	H	I

	NO	이름	직위	성별	나이	입사일	근속기간
			직원 관리 대장				
	1	박지훈	부장	남	43	2003-05-14	14년
	2	유준혁	차장	남	36	2007-10-17	10년
	3	이서연	과장	여	34	2012-05-01	5년
	4	김민준	대리	남	31	2016-04-01	1년
	5	최서현	주임	여	28	2015-05-03	2년
	6	박현우	주임	남	30	2014-10-17	3년
	7	정시우	사원	남	26	2016-01-02	1년
	8	이은서	사원	여	24	2016-03-05	1년
	9	오서윤	사원	여	25	2015-11-15	1년

Plus⁺ 수식 이해하기

이번 수식에서 AGGREGATE 함수의 구성은 다음과 같습니다.

● **첫 번째 인수 : 3**

3번은 COUNTA 함수를 의미합니다.

● **두 번째 인수 : 5**

5번은 숨겨진 행을 계산에서 제외하도록 하는 옵션입니다.

● **세 번째 인수 : $C$6:C6**

SUBTOTAL 함수와 동일하게 개수를 세어 일련번호를 계산할 범위입니다.

---

05 이제 E5셀의 아래 화살표 단추를 클릭하고 '남' 항목만 필터링하면, SUBTOTAL 함수를 사용했을 때와 달리 정확하게 남자 데이터만 화면에 표시되고 일련번호도 제대로 계산됩니다.

	A	B	C	D	E	F	G	H	I

	NO	이름	직위	성별	나이	입사일	근속기간
			직원 관리 대장				
	1	박지훈	부장	남	43	2003-05-14	14년
	2	유준혁	차장	남	36	2007-10-17	10년
	3	김민준	대리	남	31	2016-04-01	1년
	4	박현우	주임	남	30	2014-10-17	3년
	5	정시우	사원	남	26	2016-01-02	1년

화면에 표시된 데이터의 누계 구하기

자동 필터가 설정된 표에서 누계를 구하고 싶다면 SUBTOTAL 함수나 AGGREGATE 함수를 사용해 계산합니다. SUBTOTAL 함수나 AGGREGATE 함수의 사용 방법은 일련번호를 구하는 방법과 동일하며 첫 번째 인수의 함수 번호로 합계를 의미하는 번호를 고른다는 차이만 있습니다. 또한 합계를 구하므로 일련번호 때와 달리 자동 필터가 적용된 표에서 SUBTOTAL 함수를 사용해도 마지막 행이 표시되는 버그는 나타나지 않습니다. 다만 2010 이상 버전을 사용하고 있고 호환성을 고려하지 않아도 된다면 AGGREGATE 함수를 사용할 것을 추천합니다.

예제 파일 PART 02 \ CHAPTER 06 \ SUBTOTAL 함수—누계.xlsx

자주 사용하는 수식 패턴

화면에 표시된 데이터의 누계

=SUBTOTAL(109, 시작 셀:시작 셀)

* SUBTOTAL 함수의 첫 번째 인수가 **109**면 SUM 함수를 의미합니다.
* **시작 셀:시작 셀**은 합계를 구할 범위 내 첫 번째 셀로, 예를 들어 A1셀이라면 $A$1:A1과 같은 방식으로 참조합니다.

=AGGREGATE(9, 5, 시작 셀:시작 셀)

* AGGREGATE 함수의 첫 번째 인수가 **9**면 SUM 함수를 의미합니다.
* **시작 셀:시작 셀**은 합계를 구할 범위 내 첫 번째 셀로, 예를 들어 A1셀이라면 $A$1:A1과 같은 방식으로 참조합니다..

01 예제 파일을 열고 서로 다른 두 은행의 입출금 내역에서 잔액을 구해보겠습니다. 은행을 선택하면 해당 은행의 잔액만 계산하도록 작업합니다.

	A	B	C	D	E	F	G
1							
2			은행 입출금 내역				
3							
4							
5		날짜	은행	입금	출금	잔액	
6		2018-01-01	국민	3,000,000			
7		2018-01-01	신한	3,000,000			
8		2018-01-01	국민		1,000,000		
9		2018-01-01	국민		700,000		
10		2018-01-02	신한		600,000		
11		2018-01-04	신한	1,000,000			
12		2018-01-05	신한		500,000		
13		2018-01-06	신한		1,000,000		
14		2018-01-07	국민	1,000,000			
15							

02 잔액을 계산하기 위해 F6셀에 다음 수식을 입력하고 F6셀의 채우기 핸들(⊞)을 F14셀까지 드래그해 복사합니다.

F6셀 : =SUBTOTAL(109, $D$6:D6)−SUBTOTAL(109, $E$6:E6)

| F6 | ▼ : × ✓ fx | =SUBTOTAL(109, $D$6:D6)-SUBTOTAL(109, $E$6:E6) |

▲	A	B	C	D	E	F	G	H
1								
2				은행 입출금 내역				
3								
5		날짜 ▼	은행 ▼	입금 ▼	출금 ▼	잔액 ▼		
6		2018-01-01	국민	3,000,000		3,000,000		
7		2018-01-01	신한	3,000,000		6,000,000		
8		2018-01-01	국민		1,000,000	5,000,000		
9		2018-01-01	국민		700,000	4,300,000		
10		2018-01-02	신한		600,000	3,700,000		
11		2018-01-04	신한	1,000,000		4,700,000		
12		2018-01-05	신한		500,000	4,200,000		
13		2018-01-06	신한		1,000,000	3,200,000		
14		2018-01-07	국민	1,000,000		4,200,000		
15								

Plus⁺ 수식 이해하기

SUBTOTAL 함수의 첫 번째 인수가 **109**면 화면에 표시된 데이터를 SUM 함수 방식으로 집계하라는 의미이므로, 이번 수식을 좀 더 이해하기 쉽게 표시하면 다음과 같습니다.

=SUM($D$6:D6)−SUM($E$6:E6)

즉, 입금액의 누계(**SUM($D$6:D6)**)에서 출금액의 누계(**SUM($E$6:E6)**)를 뺀 잔액을 계산합니다. SUBTOTAL 대신 AGGREGATE 함수를 사용해도 됩니다.

---

03 특정 은행을 선택해 잔액 계산이 제대로 되는지 확인합니다. C5셀의 아래 화살표 단추를 클릭하고 필터 목록에서 '신한' 항목만 선택해보면 신한 은행의 잔액이 제대로 계산되는 것을 확인할 수 있습니다.

▲	A	B	C	D	E	F	G
1							
2				은행 입출금 내역			
3							
5		날짜 ▼	은행 ⊾	입금 ▼	출금 ▼	잔액 ▼	
7		2018-01-01	신한	3,000,000		3,000,000	
10		2018-01-02	신한		600,000	2,400,000	
11		2018-01-04	신한	1,000,000		3,400,000	
12		2018-01-05	신한		500,000	2,900,000	
13		2018-01-06	신한		1,000,000	1,900,000	
15							

날짜, 시간 함수

엑셀에는 다양한 날짜와 시간을 처리하는 함수가 제공됩니다.

예를 들면 근속 기간이나 연차, 초과근무 수당 등을 계산하는 작업인데,

하나의 함수로 계산할 수 있는 경우도 있지만,

대부분 별도의 계산식을 만들어 적용해야 올바른 결과를 구할 수 있습니다.

날짜와 시간을 계산할 때 사용하는 함수에 대해 알아보겠습니다.

오늘 날짜와 현재 시간 기록하기 – NOW, TODAY

144

날짜와 시간 계산 작업을 할 때는 오늘 날짜와 현재 시간을 아는 것이 매우 중요합니다. 엑셀에서는 TODAY 함수와 NOW 함수를 통해 오늘 날짜와 현재 시간을 반환받을 수 있습니다. 이 함수를 사용할 때 주의할 점은 엑셀에서는 파일에서는 열 때마다 파일 내 모든 수식이 재계산되므로 입사일이나 출근시간 등은 함수로 기록할 수 없다는 것입니다. 대신 오늘 날짜와 현재 시간을 기록하는 단축키가 지원되므로 상황과 목적에 맞는 방법을 선택해 사용합니다.

예제 파일 없음

새 함수

NOW ( )

오늘 날짜와 현재 시간을 yyyy-mm-dd hh:mm 형식으로 반환합니다.

사용 예	**=NOW( )** 오늘 날짜와 현재 시간을 2018-01-01 09:00 형식으로 반환합니다.
특이사항	현재 시간만 반환하는 함수는 제공되지 않습니다.

TODAY ( )

오늘 날짜를 yyyy-mm-dd 형식으로 반환합니다.

사용 예	**=TODAY( )** 오늘 날짜를 2018-01-01 형식으로 반환합니다.

NOW 함수나 TODAY 함수는 인수가 없지만 수식을 입력할 때 반드시 괄호를 열고 닫아야 합니다. 괄호를 생략하고 **=NOW**로 입력하면 #NAME! 오류가 반환됩니다. 빈 셀에 C열의 수식을 입력해 결과를 확인합니다. 수식을 입력한 날짜가 반환됩니다.

	A	B	C	D
1				
2		결과	수식	
3		2017-11-02	=TODAY()	
4		#NAME?	=TODAY	
5				

자주 사용하는 수식 패턴

현재 시간 반환

=NOW( )−TODAY( )

＊ NOW 함수는 오늘 날짜와 현재 시간을, TODAY 함수는 오늘 날짜를 반환하므로 NOW 함수에서 TODAY 함수를 빼면 현재 시간이 반환됩니다.

아무 파일에나 빈 셀에 이 수식을 입력하면 B3셀 또는 B4셀과 같은 값이 얻어집니다. 달라 보이지만 실은 같은 결과로, [셀 서식]의 [표시 형식]이 B3셀은 [시간]으로 설정되어 있고 B4셀은 [일반]으로 설정되어 있기 때문에 다르게 표시된 것입니다.

	A	B	C	D
1				
2		결과	수식	
3		오후 3:20:07	=NOW()-TODAY()	
4		0.638972454		
5				

LINK 엑셀에서 날짜와 시간을 관리하는 방법은 'No. 008 날짜와 시간 형식 이해하기'(31쪽)에서 자세히 설명합니다.

단축키

엑셀에서 오늘 날짜나 현재 시간을 기록할 목적으로 입력하려면 다음 단축키를 사용합니다.

키	설명
Ctrl + ;	오늘 날짜를 셀에 입력합니다.
Ctrl + Shift + ;	현재 시간(h:m)을 셀에 입력하는데, 초는 제외됩니다.
Ctrl + ; Spacebar Ctrl + Shift + ;	오늘 날짜와 현재 시간을 셀에 입력합니다.

TIP 오늘 날짜와 현재 시간을 입력하려면 Ctrl + ; 을 누르고 Spacebar 를 눌러 한 칸 띄어쓰기를 한 후 Ctrl + Shift + ; 을 누릅니다.

날짜의 요일 반환하기

날짜 데이터를 사용할 때 함께 필요한 정보 중의 하나가 바로 해당 날짜의 요일입니다. 엑셀에서는 요일을 반환하는 WEEKDAY 함수를 제공하지만 이 함수는 요일의 인덱스 번호(1, 2, 3, …)를 반환하므로 달력과 같은 서식에서는 유용하지만 일반적인 서식 파일에서는 한글 요일이나 영어 요일로 표시하는 것이 더 알아보기 좋습니다. 한글이나 영어 요일을 표시하려면 WEEKDAY 함수보다는 TEXT 함수가 더 편리합니다.

\ 예제 파일 PART 02 \ CHAPTER 07 \ TEXT 함수-요일.xlsx

새 함수

WEEKDAY (❶ 날짜, ❷ 요일 옵션)

날짜 값의 요일 인덱스 번호를 반환합니다.

<table>
<tr><td rowspan="13">인수</td><td colspan="2">❶ 날짜 : 요일 인덱스 번호를 구할 날짜 일련번호입니다.

❷ 요일 옵션 : 주의 시작 요일을 의미하는 옵션으로, 1~3 사이의 값을 사용합니다.</td></tr>
<tr><td>요일 옵션</td><td>설명</td></tr>
<tr><td>1 또는 생략</td><td>일요일이 한 주의 시작일이며, 1(일) ~ 7(토) 사이의 숫자를 반환합니다</td></tr>
<tr><td>2</td><td>월요일이 한 주의 시작일이며, 1(월) ~ 7(일) 사이의 숫자를 반환합니다.</td></tr>
<tr><td>3</td><td>월요일이 한 주의 시작일이며, 0(월) ~ 6(일) 사이의 숫자를 반환합니다.</td></tr>
<tr><td>11</td><td>월요일이 한 주의 시작일이며, 1(월) ~ 7(일) 사이의 숫자를 반환합니다.</td></tr>
<tr><td>12</td><td>화요일이 한 주의 시작일이며, 1(화) ~ 7(월) 사이의 숫자를 반환합니다.</td></tr>
<tr><td>13</td><td>수요일이 한 주의 시작일이며, 1(수) ~ 7(화) 사이의 숫자를 반환합니다.</td></tr>
<tr><td>14</td><td>목요일이 한 주의 시작일이며, 1(목) ~ 7(수) 사이의 숫자를 반환합니다.</td></tr>
<tr><td>15</td><td>금요일이 한 주의 시작일이며, 1(금) ~ 7(목) 사이의 숫자를 반환합니다.</td></tr>
<tr><td>16</td><td>토요일이 한 주의 시작일이며, 1(토) ~ 7(금) 사이의 숫자를 반환합니다.</td></tr>
<tr><td>17</td><td>일요일이 한 주의 시작일이며, 1(일) ~ 7(토) 사이의 숫자를 반환합니다.</td></tr>
<tr><td colspan="2">* 1 옵션과 17 옵션이 동일하며, 2 옵션과 11 옵션이 동일합니다.</td></tr>
<tr><td>사용 예</td><td colspan="2">=WEEKDAY(A1)
A1셀에 입력된 날짜 값이 월요일이면 요일 번호 2를 반환합니다.</td></tr>
</table>

날짜/시간 서식 코드

TEXT 함수에서 사용하는 날짜/시간 관련 서식 코드는 다음과 같습니다.

서식 코드	설명	반환
yyyy	네 자리 연도를 표시합니다. 두 자리 연도를 표시하려면 yy 서식 코드를 사용합니다.	1900~9999
mm	두 자리 월을 표시합니다.	01~12
dd	두 자리 일을 표시합니다.	01~31
ddd	영어 요일을 짧게 표시합니다.	Mon~Sun
dddd	영어 요일을 풀 네임으로 표시합니다.	Monday~Sunday
aaa	한글 요일을 짧게 표시합니다.	월~일
aaaa	한글 요일을 풀 네임으로 표시합니다.	월요일~일요일
hh	두 자리 시간을 표시합니다.	01~23
mm	두 자리 분을 표시합니다. m은 월과 분을 표시하는 코드로 사용되는데, h, s 등과 같이 시간을 표시하는 서식 코드와 함께 사용하면 분이 표시됩니다.	01~59
ss	두 자리 초를 표시합니다.	01~59
AM/PM	12시간제로 표시합니다.	

TIP 서식 코드는 대/소문자를 구분하지 않습니다.

LINK TEXT 함수에 대한 설명은 'No. 093 숫자 연결할 때 서식 지정하기 – TEXT'(262쪽)를 참고합니다.

자주 사용하는 수식 패턴

요일 반환

=CHOOSE(WEEKDAY(날짜), "일", "월", "화", "수", "목", "금", "토")

* **날짜** : 요일을 확인하고 싶은 날짜 일련번호 또는 날짜가 입력된 셀

=TEXT(날짜, "AAA")

예제 파일을 열고 B6셀에 요일을 알고 싶은 날짜를 입력해보면 B9, B10셀에 각각 해당 날짜의 요일 값이 반환됩니다.

	A	B	C	D
1				
2			**날짜 요일**	
3				
5		날짜		
6		2018-01-01	<- 요일을 알고 싶은 날짜를 입력하세요	
7				
8		▼ 요일	수식	
9		월	=CHOOSE(WEEKDAY(B6), "일", "월", "화", "수", "목", "금", "토")	
10		월	=TEXT(B6, "aaa")	
11				

데이터 입력 날짜/시간을 수식으로 자동 기록하기

엑셀에서 지원되지 않는 기능 중에 가장 아쉬운 것을 하나 꼽으라면, 저는 표에 데이터를 입력할 때 데이터 입력 시간(또는 날짜)이 기록되지 않는 점을 꼽겠습니다. 표에 날짜와 시간을 기록하는 작업은 매우 번거롭기 때문에 아예 기록하지 않는 분이 많습니다. 그러므로 데이터 입력 시간을 기록해주는 기능이 반드시 지원되어야 한다고 생각합니다. 물론 매크로를 이용하면 되지만 매크로는 접근하기 쉽지 않으므로 여기서는 순환 참조를 이용해 데이터 입력 시간을 자동 기록하는 방법에 대해 알아보겠습니다.

\ **예제 파일** PART 02 \ CHAPTER 07 \ TODAY, NOW 함수.xlsx

자주 사용하는 수식 패턴

데이터 입력 날짜 기록

=IF(LEN(입력 셀)>0, IF(LEN(현재 셀)>0, TODAY( ), 현재 셀), " ")

* **입력 셀** : 데이터를 입력하는 셀. 예를 들어 B1셀에 데이터를 입력할 때 날짜가 자동으로 기록되도록 하려면 **B1**을 입력합니다.
* **현재 셀** : 수식을 입력하는 셀. 예를 들어 A1셀에 수식을 입력하고 있다면 **A1**을 입력합니다.
* **TODAY( )** : 데이터 입력 날짜를 기록합니다. 시간과 함께 기록하려면 **NOW( )** 함수로 수정하고 시간만 기록하려면 **NOW( )–TODAY( )** 수식으로 대체합니다.

01 예제 파일을 열면 B6셀에 **=NOW( )–TODAY( )** 수식의 결과로 현재 시간이 표시됩니다. 이 값은 데이터를 입력할 때마다 재계산되므로 데이터 입력 시간은 기록할 수 없습니다. B7:B10 범위에는 금액이 기록될 때 데이터 입력 시간이 기록되도록 해보겠습니다.

B6	:	×	✓	fx	=NOW()-TODAY()	
▲	A	B	C	D	E	F	G
1							
2			**경비 지출 내역서**				
3							
5		입력시간	계정과목	내용	금액	비고	
6		4:06 PM					
7							
8							
9							
10							
11			합 계				
12							

TIP B6셀의 수식은 데이터를 기록할 때 사용하는 수식과의 차이를 확인할 수 있도록 하기 위해 넣어놓은 것입니다.

02 이번 수식은 순환 참조를 이용하기 때문에 엑셀 옵션을 먼저 변경해야 합니다. [파일] 탭-[옵션]을 클릭하고 'Excel 옵션' 대화상자의 [수식] 범주에서 '계산 옵션' 그룹의 [반복 계산 사용] 옵션에 체크한 후 〈확인〉 버튼을 클릭합니다.

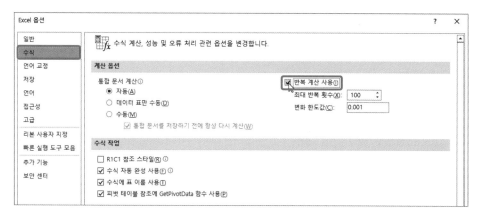

LINK 순환 참조에 대해서는 'No. 073 순환 참조 오류 이해하고 문제 해결하기'(188쪽)를 참고합니다.

> **Plus⁺ 순환 참조와 반복 계산**
>
> A1셀의 수식에서 B1셀을 참조하고 있는데 B1셀에서 다시 A1셀을 참조한다면, A1셀의 수식에서는 B1셀의 값이 필요하고 B1셀의 수식에서는 A1셀의 값이 필요하므로 계산이 종료되지 못합니다. 이런 방식의 참조가 발생하면 '순환 참조'가 발생했다고 합니다.
>
> 순환 참조가 발생하면 엑셀에서는 기본적으로 경고 메시지 창이 표시되고 순환 참조가 발생한 셀의 수식을 수정할 때까지 수식을 고칠 것을 요구합니다. 그러므로 순환 참조는 매우 불편하고 잘못된 것처럼 보이는데, 순환 참조를 잘 이용하면 기존 수식으로는 얻을 수 없는 계산 결과를 얻을 수 있습니다. 다만 그렇게 하려면 순환 참조가 발생해도 경고 메시지 창이 표시되지 않고 순환 참조를 반복해 계산할 수 있도록 설정해야 합니다.
>
> [반복 계산 사용] 옵션은 순환 참조가 발생할 경우 순환하는 참조를 몇 번까지 반복 연산하도록 할 것인지 결정하는 옵션으로, 이 옵션에 체크하면 순환 참조를 이용한 수식을 사용할 수 있습니다.

03 경비지출내역서에 새 데이터를 입력할 때 E열의 금액이 입력되면 자동으로 시간이 기록되도록 수식을 작성하겠습니다. B7셀에 다음 수식을 입력하고 B7셀의 채우기 핸들(⊞)을 B10셀까지 드래그해 복사합니다.

B7셀 : =IF(LEN(E7)>0, IF(LEN(B7)>0, B7, NOW()−TODAY()), " ")

B7	▼ : × ✓ ƒx	=IF(LEN(E7)>0, IF(LEN(B7)>0, B7, NOW()-TODAY()), "")				
◢	A	B	C	D	E	F	G
1							
2				**경비 지출 내역서**			
3							
5		입력시간	계정과목	내용	금액	비고	
6		4:10 PM					
7							
8							
9							
10							
11			합계				

TIP B6셀의 시간은 계속 변화됩니다.

04 C7:E7 범위에 새 데이터를 입력합니다. B6셀의 시간은 데이터를 입력할 때마다 변경되지만 B7셀의 입력 시간은 E7의 금액을 입력할 때 새로 기록됩니다.

▲	A	B	C	D	E	F	G
1							
2				경비 지출 내역서			
3							
5		입력시간	계정과목	내용	금액	비고	
6		4:12 PM					
7		4:12 PM	주유비	5320	125,000		
8							
9							
10							
11				합계			
12							

05 C8:E8 범위에 새 데이터를 입력합니다. B6셀은 계속 변경되지만 B7셀의 입력 시간은 변경되지 않습니다.

▲	A	B	C	D	E	F	G
1							
2				경비 지출 내역서			
3							
5		입력시간	계정과목	내용	금액	비고	
6		4:13 PM					
7		4:12 PM	주유비	5320	125,000		
8		4:13 PM	식대		75,000		
9							
10							
11				합계			
12							

월의 1일과
마지막 일 계산하기

특정 날짜에서 날짜가 속한 월의 시작일(1일)과 종료일, 또는 보름이 되는 날 등을 계산할 수 있다면 여러 자동화 작업에서 편리하게 대상 데이터를 특정할 수 있습니다. 이런 계산 작업을 하려면 특정 날짜에서 연, 월, 일 부분만 반환받는 방법을 먼저 이해해야 하며, 이 값으로 원하는 날짜를 계산해 얻을 수 있어야 합니다. 이런 방법으로 날짜를 계산하면 수식이 길어지지만 원하는 날짜를 수식으로 어떻게 얻을 수 있는지에 대한 감각을 키우는 데 도움이 됩니다.

예제 파일 PART 02 \ CHAPTER 07 \ DATE, YEAR, MONTH, DAY 함수.xlsx

새 함수

DATE (❶ 연, ❷ 월, ❸ 일)

연, 월, 일 값을 받아 날짜 일련번호를 반환합니다.

인수	❶ 연 : 0~9999 사이의 연도(年)을 의미하는 정수 값입니다. 0~1899 사이의 값은 1900을 더한 연도가 계산되며, 1900 ~ 9999 사이의 값은 그대로 연도로 인식됩니다. ❷ 월 : 1~12 사이의 월(月)을 의미하는 양수 또는 음수 값입니다. 월 인수가 12보다 크면 12로 나눈 몫이 연 인수에 더해지고, 나머지 값이 월이 됩니다. 참고로 나머지가 0이면 모두 12월이 됩니다. ❸ 일 : 1~31 사이의 일(日)을 의미하는 양수 또는 음수 값입니다. 일 인수가 지정된 '월'의 일 수보다 크면, 차이가 나는 값을 날짜에 더하는 방식으로 계산합니다.
특이 사항	월, 일 인수는 0과 음수 값을 사용할 수 있는데, 지정한 값(예를 들어 월은 1~12 사이의 값)이 아닌 0 또는 음수 값을 사용하면 몇 개월 전(월 인수인 경우) 또는 며칠 전과 같은 방식으로 인식해 날짜 값을 계산합니다. 예를 들어, DATE(2018, 0, 1)은 '2018년 1월 1일'의 한달 전인 '2017년 12월 1일'을 반환하며 DATE(2018, 1, −1)은 '2018년 1월 1일'의 이틀 전인 '2017년 12월 30일'을 반환합니다.
사용 예	=DATE(2018, 1, 1) 2018-01-01 날짜 값을 반환합니다.

YEAR (❶ 날짜)

날짜 값에서 연(年)을 의미하는 1900~9999 사이의 정수 값을 반환합니다.

인수	❶ 날짜 : 날짜를 의미하는 날짜 일련번호입니다.
사용 예	=YEAR(A1) A1셀에 2018-01-01 날짜가 있다면, 연도 값인 2018이 반환됩니다.

MONTH (❶ 날짜)

날짜 값에서 월을 의미하는 1~12 사이의 정수 값을 반환합니다.

인수	❶ 날짜 : 날짜를 의미하는 날짜 일련번호입니다.
사용 예	=MONTH(A1) A1셀에 2018-01-01 날짜가 있다면 월 값인 1이 반환됩니다.

DAY (❶ 날짜)

날짜 값에서 일을 의미하는 1~31 사이의 정수 값을 반환합니다.

인수	❶ 날짜 : 날짜를 의미하는 날짜 일련번호입니다.
사용 예	=DAY(A1) A1셀에 2018-01-01 날짜가 입력되어 있다면 일 값인 1이 반환됩니다.

EOMONTH (❶ 시작일, ❷ 개월)

시작일로부터 지정한 개월 수에 해당하는 이전 또는 이후 날짜가 포함된 달의 마지막 일을 반환합니다.

인수	❶ 시작일 : 날짜 일련번호입니다. ❷ 개월 : 시작일의 이전 또는 이후 개월 수입니다. 이전은 음수로, 이후는 양수로 표현합니다. 예를 들어 개월 인수가 3이면 시작일의 월에 3을 더한 날짜의 종료일이 반환됩니다.
사용 예	=EOMONTH(A1, 3) A1셀의 날짜에서 3개월 이후의 날짜가 속한 월의 마지막 일을 반환합니다. 예를 들어 A1셀에 '2018-01-01' 날짜가 입력되어 있다면, 3개월 뒤인 4월 1일의 마지막 일인 '2018-04-30' 날짜가 반환됩니다.

자주 사용하는 수식 패턴

월 시작일

=날짜 – DAY(날짜)+1

* 날짜 : 월 시작일을 구할 날짜 일련번호(또는 날짜 값이 입력된 셀)

=EOMONTH(날짜, −1)+1

월 종료일

=DATE(YEAR(날짜), MONTH(날짜)+1, 0)

* 날짜 : 월 종료일을 구할 날짜 일련번호(또는 날짜 값이 입력된 셀)

=EOMONTH(날짜, 0)

01 예제 파일을 열고 B열의 날짜에서 해당 날짜가 속한 월의 1일과 마지막 일을 구해보겠습니다.

	날짜	연도	월	일	월 시작일	월 종료일
6	2018-01-01					
7	2018-02-16					
8	2018-03-20					
9	2018-04-30					
10	2018-05-19					
11	2018-06-15					
12	2018-07-04					
13	2018-08-13					
14	2018-09-02					
15	2018-10-23					
16	2018-11-23					
17	2018-12-05					

TODAY( ) 함수를 사용해 오늘 날짜를 기준으로 계산해볼 것을 권합니다.

02 B열의 날짜 값에서 연도와 월, 일 값을 반환받기 위해 C6:E6 범위의 각 셀에 다음 수식을 입력하고 C6:E6 범위를 선택한 후 채우기 핸들(+)을 E17셀까지 드래그해 복사합니다.

C6셀 : =YEAR(B6)

D6셀 : =MONTH(B6)

E6셀 : =DAY(B6)

C6   =YEAR(B6)

	날짜	연도	월	일	월 시작일	월 종료일
6	2018-01-01	2018	1	1		
7	2018-02-16	2018	2	16		
8	2018-03-20	2018	3	20		
9	2018-04-30	2018	4	30		
10	2018-05-19	2018	5	19		
11	2018-06-15	2018	6	15		
12	2018-07-04	2018	7	4		
13	2018-08-13	2018	8	13		
14	2018-09-02	2018	9	2		
15	2018-10-23	2018	10	23		
16	2018-11-23	2018	11	23		
17	2018-12-05	2018	12	5		

03 B열의 날짜가 속한 월의 1일을 계산하겠습니다. F6셀에 다음 수식을 입력하고 F6셀의 채우기 핸들(┼)을 F17셀까지 드래그해 복사합니다.

F6셀 : =DATE(C6, D6, 1)

Plus⁺ 수식 이해하기

B열에 날짜가 속한 월의 1일은 같은 연도 같은 월의 1일이므로 DATE 함수에 C열과 D열의 연도와 월 값을 전달해 간단하게 계산할 수 있습니다. 이번 수식을 C6, D6셀의 수식과 결합하면 다음과 같습니다.

=DATE(YEAR(B6), MONTH(B6), 1)

* B6셀의 연도와 월이 같은 1일이므로 B6셀이 속한 월의 1일이 반환됩니다.

---

04 B열의 날짜가 속한 월의 마지막 일을 계산하겠습니다. 마지막 일은 28, 29(윤년), 30, 31 등으로 다양하므로 다음 달 1일을 먼저 계산한 후 하루 전 날짜를 반환하도록 합니다. H6셀에 다음 수식을 입력하고 H6셀의 채우기 핸들(┼)을 H17셀까지 드래그해 복사합니다.

H6셀 : =DATE(C6, D6+1, 1)−1

Plus⁺ 수식 이해하기

이번 수식을 C6, D6셀의 수식과 결합하면 다음과 같습니다.

  =DATE(YEAR(B6), MONTH(B6)+1, 1)

DATE 함수의 두 번째 인수 부분에 1을 더한 것을 제외하면 **03** 과정의 수식과 동일합니다. 두 번째 인수인 월(月) 인수에 1을 더하는 부분은 한 달 후를 의미하므로 이 수식은 B열의 날짜에서 다음 달 1일을 반환합니다. 이 날짜의 하루 전이 우리가 원하는 월 종료일이므로 다음과 같이 1(하루)을 빼는 연산을 추가한 것입니다.

  =DATE(YEAR(B6), MONTH(B6)+1, 1)−1

---

05 해당 월의 마지막 일을 구하는 연산 방법은 이 외에도 다양합니다. I6셀에 다음 수식을 입력하고 I6셀의 채우기 핸들(⊞)을 I17셀까지 드래그해 복사합니다.

I6셀 : =DATE(C6, D6+1, 0)

	A	B	C	D	E	F	G	H	I	J
						=DATE(C6, D6+1, 0)				
1										
2					**날짜 계산**					
3										
5		날짜	연도	월	일	월 시작일		월 종료일		
6		2018-01-01	2018	1	1	2018-01-01		2018-01-31	2018-01-31	
7		2018-02-16	2018	2	16	2018-02-01		2018-02-28	2018-02-28	
8		2018-03-20	2018	3	20	2018-03-01		2018-03-31	2018-03-31	
9		2018-04-30	2018	4	30	2018-04-01		2018-04-30	2018-04-30	
10		2018-05-19	2018	5	19	2018-05-01		2018-05-31	2018-05-31	
11		2018-06-15	2018	6	15	2018-06-01		2018-06-30	2018-06-30	
12		2018-07-04	2018	7	4	2018-07-01		2018-07-31	2018-07-31	
13		2018-08-13	2018	8	13	2018-08-01		2018-08-31	2018-08-31	
14		2018-09-02	2018	9	2	2018-09-01		2018-09-30	2018-09-30	
15		2018-10-23	2018	10	23	2018-10-01		2018-10-31	2018-10-31	
16		2018-11-23	2018	11	23	2018-11-01		2018-11-30	2018-11-30	
17		2018-12-05	2018	12	5	2018-12-01		2018-12-31	2018-12-31	
18										

이번 수식이 이전과 다른 부분은 DATE 함수의 세 번째 인수입니다.

> **=DATE(YEAR(B6), MONTH(B6)+1, 0)**

* 위 수식은 C6, D6 셀의 수식을 결합해 표시했습니다.

위 수식을 그대로 읽어보면 B6셀의 날짜에서 같은 연도 다음 달의 0일이라는 의미인데, 0일은 존재하지 않지만 0은 1보다 1이 작은 값이므로 다음 달 1일의 하루 전 날짜가 반환됩니다.

이 수식을 좀 더 간단하게 사용하려면, EOMONTH 함수를 사용하는 다음 수식으로 변경합니다.

> **=EOMONTH(B6, 0)**

EOMONTH 함수를 사용하는 수식이 더 쉽지만 DATE 함수를 사용하는 방법은 날짜 계산 작업을 제대로 이해할 수 있는 장점이 있습니다. 두 수식을 모두 알아두고 상황에 맞는 방법을 사용하는 것이 좋습니다.

---

06 B열의 날짜가 속한 월의 1일을 다른 방법으로 계산하겠습니다. G6셀에 다음 수식을 입력하고 G6셀의 채우기 핸들(田)을 G17셀까지 드래그해 복사합니다.

G6셀 : =B6−E6+1

날짜	연도	월	일	월 시작일	
2018-01-01	2018	1	1	2018-01-01	2018-01-01
2018-02-16	2018	2	16	2018-02-01	2018-02-01
2018-03-20	2018	3	20	2018-03-01	2018-03-01
2018-04-30	2018	4	30	2018-04-01	2018-04-01
2018-05-19	2018	5	19	2018-05-01	2018-05-01
2018-06-15	2018	6	15	2018-06-01	2018-06-01
2018-07-04	2018	7	4	2018-07-01	2018-07-01
2018-08-13	2018	8	13	2018-08-01	2018-08-01
2018-09-02	2018	9	2	2018-09-01	2018-09-01
2018-10-23	2018	10	23	2018-10-01	2018-10-01
2018-11-23	2018	11	23	2018-11-01	2018-11-01
2018-12-05	2018	12	5	2018-12-01	2018-12-01

이번 수식에 E6셀의 수식을 결합하면 다음과 같습니다.

> **=B6−DAY(B6)+1**

B6셀에서 일(日) 값을 빼면 2018-01-01에서 1을 빼게 되므로 2018-01-00이 되어 전월의 마지막 일(2017-12-31)이 반환됩니다. 그러므로 이번 달 1일은 이 날짜에 1을 더하면 얻을 수 있어 이런 식으로 수식을 구성할 수 있습니다.

물론 이 수식도 EOMONTH 함수를 사용하는 다음 수식으로 변경할 수 있습니다.

> **=EOMONTH(B6, −1)+1**

특정 날짜가 속한 주의
월요일과 금요일 날짜 계산하기

날짜와 시간

148

특정 날짜가 속한 주의 날짜를 계산하고 싶다면 해당 날짜의 요일 인덱스 값을 반환받아 연산하는 방법을 이해하고 있어야 합니다. 엑셀 함수 중 주 일련번호를 반환하는 WEEKDAY 함수는 주의 요일 번호를 1~7, 0~6 등으로 다양하게 반환하므로 날짜와 연산하면 항상 주 시작일을 손쉽게 계산할 수 있습니다. 계산한 주 시작일에 며칠을 더하면 되므로 주 종료일은 바로 계산됩니다.

예제 파일 PART 02 \ CHAPTER 07 \ WEEKDAY 함수―주간.xlsx

자주 사용하는 수식 패턴

주 월요일

=날짜 – WEEKDAY(날짜, 3)

* **날짜** : 주 월요일을 구할 날짜. 오늘 날짜를 기준으로 하려면 TODAY 함수로 대체합니다.

주 금요일

=주 월요일+4

* 월요일에서 나흘 뒤가 금요일입니다.

01 예제 파일을 열고 H4 병합 셀에 입력된 날짜가 포함된 주간의 월요일~금요일 날짜를 계산해보겠습니다.

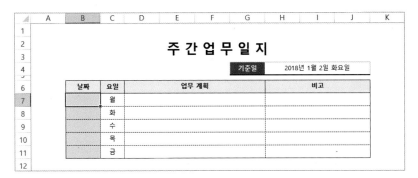

TIP B7:B11 범위에는 m/d 형식이 지정되어 있습니다.

TIP 오늘 날짜를 기준으로 주간 날짜를 입력하려면 H4 병합 셀에 **=TODAY( )** 수식을 입력합니다.

02 기준일이 속한 주의 월요일을 계산하기 위해 B7셀에 다음 수식을 입력합니다.

B7셀 : =H4-WEEKDAY(H4, 3)

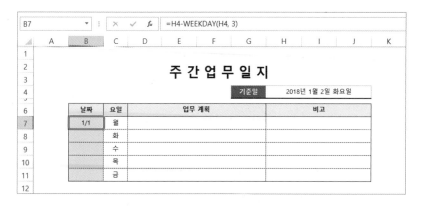

Plus⁺ 수식 이해하기

이번 수식을 풀어 설명하면 다음과 같습니다.

=기준일-WEEKDAY(기준일, 3)

WEEKDAY 함수의 두 번째 인수를 **3**으로 설정하면 월요일부터 일요일까지 순서대로 0~6 사이의 값을 반환합니다. 그러므로 기준일에서 기준일에 해당하는 요일 인덱스 번호를 빼면 해당 기준일이 속한 주의 월요일 날짜가 반환됩니다.

H4셀의 날짜는 2018-01-02일로, 이날은 화요일입니다. 이 날짜의 요일을 **WEEKDAY(H4, 3)**과 같이 구하면 1이 반환됩니다. 그러므로 이번 수식은 2018-01-02일에서 1을 빼는 수식입니다. 아래 달력을 보면 2일에서 1을 뺀 날짜는 1월 1일인 것을 알 수 있습니다.

03 월요일이 제대로 계산됐다면, 화요일~금요일은 월요일 날짜에 1씩 더해 구합니다. B8셀에 다음 수식을 입력하고 B8셀의 채우기 핸들(⊞)을 B11셀까지 드래그해 복사합니다.

B8셀 : =B7+1

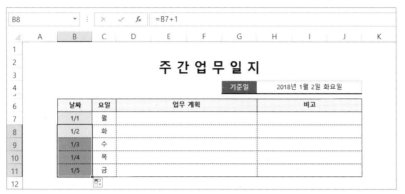

* 날짜에서 1은 하루이므로, 월요일 값에 1씩 더하면 하루가 지난 날짜가 반환되어 서식이 완성됩니다.

Plus⁺ 수식 이해하기

날짜에서 1은 하루이므로, 월요일에 1씩 더하면 화~금요일 날짜를 계산할 수 있습니다. 만약 바로 금요일 날짜를 구해야 한다면 다음과 같은 수식을 사용하면 됩니다.

> **=기준일-WEEKDAY(기준일, 3)+4**

월요일~금요일과 같은 방식으로 날짜를 표현하고 싶다면 다음과 같은 수식을 구성합니다.

> **=(기준일-WEEKDAY(기준일, 3)) & "~" & (기준일-WEEKDAY(기준일, 3)+4)**

다만 이렇게 하면 날짜 일련번호가 반환되므로 TEXT 함수를 추가로 사용해야 합니다.

> **=TEXT(기준일-WEEKDAY(기준일, 3), "M/D") & "~" & TEXT(기준일-WEEKDAY(기준일, 3)+4, "M/D")**

m/d 형식을 다른 형식으로 변경하려면 TEXT 함수의 두 번째 인수에 원하는 날짜 형식에 해당하는 서식 코드를 입력합니다.

LINK TEXT 함수에 대한 자세한 설명은 'No. 093 숫자 연결할 때 서식 지정하기 – TEXT'(262쪽)를, 날짜 서식 코드에 대한 자세한 설명은 'No. 145 날짜의 요일 반환하기'(462쪽)을 참고합니다.

만년 달력 만들기

달력은 날짜를 이해하는 데 가장 유용한 방식이므로, 일별 현황을 표시해야 할 때는 달력을 이용하면 편리합니다. 달력을 보면 매월 날짜의 위치가 달라지는데, 날짜는 6×7 행렬로 표시되므로 NO. 148 의 주간 날짜를 계산하는 방식을 이해하고 있다면 해당 월의 1일에 해당하는 날짜의 주 시작일(일요일)을 계산하는 방법으로 쉽게 만들 수 있습니다. 연도와 월을 입력 받아 해당 월의 날짜를 표시하는 만년 달력을 만드는 방법에 대해 알아보겠습니다.

\ 예제 파일 PART 02 \ CHAPTER 07 \ WEEKDAY 함수−만년 달력.xlsx /

자주 사용하는 수식 패턴

특정 월의 1일

=DATE(연도, 월, 1)

* 연도 : 구하고 싶은 월이 속한 연도로, 올해는 **YEAR(TODAY( ))**로 구할 수 있습니다.
* 월 : 구하고 싶은 월로, 이번 달은 **MONTH(TODAY( ))**로 구할 수 있습니다.

특정 월의 1주차 시작일(일요일)

=1일 − WEEKDAY(1일, 2)

* 1일은 해당 월의 1일 날짜로, 2018년 1월의 1일은 2018−01−01입니다.

01 예제 파일을 열면 다음과 같은 달력 서식을 확인할 수 있습니다. G3셀에 연도를, H3 셀에 월을 숫자로 입력하면 해당 연, 월의 달력이 6:11행에 표시되도록 해보겠습니다.

	A	B	C	D	E	F	G	H
1								
2			**만년 달력**				연도	월
3							2018	1
5		일	월	화	수	목	금	토
6								
7								
8								
9								
10								
11								
12								

TIP 달력에 필요한 주는 최소 4주에서 최대 6주입니다.

02 달력을 만드는 데 가장 중요한 것은 그 달의 첫 번째 일요일 날짜를 계산하는 것입니다. G3, H3셀에 입력된 연, 월의 첫 번째 주 일요일 날짜를 구하기 위해 B6셀에 다음 수식을 입력합니다.

B6셀 : =DATE(G3, H3, 1)-WEEKDAY(DATE(G3, H3, 1), 2)

Plus⁺ 수식 이해하기

이번 수식을 이해하려면 반복적으로 사용된 **DATE(G3, H3, 1)**을 먼저 이해해야 합니다. 달력의 첫 번째 주에는 해당월의 1일이 반드시 포함되므로 이 날짜를 먼저 수식을 사용해 구한 것입니다.

이번 수식의 구조를 간단히 정리하면 다음과 같습니다.

=1일 - WEEKDAY(1일, 2)

WEEKDAY 함수의 두 번째 인수가 2이면 월(1)~일(7)까지의 숫자를 반환하므로, 이 값을 1일 날짜에서 빼면 항상 달력의 첫 번째 주의 일요일 날짜가 반환됩니다.

LINK 이런 계산 방식은 'No. 148 특정 날짜가 속한 주의 월요일과 금요일 날짜 계산하기'(473쪽)에서 설명했으니 잘 이해되지 않으면 다시 확인합니다.

---

03 달력에 첫 번째 주의 날짜를 모두 표시하겠습니다. C6셀에 다음 수식을 입력하고 C6셀의 채우기 핸들(田)을 H6셀까지 드래그해 복사합니다.

C6셀 : =B6+1

TIP 달력의 첫 번째 주 날짜는 일요일부터 1씩 증가시켜 구합니다.

04 달력의 두 번째 주부터는 이전 주의 날짜에 7을 더해 계산합니다. B7셀에 다음 수식을 입력하고 B7셀의 채우기 핸들(⊞)을 H7셀까지 드래그한 후 바로 채우기 핸들(⊞)을 H11셀까지 드래그해 복사합니다.

B7셀 : =B6+7

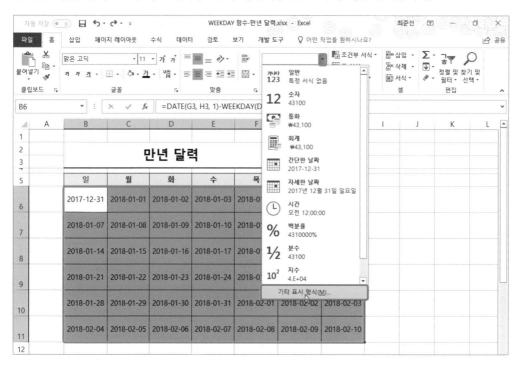

05 달력에 표시될 날짜를 모두 얻었으면 이제 연과 월을 뺀 일 부분만 표시하겠습니다. B6:H11 범위를 선택하고 [홈] 탭-[표시 형식] 그룹의 [표시 형식]에서 [기타 표시 형식]을 선택합니다.

TIP 범위를 선택한 상태에서 단축키 Ctrl + 1 을 눌러도 됩니다.

06 '셀 서식' 대화상자가 표시되면 '표시 형식' 탭의 [범주] 목록에서 [사용자 지정]을 선택하고 [형식] 입력상자에 **d** 서식 코드만 입력한 후 〈확인〉 버튼을 클릭합니다.

TIP 서식 코드 **d**는 날짜 값에서 일(日) 부분을 의미합니다.

07 그러면 B6:H11 범위의 날짜 값이 일(日) 부분만 표시되도록 변경됩니다. 이제 H3셀의 월과 다른 월의 날짜가 달력에서 흐릿하게 표시되도록 하겠습니다. B6:H11 범위가 선택된 상태에서 [홈] 탭-[스타일] 그룹-[조건부 서식] 명령 내 [새 규칙] 메뉴를 선택합니다.

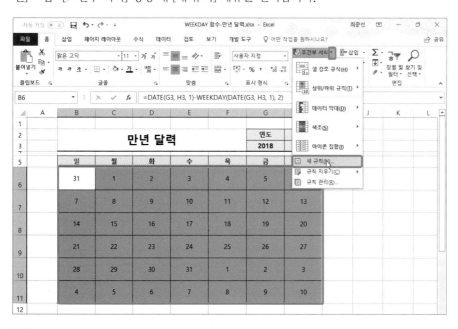

TIP 조건부 서식을 이용하면 규칙에 맞는 값에만 원하는 서식을 지정할 수 있습니다.

08 '새 서식 규칙' 대화상자가 표시되면 [규칙 유형 선택] 목록에서 [수식을 사용하여 서식을 지정할 셀 결정]을 선택합니다. 규칙 설명 편집 입력상자에 다음 수식을 입력하고 〈서식〉 버튼을 클릭합니다.

=MONTH(B6)<>$H$3

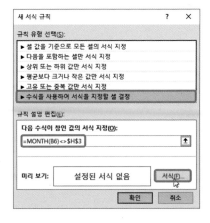

Plus⁺ 수식 이해하기

달력은 최대 6주까지 표시되므로 거의 항상 현재 월과 다른 월의 날짜가 함께 표시됩니다. 이 날짜는 현재 월에 속하지 않으므로 흐릿하게 보이도록 글꼴 색을 변경하는 것이 좋습니다. 다만 그 위치가 매월 달라지므로 조건에 맞을 경우에만 글꼴 색이 변경되도록 조건부 서식을 이용하는 것입니다.

이번 수식은 B6셀의 날짜 값 중 월 값이 H3셀과 다른지 확인하는 조건으로, 조건 자체는 어렵지 않지만 참조 방식은 조금 헷갈릴 수 있습니다. 조건부 서식의 수식 조건은 선택된 전체 범위(B6:H11)에서 활성 셀인 B6셀에 적용되며, 나머지(B6:H11 범위에서 B6셀을 제외한) 셀에는 현재 수식이 복사되어 적용됩니다. 그렇기 때문에 달력 상의 날짜가 입력된 B6셀은 상대 참조로, 달력을 만드는 기준이 되는 월 값이 입력된 H3셀은 절대 참조로 지정한 것입니다.

---

09 '셀 서식' 대화상자의 '글꼴' 탭에서 [색] 옵션의 콤보상자를 클릭해 회색 계열 색상 중 하나를 선택하고 〈확인〉 버튼을 클릭합니다. '새 서식 규칙' 대화상자도 〈확인〉 버튼을 클릭해 닫습니다.

10 달력은 완성됐습니다. 주말 요일의 글꼴만 다르게 설정하겠습니다. B5:B11 범위를 선택하고 [홈] 탭-[글꼴] 그룹-[글꼴 색]에서 빨강을 선택해 적용하고, H5:H11 범위의 글꼴색은 파랑으로 적용합니다.

TIP 셀에 표시되는 서식은 조건부 서식이 우선이므로, 이전 월이나 다음 월 날짜의 글꼴 색은 변경되지 않는 것이 정상입니다.

11 만년달력이 제대로 동작하는지 확인하기 위해 H3셀의 값을 **2**로 변경합니다. 그러면 B6:H11 범위에 표시된 달력의 날짜 위치가 변경됩니다.

🖱 G3셀과 H3셀의 값을 원하는 연도와 월로 변경해 보세요.

계산된 날짜가 주말일 때
금요일 날짜 반환하기

특정 날짜가 주말인 경우에는 가까운 평일(금요일 또는 월요일)로 옮겨야 하는 경우가 종종 있습니다. 주로 월급일과 같은 날짜에서 이런 계산이 필요합니다. 이런 경우에는 해당 날짜가 주말인지 확인한 후 요일 인덱스 값을 빼거나 WORKDAY 함수 등을 사용해 직전 평일 날짜를 계산합니다. 계산된 날짜 가 주말일 때 금요일 날짜를 반환하는 방법에 대해 알아보겠습니다.

예제 파일 PART 02 \ CHAPTER 07 \ WEEKDAY 함수—금요일.xlsx

새 함수

WORKDAY (❶ 시작일, ❷ 근무일, ❸ 휴일)

시작일로부터 주말과 휴일 날짜를 제외한 근무일수 이후(전)의 종료일을 구합니다.

구문	❶ 시작일 : 시작 날짜 ❷ 근무일 : 평일 근무 일수 ❸ 휴일 : 날짜 계산에서 제외할 휴일 날짜가 기록되어 있는 데이터 범위로, 생략 가능하며 생략하면 주말을 제외한 날 짜를 계산합니다.
주의	WORKDAY 함수는 시작일을 날짜 계산에 포함하지 않으므로, 시작일 다음 날짜부터 계산 작업을 진행합니다.
사용 예	**=WORKDAY(A1, 3)** A1셀의 날짜부터 주말(토, 일)을 제외한 3일 뒤 날짜가 반환됩니다. **=WORKDAY(A1, −3)** A1셀의 날짜부터 주말(토, 일)을 제외한 3일 전 날짜가 반환됩니다.

자주 사용하는 수식 패턴

날짜를 이전 금요일로 조정(사칙연산)

=IF(WEEKDAY(날짜, 2)>5, 날짜−(WEEKDAY(날짜, 2)−5), 날짜)

* **날짜** : 평일로 조정할 날짜

=날짜−MAX(WEEKDAY(날짜, 2)−5, 0)

* 위 수식의 IF 함수 부분을 MAX 함수로 표현한 것으로, 동일한 수식입니다.

날짜를 이전 금요일로 조정(WORKDAY 함수)

=IF(WEEKDAY(날짜, 2)>5, WORKDAY(날짜, −1), 날짜)

* **날짜** : 평일로 조정할 날짜

=WORKDAY(날짜, IF(WEEKDAY(날짜, 2)>5, −1, 0))

* 위 수식의 IF 함수 부분을 WORKDAY 함수 안에 사용한 것으로, 동일한 수식입니다.

01 예제 파일을 열고 C열에 입력된 급여일의 요일을 확인하여 주말(토, 일)인 경우 이전 금요일 날짜를 반환하도록 수식을 작성해보겠습니다.

월	급여일	요일	수정 급여일	요일
		연간 급여 계획표		
1	2018-01-25	목		토
2	2018-02-25	일		토
3	2018-03-25	일		토
4	2018-04-25	수		토
5	2018-05-25	금		토
6	2018-06-25	월		토
7	2018-07-25	수		토
8	2018-08-25	토		토
9	2018-09-25	화		토
10	2018-10-25	목		토
11	2018-11-25	일		토
12	2018-12-25	화		토

Plus⁺ 수식 이해하기

D, F열에는 TEXT 함수를 사용한 요일을 반환하는 수식이 입력되어 있습니다. D열에는 C열의 급여일을 대상으로 요일을 반환하도록 되어 있으며, F열에는 E열의 수정 급여일을 대상으로 요일이 반환되도록 되어 있습니다. F열을 보면 모두 토요일이 반환되어 있는데, 이것은 아직 E열의 수정 급여일이 계산되지 않았기 때문입니다. 그런데 왜 하필 토요일일까요? 빈 셀을 참조하면 0이고 이를 날짜로 표시하면 1900년 1월 0일입니다. 1900년 1월 0일은 실제 존재하는 날짜가 아니지만, 1900년 1월 1일이 일요일이므로 토요일이 반환된 것입니다.

02 주말이 월급일인 경우 이전 금요일 날짜를 반환해보겠습니다. E6셀에 다음 수식을 입력하고 E6셀의 채우기 핸들(⊞)을 E17셀까지 드래그해 복사합니다.

E6셀 : =IF(WEEKDAY(C6, 2)>5, C6-(WEEKDAY(C6, 2)-5), C6)

E6	▼ :	× ✓	fx	=IF(WEEKDAY(C6, 2)>5, C6-(WEEKDAY(C6, 2)-5), C6)			
◢	A	B	C	D	E	F	G	H

월	급여일	요일	수정 급여일	요일
1	2018-01-25	목⊕	2018-01-25	목
2	2018-02-25	일	2018-02-23	금
3	2018-03-25	일	2018-03-23	금
4	2018-04-25	수	2018-04-25	수
5	2018-05-25	금	2018-05-25	금
6	2018-06-25	월	2018-06-25	월
7	2018-07-25	수	2018-07-25	수
8	2018-08-25	토	2018-08-24	금
9	2018-09-25	화	2018-09-25	화
10	2018-10-25	목	2018-10-25	목
11	2018-11-25	일	2018-11-23	금
12	2018-12-25	화	2018-12-25	화

Plus⁺ 수식 이해하기

이번 수식의 계산 과정은 다음과 같습니다.

❶ IF(WEEKDAY(C6, 2)>5

C6셀의 날짜가 주말이면

❷ C6-(WEEKDAY(C6, 2)-5)

이 부분은 급여일의 요일 인덱스 번호에서 5를 빼고, C6셀의 날짜에서 그 값을 빼는 방식으로 계산합니다. C6셀의 날짜가 토요일이면 요일 인덱스 번호는 6이므로 5를 빼면 1이고, 토요일의 하루 전(1을 뺀) 날짜인 금요일이 반환됩니다. 마찬가지로 일요일이면 요일 인덱스 번호는 7이므로 5를 빼면 2이고, 일요일의 이틀 전(2를 뺀) 날짜인 금요일이 반환됩니다.

❸ C6

주말이 아니면 C6셀의 값을 그대로 반환합니다.

이번 수식을 좀 더 간결하게 표시하려면 IF 함수 대신 MAX 함수를 사용해 뺄 값을 0까지로 제한하면 됩니다.

=C6-MAX(WEEKDAY(C6, 2)-5, 0)

LINK MAX 함수를 사용해 최소값을 제한하는 방법은 'No. 129 제한 조건이 있는 최대값, 최소값 구하기 - MAX, MIN'(395쪽)에서 자세하게 설명합니다.

TIP 이번 수식은 문제가 없지만, 입력하면 셀 왼쪽 상단에 오류 표식(▣)이 나타납니다. 오류 표식이 나타난다고 해서 오류가 발생한 것은 아니며, 인접한 셀(D열과 F열)의 수식은 동일한데 이번 수식은 다르니 확인해보라는 의미입니다.

LINK 오류 표식이 불편하다면 'No. 064 오류 표식 이해하기'(166쪽)를 참고해 해당 표식이 나타나지 않도록 설정합니다.

03 이번에는 WORKDAY 함수를 사용해 수식을 작성해보겠습니다. E6셀의 수식을 다음과 같이 수정하고 E6셀의 채우기 핸들(⊞)을 E17셀까지 드래그해 복사합니다.

E6셀 : =IF(WEEKDAY(C6, 2)>5, WORKDAY(C6, −1), C6)

E6		▼	:	×	✓	fx	=IF(WEEKDAY(C6, 2)>5, WORKDAY(C6, -1), C6)		
◢	A	B	C	D	E	F	G	H	
1									
2			**연간 급여 계획표**						
3									
5		월	급여일	요일	수정 급여일	요일			
6		1	2018-01-25	목	2018-01-25	목			
7		2	2018-02-25	일	2018-02-23	금			
8		3	2018-03-25	일	2018-03-23	금			
9		4	2018-04-25	수	2018-04-25	수			
10		5	2018-05-25	금	2018-05-25	금			
11		6	2018-06-25	월	2018-06-25	월			
12		7	2018-07-25	수	2018-07-25	수			
13		8	2018-08-25	토	2018-08-24	금			
14		9	2018-09-25	화	2018-09-25	화			
15		10	2018-10-25	목	2018-10-25	목			
16		11	2018-11-25	일	2018-11-23	금			
17		12	2018-12-25	화	2018-12-25	화			
18									

Plus⁺ 수식 이해하기

이번 수식이 **02** 과정의 수식과 다른 부분은 IF 함수의 두 번째 인수로, **C6−(C6−WEEKDAY(C6, 2)−5)**를 **WORKDAY(C6, −1)**로 변경했습니다. WORKDAY 함수는 주말을 제외한 이전(또는 이후) 날짜를 반환하는 함수입니다. **WORKDAY(C6, −1)**은 C6셀의 날짜에서 주말을 뺀 하루 전을 의미하므로 토요일과 일요일은 모두 금요일 날짜가 반환됩니다.

이번 수식의 IF 함수 부분을 WORKDAY 함수의 두 번째 인수 부분에 넣을 수도 있는데, 그렇게 하면 다음과 같은 수식이 됩니다.

=WORKDAY(C6, IF(WEEKDAY(C6, 2)>5, −1, 0))

매월 n번째 주차의
특정 요일 날짜 계산하기

매월 셋째 주 금요일과 같은 특정 날짜에 상환해야 하는 금액이 있거나 개인적인 약속이 있다면 이 날짜를 달력에서 일일이 확인하지 않고 엑셀에서 계산해 얻을 수 있습니다. 이런 식의 계산 작업은 조금 복잡한 편에 속하지만, 기본적인 계산 방법은 주간 날짜를 구하거나 만년 달력을 만드는 방법과 유사합니다.

\ **예제 파일** PART 02 \ CHAPTER 07 \ WEEKDAY 함수–n번째 요일.xlsx /

자주 사용하는 수식 패턴

매월 n번째 주차의 요일 반환

=(1일–WEEKDAY(1일, 2)+요일)+7*(주차–1)

* **1일** : 해당 월의 1일 날짜
* **요일** : 반환할 날짜의 요일 인덱스 번호로, 1(월)~7(일) 사이의 값
* **주차** : 반환할 날짜가 속한 월의 주차

01 예제 파일을 열고 C5:C7 범위에 입력된 값을 참고해 매월 셋째 주 금요일에 해당하는 상환 예정일을 계산해보겠습니다.

	A	B	C	D	E	F	G	H	I	J
1										
2						**상 환 일 정 표**				
3										
5		연도	2018		월	1일	요일	첫번째 주	상환예정일	
6		주차	3		1					
7		요일	5		2					
8					3					
9		요일	요일번호		4					
10		월	1		5					
11		화	2		6					
12		수	3		7					
13		목	4		8					
14		금	5		9					
15		토	6		10					
16		일	7		11					
17					12					
18										

TIP C5:C7 범위에 입력된 값은 2018년(C5셀)의 각 월별 셋째 주(C6셀) 금요일(C7셀) 날짜를 반환합니다.

02 먼저 매월 1일 날짜를 F열에 계산하겠습니다. F6셀에 다음 수식을 입력하고 F6셀의 채우기 핸들 (⊞)을 F17셀까지 드래그해 복사합니다.

F6셀 : =DATE($C$5, E6, 1)

	A	B	C	D	E	F	G	H	I	J
F6					fx	=DATE($C$5, E6, 1)				
1										
2						상 환 일 정 표				
3										
5		연도	2018		월	1일	요일	첫번째 주	상환예정일	
6		주차	3		1	2018-01-01				
7		요일	5		2	2018-02-01				
8					3	2018-03-01				
9		요일	요일번호		4	2018-04-01				
10		월	1		5	2018-05-01				
11		화	2		6	2018-06-01				
12		수	3		7	2018-07-01				
13		목	4		8	2018-08-01				
14		금	5		9	2018-09-01				
15		토	6		10	2018-10-01				
16		일	7		11	2018-11-01				
17					12	2018-12-01				
18										

03 첫째 주 금요일 날짜를 계산하기 위해 매월 1일의 요일 인덱스 번호를 계산합니다. G6셀에 다음 수식을 입력하고 G6셀의 채우기 핸들(⊞)을 G17셀까지 드래그해 복사합니다.

G6셀 : WEEKDAY(F6, 2)

	A	B	C	D	E	F	G	H	I	J
G6					fx	=WEEKDAY(F6, 2)				
1										
2						상 환 일 정 표				
3										
5		연도	2018		월	1일	요일	첫번째 주	상환예정일	
6		주차	3		1	2018-01-01	1			
7		요일	5		2	2018-02-01	4			
8					3	2018-03-01	4			
9		요일	요일번호		4	2018-04-01	7			
10		월	1		5	2018-05-01	2			
11		화	2		6	2018-06-01	5			
12		수	3		7	2018-07-01	7			
13		목	4		8	2018-08-01	3			
14		금	5		9	2018-09-01	6			
15		토	6		10	2018-10-01	1			
16		일	7		11	2018-11-01	4			
17					12	2018-12-01	6			
18										

04 **02~03** 과정에서 계산한 값으로 첫째 주 금요일 날짜를 계산하겠습니다. H6셀에 다음 수식을 입력하고 H6셀의 채우기 핸들(⊞)을 H17셀까지 드래그해 복사합니다.

H6셀 : =F6-G6+$C$7

I16	▼ :	×	✓	*fx*	=F6-G6+$C$7				
	A	B	C	D	E	F	G	H	I	J
1										
2						상 환 일 정 표				
3										
5		연도	2018		월	1일	요일	첫번째 주	상환예정일	
6		주차	3		1	2018-01-01	1	2018-01-05		
7		요일	5		2	2018-02-01	4	2018-02-02		
8					3	2018-03-01	4	2018-03-02		
9		요일	요일번호		4	2018-04-01	7	2018-03-30		
10		월	1		5	2018-05-01	2	2018-05-04		
11		화	2		6	2018-06-01	5	2018-06-01		
12		수	3		7	2018-07-01	7	2018-06-29		
13		목	4		8	2018-08-01	3	2018-08-03		
14		금	5		9	2018-09-01	6	2018-08-31		
15		토	6		10	2018-10-01	1	2018-10-05		
16		일	7		11	2018-11-01	4	2018-11-02		
17					12	2018-12-01	6	2018-11-30		
18										

Plus⁺ 수식 이해하기

이번 수식은 다음 부분을 먼저 이해해야 전체 수식을 이해할 수 있습니다.

> **=F6-G6**

위 수식은 첫째 주 일요일 날짜를 얻기 위한 것으로, 각각 참조한 셀의 수식으로 대체해 표시하면 다음과 같습니다.

> **=DATE($C$5, E6, 1)-WEEKDAY(DATE($C$5, E6, 1), 2)**

LINK 이런 식의 요일 계산은 만년 달력을 만들 때 설명했으므로 잘 이해되지 않는다면 'No. 149 만년 달력 만들기'(476쪽)의 내용을 먼저 참고합니다.

이렇게 계산한 값에 C7셀의 값을 더하면 일요일의 5일 뒤이므로 금요일 날짜가 구해집니다. H6셀의 날짜는 2018년 1월 5일로, 달력을 보면 2018년 1월의 첫째 주 금요일입니다.

05 매월 첫째 주 금요일 날짜를 이용해 셋째 주 금요일 날짜를 구하겠습니다. I6셀에 다음 수식을 입력하고 I6셀의 채우기 핸들(⊞)을 I17셀까지 드래그해 복사합니다.

I6셀 : =H6+7*($C$6-1)

I6		▼	:	×	✓	fx	=H6+7*($C$6-1)		
◢	A	B	C	D	E	F	G	H	I	J

상 환 일 정 표

	연도	2018		월	1일	요일	첫번째 주	상환예정일
	주차	3		1	2018-01-01	1	2018-01-05	2018-01-19
	요일	5		2	2018-02-01	4	2018-02-02	2018-02-16
				3	2018-03-01	4	2018-03-02	2018-03-16
	요일	요일번호		4	2018-04-01	7	2018-03-30	2018-04-13
	월	1		5	2018-05-01	2	2018-05-04	2018-05-18
	화	2		6	2018-06-01	5	2018-06-01	2018-06-15
	수	3		7	2018-07-01	7	2018-06-29	2018-07-13
	목	4		8	2018-08-01	3	2018-08-03	2018-08-17
	금	5		9	2018-09-01	6	2018-08-31	2018-09-14
	토	6		10	2018-10-01	1	2018-10-05	2018-10-19
	일	7		11	2018-11-01	4	2018-11-02	2018-11-16
				12	2018-12-01	6	2018-11-30	2018-12-14

Plus⁺ 수식 이해하기

04 과정에서 계산한 첫째 주 금요일 날짜에 14일(7일*2)을 더하면 셋째 주 금요일이 됩니다.

달력을 보면, 첫째 주 금요일의 7일 후는 둘째 주 금요일, 14일 후는 셋째 주 금요일로 규칙적으로 증가하는 것을 알 수 있습니다. 그러므로 원하는 주차보다 1 적은 값(3주차면 2)에 7을 곱한 날짜만큼 더하면 원하는 날짜를 얻을 수 있습니다. 이번 수식은 이 설명을 그대로 수식으로 옮겨놓은 것으로, I열에 계산된 모든 값을 달력에서 확인하면 날짜 계산이 모두 올바로 된 것을 알 수 있습니다.

n개월 이전/이후 날짜 계산하기

특정 날짜로부터 n개월/년 이후 날짜를 계산해야 하는 경우가 종종 있습니다. 이런 경우에는 DATE 함수를 사용하는 것보다 EDATE 함수를 사용하는 것이 편리합니다. EDATE 함수는 n개월 이전/이후 날짜를 반환하는 함수인데, 날짜를 계산할 때는 편리하지만 월의 종료일을 계산하는 경우에는 주의해야 할 사항이 있으므로 상황을 정확하게 파악하고 사용해야 합니다.

\ 예제 파일 PART 02 \ CHAPTER 07 \ EDATE 함수.xlsx

새 함수

EDATE (❶ 시작일, ❷ 개월)

시작일로부터 지정한 개월 수만큼의 이전 또는 이후 날짜 값을 반환합니다.

구문	❶ 시작일 : 날짜 일련번호입니다. ❷ 개월 : 시작일의 이전 또는 이후 개월 수입니다. 이전은 음수로, 이후는 양수로 표현합니다. 예를 들어 개월 인수를 3으로 지정하면 시작일로부터 3개월 후 날짜를 반환하고, −3으로 지정하면 시작일로부터 3개월 전 날짜를 반환합니다.
특이사항	EDATE 함수로 월의 종료일을 계산하려면 주의할 사항이 있습니다. 예를 들어 EDATE 함수로 2018-01-31의 한 달 뒤 날짜를 구하면 2018-02-28이 반환됩니다. 그런데 2018-02-28의 한 달 뒤 날짜를 구하면 2018-03-28이 반환됩니다. 그러므로 이렇게 월의 종료일을 계산해야 하는 경우에는 EDATE 함수 대신 EOMONTH 함수를 사용하는 것이 좋습니다. **LINK** EOMONTH 함수에 대한 자세한 설명은 'No. 147 월의 1일과 마지막 일 계산하기'(467쪽)를 참고합니다.
사용 예	=EDATE(A1, 3) A1셀의 날짜에서 3개월 이후 날짜를 반환합니다.

01 예제 파일을 열고 판매된 제품의 AS 만료일을 계산해보겠습니다. AS 만료일은 제품 판매일로부터 1년이며, 판매일로부터 한 달 이내에 정품 등록을 하면 3개월 자동 연장됩니다.

	NO	시리얼번호	생산일	판매일	정품등록일	A/S 만료일
				A / S 관 리 대 장		
6	1	EQ0013050	2018-01-11	2018-03-23	2018-04-27	
7	2	EQ0018028	2018-01-07	2018-02-07		
8	3	EQ0019364	2018-01-12	2018-03-23	2018-03-31	
9	4	EQ0027340	2018-01-08	2018-03-17	2018-03-20	
10	5	EQ0048477	2018-01-09	2018-03-07		
11	6	EQ0061022	2018-01-03	2018-01-31		
12	7	EQ0075949	2018-01-03	2018-01-29	2018-02-07	

02 먼저 한 달 이내에 정품 등록을 했는지 여부를 확인하겠습니다. G6셀에 다음 수식을 입력하고 G6셀의 채우기 핸들(田)을 G12셀까지 드래그해 복사합니다.

G6셀 : =AND(F6>=E6, F6<=EDATE(E6, 1))

G6		:	×	✓	fx	=AND(F6>=E6, F6<=EDATE(E6, 1))		

	A	B	C	D	E	F	G	H
1								
2				A / S 관 리 대 장				
3								
5		NO	시리얼번호	생산일	판매일	정품등록일	A/S 만료일	
6		1	EQ0013050	2018-01-11	2018-03-23	2018-04-27	FALSE	
7		2	EQ0018028	2018-01-07	2018-02-07		FALSE	
8		3	EQ0019364	2018-01-12	2018-03-23	2018-03-31	TRUE	
9		4	EQ0027340	2018-01-08	2018-03-17	2018-03-20	TRUE	
10		5	EQ0048477	2018-01-09	2018-03-07		FALSE	
11		6	EQ0061022	2018-01-03	2018-01-31		FALSE	
12		7	EQ0075949	2018-01-03	2018-01-29	2018-02-07	TRUE	
13								

Plus⁺ 수식 이해하기

정품 등록일은 F열에 있고, 날짜가 입력된 셀과 입력되지 않은 셀로 구분됩니다. 정품 등록일은 입력되었는지 여부만 알면 되는 것이 아니라 판매일로부터 한 달 이내에 했는지가 중요하므로 AND 함수를 사용해 다음 두 가지 조건을 확인합니다.

● 첫째, 정품 등록일이 판매일 이후인지 확인합니다.

  =F6>=E6

이 수식으로 두 가지 효과를 얻을 수 있습니다. 하나는 정품 등록일이 입력됐는지 여부이고 다른 하나는 정품 등록일이 판매일 이후인지 여부입니다.

● 둘째, 정품 등록일이 판매일로부터 한 달 이내인지 확인합니다.

  =F6<=EDATE(E6, 1))

EDATE 함수는 판매일(E6)로부터 한 달 이후 날짜를 반환하므로, 정품 등록일(F6)이 해당 날짜보다 작거나 같으면 한 달 이내에 등록했다고 이해할 수 있습니다. 만약 판매일이 28, 29, 30이라면 한 달 이후 날짜 계산이 잘못될 수 있으므로 이 수식은 다음과 같이 수정합니다.

  =F6<=IF(DAY(E6+1)=1, EOMONTH(E6, 1), EDATE(E6, 1))

위 수식은 판매일의 하루 뒤가 1일이면 판매일이 월의 종료일이므로 EOMONTH 함수를 사용하고 그렇지 않으면 EDATE 함수를 사용해 1개월 뒤의 날짜를 계산합니다.

두 조건을 모두 만족해야 3개월을 연장해주므로 AND 함수를 사용해 두 조건이 모두 TRUE인지 확인하는 것입니다.

03 판단된 결과를 바탕으로 AS 만료일을 계산하겠습니다. G6셀의 수식을 다음과 같이 수정하고 G6셀의 채우기 핸들(⊞)을 G12셀까지 드래그해 복사합니다.

G6셀 : =IF(AND(F6>=E6, F6<=EDATE(E6, 1)), EDATE(E6, 15), EDATE(E6, 12))

	A	B	C	D	E	F	G	H
G6				fx	=IF(AND(F6>=E6, F6<=EDATE(E6, 1)), EDATE(E6, 15), EDATE(E6, 12))			
1								
2				**A / S 관 리 대 장**				
3								
5		NO	시리얼번호	생산일	판매일	정품등록일	A/S 만료일	
6		1	EQ0013050	2018-01-11	2018-03-23	2018-04-27	2019-03-23	
7		2	EQ0018028	2018-01-07	2018-02-07		2019-02-07	
8		3	EQ0019364	2018-01-12	2018-03-23	2018-03-31	2019-06-23	
9		4	EQ0027340	2018-01-08	2018-03-17	2018-03-20	2019-06-17	
10		5	EQ0048477	2018-01-09	2018-03-07		2019-03-07	
11		6	EQ0061022	2018-01-03	2018-01-31		2019-01-31	
12		7	EQ0075949	2018-01-03	2018-01-29	2018-02-07	2019-04-29	
13								

Plus⁺ 수식 이해하기

02 과정에서 판단한 결과가 TRUE이면 AS 만료일은 1년에 3개월 연장이므로 15개월 이후이고, 아니면 1년 뒤입니다. IF 함수를 먼저 사용하면 수식이 길어지는 경우가 많은데, IF 함수를 EDATE 함수의 두 번째 인수에 사용하면 수식의 길이를 약간 줄일 수 있습니다.

=EDATE(E6, IF(AND(F6>=E6, F6<=EDATE(E6, 1)), 15, 12)

함수를 중첩할 때 중복되는 부분을 최소화하려면 어떤 순서로 함수를 연결해 사용해야 하는지 이번 수식을 통해 고민해보세요.

주말과 휴일을 배제한 종료일 (배송 예정일) 계산하기

주말과 휴일을 제외한 날짜를 계산하는 작업은 날짜 계산에 주로 사용하는 DATE 함수로는 어렵습니다. 이런 경우에는 주말과 휴일을 모두 빼고 계산하는 WORKDAY 함수를 사용해야 하며, 주말 중 토요일은 제외한 주 6일제 근무일 경우에는 2010 버전부터 제공되는 WORKDAY.INTL 함수를 사용해야 합니다. 이렇게 계산된 날짜와의 차이를 역시 주말과 휴일을 배제하고 확인해야 한다면 NETWORKDAYS, NETWORKDAYS.INTL 함수를 사용해야 합니다. 주말과 휴일을 제외하고 배송 예정일을 계산하는 방법을 알아보겠습니다.

\ **예제 파일** PART 02 \ CHAPTER 07 \ WORKDAY, NETWORKDAYS 함수.xlsx /

새 함수

WORKDAY.INTL (❶ 시작일, ❷ 근무일, ❸ 주말, ❹ 휴일)

엑셀 2010 이상

시작일로부터 주말과 휴일을 제외한 근무일수 이후(또는 이전)의 날짜를 구합니다.

<table>
<tr><td rowspan="4">인수</td><td colspan="4">❶ 시작일 : 시작 날짜
❷ 근무일 : 평일 근무 일수로 시작일에 더해 계산합니다.
❸ 주말 : 주말을 의미하는 1~7, 11~17 사이의 숫자 값입니다.</td></tr>
<tr><td>숫자</td><td>주말 요일</td><td>숫자</td><td>주말 요일</td></tr>
</table>

숫자	주말 요일	숫자	주말 요일
1 또는 생략	토요일, 일요일	11	일요일
2	일요일, 월요일	12	월요일
3	월요일, 화요일	13	화요일
4	화요일, 수요일	14	수요일
5	수요일, 목요일	15	목요일
6	목요일, 금요일	16	금요일
7	금요일, 토요일	17	토요일

인수	❹ **휴일** : 날짜 계산에서 제외할 휴일 날짜가 기록되어 있는 데이터 범위로, 생략할 수 있습니다. 생략하면 주말을 제외한 날짜를 계산합니다.
주의	WORKDAY.INTL 함수는 **시작일**에 근무일을 더해 계산하므로, **시작일**은 작업일에 포함되지 않습니다. **시작일**을 포함해 계산하려면 **시작일**에서 1을 빼는 연산을 해야 합니다.
특이사항	이 함수는 WORKDAY 함수와 동일하며, 차이점은 주말 요일을 따로 선택할 수 있다는 점입니다. **LINK** WORKDAY 함수에 대해서는 'No. 150 계산된 날짜가 주말일 때 금요일 날짜 반환하기'(482쪽)를 참고합니다.
사용 예	**=WORKDAYS.INTL(A1, 3, 11)** A1셀의 날짜에서 3일 뒤(주말 제외) 날짜를 반환하는데, 일요일만 주말로 처리하므로 주 6일제 근무를 대상으로 한 종료일을 계산할 수 있습니다.

NETWORKDAYS (❶ 시작일, ❷ 종료일, ❸ 휴일)

두 날짜 사이의 주말(토, 일)과 휴일 날짜를 제외한 근무일수를 세어 반환합니다.

인수	❶ 시작일 : 시작 날짜(종료일보다 과거 날짜여야 합니다.) ❷ 종료일 : 종료 날짜(시작일보다 미래 날짜여야 합니다.) ❸ 휴일 : 날짜 계산에서 제외할 휴일 날짜가 기록된 데이터 범위로, 생략하면 주말(토, 일)만 계산에서 제외합니다.
사용 예	**=NETWORKDAYS(A1, B1)** A1셀과 B1셀의 주말(토, 일)을 제외한 날짜 차이를 세어 반환합니다.

NETWORKDAYS.INTL (❶ 시작일, ❷ 종료일, ❸ 주말, ❹ 휴일)

두 날짜 사이의 주말과 휴일 날짜를 제외한 근무일수를 세어 반환합니다.

인수	❶ 시작일 : 날짜 차이를 구할 첫 번째 날짜(종료일보다 과거 날짜여야 합니다.) ❷ 종료일 : 날짜 차이를 구할 두 번째 날짜(시작일보다 미래 날짜여야 합니다.) ❸ 주말 : 주말을 의미하는 1~7, 11~17 사이의 숫자 값으로, WORKDAY.INTL 함수와 동일합니다. ❹ 휴일 : 날짜 계산에서 제외할 휴일 날짜가 기록되어 있는 데이터 범위로, 생략할 수 있습니다.
특이사항	이 함수는 NETWORKDAYS 함수와 동일하며, 차이점은 주말 요일을 따로 선택할 수 있다는 점입니다.
사용 예	**=NETWORKDAYS.INTL(A1, B1, 11)** A1셀과 B1셀의 주말(일)을 제외한 날짜 차이를 세어 반환합니다.

01 예제 파일을 열고 배송업체가 주 5일(또는 6일) 근무를 하고 배송일이 3일 소요된다고 예상될 때의 배송 예정일을 계산해보겠습니다. 먼저 배송업체가 주 5일 근무를 하는 경우의 배송 예정일을 계산하기 위해 E8셀에 다음 수식을 입력하고 E8셀의 채우기 핸들(⊞)을 E17셀까지 드래그해 복사합니다.

E8셀 : =WORKDAY(C8, 3, 휴일[휴일])

	A	B	C	D	E	F	G	H	I	J	K	L	M	N
E8				fx	=WORKDAY(C8, 3, 휴일[휴일])									

배송 예정일

주문번호	주문일		배송 예정일 (주문일로부터 3일 소요)						휴일	실명
			주 5일 배송			주 6일 배송			2018-01-01	신정
	날짜	요일	날짜	요일	소요일	날짜	요일	소요일	2018-01-07	창립기념일
10248	2018-01-01	월	2018-01-04	목			토		2018-02-15	구정
10249	2018-01-02	화	2018-01-05	금			토		2018-02-16	구정
10250	2018-01-03	수	2018-01-08	월			토		2018-02-17	구정
10251	2018-01-04	목	2018-01-09	화			토			
10252	2018-01-05	금	2018-01-10	수			토			
10253	2018-01-06	토	2018-01-10	수			토			
10254	2018-01-07	일	2018-01-10	수			토			
10255	2018-01-08	월	2018-01-11	목			토			
10256	2018-01-09	화	2018-01-12	금			토			
10257	2018-01-10	수	2018-01-15	월			토			

TIP L5:M10 범위의 표는 별도의 휴일 날짜를 정리한 것으로, 엑셀 표로 등록되어 있으며 표 이름은 **휴일**입니다.

WORKDAY 함수는 시작일(C8셀의 '1월 1일')에 근무일(3일)을 더해 종료일을 계산하는데, **휴일** 표 범위 내 날짜는 계산에서
제외합니다. **휴일[휴일]**이란 표현은 엑셀 표의 구조적 참조로 L6:L10 범위를 의미합니다. 휴일 목록에 '1월 1일'(L6셀)이 있으
므로 제외하고, 주말은 포함되지 않으므로 3일이면 2일, 3일, 4일이 되므로 E8셀에 반환된 '1월 4일'은 계산이 맞습니다.

하지만 C9셀의 '1월 2일'은 휴일 목록에도 없고 주말도 아니므로, 3일이면 2일, 3일, 4일로 동일한 '1월 4일'이 반환되어야 할
것 같지만 E9셀에 반환된 값은 '1월 5일'입니다. 즉 2일은 빼고 3일, 4일, 5일, 이렇게 3일 걸렸다고 계산한 것입니다.

이것으로 WORKDAY 함수가 시작일은 포함하지 않고 날짜를 세어 계산된 결과를 반환하는 것을 알 수 있습니다.

02 **01** 과정의 WORKDAY 함수의 계산이 맞는지 확인하기 위해 G8셀에 다음 수식을 입력하고 G8셀
의 채우기 핸들(⊞)을 G17셀까지 드래그해 복사합니다.

G8셀 : =NETWORKDAYS(C8, E8, 휴일[휴일])

NETWORKDAYS 함수는 시작일과 종료일의 차이를 세는 방법으로 계산하는데, WORKDAY 함수와 마찬가지로 주말(토, 일)과 휴일을 제외할 수 있어 WORKDAY 함수의 결과를 확인하거나 두 날짜 사이의 근무일을 계산하는 용도로 자주 사용합니다.

그러므로, E열에 사용된 WORKDAY 함수의 사용 결과가 올바르다면 이번 수식의 결과도 모두 3이 반환되어야 하는데, 반환된 값을 보면 3과 4가 혼합되어 있습니다. 이것은 배송일이 3일이나 4일 걸렸다는 의미인데, 왜 이런 차이가 발생할까요?

이것은 WORKDAY 함수와 NETWORKDAYS 함수가 주말과 휴일을 제외하고 계산할 수 있다는 점에서는 공통점이 있지만, 날짜를 계산하는 방법에서는 다른 점이 있다는 의미입니다.

WORKDAY 함수는 시작일에 근무일을 더하는 방식으로 계산하므로, 시작일이 날짜 계산에 포함되지 않습니다. 하지만 NETWORKDAYS 함수는 시작일부터 종료일까지 날짜를 세는 방법으로 계산하므로 항상 시작일이 포함됩니다. 이런 차이 때문에 두 함수의 계산 결과가 일치하지 않는 것입니다.

그러므로, 시작일을 항상 포함해 계산할 것인지, 시작일을 포함하지 않을 것인지에 따라 수식을 다음과 같이 수정할 수 있어야 합니다.

● WORKDAY 함수에서 시작일을 포함하려는 경우

=WORKDAY(시작일−1, 근무일, 휴일)

● NETWORKDAYS 함수에서 시작일을 제외하려는 경우

=NETWORKDAYS(시작일+1, 종료일, 휴일)

이처럼 날짜 계산을 할 경우에는 함수의 계산 방법을 잘 이해하고 자신이 원하는 방법으로 함수에 전달된 인수 값을 수정할 수 있어야 합니다. 참고로 두 수식 중에서는 WORKDAY 함수에 시작일을 포함해 계산하는 빈도가 훨씬 높습니다.

03 시작일이 배송일에 포함되는 경우로 수식을 수정하겠습니다. E8셀의 수식을 다음과 같이 수정하고 E8셀의 채우기 핸들(⊞)을 E17셀까지 드래그해 복사합니다.

E8셀 : =WORKDAY(C8−1, 3, 휴일[휴일])

| E8 | : × ✓ fx | =WORKDAY(C8-1, 3, 휴일[휴일]) | | | | | | | | | | |

A	B	C	D	E	F	G	H	I	J	K	L	M	N
					배송 예정일								
					배송 예정일 (주문일로부터 3일 소요)						휴일 ▼	설명 ▼	
	주문번호	주문일		주 5일 배송			주 6일 배송				2018-01-01	신정	
		날짜	요일	날짜	요일	소요일	날짜	요일	소요일		2018-01-07	창립기념일	
	10248	2018-01-01	월	2018-01-04	목	3		토			2018-02-15	구정	
	10249	2018-01-02	화	2018-01-04	목	3		토			2018-02-16	구정	
	10250	2018-01-03	수	2018-01-05	금	3		토			2018-02-17	구정	
	10251	2018-01-04	목	2018-01-08	월	3		토					
	10252	2018-01-05	금	2018-01-09	화	3		토					
	10253	2018-01-06	토	2018-01-10	수	3		토					
	10254	2018-01-07	일	2018-01-10	수	3		토					
	10255	2018-01-08	월	2018-01-10	수	3		토					
	10256	2018-01-09	화	2018-01-11	목	3		토					
	10257	2018-01-10	수	2018-01-12	금	3		토					

TIP WORKDAY 함수의 인수를 수정하면 G열에 NETWORKDAYS 함수를 사용한 결과도 모두 3이 반환됩니다.

04 이번에는 주 6일 근무하는 배송 업체의 배송 예정일을 계산하겠습니다. H8셀에 다음 수식을 입력하고 H8셀의 채우기 핸들(⊞)을 H17셀까지 드래그해 복사합니다.

H8셀 : =WORKDAY.INTL(C8-1, 3, 11, 휴일[휴일])

TIP WORKDAY.INTL 함수는 WORKDAY 함수에 주말 인수가 추가된 것만 차이가 있으며, WORKDAY.INTL 함수의 세 번째 인수가 11이면 일요일만 주말로 처리(주 6일제)해 계산합니다.

05 H열의 배송 예정일이 제대로 계산됐는지 확인하기 위해 J8셀에 다음 수식을 입력하고 J8셀의 채우기 핸들(⊞)을 J17셀까지 드래그해 복사합니다.

J8셀 : =NETWORKDAYS.INTL(C8, H8, 11, 휴일[휴일])

TIP NETWORKDAYS.INTL 함수 역시 NETWORKDAYS 함수에 주말 인수가 추가된 차이만 있고 반환된 값이 모두 3이므로, WORKDAY.INTL 함수와 NETWORKDAYS.INTL 함수가 같은 방법으로 계산된 것을 확인할 수 있습니다.

날짜에서 반기/분기 그룹화하기

날짜 값을 반기와 분기로 그룹화하려면, 해당 값만 반환하는 함수는 없으므로 수식을 이용해 월을 일정한 간격으로 그룹화해야 합니다. 반기는 1년을 6개월씩 묶어 상반기/하반기로 구분하며, 분기는 1년을 3개월씩 묶어 1사분기/2사분기/3사분기/4사분기로 구분합니다. 반기는 구하기 쉽지만, 분기는 다양한 계산식을 사용해야 구할 수 있습니다.

\ 예제 파일 PART 02 \ CHAPTER 07 \ MONTH 함수—반기, 분기.xlsx /

자주 사용하는 수식 패턴

반기

=IF(MONTH(날짜)<7, "상반기", "하반기")

* **날짜** : 반기를 구할 날짜 값

분기

=ROUNDUP(MONTH(날짜)/3, 0) & "분기"

* **날짜** : 분기를 구할 날짜 값

=INT((MONTH(날짜)−1)/3)+1 & "분기"

=QUOTIENT(MONTH(날짜)−1, 3)+1 & "분기"

반기 계산

예제 파일을 열고 C6 셀에 다음 수식을 입력한 후 C6셀의 채우기 핸들(田)을 C17셀까지 드래그해 반기를 계산합니다.

C6셀 : =IF(MONTH(B6)<7, "상반기", "하반기")

날짜	반기	분기		
2018-01-01	상반기			
2018-02-01	상반기			
2018-09-01	하반기			
2018-10-01	하반기			
2018-11-01	하반기			
2018-12-01	하반기			

> **Plus⁺ 수식 이해하기**
>
> 상반기는 월이 6 이하(또는 7 미만)이므로 간단한 IF 함수를 사용해 월 값이 7보다 작은 숫자이면 '상반기', 아니면 '하반기' 문자열을 반환합니다.

분기 계산

01 분기는 월을 3개월씩 그룹으로 묶어 처리하는 방법이므로, 3으로 나눈 값으로 구분하면 쉽습니다. D6셀에 다음 수식을 입력하고 D6셀의 채우기 핸들(⊞)을 D17셀까지 드래그해 복사합니다.

D6셀 : =MONTH(B6)/3

02 나눈 값을 소수점 위치에서 올림 처리하면 분기 값을 얻을 수 있습니다. D6셀의 수식을 다음과 같이 수정하고 D6셀의 채우기 핸들(⊞)을 D17셀까지 드래그해 복사합니다.

D6셀 : =ROUNDUP(MONTH(B6)/3, 0) & "사분기"

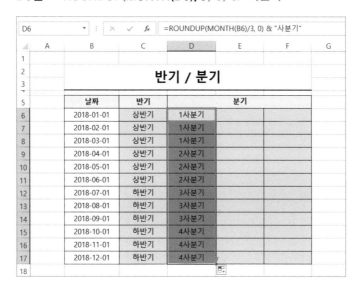

03 이번에는 나눗셈의 몫을 사용해 분기를 계산하겠습니다. E6셀에 다음 수식을 입력하고 E6셀의 채우기 핸들(⊞)을 E17셀까지 드래그해 복사합니다.

E6셀 : =INT(MONTH(B6)/3)

E6	▼ :	× ✓ fx	=INT(MONTH(B6)/3)			
◢	A	B	C	D	E	F	G
1							
2			**반기 / 분기**				
3							
5		날짜	반기		분기		
6		2018-01-01	상반기	1사분기	0		
7		2018-02-01	상반기	1사분기	0		
8		2018-03-01	상반기	1사분기	1		
9		2018-04-01	상반기	2사분기	1		
10		2018-05-01	상반기	2사분기	1		
11		2018-06-01	상반기	2사분기	2		
12		2018-07-01	하반기	3사분기	2		
13		2018-08-01	하반기	3사분기	2		
14		2018-09-01	하반기	3사분기	3		
15		2018-10-01	하반기	4사분기	3		
16		2018-11-01	하반기	4사분기	3		
17		2018-12-01	하반기	4사분기	4		
18							

04 E열의 수식을 수정해 분기 값을 반환하겠습니다. E6셀의 수식을 다음과 같이 수정하고 E6셀의 채우기 핸들(⊞)을 E17셀까지 드래그해 복사합니다.

E6셀 : =INT((MONTH(B6)−1)/3)+1 & "사분기"

Plus⁺ 수식 이해하기

0부터 3개씩 월 값이 묶일 수 있도록 수식을 수정하고 해당 값에 1을 더해 분기 값을 완성한 수식으로, **03** 과정의 설명을 충분히 이해했다면 그렇게 어렵지 않을 겁니다. 설명만으로 충분하지 않다면 리본 메뉴의 [수식]-[수식 분석]-[수식 계산] 명령을 클릭해 계산 과정을 살펴봅니다.

LINK '수식 계산' 기능에 대해서는 'No. 076 복잡한 수식을 빠르게 이해할 수 있는 방법'(195쪽)에 자세하게 설명되어 있습니다.

---

05 나눗셈의 몫을 구하는 QUOTIENT 함수를 사용해 분기를 계산하겠습니다. F6셀에 다음 수식을 입력하고 F6셀의 채우기 핸들(⊞)을 F17셀까지 드래그해 복사합니다.

F6셀 : =QUOTIENT(MONTH(B6)−1, 3)+1 & "사분기"

회계 연도와 회계 분기 계산하기

회계 상에서 예산이 집행되는 일정 기간(보통 1년)을 회계 연도라고 하며, 우리나라, 중국, 독일, 프랑스에서는 1월 1일~12월 31일을 회계 연도로 처리합니다. 그런데 우리나라와 거래가 빈번한 미국은 10월 1일~9월 31일을, 일본은 4월 1일~3월 31일을 동일한 회계 연도로 처리합니다. 그러므로 장부 상에서 회계 연도를 따로 관리하는 회사에서는 회계 연도와 회계 분기를 따로 계산할 수 있어야 합니다.

예제 파일 PART 02\CHAPTER 07\MONTH 함수-회계 연도.xlsx

자주 사용하는 수식 패턴

회계 연도

=YEAR(EDATE(날짜, −(회계 시작월−1))) & "년"

* **날짜** : 회계연도를 구할 날짜 값
* **회계 시작월** : 회계 장부 상의 첫 번째 월. 예를 들어 10월 1일부터 새로운 회계 연도가 시작된다면 회계 시작월은 10입니다.

회계 분기

=ROUNDUP(MONTH(EDATE(날짜, −(회계 시작월−1)))/3, 0) & "분기"

* 기존 분기를 구하는 수식에서 날짜 부분이 **=EDATE(날짜, −(회계 시작월−1))**로 변경됩니다.

=INT((MONTH(EDATE(날짜, −(회계 시작월−1)))−1)/3)+1 & "분기"

=QUOTIENT(MONTH(EDATE(날짜, −(회계 시작월−1)))−1, 3)+1 & "분기"

회계 연도 계산

01 예제 파일을 열고 회계 시작월이 H3셀에 입력된 것처럼 10월일 경우 회계 연도와 분기를 계산해보겠습니다.

날짜	연도	분기	회계 연도	회계 분기
				회계시작월
		회계 연도 / 분기		10
2018-01-01	2018년	1분기		
2018-02-01	2018년	1분기		
2018-03-01	2018년	1분기		
2018-04-01	2018년	2분기		
2018-05-01	2018년	2분기		
2018-06-01	2018년	2분기		
2018-07-01	2018년	3분기		
2018-08-01	2018년	3분기		
2018-09-01	2018년	3분기		
2018-10-01	2018년	4분기		
2018-11-01	2018년	4분기		

TIP C열에는 연도가, D열에는 분기가 각각 계산되어 있습니다.

02 10월부터 회계 연도가 시작될 경우의 회계 연도를 계산하겠습니다. 다음 각 셀에 수식을 입력하고 17행까지 수식을 복사합니다.

E6셀 : =EDATE(B6, −($H$3−1))
F6셀 : =YEAR(E6) & "년"

	A	B	C	D	E	F	G	H	I
F6			fx	=YEAR(E6) & "년"					
1									
2			회계 연도 / 분기					회계시작월	
3								10	
5		날짜	연도	분기	회계 연도		회계 분기		
6		2018-01-01	2018년	1분기	2017-04-01	2017년			
7		2018-02-01	2018년	1분기	2017-05-01	2017년			
8		2018-03-01	2018년	1분기	2017-06-01	2017년			
9		2018-04-01	2018년	2분기	2017-07-01	2017년			
10		2018-05-01	2018년	2분기	2017-08-01	2017년			
11		2018-06-01	2018년	2분기	2017-09-01	2017년			
12		2018-07-01	2018년	3분기	2017-10-01	2017년			
13		2018-08-01	2018년	3분기	2017-11-01	2017년			
14		2018-09-01	2018년	3분기	2017-12-01	2017년			
15		2018-10-01	2018년	4분기	2018-01-01	2018년			
16		2018-11-01	2018년	4분기	2018-02-01	2018년			
17		2018-12-01	2018년	4분기	2018-03-01	2018년			
18									

Plus⁺ 수식 이해하기

우선 E열에 입력된 수식은 다음과 같습니다.

=EDATE(B6, −($H$3−1))

H3셀에는 회계 시작월이 입력되어 있으므로 위 수식은 다음과 같이 변화됩니다.

=EDATE(B6, −(회계 시작월−1))

이번 예제는 10월을 새로운 회계 시작월로 정의하고 있으므로 EDATE 함수의 두 번째 인수는 10−1을 뺀 값(9)의 음수 값(−9)입니다. 그러므로 다음과 같은 수식이 됩니다.

=EDATE(B6, −9)

즉, B6셀의 날짜에서 9개월 전의 날짜를 반환받는 것입니다. 그러므로 2017년 4월 1일이 반환됩니다. 이렇게 9개월 전 날짜로 변환하면 2018년 9월 1일은 2017년 12월 1일이 되고, 2018년 10월 1일은 2018년 1월 1일이 됩니다.

이렇게 변환된 날짜의 연도 값을 F열에서 계산하면 회계 연도가 반환됩니다. E열과 F열의 수식을 하나로 합치면 다음과 같습니다.

=YEAR(EDATE(B6, −($H$3−1))) & "년"

* 글자색을 다르게 표시한 부분이 E6셀의 수식입니다.

회계 분기 계산

회계 분기 역시 회계 연도와 같은 방법으로 계산합니다. EDATE 함수로 조정한 날짜의 월을 먼저 구한 후 분기를 구할 때 사용하는 수식을 사용합니다.

G6셀 : =MONTH(E6)
H6셀 : =ROUNDUP(G6/3, 0) & "사분기"

	A	B	C	D	E	F	G	H	I
								회계시작월	
2									
3					회계 연도 / 분기			10	
5		날짜	연도	분기	회계 연도		회계 분기		
6		2018-01-01	2018년	1분기	2017-04-01	2017년	4	2사분기	
7		2018-02-01	2018년	1분기	2017-05-01	2017년	5	2사분기	
8		2018-03-01	2018년	1분기	2017-06-01	2017년	6	2사분기	
9		2018-04-01	2018년	2분기	2017-07-01	2017년	7	3사분기	
10		2018-05-01	2018년	2분기	2017-08-01	2017년	8	3사분기	
11		2018-06-01	2018년	2분기	2017-09-01	2017년	9	3사분기	
12		2018-07-01	2018년	3분기	2017-10-01	2017년	10	4사분기	
13		2018-08-01	2018년	3분기	2017-11-01	2017년	11	4사분기	
14		2018-09-01	2018년	3분기	2017-12-01	2017년	12	4사분기	
15		2018-10-01	2018년	4분기	2018-01-01	2018년	1	1사분기	
16		2018-11-01	2018년	4분기	2018-02-01	2018년	2	1사분기	
17		2018-12-01	2018년	4분기	2018-03-01	2018년	3	1사분기	
18									

H6 = ROUNDUP(G6/3, 0) & "사분기"

Plus+ 수식 이해하기

G열의 월을 반환하는 수식에는 E열에서 EDATE 함수로 9개월 전 날짜를 구하는 부분이 들어가 있으므로, 두 수식을 하나로 합치면 다음과 같습니다.

=MONTH(EDATE(B6, −($H$3−1)))

* 글자색을 다르게 표시한 부분이 E6셀의 수식입니다.

이처럼 반환된 월 값으로 분기를 구할 때는 No. 154의 분기 계산식을 그대로 사용합니다. H열에 ROUNDUP 함수를 사용한 부분과 G열의 수식을 하나로 합치면 다음과 같은 수식이 됩니다.

=ROUNDUP(MONTH(EDATE(B6, −($H$3−1)))/3, 0) & "분기"

* 글자색을 다르게 표시한 부분이 G6셀의 수식입니다.

이렇게 복잡한 수식을 작성해야 하는 경우에는 열을 추가해 하나씩 원하는 값을 계산한 후 다음 수식을 추가해나가면 수월하게 해결할 수 있습니다. 수식을 하나로 합치고 싶다면 설명된 방식으로 수식을 하나씩 복사해 넣으면서 완성합니다.

평년과 윤년 구별하기

1년은 365일이라고 알려져 있지만, 정확하게는 365.2422일입니다. 부족한 0.2422일을 채우기 위해, 4년에 한 번씩 2월 29일을 두어 4년간의 연평균 일수가 365.25일이 되도록 했습니다. 물론 이렇게 하면 1년이 0.0078일씩 길어지는데, 이 문제는 100으로 나누어 떨어지는 해를 윤년이 아닌 평년으로 처리해 해결하고 있습니다. 물론 이 방법도 완전한 것은 아니어서 400년에 한 번씩 다시 윤년을 둡니다. 이렇게 해도 오차는 있지만 무시할 수 있는 수준이어서 이 계산으로 확인하면 윤년 여부를 확인할 수 있습니다.

\ **예제 파일** PART 02 \ CHAPTER 07 \ MONTH 함수-윤년.xlsx

자주 사용하는 수식 패턴

윤년

=IF(MONTH(DATE(연도, 2, 29))=2, "윤년", "평년")

* **연도** : 윤년인지 여부를 확인할 1900 ~ 9999 사이의 연도 값

=IF(DAY(DATE(연도), 2, 29)=29, "윤년", "평년")

=IF(AND(MOD(연도, 4)=0, OR(MOD(연도, 100)>0, MOD(연도, 400)=0)), "윤년", "평년")

01 예제 파일을 열고 특정 연도가 윤년인지 여부를 판단해보겠습니다. 해당 연도에 2월 29일 날짜가 반환되는지 확인하면 됩니다. C7셀에 다음 수식을 입력하고 C7셀의 채우기 핸들(田)을 C17셀까지 드래그해 복사합니다.

C7셀 : =DATE(B7, 2, 29)

연도	날짜	판단 기준			판정
		4	100	400	
2000	2000-02-29				
2010	2010-03-01				
2020	2020-02-29				
2030	2030-03-01				
2040	2040-02-29				
2050	2050-03-01				
2060	2060-02-29				
2070	2070-03-01				
2080	2080-02-29				
2090	2090-03-01				
2100	2100-03-01				

Plus **수식 이해하기**

윤년은 2월 29일이 존재하는 해이므로, DATE 함수를 사용해 B열의 연도 내에 2월 29일 날짜 값이 반환되도록 수식을 구성합니다. 그러면 2월 29일이 반환되는 해와 3월 1일이 반환되는 해로 나뉘어집니다. 엑셀에서는 날짜가 모두 미리 계산되어 있으므로, DATE 함수로 2월 29일 날짜를 반환하도록 하면 윤년에만 2월 29일이 반환됩니다.

02 반환된 날짜로 윤년을 판단하는 수식을 G7셀에 다음과 같이 입력하고 G7셀의 채우기 핸들을 G17셀까지 드래그해 복사합니다.

G7셀 : =IF(MONTH(C7)=2, "윤년", "평년")

		fx	=IF(MONTH(C7)=2, "윤년", "평년")				
	A	B	C	D	E	F	G	H

윤년

연도	날짜	판단 기준			판정
		4	100	400	
2000	2000-02-29				윤년
2010	2010-03-01				평년
2020	2020-02-29				윤년
2030	2030-03-01				평년
2040	2040-02-29				윤년
2050	2050-03-01				평년
2060	2060-02-29				윤년
2070	2070-03-01				평년
2080	2080-02-29				윤년
2090	2090-03-01				평년
2100	2100-03-01				평년

Plus **수식 이해하기**

C7:C17 범위에 반환된 날짜 값의 월 값이 2이면 '윤년'을, 아니면 '평년'을 반환합니다. 이번 수식은 DAY 함수를 사용해 다음과 같이 변경해도 됩니다.

=IF(DAY(C7)=29, "윤년", "평년")

이런 방법으로 윤년을 판단하는 것이 가장 쉽습니다.

03 이번에는 달력의 원리에 따라 윤년을 판정해보겠습니다. D6:F6 범위에 입력된 값은 연의 주기로, 이 값으로 B열의 연도를 나눈 나머지 값을 구해 윤년을 판단합니다. D7셀에 다음 수식을 입력하고 D7셀의 채우기 핸들을 F7셀까지 드래그한 후, 다시 채우기 핸들을 F17셀까지 드래그해 복사합니다.

D7셀 : =MOD($B7, D$6)

연도	날짜	판단 기준			판정
		4	100	400	
2000	2000-02-29	0	0	0	윤년
2010	2010-03-01	2	10	10	평년
2020	2020-02-29	0	20	20	윤년
2030	2030-03-01	2	30	30	평년
2040	2040-02-29	0	40	40	윤년
2050	2050-03-01	2	50	50	평년
2060	2060-02-29	0	60	60	윤년
2070	2070-03-01	2	70	70	평년
2080	2080-02-29	0	80	80	윤년
2090	2090-03-01	2	90	90	평년
2100	2100-03-01	0	0	100	평년

Plus⁺ 수식 이해하기

윤년은 4년 주기로 한 번씩 발생하므로 연도가 4년 주기인지 알려면 4로 나눈 나머지 값을 구해 0이 반환되는지 확인하면 됩니다. 또한 윤년은 100년에 한 번씩 사라지고 400년에 한 번씩 부활하므로 정확한 계산을 위해 100, 400으로 나눈 나머지 값도 구합니다.

04 우선 4년째 연도와 100년째 연도만으로 윤년 여부를 판단해보겠습니다. G7셀의 수식을 다음과 같이 수정하고 G7셀의 채우기 핸들(田)을 G17셀까지 드래그해 복사합니다.

G7셀 : =AND(D7=0, E7>0)

연도	날짜	판단 기준			판정
		4	100	400	
2000	2000-02-29	0	0	0	FALSE
2010	2010-03-01	2	10	10	FALSE
2020	2020-02-29	0	20	20	TRUE
2030	2030-03-01	2	30	30	FALSE
2040	2040-02-29	0	40	40	TRUE
2050	2050-03-01	2	50	50	FALSE
2060	2060-02-29	0	60	60	TRUE
2070	2070-03-01	2	70	70	FALSE
2080	2080-02-29	0	80	80	TRUE
2090	2090-03-01	2	90	90	FALSE
2100	2100-03-01	0	0	100	FALSE

윤년은 4년주기로 한 번씩 돌아오고 100년에 한 번 사라지므로 D7:E17 범위에 계산한 값에서 D열의 값은 0이고 E열의 값은 0이 아닌 경우가 윤년입니다. 이런 조건을 AND 함수로 판단하도록 구성한 수식입니다. 다음과 같이 IF 함수를 사용하면 더 이해하기 쉬울 것입니다.

=IF(AND(D7=0, E7>0), "윤년", "평년")

그런데 이 결과에는 잘못된 결과가 포함되어 있습니다. 2000년의 경우 C7셀을 보면 2월 29일이 있는데, G7셀의 결과는 FALSE(윤년이 아님)입니다. 이것은 100년에 한번씩 윤년이 사라지다가 400년에 한 번씩 윤년이 부활하기 때문에 생기는 문제로, 다음 과정 수식을 통해 해결할 수 있습니다.

05 400년에 한 번씩 윤년이 부활하므로, G7셀의 수식을 다음과 같이 수정하고 G7셀의 채우기 핸들 (⊞)을 G17셀까지 드래그해 복사합니다.

G7셀 : =AND(D7=0, OR(E7>0, F7=0))

	A	B	C	D	E	F	G	H
							G7 ▾ : × ✓ fx =AND(D7=0, OR(E7>0, F7=0))	

	A	B	C	D	E	F	G	H
1								
2			**윤년**					
3								
5		연도	날짜		판단 기준		판정	
6				4	100	400		
7		2000	2000-02-29	0	0	0	TRUE	
8		2010	2010-03-01	2	10	10	FALSE	
9		2020	2020-02-29	0	20	20	TRUE	
10		2030	2030-03-01	2	30	30	FALSE	
11		2040	2040-02-29	0	40	40	TRUE	
12		2050	2050-03-01	2	50	50	FALSE	
13		2060	2060-02-29	0	60	60	TRUE	
14		2070	2070-03-01	2	70	70	FALSE	
15		2080	2080-02-29	0	80	80	TRUE	
16		2090	2090-03-01	2	90	90	FALSE	
17		2100	2100-03-01	0	0	100	FALSE	
18								

윤년의 조건을 다시 정리하면, 4년 주기이면서 100년 주기는 아닌 경우와, 4년 주기이면서 400년 주기인 경우여야 합니다. 이 조건을 정리하면 4년 주기는 독립 조건으로 윤년에 해당하는데, 반드시 100년 주기가 아니거나 400년 주기에 해당해야 하므로, AND와 OR 함수를 중첩하는 방법으로 판단할 수 있습니다.

날짜가 속한 월의 주차(7월 1주) 계산하기

날짜와 시간

157

특정 날짜가 몇 번째 주인지 확인하려면 WEEKNUM 함수를 사용합니다. 다만 WEEKNUM 함수는 1주~54주까지의 주 일련번호를 반환하며, 우리에게 익숙한 월의 주차를 반환해주지는 않습니다. 엑셀에는 월의 주차를 반환하는 함수가 없으므로 별도의 계산식을 작성해 계산해야 합니다. 월의 주차를 계산하는 방법에 대해 알아보겠습니다.

예제 파일 PART 02 \ CHAPTER 07 \ WEEKNUM 함수.xlsx

새 함수

WEEKNUM (❶ 날짜, ❷ 요일 옵션)

일년 중 날짜가 속한 주의 일련번호를 반환합니다.

<table>
<tr><td rowspan="11">인수</td><td colspan="3">❶ 날짜 : 주 일련번호를 구할 날짜 일련번호입니다.
❷ 요일 옵션 : 주의 시작 요일을 결정할 옵션입니다.</td></tr>
<tr><td>요일</td><td>한 주의 시작 요일</td><td>주 구분 방식</td></tr>
<tr><td>1 (또는 생략)</td><td>일요일</td><td rowspan="8">1월 1일을 포함하는 주가 연도의 첫째 주</td></tr>
<tr><td>2</td><td>월요일</td></tr>
<tr><td>11</td><td>월요일</td></tr>
<tr><td>12</td><td>화요일</td></tr>
<tr><td>13</td><td>수요일</td></tr>
<tr><td>14</td><td>목요일</td></tr>
<tr><td>15</td><td>금요일</td></tr>
<tr><td>16</td><td>토요일</td></tr>
<tr><td>17</td><td>일요일</td><td></td></tr>
<tr><td>21</td><td>월요일</td><td>목요일을 포함하는 주가 연도의 첫째 주, 유럽 방식</td></tr>
<tr><td>사용 예</td><td colspan="3">=WEEKNUM(A1, 1)
A1셀의 날짜가 속한 주(일요일이 주의 시작일)의 일련번호를 반환합니다.</td></tr>
</table>

자주 사용하는 수식 패턴

월의 주차

=WEEKNUM(날짜)-WEEKNUM(날짜-DAY(날짜)+1)+1

* **날짜** : 월의 주차를 구할 날짜 값

=INT((DAY(날짜)+6-WEEKDAY(날짜))/7)+1

01 예제 파일을 열고 B열과 G열의 날짜 값을 참고해 월의 주차를 반환해보겠습니다. 먼저 B열의 날짜로 주 일련번호를 구합니다. D6셀에 다음 수식을 입력하고 D6셀의 채우기 핸들(⊞)을 더블클릭해 수식을 복사합니다.

D6셀 : =WEEKNUM(B6)

	날짜	요일	주 일련번호	1일	주차	날짜	요일	주차
			월의 주차					
6	2018-07-01	일	27			2018-08-01	수	
7	2018-07-02	월	27			2018-08-02	목	
8	2018-07-03	화	27			2018-08-03	금	
9	2018-07-04	수	27			2018-08-04	토	
10	2018-07-05	목	27			2018-08-05	일	
11	2018-07-06	금	27			2018-08-06	월	
30	2018-07-25	수	30			2018-08-25	토	
31	2018-07-26	목	30			2018-08-26	일	
32	2018-07-27	금	30			2018-08-27	월	
33	2018-07-28	토	30			2018-08-28	화	
34	2018-07-29	일	31			2018-08-29	수	
35	2018-07-30	월	31			2018-08-30	목	
36	2018-07-31	화	31			2018-08-31	금	

> **Plus⁺ 수식 이해하기**
>
> WEEKNUM 함수의 두 번째 인수를 생략하면 일요일이 주의 시작일이 됩니다. D6셀(27)과, D34셀(31)의 반환 값을 보면 일요일에 모두 새로운 주 일련번호가 반환되는 것을 확인할 수 있습니다.

02 월의 주차를 구할 월의 시작일을 계산합니다. E6셀에 다음 수식을 입력하고 E6셀의 채우기 핸들(⊞)을 더블클릭해 수식을 복사합니다.

E6셀 : =B6-DAY(B6)+1

	날짜	요일	주 일련번호	1일	주차	날짜	요일	주차
6	2018-07-01	일	27	2018-07-01		2018-08-01	수	
7	2018-07-02	월	27	2018-07-01		2018-08-02	목	
8	2018-07-03	화	27	2018-07-01		2018-08-03	금	
9	2018-07-04	수	27	2018-07-01		2018-08-04	토	
10	2018-07-05	목	27	2018-07-01		2018-08-05	일	
11	2018-07-06	금	27	2018-07-01		2018-08-06	월	
30	2018-07-25	수	30	2018-07-01		2018-08-25	토	
31	2018-07-26	목	30	2018-07-01		2018-08-26	일	
32	2018-07-27	금	30	2018-07-01		2018-08-27	월	
33	2018-07-28	토	30	2018-07-01		2018-08-28	화	
34	2018-07-29	일	31	2018-07-01		2018-08-29	수	
35	2018-07-30	월	31	2018-07-01		2018-08-30	목	
36	2018-07-31	화	31	2018-07-01		2018-08-31	금	

03 D열에 계산한 주 일련번호에서 월 시작일의 주 일련번호를 뺀 다음 1을 더해 월의 주차를 계산합니다. F6셀에 다음 수식을 입력하고 F6셀의 채우기 핸들(⊞)을 더블클릭해 수식을 복사합니다.

F6셀 : =D6-WEEKNUM(E6)+1

	날짜	요일	주 일련번호	1일	주차	날짜	요일	주차
6	2018-07-01	일	27	2018-07-01	1	2018-08-01	수	
7	2018-07-02	월	27	2018-07-01	1	2018-08-02	목	
8	2018-07-03	화	27	2018-07-01	1	2018-08-03	금	
9	2018-07-04	수	27	2018-07-01	1	2018-08-04	토	
10	2018-07-05	목	27	2018-07-01	1	2018-08-05	일	
11	2018-07-06	금	27	2018-07-01	1	2018-08-06	월	
30	2018-07-25	수	30	2018-07-01	4	2018-08-25	토	
31	2018-07-26	목	30	2018-07-01	4	2018-08-26	일	
32	2018-07-27	금	30	2018-07-01	4	2018-08-27	월	
33	2018-07-28	토	30	2018-07-01	4	2018-08-28	화	
34	2018-07-29	일	31	2018-07-01	5	2018-08-29	수	
35	2018-07-30	월	31	2018-07-01	5	2018-08-30	목	
36	2018-07-31	화	31	2018-07-01	5	2018-08-31	금	

월의 주차를 계산하는 방법 중 가장 이해하기 쉬운 수식입니다. 날짜의 주 일련번호에서 해당 월 시작일의 주 일련번호를 빼면 0, 1, 2, 3, … 과 같은 숫자가 반환되는데, 이 숫자에 1을 더한 값이 바로 월의 주차입니다.

각 셀에 입력된 수식을 모두 조합하면 이번 수식은 다음과 같이 구성됩니다.

=WEEKNUM(B6)−WEEKNUM(B6−DAY(B6)+1)+1

수식을 모두 조합하면 복잡해 보이지만, 나눠 입력한 수식의 의미를 알면 어렵지 않게 이해할 수 있을 것입니다.

04 WEEKNUM 함수 대신 일자를 계산하는 방법을 사용해 월의 주차를 구할 수도 있습니다. G열의 날짜에 해당하는 월의 주차를 계산해보겠습니다. I6셀에 다음 수식을 입력하고 I6셀을 더블클릭해 복사합니다.

I6셀 : =INT((DAY(G6)+6−WEEKDAY(G6))/7)+1

I6	▼ : × ✓ fx	=INT((DAY(G6)+6-WEEKDAY(G6))/7)+1							
	A	B	C	D	E	F	G	H	I	J

월의 주차

날짜	요일	주 일련번호	1일	주차	날짜	요일	주차
2018-07-01	일	27	2018-07-01	1	2018-08-01	수	1
2018-07-02	월	27	2018-07-01	1	2018-08-02	목	1
2018-07-03	화	27	2018-07-01	1	2018-08-03	금	1
2018-07-04	수	27	2018-07-01	1	2018-08-04	토	1
2018-07-05	목	27	2018-07-01	1	2018-08-05	일	2
2018-07-06	금	27	2018-07-01	1	2018-08-06	월	2
2018-07-25	수	30	2018-07-01	4	2018-08-25	토	4
2018-07-26	목	30	2018-07-01	4	2018-08-26	일	5
2018-07-27	금	30	2018-07-01	4	2018-08-27	월	5
2018-07-28	토	30	2018-07-01	4	2018-08-28	화	5
2018-07-29	일	31	2018-07-01	5	2018-08-29	수	5
2018-07-30	월	31	2018-07-01	5	2018-08-30	목	5
2018-07-31	화	31	2018-07-01	5	2018-08-31	금	5

이번 수식은 금방 이해하기는 어렵겠지만 한 부분씩 이해하면 전체 구조를 알 수 있습니다. 한 주는 7일이므로 날짜의 일을 7로 나눠 월의 주차를 계산하는 수식입니다.

모든 달의 첫 번째 주를 극단적인 형태로 표시하면 다음과 같습니다.

● 패턴 1 : 첫 번째 주에 일요일 날짜부터 모두 있는 경우

일	월	화	수	목	금	토
1	2	3	4	5	6	7

● 패턴 2 : 첫 번째 주에 토요일 날짜만 있는 경우

일	월	화	수	목	금	토
						1

이 날짜를 7로 나눴을 때 모두 1이 나타나도록 하기 위해 먼저 6을 더하면(1에 6을 더하면 7이 되므로) 다음과 같습니다.

● 패턴 1 : 첫 번째 주에 일요일 날짜부터 모두 있는 경우

일	월	화	수	목	금	토
7	8	9	10	11	12	13

● 패턴 2 : 첫 번째 주에 토요일 날짜만 있는 경우

일	월	화	수	목	금	토
						7
8	9	10	11	12	13	14

이 값을 7로 바로 나누면 패턴 1은 모두 1이 나와 상관이 없지만, 패턴 2는 두 번째 주에도 1이 반환될 수 있습니다. 그러므로 WEEKDAY 함수의 두 번째 인수를 생략하고 요일 번호(일요일1~토요일7)를 빼면 다음과 같은 결과가 얻어집니다.

● 패턴 1 : 첫 번째 주에 일요일 날짜부터 모두 있는 경우

일	월	화	수	목	금	토
7-1=6	8-2=6	9-3=6	10-4=6	11-5=6	12-6=6	13-7=6

● 패턴 2 : 첫 번째 주에 토요일 날짜만 있는 경우

일	월	화	수	목	금	토
						7-7=0
8-1=7	9-2=7	10-3=7	11-4=7	12-5=7	13-6=7	14-7=7

이렇게 반환된 값을 7로 나눈 정수 값에 1을 더하면 월의 주차가 계산됩니다.

시간을 오전/오후로 구분하기

시간을 오전/오후로 구분해 데이터를 분석하고 싶은 경우가 있습니다. 하지만 엑셀 함수 중에는 시간에서 오전/오후만 반환하는 함수는 없으므로 서식 코드를 사용하는 TEXT 함수를 사용해 시간에서 오전/오후 값을 변환해야 합니다. TEXT 함수는 서식 코드를 사용하기 때문에 엑셀 함수로는 제공되지 않는 다양한 값 변환 작업에 유용하게 사용할 수 있습니다.

\ 예제 파일 PART 02 \ CHAPTER 07 \ TEXT 함수-오전, 오후.xlsx /

자주 사용하는 수식 패턴

AM/PM 반환

=TEXT(시간, "AM/PM")

* **시간** : 오전/오후를 구분할 시간 값
* **AM/PM** : 오전/오후를 구분하는 서식 코드로, AM/PM 값을 반환

오전/오후 반환

=TEXT(시간, "[$-412]AM/PM")

* **[$-412]** : 한국 국가 코드로, AM/PM 서식 코드 앞에 사용하면 오전/오후를 반환

午前/午後 반환

=TEXT(시간, "[$-411]AM/PM")

* **[$-411]** : 일본 국가 코드로, AM/PM 서식 코드 앞에 사용하면 한자로 午前/午後를 반환

예제 파일에는 오전/오후를 다양한 방법으로 반환하는 수식이 미리 입력되어 있습니다. C6:E7 범위의 수식을 모두 지우고 C8:E8 범위의 수식을 직접 입력해 결과를 확인해봅니다.

C6		▼ : × ✓ fx	=TEXT(B6, "AM/PM")	

▲	A	B	C	D	E	F
1						
2			**오전 / 오후**			
3						
5		시간	AM/PM	오전/오후	午前/午後	
6		9:00	AM	오전	午前	
7		18:00	PM	오후	午後	
8		수식	=TEXT(B6, "AM/PM")	=TEXT(B6, "[$-412]AM/PM")	=TEXT(B6, "[$-411]AM/PM")	
9						

시간에서 시(12시간제, 24시간제), 분, 초 구분하기

159

시간에서 시, 분, 초 값만 정수로 반환받으려면 어떻게 해야 할까요? 시 부분만 필요하다면 시간에 24를 곱한 값에서 정수 부분만 얻으면 됩니다. 분, 초 등의 숫자도 필요하다면 HOUR, MINUTE, SECOND 함수를 사용합니다. 참고로 HOUR 함수는 24시간제를 기준으로 시간을 반환하므로 12시 간제의 시간 값이 필요하다면 TEXT 함수를 사용한 변환 값에서 필요한 부분만 잘라 사용합니다.

\ **예제 파일** PART 02 \ CHAPTER 07 \ HOUR, MINUTE, SECOND 함수.xlsx /

새 함수

HOUR (❶ 시간)

시간 값에서 시를 의미하는 0~23 사이의 정수를 반환합니다.

인수	❶ 시간 : 시간 값을 의미하는 소수 값입니다.
사용 예	**=HOUR(NOW( ))** 현재 시간의 시 값이 24시간제 표현 방식의 숫자로 반환됩니다. 예를 들면 현재 시간이 오후 5시라면 17이 반환됩니다.

MINUTE (❶ 시간)

시간 값에서 분을 의미하는 0~59 사이의 정수를 반환합니다.

인수	❶ 시간 : 시간 값을 의미하는 소수 값입니다.
사용 예	**=MINUTE(NOW( ))** 현재 시간의 분 값이 숫자로 반환됩니다. 예를 들어 현재 시간이 오후 5시 30분이라면 30이 반환됩니다.

SECOND (❶ 시간)

시간 값에서 초를 의미하는 0~59 사이의 정수를 반환합니다.

인수	❶ 시간 : 시간 값을 의미하는 소수 값입니다.
사용 예	**=SECOND(NOW( ))** 현재 시간의 초 값이 숫자로 반환됩니다. 예를 들어 현재 시간이 오후 5시 30분 28초라면 28이 반환됩니다.

자주 사용하는 수식 패턴

24시간제의 시간으로 반환

=HOUR(시간)

* **시간** : 시간 값

12시간제의 시간으로 반환

=--LEFT(TEXT(시간, "HH AM/PM"), 2)

* 서식 코드는 대/소문자를 구분하지 않으므로, "hh am/pm"으로 입력해도 됩니다.

01 예제 파일을 열고 B7셀에 입력된 시간에서 시, 분, 초 숫자 값을 반환하는 수식을 작성해보겠습니다.

	A	B	C	D	E	F	G
1							
2			**시 / 분 / 초 구분**				
3							
5		시간	시(時)		분(分)	초(秒)	
6			(24시)	(12시)			
7		8:45:30 PM					
8							

02 다음 각 셀에 수식을 입력합니다.

C7셀 : =HOUR(B7)

E7셀 : =MINUTE(B7)

F7셀 : =SECOND(B7)

F7		:	×	✓	fx	=SECOND(B7)	
	A	B	C	D	E	F	G
1							
2			**시 / 분 / 초 구분**				
3							
5		시간	시(時)		분(分)	초(秒)	
6			(24시)	(12시)			
7		8:45:30 PM	20		45	30	
8							

Plus⁺ 수식 이해하기

먼저 C7셀에 반환된 시간 값은 24시간제를 기준으로 오후 8시에 해당하는 20이 반환됩니다. C7셀의 수식은 다음과 같이 변경할 수 있습니다.

=INT(B7*24)

수식을 위와 같이 변경해 결과가 '12:00 AM'과 같이 표시되면 [홈] 탭-[표시 형식] 그룹에서 [표시 형식]을 [일반]으로 선택합니다.

E7:F7 범위의 분, 초는 모두 정확한 값이 반환됩니다.

03 12시간제의 시간을 반환받으려면 수식이 조금 복잡해집니다. 먼저 D7셀에 12시간제의 시간을 반환하는 수식을 다음과 같이 작성합니다.

D7셀 : =TEXT(B7, "HH AM/PM")

> **Plus⁺ 수식 이해하기**
>
> 엑셀 함수 중에는 12시간제로 시간을 반환하는 함수가 없으므로 TEXT 함수를 사용해 12시간제로 변환합니다. 08이 아니라 8과 같이 한 자리로 반환하도록 하려면 **HH** 대신 **H** 서식 코드를 사용합니다.

04 오전/오후(AM/PM)을 구분하는 표시 없이 시간만 반환하도록 하려면 LEFT 함수를 사용해 필요한 부분만 잘라 사용합니다. D7셀의 수식을 다음과 같이 수정합니다.

D7셀 : =--LEFT(TEXT(B7, "HH AM/PM"), 2)

> **Plus⁺ 수식 이해하기**
>
> TEXT 함수에서 반환된 값의 앞 두 자리가 12시간제의 시 부분이므로 LEFT 함수를 사용해 앞 두 자리만 자른 것입니다. 수식의 맨 앞 음수 기호(-) 두 개는 08을 숫자로 변환하기 위한 부분입니다.
>
> **LINK** 음수 기호를 사용해 데이터 형식을 변환하는 방법은 'No. 103 텍스트형 숫자를 숫자 형식으로 변환하기 - VALUE'(297쪽)를 참고합니다.

시간을 30분, 1시간 간격으로 조정하기

특정 시간부터 일정 간격으로 시간을 반복해서 입력해야 한다면, 처음 몇 개만 입력하고 나머지는 자동 채우기 기능을 이용해 입력하는 것이 일반적입니다. 하지만 이렇게 하면 시간을 변경해야 할 경우 같은 작업을 처음부터 다시 해야 합니다. 그렇기 때문에 변동될 가능성이 있는 시간은 수식을 이용해 입력하는 것이 좋습니다.

\ **예제 파일** PART 02 \ CHAPTER 07 \ TIME 함수.xlsx /

새 함수

TIME (❶ 시, ❷ 분, ❸ 초)

시, 분, 초를 의미하는 정수 값을 받아, 시간을 의미하는 소수 값을 반환합니다.

인수	❶ 시 : 0~32,767 사이의 시(時)를 의미하는 정수 값입니다. 0~23 사이의 값은 그대로 시로 인식합니다. 24 이상의 숫자는 24로 나눈 나머지 값을 시로 사용합니다. ❷ 분 : 0~32,767 사이의 분(分)을 의미하는 정수 값입니다. 0~59 사이의 값은 그대로 분으로 인식합니다. 60 이상의 숫자는 60으로 나눈 나머지 값을 분으로 사용합니다. ❸ 초 : 0~32,767 사이의 초(秒)를 의미하는 정수 값입니다. 0~59 사이의 값은 그대로 초로 인식합니다. 60 이상의 숫자는 60으로 나눈 나머지 값을 초로 사용합니다.
사용 예	=TIME(12, 30, 0) 오후 12:30 시간을 반환합니다.

자주 사용하는 수식 패턴

일정 간격 뒤의 시간

=시작시간+TIME(0, 30, 0)

* **시작시간** : 시작 시간 값
* **TIME(0, 30, 0)**은 오전 12시 30분을 의미하기도 하지만, 30분을 의미하기도 합니다. 이런 방법을 이용해 시간 간격을 조정하는데, 1시간 간격은 **TIME(1, 0, 0)**과 같이 변경하면 됩니다.

01 예제 파일을 열고 C5셀의 시작시간부터 일정한 간격으로 시간이 자동 계산되도록 해보겠습니다.

02 이런 식의 작업 중 가장 쉬운 수식 작성 방법은 첫 번째 시간과 두 번째 시간을 서로 다르게 계산하는 것입니다. 다음 각 셀에 수식을 입력하고 E7셀의 채우기 핸들을 E15셀까지 드래그해 복사합니다.

E6셀 : =C5

E7셀 : =E6+TIME(0, 30, 0)

Plus⁺ 수식 이해하기

E6셀의 시작시간은 C5셀과 동일하므로 단순 참조로 해결됩니다. E7셀에는 E6셀(상대 참조이므로 바로 위의 셀)에 30분을 더해 시간을 반환하도록 합니다. E7셀의 수식을 복사하면 계속해서 이전 시간에 30분이 더해지면서 시간이 자동으로 계산됩니다.

시간 간격을 1시간으로 변경하려면 E7셀의 수식을 다음과 같이 변경합니다.

=E6+TIME(1, 0, 0)

또는

=E6+(1/24)

이런 방법은 두 셀에 각각 다른 수식을 넣어야 한다는 점에서 불편하지만 이해하기는 쉽습니다.

03 수식을 나눠 입력하지 않고 한 번만 입력해 계산을 끝내려면 E6셀의 수식을 다음과 같이 변경하고 E6셀의 채우기 핸들을 E15셀까지 드래그해 복사합니다.

E6셀 : =$C$5+TIME(0, 30*(ROW(A1)−1), 0)

Plus⁺ 수식 이해하기

이번 수식이 **02** 과정의 수식과의 다른 점은 다음 두 가지입니다.

● 첫째, C5셀을 참조하는 방식이 상대 참조가 아닌 절대 참조 방식입니다.
● 둘째, TIME 함수의 두 번째 인수 부분이 다릅니다.

한 번에 30분 간격의 시간 계산을 하려면 다음과 같은 구조로 계산이 이뤄져야 합니다.

E6셀 : =시작시간+0분
E7셀 : =시작시간+30분
E8셀 : =시작시간+60분
E9셀 : =시작시간+90분
…

위 수식에서 시작시간은 모두 나와야 하므로, C5셀(시작시간)을 절대 참조 방식으로 변경했습니다. 그리고 뒷부분에 0분, 30분, 60분, 90분, … 과 같은 시간이 더해지도록 하기 위해 TIME 함수의 두 번째 인수 부분을 변경한 것입니다.

TIME 함수의 두 번째 인수 부분은 **30*(ROW(A1)−1)**입니다. 30(분)에 곱한 ROW(A1)−1에서 ROW(A1) 부분은 행 방향으로 수식을 복사할 때 1, 2, 3,… 과 같은 일련번호를 반환하므로, 이 값에서 1을 빼면 0, 1, 2, 3, … 과 같은 순서의 값이 반환됩니다. 이 값에 30(분)을 곱하면 0, 30, 60, 90, …과 같은 값이 완성되어 시작시간에서 0분, 30분, 60분, 90분 후의 시간이 각각 반환됩니다.

이런 계산 방법을 1시간 간격으로 변경하려면 다음과 같은 수식을 사용합니다.

> **=$C$5+TIME(1*(ROW(A1)−1), 0, 0)**
>
> 또는
>
> **=$C$5+(1/24)*(ROW(A1)−1)**

위 수식에서 별색으로 표시된 숫자를 변경하면 각각 n시간 간격으로 시간이 반환됩니다.

입사일에서 근속 기간 구하기 – DATEDIF

근속 기간, 연차 등을 구하려면 두 날짜 사이의 차이를 계산하는데, 보통 몇 년, 몇 개월 정도가 지났는지 먼저 계산합니다. 엑셀에는 이런 계산에 사용할 수 있는 DATEDIF 함수가 있는데, 이 함수는 로터스 1-2-3 프로그램과의 호환성 때문에 제공되는 것으로 마이크로소프트에서 공식 지원하는 함수는 아니기 때문에 도움말이나 함수 마법사에서는 정보를 찾을 수 없습니다.

\ **예제 파일** PART 02 \ CHAPTER 07 \ DATEDIF 함수.xlsx /

새 함수

DATEDIF (❶ 시작일, ❷ 종료일, ❸ 옵션)

시작일과 종료일의 날짜 차이를 **옵션** 인수에서 지정한 방식으로 계산합니다.

인수	❶ **시작일** : 날짜 일련번호로, **시작일**은 **종료일**보다 항상 과거 날짜여야 합니다. ❷ **종료일** : 날짜 일련번호로, **시작일**은 **종료일**보다 항상 과거 날짜여야 합니다. ❸ **옵션** : 두 날짜의 차이를 구할 방법을 지정하는 옵션으로, 대/소문자를 구분하지 않습니다.	
	옵션	**설명**
	Y	두 날짜 사이의 연(年)의 차이를 반환합니다.
	m	두 날짜 사이의 월(月)의 차이를 반환합니다.
	d	두 날짜 사이의 일(日)의 차이를 반환합니다.
	ym	두 날짜 사이의 연의 차이를 제외하고 남은 월의 차이를 반환합니다.
	yd	두 날짜 사이의 연의 차이를 제외하고 남은 일의 차이를 반환합니다.
	md	두 날짜 사이의 연, 월의 차이를 제외하고 남은 일의 차이를 반환합니다.
특이사항	두 날짜의 차이를 뺄셈(−) 연산으로 계산하므로, 세는 방법으로 연산해야 하는 경우에는 시작일에서 1을 빼거나 종료일에 1을 더하는 연산이 필요합니다.	
사용 예	**=DATEDIF(A1, B1, "m")** A1셀에 입력된 날짜부터 B1셀에 입력된 날짜 사이의 개월 수를 반환합니다.	

자주 사용하는 수식 패턴

날짜 차이(빼기)

=DATEDIF(시작일, 종료일, "D")

* **시작일** : 날짜 계산을 시작할 첫 번째 날짜
* **종료일** : 날짜 계산을 끝낼 마지막 날짜

* 이 계산 방법은 **=종료일−시작일**과 같습니다. 이 방법으로 1월 1일부터 1월 10일까지의 날짜 차이를 계산하면 **=10−1**의 결과인 9가 반환됩니다. 만 나이 등을 구할 때 주로 사용하는 계산 방법입니다.

날짜 차이(세기)

=DATEDIF(시작일−1, 종료일, "D")

=DATEDIF(시작일, 종료일+1, 옵션)

* **시작일** : 날짜 계산을 시작할 첫 번째 날짜
* **종료일** : 날짜 계산을 끝낼 마지막 날짜
* 이 계산 방법은 **=종료일−시작일+1**과 같습니다. 이 방법으로 1월 1일부터 1월 10일까지의 날짜 차이를 계산하면 **=10−1+1**의 결과인 10이 반환됩니다. 근속 기간 등을 구할 때 주로 사용하는 계산 방법입니다

01 예제 파일을 열고 D열의 입사일과 H3셀의 기준일 사이의 근속 기간을 E:G열에 각각 구해 보겠습니다.

02 두 날짜 사이의 연의 차이를 구합니다. E7셀에 다음 수식을 입력하고 E7셀의 채우기 핸들(⊞)을 E15셀까지 드래그해 복사합니다.

E7셀 : =DATEDIF(D7, $H$3+1, "Y")

03 근속 기간의 연의 차이를 구하고 남은 개월 수와 일의 차이를 계산합니다. 다음 각 셀에 수식을 입력하고 F7:G7 범위의 채우기 핸들(⊞)을 G15셀까지 드래그해 복사합니다.

F7셀 : =DATEDIF(D7, $H$3+1, "YM")
G7셀 : =DATEDIF(D7, $H$3+1, "MD")

G7		▼	: × ✓ ƒx	=DATEDIF(D7, $H$3+1, "MD")					
⊿	A	B	C	D	E	F	G	H	I	J

사번	이름	입사일	근속기간			y년 m개월

근 속 기 간

기준일 2018-12-31

사번	이름	입사일	년	개월	일	y년 m개월
1	박지훈	2012-07-28	6	5	4	
2	유준혁	2013-10-12	5	2	20	
3	이서연	2010-05-01	8	8	0	
4	김민준	2014-04-15	4	8	17	
5	최서현	2017-05-01	1	8	0	
6	박현우	2014-10-15	4	2	17	
7	정시우	2015-03-08	3	9	24	
8	이은서	2012-05-01	6	8	0	
9	오서윤	2010-12-11	8	0	21	

04 근속 기간을 구할 때 'y년 m개월'과 같은 결과를 한 번에 반환하는 함수는 없습니다. 그러므로 H7 병합 셀에 다음 수식을 입력하고 H7 병합 셀의 채우기 핸들(⊞)을 H15병합 셀까지 드래그해 복사합니다.

H7 병합 셀 : =E7 & "년 " & F7 & "개월"

H7				f_x	=E7 & "년 " & F7 & "개월"				

A	B	C	D	E	F	G	H	I	J
			근 속 기 간				기준일 2018-12-31		
	사번	이름	입사일	근속기간			y년 m개월		
				년	개월	일			
	1	박지훈	2012-07-28	6	5	4	6년 5개월		
	2	유준혁	2013-10-12	5	2	20	5년 2개월		
	3	이서연	2010-05-01	8	8	0	8년 8개월		
	4	김민준	2014-04-15	4	8	17	4년 8개월		
	5	최서현	2017-05-01	1	8	0	1년 8개월		
	6	박현우	2014-10-15	4	2	17	4년 2개월		
	7	정시우	2015-03-08	3	9	24	3년 9개월		
	8	이은서	2012-05-01	6	8	0	6년 8개월		
	9	오서윤	2010-12-11	8	0	21	8년 0개월		

05 만약 H15 병합 셀처럼 0개월로 표시된 결과는 감추고 싶다면 IF함수를 추가로 사용합니다. H7 병합 셀의 수식을 다음과 같이 수정하고 H7 병합 셀의 채우기 핸들(⊞)을 H15 병합 셀까지 드래그해 복사합니다.

H15 병합 셀 : =E7 & IF(F7>0, "년 " & F7 & "개월", "년")

H7				f_x	=E7 & IF(F7>0, "년 " & F7 & "개월", "년")				

A	B	C	D	E	F	G	H	I	J
			근 속 기 간				기준일 2018-12-31		
	사번	이름	입사일	근속기간			y년 m개월		
				년	개월	일			
	1	박지훈	2012-07-28	6	5	4	6년 5개월		
	2	유준혁	2013-10-12	5	2	20	5년 2개월		
	3	이서연	2010-05-01	8	8	0	8년 8개월		
	4	김민준	2014-04-15	4	8	17	4년 8개월		
	5	최서현	2017-05-01	1	8	0	1년 8개월		
	6	박현우	2014-10-15	4	2	17	4년 2개월		
	7	정시우	2015-03-08	3	9	24	3년 9개월		
	8	이은서	2012-05-01	6	8	0	6년 8개월		
	9	오서윤	2010-12-11	8	0	21	8년		

나이, 만 나이, 보험 나이 계산하기

162

우리나라의 나이 계산은 다소 복잡합니다. 일반 나이, 공문서 등에서 사용하는 만 나이, 보험에 가입할 때 계산하는 보험 나이로 구분됩니다. 일반적인 기준으로 나이는 생년월일부터 오늘까지의 연의 차이를 계산하는 방법으로 구할 수 있습니다. 주민등록번호 또는 생년월일을 이용해 여러 가지 나이를 계산하는 방법에 대해 알아보겠습니다.

\ **예제 파일** PART 02 \ CHAPTER 07 \ DATEDIF 함수—나이.xlsx

자주 사용하는 수식 패턴

나이

=YEAR(TODAY())-YEAR(생년월일)+1

* **YEAR(TODAY())** : 올해 연도
* **YEAR(생년월일)** : 출생연도

만 나이

=DATEDIF(생년월일, TODAY( ), "Y")

* **생년월일** : 만 나이를 계산할 사람의 출생일

보험 나이

=DATEDIF(EDATE(생년월일, −6), TODAY( ), "Y")

* 보험 나이는 만 나이에서 6개월까지는 해당 만 나이를 사용하고, 7개월부터는 1살을 더해 적용합니다. 이런 부분을 수식으로 대응하면 생년월일을 6개월 늦춰 만 나이를 계산하면 됩니다.

01 예제 파일을 열고 직원의 주민등록번호를 참고해 다양한 나이를 계산해보겠습니다.

사번	이름	직위	주민등록번호	생년월일	나이		
					일반	만	보험
1	박지훈	부장	750219-1234567				
2	유준혁	차장	820304-1234567				
3	이서연	과장	841208-2134567				
4	김민준	대리	870830-1234567				
5	최서현	주임	900919-2134567				
6	박현우	주임	880702-1234567				
7	정시우	사원	920529-1234567				
8	이은서	사원	940109-2134567				
9	오서윤	사원	930127-2134567				

다양한 나이 계산

02 주민등록번호에서 생년월일을 날짜 값으로 추출하겠습니다. F7셀에 다음 수식을 입력하고 F7셀의 채우기 핸들을 F15셀까지 드래그해 복사합니다.

F7셀 : =--TEXT(LEFT(E7, 6), "00-00-00")

	A	B	C	D	E	F	G	H	I	J
				F7	fx	=--TEXT(LEFT(E7, 6), "00-00-00")				
1										
2					**다양한 나이 계산**					
3										
5		사번	이름	직위	주민등록번호	생년월일		나이		
6							일반	만	보험	
7		1	박지훈	부장	750219-1234567	1975-02-19				
8		2	유준혁	차장	820304-1234567	1982-03-04				
9		3	이서연	과장	841208-2134567	1984-12-08				
10		4	김민준	대리	870830-1234567	1987-08-30				
11		5	최서현	주임	900919-2134567	1990-09-19				
12		6	박현우	주임	880702-1234567	1988-07-02				
13		7	정시우	사원	920529-1234567	1992-05-29				
14		8	이은서	사원	940109-2134567	1994-01-09				
15		9	오서윤	사원	930127-2134567	1993-01-27				
16										

Plus⁺ 수식 이해하기

이번 수식은 다음 세 부분으로 구성되어 있습니다.

● 첫째, 주민등록번호의 앞 여섯 자리 문자를 잘라내는 부분입니다.

> LEFT(E7, 6)

● 둘째, 잘라낸 문자열을 날짜 형식(YY-MM-DD)으로 변환하기 위해 TEXT 함수를 사용합니다. LEFT 함수로 잘라낸 값은 숫자에 해당하는 문자이므로 **YY-MM-DD** 서식 코드를 사용하지 않고 숫자 서식 코드인 **0**을 사용하는 것에 주의합니다.

> TEXT(LEFT(E7, 6), "00-00-00")

● 셋째, 이 값을 숫자로 변환하기 위해 TEXT 함수 앞에 음수 기호(-)를 두 번 사용합니다.

> =--TEXT(LEFT(E7, 6), "00-00-00")

이렇게 하면 주민등록번호에서 날짜 값을 반환받을 수 있습니다.

03 일반 나이는 올해 연도에서 출생연도를 빼고 1을 더하면 되므로, G7셀에 다음 수식을 입력하고 G7셀의 채우기 핸들을 G15셀까지 드래그해 복사합니다.

G7셀 : =YEAR(TODAY( ))−YEAR(F7)+1

G7		▼	:	×	✓	fx	=YEAR(TODAY())-YEAR(F7)+1		

	A	B	C	D	E	F	G	H	I	J
1										
2					다양한 나이 계산					
3										
5		사번	이름	직위	주민등록번호	생년월일		나이		
6							일반	만	보험	
7		1	박지훈	부장	750219-1234567	1975-02-19	43			
8		2	유준혁	차장	820304-1234567	1982-03-04	36			
9		3	이서연	과장	841208-2134567	1984-12-08	34			
10		4	김민준	대리	870830-1234567	1987-08-30	31			
11		5	최서현	주임	900919-2134567	1990-09-19	28			
12		6	박현우	주임	880702-1234567	1988-07-02	30			
13		7	정시우	사원	920529-1234567	1992-05-29	26			
14		8	이은서	사원	940109-2134567	1994-01-09	24			
15		9	오서윤	사원	930127-2134567	1993-01-27	25			
16										

TIP 나이 계산에 TODAY 함수를 사용했으므로 이 예제를 따라 하는 시기에 따라 계산 결과가 다를 것입니다. (이후 만 나이, 보험 나이 모두 공통)

04 만 나이를 구하겠습니다. H7셀에 다음 수식을 입력하고 H7셀의 채우기 핸들(⊞)을 H15셀까지 드래그해 복사합니다.

H7셀 : =DATEDIF(F7, TODAY(), "Y")

H7		▼	:	×	✓	fx	=DATEDIF(F7, TODAY(), "Y")		

	A	B	C	D	E	F	G	H	I	J
1										
2					다양한 나이 계산					
3										
5		사번	이름	직위	주민등록번호	생년월일		나이		
6							일반	만	보험	
7		1	박지훈	부장	750219-1234567	1975-02-19	43	42		
8		2	유준혁	차장	820304-1234567	1982-03-04	36	35		
9		3	이서연	과장	841208-2134567	1984-12-08	34	33		
10		4	김민준	대리	870830-1234567	1987-08-30	31	30		
11		5	최서현	주임	900919-2134567	1990-09-19	28	27		
12		6	박현우	주임	880702-1234567	1988-07-02	30	29		
13		7	정시우	사원	920529-1234567	1992-05-29	26	25		
14		8	이은서	사원	940109-2134567	1994-01-09	24	23		
15		9	오서윤	사원	930127-2134567	1993-01-27	25	24		
16										

Plus⁺ 수식 이해하기

만 나이는 생년월일과 오늘 날짜의 연 차이를 계산해 구합니다. 이때 주의할 점은 만 나이는 생일이 되면 바로 증가해야 하므로, 날짜를 세는 연산이 아니라 뺄셈 연산으로 구해야 한다는 점입니다. 그러므로 근속 기간을 계산할 때와는 달리 시작일(F7)이나 종료일(TODAY())에 1을 빼거나 더하는 변형을 가하면 안 됩니다.

05 이번에는 보험 나이를 계산해보겠습니다. I7셀에 다음 수식을 입력하고 I7셀의 채우기 핸들(⊞)을 I15셀까지 드래그해 복사합니다.

I7셀 : =DATEDIF(EDATE(F7, −6), TODAY( ), "Y")

I7			× ✓ *fx*	=DATEDIF(EDATE(F7, -6), TODAY(), "Y")					
◢	A	B	C	D	E	F	G	H	I	J
1										
2					**다양한 나이 계산**					
3										
5		사번	이름	직위	주민등록번호	생년월일	나이			
6							일반	만	보험	
7		1	박지훈	부장	750219-1234567	1975-02-19	43	42	43	
8		2	유준혁	차장	820304-1234567	1982-03-04	36	35	36	
9		3	이서연	과장	841208-2134567	1984-12-08	34	33	33	
10		4	김민준	대리	870830-1234567	1987-08-30	31	30	30	
11		5	최서현	주임	900919-2134567	1990-09-19	28	27	27	
12		6	박현우	주임	880702-1234567	1988-07-02	30	29	29	
13		7	정시우	사원	920529-1234567	1992-05-29	26	25	26	
14		8	이은서	사원	940109-2134567	1994-01-09	24	23	24	
15		9	오서윤	사원	930127-2134567	1993-01-27	25	24	25	
16										

Plus⁺ 수식 이해하기

보험 나이는 나이를 근속 기간처럼 Y살 M개월로 구한 후, 6개월까지는 해당 만 나이로, 7개월부터는 1살을 더 적용합니다. 이런 계산을 할 때는 생년월일을 6개월 이전 날짜로 구해 만 나이를 구하는 방법을 적용하는 것이 쉽습니다.

그러므로 이번 수식은 기본적으로 만 나이를 구하는 방법과 동일하며, EDATE 함수를 사용해 생년월일의 6개월 이전 날짜를 구해 계산한다는 점만 다릅니다.

근속 기간의 합계, 평균 구하기

경력자의 이력서를 보면 여러 회사를 다닌 경우가 있는데, 이 경우 이전 경력을 모두 합해 경력 기간을
산정하거나 평균 몇 년 정도 근속하는지 등을 확인할 필요가 있습니다. 이런 작업을 하려면 몇 차례 근
속 기간의 합계와 평균을 구할 수 있어야 하는데, 날짜가 연속적이지 않고 중간에 쉬는 날짜가 있을 가
능성이 높으므로 쉬운 계산은 아닙니다.

예제 파일 PART 02 \ CHAPTER 07 \ DATEDIF 함수—합계, 평균.xlsx

자주 사용하는 수식 패턴

근속 기간의 합계 (단순 계산)

년 : =SUM(연)+QUOTIENT(SUM(개월)+QUOTIENT(SUM(일), 30), 12)

개월 : =MOD(SUM(개월)+QUOTIENT(SUM(일), 30), 12)

일 : =MOD(SUM(일), 30)

* **연, 개월, 일** : 개별 경력 기간의 값
* 한 달은 30일로 처리합니다.

근속 기간의 합계 (최초 입사일부터 연속)

년 : =DATEDIF(최초 입사일,
　　　최초 입사일-1+SUMPRODUCT(퇴사일 범위-입사일 범위+1), "Y")

개월 : =DATEDIF(최초 입사일,
　　　　최초 입사일-1+SUMPRODUCT(퇴사일 범위-입사일 범위+1), "YM")

일 : =DATEDIF(최초 입사일,
　　　최초 입사일-1+SUMPRODUCT(퇴사일 범위-입사일 범위+1), "MD")

* **최초 입사일** : 첫 번째 근속 기간의 입사일
* **퇴사일 범위** : 개별 경력 기간 내 퇴사일이 입력된 데이터 범위
* **입사일 범위** : 개별 경력 기간 내 입사일이 입력된 데이터 범위
* **최초 입사일**로부터 근무일이 연속된다고 가정하고 날짜 차이를 구합니다.

근속 기간의 합계 (최초 입사일부터 연속)

년 : =DATEDIF(최초 입사일,
최초 입사일-1+AVERAGE(퇴사일 범위-입사일 범위+1), "Y")

개월 : =DATEDIF(최초 입사일,
최초 입사일-1+AVERAGE(퇴사일 범위-입사일 범위+1), "YM")

일 : =DATEDIF(최초 입사일,
최초 입사일-1+AVERAGE(퇴사일 범위-입사일 범위+1), "MD")

* 이 수식은 모두 배열 수식으로, `Ctrl` + `Shift` + `Enter` 키로 입력해야 합니다.

LINK 배열수식에 대해서는 'PART 3 배열 수식'에서 자세하게 설명합니다.

* **최초 입사일** : 첫 번째 근속 기간의 입사일
* **퇴사일 범위** : 개별 경력 기간 내 퇴사일이 입력된 데이터 범위
* **입사일 범위** : 개별 경력 기간 내 입사일이 입력된 데이터 범위
* **최초 입사일**로부터 근무일이 연속된다고 가정하고 날짜 차이를 구합니다.

01 예제 파일을 열면 각 경력에 대한 개별 근속 기간이 계산되어 있습니다. 이 근속 기간의 합계와 평균을 구해보겠습니다.

	A	B	C	D	E	F	G	H	I	J
1										
2					**근 속 기 간**					
3										
5		**No**	**근무처**	**직위**	**기간**		**근속기간**			
6					**입사일**	**퇴사일**	**년**	**개월**	**일**	
7		1	태성 ㈜	사원	2007-01-01	2010-05-21	3	4	21	
8		2	선우테크 ㈜	주임	2010-08-01	2011-12-31	1	5	0	
9		3	㈜ 에스알	과장	2012-02-01	2017-08-16	5	6	16	
11		**합계**		단순 계산 (1달 30일 기준)						
12				최초 입사일에서 연속						
13		**평균**		최초 입사일에서 연속						
14										

TIP G7:I9 범위에는 DATEDIF 함수를 사용한 수식이 입력되어 있습니다.

02 근속 기간 중에서 연의 합계를 구합니다. G11셀에 다음 수식을 입력합니다.

G11셀 : =SUM(G7:G9)

G11			:	× ✓ ⨍	=SUM(G7:G9)				
◢	A	B	C	D	E	F	G	H	I	J

근 속 기 간

No	근무처	직위	기간		근속기간		
			입사일	퇴사일	년	개월	일
1	태성 ㈜	사원	2007-01-01	2010-05-21	3	4	21
2	선우테크 ㈜	주임	2010-08-01	2011-12-31	1	5	0
3	㈜ 에스알	과장	2012-02-01	2017-08-16	5	6	16
합계			단순 계산 (1달 30일 기준)		9		
			최초 입사일에서 연속				
평균			최초 입사일에서 연속				

03 계산된 연의 합계에는 개월도 반영해야 합니다. 근속한 개월의 합계가 12개월이 넘으면 1년의 근속 연수를 추가합니다. G11셀의 수식을 다음과 같이 수정합니다.

G11셀 : =SUM(G7:G9)+QUOTIENT(SUM(H7:H9), 12)

G11			:	× ✓ ⨍	=SUM(G7:G9)+QUOTIENT(SUM(H7:H9), 12)				
◢	A	B	C	D	E	F	G	H	I	J

근 속 기 간

No	근무처	직위	기간		근속기간		
			입사일	퇴사일	년	개월	일
1	태성 ㈜	사원	2007-01-01	2010-05-21	3	4	21
2	선우테크 ㈜	주임	2010-08-01	2011-12-31	1	5	0
3	㈜ 에스알	과장	2012-02-01	2017-08-16	5	6	16
합계			단순 계산 (1달 30일 기준)		10		
			최초 입사일에서 연속				
평균			최초 입사일에서 연속				

Plus⁺ 수식 이해하기

근속개월의 합계를 근속년수에 반영하기 위해, 근속개월의 합계를 12로 나눈 몫을 근속년수의 합계에 더합니다.

이번 수식에서는 QUOTIENT 함수를 사용해 근속개월의 합계(SUM(H7:H9))를 12로 나눈 몫을 계산했는데, INT 함수를 사용해 다음과 같이 좀 더 간결하게 표현할 수도 있습니다.

=SUM(G7:G9)+INT(SUM(H7:H9)/12)

참고로 INT 함수는 계산된 실수 값의 정수 부분만 반환하므로, 나눗셈의 몫을 구하는 QUOTIENT 함수를 대체하는 용도로 자주 사용됩니다.

04 만약 근속일수의 합계가 30일을 초과한다면 근속개월에 이 값을 더해야 하며, 이 값을 12로 나눈 몫을 근속년수의 합계에 더해야 합니다. 그러므로 G11셀의 수식을 다음과 같이 수정합니다. 이 수식이 근속연수의 합계를 구하는 최종 수식입니다.

G11셀 : =SUM(G7:G9)+QUOTIENT(SUM(H7:H9)+QUOTIENT(SUM(I7:I9), 30), 12)

G11		▼	:	×	✓	fx	=SUM(G7:G9)+QUOTIENT(SUM(H7:H9)+QUOTIENT(SUM(I7:I9), 30), 12)		
◢	A	B	C	D	E	F	G	H	I	J

근 속 기 간

No	근무처	직위	기간		근속기간		
			입사일	퇴사일	년	개월	일
1	태성 ㈜	사원	2007-01-01	2010-05-21	3	4	21
2	선우테크 ㈜	주임	2010-08-01	2011-12-31	1	5	0
3	㈜ 에스알	과장	2012-02-01	2017-08-16	5	6	16
합계			단순 계산 (1달 30일 기준)		10		
			최초 입사일에서 연속				
평균			최초 입사일에서 연속				

> **Plus⁺ 수식 이해하기**
>
> 이번 수식은 **02~04** 과정의 수식을 모두 결합한 수식으로, 조금 복잡해 보이지만 근속년수의 합계를 제대로 구할 수 있습니다.
>
> ❶ 근속년수의 합계 : SUM(G7:G9)
> ❷ 근속개월 반영 : ❶+QUOTIENT(SUM(H7:H9), 12)
> ❸ 근속일수 반영 : ❶+QUOTIENT(SUM(H7:H9)+QUOTIENT(SUM(I7:I9), 30), 12)
>
> 즉, 근속일수의 합계(SUM(I7:I9))를 30으로 나눈 몫(QUOTIENT)을 구해 근속개월의 합계(SUM(H7:H9))에 더합니다. 이때, 근속일수의 합계를 30으로 나눈 이유는 앞에서도 설명했듯이 한 달을 30일로 가정했기 때문입니다.

---

05 이번에는 근속개월의 합계를 구하겠습니다. 앞에서 근속년수의 합계를 구할 때 근속개월의 합계에 12로 나눈 몫을 구해 더했으므로, 근속개월의 합계는 12로 나눈 나머지를 구하면 됩니다. H11셀에 다음 수식을 입력합니다.

H11셀 : =MOD(SUM(H7:H9)+QUOTIENT(SUM(I7:I9), 30), 12)

H11		▼	:	×	✓	fx	=MOD(SUM(H7:H9)+QUOTIENT(SUM(I7:I9), 30), 12)		
◢	A	B	C	D	E	F	G	H	I	J

근 속 기 간

No	근무처	직위	기간		근속기간		
			입사일	퇴사일	년	개월	일
1	태성 ㈜	사원	2007-01-01	2010-05-21	3	4	21
2	선우테크 ㈜	주임	2010-08-01	2011-12-31	1	5	0
3	㈜ 에스알	과장	2012-02-01	2017-08-16	5	6	16
합계			단순 계산 (1달 30일 기준)		10	4	
			최초 입사일에서 연속				
평균			최초 입사일에서 연속				

06 마지막으로 근속일수의 합계를 구하겠습니다. 이 계산은 단순하게 근속일수의 합계를 30으로 나눈 나머지를 구하면 됩니다. I11셀에 다음 수식을 입력합니다.

I11셀 : =MOD(SUM(I7:I9), 30)

TIP 보통 근속 기간의 합계나 평균을 구할 때 일 부분은 부정확한 계산이 나올 확률이 높아 계산하지 않는 경우가 많습니다.

07 G7:I9 범위의 근속 기간 계산 없이 입사일과 퇴사일을 참고해 바로 근속 기간의 합계를 구해보겠습니다. G12셀에 다음 수식을 입력합니다.

G12셀 : =DATEDIF(E7, E7-1+SUMPRODUCT(F7:F9-E7:E9+1), "Y")

Plus⁺ 수식 이해하기

이 수식을 이해하려면 먼저 다음 두 가지 사실을 알고 있어야 합니다.

- 날짜는 숫자다.
- 입사일과 퇴사일 사이에 근속하지 않은 기간이 존재하는 경우 정확한 근속 기간의 합계는 구하기 어렵다. (한 달에는 28일, 29일, 30일, 31일 네 가지 형식이 있으므로, 근속일이 연속되지 않으면 한 달을 계산하는 부분에서 문제가 발생할 수밖에 없습니다.)

이번 수식에서는 G7:I9 범위의 근속 기간을 계산에 사용하지 않으며, DATEDIF 함수를 사용해 최초 입사일로부터 총 근무일수 뒤의 날짜를 임의로 계산해 두 날짜 사이의 근속 기간을 계산합니다.

이번 수식을 제대로 이해하려면 DATEDIF 함수의 두 번째 인수 부분만 제대로 알면 됩니다.

> **=DATEDIF(E7, E7−1+SUMPRODUCT(F7:F9−E7:E9+1), "Y")**
>
> **❶ SUMPRODUCT(F7:F9−E7:E9+1)**
> 총 근무일수를 구하기 위한 부분으로, 퇴사일(F7:F9)에서 입사일(E7:E9)을 빼고 1을 더하는 연산으로 각 경력 기간의 근무일수를 모두 더한(SUMPRODUCT) 결과를 반환합니다. 여기서 1을 더하는 것은 두 날짜 사이를 세기 위한 연산으로, 예를 들어 1월 1일부터 1일 10일까지 근무한 경우 퇴사일에서 입사일을 빼면 (10일−1일) 9일이 되므로 1을 더해 10일을 만들기 위해서입니다.
>
> **❷ E7−1+❶**
> E7셀의 최초 입사일에 총 근무일수를 더하면 최초 입사일로부터 해당 일수 이후의 종료일이 반환됩니다. 예를 들어 최초 입사일이 1월 1일이고 총 근무일수가 10일이라면 1월 10일이 나오면 됩니다. 하지만 이번 수식은 두 값을 더하므로 1월 11일이 반환됩니다. 그래서 1을 빼는 연산을 넣어 1월 10일이 반환되도록 구성한 것입니다.

그러므로 이번 수식은 최초 입사일과 총 근무일수로 구한 가상 퇴사일(연속된 근속으로 가정)을 구한 다음, 두 날짜의 연(y)의 차이를 구하는 수식입니다.

참고로 SUMPRODUCT 함수를 사용한 부분은 계산 작업에서 배열을 이용하기 위해 배열 수식과 같이 범위 연산을 하고 있습니다. 이 수식의 계산 방법을 정확하게 이해하려면 배열 수식에 대해 알아야 합니다.

LINK 배열 수식에 대해서는 'PART 03 배열 수식'을 참고합니다.

08 **07** 과정과 같은 계산 원리로 H12:I12 범위에 다음 수식을 입력하고 근속 기간의 개월과 일의 합계를 구합니다.

H12셀 : =DATEDIF(E7, E7−1+SUMPRODUCT(F7:F9−E7:E9+1), "YM")

I12셀 : =DATEDIF(E7, E7−1+SUMPRODUCT(F7:F9−E7:E9+1), "MD")

| I12 | ▾ | ⋮ | ✕ | ✓ | *fₓ* | =DATEDIF(E7, E7−1+SUMPRODUCT(F7:F9−E7:E9+1), "MD") |

근 속 기 간

No	근무처	직위	기간		근속기간		
			입사일	퇴사일	년	개월	일
1	태성 ㈜	사원	2007-01-01	2010-05-21	3	4	21
2	선우테크 ㈜	주임	2010-08-01	2011-12-31	1	5	0
3	㈜ 에스알	과장	2012-02-01	2017-08-16	5	6	16
합계			단순 계산 (1달 30일 기준)		10	4	7
			최초 입사일에서 연속		10	4	5
평균			최초 입사일에서 연속				

Plus⁺ 수식 이해하기

이번 수식에 대한 설명은 **07** 과정의 '수식 이해하기'를 참고합니다. 수식은 모두 동일하며, DATEDIF 함수의 두 번째 인수만 **Y**에서 **YM**과 **MD**로 변경된 것입니다. 또한 계산 결과를 보면 I11셀과 I12셀의 근속일수의 합계가 맞지 않는데, I11셀은 한 달을 30일로 가정하고 계산한 결과이고, I12셀은 최초 입사일(E7)로부터 계속 근속한 경우를 산정해 계산한 것이기 때문에 차이가 발생한 것입니다. 이 둘은 한 쪽이 맞는 것이 아니라 계산의 원칙을 다르게 적용해서 생긴 차이로 이해해야 합니다.

---

09 같은 방법으로 근속 기간의 평균도 계산하겠습니다. **07** 과정의 수식과 다른 점은 SUMPRODUCT 함수 대신 AVERAGE 함수를 사용한 것입니다. G13셀에 다음 수식을 작성하고 Ctrl + Shift + Enter 키를 눌러 입력합니다.

G13셀 : =DATEDIF(E7, E7−1+AVERAGE(F7:F9−E7:E9+1), "Y")

| G13 | ▾ | ⋮ | ✕ | ✓ | *fₓ* | {=DATEDIF(E7, E7−E7:E9+1), "Y")} |

근 속 기 간

No	근무처	직위	기간		근속기간		
			입사일	퇴사일	년	개월	일
1	태성 ㈜	사원	2007-01-01	2010-05-21	3	4	21
2	선우테크 ㈜	주임	2010-08-01	2011-12-31	1	5	0
3	㈜ 에스알	과장	2012-02-01	2017-08-16	5	6	16
합계			단순 계산 (1달 30일 기준)		10	4	7
			최초 입사일에서 연속		10	4	5
평균			최초 입사일에서 연속		3		

10 근속 기간의 근속개월과 근속일수의 평균도 같은 방법으로 구합니다. H13셀과 I13셀에 다음 수식을 작성하고 Ctrl + Shift + Enter 키를 눌러 입력합니다.

H13셀 : =DATEDIF(E7, E7−1+AVERAGE(F7:F9−E7:E9+1), "YM")

I13셀 : =DATEDIF(E7, E7−1+AVERAGE(F7:F9−E7:E9+1), "MD")

I13		▼	:	×	✓	fx	{=DATEDIF(E7, E7-1+AVERAGE(F7:F9-E7:E9+1), "MD")}		
▲	A	B	C	D	E	F	G	H	I	J

근 속 기 간

No	근무처	직위	기간		근속기간		
			입사일	퇴사일	년	개월	일
1	태성 ㈜	사원	2007-01-01	2010-05-21	3	4	21
2	선우테크 ㈜	주임	2010-08-01	2011-12-31	1	5	0
3	㈜ 에스알	과장	2012-02-01	2017-08-16	5	6	16
합계			단순 계산 (1달 30일 기준)		10	4	7
			최초 입사일에서 연속		10	4	5
평균			최초 입사일에서 연속		3	5	11

호봉 계산하기

호봉은 회사에서 급여 지급과 연공 서열을 위해 체계적으로 분류한 기준입니다. 보통 근속년수는 입사일을 기준으로 계산하지만, 호봉은 입사일 또는 진급일을 기준으로 계산한다는 차이가 있습니다. 호봉은 입사일과 진급일 중 나중 날짜를 찾아 계산합니다. 호봉을 계산하는 방법에 대해 알아보겠습니다.

예제 파일 PART 02 \ CHAPTER 07 \ DATEDIF 함수−호봉.xlsx

자주 사용하는 수식 패턴

> **호봉**
>
> **=DATEDIF(MAX(입사일, 진급일), TODAY( ), "Y")+1**
>
> * **MAX(입사일, 진급일)**는 마지막 입력 날짜를 얻기 위해 사용했습니다.
> * 호봉은 날짜를 세는 연산이 아니라 빼는 연산을 해야 하므로, **TODAY( )** 함수 뒤에 1을 붙이지 않습니다.

01 예제 파일을 열고 입사일(E열)과 진급일(F열)을 참고해 각각 오늘 날짜(TODAY)를 기준으로 호봉을 계산해보겠습니다.

사번	이름	직위	입사일	진급일	호봉
1	박지훈	부장	2003-05-14	2015-01-01	
2	유준혁	차장	2007-10-17	2015-07-01	
3	이서연	과장	2012-05-01	2016-01-01	
4	김민준	대리	2015-04-01		
5	최서현	주임	2015-05-03	2016-01-01	
6	박현우	주임	2014-10-17	2017-01-01	
7	정시우	사원	2016-01-02		
8	이은서	사원	2016-03-05		
9	오서윤	사원	2015-11-15		

TIP 호봉 계산에 TODAY 함수를 사용할 것이므로 실습 날짜에 따라 화면의 결과가 다를 것입니다.

02 입사일과 진급일 중 마지막 날짜를 얻기 위해 MAX 함수를 사용합니다. G6셀에 다음 수식을 입력하고 G6셀의 채우기 핸들(田)을 G14셀까지 드래그해 복사합니다.

G6셀 : =MAX(E6:F6)

	사번	이름	직위	입사일	진급일	호봉
			호 봉			
1	1	박지훈	부장	2003-05-14	2015-01-01	2015-01-01
2	2	유준혁	차장	2007-10-17	2015-07-01	2015-07-01
3	3	이서연	과장	2012-05-01	2016-01-01	2016-01-01
4	4	김민준	대리	2015-04-01		2015-04-01
5	5	최서현	주임	2015-05-03	2016-01-01	2016-01-01
6	6	박현우	주임	2014-10-17	2017-01-01	2017-01-01
7	7	정시우	사원	2016-01-02		2016-01-02
8	8	이은서	사원	2016-03-05		2016-03-05
9	9	오서윤	사원	2015-11-15		2015-11-15

> **Plus+ 수식 이해하기**
>
> 입사일은 모든 직원에게 있는 값이고, 진급일은 진급한 대상자에게만 있는 값입니다. 두 값이 동시에 있을 때는 항상 진급일이 입사일보다 큰(미래의) 날짜이고, 진급일이 없다면 입사일이 호봉 계산에 쓰이는 유일한 날짜입니다. MAX 함수를 사용하면 두 값 중 큰 값을 반환하도록 할 수 있습니다. 이번 수식은 IF 함수를 사용하는 다음 수식으로 대체할 수 있습니다.
>
> **=IF(F6=" ", E6, F6)**

03 02 과정에서 확인한 날짜를 시작일로 오늘까지 근속년수를 구해 호봉을 계산합니다. G6셀에 다음 수식을 입력하고 G6셀의 채우기 핸들(田)을 G14셀까지 드래그해 복사합니다.

G6셀 : =DATEDIF(MAX(E6:F6), TODAY(), "Y")+1 & "호봉"

	사번	이름	직위	입사일	진급일	호봉
			호 봉			
1	1	박지훈	부장	2003-05-14	2015-01-01	3호봉
2	2	유준혁	차장	2007-10-17	2015-07-01	3호봉
3	3	이서연	과장	2012-05-01	2016-01-01	2호봉
4	4	김민준	대리	2015-04-01		3호봉
5	5	최서현	주임	2015-05-03	2016-01-01	2호봉
6	6	박현우	주임	2014-10-17	2017-01-01	1호봉
7	7	정시우	사원	2016-01-02		2호봉
8	8	이은서	사원	2016-03-05		2호봉
9	9	오서윤	사원	2015-11-15		3호봉

> **Plus+ 수식 이해하기**
>
> 1월 1일에 입사한 직원의 호봉이 오르는 날짜는 다음 해 1월 1일입니다. 그러므로 세는 방법이 아니라 빼는 방법으로 호봉을 계산해야 합니다. 두 날짜의 연의 차이를 계산한 결과가 0이면 1호봉, 1이면 2호봉이 되므로, DATEDIF 함수로 구한 결과 값에 1을 더하는 계산식으로 구합니다.

연차 계산하기

연차는 법적으로 직원들이 매해 유급으로 쉴 수 있도록 정해진 휴가를 의미하는 '연차휴가'의 줄임말입니다. 연차는 1년 이상 근속한 직원을 대상으로 근속년수에 따라 차등 적용되며, 미리 산정되어 있는 특정 조건에 따라 회계 연도 말에 계산되어 각 직원에게 통보됩니다. 연차를 사용하지 않은 경우에는 사용하지 않은 연차만큼의 연차 수당을 지급해야 합니다. 연차 계산 방법에 대해 알아보겠습니다.

\ 예제 파일 PART 02 \ CHAPTER 07 \ DATEDIF 함수-연차.xlsx

자주 사용하는 수식 패턴

연차

=MIN(25, IF(근속년수＞0, 15+INT((근속년수−1)/2), 근속개월))

* **25(일)**는 연차로 제공되는 최대 휴가일수를 의미합니다.
* **15(일)**는 1년 이상 근속한 직원에게 제공되는 기본 연차 일수입니다.

Plus⁺ 연차 계산 기준

이 예제에서 적용할 연차 계산 기준은 다음과 같습니다.

첫째, 1년 동안 80% 이상 출근한 직원에게 15일의 연차를 제공합니다.

둘째, 1년 미만 근속한 직원에게는 근무한 개월 수만큼의 연차를 제공합니다.

셋째, 1년 이상 근속하면 2년에 1일씩 연차가 추가됩니다.

넷째, 연차는 최대 25일을 넘길 수 없습니다.

---

01 예제 파일을 열고 입사일(E열)과 기준일(H3셀)을 참고해 연차를 계산해보겠습니다.

사번	이름	직위	입사일	근속기간 년	근속기간 개월	연차
				기준일 2018-02-28		
1	박지훈	부장	2003-05-14	14	9	
2	유준혁	차장	2007-10-17	10	4	
3	이서연	과장	2012-05-01	5	10	
4	김민준	대리	2016-04-01	1	11	
5	최서현	주임	2015-05-03	2	9	

TIP 기준일을 나타내는 H3셀에는 회계연도 마지막 일을 입력하면 되며, 국내 기업의 경우는 보통 12월 31일입니다. 이번 예제에서는 1년 이상 근속자의 경우 모두 출석일수가 80%를 초과한다고 가정합니다.

02 먼저 1년 이상 근속한 직원에게는 15일을, 1년 미만 근속한 직원에게는 근속개월 수만큼 연차를 반환하는 수식을 작성하겠습니다. H7셀에 다음 수식을 입력하고 H7셀의 채우기 핸들(⊞)을 H15셀까지 드래그해 복사합니다.

H7셀 : =IF(F7>0, 15, G7)

H7			× ✓	fx	=IF(F7>0, 15, G7)		

사번	이름	직위	입사일	근속기간		연차
				년	개월	
1	박지훈	부장	2003-05-14	14	9	15
2	유준혁	차장	2007-10-17	10	4	15
3	이서연	과장	2012-05-01	5	10	15
4	김민준	대리	2016-04-01	1	11	15
5	최서현	주임	2015-05-03	2	9	15
6	박현우	주임	2014-10-17	3	4	15
7	정시우	사원	2016-01-02	2	1	15
8	이은서	사원	2017-03-05	0	11	11
9	오서윤	사원	2015-11-15	2	3	15

기준일 2018-02-28

제목: **연 차**

Plus⁺ 수식 이해하기

연차 계산의 기본은 1년 이상 근속자와 1년 미만 근속자를 나눠 계산하는 것입니다. 이런 작업에 가장 유용한 함수는 IF 함수입니다. F7셀의 근속년수의 값이 0보다 큰지(1년 이상 근속자인지) 확인하여 큰 경우에는 15 값(1년 이상 근속자의 기본 연차 수)을 반환하고, 그렇지 않은 경우에는 G6셀의 근속개월 수를 연차로 계산합니다. 근속 기간을 F:G열에 따로 계산해놓지 않았다면 이번 수식은 다음과 같이 작성해야 합니다.

=IF(DATEDIF(E7, $H$3+1, "Y")>0, 15, DATEDIF(E7, $H$3+1, "M"))

이때 두 번째 DATEDIF 함수의 옵션이 "YM"이 아니고 "M"인 것은 근속년수가 1년 미만인 경우를 대상으로 하기 때문입니다.

---

03 1년 이상 근속자에게 2년에 하루씩 연차를 추가하는 부분을 계산식에 적용하겠습니다. H7셀의 수식을 다음과 같이 수정하고, H7셀의 채우기 핸들(⊞)을 H15셀까지 드래그해 복사합니다.

H7셀 : =IF(F7>0, 15+INT((F7−1)/2), G7)

H7			× ✓	fx	=IF(F7>0, 15+INT((F7-1)/2), G7)		

사번	이름	직위	입사일	근속기간		연차
				년	개월	
1	박지훈	부장	2003-05-14	14	9	21
2	유준혁	차장	2007-10-17	10	4	19
3	이서연	과장	2012-05-01	5	10	17
4	김민준	대리	2016-04-01	1	11	15
5	최서현	주임	2015-05-03	2	9	15
6	박현우	주임	2014-10-17	3	4	16
7	정시우	사원	2016-01-02	2	1	15
8	이은서	사원	2017-03-05	0	11	11
9	오서윤	사원	2015-11-15	2	3	15

기준일 2018-02-28

제목: **연 차**

1년 이상 근속자는 2년에 한 번씩 1일을 추가 연차로 제공합니다. 그러므로 3년, 5년, 7년, … 과 같이 2년 주기로 연차가 1일 증가하도록 계산합니다. 이 계산에 사용한 수식은 **INT((F7-1)/2)**로, F7셀의 근속년수에서 1을 뺀 값을 2로 나눈 몫(INT)을 반환합니다.

다음은 근속년수에 따른 계산 결과입니다.

근속년수	계산식	계산 결과
1	INT((1-1)/2)	0
2	INT((2-1)/2)	0
3	INT((3-1)/2)	1
4	INT((4-1)/2)	1
5	INT((5-1)/2)	2
6	INT((6-1)/2)	2
7	INT((7-1)/2)	3
…	…	…

이렇게 하면 3년차부터 2년에 한 번씩 연차가 1(하루) 증가되도록 할 수 있습니다.

05 마지막으로 연차가 최대 25일을 넘지 못하도록 계산식을 수정하겠습니다. H7셀의 수식을 다음과 같이 수정하고 H7셀의 채우기 핸들(田)을 H15셀까지 드래그해 복사합니다.

H7셀 : =MIN(25, IF(F7>0, 15+INT((F7-1)/2), G7))

이번 예제에서는 연차가 25일을 넘는 직원이 없어 **04** 과정 수식의 결과와 동일한 결과가 반환되었지만, 연차 계산에서 25일을 넘는 경우에는 이번 수식에 의해 25로 값이 제한됩니다. 이렇게 제한 값이 있는 최대/최소값을 구할 때는 IF 함수보다 MAX, MIN 함수를 사용하는 것이 좋습니다.

LINK 이런 수식 작성 방법에 대해서는 'No. 129 제한 조건이 있는 최대값, 최소값 구하기 – MAX, MIN'(395쪽)에서 자세히 설명합니다.

근무시간 계산해
아르바이트 급여 계산하기

기업은 한시적으로 급한 일을 처리하기 위해 아르바이트 직원을 고용하기도 합니다. 이 경우 아르바이트가 근무한 시간을 시급으로 곱한 급여를 지급합니다. 아르바이트 급여를 지급하려면 먼저 점심시간 등을 제외한 정확한 근무시간을 계산해야 합니다. 아르바이트 직원의 근무시간을 계산하고 시급에 따라 지급할 급여를 계산하는 방법에 대해 알아보겠습니다.

\ **예제 파일** PART 02 \ CHAPTER 07 \ TIME 함수−시급.xlsx /

자주 사용하는 수식 패턴

시급

=TEXT(SUM(근무시간), "[H]")*시급

=TEXT(SUM(근무시간), "[M]")*(시급/60)

* **근무시간** : 일별 근무시간이 계산된 데이터 범위
* **[H] 서식 코드** : 24시간이 넘는 시간을 표현할 수 있도록 지원하는 서식 코드
* **[M] 서식 코드** : 60분이 넘는 시간을 표현할 수 있도록 지원하는 서식 코드

Plus⁺ 시간 서식 코드

시간은 기본적으로 24시간, 60분, 60초를 넘는 표현은 할 수 없습니다. 하지만 급여를 계산하려면 총 몇 시간을 근무했는지 계산할 수 있어야 합니다. 이런 경우 다음 서식 코드를 사용하면 각 단위를 초과하는 시간 표현을 할 수 있습니다.

서식 코드	설명
[H]	24시간이 넘는 시를 반환합니다.
[M]	60분이 넘는 분을 표현합니다.
[S]	60초가 넘는 초를 표현합니다.

* 서식 코드는 대/소문자를 구분하지 않습니다.

01 예제 파일을 열고 아르바이트 급여를 계산해보겠습니다. 근무시간을 계산하고 점심시간(오후 12시~1시)을 제외한 업무 시간을 계산한 후 계산된 업무시간의 합계와 시급(C15셀)을 곱하면 됩니다.

02 먼저 근무시간(E열)을 계산하기 위해 퇴근시간에서 출근시간을 뺍니다. E9셀에 다음 수식을 입력하고 E9셀의 채우기 핸들(田)을 E13셀까지 드래그해 복사합니다.

E9셀 : =D9−C9

03 출근시간과 퇴근시간 사이에 점심시간이 있었는지 확인하기 위해 F9셀에 다음 수식을 입력하고 F9셀의 채우기 핸들(田)을 F13셀까지 드래그해 복사합니다.

F9셀 : =AND(C9<=TIME (12,0,0), D9>=TIME(13,0,0))

Plus⁺ 수식 이해하기

근무시간에서 점심시간을 빼려면, 우선 출근시간과 퇴근시간 사이에 점심시간이 있었는지 확인합니다. 그러려면 다음과 같은 조건을 만족해야 합니다.

- **C9<=TIME(12,0,0)** : 출근시간(C9)이 오후 12시 이전인지
- **D9>=TIME(13,0,0)** : 퇴근시간(D9)이 오후 1시(13시) 이후인지

이 두 조건을 모두 만족하면 되므로 AND 함수를 사용해 근무시간에 점심시간이 포함되어 있는지 여부를 확인할 수 있습니다.

04 근무시간에 점심시간이 포함된 경우, 1시간을 근무시간에서 빼야 합니다. F9셀의 수식을 다음과 같이 수정하고 F9셀의 채우기 핸들을 F13셀까지 드래그해 복사합니다.

F9셀 : =E9−IF(AND(C9<=TIME(12,0,0), D9>=TIME(13,0,0)), TIME(1,0,0), 0)

F9		:	×	✓	fx	=E9-IF(AND(C9<=TIME(12,0,0), D9>=TIME(13,0,0)), TIME(1,0,0), 0)		

	A	B	C	D	E	F	G	H	I
1									
2			시 급 계 산						
3									
5		시 급							
6									
7		날짜	출근시간	퇴근시간	근무시간	업무시간			
8						점심시간 제외	시	분	
9		2018-03-03	8:42 AM	9:48 PM	13:06	12:06			
10		2018-03-04	8:08 AM	9:36 PM	13:28	12:28			
11		2018-03-05	8:49 AM	8:45 PM	11:56	10:56			
12		2018-03-06	8:06 AM	8:08 PM	12:02	11:02			
13		2018-03-07	8:44 AM	6:59 PM	10:15	9:15			
15		시급	45,000	총 근무시간					
16									

* IF 함수를 사용해 **03** 과정 수식의 결과가 TRUE이면 근무시간(E9셀)에서 1시간(TIME(1,0,0))을 뺍니다.

05 점심시간을 뺀 총 근무시간을 집계하도록 F15셀에 다음 수식을 입력합니다.

F15셀 : =SUM(F9:13)

F15		:	×	✓	fx	=SUM(F9:F13)		

	A	B	C	D	E	F	G	H	I
1									
2			시 급 계 산						
3									
5		시 급							
6									
7		날짜	출근시간	퇴근시간	근무시간	업무시간			
8						점심시간 제외	시	분	
9		2018-03-03	8:42 AM	9:48 PM	13:06	12:06			
10		2018-03-04	8:08 AM	9:36 PM	13:28	12:28			
11		2018-03-05	8:49 AM	8:45 PM	11:56	10:56			
12		2018-03-06	8:06 AM	8:08 PM	12:02	11:02			
13		2018-03-07	8:44 AM	6:59 PM	10:15	9:15			
15		시급	45,000	총 근무시간		7:47			
16									

Plus⁺ 수식 이해하기

시간은 0과 1 사이의 소수 값이므로 SUM 함수를 사용하면 쉽게 집계할 수 있습니다. 다만, 합계는 2.32439556와 같은 값이 되어 정수 부분은 날짜로 인식되고 소수 값만 시간으로 인식되므로 합계를 시간으로 표시하는 한 23:59:59를 넘는 시간은 표시할 수 없습니다. 이 설명이 잘 이해되지 않으면 F15셀의 표시 형식을 [일반]으로 변경해봅니다.

06 F15셀에 집계된 결과가 시간 단위로 제대로 표시될 수 있도록 TEXT 함수를 추가로 사용하겠습니다. F15셀의 수식을 다음과 같이 수정하면 55:47과 같이 제대로 된 결과가 반환됩니다.

F15셀 : =TEXT(SUM(F9:F13), "[H]:M")

Plus⁺ 수식 이해하기

엑셀에서는 시간의 표시 한계를 넘어설 수 있는 서식 코드를 제공합니다. 이런 서식 코드는 셀 서식의 표시 형식이나 TEXT 함수에서 사용할 수 있습니다. 이번에 사용한 **[H]** 서식 코드는 시간을 24, 25, 26, … 과 같이 계속해서 표시하기 때문에 이런 시급 계산을 해야 하는 경우에 유용합니다.

---

07 이제 집계된 근무시간과 시급을 계산하기 위해 D5 병합 셀에 다음 수식을 입력합니다.

D5 병합 셀 : =TEXT(SUM(F9:F13), "[H]")*C15

TEXT(SUM(F9:F13), "[h]") 는 **06** 과정 수식에서 '분'을 제외한 '시(55)'를 얻기 위한 부분으로, 이 값과 C15셀의 시급을 곱하면 지급할 급여가 계산됩니다. 참고로 TEXT(SUM()) 함수 부분을 다시 표시하고 싶지 않다면 F15셀에 계산된 결과에서 필요한 부분만 잘라내 사용할 수 있습니다. 이번 수식은 다음과 같이 변경할 수 있습니다.

=LEFT(F15, 2)*C15

LEFT 함수로 앞 두 자리 문자(55)를 잘라낸 이유는 시간이 두 자리로 나온다는 것을 알고 있기 때문입니다. 1자리나 3자리 등으로 반환될 수 있다면 수식을 다음과 같이 수정할 수 있습니다.

=LEFT(F15, FIND(F15, ":")−1)*C15

이처럼 수식은 다양한 방법으로 자신이 원하는 것을 표현할 수 있습니다.

---

08 TEXT 함수를 사용하지 않아도 시간의 합계 부분만 따로 얻을 수 있는데, 이렇게 하려면 시, 분 부분을 각각 계산해 합산합니다. G9셀과 H9셀에 다음 수식을 입력하고 G9:H9 범위의 채우기 핸들(⊞)을 H13셀까지 드래그해 복사합니다.

G9셀 : =HOUR(F9)

H9셀 : =MINUTE(F9)

TIP HOUR, MINUTE 함수를 사용해 F열의 업무시간에서 시, 분 값을 숫자로 반환받습니다.

09 시 부분을 집계하려면, 시의 합계와 분에서 60분을 초과하는 부분을 함께 계산해야 합니다. G15셀에 다음 수식을 입력합니다.

G15셀 : =SUM(G9:G13)+QUOTIENT(SUM(H9:H13), 60)

Plus⁺ 수식 이해하기

SUM(G9:G13)은 시 부분의 집계 값이고 **QUOTIENT(SUM(H9:H13), 60)**은 분 집계 값을 60으로 나눈 몫을 구하는 부분으로, 두 부분을 더하면 총 근무시간의 시 부분을 얻을 수 있습니다. QUOTIENT 함수 부분은 INT 함수를 사용하는 다음 수식으로 변경할 수 있습니다.

=INT(SUM(H9:H13)/60)

참고로 G15셀의 수식을 다음과 같이 사용해도 될 것 같아 보이지만, 해당 수식은 7을 반환합니다. 이것은 소수 값 부분만 시간으로 인식하기 때문입니다.

=HOUR(F15)

---

10 총 근무시간의 분 부분을 집계합니다. H15셀에 다음 수식을 입력합니다.

H15셀 : =MOD(SUM(H9:H13), 60)

11 이렇게 계산된 값으로 시급을 다시 계산해보겠습니다. 앞에서는 근무한 시 부분만 시급으로 계산했는데, 이번에는 분 부분도 포함해 계산합니다. D5 병합 셀의 수식을 다음과 같이 수정합니다.

D5 병합 셀 : =SUM(G15*60, H15)*(C15/60)

	D5	▾ :	× ✓	fx	=SUM(G15*60, H15)*(C15/60)			
▲	A	B	C	D	E	F	G	H	I
1									
2				시 급 계 산					
3									
5		시 급		₩				2,510,250	
6									
7		날짜	출근시간	퇴근시간	근무시간	업무시간			
8						정상시간 제외	시	분	
9		2018-03-03	8:42 AM	9:48 PM	13:06	12:06	12	6	
10		2018-03-04	8:08 AM	9:36 PM	13:28	12:28	12	28	
11		2018-03-05	8:49 AM	8:45 PM	11:56	10:56	10	56	
12		2018-03-06	8:06 AM	8:08 PM	12:02	11:02	11	2	
13		2018-03-07	8:44 AM	6:59 PM	10:15	9:15	9	15	
15		시급	45,000	총 근무시간		55:47	55	47	
16									

근무시간에서 식사시간/휴식시간 제외하고 계산하기

근무시간을 계산할 때 식사시간이나 휴식시간 등 제외해야 하는 시간이 있다면, 이 시간이 모두 근무시간에 포함되었는지 확인하고 이를 제외하는 작업을 해야 합니다. 이런 계산 작업에서는 제외해야 할 시간이 많을수록 수식이 복잡해집니다. 그런 경우에는 표 오른쪽 빈 열에 제외할 시간을 따로 계산한 후 이를 모두 더해 근무시간에서 빼면 편리합니다. 식사와 휴식시간을 제외한 근무시간을 구해보겠습니다.

\ 예제 파일 PART 02 \ CHAPTER 07 \ TIME 함수—근무시간.xlsx

자주 사용하는 수식 패턴

제외시간

=IF(AND(출근시간<=제외시작시간, 퇴근시간>=제외종료시간), 제외시간, 0)

* **제외시간** : 점심시간, 저녁시간, 휴식시간 등

근무시간

=퇴근시간-출근시간-SUM(제외시간)

* **SUM(제외시간)** : 제외할 전체 시간의 합계

01 예제 파일을 열고 직원의 근무시간을 계산해보겠습니다. 점심시간, 오전 휴식, 오후 휴식, 저녁시간을 모두 제외하고 계산할 것입니다. 우선 점심시간을 제외하기 위해 G7셀에 다음 수식을 입력하고 G7셀의 채우기 핸들을 G18셀까지 드래그해 복사합니다.

G7셀 : =IF(AND(D7<=TIME(12,30,0), E7>=TIME(13,30,0)), TIME(1,0,0), 0)

G7			ƒx	=IF(AND(D7<=TIME(12,30,0), E7>=TIME(13,30,0)), TIME(1,0,0), 0)						
	A	B	C	D	E	F	G	H	I	J	K

	구분	사번	출근시간	퇴근시간	근무시간	점심시간 12:30 ~ 1:30	오전휴식 10:00 ~ 10:20	오후휴식 16:00 ~ 16:20	저녁시간 18:30 ~ 19:30
		00223	7:03 AM	3:40 PM		1:00			
		00372	8:28 AM	2:18 PM		1:00			
	오전	00208	7:47 AM	1:02 PM		0:00			
		00180	7:23 AM	12:24 PM		0:00			
	오후	00326	1:52 PM	10:24 PM		0:00			
		00243	2:58 PM	10:42 PM		0:00			
		00007	2:39 PM	9:30 PM		0:00			
		00123	1:38 PM	8:05 PM		0:00			

근 무 시 간

Plus⁺ 수식 이해하기

점심시간은 G6셀에서 확인할 수 있듯이 오후 12시 30분~오후 1시 30분입니다. 그러므로 출근시간과 퇴근시간 사이에 점심시간이 속해 있는지 확인해 점심시간인 1시간을 반환하도록 수식을 구성합니다.

점심시간이 포함되었는지 여부는 AND 함수를 사용해 출근시간이 점심시간 시작 전인지, 그리고 퇴근시간이 점심시간 종료 후인지 확인해 판단합니다.

AND(D7<=TIME(12,30,0), E7>=TIME(13,30,0)) ──────────── ❶

위 조건식이 TRUE이면 근무시간 내에 점심시간이 포함된 것이므로, 근무시간에서 뺄 1시간을 반환하고, FALSE이면 0을 반환하도록 구성합니다.

=IF(❶, TIME(1,0,0), 0)

TIP TIME(1,0,0)은 오전 1시를 의미하기도 하지만 1시간을 의미하기도 합니다. TIME(1,0,0)은 1/24로 바꿀 수 있습니다.

02 점심시간과 같은 방법으로 오전 휴식시간이 포함되었는지 확인해 제외하겠습니다. H7셀에 다음 수식을 입력하고 H7셀의 채우기 핸들을 H18셀까지 드래그해 복사합니다.

H7셀 : =IF(AND(D7<=TIME(10,0,0), E7>=TIME(10,20,0)), TIME(0,20,0), 0)

구분	사번	출근시간	퇴근시간	근무시간	점심시간 12:30 ~ 1:30	오전휴식 10:00 ~ 10:20	오후휴식 16:00 ~ 16:20	저녁시간 18:30 ~ 19:30
오전	00223	7:03 AM	3:40 PM		1:00	0:20		
	00372	8:28 AM	2:18 PM		1:00	0:20		
	00208	7:47 AM	1:02 PM		0:00	0:20		
	00180	7:23 AM	12:24 PM		0:00	0:20		
	00437	8:04 AM	3:17 PM		1:00	0:20		
	00478	8:09 AM	3:05 PM		1:00	0:20		
오후	00458	1:57 PM	6:57 PM		0:00	0:00		
	00009	1:36 PM	9:57 PM		0:00	0:00		
	00326	1:52 PM	10:24 PM		0:00	0:00		
	00243	2:58 PM	10:42 PM		0:00	0:00		
	00007	2:39 PM	9:30 PM		0:00	0:00		
	00123	1:38 PM	8:05 PM		0:00	0:00		

TIP 오전 휴식시간은 오전 10시~10시 20분인데, 근무시간 내에 오전 휴식시간이 포함되어 있다면 20분을 반환하고, 그렇지 않다면 0분을 반환합니다.

03 오후 휴식시간과 저녁시간 역시 같은 방법으로 계산합니다. I7셀과 J7셀에 다음 수식을 입력하고 I7:J7 범위의 채우기 핸들을 J18셀까지 드래그해 복사합니다.

I7셀 : =IF(AND(D7<=TIME(16,0,0), E7>=TIME(16,20,0)), TIME(0,20,0), 0)

J7셀 : =IF(AND(D7<=TIME(18,30,0), E7>=TIME(19,30,0)), TIME(1,0,0), 0)

I7		:	× ✓ fx	=IF(AND(D7<=TIME(16,0,0), E7>=TIME(16,20,0)), TIME(0,20,0), 0)						
▲	A	B	C	D	E	F	G	H	I	J	K

	구분	사번	출근시간	퇴근시간	근무시간	점심시간 12:30 ~ 1:30	오전휴식 10:00 ~ 10:20	오후휴식 16:00 ~ 16:20	저녁시간 18:30 ~ 19:30
7	오전	00223	7:03 AM	3:40 PM		1:00	0:20	0:00	0:00
8		00372	8:28 AM	2:18 PM		1:00	0:20	0:00	0:00
9		00208	7:47 AM	1:02 PM		0:00	0:20	0:00	0:00
10		00180	7:23 AM	12:24 PM		0:00	0:20	0:00	0:00
11		00437	8:04 AM	3:17 PM		1:00	0:20	0:00	0:00
12		00478	8:09 AM	3:05 PM		1:00	0:20	0:00	0:00
13	오후	00458	1:57 PM	6:57 PM		0:00	0:00	0:20	0:00
14		00009	1:36 PM	9:57 PM		0:00	0:00	0:20	1:00
15		00326	1:52 PM	10:24 PM		0:00	0:00	0:20	1:00
16		00243	2:58 PM	10:42 PM		0:00	0:00	0:20	1:00
17		00007	2:39 PM	9:30 PM		0:00	0:00	0:20	1:00
18		00123	1:38 PM	8:05 PM		0:00	0:00	0:20	1:00

TIP 수식은 이전과 동일합니다. 제외할 시간이 제대로 계산됐는지 확인합니다.

04 이제 앞에서 계산한 제외시간을 뺀 근무시간을 계산하겠습니다. F7셀에 다음 수식을 입력하고 F7셀의 채우기 핸들을 F18셀까지 드래그해 복사합니다.

F7셀 : =E7-D7-SUM(G7:J7)

F7		:	× ✓ fx	=E7-D7-SUM(G7:J7)						
▲	A	B	C	D	E	F	G	H	I	J	K

	구분	사번	출근시간	퇴근시간	근무시간	점심시간 12:30 ~ 1:30	오전휴식 10:00 ~ 10:20	오후휴식 16:00 ~ 16:20	저녁시간 18:30 ~ 19:30
7	오전	00223	7:03 AM	3:40 PM	7:17	1:00	0:20	0:00	0:00
8		00372	8:28 AM	2:18 PM	4:30	1:00	0:20	0:00	0:00
9		00208	7:47 AM	1:02 PM	4:55	0:00	0:20	0:00	0:00
10		00180	7:23 AM	12:24 PM	4:41	0:00	0:20	0:00	0:00
11		00437	8:04 AM	3:17 PM	5:53	1:00	0:20	0:00	0:00
12		00478	8:09 AM	3:05 PM	5:36	1:00	0:20	0:00	0:00
13	오후	00458	1:57 PM	6:57 PM	4:40	0:00	0:00	0:20	0:00
14		00009	1:36 PM	9:57 PM	7:01	0:00	0:00	0:20	1:00
15		00326	1:52 PM	10:24 PM	7:12	0:00	0:00	0:20	1:00
16		00243	2:58 PM	10:42 PM	6:24	0:00	0:00	0:20	1:00
17		00007	2:39 PM	9:30 PM	5:31	0:00	0:00	0:20	1:00
18		00123	1:38 PM	8:05 PM	5:07	0:00	0:00	0:20	1:00

TIP 근무시간은 =퇴근시간-출근시간-SUM(제외시간) 수식으로 구할 수 있습니다.

초과근무시간 계산하기

초과근무 수당을 지급하는 회사에서는 직원들의 근무시간 중에서 초과근무시간이 얼마나 되는지 계산해야 합니다. 초과근무는 연장근무와 야간근무로 나뉘어지며, 연장근무는 정규 퇴근시간 이후부터 오후 10시까지를 의미하고, 야간근무는 오후 10시부터 다음 날 오전 6시까지를 의미합니다. 그리고 초과근무시간은 편의를 위해 30분(또는 1시간) 간격으로 계산하는 경우가 많으므로 계산된 시간을 일정 간격으로 조정하는 방법도 이해하고 있어야 합니다.

예제 파일 PART 02 \ CHAPTER 07 \ TIME 함수-초과근무시간.xlsx

자주 사용하는 수식 패턴

연장근무시간

=IF(퇴근시간>정규 퇴근시간,
MIN(퇴근시간, 연장근무 종료시간)-정규 퇴근시간, 0)

* **퇴근시간** : 실제 퇴근한 시간
* **정규 퇴근시간** : 회사 사규에 정의된 퇴근시간
* **연장근무 종료시간** : 출근일의 22시(오후 10시)

야간근무시간

=IF(퇴근시간>연장근무 종료시간,
MIN(퇴근시간, 야간근무 종료시간)-연장근무 종료시간, 0)

* **퇴근시간** : 실제 퇴근한 시간
* **연장근무 종료시간** : 출근일의 22시(오후 10시)
* **야간근무 종료시간** : 출근일의 다음 날 6시(오전 6시)

01 예제 파일의 B:C열에는 출/퇴근시간이 기록되어 있습니다. 이 회사의 정규 출/퇴근시간이 오전 9시/오후 6시라고 할 때, 총 근무시간과 초과근무시간을 계산해보겠습니다.

	출근시간	퇴근시간	총 근무시간	초과근무시간			
				연장근무		야간근무	
	9:00	18:00		18:00 ~ 22:00	1시간 단위	22:00 ~ 6:00	1시간 단위
8	05-01 08:15 AM	05-02 03:15 AM					
9	05-01 08:22 AM	05-01 06:01 PM					
10	05-01 08:28 AM	05-01 06:42 PM					
11	05-01 08:53 AM	05-01 11:37 PM					
12	05-01 08:37 AM	05-01 07:18 PM					
13	05-01 08:08 AM	05-02 12:19 AM					

TIP B:C열을 보면 출/퇴근시간에 날짜와 시간이 함께 기록되어 있습니다. 이것은 퇴근시간이 다음 날로 넘어갈 수 있는 경우를 고려한 것으로, 이렇게 해야 근무시간을 편리하게 계산할 수 있습니다. 그러므로 초과근무시간을 계산하고자 하는 경우에는 날짜와 시간을 함께 기록해놓는 것이 좋습니다.

02 초과근무시간 계산에 앞서 수식을 간결하게 만들기 위해 시간 값 몇 가지를 이름으로 정의하겠습니다. D8셀을 선택하고 [수식] 탭–[정의된 이름] 그룹–[이름 정의] 명령(🔲)을 클릭하여 '새 이름' 대화상자가 표시되면 다음 표를 참고해 이름을 정의합니다.

이름	참조 대상
정규퇴근시간	=INT($B8)+TIME(18,0,0)

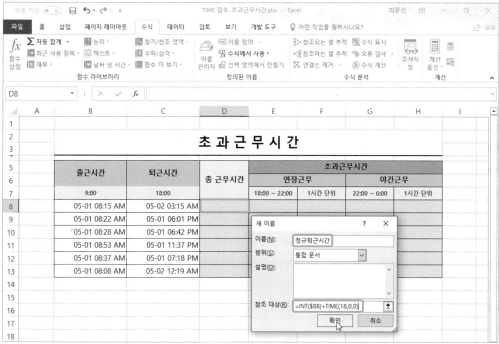

03 03 과정과 동일한 방법으로 다음 두 개의 이름을 각각 정의합니다. 이름이 모두 제대로 정의됐는지 확인하려면 [수식] 탭-[정의된 이름] 그룹-[이름 관리자] 명령을 클릭합니다.

이름	참조 대상
연장근무종료시간	=INT($B8)+TIME(22,0,0)
야간근무종료시간	=INT($B8)+1+TIME(6,0,0)

04 이름 정의가 끝났다면 근무시간을 먼저 계산하겠습니다. D8셀에 다음 수식을 입력하고 D8셀의 채우기 핸들을 D13셀까지 드래그해 복사합니다.

D8셀 : =C8−B8

TIP 총 근무시간은 **=퇴근시간−출근시간** 계산식으로 구할 수 있습니다.

05 연장근무시간을 계산하겠습니다. E8셀에 다음 수식을 입력하고 E8셀의 채우기 핸들(⊞)을 E13셀까지 드래그해 복사합니다.

E8셀 : =IF(C8>정규퇴근시간, MIN(C8, 연장근무종료시간)−정규퇴근시간, 0)

Plus+ 수식 이해하기

초과근무시간을 이해할 때는 다음 내용을 머리 속에 그려본 후 수식을 확인하면 도움이 됩니다.

정규근무시간 오전 9시 ~ 오후 6시		연장근무시간 오후 6시 ~ 오후 10시		야간근무시간 오후 10시 ~ 오전 6시(다음날)

그러므로 연장근무시간을 계산하려면 **정규퇴근시간**(오후 6시) 이후 오후 10시 사이의 근무시간을 계산하면 되므로 세밀 민지 **정규퇴근시간** 이후의 근무시간이 있는지 확인해야 합니다. 그러므로 이런 수식은 다음과 같은 구조로 설계합니다.

=IF(C8>정규퇴근시간,❶, 0)

위 수식에서 C8셀은 직원의 퇴근시간이 입력된 셀이고, **정규퇴근시간**은 출근일의 오후 6시를 의미하는 정의된 이름입니다. 그러므로 C8셀의 값이 **정규퇴근시간** 이름의 값보다 크다면 퇴근시간이 오후 6시를 넘었다는 의미입니다. 이 경우 연장근무시간을 계산해야 하고, 그렇지 않다면 연장근무시간은 없는 것이므로 0을 반환하도록 합니다.

위 수식에서 연장근무시간을 계산해야 하는 ❶ 부분 수식은 다음과 같습니다.

MIN(C8, 연장근무시간종료시간)−정규퇴근시간

연장근무시간은 오후 10시까지이므로, 퇴근시간(C8)과 **연장근무시간종료시간**(출근일의 오후 10시) 중에서 이른(MIN) 시간을 구해 **정규퇴근시간**(해당 일의 오후 6시)을 빼면 계산할 수 있습니다.

06 야간근무시간도 같은 방법으로 계산합니다. G8셀에 다음 수식을 입력하고 G8셀의 채우기 핸들을 G13셀까지 드래그해 복사합니다.

G8셀 : =IF(C8>연장근무종료시간, MIN(C8, 야간근무종료시간)−연장근무종료시간, 0)

G8	▼ : × ✓ fx	=IF(C8>연장근무종료시간, MIN(C8, 야간근무종료시간)-연장근무종료시간, 0)					
▲	A	B	C	D	E	F	G	H	I

	출근시간	퇴근시간	총 근무시간	초과근무시간			
				연장근무		야간근무	
	9:00	18:00		18:00 ~ 22:00	1시간 단위	22:00 ~ 6:00	1시간 단위
8	05-01 08:15 AM	05-02 03:15 AM	19:00	4:00		5:15	
9	05-01 08:22 AM	05-01 06:01 PM	9:39	0:01		0:00	
10	05-01 08:28 AM	05-01 06:42 PM	10:14	0:42		0:00	
11	05-01 08:53 AM	05-01 11:37 PM	14:44	4:00		1:37	
12	05-01 08:37 AM	05-01 07:18 PM	10:41	1:18		0:00	
13	05-01 08:08 AM	05-02 12:19 AM	16:11	4:00		2:19	

제 목: **초 과 근 무 시 간**

07 E열에 계산된 연장근무시간을 1시간 단위만 인정하도록 변경하겠습니다. F8셀에 다음 수식을 입력하고 F8셀의 채우기 핸들을 F13셀까지 드래그해 복사합니다.

F8셀 : =FLOOR(E8, TIME(1,0,0))

	A	B	C	D	E	F	G	H	I
F8				=FLOOR(E8,TIME(1,0,0))					
1									
2			초 과 근 무 시 간						
3									
5		출근시간	퇴근시간	총 근무시간	초과근무시간				
6					연장근무		야간근무		
7		9:00	18:00		18:00 ~ 22:00	1시간 단위	22:00 ~ 6:00	1시간 단위	
8		05-01 08:15 AM	05-02 03:15 AM	19:00	4:00	3:00	5:15		
9		05-01 08:22 AM	05-01 06:01 PM	9:39	0:01	0:00	0:00		
10		05-01 08:28 AM	05-01 06:42 PM	10:14	0:42	0:00	0:00		
11		05-01 08:53 AM	05-01 11:37 PM	14:44	4:00	3:00	1:37		
12		05-01 08:37 AM	05-01 07:18 PM	10:41	1:18	1:00	0:00		
13		05-01 08:08 AM	05-02 12:19 AM	16:11	4:00	3:00	2:19		
14									

08 **07** 과정에서 확인된 문제를 해결하기 위해 F8셀의 수식을 다음과 같이 수정하고 F8셀의 채우기 핸들을 F13셀까지 드래그해 복사합니다.

F8셀 : =FLOOR(E8+TIME(0,0,1), TIME(1,0,0))

F8		fx	=FLOOR(E8+TIME(0,0,1),TIME(1,0,0))					
	A	B	C	D	E	F	G	H	I

	출근시간	퇴근시간	총 근무시간	초과근무시간				
				연장근무		야간근무		
	9:00	18:00		18:00 ~ 22:00	1시간 단위	22:00 ~ 6:00	1시간 단위
8	05-01 08:15 AM	05-02 03:15 AM	19:00	4:00	4:00	5:15	
9	05-01 08:22 AM	05-01 06:01 PM	9:39	0:01	0:00	0:00	
10	05-01 08:28 AM	05-01 06:42 PM	10:14	0:42	0:00	0:00	
11	05-01 08:53 AM	05-01 11:37 PM	14:44	4:00	4:00	1:37	
12	05-01 08:37 AM	05-01 07:18 PM	10:41	1:18	1:00	0:00	
13	05-01 08:08 AM	05-02 12:19 AM	16:11	4:00	4:00	2:19	

초 과 근 무 시 간

Plus⁺ 수식 이해하기

연장근무시간을 포함해 근무시간을 계산할 때는 모두 **=퇴근시간−출근시간**과 같은 뺄셈 연산을 합니다. 시간은 1/1000초까지 계산되므로 우리가 눈으로 볼 때는 계산 결과가 제대로 4시간으로 계산된 것으로 보이지만, 1/1000초 차이로 4시간이 되지 않습니다. 이때, 셀에 표시되는 값은 항상 반올림된 결과이므로 맞는 것처럼 보입니다.

이런 경우를 제대로 처리하려면 날짜 계산처럼 계산된 값에 일부 값을 더해 보정하는 수식을 작성합니다. 그래서 **07** 과정의 수식에서 FLOOR 함수의 첫 번째 인수 부분인 E8셀의 결과에 1초를 더하는 연산을 추가한 것입니다. 이렇게 하면 계산된 결과가 보정되어 F8, F11, F13셀의 결과가 모두 4시간으로 제대로 반환됩니다.

---

09 G열에 계산된 야간근무시간도 1시간 단위로 내림 처리하는 수식을 작성합니다. H8셀에 다음 수식을 입력하고 H8셀의 채우기 핸들(⊞)을 H13셀까지 드래그해 복사합니다.

H8셀 : =FLOOR(G8+TIME(0,0,1), TIME(1,0,0))

H8		fx	=FLOOR(G8+TIME(0,0,1), TIME(1,0,0))					
	A	B	C	D	E	F	G	H	I

초 과 근 무 시 간

	출근시간	퇴근시간	총 근무시간	초과근무시간				
				연장근무		야간근무		
	9:00	18:00		18:00 ~ 22:00	1시간 단위	22:00 ~ 6:00	1시간 단위
8	05-01 08:15 AM	05-02 03:15 AM	19:00	4:00	4:00	5:15	5:00
9	05-01 08:22 AM	05-01 06:01 PM	9:39	0:01	0:00	0:00	0:00
10	05-01 08:28 AM	05-01 06:42 PM	10:14	0:42	0:00	0:00	0:00
11	05-01 08:53 AM	05-01 11:37 PM	14:44	4:00	4:00	1:37	1:00
12	05-01 08:37 AM	05-01 07:18 PM	10:41	1:18	1:00	0:00	0:00
13	05-01 08:08 AM	05-02 12:19 AM	16:11	4:00	4:00	2:19	2:00

참조 함수

다른 위치에서 조건에 맞는 값을 참조해야 한다면

엑셀의 참조 함수를 사용할 수 있습니다.

엑셀에는 원하는 값을 참조할 수 있는 다양한 함수가 있고

함수마다 참조 방식에 차이가 있으므로

하고자 하는 작업에 어떤 함수가 적합한지 이해하고 있어야 합니다.

참조 함수를 사용할 때는 몇 가지 주의할 점이 있습니다.

첫째, 표에 병합이 적용되어 있으면 값을 참조하기 쉽지 않으므로

병합 기능은 되도록 사용하지 않는 것이 좋습니다.

둘째, VLOOKUP 함수와 같은 기본 참조 함수로 원하는 값을 참조할 수 없다면

수식이 복잡해질 수 있으므로 표를 구성할 때

가급적 VLOOKUP 함수를 사용하기 쉬운 형태로 구성하는 것이 좋습니다.

VLOOKUP 함수로
다른 표의 값 참조하기

엑셀에서 수식을 사용할 때 가장 기본이 되는 작업 중의 하나는 다른 셀의 값을 참조해서 사용하는 것입니다. 이때 참조할 정확한 위치(셀)를 안다면 **=A1**과 같은 수식을 이용해 값을 참조하면 되지만, 특정조건에 맞는 값을 참조하려면 VLOOKUP 등의 함수를 사용할 수 있어야 합니다. VLOOKUP 함수는표의 왼쪽 첫 번째 열에서 필요한 값을 찾아 오른쪽 열에 위치한 값을 참조할 때 사용하는 함수로, 엑셀에서 가장 많이 사용되는 함수 중 하나입니다.

예제 파일 PART 02 \ CHAPTER 08 \ VLOOKUP 함수.xlsx

새 함수

VLOOKUP (❶ 찾을 값, ❷ 표, ❸ 열 번호, ❹ 찾기 옵션)

표의 왼쪽 첫 번째 열에서 값을 찾아, 오른쪽 열에서 같은 행에 위치한 값을 참조합니다.

인수	❶ 찾을 값 : 표의 왼쪽 첫 번째 열에서 찾으려는 값 ❷ 표 : 찾을 값과 참조할 값을 모두 포함하는 데이터 범위 ❸ 열 번호 : 표 범위에서 참조할 값을 갖는 열의 인덱스 번호 ❹ 찾기 옵션 : 표의 왼쪽 첫 번째 열에서 값을 찾는 방법을 설정하는 옵션	
	찾기 옵션	**설명**
	TRUE 또는 생략	표의 왼쪽 첫 번째 열이 오름차순으로 정렬되어 있다고 가정하고 값을 찾는데, 찾을 값보다 큰 값을 만날 때까지 값을 찾지 못하면 작은 값 중에서 가장 큰 값의 위치를 찾습니다.
	FALSE	표의 왼쪽 첫 번째 열에서 찾을 값과 정확하게 일치하는 첫 번째 위치를 찾습니다.
사용 예	**=VLOOKUP("엑셀", A1:C10, 3, FALSE)** '엑셀'을 A1:A10 범위에서 찾아 세 번째 열(C1:C10) 범위에서 같은 행에 위치한 값을 참조합니다.	

01 예제 파일을 열고 왼쪽 표의 데이터에서 조건에 맞는 값만 오른쪽 표에 참조해보겠습니다.

⬚	A	B	C	D	E	F	G	H	I	J	K
1											
2					**직 원 명 부**						
3											
4											
5		사번	이름	직위	입사일	핸드폰	차량번호		찾을 값	참조	
6		1	박지훈	부장	2003-05-14	010-7212-1234	80 파 5168				
7		2	유준혁	차장	2007-10-17	010-5321-4225	88 사 6337				
8		3	이서연	과장	2012-05-01	010-4102-8345	11 하 3434				
9		4	김민준	대리	2016-04-01	010-6844-2313	74 카 7049				
10		5	최서현	주임	2015-05-03	010-3594-5034	67 다 2422				
11		6	박현우	주임	2014-10-17	010-9155-2242	20 자 3441				
12		7	정시우	사원	2016-01-02	010-7237-1123	73 가 3207				
13		8	이은서	사원	2016-03-05	010-4115-1352	70 가 2708				
14		9	오서윤	사원	2015-11-15	010-7253-9721	36 아 3022				
15											

02 사번(B열)이 '5'인 직원의 이름을 참조하겠습니다. I6셀에 **5**를 입력하고 J6셀에 다음 수식을 입력합니다.

J6셀 : =VLOOKUP(I6, B6:C14, 2, FALSE)

> **Plus⁺ 수식 이해하기**
>
> 이번 수식은 사번(왼쪽 열)을 찾아 이름(오른쪽 열)을 참조하는 수식이므로, VLOOKUP 함수를 사용합니다. 이번 수식에서 사용한 VLOOKUP 함수의 인수에는 다음과 같은 의미가 있습니다.
>
> | 인수 | 값 | 설명 |
> | --- | --- | --- |
> | 찾을 값 | I6 | 5(사번) |
> | 표 | B6:C14 | 찾을 값과 참조할 값이 있는 데이터 범위 |
> | 열 번호 | 2 | 두 번째 열의 값을 참조 |
> | 찾기 옵션 | FALSE | 일치하는 값의 위치를 찾음 |
>
> 먼저 표(B6:C14)의 왼쪽 첫 번째 열(B6:B14)에서 찾을 값(I6)과 정확하게 일치(FALSE)하는 값의 위치를 찾습니다. 이때 찾은 셀의 위치는 B10셀입니다. 그런 다음 표(B6:C14)의 두 번째 열(C6:C14)에서 같은 행에 위치한 셀(C10) 값을 반환합니다.

03 이번에는 이름(B열)이 '최서현'인 직원의 입사일을 참조하겠습니다. I6셀의 값을 **최서현**으로 수정하고 J6셀에 다음 수식을 입력합니다.

J6셀 : =VLOOKUP(I6, C6:E14, 3, FALSE)

이번 수식 역시 이름(왼쪽 열)을 찾아 입사일(오른쪽 열)을 참조하는 수식이므로 VLOOKUP 함수를 사용합니다. 다만 VLOOKUP 함수는 동명이인이 있을 경우 첫 번째 이름이 있는 위치를 찾는다는 점에 주의합니다. 이번 예제에는 동명이인이 없습니다. 이번 수식에서 사용한 VLOOKUP 함수의 인수는 다음과 같습니다.

인수	값	설명
찾을 값	I6	최서현(이름)
표	C6:E14	찾을 값부터 참조할 값을 갖고 있는 데이터 범위
열 번호	3	세 번째 열의 값을 참조
찾기 옵션	FALSE	일치하는 값의 위치를 찾음

먼저 표(C6:E14)의 왼쪽 첫 번째 열(C6:C14)에서 찾을 값(I6)과 정확하게 일치(FALSE)하는 첫 번째 값의 위치를 찾습니다. 이 때 찾은 셀의 위치는 C10셀입니다. 그런 다음 표(C6:E14)의 세 번째 열(E6:E14)에서 같은 행에 위치한 셀(E10) 값을 반환합니다.

참고로 J6셀에 42127과 같은 날짜 일련번호가 표시된다면 [홈] 탭-[표시 형식] 그룹에서 [표시 형식]을 [간단한 날짜]로 설정합니다.

04 중복된 데이터에서 값을 참조하는 작업을 해보겠습니다. 직위가 '사원'인 직원의 차량번호를 참조하기 위해 I6셀의 값을 **사원**으로 수정하고 J6셀에 다음 수식을 입력합니다.

J6셀 : =VLOOKUP(I6, D6:G14, 4, FALSE)

| J6 | ▼ : × ✓ fx | =VLOOKUP(I6, D6:G14, 4, FALSE) |

◢	A	B	C	D	E	F	G	H	I	J	K
1											
2					**직 원 명 부**						
3											
5		사번	이름	직위	입사일	핸드폰	차량번호		찾을 값	참조	
6		1	박지훈	부장	2003-05-14	010-7212-1234	80 파 5168		사원	73 가 3207	
7		2	유준혁	차장	2007-10-17	010-5321-4225	88 사 6337				
8		3	이서연	과장	2012-05-01	010-4102-8345	11 하 3434				
9		4	김민준	대리	2016-04-01	010-6844-2313	74 카 7049				
10		5	최서현	주임	2015-05-03	010-3594-5034	67 더 2422				
11		6	박현우	주임	2014-10-17	010-9155-2242	20 자 3441				
12		7	정시우	사원	2016-01-02	010-7237-1123	73 가 3207				
13		8	이은서	사원	2016-03-05	010-4115-1352	70 가 2708				
14		9	오서윤	사원	2015-11-15	010-7253-9721	36 아 3022				
15											

왼쪽 열의 직위를 찾아 오른쪽 열의 차량번호를 참조하는 수식이므로 VLOOKUP 함수를 사용합니다. 다만 찾는 값에 중복이 있을 경우 VLOOKUP 함수는 첫 번째 위치만 찾기 때문에 모든 사원의 차량 번호가 아니라 첫 번째 사원의 차량 번호만 반환됩니다. 이번 수식에서 사용한 VLOOKUP 함수의 인수는 다음과 같습니다.

인수	값	설명
찾을 값	I6	사원(직위)
표	D6:G14	찾을 값과 참조할 값이 있는 데이터 범위
열 번호	4	네 번째 열의 값을 참조
찾기 옵션	FALSE	일치하는 값의 위치를 찾음

먼저 표(D6:G14)의 왼쪽 첫 번째 열(D6:D14)에서 찾을 값(I6)과 정확하게 일치(FALSE)하는 첫 번째 값의 위치를 찾습니다. 이때 찾은 셀의 위치는 D12셀입니다. 그런 다음 표(D6:G14)의 네 번째 열(G6:G14)에서 같은 행에 위치한 셀(G12) 값을 반환합니다.

VLOOKUP 함수는 찾을 값이 표의 왼쪽 첫 번째 열에 여러 개 있어도 항상 첫 번째 위치의 셀만 찾습니다.

05 이번에는 오른쪽 열에서 값을 찾아 왼쪽 열의 값을 참조해보겠습니다. 직원의 차량번호로 이름을 참조하기 위해 I6셀의 값을 **73 가 3207**로 수정하고 J6셀에 다음 수식을 입력합니다.

J6셀 : =VLOOKUP(I6, C6:G14, 1, FALSE)

J6		:	×	✓	fx	=VLOOKUP(I6, C6:G14, 1, FALSE)			

	A	B	C	D	E	F	G	H	I	J	K
1											
2					**직 원 명 부**						
3											
5		사번	이름	직위	입사일	핸드폰	차량번호		찾을 값	참조	
6		1	박지훈	부장	2003-05-14	010-7212-1234	80 파 5168		73 가 3207	#N/A	
7		2	유준혁	차장	2007-10-17	010-5321-4225	88 사 6337				
8		3	이서연	과장	2012-05-01	010-4102-8345	11 하 3434				
9		4	김민준	대리	2016-04-01	010-6844-2313	74 카 7049				
10		5	최서현	주임	2015-05-03	010-3594-5034	67 다 2422				
11		6	박현우	주임	2014-10-17	010-9155-2242	20 자 3441				
12		7	정시우	사원	2016-01-02	010-7237-1123	73 가 3207				
13		8	이은서	사원	2016-03-05	010-4115-1352	70 자 2708				
14		9	오서윤	사원	2015-11-15	010-7253-9721	36 아 3022				
15											

이번 수식은 오른쪽 열에서 차량번호를 찾아 왼쪽 열의 이름을 참조하므로 VLOOKUP 함수를 사용할 수 없습니다. 이번 수식에서 사용한 VLOOKUP 함수의 인수는 다음과 같습니다.

인수	값	설명
찾을 값	I6	차량번호
표	C6:G14	찾을 값과 참조할 값이 있는 데이터 범위
열 번호	1	첫 번째 열의 값을 참조함
찾기 옵션	FALSE	일치하는 값의 위치를 찾음

VLOOKUP 함수는 먼저 표(C6:G14)의 왼쪽 첫 번째 열(C6:C14)에서 찾을 값(I6)과 정확하게 일치(FALSE)하는 첫 번째 값의 위치를 찾습니다. 그런데 찾는 값은 C열에는 없고 G열에 있으므로 이 과정에서 #N/A 오류가 발생합니다.

이런 방식으로 참조하려면 INDEX, MATCH 함수 조합을 사용합니다.

=INDEX(C6:C14, MATCH(I6, G6:G14, 0))

LINK INDEX, MATCH 함수에 대한 설명은 'No. 172 VLOOKUP 함수를 INDEX, MATCH 함수로 전환하기'(574쪽)를 참조합니다.

오름차순 구간에 속한 값을 찾아 참조하기

VLOOKUP 함수는 찾는 값과 정확히 일치하는 값의 위치를 찾을 수도 있지만, 0~9, 10~19와 같이 구간에 속한 값을 찾을 수도 있습니다. 다만 이 경우 구간이 오름차순으로 정렬되어 있어야 하며 구간의 최솟값이 대푯값으로 입력되어 있어야 합니다. VLOOKUP 함수의 이런 참조 작업은 LOOKUP 함수로 대체할 수 있습니다. 여기서는 오름차순으로 정리된 구간에 속한 값을 찾아 필요한 값을 참조하는 방법에 대해 알아보겠습니다.

예제 파일 PART 02 \ CHAPTER 08 \ VLOOKUP 함수-구간.xlsx

새 함수

LOOKUP (❶ 찾을 값, ❷ 찾을 범위, ❸ 반환 범위)

찾을 값을 찾을 범위에서 찾아 반환 범위 내 같은 행에 위치한 값을 반환합니다.

인수	❶ 찾을 값 : 찾을 범위에서 찾으려는 값 ❷ 찾을 범위 : 값을 찾으려고 하는 단일 행(또는 열) 데이터 범위입니다. 이때 찾을 범위는 반드시 오름차순으로 정렬되어 있어야 하며, 찾을 값보다 큰 값을 만날 때까지 찾지 못하면 작은 값 중에서 가장 큰 값의 위치를 찾습니다. ❸ 반환 범위 : 반환할 값이 있는 단일 행(또는 열) 데이터 범위
특이사항	LOOKUP 함수는 인수를 두 가지 타입으로 사용할 수 있습니다. 위에서 설명한 것과 같이 세 개의 인수를 사용할 수도 있고, 찾을 범위와 반환 범위를 하나로 합쳐 다음과 같이 사용할 수도 있습니다. **=LOOKUP(찾을 값, 표)** 이 경우 표 인수는 찾을 값과 반환할 값을 모두 아우르는 데이터 범위여야 하며, 찾을 값은 표의 왼쪽 첫 번째 열에, 반환할 값은 표의 마지막 열에 위치해야 합니다. 참고로 이런 구문은 다른 스프레드시트 프로그램과의 호환성을 위해 제공되며, 이런 형태로 사용할 때는 VLOOKUP 함수를 사용하는 것이 더 좋습니다.
사용 예	**=LOOKUP("엑셀", A1:A10, C1:C10)** '엑셀' 값을 A1:A10 범위에서 찾아 C1:C10 범위 내 같은 행에 위치한 값을 반환합니다.

자주 사용하는 수식 패턴

오름차순으로 정렬된 구간별 표 값 참조

=VLOOKUP(찾을 값, 표, 열 번호, TRUE)

=LOOKUP(찾을 값, 찾을 범위, 참조 범위)

* LOOKUP 함수의 **찾을 범위**는 VLOOKUP 함수 표 인수의 왼쪽 첫 번째 열 데이터 범위입니다.
* LOOKUP 함수의 **참조 범위**는 VLOOKUP 함수 표 인수의 열 번호 위치 데이터 범위입니다.

01 예제 파일을 열고 보너스 계산을 위해 오른쪽 두 표에서 직위와 근속년수를 기준으로 보너스 비율을 참조해보겠습니다.

	이름	직위	근속년수	급여	보너스		직위별 보너스 비율	
					직위	근속년수	직위	보너스비율
박지훈	부장	14	5,550,000			부장	200%
유준혁	차장	10	4,200,000			차장	180%
이서연	과장	5	2,700,000			과장	150%
김민준	대리	1	3,500,000			대리	120%
최서현	주임	2	2,850,000			주임	100%
박현우	주임	3	3,450,000			사원	100%
정시우	사원	1	2,950,000				
이은서	사원	1	2,700,000			근속년수별 보너스 비율	
오서윤	사원	2	2,680,000			대표값	근속년수
							3년 이하	100%
							4~9년	150%
							10년 이상	200%

02 먼저 직위별 보너스 비율을 참조해오겠습니다. F7셀에 다음 수식을 입력하고 F7셀의 채우기 핸들 (┼)을 F15셀까지 드래그해 복사합니다.

F7셀 : =VLOOKUP(C7, $I$7:$J$12, 2, FALSE)

F7 | =VLOOKUP(C7, $I$7:$J$12, 2, FALSE)

보너스 계산

이름	직위	근속년수	급여	보너스		직위별 보너스 비율	
				직위	근속년수	직위	보너스비율
박지훈	부장	14	5,550,000	200%		부장	200%
유준혁	차장	10	4,200,000	180%		차장	180%
이서연	과장	5	2,700,000	150%		과장	150%
김민준	대리	1	3,500,000	120%		대리	120%
최서현	주임	2	2,850,000	100%		주임	100%
박현우	주임	3	3,450,000	100%		사원	100%
정시우	사원	1	2,950,000	100%			
이은서	사원	1	2,700,000	100%		근속년수별 보너스 비율	
오서윤	사원	2	2,680,000	100%		대표값	근속년수	보너스비율
							3년 이하	100%
							4~9년	150%
							10년 이상	200%

이번 수식은 직위(왼쪽 열)를 찾아 보너스 비율(오른쪽 열)를 참조하는 수식이므로 VLOOKUP 함수를 사용합니다. 이번 수식에서 사용한 VLOOKUP 함수의 인수는 다음과 같습니다.

인수	값	설명
찾을 값	C7	직위(부장)
표	$I$7:$J$11	찾을 값과 참조할 값이 있는 데이터 범위
열 번호	2	두 번째 열의 값을 참조
찾기 옵션	FALSE	일치하는 값의 위치를 찾음

VLOOKUP 함수는 먼저 표(I7:J11)의 왼쪽 첫 번째 열(I7:I11)에서 찾을 값(C7)과 정확하게 일치(FALSE)하는 첫 번째 값의 위치를 찾습니다. 이때 찾은 셀의 위치는 I7셀입니다. 그런 다음 표(I7:J11)의 두 번째 열(J7:J11)에서 같은 행에 위치한 셀(J7) 값을 반환합니다.

03 이번에는 근속년수별 보너스 비율을 참조하겠습니다. 그런데 J16:J18 범위에 입력된 구간 값은 사람은 인식할 수 있지만 컴퓨터는 이해할 수 없는 표현이므로, 구간의 최소값을 대푯값으로 입력해야 합니다. I16:I18 범위에 **0**, **4**, **10** 값을 순서대로 입력합니다.

I18	▾	:	×	✓	*fx*	10						
◢	A	B	C	D	E	F	G	H	I	J	K	L
1												
2					**보너스 계산**							
3												
5		이름	직위	근속년수	급여	보너스			직위별 보너스 비율			
6						직위	근속년수		직위	보너스비율		
7		박지훈	부장	14	5,550,000	200%			부장	200%		
8		유준혁	차장	10	4,200,000	180%			차장	180%		
9		이서연	과장	5	2,700,000	150%			과장	150%		
10		김민준	대리	1	3,500,000	120%			대리	120%		
11		최서현	주임	2	2,850,000	100%			주임	100%		
12		박현우	주임	3	3,450,000	100%			사원	100%		
13		정시우	사원	1	2,950,000	100%						
14		이은서	사원	1	2,700,000	100%			근속년수별 보너스 비율			
15		오서윤	사원	2	2,680,000	100%			대표값	근속년수	보너스비율	
16									0	3년 이하	100%	
17									4	4~9년	150%	
18									10	10년 이상	200%	
19												

근속년수별 보너스 비율을 참조할 표는 구간이 오름차순으로 정렬되어 있으므로 VLOOKUP 함수를 사용할 수 있습니다. 이때 오름차순으로 정렬된 구간에서 구간 내 최소값이 대푯값으로 입력되어 있어야 합니다. I16:I18 범위에 3년 이하(0~3), 4~9년(4~9), 10년 이상(10~100) 이렇게 세 구간이 있으므로 순서대로 **0**, **4**, **10**을 입력한 것입니다. 대푯값을 잘못 입력하면 VLOOKUP 함수를 제대로 구성해도 잘못된 결과가 반환되므로 주의해야 합니다. 또한 대푯값은 반드시 참조할 보너스 비율(K열)보다 왼쪽에 있어야 합니다.

04 이제 근속년수에 해당하는 보너스 비율을 참조합니다. G7셀에 다음 수식을 입력하고 G7셀의 채우기 핸들(田)을 G15셀까지 드래그해 복사합니다.

G7셀 : =VLOOKUP(D7, $I$16:$K$18, 3, TRUE)

G7		:	×	✓	fx	=VLOOKUP(D7, $I$16:$K$18, 3, TRUE)					
	A	B	C	D	E	F	G	H	I	J	K	L

보너스 계산

이름	직위	근속년수	급여	보너스	
				직위	근속년수
박지훈	부장	14	5,550,000	200%	200%
유준혁	차장	10	4,200,000	180%	200%
이서연	과장	5	2,700,000	150%	150%
김민준	대리	1	3,500,000	120%	100%
최서현	주임	2	2,850,000	100%	100%
박현우	주임	3	3,450,000	100%	100%
정시우	사원	2	2,950,000	100%	100%
이은서	사원	1	2,700,000	100%	100%
오서윤	사원	2	2,680,000	100%	100%

직위별 보너스 비율

직위	보너스비율
부장	200%
차장	180%
과장	150%
대리	120%
주임	100%
사원	100%

근속년수별 보너스 비율

대표값	근속년수	보너스비율
0	3년 이하	100%
4	4~9년	150%
10	10년 이상	200%

Plus⁺ 수식 이해하기

이번 수식은 근속년수(왼쪽 열)를 찾아 보너스 비율(오른쪽 열)을 참조하는 수식으로, 구간이 오름차순으로 정렬되어 있고 구간의 대푯값이 왼쪽 열에 입력되어 있으므로 VLOOKUP 함수를 사용할 수 있습니다. 이번 수식에서 사용한 VLOOKUP 함수의 인수는 다음과 같습니다.

인수	값	설명
찾을 값	D7	근속년수(14)
표	$I$16:$K$18	찾을 값과 참조할 값이 있는 데이터 범위
열 번호	3	두 번째 열의 값을 참조
찾기 옵션	TRUE	오름차순으로 정렬된 구간에 속한 값을 찾음

VLOOKUP 함수는 먼저 찾을 값(D7)을 표(I16:K18)의 왼쪽 첫 번째 열(I16:I18)에서 찾는데, 찾는 값보다 큰 값을 만날 때까지 값을 찾지 못하면 찾는 값보다 작은 값 중에서 가장 큰 값의 위치를 찾습니다. 이때 찾은 셀의 위치는 I18셀입니다. 그런 다음 표(I16:K18)의 세 번째 열(K16:K18)에서 같은 행에 위치한 셀(K18) 값을 반환합니다.

05 오름차순으로 정렬된 구간에 속한 값을 찾을 경우에는 LOOKUP 함수를 사용할 수 있습니다. G7셀의 수식을 다음과 같이 수정하고, G7셀의 채우기 핸들(⊞)을 G15셀까지 드래그해 복사합니다.

G7셀 : =LOOKUP(D7, $I$16:$I$18, $K$16:$K$18)

G7			fx	=LOOKUP(D7, $I$16:$I$18, $K$16:$K$18)							
	A	B	C	D	E	F	G	H	I	J	K	L

보너스 계산

이름	직위	근속년수	급여	보너스			직위별 보너스 비율	
				직위	근속년수		직위	보너스비율
박지훈	부장	14	5,550,000	200%	200%		부장	200%
유준혁	차장	10	4,200,000	180%	200%		차장	180%
이서연	과장	5	2,700,000	150%	150%		과장	150%
김민준	대리	1	3,500,000	120%	100%		대리	120%
최서현	주임	2	2,850,000	100%	100%		주임	100%
박현우	주임	3	3,450,000	100%	100%		사원	100%
정시우	사원	1	2,950,000	100%	100%			
이은서	사원	1	2,700,000	100%	100%		근속년수별 보너스 비율		
오서윤	사원	2	2,680,000	100%	100%		대표값	근속년수	보너스비율
							0	3년 이하	100%
							4	4~9년	150%
							10	10년 이상	200%

Plus⁺ 수식 이해하기

LOOKUP 함수는 VLOOKUP 함수의 네 번째 인수가 TRUE인 경우를 대체할 수 있습니다. LOOKUP 함수를 사용하는 것이 VLOOKUP 함수를 사용하는 것보다 좋은 점은 열이 반드시 찾을 열은 왼쪽에, 참조할 열은 오른쪽에 있지 않아도 된다는 점입니다. 즉 LOOKUP 함수를 사용하면 K열의 값이 I열의 왼쪽에 있어도 됩니다. 이런 점을 제외하면 VLOOKUP 함수를 사용하는 경우와 동일합니다.

열 방향 표에서 찾아
아래 행 값 참조하기 – HLOOKUP

VLOOKUP 함수는 행 방향(아래쪽)으로 값을 찾아 오른쪽 열의 값을 참조해오기 때문에 표가 반드시 행 방향으로 구성되어 있어야 합니다. 표가 열 방향으로 구성되어 있다면 VLOOKUP 함수 대신 HLOOKUP 함수를 사용합니다. VLOOKUP 함수의 V는 Vertical(세로)의 약어이고 HLOOKUP 함수의 H는 Horizontal(가로)의 약어이므로 이 접두어의 의미만 알면 두 함수를 각각 어떤 경우에 사용해야 하는지 이해할 수 있습니다.

\ 예제 파일 PART 02 \ CHAPTER 08 \ HLOOKUP 함수.xlsx /

새 함수

HLOOKUP (❶ 찾을 값, ❷ 표, ❸ 행 번호, ❹ 찾기 옵션)

표의 첫 번째 행에서 찾을 값의 위치를 찾아 같은 열에 위치한 값 중에서 지정한 행 번호 위치의 셀 값을 반환합니다.

인수	❶ 찾을 값 : 표의 첫 번째 행에서 찾을 값으로, 조건에 해당합니다. ❷ 표 : 찾을 값과 반환할 값이 모두 있는 데이터 범위입니다. ❸ 행 번호 : 표에서 반환할 행의 인덱스 번호입니다. ❹ 찾기 옵션 : 찾을 값을 표의 첫 번째 행에서 찾는 방법을 지정하는 옵션입니다.	
	찾기 옵션	**설명**
	TRUE 또는 생략	표의 상단 첫 번째 행이 오름차순으로 정렬되어 있다고 가정하고 값을 찾는데, 찾을 값보다 큰 값을 만날 때까지 값을 찾지 못하는 경우에는 작은 값 중에서 가장 큰 값의 위치를 찾습니다.
	FALSE	표의 상단 첫 번째 행에서 찾을 값의 첫 번째 위치를 찾습니다.
사용 예	=HLOOKUP("엑셀", A1:Z3, 3, FALSE) A1:Z1 범위에서 '엑셀' 값과 정확하게 일치하는 첫 번째 값의 위치를 찾아 같은 열에 있는 값 중에서 세 번째 행(A3:Z3) 범위의 값을 반환합니다.	

수식

오름차순으로 정렬된 구간별 표 값 참조

=HLOOKUP(찾을 값, 표, 행 번호, TRUE)

=LOOKUP(찾을 값, 찾을 범위, 참조 범위)

* LOOKUP 함수의 **찾을 범위**는 HLOOKUP 함수 **표** 인수의 첫 번째 행 데이터 범위입니다.
* LOOKUP 함수의 **참조 범위**는 HLOOKUP 함수 **표** 인수의 **행 번호** 위치 데이터 범위입니다.

01 예제 파일을 열고 F:G열에 오른쪽 표의 할인율을 조건에 맞게 참조해오겠습니다. I:L열의 표는 열 방향(오른쪽)으로 데이터가 기록되어 있으므로 VLOOKUP 함수 대신 HLOOKUP 함수를 사용합니다.

02 먼저 분류(C열)에 맞는 할인율을 참조합니다. 참조할 표 범위는 J6:L7 범위입니다. F7셀에 다음 수식을 입력하고 F7셀의 채우기 핸들(┼)을 F14셀까지 드래그해 복사합니다.

F7셀 : =HLOOKUP(C7, $J$6:$L$7, 2, FALSE)

Plus⁺ 수식 이해하기

분류(C열)에 맞는 할인율을 참조해오려면 J6:L6 범위에서 C7셀과 동일한 분류를 찾아야 하므로 HLOOKUP 함수의 네 번째 인수는 **FALSE**입니다. 이번 수식에서 HLOOKUP 함수의 구성은 다음과 같습니다.

❶ 찾을 값 : C7
❷ 표 : $J$6:$L$7
❸ 열 번호 : 2
❹ 찾기 옵션 : FALSE

이렇게 하면 표(J6:L7)의 첫 번째 행(J6:L6)에서 값(C7)을 찾는데, 찾을 값과 정확하게 일치하는 첫 번째 위치(FALSE, J6)를 찾은 다음, 표(J6:L7)의 두 번째 행(J7:L7)에서 같은 열에 위치한 셀(J7) 값을 참조합니다.

03 이번에는 판매수량(E열)이 속한 할인율을 참조하겠습니다. 참조할 표는 J10:L12 범위이고 J10:L10 범위의 구간 값은 오름차순으로 정렬되어 있으므로, 먼저 구간의 최소값을 대푯값으로 입력할 필요가 있습니다. J11:L11 범위에 순서대로 구간의 최소값을 **1**, **5**, **11**로 입력합니다.

TIP 다섯 개 이하는 1~5, 열 개 초과는 11~100이므로 각각 1과 11이 최소값입니다.

04 판매수량에 맞는 할인율을 참조합니다. G7셀에 다음 수식을 입력하고 G7셀의 채우기 핸들(田)을 G14셀까지 드래그해 복사합니다.

G7셀 : =HLOOKUP(E7, $J$11:$L$12, 2, TRUE)

이번에는 판매수량이 속한 구간의 할인율을 참조해와야 하므로 HLOOKUP 함수의 네 번째 인수는 **TRUE**입니다. HLOOKUP 함수의 구성은 다음과 같습니다.

❶ **찾을 값** : E7
❷ **표** : $J$11:$L$12
❸ **열 번호** : 2
❹ **찾기 옵션** : TRUE

찾기 옵션을 **TRUE**로 설정하면, 표(J11:L12)의 첫 번째 행(J11:L11)에서 값(E7)을 찾는데, 찾을 값보다 큰 값을 만날 때까지 동일한 값을 찾지 못하면 작은 값 중에서 가장 큰 값의 위치를 찾습니다. E7셀의 판매수량 4를 예로 들면, K11셀의 5를 만날 때까지 동일한 값을 찾지 못했으므로, 작은 값 중에서 가장 큰 값인 1(J11셀)의 위치가 찾아집니다. 그런 다음, 표의 두 번째 행 (J12:L12)에서 같은 열에 위치한 셀(J12) 값을 참조해 반환합니다.

05 HLOOKUP 함수의 네 번째 인수가 TRUE일 때는 VLOOKUP 함수와 마찬가지로 LOOKUP 함수로 대체할 수 있습니다. G7셀의 수식을 다음과 같이 수정하고 G7셀의 채우기 핸들(⊞)을 G14셀까지 드래그해 복사합니다.

G7셀 : =LOOKUP(E7, $J$11:$L$11, $J$12:$L$12)

No	분류	제품	수량	할인율 (분류)	할인율 (판매수량)
1	복합기	잉크젯복합기 AP-3300	4	5%	0%
2	복합기	레이저복합기 L500	6	5%	3%
3	복합기	흑백복사기 TLE-8100C	11	5%	5%
4	복합기	컬러복사기 XI-4400	9	5%	3%
5	제본기	와이어제본기 WC-5500	8	10%	3%
6	제본기	열제본기 TB-8200	10	10%	3%
7	바코드	바코드 Z-750	14	3%	5%
8	바코드	바코드 BCD-100 Plus	2	3%	0%

할인율 적용

분류별 할인율

분류	복합기	제본기	바코드
할인율	5%	10%	3%

판매수량별 할인율

수량	5개 이하	5~10개	10개 초과
대표값	1	5	11
할인율	0%	3%	5%

이번 수식에서 LOOKUP 함수의 구성은 다음과 같습니다.

❶ **찾을 값** : E7
❷ **찾을 범위** : $J$11:$L$11
❸ **참조 범위** : $J$12:$L$12

이번과 같이 LOOKUP 함수는 행 방향(아래쪽)뿐만 아니라 열 방향(오른쪽)으로 정리된 표의 구간별 값을 참조할 수 있으므로, VLOOKUP 함수와 HLOOKUP 함수를 모두 대체할 수 있습니다.

VLOOKUP 함수를 INDEX, MATCH 함수로 전환하기

VLOOKUP 함수는 왼쪽 열에서 값을 찾아 오른쪽 열의 값을 참조해오고, HLOOKUP 함수는 위쪽 행에서 값을 찾아 아래쪽 행의 값을 참조해옵니다. 함수의 작업 순서는 변경될 수 없기 때문에 표가 원하는 방식으로 작성되어 있지 않으면 VLOOKUP 함수나 HLOOKUP 함수를 사용할 수 없습니다. 이런 경우에는 INDEX, MATCH 함수 조합을 사용합니다. INDEX 함수는 참조 작업만 하고 MATCH 함수는 찾는 작업만 하는 함수인데, 둘을 함께 사용하면 VLOOKUP이나 HLOOKUP 함수로 참조할 수 없는 다양한 표의 값을 참조할 수 있습니다.

예제 파일 PART 02 \ CHAPTER 08 \ INDEX, MATCH 함수.xlsx

새 함수

INDEX (❶ 표, ❷ 행 번호, ❸ 열 번호, ❹ 영역 번호)

표의 행 번호, 열 번호 위치에 있는 셀 값을 참조합니다.

인수	❶ 표 : 참조할 값을 포함하고 있는 데이터 범위 ❸ 행 번호 : 표에서 참조할 값이 위치한 행의 인덱스 번호 ❷ 열 번호 : 표에서 참조할 값이 위치한 열의 인덱스 번호로, 생략하면 1입니다. ❹ 영역 번호 : 표 인수에 괄호를 사용해 다중 범위를 지정한 경우, 참조할 범위의 인덱스 번호로 다중 범위를 사용하지 않는 경우에는 보통 생략하고 사용하지 않습니다.
사용 예	**=INDEX(A1:C10, 5, 2)** A1:C10 범위에서 다섯 번째 행과 두 번째 열 위치의 셀(B5) 값을 참조합니다.

MATCH (❶ 찾을 값, ❷ 찾을 범위, ❸ 찾기 옵션)

찾을 범위 내 찾는 값이 몇 번째 위치에 있는지 찾아 해당 인덱스 번호를 반환합니다.

인수	❶ 찾을 값 : 찾을 범위에서 찾으려는 값 ❷ 찾을 범위 : 찾을 값이 포함된 단일 열/행 데이터 범위 ❸ 찾기 옵션 : 찾을 범위에서 값을 찾는 방법을 지정하는 옵션	
	찾기 옵션	**설명**
	1 또는 생략	찾을 범위의 값이 오름차순으로 정렬된 표에서 값을 찾는데, 찾을 값보다 큰 값을 만날 때까지 찾을 값을 찾지 못하면 찾을 값보다 작은 값 중에서 가장 큰 값의 위치를 찾습니다.
	0	찾을 범위에서 찾을 값이 위치한 첫 번째 위치를 찾습니다.
	−1	찾을 범위의 값이 내림차순으로 정렬된 표에서 값을 찾는데, 찾을 값보다 작은 값을 만날 때까지 찾을 값을 찾지 못하면 찾을 값보다 큰 값 중에서 가장 작은 값의 위치를 찾습니다.
사용 예	**=MATCH("엑셀", A1:A10, 0)** A1:A10 범위에서 '엑셀' 값이 처음 입력된 셀의 인덱스 번호를 반환합니다.	

자주 사용하는 수식 패턴

VLOOKUP 함수를 INDEX, MATCH 함수로 전환

=VLOOKUP(찾을 값, 표, 열 번호, 찾기 옵션)
=INDEX(표, MATCH(찾을 값, 찾을 범위, 찾기 옵션), 1)

* MATCH 함수의 **찾을 범위** 인수는 VLOOKUP 함수 **표** 인수의 왼쪽 첫 번째 열 데이터 범위입니다.

* INDEX 함수의 **표** 인수는 VLOOKUP 함수 **표** 인수의 참조할 열 데이터 범위입니다.

01 예제 파일을 열고 F:G열에 사용된 VLOOKUP 함수를 INDEX, MATCH 함수를 사용하는 수식으로 전환해보겠습니다.

LINK 이 예제는 'No. 170 오름차순 구간에 속한 값을 찾아 참조하기'(565쪽)에서 진행한 것이므로 VLOOKUP 함수를 사용한 수식에 대한 설명은 해당 부분을 참고합니다.

02 먼저 직위에 맞는 보너스 비율을 참조하는 F열의 수식을 INDEX, MATCH 함수를 사용한 수식으로 전환하겠습니다. F7셀을 선택하고 수식 입력줄을 세 줄 길이로 확장한 다음 VLOOKUP 함수를 사용한 수식 마지막에서 Alt + Enter 키를 눌러 줄 바꿈을 하고 다음 수식을 추가합니다.

F7셀 : =VLOOKUP(C7, $I$7:$J$12, 2, FALSE)
      찾기 : MATCH(C7, $I$7:$I$12, 0)

TIP 수식을 계속 편집할 것이므로 Enter 키를 누르지 않고 입력만 합니다.

LINK 수식 입력줄을 확장하는 방법은 'No. 030 수식 입력줄 사용 방법 이해하기'(85쪽)를 참고합니다.

수식 입력줄의 VLOOKUP 함수 아래 부분에 입력한 수식은 다음과 같습니다.

찾기 : MATCH(C7, $I$7:$I$12, 0)

이것은 VLOOKUP 함수의 '찾기' 동작을 MATCH 함수로 전환한 것으로, VLOOKUP 함수의 인수와 매칭해 보면 다음과 같습니다.

VLOOKUP 함수		MATCH 함수	
찾을 값	C7	찾을 값	C7
표	I7:J12	찾을 범위	I7:I12
찾기 옵션	FALSE	찾기 옵션	0

VLOOKUP 함수와 MATCH 함수는 구성이 거의 동일하며, VLOOKUP 함수의 **표** 인수 범위 중 첫 번째 열이 MATCH 함수의 **찾을 범위** 인수가 된다는 점만 다릅니다. 참고로 FALSE는 숫자로 치면 0이므로 두 함수의 **찾기 옵션**은 동일합니다. 이처럼 MATCH 함수를 이용하면 VLOOKUP 함수의 '찾기' 동작을 대체할 수 있습니다.

03 이번에는 VLOOKUP 함수의 참조 부분을 INDEX 함수로 표현하겠습니다. F7셀의 수식 입력줄에서 Alt + Enter 키를 누르고 INDEX 함수 부분을 다음과 같이 추가합니다.

F7셀 : =VLOOKUP(C7, $I$7:$J$12, 2, FALSE)
　　　찾기 : MATCH(C7, $I$7:$I$12, 0)
　　　참조 : INDEX($J$7:$J$12, ?, 1)

SUM	▾	:	× ✓ ƒx	=VLOOKUP(C7, $I$7:$J$12, 2, FALSE) 찾기 : MATCH(C7, $I$7:$I$12, 0) 참조 : INDEX($J$7:$J$12, ?, 1)							
	A	B	C	D	E	F	G	H	I	J	K	L

보너스 계산

이름	직위	근속년수	급여	보너스		직위별 보너스 비율	
				직위	근속년수	직위	보너스비율
박지훈	부장	14	5,550,000	($J$7:$J$12, ?,	200%	부장	200%
유준혁	차장	10	4,200,000	180%	200%	차장	180%
이서연	과장	5	2,700,000	150%	150%	과장	150%
김민준	대리	1	3,500,000	120%	100%	대리	120%
최서현	주임	2	2,850,000	100%	100%	주임	100%
박현우	주임	3	3,450,000	100%	100%	사원	100%
정시우	사원	1	2,950,000	100%	100%		
이은서	사원	1	2,700,000	100%	100%	근속년수별 보너스 비율	
오서윤	사원	2	2,680,000	100%	100%	대표값	근속년수	보너스비율

대표값	근속년수	보너스비율
0	3년 이하	100%
4	4~9년	150%
10	10년 이상	200%

TIP 수식을 계속 편집할 것이므로 Enter 키를 누르지 않고 입력만 합니다.

수식 입력줄에서 추가한 부분은 다음과 같습니다.

참조 : INDEX($J$7:$J$12, ?, 1)

추가한 INDEX 함수는 VLOOKUP 함수의 '참조' 동작을 대체하기 위한 것입니다. VLOOKUP 함수의 인수에서 '참조' 동작과 관련된 부분은 다음과 같습니다.

VLOOKUP 함수		INDEX 함수	
표	I7:J12	표	J7:J12
		행 번호	?
열 번호	2	열 번호	1

VLOOKUP 함수의 **표** 인수는 I7:J12 범위인데, 값은 J열에서만 참조해오므로 INDEX 함수의 **표** 범위는 J7:J12입니다. 또한 VLOOKUP 함수에서는 열이 두 개이므로 두 번째 열의 값을 참조하라는 의미에서 **열 번호** 인수가 2이지만, INDEX 함수에서는 표의 열이 하나이므로 **열 번호** 인수가 1입니다.

VLOOKUP 함수는 하나의 열에서만 값을 참조해오므로 VLOOKUP 함수를 INDEX, MATCH 함수로 변경하면 INDEX 함수의 **열 번호**는 무조건 1입니다. 이 경우 **열 번호** 인수는 생략하거나 1을 사용합니다.

INDEX($J$7:$J$11, 행 번호, 1)

또는

INDEX($J$7:$J$11, 행 번호)

다만 INDEX 함수는 몇 번째 행의 값을 참조해야 하는지 **행 번호**도 지정해야 하는데, 이것은 INDEX 함수에서는 모르기 때문에 MATCH 함수를 사용해야 합니다. 앞에서 사용한 MATCH 함수 부분을 INDEX 함수의 **행 번호** 인수에 복사하면 대체 수식을 완성할 수 있습니다.

04 수식 입력줄에서 '찾기' 부분인 **MATCH(C7, $I$7:$I$12, 0)**을 드래그해 선택하고 Ctrl + C 키를 눌러 복사한 후 INDEX 함수의 두 번째 인수 자리의 물음표(?) 부분에서 Ctrl + V 키를 눌러 붙여넣습니다.

| SUM | | ： | ✕ | ✓ | ƒx | =VLOOKUP(C7, $I$7:$J$12, 2, FALSE) | | | | | |

찾기 : MATCH(C7, $I$7:$I$12, 0)
참조 : INDEX($J$7:$J$12, MATCH(C7, $I$7:$I$12, 0), 1)

	A	B	C	D	E	F	G	H	I	J	K	L
1												
2					**보너스 계산**							
3												
5		이름	직위	근속년수	급여	보너스			직위별 보너스 비율			
6						직위	근속년수		직위	보너스비율		
7		박지훈	부장	14	5,550,000	$7:$I$12, 0) , 1)	200%		부장	200%		
8		유준혁	차장	10	4,200,000	180%	200%		차장	180%		
9		이서연	과장	5	2,700,000	150%	150%		과장	150%		
10		김민준	대리	1	3,500,000	120%	100%		대리	120%		
11		최서현	주임	2	2,850,000	100%	100%		주임	100%		
12		박현우	주임	3	3,450,000	100%	100%		사원	100%		
13		정시우	사원	1	2,950,000	100%	100%					
14		이은서	사원	1	2,700,000	100%	100%		근속년수별 보너스 비율			
15		오서윤	사원	2	2,680,000	100%	100%		대표값	근속년수	보너스비율	
16									0	3년 이하	100%	

TIP 붙여넣은 결과가 INDEX($J$7:$J$12, MATCH(C7, $I$7:$I$12, 0), 1)이 되어야 합니다.

05 이제 등호(=) 뒤부터 INDEX 앞 부분까지 모두 지워 수식을 완성합니다. Enter 키를 눌러 수식을 입력하고 F7셀의 채우기 핸들을 F15셀까지 드래그해 복사합니다.

F7셀 : =INDEX($J$7:$J$12, MATCH(C7, $I$7:$I$12, 0), 1)

TIP INDEX, MATCH 함수를 사용한 수식은 VLOOKUP 함수의 '찾기', '참조' 역할을 분해해 재구성한 것이므로 동일한 결과가 반환됩니다.

06 같은 방법으로 근속년수별 보너스 비율을 참조하는 VLOOKUP 함수를 INDEX, MATCH 함수로 분할합니다. G7셀의 수식 입력줄을 선택하고 수식을 다음과 같이 수정합니다.

G7셀 : =VLOOKUP(D7, $I$16:$K$18, 3, TRUE)
    찾기 : MATCH(D7, $I$16:$I$18, 1)
    참조 : INDEX($K$16:$K$18, ?, 1)

TIP 수식을 계속 편집할 것이므로 Enter 키를 누르지 않고 입력만 합니다.

수식 입력줄의 VLOOKUP 함수 아래에 입력된 부분은 다음과 같습니다.

찾기 : MATCH(D7, $I$16:$I$18, 1)
참조 : INDEX($K$16:$K$18, ?, 1)

이 수식은 VLOOKUP 함수의 '찾기' 동작은 MATCH 함수로 변환하고, '참조' 부분은 INDEX 함수로 변환한 것입니다. MATCH 함수로 변환한 부분은 다음과 같습니다.

VLOOKUP 함수		MATCH 함수	
찾을 값	D7	찾을 값	D7
표	I16:K18	찾을 범위	I16:I18
찾기 옵션	TRUE	찾기 옵션	1

INDEX 함수로 변환한 부분은 다음과 같습니다.

VLOOKUP 함수		INDEX 함수	
표	I16:K18	표	K16:K18
		행 번호	?
열 번호	3	열 번호	1

자세한 내용은 **02~03** 과정의 설명을 참고합니다.

07 MATCH 함수 부분을 복사해 INDEX 함수의 물음표(?) 부분에 붙여넣고, 등호(=)와 INDEX 함수 사이의 모든 수식을 지운 후 Enter 키를 눌러 수식을 입력합니다. 그런 다음 G7셀의 채우기 핸들을 G15 셀까지 드래그해 복사합니다.

G7셀 : =INDEX($K$16:$K$18, MATCH(D7, $I$16:$I$18, 1), 1)

	이름	직위	근속년수	급여	보너스		직위별 보너스 비율	
					직위	근속년수	직위	보너스비율
7	박지훈	부장	14	5,550,000	200%	200%	부장	200%
8	유준혁	차장	10	4,200,000	180%	200%	차장	180%
9	이서연	과장	5	2,700,000	150%	150%	과장	150%
10	김민준	대리	1	3,500,000	120%	100%	대리	120%
11	최서현	주임	2	2,850,000	100%	100%	주임	100%
12	박현우	주임	3	3,450,000	100%	100%	사원	100%
13	정시우	사원	1	2,950,000	100%	100%		
14	이은서	사원	1	2,700,000	100%	100%	근속년수별 보너스 비율	
15	오서윤	사원	2	2,680,000	100%	100%	대표값	근속년수	보너스비율
16							0	3년 이하	100%
17							4	4~9년	150%
18							10	10년 이상	200%

보너스 계산

수식 입력줄: =INDEX($K$16:$K$18, MATCH(D7, $I$16:$I$18, 1), 1)

TIP INDEX, MATCH 함수를 사용한 수식은 VLOOKUP 함수의 '찾기', '참조' 역할을 분해해 재구성한 것이기 때문에 동일한 결과가 반환됩니다.

VLOOKUP 함수와 반대 방향으로 값 참조하기

VLOOKUP 함수는 왼쪽 열에서 찾아 오른쪽 열의 값을 참조할 수 있는데, 찾을 값과 참조해올 값의 순서가 반대로 된 표에서는 INDEX, MATCH 함수를 사용해야 합니다. INDEX, MATCH 함수는 각각 참조와 찾기 동작을 따로 수행하므로 표의 구성과 무관하게 원하는 값을 참조해올 수 있습니다. 여기서는 VLOOKUP 함수로 참조할 수 없는 표의 구성을 살펴보고, INDEX 함수와 MATCH 함수를 조합해 원하는 값을 참조해오는 방법을 알아보겠습니다.

\ 예제 파일 PART 02 \ CHAPTER 08 \ INDEX, INDEX, MATCH 함수-반대.xlsx

01 예제 파일을 열고 G7:G9 범위 내 수식을 살펴보면, 왼쪽 표의 판매량 중 상위 세 개 값을 LARGE 함수로 구하고 있습니다. 판매량 상위 영업사원 세 명의 이름을 F7:F9 범위에 참조하겠습니다.

02 VLOOKUP 함수로 값을 참조해올 수 있는지 확인하겠습니다. F7셀에 다음 수식을 입력합니다.

F7셀 : =VLOOKUP(G7, B6:C12, 1, FALSE)

03 INDEX 함수를 사용해 값을 참조하기 위해 F7셀의 수식을 다음과 같이 수정합니다.

F7셀 : =INDEX($B$6:$B$12, ?)

F7		▼	:	× ✓	fx	=INDEX($B$6:$B$12, ?)	
◢	A	B	C	D	E	F	G	H
1								
2		**영업사원 실적 집계표**						
3								
5		**영업사원**	**판매량**		**순위**	**상위**		
						영업사원	**판매량**	
6		박지훈	85					
7		유준혁	34		1	3$6:$B$12, ?)	85	
8		이서연	39		2		45	
9		김민준	40		3		40	
10		최서현	9					
11		박현우	35					
12		정시우	45					
13								

TIP 수식이 아직 완성되지 않았으므로 Enter 키를 누르지 않고 입력만 합니다.

04 INDEX 함수의 **행 번호** 부분에 MATCH 함수를 사용하도록 수식을 수정하고 Enter 키를 눌러 입력한 후 F7셀의 채우기 핸들을 F9셀까지 드래그해 복사합니다.

F7셀 : =INDEX($B$6:$B$12, MATCH(G7, $C$6:$C$12, 0))

	A	B	C	D	E	F	G	H
F7					fx	=INDEX($B$6:$B$12, MATCH(G7, $C$6:$C$12, 0))		
1								
2			**영업사원 실적 집계표**					
3								
5		영업사원	판매량		순위	상위		
6		박지훈	85			영업사원	판매량	
7		유준혁	34		1	박지훈	85	
8		이서연	39		2	정시우	45	
9		김민준	40		3	김민준	40	
10		최서현	9					
11		박현우	35					
12		정시우	45					
13								

Plus⁺ 수식 이해하기

MATCH 함수는 원하는 값의 위치를 찾을 수 있는 함수로, 구문은 다음과 같습니다.

=MATCH(찾을 값, 찾을 범위, 찾기 옵션)

그러므로 이번에 작성된 부분은 G7셀의 값을 C6:C12 범위에서 찾으라는 의미이며, 세 번째 인수가 0이므로 정확히 일치하는 값을 찾습니다.

내림차순으로 정리된 구간별 표에서 값 참조하기

VLOOKUP 함수로 구간에 속한 값을 찾을 수도 있지만, 구간별 표는 반드시 오름차순으로 정렬되어 있어야 하고 구간 내 최솟값이 대푯값으로 입력되어 있어야 합니다. 만약 내림차순으로 정렬된 구간에 속한 값의 위치를 찾아야 한다면 INDEX, MATCH 함수 조합을 사용해야 합니다. MATCH 함수는 '찾기' 동작에만 최적화되어 있기 때문에 오름차순뿐만 아니라 내림차순으로 정렬된 구간에 속한 값의 위치도 찾을 수 있습니다. 참고로 내림차순으로 정렬된 구간별 표의 대푯값으로는 구간 내 최댓값이 입력되어 있어야 합니다.

\ 예제 파일 PART 02 \ CHAPTER 08 \ INDEX, MATCH 함수─구간.xlsx /

자주 사용하는 수식 패턴

내림차순으로 정렬된 구간별 표에서 참조

=INDEX(표, 행 번호, 열 번호)

=MATCH(찾을 값, 찾을 범위, −1)

* **찾을 범위**는 내림차순으로 정렬되어 있어야 합니다.
* MATCH 함수 부분을 INDEX 함수의 **행 번호**나 **열 번호** 인수 위치에 넣어 사용합니다.

01 예제 파일을 열고 합계(G열) 점수를 오른쪽 표에서 찾아 평가를 참조해오겠습니다. 참고로 J열에 입력된 구간은 내림차순으로 정렬되어 있으므로 VLOOKUP 함수를 사용하지 못합니다.

	A	B	C	D	E	F	G	H	I	J	K	L	M
1													
2						오피스 활용 평가							
3													
5		사번	이름	엑셀	파워포인트	아웃룩	합계	평가		구간	대표값	평가	
6		1	박지훈	78	71	95	244			270점 이상		S	
7		2	유준혁	70	56	60	186			240~269점		A	
8		3	이서연	72	81	89	242			210~239점		B	
9		4	김민준	95	92	95	282			180~209점		C	
10		5	최서현	54	95	72	221			179점 이하		재시험	
11		6	박현우	56	41	45	142						
12		7	정시우	56	77	71	204						
13		8	이은서	57	90	54	201						
14		9	오서윤	88	84	93	265						
15													

02 J열의 구간이 내림차순으로 정렬되어 있으므로 구간의 최대값을 대푯값으로 입력합니다. K6:K10 범위에 **300, 269, 239, 209, 179** 값을 순서대로 입력합니다.

	A	B	C	D	E	F	G	H	I	J	K	L	M
K10			× ✓	*fx*	179								

	A	B	C	D	E	F	G	H	I	J	K	L	M
1													
2					**오피스 활용 평가**								
3													
5		사번	이름	엑셀	파워포인트	아웃룩	합계	평가		구간	대표값	평가	
6		1	박지훈	78	71	95	244			270점 이상	300	S	
7		2	유준혁	70	56	60	186			240~269점	269	A	
8		3	이서연	72	81	89	242			210~239점	239	B	
9		4	김민준	95	92	95	282			180~209점	209	C	
10		5	최서현	54	95	72	221			179점 이하	179	재시험	
11		6	박현우	56	41	45	142						
12		7	정시우	56	77	71	204						
13		8	이은서	57	90	54	201						
14		9	오서윤	88	84	93	265						
15													

TIP 구간은 항상 최소값~최대값으로 구성됩니다. 예를 들어 K6셀은 270점 이상이므로 270~300 사이의 구간을 의미합니다. 내림차순으로 정렬된 구간에 속한 값을 찾으려면 구간 내 최대값을 대푯값으로 입력해야 합니다.

03 대푯값을 모두 입력했으면 INDEX 함수를 사용해 참조해올 수식을 작성합니다. H6셀에 다음 수식을 입력합니다.

H6셀 : =INDEX($L$6:$L$10, ?)

	A	B	C	D	E	F	G	H	I	J	K	L	M
H6			× ✓	*fx*	=INDEX($L$6:$L$10, ?)								

	A	B	C	D	E	F	G	H	I	J	K	L	M
1													
2					**오피스 활용 평가**								
3													
5		사번	이름	엑셀	파워포인트	아웃룩	합계	평가		구간	대표값	평가	
6		1	박지훈	78	71	95	=INDEX($L$6:$L$10, ?)			270점 이상	300	S	
7		2	유준혁	70	56	60	186			240~269점	269	A	
8		3	이서연	72	81	89	242			210~239점	239	B	
9		4	김민준	95	92	95	282			180~209점	209	C	
10		5	최서현	54	95	72	221			179점 이하	179	재시험	
11		6	박현우	56	41	45	142						
12		7	정시우	56	77	71	204						
13		8	이은서	57	90	54	201						
14		9	오서윤	88	84	93	265						
15													

TIP 수식이 아직 완성되지 않았으므로 Enter 키를 누르지 않고 입력만 합니다.

Plus⁺ 수식 이해하기

INDEX 함수는 값을 참조할 수 있는 함수이므로 참조해올 값이 입력된 데이터 범위(L6:L10)를 대상 범위로 해 값을 참조해옵니다. L6:L10 범위는 행이 다섯 개, 열은 한 개이므로 INDEX 함수의 **열 번호** 인수는 생략할 수 있습니다. 다만 INDEX 함수로는 행 번호를 알 수 없기 때문에 MATCH 함수를 함께 사용해야 합니다.

04 행 번호를 찾기 위해 MATCH 함수를 추가하겠습니다. H6셀의 수식을 다음과 같이 수정하고 Enter 키를 눌러 입력한 후 H6셀의 채우기 핸들을 H14셀까지 드래그해 복사합니다.

H6셀 : =INDEX($L$6:$L$10, MATCH(G6, $K$6:$K$10, −1))

	A	B	C	D	E	F	G	H	I	J	K	L	M
1													
2						오피스 활용 평가							
3													
5		사번	이름	엑셀	파워포인트	아웃룩	합계	평가		구간	대표값	평가	
6		1	박지훈	78	71	95	244	A		270점 이상	300	S	
7		2	유준혁	70	56	60	186	C		240~269점	269	A	
8		3	이서연	72	81	89	242	A		210~239점	239	B	
9		4	김민준	95	92	95	282	S		180~209점	209	C	
10		5	최서현	54	95	72	221	B		179점 이하	179	재시험	
11		6	박현우	56	41	45	142	재시험					
12		7	정시우	56	77	71	204	C					
13		8	이은서	57	90	54	201	C					
14		9	오서윤	88	84	93	265	A					
15													

셀 주소 H6 : =INDEX($L$6:$L$10, MATCH(G6, $K$6:$K$10, -1))

> **Plus⁺ 수식 이해하기**
>
> MATCH 함수를 사용해 G6셀의 값을 대푯값으로 입력해둔 K6:K10 범위에서 찾습니다. 구간이 내림차순으로 정렬되어 있으므로 MATCH 함수의 세 번째 인수는 **-1**이 되어야 합니다. 이렇게 하면 내림차순으로 정렬된 구간에 속한 값의 위치를 찾을 수 있습니다.
>
> 아직 익숙하지 않을 경우에는 INDEX, MATCH 함수를 따로 입력하는 것이 쉽지만, 경험이 쌓이면 자연스럽게 INDEX, MATCH 함수를 조합해 사용할 수 있습니다.

찾을 값의 일부만 알고 있을 때 값 참조 방법

네이버, 구글 등의 검색 서비스는 키워드 전체를 입력하지 않아도 해당 키워드가 속한 사이트를 제대로 검색해줍니다. VLOOKUP 함수나 MATCH 함수도 와일드 카드 문자(?, *)를 지원하므로, 찾을 값의 일부 문자(열)만 아는 경우에도 원하는 값의 위치를 정확하게 찾을 수 있습니다. 찾을 값의 일부만 알고 있을 때 원하는 값을 참조할 수 있는 수식 구성 방법에 대해 알아보겠습니다.

\ 예제 파일 PART 02 \ CHAPTER 08 \ VLOOKUP 함수-일부.xlsx /

자주 사용하는 수식 패턴

찾을 값을 포함하는 문자열 찾기

=VLOOKUP("*" & 찾을 값 & "*", 표, 열 번호, FALSE)

=MATCH("*" & 찾을 값 & "*", 찾을 범위, 0)

* VLOOKUP 함수나 MATCH 함수의 첫 번째 인수의 구성은 다음을 의미합니다.

패턴	설명
"*" & 찾을 값	**찾을 값** 인수로 끝나는 문자열을 찾습니다.
찾을 값 & "*"	**찾을 값** 인수로 시작하는 문자열을 찾습니다.
"*" & 찾을 값 & "*"	**찾을 값** 인수가 포함된 문자열을 찾습니다.

01 예제 파일을 열고 B6셀에 품명을 입력하면 오른쪽 표에서 해당 제품의 단가를 참조하는 수식을 작성해보겠습니다.

	A	B	C	D	E	F	G	H
1								
2						단가 조회		
3								
5		품명	단가		품번	품명	단가	
6					1	오피스 Z-05C	111,200	
7					2	복사지A4 5000매	24,800	
8					3	레이저복합기 L800C	568,800	
9					4	잉크젯팩시밀리 FX-2000	80,600	
10					5	바코드 BCD-200 Plus	91,000	
11					6	잉크젯복합기 AP-5500W	169,000	
12					7	레이저복합기 L350	244,200	
13					8	지문인식 FPIN-2000F	145,400	
14					9	문서세단기 SCUT-1500B	622,700	
15					10	링제본기 ST-100	140,600	
16								

02 B6셀에 **레이저복합기 L800C**를 입력하고 C6셀에 다음 수식을 입력해 단가를 참조합니다.

C6셀 : =VLOOKUP(B6, F6:G15, 2, FALSE)

C6			fx	=VLOOKUP(B6, F6:G15, 2, FALSE)			
	A	B	C	D	E	F	G	H

단가 조회

	품명	단가		품번	품명	단가
	레이저복합기 L800C	568,800		1	오피스 Z-05C	111,200
				2	복사지A4 5000매	24,800
				3	레이저복합기 L800C	568,800
				4	잉크젯팩시밀리 FX-2000	80,600
				5	바코드 BCD-200 Plus	91,000
				6	잉크젯복합기 AP-5500W	169,000
				7	레이저복합기 L350	244,200
				8	지문인식 FPIN-2000F	145,400
				9	문서세단기 SCUT-1500B	622,700
				10	링제본기 ST-100	140,600

Plus⁺ 수식 이해하기

이번 수식은 단가를 참조하기 위해 VLOOKUP 함수를 사용한 것으로, 먼저 표(F6:G15)의 왼쪽 첫 번째 열 범위(F6:F15)에서 B6셀의 값과 정확하게 일치(FALSE)하는 첫 번째 값을 찾습니다. 이때 찾은 셀은 F8셀이며, 표(F6:G15)의 두 번째 열(G6:G15)의 같은 행에 있는 셀(G8) 값을 참조합니다.

---

03 품명의 일부만 입력해도 VLOOKUP 함수가 값을 참조할 수 있는지 확인하기 위해 B6셀의 값에서 모델명인 **L800C** 부분을 지우고 **레이저복합기**만 남깁니다. 그러면 C6셀의 수식이 #N/A 오류를 반환합니다.

B6			fx	레이저복합기			
	A	B	C	D	E	F	G	H

단가 조회

	품명	단가		품번	품명	단가
	레이저복합기	#N/A		1	오피스 Z-05C	111,200
				2	복사지A4 5000매	24,800
				3	레이저복합기 L800C	568,800
				4	잉크젯팩시밀리 FX-2000	80,600
				5	바코드 BCD-200 Plus	91,000
				6	잉크젯복합기 AP-5500W	169,000
				7	레이저복합기 L350	244,200
				8	지문인식 FPIN-2000F	145,400
				9	문서세단기 SCUT-1500B	622,700
				10	링제본기 ST-100	140,600

TIP VLOOKUP 함수나 MATCH 함수는 찾을 값의 일부만 입력하면 값의 위치를 찾지 못합니다.

04 찾는 값의 일부만 입력하려면 와일드 카드 문자를 사용합니다. B6셀의 품명 뒤에 와일드 카드 문자인 '*'를 추가합니다. 그러면 C6셀의 단가가 다시 표시됩니다.

B6		f_x	레이저복합기*

	A	B	C	D	E	F	G	H
1								
2					**단가 조회**			
3								
5		**품명**	**단가**		**품번**	**품명**	**단가**	
6		레이저복합기*	568,800		1	오피스 Z-05C	111,200	
7					2	복사지A4 5000매	24,800	
8					3	레이저복합기 L800C	568,800	
9					4	잉크젯팩시밀리 FX-2000	80,600	
10					5	바코드 BCD-200 Plus	91,000	
11					6	잉크젯복합기 AP-5500W	169,000	
12					7	레이저복합기 L350	244,200	
13					8	지문인식 FPIN-2000F	145,400	
14					9	문서세단기 SCUT-1500B	622,700	
15					10	링제본기 ST-100	140,600	

Plus⁺ 와일드 카드 문자

와일드 카드 문자는 전체 문자열 중에서 하나(또는 다수)의 문자를 알 수 없을 때 사용하는 문자로 ?, *, ~ 등이 있습니다. VLOOKUP 함수나 MATCH 함수 등에서 찾는 값의 일부만 알고 있다면 와일드 카드 문자를 사용할 수 있습니다. 여기서는 '*' 문자를 이용해 **레이저복합기***로 입력했으므로 '레이저복합기'로 시작하는 품명을 의미합니다. 이 조건에 해당하는 품명은 F8셀과 F12셀에 있지만 VLOOKUP 함수는 첫 번째 위치만 찾을 수 있으므로, F8셀의 위치를 찾아 G8셀의 단가가 C6셀에 나타납니다.

TIP 와일드 카드 문자에 대한 자세한 설명은 'No. 176 와일드 카드 문자(*, ?, ~)가 포함된 값 참조하기'(590쪽)를 참고합니다.

05 F12셀의 품명을 찾을 수 있도록 B6셀의 값을 **레이저복합기 ????**로 변경합니다. 그러면, C6셀의 단가가 G12셀의 단가로 변경됩니다.

B6		f_x	레이저복합기 ????

	A	B	C	D	E	F	G	H
1								
2					**단가 조회**			
3								
5		**품명**	**단가**		**품번**	**품명**	**단가**	
6		레이저복합기 ????	244,200		1	오피스 Z-05C	111,200	
7					2	복사지A4 5000매	24,800	
8					3	레이저복합기 L800C	568,800	
9					4	잉크젯팩시밀리 FX-2000	80,600	
10					5	바코드 BCD-200 Plus	91,000	
11					6	잉크젯복합기 AP-5500W	169,000	
12					7	레이저복합기 L350	244,200	
13					8	지문인식 FPIN-2000F	145,400	
14					9	문서세단기 SCUT-1500B	622,700	
15					10	링제본기 ST-100	140,600	

TIP 와일드 카드 문자 중 ?는 자릿수를 알고 있을 때 사용합니다. 그러므로 이번에 B6셀에 입력한 **레이저복합기 ????**는 '레이저복합기'로 시작하는 품명 중에서 뒤의 모델명이 네 자리(????)인 것을 찾으라는 의미입니다. F8셀은 '레이저복합기 L800C'이므로 모델명이 다섯 자리이고 F12셀은 '레이저복합기 L350'으로 모델명이 네 자리이므로, C6셀의 VLOOKUP 함수는 F12셀의 품명을 찾아 단가를 참조해옵니다.

06 MATCH 함수도 와일드 카드 문자를 사용할 수 있는지 확인하기 위해 C6셀의 수식을 다음과 같이 변경합니다. 수식을 변경해도 결과는 VLOOKUP 함수를 사용할 때와 동일합니다.

C6셀 : =INDEX(G6:G15, MATCH(B6, F6:F15, 0))

	A	B	C	D	E	F	G	H
C6			fx	=INDEX(G6:G15, MATCH(B6, F6:F15, 0))				
1								
2				**단가 조회**				
3								
5		품명	단가		품번	품명	단가	
6		레이저복합기 ????	244,200		1	오피스 Z-05C	111,200	
7					2	복사지A4 5000매	24,800	
8					3	레이저복합기 L800C	568,800	
9					4	잉크젯팩시밀리 FX-2000	80,600	
10					5	바코드 BCD-200 Plus	91,000	
11					6	잉크젯복합기 AP-5500W	169,000	
12					7	레이저복합기 L350	244,200	
13					8	지문인식 FPIN-2000F	145,400	
14					9	문서세단기 SCUT-1500B	622,700	
15					10	링제본기 ST-100	140,600	
16								

Plus⁺ 수식 이해하기

VLOOKUP 함수는 '찾기' 작업과 '참조' 작업을 할 수 있는 함수이므로, '찾기' 부분은 MATCH 함수, '참조' 부분은 INDEX 함수로 나누면 쉽게 VLOOKUP 함수를 INDEX, MATCH 함수로 전환할 수 있습니다. 처음에 입력한 VLOOKUP 함수는 다음과 같습니다.

=VLOOKUP(B6, F6:G15, 2, FALSE)
　　　　　❶　　❷　　❸　　❹

위 수식을 INDEX, MATCH 함수로 전환하면 다음과 같습니다.

찾기 : =MATCH(B6, F6:F15, 0)
　　　　　　❶　　❷　　❹

참조 : =INDEX(G6:G15, 행 번호)
　　　　　　❷, ❸

* MATCH 함수의 두 번째 인수는 VLOOKUP 함수 두 번째 인수의 왼쪽 첫 번째 열이며, INDEX 함수의 첫 번째 인수는 VLOOKUP 함수 두 번째 인수의 표에서 세 번째 인수가 가리키는 열 범위입니다.

위 수식의 **행 번호** 인수 부분에 MATCH 함수를 넣은 것이 이번 수식입니다.

와일드 카드 문자(*, ?, ~)가 포함된 값 참조하기

찾는 값에 와일드 카드 문자(*, ?, ~)를 포함하면 해당 문자가 와일드 카드 문자로 인식되어 잘못된 위치가 찾아질 수 있습니다. 이런 문제를 해결하려면 와일드 카드 문자를 일반 문자로 인식시키는 방법을 알고 있어야 합니다. 와일드 카드 문자 중에서 '~'은 와일드 카드 문자를 일반 문자로 인식시키는 역할을 하므로 SUBSTITUTE 함수를 사용해 와일드 카드 문자 앞에 '~' 문자를 추가합니다.

예제 파일 PART 02 \ CHAPTER 08 \ INDEX, MATCH 함수-와일드카드.xlsx

자주 사용하는 수식 패턴

=VLOOKUP(SUBSTITUTE(찾을 값, "*", "~*"), 표, 열 번호, FALSE)

=MATCH(SUBSTITUTE(찾을 값, "*", "~*"), 찾을 범위, 0)

* 별표(*)는 물음표(?)나 물결(~) 등의 와일드 카드 문자로 대체할 수 있습니다.

01 예제 파일을 열고 B6셀에 입력된 포장 단위를 G6:G15 범위에서 찾아 F6:F15 범위의 상품코드를 참조하는 작업을 해보겠습니다.

	A	B	C	D	E	F	G	H
1								
2			**품명 조회**					
3								
5		포장단위	상품코드		품번	상품코드	포장단위	
6		10 boxes * 12 pieces			1	8-F6K2-372651	10 boxes * 20 bags	
7					2	8-Q9R9-874788	24 - 12 oz bottles	
8					3	8-P3L8-077632	12 - 550 ml bottles	
9					4	8-E5E8-021915	48 - 6 oz jars	
10					5	8-N9O9-717883	40 - 100 g pkgs.	
11					6	8-N7F6-515530	20 - 1 kg tins	
12					7	8-I0G8-360330	16 kg pkg.	
13					8	8-G5R1-500607	10 boxes * A Type 12 pieces	
14					9	8-E1J8-351574	30 gift boxes	
15					10	8-S2G3-204732	10 boxes * 12 pieces	
16								

TIP 찾을 값이 오른쪽 열(G열)에 있고 참조할 값이 왼쪽 열(F열)에 있으므로 VLOOKUP 함수는 사용하지 못합니다.

02 먼저 B6셀의 값을 G6:G15 범위에서 찾도록 C6셀에 다음 수식을 입력합니다.

C6셀 : =MATCH(B6, G6:G15, 0)

C6	▼ : × ✓ fx	=MATCH(B6, G6:G15, 0)						
◢	A	B	C	D	E	F	G	H
1								
2			**품명 조회**					
3								
5		포장단위	상품코드		품번	상품코드	포장단위	
6		10 boxes * 12 pieces	8		1	8-F6K2-372651	10 boxes * 20 bags	
7					2	8-Q9R9-874788	24 - 12 oz bottles	
8					3	8-P3L8-077632	12 - 550 ml bottles	
9					4	8-E5E8-021915	48 - 6 oz jars	
10					5	8-N9O9-717883	40 - 100 g pkgs.	
11					6	8-N7F6-515530	20 - 1 kg tins	
12					7	8-I0G8-360330	16 kg pkg.	
13					8	8-G5R1-500607	10 boxes * A Type 12 pieces	
14					9	8-E1J8-351574	30 gift boxes	
15					10	8-S2G3-204732	10 boxes * 12 pieces	
16								

Plus⁺ 수식 이해하기

이번 수식의 결과는 8로, G6:G15 범위에서 여덟 번째 위치는 G13셀입니다. 그런데 B6셀과 정확하게 일치하는 포장 단위는 G15셀에 입력되어 있으므로, MATCH 함수가 잘못된 위치를 찾은 것을 알 수 있습니다. 이유는 B6셀에 포함된 별표(*) 때문입니다. 별표가 와일드 카드 문자로 인식되어 10boxes로 시작해 12 pieces로 끝나는 포장 단위를 찾았으므로 G13셀이 찾아진 것입니다.

---

03 별표(*)가 와일드 카드 문자로 인식되지 못하도록 하기 위해 B6셀에 입력된 별표(*) 앞에 '~' 문자를 추가하고 Enter 키를 누릅니다. C6셀의 값이 8에서 10으로 변경됩니다.

B6	▼ : × ✓ fx	10 boxes -* 12 pieces						
◢	A	B	C	D	E	F	G	H
1								
2			**품명 조회**					
3								
5		포장단위	상품코드		품번	상품코드	포장단위	
6		10 boxes ~* 12 pieces	10		1	8-F6K2-372651	10 boxes * 20 bags	
7					2	8-Q9R9-874788	24 - 12 oz bottles	
8					3	8-P3L8-077632	12 - 550 ml bottles	
9					4	8-E5E8-021915	48 - 6 oz jars	
10					5	8-N9O9-717883	40 - 100 g pkgs.	
11					6	8-N7F6-515530	20 - 1 kg tins	
12					7	8-I0G8-360330	16 kg pkg.	
13					8	8-G5R1-500607	10 boxes * A Type 12 pieces	
14					9	8-E1J8-351574	30 gift boxes	
15					10	8-S2G3-204732	10 boxes * 12 pieces	
16								

TIP '~' 문자는 오른쪽에 입력된 와일드 카드 문자를 일반 문자로 인식시키는 역할을 합니다.

04 B6셀의 값을 직접 고치지 않고 수식으로 문제를 해결할 수도 있습니다. 단축키 Ctrl + Z 를 눌러 **03** 과정 작업을 취소하고 C6셀의 수식을 다음과 같이 수정합니다.

C6셀 : =MATCH(SUBSTITUTE(B6, "*", "~*"), G6:G15, 0**)**

C6		:	×	✓	fx	=MATCH(SUBSTITUTE(B6, "*", "~*"), G6:G15, 0)		
▲	A	B	C	D	E	F	G	H
1								
2					**품명 조회**			
3								
5		포장단위	상품코드		품번	상품코드	포장단위	
6		10 boxes * 12 pieces	10		1	8-F6K2-372651	10 boxes * 20 bags	
7					2	8-Q9R9-874788	24 - 12 oz bottles	
8					3	8-P3L8-077632	12 - 550 ml bottles	
9					4	8-E5E8-021915	48 - 6 oz jars	
10					5	8-N9O9-717883	40 - 100 g pkgs.	
11					6	8-N7F6-515530	20 - 1 kg tins	
12					7	8-I0G8-360330	16 kg pkg.	
13					8	8-G5R1-500607	10 boxes * A Type 12 pieces	
14					9	8-E1J8-351574	30 gift boxes	
15					10	8-S2G3-204732	10 boxes * 12 pieces	
16								

Plus⁺ 수식 이해하기

이번 수식은 MATCH 함수의 **찾을 값** 인수를 SUBSTITUTE 함수로 수정한 것입니다. SUBSTITUTE 함수 부분은 다음과 같습니다.

> SUBSTITUTE(B6, "*", "~*")

이 부분은 B6셀의 값에서 별표(*)를 찾아 '~*'로 수정하는 역할을 합니다. 그러므로 B6셀에 입력된 별표(*) 앞에 '~'을 추가하는 **03** 과정과 동일한 작업이 됩니다.

---

05 이제 위치를 찾았으므로 INDEX 함수를 사용해 상품코드를 참조해오겠습니다. C6셀의 수식에 INDEX 함수를 사용해 다음과 같이 수정합니다.

C6셀 : =INDEX(F6:F15, MATCH(SUBSTITUTE(B6, "*", "~*"), G6:G15, 0)**)**

C6		:	×	✓	fx	=INDEX(F6:F15, MATCH(SUBSTITUTE(B6, "*", "~*"), G6:G15, 0))		
▲	A	B	C	D	E	F	G	H
1								
2					**품명 조회**			
3								
5		포장단위	상품코드		품번	상품코드	포장단위	
6		10 boxes * 12 pieces	8-S2G3-204732		1	8-F6K2-372651	10 boxes * 20 bags	
7					2	8-Q9R9-874788	24 - 12 oz bottles	
8					3	8-P3L8-077632	12 - 550 ml bottles	
9					4	8-E5E8-021915	48 - 6 oz jars	
10					5	8-N9O9-717883	40 - 100 g pkgs.	
11					6	8-N7F6-515530	20 - 1 kg tins	
12					7	8-I0G8-360330	16 kg pkg.	
13					8	8-G5R1-500607	10 boxes * A Type 12 pieces	
14					9	8-E1J8-351574	30 gift boxes	
15					10	8-S2G3-204732	10 boxes * 12 pieces	
16								

TIP INDEX 함수는 MATCH 함수로 찾은 위치에 해당하는 값(상품코드)을 참조합니다.

여러 조건을 모두 만족하는
위치 찾아 참조하기

VLOOKUP 함수나 MATCH 함수는 한 번에 하나의 값만 찾을 수 있습니다. 그렇기 때문에 여러 개의 조건을 모두 만족하는 위치를 찾아야 한다면 배열 수식을 이용하거나 여러 조건을 단일 조건으로 바꿔 참조하는 방법을 사용해야 합니다. 배열 수식에 대해서는 PART 03에서 소개하므로 여기서는 여러 조건을 단일 조건으로 변경시키는 방법에 대해 알아보겠습니다.

\ 예제 파일 PART 02 \ CHAPTER 08 \ VLOOKUP 함수—다중 조건.xlsx /

자주 사용하는 수식 패턴

=VLOOKUP(찾을 값1 & 찾을 값2, 표, 열 번호, FALSE)

=MATCH(찾을 값1 & 찾을 값2, 찾을 범위, 0)

* VLOOKUP 함수 **표** 범위의 첫 번째 열에는 찾으려는 값이 모두 & 연산자로 연결되어 있어야 합니다.
* MATCH 함수의 **찾을 범위**에도 찾으려는 값이 모두 & 연산자로 연결되어 있어야 합니다.

01 예제 파일을 열고 직원의 이름으로 핸드폰 번호를 참조하는 수식을 작성해보겠습니다. 오른쪽 표의 10, 13행에는 '최서현'이라는 동명이인이 존재합니다.

	A	B	C	D	E	F	G	H	I
1									
2				전화 번호 검색					
3									
5		부서	이름	핸드폰		부서	이름	핸드폰	
6		총무부	최서현			영업부	박지훈	010-3722-2500	
7						영업부	유준혁	010-5321-5233	
8						영업부	이서연	010-4102-3230	
9						영업부	김민준	010-3644-1740	
10						영업부	최서현	010-9444-6913	
11						총무부	박현우	010-8955-0715	
12						총무부	정시우	010-5237-0997	
13						총무부	최서현	010-4115-4804	
14						총무부	오서윤	010-6753-4193	
15									

02 먼저 C6셀에 입력한 이름으로 핸드폰 번호를 참조하겠습니다. D6셀에 다음 수식을 입력합니다.

D6셀 : =VLOOKUP(C6, G6:H14, 2, FALSE)

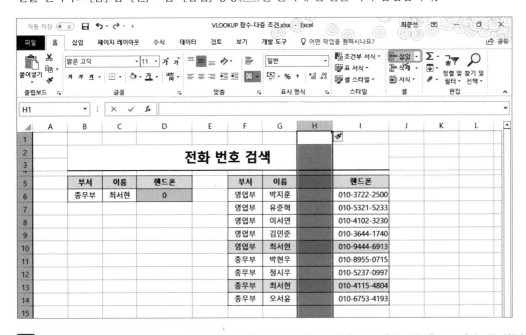

Plus⁺ 수식 이해하기

이번 수식은 VLOOKUP 함수를 사용했으므로 먼저 표의 왼쪽 첫 번째 열인 G6:G14 범위에서 C6셀의 값과 정확하게 일치하는 첫 번째 위치를 찾습니다. 그러므로 동명이인이 있어도 첫 번째 위치인 G10셀의 위치를 찾고, 표의 두 번째 열인 H6:H14 범위 내 같은 행에 위치한 H10셀의 값이 참조됩니다.

---

03 동명이인이 있어 부서와 함께 찾아야 한다면 찾아야 하는 값(부서, 이름)을 모두 연결해 붙입니다. H 열을 선택하고 [홈] 탭-[셀] 그룹-[삽입] 명령(📋)을 클릭해 빈 열을 하나 삽입합니다.

TIP 빈 열을 삽입하면 D6셀의 값이 0으로 바뀌는데, 이것은 VLOOKUP 함수의 표 범위(G6:H14) 두 번째 열(H6:H14)이 모두 비워졌으므로 빈 셀이 참조되어 0이 반환된 것입니다.

04 H6셀에 다음 수식을 입력해 찾으려는 부서(F열)와 이름(G열) 값을 연결하고 H6셀의 채우기 핸들을
H14셀까지 드래그해 복사합니다.

H6셀 : =F6 & G6

H6		× ✓ fx	=F6 & G6						
	A	B	C	D	E	F	G	H	I	J

	부서	이름	핸드폰		부서	이름		핸드폰
	총무부	최서현	영업부최서현		영업부	박지훈	영업부박지훈	010-3722-2500
					영업부	유준혁	영업부유준혁	010-5321-5233
					영업부	이서연	영업부이서연	010-4102-3230
					영업부	김민준	영업부김민준	010-3644-1740
					영업부	최서현	영업부최서현	010-9444-6913
					총무부	박현우	총무부박현우	010-8955-0715
					총무부	정시우	총무부정시우	010-5237-0997
					총무부	최서현	총무부최서현	010-4115-4804
					총무부	오서윤	총무부오서윤	010-6753-4193

05 D6셀의 수식을 다음과 같이 수정하면, 총무부 최서현 직원의 전화번호(I13셀)가 제대로 반환됩니다.

D6셀 : =VLOOKUP(B6 & C6, H6:I14, 2, FALSE)

D6		× ✓ fx	=VLOOKUP(B6 & C6, H6:I14, 2, FALSE)						
	A	B	C	D	E	F	G	H	I	J

	부서	이름	핸드폰		부서	이름		핸드폰
	총무부	최서현	010-4115-4804		영업부	박지훈	영업부박지훈	010-3722-2500
					영업부	유준혁	영업부유준혁	010-5321-5233
					영업부	이서연	영업부이서연	010-4102-3230
					영업부	김민준	영업부김민준	010-3644-1740
					영업부	최서현	영업부최서현	010-9444-6913
					총무부	박현우	총무부박현우	010-8955-0715
					총무부	정시우	총무부정시우	010-5237-0997
					총무부	최서현	총무부최서현	010-4115-4804
					총무부	오서윤	총무부오서윤	010-6753-4193

Plus⁺ 수식 이해하기

이번 수식에서 VLOOKUP 함수의 인수를 수정한 부분은 다음과 같습니다.

❶ 찾을 값 : B6 & C6

찾아야 하는 값(부서, 이름)을 모두 연결해놓은 H열에서 값을 찾아야 하므로, 찾을 값 역시 두 값을 하나로 연결해야 합니다.

❷ 표 : H6:I14

03 과정에서 표의 H열을 새로 삽입했으므로, 기존 표 범위(G6:H14)를 새 범위(H6:I14)로 수정합니다.

이렇게 하면 여러 값이 모두 일치하는 정확한 위치를 찾아 필요한 값을 참조할 수 있습니다. 이 수식을 INDEX, MATCH 함수로
바꾸려면 다음과 같이 구성합니다.

=INDEX(I6:I14, MATCH(B6&C6, H6:H14, 0))

#N/A 오류 발생 원인을 모를 때의 해결 방법

VLOOKUP 함수나 MATCH 함수로 값을 찾을 때, 분명히 값이 존재하는데도 찾지 못해 #N/A 오류가 발생하는 경우가 있습니다. 그런 경우는 보통 입력된 값의 앞뒤에 눈에 보이지 않는 문자(유령 문자)가 포함되어 있거나, 셀에 입력된 데이터의 형식이 다른 경우입니다. 전자는 유령 문자를 삭제해야 하며, 후자의 경우는 VLOOKUP 함수나 MATCH 함수의 '찾을 값' 인수에 전달되는 데이터 형식을 변환하는 방법을 사용합니다.

\ **예제 파일** PART 02 \ CHAPTER 08 \ VLOOKUP 함수─NA.xlsx /

자주 사용하는 수식 패턴

텍스트형 숫자를 숫자로 변환해 찾기

=VLOOKUP(──찾을 값, 표, 열 번호, FALSE)

* ──찾을 값을 VALUE(찾을 값)으로 변경해도 됩니다.

숫자를 텍스트형 숫자로 변환해 찾기

=VLOOKUP(찾을 값 & " ", 표, 열 번호, FALSE)

* 찾을 값 & " "을 TEXT(찾을 값, "@")이나 TEXT(찾을 값, "0")으로 변경해도 됩니다.

01 예제 파일을 열고 B열의 주문번호를 오른쪽 표에서 찾아 F열의 품명을 참조해보겠습니다.

	A	B	C	D	E	F	G	H	I	J
1										
2						#N/A 오류 해결				
3										
5		주문번호	품명		주문번호	품명	단가	수량	판매	
6		10255			10248	컬러레이저복사기 XI-3200	1,176,000	3	2,998,800	
7		10257			10249	바코드 Z-350	48,300	3	144,900	
8		10259			10250	잉크젯팩시밀리 FX-1050	47,400	3	142,200	
9		10261			10251	프리미엄복사지A4 2500매	17,800	9	160,200	
10					10252	바코드 BCD-100 Plus	86,500	7	605,500	
11					10253	고급복사지A4 500매	3,500	2	7,000	
12					10254	바코드 Z-350	46,300	7	324,100	
13					10255	바코드 BCD-100 Plus	104,500	8	836,000	
14					10256	잉크젯복합기 AP-3300	79,800	1	79,800	
15					10257	잉크젯복합기 AP-3200	89,300	8	714,400	
16					10258	고급복사지A4 500매	4,100	7	28,700	
17					10259	잉크젯복합기 AP-3200	79,500	2	159,000	
18					10260	레이저복합기 L200	165,300	3	495,900	
19					10261	고급복사지A4 500매	3,600	8	28,800	
20										

TIP B6:B9 범위의 값은 셀 왼쪽에 표시되므로 텍스트이고, E6:E19 범위의 값은 숫자와 텍스트가 섞여 있습니다.

02 VLOOKUP 함수를 사용해 품명을 참조하겠습니다. C6셀에 다음 수식을 입력하고 C6셀의 채우기 핸들(⊞)을 C9셀까지 드래그해 복사합니다.

C6셀 : =VLOOKUP(B6, $E$6:$F$19, 2, FALSE)

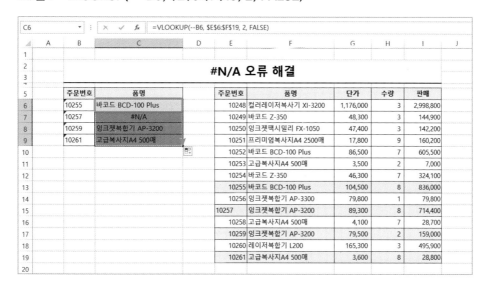

TIP VLOOKUP 함수나 MATCH 함수로 찾는 값은 데이터 형식도 일치해야 합니다.

03 B열의 주문번호를 숫자로 변환해 찾겠습니다. C6셀의 수식을 다음과 같이 변경하고 C6셀의 채우기 핸들(⊞)을 C9셀까지 드래그해 복사합니다.

C6셀 : =VLOOKUP(−−B6, $E$6:$F$19, 2, FALSE)

C6	: × ✓ fx	=VLOOKUP(--B6, $E$6:$F$19, 2, FALSE)								
▲	A	B	C	D	E	F	G	H	I	J
1										
2						#N/A 오류 해결				
3										
5		주문번호	품명		주문번호	품명	단가	수량	판매	
6		10255	바코드 BCD-100 Plus		10248	컬러레이저복사기 XI-3200	1,176,000	3	2,998,800	
7		10257	#N/A		10249	바코드 Z-350	48,300	3	144,900	
8		10259	잉크젯복합기 AP-3200		10250	잉크젯팩시밀리 FX-1050	47,400	3	142,200	
9		10261	고급복사지A4 500매		10251	프리미엄복사지A4 2500매	17,800	9	160,200	
10					10252	바코드 BCD-100 Plus	86,500	7	605,500	
11					10253	고급복사지A4 500매	3,500	2	7,000	
12					10254	바코드 Z-350	46,300	7	324,100	
13					10255	바코드 BCD-100 Plus	104,500	8	836,000	
14					10256	잉크젯복합기 AP-3300	79,800	1	79,800	
15					10257	잉크젯복합기 AP-3200	89,300	8	714,400	
16					10258	고급복사지A4 500매	4,100	7	28,700	
17					10259	잉크젯복합기 AP-3200	79,500	2	159,000	
18					10260	레이저복합기 L200	165,300	3	495,900	
19					10261	고급복사지A4 500매	3,600	8	28,800	
20										

04 그래도 C7셀에는 여전히 #N/A 오류가 반환됩니다. 이런 경우에는 원본 표의 문자 개수를 세어 확인해봅니다. D15셀에 다음 수식을 입력합니다.

D15셀 : =LEN(E15)

D15	▼ : × ✓ ƒₓ =LEN(E15)								
◢	A	B	C	D	E	F	G	H	I	J

	주문번호	품명		주문번호	품명	단가	수량	판매

#N/A 오류 해결

주문번호	품명		주문번호	품명	단가	수량	판매
10255	바코드 BCD-100 Plus		10248	컬러레이저복사기 XI-3200	1,176,000	3	2,998,800
10257	#N/A		10249	바코드 Z-350	48,300	3	144,900
10259	잉크젯복합기 AP-3200		10250	잉크젯팩시밀리 FX-1050	47,400	3	142,200
10261	고급복사지A4 500매		10251	프리미엄복사지A4 2500매	17,800	9	160,200
			10252	바코드 BCD-100 Plus	86,500	7	605,500
			10253	고급복사지A4 500매	3,500	2	7,000
			10254	바코드 Z-350	46,300	7	324,100
			10255	바코드 BCD-100 Plus	104,500	8	836,000
			10256	잉크젯복합기 AP-3300	79,800	1	79,800
		6	10257	잉크젯복합기 AP-3200	89,300	8	714,400
			10258	고급복사지A4 500매	4,100	7	28,700
			10259	잉크젯복합기 AP-3200	79,500	2	159,000
			10260	레이저복합기 L200	165,300	3	495,900
			10261	고급복사지A4 500매	3,600	8	28,800

05 E15셀을 선택하고 수식 입력줄에서 값을 클릭한 후 방향키를 이용해 셀 값의 앞뒤에 공백 문자가 있는지 확인합니다. 예제에서는 방향키로 이동해보아도 10257 값의 왼쪽이나 오른쪽에 공백 문자가 없습니다.

> **Plus⁺ 공백 문자와 같이 셀 값 앞뒤에 빈칸이 존재하는 경우의 처리 방법**
>
> 셀 값의 앞이나 뒤에 Spacebar 키를 눌러 입력한 빈칸이 존재한다면 해당 부분을 드래그해 선택하고 단축키 Ctrl + C 를 눌러 복사합니다. 그런 다음 ESC 키를 눌러 편집 모드를 해제하고 E6:E19 범위를 선택한 후 단축키 Ctrl + H 를 눌러 '바꾸기' 기능을 실행합니다. '찾기 및 바꾸기' 대화상자에서 [찾을 내용] 입력상자를 선택하고 단축키 Ctrl + V 를 눌러 복사한 값을 붙여넣은 후 [바꿀 내용]은 비워 두고 〈모두 바꾸기〉 버튼을 클릭합니다.

---

06 보이지 않고 선택할 수도 없는 문자를 삭제할 때는 CLEAN 함수를 사용합니다. E열의 주문번호를 수정하기 위해 J6셀에 다음 수식을 입력하고 J6셀의 채우기 핸들(┿)을 J19셀까지 드래그해 복사합니다.

J6셀 : =CLEAN(E6)

07 이제 J열에 수정된 주문번호에서 B열의 주문번호를 찾겠습니다. MATCH 함수를 이용해 C6셀의 수식을 다음과 같이 수정하고 C6셀의 채우기 핸들(⊞)을 C9셀까지 드래그해 복사합니다.

C6셀 : =MATCH(B6, $J$6:$J$19, 0)

C6	▾	× ✓ fx	=MATCH(B6, $J$6:$J$19, 0)							
◢	A	B	C	D	E	F	G	H	I	J	K

	주문번호	품명		주문번호	품명	단가	수량	판매	
					#N/A 오류 해결				
	10255	8			10248	컬러레이저복사기 XI-3200	1,176,000	3	2,998,800	10248
	10257	10			10249	바코드 Z-350	48,300	3	144,900	10249
	10259	12			10250	잉크젯팩시밀리 FX-1050	47,400	3	142,200	10250
	10261	14			10251	프리미엄복사지A4 2500매	17,800	9	160,200	10251
					10252	바코드 BCD-100 Plus	86,500	7	605,500	10252
					10253	고급복사지A4 500매	3,500	2	7,000	10253
					10254	바코드 Z-350	46,300	7	324,100	10254
					10255	바코드 BCD-100 Plus	104,500	8	836,000	10255
					10256	잉크젯복합기 AP-3300	79,800	1	79,800	10256
				6	10257	잉크젯복합기 AP-3200	89,300	8	714,400	10257
					10258	고급복사지A4 500매	4,100	7	28,700	10258
					10259	잉크젯복합기 AP-3200	79,500	2	159,000	10259
					10260	레이저복합기 L200	165,300	3	495,900	10260
					10261	고급복사지A4 500매	3,600	8	28,800	10261

08 MATCH 함수로 찾은 위치의 품명을 참조하기 위해 INDEX 함수를 추가하겠습니다. C6셀의 수식을 다음과 같이 수정하고 C6셀의 채우기 핸들을 C9셀까지 드래그해 복사합니다.

C6셀 : =INDEX($F$6:$F$19, MATCH(B6, $J$6:$J$19, 0))

	A	B	C	D	E	F	G	H	I	J	K
C6				fx	=INDEX($F$6:$F$19, MATCH(B6, $J$6:$J$19, 0))						
1											
2					**#N/A 오류 해결**						
3											
5		주문번호	품명		주문번호	품명	단가	수량	판매		
6		10255	바코드 BCD-100 Plus		10248	컬러레이저복사기 XI-3200	1,176,000	3	2,998,800	10248	
7		10257	잉크젯복합기 AP-3200		10249	바코드 Z-350	48,300	3	144,900	10249	
8		10259	잉크젯복합기 AP-3200		10250	잉크젯팩시밀리 FX-1050	47,400	3	142,200	10250	
9		10261	고급복사지A4 500매		10251	프리미엄복사지A4 2500매	17,800	9	160,200	10251	
10					10252	바코드 BCD-100 Plus	86,500	7	605,500	10252	
11					10253	고급복사지A4 500매	3,500	2	7,000	10253	
12					10254	바코드 Z-350	46,300	7	324,100	10254	
13					10255	바코드 BCD-100 Plus	104,500	8	836,000	10255	
14					10256	잉크젯복합기 AP-3300	79,800	1	79,800	10256	
15				6	10257	잉크젯복합기 AP-3200	89,300	8	714,400	10257	
16					10258	고급복사지A4 500매	4,100	7	28,700	10258	
17					10259	잉크젯복합기 AP-3200	79,500	2	159,000	10259	
18					10260	레이저복합기 L200	165,300	3	495,900	10260	
19					10261	고급복사지A4 500매	3,600	8	28,800	10261	
20											

TIP J열을 사용하는 것이 불편하다면 J열의 값만 E열에 복사해 사용합니다. 그러면 INDEX, MATCH 함수 조합을 사용하지 않고 VLOOKUP 함수를 사용할 수 있습니다.

마지막에 입력된 값 참조하기

표에 빈 셀이 많고 데이터가 띄엄띄엄 입력되어 있을 때, 마지막으로 입력된 값을 참조해야 하는 경우가 있습니다. 이런 경우에는 MATCH 함수를 사용해 마지막으로 입력된 값의 위치를 찾아 INDEX 함수로 값을 참조해올 수 있습니다. 다만 찾으려는 값이 텍스트인지 숫자인지에 따라 '찾는 값'의 구성이 달라진다는 점과 '찾기 옵션'의 설정 방법을 정확하게 설정해야 마지막에 입력된 값의 위치를 찾을 수 있다는 점에 주의해야 합니다.

\ 예제 파일 PART 02 \ CHAPTER 08 \ INDEX, MATCH 함수-마지막.xlsx

자주 사용하는 수식 패턴

마지막 입력 값 찾기 (숫자 형식)

=INDEX(입력 범위, MATCH(보다 작은 값, 입력 범위, −1))

* **입력 범위** : 참조할 데이터 값이 입력된 범위
* **보다 작은 값** : 입력 범위 내 입력된 값보다 작은 값을 의미하며, 만약 입력된 값 중 가장 작은 값이 100이라면 100보다 작은 값이면 됩니다. 얼마를 입력해야 할지 모른다면 **MIN(입력 범위)−1**로 변경해도 됩니다.

=INDEX(입력 범위, MATCH(보다 큰 값, 입력 범위, 1))

=VLOOKUP(보다 큰 값, 입력 범위, 1, TRUE)

* **입력 범위** : 참조할 데이터 값이 입력된 범위
* **보다 큰 값** : 입력 범위 내 입력된 값보다 큰 값을 의미하며, 만약 입력된 값 중 가장 큰 값이 100이라면 100보다 큰 값이면 됩니다. 얼마를 입력해야 할지 모른다면 **MAX(입력 범위)+1**로 변경해도 됩니다.

마지막 입력 값 찾기 (텍스트 형식)

=INDEX(입력 범위, MATCH("*", 입력 범위, −1))

* **"*"**는 입력된 모든 값을 의미합니다.

01 예제 파일을 열고 하단의 두 표에서 각각 마지막에 입력된 단가와 납품 업체명을 참조해오는 작업을 해보겠습니다.

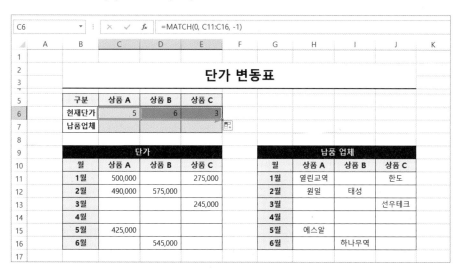

02 입력된 마지막 단가의 위치를 찾겠습니다. C6셀에 다음 수식을 입력하고 C6셀의 채우기 핸들을 E6셀까지 드래그해 복사합니다.

C6셀 : =MATCH(0, C11:C16, −1)

Plus⁺ 수식 이해하기

C11:C16 범위에 상품 A의 단가가 입력되어 있으므로 마지막으로 입력된 값의 위치를 찾기 위해 MATCH 함수를 사용합니다.
MATCH 함수를 사용해 마지막으로 입력된 값의 위치를 찾으려면 다음 두 가지 규칙을 지켜야 합니다.

- 첫째, **찾을 값**을 두 번째 인수의 **찾을 범위** 내 값보다 작은 값으로 지정합니다.
- 둘째, **찾기 옵션**을 −1로 지정합니다.

위와 같이 하면 MATCH 함수는 다음과 같이 동작하여 마지막으로 입력된 값의 위치를 찾습니다.

> 찾을 값을 찾을 범위에서 찾을 때, 찾을 범위의 값이 내림차순으로 정렬되어 있다고 가정하고 찾는데, 찾을 값보다 작은 값을 만날 때까지 동일한 값을 찾지 못하면 찾을 범위 내 마지막 값의 위치를 반환합니다.

이를 다음과 같이 변경해 반대 방법으로 마지막 값의 위치를 찾을 수도 있습니다.

MATCH(1000000, C11:C16, 1)

MATCH 함수의 마지막 찾기 옵션을 1로 지정하면 오름차순으로 정렬된 구간 내 값을 찾을 수 있는데, MATCH 함수는 다음과 같이 찾습니다.

> 찾을 값을 찾을 범위에서 찾을 때, 찾을 범위의 값이 오름차순으로 정렬되어 있다고 가정하고 찾는데, 찾을 값보다 큰 값을 만날 때까지 동일한 값을 찾지 못하면 찾을 범위 내 마지막 값의 위치를 반환합니다.

다만 이 방법보다 **02** 과정에서 직접 입력한 방법을 더 많이 사용하는 이유는 찾을 값에 큰 값을 입력하기가 쉽지 않기 때문입니다. 다음과 같이 연산자나 지수 표기 방법을 사용하면 좀 더 쉽습니다.

MATCH(10^6, C11:C16, 1)

또는

MATCH(1E+06, C11:C16, 1)

이렇게 하면 항상 숫자가 입력된 범위에서 마지막 값의 위치를 찾을 수 있습니다.

03 위치를 찾았으니 INDEX 함수로 해당 값을 참조해오겠습니다. C6셀의 수식을 다음과 같이 수정하고 C6셀의 채우기 핸들을 E6셀까지 드래그해 복사합니다.

C6셀 : =INDEX(C11:C16, MATCH(0, C11:C16, −1))

	C6		×	✓	fx	=INDEX(C11:C16, MATCH(0, C11:C16, -1))				
▲	A	B	C	D	E	F	G	H	I	J	K

단가 변동표

구분	상품 A	상품 B	상품 C
현재단가	425,000	545,000	245,000
납품업체			

월	상품 A	상품 B	상품 C		월	상품 A	상품 B	상품 C
		단가					**납품 업체**	
1월	500,000		275,000		1월	열린교역		한도
2월	490,000	575,000			2월	원일	태성	
3월			245,000		3월			선우테크
4월					4월			
5월	425,000				5월	에스알		
6월		545,000			6월		하나무역	

TIP 이번에는 찾은 위치의 값을 참조해오면 되므로 INDEX 함수와 MATCH 함수의 데이터 범위가 동일합니다.

04 이번에는 납품업체 이름을 참조하겠습니다. C7셀에 다음 수식을 입력하고 C7셀의 채우기 핸들을 E7셀까지 드래그해 복사합니다.

C7셀 : =INDEX(H11:H16, MATCH("*", H11:H16, −1))

| C7 | ▼ : × ✓ fx | =INDEX(H11:H16, MATCH("*", H11:H16, -1)) |

	A	B	C	D	E	F	G	H	I	J	K
1											
2				**단가 변동표**							
3											
5		구분	상품 A	상품 B	상품 C						
6		현재단가	425,000	545,000	245,000						
7		납품업체	에스알	하나무역	선우테크						
8											
9				단가					납품 업체		
10		월	상품 A	상품 B	상품 C		월	상품 A	상품 B	상품 C	
11		1월	500,000		275,000		1월	열린교역		한도	
12		2월	490,000	575,000			2월	원일	태성		
13		3월			245,000		3월			선우테크	
14		4월					4월				
15		5월	425,000				5월	에스알			
16		6월		545,000			6월		하나무역		
17											

> **Plus⁺ 수식 이해하기**
>
> MATCH 함수의 첫 번째 인수인 *는 와일드 카드 문자로 입력된 모든 값을 의미합니다. 이 문자를 이용해 내림차순으로 정렬된 위치에서 찾으면 입력된 텍스트 값의 마지막 위치를 찾을 수 있습니다. 숫자가 입력된 마지막 위치를 찾을 때 사용한 방법과 **찾을 값** 인수에 전달되는 부분만 다르고 나머지는 모두 동일합니다.

중복된 숫자가 입력된 위치 모두 찾기

VLOOKUP 함수나 MATCH 함수로 찾으려는 값이 중복된 경우, 두 함수는 항상 첫 번째 값의 위치만 찾을 수 있습니다. 이런 경우에는 배열 수식을 이용하는 것이 가장 좋지만, 아직 배열 수식에 대해 배우기 전이므로 지금까지 배운 내용을 응용해 처리하는 방법을 알아보겠습니다. 이 방법은 '찾을 값'이 숫자인 경우에만 사용할 수 있고 과정이 다소 복잡하지만, 원리를 잘 파악해두면 여러 부분에 응용할수 있으니 잘 이해해두기 바랍니다.

\ 예제 파일 PART 02 \ CHAPTER 08 \ INDEX, MATCH 함수—중복.xlsx

01 예제 파일을 열고 오른쪽 표의 판매량 상위 세 명의 영업사원 이름을 왼쪽 표에서 참조해보겠습니다. H8:H9 범위에 집계된 판매량 값이 72로 동일한 것을 확인할 수 있습니다. 먼저 H열 판매량의 위치를 C열 데이터 범위에서 찾습니다. G7셀에 다음 수식을 입력하고 G7셀의 채우기 핸들을 G9셀까지 드래그해 복사합니다.

G7셀 : =MATCH(H7, $C$6:$C$17, 0)

TIP H7:H9 범위에는 LARGE 함수를 사용해 C열의 판매량 상위 세 개 값이 반환되어 있습니다.

Plus+ 수식 이해하기

이번 수식에서 사용한 MATCH 함수는 **찾을 값**이 **찾을 범위** 내에서 몇 번째 위치에 있는지 인덱스 번호를 반환합니다. 다만 중복된 값이 있으면 항상 첫 번째 위치만 찾습니다. G7:G9 범위에 반환된 값을 보면 G8, G9 셀의 반환 값이 모두 7입니다. 하지만 원하는 결과는 G8셀에는 7(C12셀 위치), G9셀에는 12(C17셀 위치)가 반환되도록 하는 것입니다.

02 C열의 판매량이 중복되지 않도록 조정하겠습니다. D6셀에 다음 수식을 입력하고 D6셀의 채우기 핸들(⊞)을 D17셀까지 드래그해 복사합니다.

D6셀 : =C6+(ROW(A1)/100)

Plus⁺ 수식 이해하기

ROW 함수는 행 번호를 반환하는 함수로, 수식 내에서 **ROW(A1)**과 같이 구성하고 행 방향(아래쪽)으로 수식을 복사하면 1, 2, 3, … 과 같은 일련번호가 반환됩니다. 이 값을 100으로 나누면 수식이 복사될 때마다 0.01(1/100), 0.02(2/100), 0.03(3/100), … 값이 C열의 값에 더해져 중복 값이 고유한 값이 됩니다.

이 작업은 단순하게 중복을 배제하기 위한 과정으로, 이렇게 조정된 값(D열)으로 찾으면 중복되지 않은 결과를 얻을 수 있습니다.

---

03 오른쪽 표의 판매량 상위 1, 2, 3위 값이 D열의 값을 대상으로 하도록 수식을 변경하겠습니다. H7 셀의 수식을 다음과 같이 변경하고 H7셀의 채우기 핸들(⊞)을 H9셀까지 드래그해 복사합니다.

H7셀 : =LARGE($D$6:$D$17, ROW(A1))

이번 수식은 기존 수식에서 두 가지 부분을 변경했습니다.

- 첫째, 대상 범위를 C6:C17 범위에서 D6:D17 범위로 바꿨습니다.

  이것은 조정된 D열의 값에서 판매량 1, 2, 3위 값을 뽑기 위해서입니다.

- 둘째, 1, 2, 3 순위 값으로 F7:F9 범위의 값을 참조하지 않고 **ROW(A1)** 수식으로 대체했습니다.

  이것은 중복 값이 있을 때는 1, 2, 3 순위가 아니라 1, 2, 2 또는 1, 1, 3과 같은 순위가 되어야 하기 때문입니다. F7:F9 범위처럼 값을 입력하면 나중에 사용자가 순위를 변경해야 하기 때문에 F7:F9 범위 부분을 참조해 LARGE 함수로 계산하지 않고, ROW 함수를 사용하도록 변경한 것입니다.

04 H열에 반환된 결과에서 소수점 부분은 의미가 없으므로 소수점 이하 부분을 버리겠습니다. H7셀의 수식을 다음과 같이 변경하고 H7셀의 채우기 핸들(⊞)을 H9셀까지 드래그해 복사합니다.

H7셀 : =INT(LARGE($D$6:$D$17, ROW(A1)))

TIP 원 판매량에는 소수점 이하 값이 없으므로 INT 함수를 사용해 제거합니다.

TIP 이 수식은 기존 수식인 =LARGE($C$6:$C$17, F7) 또는 = (LARGE($C$6:$C$17, ROW(A1))으로 수정해도 됩니다.

05 이제 G열에서 H7:H9 범위의 판매량 위치를 다시 찾겠습니다. G7셀의 수식을 다음과 같이 수정하고 G7셀의 채우기 핸들을 G9셀까지 드래그해 복사합니다.

G7셀 : =MATCH(LARGE($D$6:$D$17, ROW(A1)), $D$6:$D$17, 0)

이번 수식은 D6:D17 범위에서 1, 2, 3위 값의 위치를 찾습니다. 기존 수식 내 MATCH 함수의 첫 번째와 두 번째 인수 부분을 다음과 같이 수정했습니다.

❶ 찾을 값 : LARGE($D$6:$D$17, ROW(A1))

기존 수식에서는 H7셀을 참조했는데 그렇게 하면 중복을 구분하지 못하므로 판매량이 중복되지 않도록 조정된 D6:D17 범위에서 1, 2, 3위 값을 찾기 위해 LARGE 함수를 사용하도록 대체했습니다.

❷ 찾을 범위 : $D$6:$D$17

기존 수식에서는 C6:C17 범위를 참조했는데, 판매량을 조정한 D열에서 위치를 찾도록 변경했습니다.

이렇게 하면 중복되지 않은 위치(G8:G9 범위의 값이 7, 7로 반환되지 않고 12, 7로 반환)가 찾아지지만, 1, 7, 12 순으로 찾아지지 않고 1, 12, 7 순으로 찾아집니다. 이것은 02 과정에서 작성한 수식 때문으로, 해당 수식을 행이 아래로 내려갈수록 값이 더 커지도록 구성했기 때문입니다.

06 **05** 과정에서 찾은 위치가 표의 입력 순서에 맞게 반환되도록 하기 위해 D열의 수식을 수정하겠습니다. D6셀의 수식을 다음과 같이 변경하고 D6셀의 채우기 핸들을 D17셀까지 드래그해 복사합니다.

D6셀 : =C6+((100−ROW(A1))/100)

	A	B	C	D	E	F	G	H	I
1									
2			영업사원 월 실적 집계표						
3									
5		영업사원	판매량	조정		순위	상위		
							영업사원	판매량	
6		민기용	102	102.99					
7		박다솜	34	34.98		1	1	102	
8		주은혜	59	59.97		2	7	72	
9		한보람	15	15.96		3	12	72	
10		최소라	9	9.95					
11		강단비	35	35.94					
12		허영원	72	72.93					
13		최영원	22	22.92					
14		유예찬	16	16.91					
15		임선정	7	7.90					
16		황용기	23	23.89					
17		안민주	72	72.88					
18									

02 과정에서 D열에 입력한 수식은 판매량(C열)에 1/100, 2/100, 3/100, … 값을 순서대로 더하는 방식이었으므로 중복 값이 있으면 나중에 입력된 값이 무조건 더 커져서 LARGE 함수를 사용해 순위를 구하면 중복된 값 중 나중에 입력된 값이 먼저 구해집니다.

이를 방지하기 위해 이번 수식에서는 판매량(C열)에 99/100, 98/100, 97/100, … 순으로 값을 더해 중복된 값 중 먼저 나온 값이 더 커지도록 했습니다.

D열의 수식을 고치면 G7:G9 범위에 사용한 MATCH 함수의 결과가 1, 12, 7에서 1, 7, 12로 변경됩니다.

07 G열에 INDEX 함수를 추가해 영업사원 이름을 참조해오겠습니다. G7셀의 수식을 다음과 같이 수정하고 G7셀의 채우기 핸들을 G9셀까지 드래그해 복사합니다.

G7셀 : =INDEX($B$6:$B$17, MATCH(LARGE($D$6:$D$17, ROW(A1)), $D$6:$D$17, 0))

	A	B	C	D	E	F	G	H	I	J	K
G7				fx	=INDEX($B$6:$B$17, MATCH(LARGE($D$6:$D$17, ROW(A1)), $D$6:$D$17, 0))						
1											
2			영업사원 월 실적 집계표								
3											
5		영업사원	판매량	조정		순위	상위				
6		민기용	102	102.99			영업사원	판매량			
7		박다솜	34	34.98		1	민기용	102			
8		주은혜	59	59.97		2	허영원	72			
9		한보람	15	15.96		3	안민주	72			
10		최소라	9	9.95							
11		강단비	35	35.94							
12		허영원	72	72.93							
13		최영원	22	22.92							
14		유예찬	16	16.91							
15		임선정	7	7.90							
16		황용기	23	23.89							
17		안민주	72	72.88							
18											

08 F7:F9 범위의 순위가 수식으로 계산되도록 수정하겠습니다. F7셀에 다음 수식을 입력하고 F7셀의 채우기 핸들을 F9셀까지 드래그해 복사합니다.

F7셀 : =RANK(H7, $H$7:$H$9)

	A	B	C	D	E	F	G	H	I
F7				fx	=RANK(H7, $H$7:$H$9)				
1									
2			영업사원 월 실적 집계표						
3									
5		영업사원	판매량	조정		순위	상위		
6		민기용	102	102.99			영업사원	판매량	
7		박다솜	34	34.98		1	민기용	102	
8		주은혜	59	59.97		2	허영원	72	
9		한보람	15	15.96		2	안민주	72	
10		최소라	9	9.95					
11		강단비	35	35.94					
12		허영원	72	72.93					
13		최영원	22	22.92					
14		유예찬	16	16.91					
15		임선정	7	7.90					
16		황용기	23	23.89					
17		안민주	72	72.88					
18									

TIP 순위가 1, 2, 2로 제대로 반환됩니다.

TIP D열은 '숨기기' 기능을 이용해 숨기는 것이 보기 좋습니다.

여러 표에서 필요한 값 참조하기

여러 개의 표에서 원하는 데이터만 참조하려면 VLOOKUP 함수나 INDEX, MATCH 함수 조합을 사용합니다. VLOOKUP 함수는 자체적으로 여러 표에서 값을 참조하는 방법을 지원하지 않기 때문에 IF 함수를 중첩해 사용해야 합니다. 또한 VLOOKUP 함수는 표의 구성이 동일한 경우에 사용할 수 있으며, 그렇지 않다면 INDEX, MATCH 함수 조합을 사용합니다. 여기에서는 표의 구성이 동일한 여러 개의 표에서 원하는 값만 참조해오는 방법에 대해 알아보겠습니다.

\ 예제 파일 PART 02 \ CHAPTER 08 \ VLOOKUP 함수-다중 표 범위.xlsx /

자주 사용하는 수식 패턴

다중 표에서 참조

=VLOOKUP(찾을 값, IF(조건식, 표1, 표2), 열 번호, 찾기 옵션)

* **조건식** : TRUE, FALSE를 반환하는 조건 수식
* 이 수식을 사용하려면 **표1, 표2**의 구성이 동일해야 합니다.

01 예제 파일을 열고 B5:C6 범위에 입력된 조건에 맞는 복비를 오른쪽 표에서 참조해 계산해보겠습니다. 참고로 복비는 **거래가액*상한요율**로 계산하며 지정된 한도액(L열)을 넘지 못합니다.

구분		거래가액			상한 요율 (%)	한도액
		최소	~	최대		
매매		-	~	4,999	0.6%	25
		5,000	~	19,999	0.5%	80
		20,000	~	59,999	0.4%	x
		60,000	~	89,999	0.5%	x
		90,000	~		0.9%	x
전월세		-	~	4,999	0.5%	20
		5,000	~	9,999	0.4%	30
		10,000	~	29,999	0.3%	x
		30,000	~	59,999	0.4%	x
		60,000	~		0.8%	x

부동산 거래 복비 계산

구분	거래액
매매	65,000

요율	복비		
	요율 적용	한도액	지불액

(단위 : 만)

TIP 매매 거래인 경우에는 H7:L11 범위의 데이터를, 전월세 거래인 경우에는 H12:L16 범위의 데이터를 참고합니다.

02 먼저 B5:C6 범위에 입력된 조건(매매, 6억 5천만 원)을 오른쪽 표에서 찾아, 상한 요율(K열)을 참조합니다. B10셀에 다음 수식을 입력합니다.

B10셀 : =VLOOKUP(C6, IF(B6="매매", H7:K11, H12:K16), 4, TRUE)

B10		▼	:	✕	✓	*fx*	=VLOOKUP(C6, IF(B6="매매", H7:K11, H12:K16), 4, TRUE)					

◢	A	B	C	D	E	F	G	H	I	J	K	L	M
1													
2					**부동산 거래 복비 계산**								
3													
5		구분	거래액				구분	거래가액			상한 요율	한도액	
6		매매	65,000					최소	~	최대	(%)		
7								-	~	4,999	0.6%	25	
8		요율		복비			매매	5,000	~	19,999	0.5%	80	
9			요율 적용	한도액	지불액			20,000	~	59,999	0.4%	x	
10		0.5%						60,000	~	89,999	0.5%	x	
11								90,000	~		0.9%	x	
12									~	4,999	0.5%	20	
13							전월세	5,000	~	9,999	0.4%	30	
14								10,000	~	29,999	0.3%	x	
15								30,000	~	59,999	0.4%	x	
16								60,000	~		0.8%	x	
17												(단위 : 만)	
18													

TIP 예제의 거래는 매매(B6셀)이고 거래액은 6억 5천만 원(C6셀)이므로, 복비의 상한 요율은 0.5%(K10셀)가 맞습니다.

Plus⁺ 수식 이해하기

이번 수식에서는 그동안 VLOOKUP 함수를 사용해 작성했던 수식들과 달리 두 번째 인수 부분에 IF 함수를 사용했습니다. 두 번째 인수 부분만 따로 확인하면 다음과 같습니다.

IF(B6="매매", H7:K11, H12:K16)

위 수식은 B6셀의 값이 '매매'인 경우에는 H7:K11 범위를, '매매'가 아닌 경우에는(전월세) H12:K16 범위를 반환합니다. 이처럼 VLOOKUP 함수에서 참조할 **표** 범위가 여러 개라면 IF 함수를 사용해 조건에 맞는 표를 설정할 수 있습니다.

위 부분을 단순하게 표현하면 다음과 같이 VLOOKUP 함수의 기본 수식이 됩니다.

=VLOOKUP(C6, 표, 4, TRUE)

이 수식은 C6셀의 값을 **표** 범위의 첫 번째 열에서 찾아(오름차순으로 정렬된 구간에 속하는지), 네 번째 열(K열)의 값을 반환합니다.

03 참조한 상한 요율을 거래액과 곱해 복비를 계산합니다. C10셀에 다음 수식을 입력합니다.

C10셀 : =C6*B10

| C10 | ▼ : × ✓ fx | =C6*B10 |

	A	B	C	D	E	F	G	H	I	J	K	L	M
1													
2					**부동산 거래 복비 계산**								
3													
5		구분	거래액				구분	거래가액			상한 요율 (%)	한도액	
6		매매	65,000					최소	~	최대			
7								-	~	4,999	0.6%	25	
8		요율		복비			매매	5,000	~	19,999	0.5%	80	
9			요율 적용	한도액	지불액			20,000	~	59,999	0.4%	x	
10		0.5%	325					60,000	~	89,999	0.5%	x	
11								90,000	~		0.9%	x	
12								-	~	4,999	0.5%	20	
13							전월세	5,000	~	9,999	0.4%	30	
14								10,000	~	29,999	0.3%	x	
15								30,000	~	59,999	0.4%	x	
16								60,000	~		0.8%	x	
17												(단위 : 만)	
18													

> **TIP** 지불할 복비의 상한액은 6억 5천만 원(C6셀)의 0.5%인 325만 원입니다.

04 거래가액의 한도액을 참조하겠습니다. D10셀에 다음 수식을 입력합니다.

D10셀 : =VLOOKUP(C6, IF(B6="매매", H7:L11, H12:L16), 5, TRUE)

| D10 | ▼ : × ✓ fx | =VLOOKUP(C6, IF(B6="매매", H7:L11, H12:L16), 5, TRUE) |

	A	B	C	D	E	F	G	H	I	J	K	L	M
1													
2					**부동산 거래 복비 계산**								
3													
5		구분	거래액				구분	거래가액			상한 요율 (%)	한도액	
6		매매	65,000					최소	~	최대			
7								-	~	4,999	0.6%	25	
8		요율		복비			매매	5,000	~	19,999	0.5%	80	
9			요율 적용	한도액	지불액			20,000	~	59,999	0.4%	x	
10		0.5%	325	x				60,000	~	89,999	0.5%	x	
11								90,000	~		0.9%	x	
12								-	~	4,999	0.5%	20	
13							전월세	5,000	~	9,999	0.4%	30	
14								10,000	~	29,999	0.3%	x	
15								30,000	~	59,999	0.4%	x	
16								60,000	~		0.8%	x	
17												(단위 : 만)	
18													

> **TIP** 이번 수식은 **02** 과정의 수식과 동일하며, **표** 범위만 L열까지 확장해 '한도액'을 참조한 것입니다. 참조된 'x' 값은 한도액이 없다는 의미입니다.

05 C10셀에 계산한 복비와 D10셀에 구한 한도액 중 최소값으로 복비를 확정하겠습니다. E10셀에 다음 수식을 입력합니다.

E10셀 : =MIN(C10:D10)

L10	▼	:	×	✓	fx	=MIN(C10:D10)						
	A	B	C	D	E	F	G	H	I	J	K	L	M

부동산 거래 복비 계산

구분	거래액			구분	거래가액			상한 요율 (%)	한도액
					최소	~	최대		
매매	65,000			매매	-	~	4,999	0.6%	25
					5,000	~	19,999	0.5%	80
요율	복비				20,000	~	59,999	0.4%	x
	요율 적용	한도액	지불액		60,000	~	89,999	0.5%	x
0.5%	325	x	325		90,000	~		0.9%	x
				전월세	-	~	4,999	0.5%	20
					5,000	~	9,999	0.4%	30
					10,000	~	29,999	0.3%	x
					30,000		59,999	0.4%	x
					60,000	~		0.8%	x
									(단위 : 만)

06 조건을 변경해 복비가 제대로 계산되는지 확인하기 위해 B6셀의 조건을 **전월세**로 변경합니다. 그러면 B10:E10 범위의 값이 모두 변경된 거래액에 맞춰 자동으로 수정됩니다.

B6	▼	:	×	✓	fx	전월세						
	A	B	C	D	E	F	G	H	I	J	K	L	M

부동산 거래 복비 계산

구분	거래액			구분	거래가액			상한 요율 (%)	한도액
					최소	~	최대		
전월세	65,000			매매	-	~	4,999	0.6%	25
					5,000	~	19,999	0.5%	80
요율	복비				20,000	~	59,999	0.4%	x
	요율 적용	한도액	지불액		60,000	~	89,999	0.5%	x
0.8%	520	x	520		90,000	~		0.9%	x
				전월세	-	~	4,999	0.5%	20
					5,000	~	9,999	0.4%	30
					10,000	~	29,999	0.3%	x
					30,000		59,999	0.4%	x
					60,000	~		0.8%	x
									(단위 : 만)

표의 구성이 다른 여러 표에서 필요한 값 참조하기

여러 표에서 데이터를 참조해와야 할 때, 참조할 표의 구성이 동일하다면 VLOOKUP 함수를 사용하는 것이 편하지만 표의 구성이 동일하지 않다면 INDEX, MATCH 함수 조합을 사용하는 것이 좋습니다. INDEX 함수는 자체적으로 여러 표 중 하나의 표만 선택해 값을 참조할 수 있지만, MATCH 함수는 VLOOKUP 함수처럼 IF 함수와 중첩해 사용해야 합니다. 표의 구성이 다른 여러 표에서 원하는 값만 참조하는 방법에 대해 알아보겠습니다.

\ 예제 파일 PART 02 \ CHAPTER 08 \ INDEX, MATCH 함수–다중 표 범위.xlsx

자주 사용하는 수식 패턴

다중 표 범위에서 참조

=INDEX((표1, 표2, …), 행 번호, 열 번호, 영역 번호)

* **표1, 표2** : 참조할 표 범위를 모두 괄호 안에 묶어 첫 번째 인수로 사용합니다.
* **영역 번호** : INDEX 함수 첫 번째 괄호 안 표 범위의 인덱스 번호입니다. 예를 들어 **표1**에서 값을 참조하려면 **영역 번호**는 1입니다.

다중 범위에서 찾기

=MATCH(찾을 값, IF(조건식, 찾을 범위1, 찾을 범위2), 찾기 옵션)

* **조건식** : TRUE, FALSE를 반환하는 조건 수식

01 예제 파일을 열고 C5셀에 선택된 창고의 제품별 재고 값을 D8:D10 범위에 참조해보겠습니다. F:J 열의 표를 보면 F열의 품명 정렬 순서와 재고가 계산된 위치가 일정하지 않은데, 이러면 VLOOKUP 함수만으로는 필요한 값을 참조해오기 쉽지 않습니다.

	A	B	C	D	E	F	G	H	I	J	K
1											
2						**창고별 재고 현황**					
3											
5		창고	C1					창고 C1			
6						품명	입고	출고	재고		
7		품명	위치	재고		오피스 Z-05C	106	84	22		
8		무한레이저복합기 L800C				잉크젯팩시밀리 FX-2000	185	146	39		
9		오피스 Z-05C				무한레이저복합기 L800C	289	214	75		
10		잉크젯팩시밀리 FX-2000									
11								창고 C2			
12						품명	재고	입고	출고	손실	
13						무한레이저복합기 L800C	36	295	254	5	
14						잉크젯팩시밀리 FX-2000	58	242	174	10	
15						오피스 Z-05C	74	271	195	2	
16											

02 지정된 창고에서 해당 제품이 몇 번째 위치에 있는지 MATCH 함수로 찾습니다. C8셀에 다음 수식을 입력하고 C8셀의 채우기 핸들을 C10셀까지 드래그해 복사합니다.

C8셀 : =MATCH(B8, IF($C$5="C1", $F$7:$F$9, $F$13:$F$15), 0)

	A	B	C	D	E	F	G	H	I	J	K
			C8		fx	=MATCH(B8, IF($C$5="C1", $F$7:$F$9, $F$13:$F$15), 0)					
1											
2					창고별 재고 현황						
3											
5		창고	C1				창고 C1				
6						품명	입고	출고	재고		
7		품명	위치	재고		오피스 Z-05C	106	84	22		
8		무한레이저복합기 L800C	3			잉크젯팩시밀리 FX-2000	185	146	39		
9		오피스 Z-05C	1			무한레이저복합기 L800C	289	214	75		
10		잉크젯팩시밀리 FX-2000	2								
11							창고 C2				
12						품명	재고	입고	출고	손실	
13						무한레이저복합기 L800C	36	295	254	5	
14						잉크젯팩시밀리 FX-2000	58	242	174	10	
15						오피스 Z-05C	74	271	195	2	
16											

Plus⁺ 수식 이해하기

이번 수식은 MATCH 함수의 두 번째 인수에 IF 함수를 사용한 부분만 알면 쉽게 이해할 수 있습니다. 두 번째 인수에 IF 함수를 사용해 C5셀의 값에 따라 창고가 'C1'인 경우에는 F7:F9 범위에서, 'C1'이 아니면 F13:F15 범위에서 값을 찾도록 구성했습니다. 이렇게 하면 C5셀의 값에 따라 서로 다른 위치에서 품명의 위치를 찾을 수 있습니다.

---

03 MATCH 함수로 위치를 찾았으면 이제 INDEX 함수로 제품별 재고를 참조합니다. D8셀에 다음 수식을 입력하고 D8셀의 채우기 핸들을 D10셀까지 드래그해 복사합니다.

D8셀 : =INDEX(($I$7:$I$9, $G$13:$G$15), C8, 1, IF($C$5="C1", 1, 2))

	A	B	C	D	E	F	G	H	I	J	K
			D8		fx	=INDEX(($I$7:$I$9, $G$13:$G$15), C8, 1, IF($C$5="C1", 1, 2))					
1											
2					창고별 재고 현황						
3											
5		창고	C1				창고 C1				
6						품명	입고	출고	재고		
7		품명	위치	재고		오피스 Z-05C	106	84	22		
8		무한레이저복합기 L800C	3	75		잉크젯팩시밀리 FX-2000	185	146	39		
9		오피스 Z-05C	1	22		무한레이저복합기 L800C	289	214	75		
10		잉크젯팩시밀리 FX-2000	2	39							
11							창고 C2				
12						품명	재고	입고	출고	손실	
13						무한레이저복합기 L800C	36	295	254	5	
14						잉크젯팩시밀리 FX-2000	58	242	174	10	
15						오피스 Z-05C	74	271	195	2	
16											

이번 수식을 이해하려면 INDEX 함수의 첫 번째와 네 번째 인수에 전달된 부분에 집중합니다.

❶ **표 : ($I$7:$I$9, $G$13:$G$15)**

  참조할 표 범위가 여러 개면 괄호 안에 표의 데이터 범위를 쉼표(,)로 구분해 입력합니다.

❷ **행 번호 : C8**

  행 번호를 찾은 셀을 참조하는데, **02** 과정의 수식을 그대로 복사해 입력해도 됩니다.

❸ **열 번호 : 1**

  표 인수의 데이터 범위는 모두 열이 한 개이므로, 열 번호는 무조건 1입니다.

❹ **영역 번호 : IF($C$5="C1", 1, 2)**

  '표' 범위의 몇 번째 영역에서 값을 참조할지 결정합니다. C5셀의 값이 'C1'이면 첫 번째 영역($I$7:$I$9)에서, 'C1'이 아니라면 두 번째 영역($G$13:$G$15)에서 값을 참조하라는 의미입니다.

수식의 결과로 C1 창고의 재고가 제대로 참조되고 있음을 확인할 수 있습니다.

04 C2 창고의 재고도 제대로 가져와지는지 확인하기 위해 C5셀의 값을 **C2**로 변경하고 D8:D10 범위의 재고 값을 확인합니다.

TIP C5셀의 값을 변경하면 C8:D10 범위의 값이 모두 창고 C2의 결과로 변경됩니다.

하이퍼링크 참조하기 – HYPERLINK

엑셀에는 다른 위치(파일 또는 웹 페이지)로 빠르게 이동할 수 있는 하이퍼링크 기능이 있습니다. 하이퍼링크는 편리한 기능이지만, 하이퍼링크가 적용된 셀을 참조하면 하이퍼링크가 적용되지 않은 텍스트 값만 반환됩니다. 그러므로 하이퍼링크가 적용된 상태로 값을 참조하려면 참조한 후에 HYPERLINK 함수를 사용해 해당 값을 다시 하이퍼링크로 설정해야 합니다.

예제 파일 PART 02 \ CHAPTER 08 \ HYPERLINK 함수.xlsx

새 함수

HYPERLINK (❶ 링크 위치, ❷ 표시 이름)

다른 셀(파일, 웹 페이지)로 이동할 수 있는 바로가기를 만듭니다.

인수	❶ 링크 위치 : 하이퍼링크로 이동할 위치를 의미하는 경로 ❷ 표시 이름 : 셀에 표시할 값
특이사항	하이퍼링크가 적용된 셀을 클릭하면 바로 하이퍼링크 위치로 이동합니다. 이동하지 않고 셀을 선택하려면 셀을 마우스로 누르고 있다가 마우스 포인터가 십자 모양이 될 때 마우스 단추에서 손을 뗍니다.
사용 예	**=HYPERLINK("http://cafe.naver.com/excelmaster", "엑셀..하루에하나씩")** 저자가 운영중인 '엑셀..하루에하나씩' 카페로 바로 이동할 수 있는 하이퍼링크가 생성됩니다.

01 예제 파일을 열고 F8셀에 입력된 종목명에 해당하는 하이퍼링크(D열)를 왼쪽 표에서 참조해보겠습니다.

	A	B	C	D	E	F	G	H
1								
2				**네이버 국내 증시 조회**				
3								
5		http://finance.naver.com/item/main.nhn?code=종목번호						
7		종목명	종목번호	하이퍼링크		종목명	하이퍼링크	
8		삼성전자	005930	삼성전자		삼성전자		
9		POSCO	005490	POSCO				
10		LG디스플레이	034220	LG디스플레이				
11		SK하이닉스	000660	SK하이닉스				
12		SK텔레콤	017670	SK텔레콤				
13		현대차	005380	현대차				
14		삼성중공업	010140	삼성중공업				
15								

> http://finance.naver.com/item/main.nhn?code=005930 - 실행하려면 한 번만 클릭하십시오. 누르고 있으면 현재 셀이 선택됩니다.

TIP D8:D14 범위에는 하이퍼링크가 적용되어 있으며, 해당 하이퍼링크에 마우스 커서를 가져다 놓으면 화면과 같이 이동할 경로가 풍선 도움말로 나타납니다. 해당 주소는 B5셀에 입력되어 있습니다.

02 하이퍼링크를 참조해오기 위해 G8셀에 다음 수식을 입력합니다.

G8셀 : =VLOOKUP(F8, B8:D14, 3, FALSE)

Plus⁺ 수식 이해하기

이번 수식은 VLOOKUP 함수 구성 그대로, B8:B14(두 번째 인수인 표 범위의 첫 번째 열) 범위에서 F8셀의 값과 정확하게 일치하는 값을 찾아(FALSE), D8:D14 범위(표 범위의 세 번째 열)의 같은 행에 위치한 값을 참조합니다. 단, 참조는 셀 값만 참조해오므로 하이퍼링크는 적용되지 않습니다.

---

03 하이퍼링크를 참조할 수 없으므로 하이퍼링크 구성에 필요한 종목번호를 참조하겠습니다. G8셀의 수식에서 세 번째 인수만 3에서 2로 수정합니다.

G8셀 : =VLOOKUP(F8, B8:D14, 2, FALSE)

TIP B8:D14 범위에서 종목번호는 두 번째 열에 있으므로 VLOOKUP 함수의 세 번째 인수 값만 2로 변경해 종목번호를 참조합니다.

04 참조된 종목번호를 B5셀에 입력된 하이퍼링크 주소와 결합해 하이퍼링크를 생성하겠습니다. G8셀의 수식을 다음과 같이 수정합니다.

G8셀 : =HYPERLNK(SUBSTITUTE(B5, "종목번호", VLOOKUP(F8, B8:D14, 2, FALSE)), F8)

G8		:	×	✓	*fx*	=HYPERLINK(SUBSTITUTE(B5, "종목번호", VLOOKUP(F8, B8:D14, 2, FALSE)), F8)		
	A	B	C	D	E	F	G	H	I

네이버 국내 증시 조회

http://finance.naver.com/item/main.nhn?code=종목번호

종목명	종목번호	하이퍼링크		종목명	하이퍼링크
삼성전자	005930	삼성전자		삼성전자	삼성전자
POSCO	005490	POSCO			
LG디스플레이	034220	LG디스플레이			
SK하이닉스	000660	SK하이닉스			
SK텔레콤	017670	SK텔레콤			
현대차	005380	현대차			
삼성중공업	010140	삼성중공업			

Plus⁺ 수식 이해하기

이번 수식을 이해하려면 SUBSTITUTE 함수를 사용한 부분에 대해 먼저 알아야 합니다.

SUBSTITUTE(B5, "종목번호", VLOOKUP(F8, B8:D14, 2, FALSE))

SUBSITUTE 함수는 B5셀의 주소 중 종목번호를 VLOOKUP 함수로 참조해온 종목번호로 수정하는 역할을 합니다. 이 부분은 다음과 같이 변경해도 됩니다.

"http://finance.naver.com/item/main.nhn?code=" & VLOOKUP(F8, B8:D14, 2, FALSE)

이렇게 하면 이동할 위치를 생성할 수 있으므로 HYPERLINK 함수를 사용해 하이퍼링크를 생성한 것입니다.

그림(이미지) 참조하기

184

참조는 셀 값만 가져와 표시하는데, 간혹 셀에 삽입된 그림을 참조해야 할 때가 있습니다. 그림을 참조하려면 그림 파일의 위치를 참조하는 INDEX, MATCH 함수를 사용하는 수식을 이름으로 정의한 후 정의된 이름을 그림 파일에 연결해 참조하는 방법을 사용합니다. 이 작업을 할 때 주의할 점은 반드시 INDEX, MATCH 함수를 사용해야 한다는 것입니다. VLOOKUP 함수를 사용하면 그림을 참조할 수 없습니다.

＼ **예제 파일** PART 02 ＼ CHAPTER 08 ＼ INDEX, MATCH 함수−그림.xlsx ／

01 예제 파일을 열고 G6셀을 선택해보면 INDEX, MATCH 함수를 사용한 수식이 입력되어 있습니다. 수식에는 문제가 없지만 그림이 참조되지 않고 0 값이 반환되어 있습니다. 그림을 참조하도록 작업해보겠습니다.

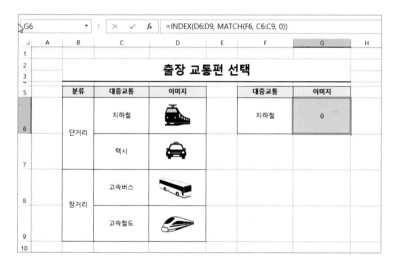

Plus⁺ 수식 이해하기

G6셀에 작성된 수식은 **=INDEX(D6:D9, MATCH(F6, C6:C9, 0))**입니다. 이 수식은 C6:C9 범위에서 F6셀의 값과 정확하게 일치하는 위치를 찾아, D6:D9 범위의 같은 위치에 있는 값을 참조해오라는 의미입니다. 0 값이 반환된 이유는 수식의 결과로 참조되는 위치는 D6셀이지만 해당 셀에는 그림만 삽입되어 있고 셀 값은 없기 때문입니다.

02 G6셀에 작성된 수식을 이름으로 정의하겠습니다. [수식] 탭-[정의된 이름] 그룹-[이름 정의] 명령(圖)을 클릭하여 '새 이름' 대화상자가 표시되면 다음과 같이 입력하고 〈확인〉 버튼을 클릭합니다.

이름 : 대중교통

참조 대상 : =INDEX($D$6:$D$9, MATCH($F$6, $C$6:$C$9, 0))

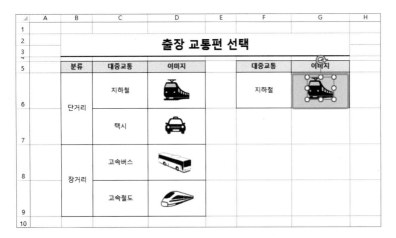

> **TIP** '새 이름' 대화상자의 [참조 대상]란에 입력한 수식은 G6셀에 입력된 수식과 동일하며, 참조 방식만 모두 절대 참조 방식으로 바꾼 것입니다.

> **TIP** 이름 정의를 한 후에는 G6셀의 수식을 지워도 됩니다.

03 이름을 정의한 후 D6:D9 범위 내 그림 중 하나를 G6셀에 복사해놓습니다. 예제에서는 D6셀의 그림을 복사해 붙여넣었습니다.

04 G6셀에 붙여넣은 그림을 선택한 상태에서 수식 입력줄에 등호(=)를 입력하고 **02** 과정에서 정의한 이름인 **대중교통**을 입력한 후 Enter 키를 누릅니다. 그러면 그림이 조금 커지면서 수식으로 연결됩니다.

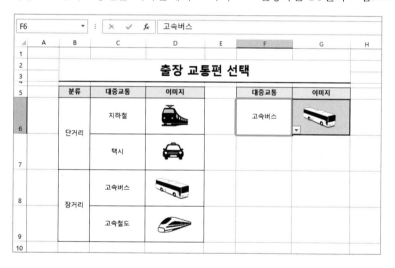

TIP 그림이 연결되면 크기가 셀에 맞춰 조정되는데, 화면의 그림은 G6셀에 맞춰 표시해놓은 것입니다.

05 F6셀의 교통편을 '지하철'에서 '고속버스'로 변경하면 G6셀의 그림도 그에 맞게 변경됩니다.

동적 범위 참조하기 – OFFSET

엑셀에서 데이터 범위를 참조하려고 할 때 데이터 범위가 자꾸 변하는 경우가 있습니다. 이렇게 참조할 범위가 유동적으로 변하는 범위를 '동적 범위'라고 합니다. 엑셀 표로 변환하고 구조적 참조 구문을 사용하는 것이 동적 범위를 참조하는 가장 쉬운 방법이지만, 엑셀 표는 열 단위로만 범위를 참조할 수 있기 때문에 좀 더 다양한 동적 범위를 참조할 수 있는 방법이 필요할 때가 많습니다. 그런 경우에는 OFFSET 함수를 사용합니다. OFFSET 함수는 난이도가 높은 함수 중 하나지만, 잘 활용하면 VLOOKUP 함수나 INDEX, MATCH 함수보다 다양한 참조 작업을 수행할 수 있어 편리합니다.

\ 예제 파일 PART 02 \ CHAPTER 08 \ OFFSET 함수.xlsx

새 함수

OFFSET (❶ 기준 위치, ❷ 행, ❸ 열, ❹ 행, ❺ 열)

기준 위치에서 행 방향과 열 방향으로 지정한 셀 개수만큼 이동한 위치에서 행 방향과 열 방향으로 지정한 셀 개수만큼 포함한 범위를 참조합니다.

인수	❶ 기준 위치 : 참조할 시작 위치로, 셀 또는 범위로 지정 ❷ 행 : 기준 위치에서 행 방향으로 이동할 셀 개수를 지정 ❸ 열 : 기준 위치에서 열 방향으로 이동할 셀 개수를 지정 ❹ 행 : 이동이 끝난 위치에서 행 방향으로 포함할 셀 개수를 지정하며, 생략할 수 있습니다. ❺ 열 : 이동이 끝난 위치에서 열 방향으로 포함할 셀 개수를 지정하며, 생략할 수 있습니다.
특이사항	행, 열 인수에 양수를 입력하면 행은 아래쪽을, 열은 오른쪽 방향을 의미합니다. 위쪽이나 왼쪽 방향을 의미하도록 하려면 음수를 입력합니다.
사용 예	=OFFSET(A1, 0, 1, 3, 2) A1셀에서 행 방향으로 0칸, 열 방향으로 1칸 이동(B1셀)한 후, 3x2행렬(행 세 개, 열 두 개) 범위(B1:C3)를 참조합니다.

자주 사용하는 수식 패턴

동적 범위 참조(열 하나)

=OFFSET(기준 위치, 0, 0, COUNTA(열 전체))

* **기준 위치** : 참조하려는 첫 번째 셀
* **COUNTA(열 전체)** : A열이라면 COUNTA(A:A)와 같습니다.

동적 범위 참조(행 하나)

=OFFSET(기준 위치, 0, 0, 1, COUNTA(행 전체))

* **COUNTA(행 전체)** : 1행 전체 범위는 **COUNTA(1:1)**와 같습니다.

동적 범위 참조(표 범위)

=OFFSET(기준 위치, 0, 0, COUNTA(열 전체), COUNTA(행 전체))

01 예제 파일을 열고 'sample1' 시트를 선택합니다. 오른쪽 표에 월별 매출이 지속적으로 입력된다고 했을 때, 입력된 데이터 범위만 정확하게 참조해 B6셀에 총 매출을 구하는 작업을 해보겠습니다.

02 B6셀에 OFFSET 함수를 사용한 다음 수식을 입력하면 F6셀의 값이 참조됩니다.

B6셀 : =OFFSET(F6, 0, 0)

> **Plus⁺ 수식 이해하기**
>
> 이번 수식에서 사용한 OFFSET 함수의 인수는 각각 다음과 같은 역할을 합니다.
>
> ❶ **기준 위치** : F6
> ❷ **행** 방향으로 이동할 셀 수 : 0
> ❸ **열** 방향으로 이동할 셀 수 : 0
>
> 그러므로 이번 수식은 F6셀에서 행 방향과 열 방향으로 모두 이동하지 않으므로 F6셀이 참조됩니다.

03 F6셀에서 아래쪽으로 네 개의 셀을 포함하면 F6:F9 범위입니다. 해당 범위의 매출 합계를 구하기 위해 B6셀의 수식을 다음과 같이 수정합니다.

B6셀 : =SUM(OFFSET(F6, 0, 0, 4, 1))

	A	B	C	D	E	F	G
		U6		fx	=SUM(OFFSET(F6, 0, 0, 4, 1))		
1							
2				월 매출 실적 (단위 : 만)			
3							
5		총 매출		연도	월	매출	
6		22,100		2018	1월	5,300	
7					2월	4,500	
8					3월	5,600	
9					4월	6,700	
10					5월		
11					6월		
12							

Plus⁺ 수식 이해하기

이번 수식에서는 OFFSET 함수 부분만 정확하게 이해하면 수식 전체를 이해하는 데 큰 문제가 없습니다. OFFSET 함수는 첫 번째부터 세 번째 인수까지의 의미를 먼저 파악한 후, 네 번째, 다섯 번째 인수 부분을 생각하면 쉽습니다.

앞에서 설명했듯이 다음 부분은 F6셀을 참조합니다.

> **OFFSET(F6, 0, 0)**

다음은 F6셀에서 4×1 행렬에 해당하는 범위를 참조하는 수식입니다.

> **OFFSET(F6, 0, 0, 4, 1)**

F6셀에서 4×1 행렬(행 네 개, 열 한 개)에 해당하는 범위는 F6:F9 범위입니다. OFFSET 함수의 네 번째, 다섯 번째 인수는 1인 경우에 생략할 수 있으므로 다음과 같이 변경할 수 있습니다.

> **OFFSET(F6, 0, 0, 4)**

이런 식으로 F6:F9 범위를 참조했으므로, SUM 함수를 사용하면 F6:F9 범위의 숫자가 모두 더해집니다.

---

04 OFFSET 함수의 네 번째 인수 값이 계산될 수 있도록 B6셀의 수식을 다음과 같이 수정합니다.

B6셀 : =SUM(OFFSET(F6, 0, 0, COUNTA(F:F)−1))

	A	B	C	D	E	F	G
		B6		fx	=SUM(OFFSET(F6, 0, 0, COUNTA(F:F)-1, 1))		
1							
2				월 매출 실적 (단위 : 만)			
3							
5		총 매출		연도	월	매출	
6		22,100		2018	1월	5,300	
7					2월	4,500	
8					3월	5,600	
9					4월	6,700	
10					5월		
11					6월		
12							

이번 수식은 **03** 과정에서 작성한 수식과 동일하지만 OFFSET 함수의 네 번째 인수를 COUNTA 함수를 사용해 변경했습니다.

> **OFFSET(F6, 0, 0, COUNTA(F:F)−1, 1)**

COUNTA(F:F)의 결과는 F열에 입력된 데이터 건수를 모두 세므로 5가 반환됩니다. 여기서는 F6셀부터 아래로 네 개의 셀을 포함하면 되므로 COUNTA 함수의 결과에서 1을 뺀 것입니다. 만약 1을 빼는 부분을 생략하고 싶다면 F열의 값에서 숫자 값만 세는 COUNT 함수를 사용해 **COUNT(F:F)**와 같이 구성합니다.

> **OFFSET(F6, 0, 0, COUNT(F:F), 1)**

🖐 COUNTA 함수 대신 COUNT 함수를 사용했을 때 왜 1을 빼지 않는지 생각해보고, 더 편한 방법을 선택합니다.

05 5월, 6월에 임의의 매출 데이터를 추가해 OFFSET 함수가 범위를 제대로 인식하는지 확인합니다. F10, F11셀에 숫자 값을 추가하면 B6셀의 값이 자동으로 증가합니다.

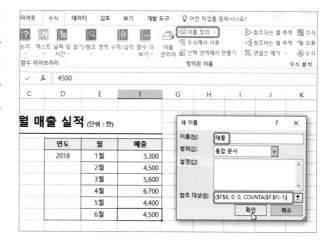

06 OFFSET 함수는 편리하지만 수식이 길고 복잡해진다는 단점이 있어 주로 이름을 정의해 사용합니다. [수식] 탭-[정의된 이름] 그룹-[이름 정의] 명령(🔲)을 클릭하고 다음과 같이 이름을 정의한 후 〈확인〉 버튼을 클릭합니다.

이름 : 매출
참조 대상 : =OFFSET($F$6, 0, 0, COUNTA($F:$F)−1)

TIP OFFSET 함수를 사용한 수식을 이름으로 정의할 때는 수식 복사 여부와 상관없이 참조하는 셀/범위를 절대 참조로 변환합니다.

07 B6셀의 수식을 정의된 이름으로 대체하겠습니다. B6셀의 수식을 다음과 같이 수정합니다.

B6셀 : =SUM(매출)

TIP OFFSET 함수를 사용한 수식을 이름으로 정의해 참조하면 수식을 이해하기 쉽게 구성할 수 있습니다.

08 이번에는 열 방향 데이터의 동적 범위를 참조해보겠습니다. 'sample2' 시트의 C5셀에 다음 수식을 입력합니다.

C5셀 : =SUM(OFFSET(C9, 0, 0, 1, COUNTA(9:9)-1))

> **Plus⁺ 수식 이해하기**
>
> 이번 수식은 기본적으로 앞의 수식과 동일하지만, 데이터가 열 방향(오른쪽)으로 입력되어 있다는 점이 다릅니다. OFFSET 함수를 사용한 부분은 다음과 같습니다.
>
> > **OFFSET(C9, 0, 0, 1, COUNTA(9:9)-1)**
>
> OFFSET 함수의 첫 번째부터 세 번째 인수는 **C9, 0, 0**이므로 C9셀을 참조하는 것과 같습니다. 그리고 네 번째, 다섯 번째 인수는 1x(9행에서 값이 입력된 셀 개수-1) 행렬을 참조하라는 의미입니다. 9행에는 다섯 개가 입력되어 있으므로 1x4 행렬을 참조하게 되어 C9:CF9 범위를 참조합니다. 기본적인 원리는 앞의 수식과 동일하니 자세한 설명은 **03~04** 과정의 '수식 이해하기'를 참고합니다.

입력된 데이터 중 최근 데이터만 참조하기

OFFSET 함수는 자유도가 높은 함수이므로 패턴만 찾을 수 있다면 거의 모든 방식의 참조에 사용할 수 있습니다. 데이터가 순서대로 쌓이고 있을 때 가장 최근 데이터만 원하는 위치에 표시하거나 최근 데이터만 요약하고 싶은 경우에도 OFFSET 함수를 사용할 수 있습니다. 보통 이런 작업에서는 표의 마지막 위치로 이동한 후 상단의 셀을 몇 개 참조하는 방법을 사용하는데, 이런 방법은 여러 곳에서 응용 가능하므로 잘 이해해두는 것이 좋습니다.

╲ **예제 파일** PART 02 \ CHAPTER 08 \ OFFSET 함수—최근.xlsx ╱

자주 사용하는 수식 패턴

표의 마지막에서 위쪽으로 순서대로 참조

=OFFSET(기준 위치, COUNTA(열 전체)-ROW(A1), 0)

* **기준 위치** : 참조하려는 첫 번째 셀

마지막으로 입력된 n개 데이터만 참조

=OFFSET(기준 위치, COUNTA(열 전체), 0, -행 개수, 열 개수)

* **기준 위치** : 참조하려는 첫 번째 셀

01 예제 파일을 열고 맨 오른쪽 표의 최근 3일 데이터를 왼쪽 C6:D8 범위에 나열하고 F6셀에는 최근 5일 주가의 평균을 구해보겠습니다. 먼저 H열의 마지막 날짜를 참조하기 위해 C6셀에 다음 수식을 입력합니다.

C6셀 : =OFFSET($H$5, COUNTA(H:H)-1, 0)

C6		:	×	✓	fx	=OFFSET($H$5, COUNTA(H:H)-1, 0)				
⬚	A	B	C	D	E	F	G	H	I	J	K
1											
2						최근 주가 현황					
3											
5		최근 3일	날짜	주가		최근 5일 평균		날짜	요일	주가	
6		당일	2018-03-16					2018-03-01	목	172,100	
7		하루전						2018-03-02	금	178,200	
8		이틀전						2018-03-05	월	171,400	
9								2018-03-06	화	174,200	
10								2018-03-07	수	178,700	
11								2018-03-08	목	184,100	
12								2018-03-09	금	181,600	
13								2018-03-12	월	188,500	

TIP H:J열의 데이터는 아래쪽으로 계속 누적됩니다. 예제에서는 H17셀의 3월 16일이 오늘이라고 가정합니다.

02 최근 3일의 날짜 데이터를 거꾸로 참조하기 위해 C6셀의 수식을 다음과 같이 수정하고 C6셀의 채우기 핸들을 C8셀까지 드래그해 복사합니다.

C6셀 : =OFFSET($H$5, COUNTA(H:H)-ROW(A1), 0)

	최근 3일	날짜	주가		최근 5일 평균		날짜	요일	주가
	당일	2018-03-16					2018-03-01	목	172,100
	하루전	2018-03-15					2018-03-02	금	178,200
	이틀전	2018-03-14					2018-03-05	월	171,400
							2018-03-06	화	174,200
							2018-03-07	수	178,700
							2018-03-08	목	184,100
							2018-03-09	금	181,600
							2018-03-12	월	188,500
							2018-03-13	화	192,500
							2018-03-14	수	188,500
							2018-03-15	목	190,700
							2018-03-16	금	196,200

최근 주가 현황

03 같은 방법으로 D열에 J열의 마지막 3일치 주가 데이터를 참조하겠습니다. D6셀에 다음 수식을 입력하고 D6셀의 채우기 핸들을 D8셀까지 드래그해 복사합니다.

D6셀 : =OFFSET($J$5, COUNTA(J:J)−ROW(A1), 0)

> **TIP** 02 과정의 수식과 동일하며, 시작 위치와 참조 열이 H열에서 J열로 변경된 것만 다릅니다.

04 최근 주가 5일치의 평균을 계산하겠습니다. F6셀에 다음 수식을 입력합니다.

F6셀 : =AVERAGE(OFFSET(J5, COUNTA(J:J)−1, 0, −5))

Plus⁺ 수식 이해하기

이번 수식을 제대로 이해하려면 OFFSET 함수 부분만 제대로 이해하면 됩니다. 우선 다음 수식은 J열의 마지막 셀(J17)을 참조합니다.

　　OFFSET(J5, COUNTA(J:J)−1, 0)

J17셀로부터 위로 다섯 셀을 참조해야 하므로, −5를 OFFSET 함수에 추가하면 다음과 같습니다.

　　OFFSET(J5, COUNTA(J:J)−1, 0, −5)

OFFSET 함수는 두 번째 인수부터 다섯 번째 인수까지 음수를 사용하면 행 방향은 위쪽, 열 방향은 왼쪽이 됩니다. 그러므로 J17셀로부터 위로 5x1 행렬에 해당하는 범위를 참조하라는 의미가 되어 J13:J17 범위를 참조합니다. AVERAGE 함수 안에 OFFSET 함수를 사용했으므로 이번 수식은 다음 수식과 같은 의미입니다.

　　=AVERAGE(J13:J17)

05 **04** 과정에서 계산된 결과가 맞는지 확인하기 위해 J13:J17 범위를 선택하고 상태 표시줄의 자동 요약 값 중에서 평균 값을 확인합니다.

TIP 자동 요약 기능을 이용하면 OFFSET 함수가 범위를 제대로 참조하고 있는지 쉽게 확인할 수 있습니다.

06 데이터를 추가해도 제대로 인식되는지 확인하기 위해 H18셀에 **2018-03-19** 날짜를 입력하고 J18 셀에 **200,000**을 입력합니다.

TIP H18:J18 범위에 입력된 값에 따라 C6:D8 범위와 F6셀의 결과가 달라집니다.

행 방향 데이터를
열 방향으로 참조하기

엑셀에서 행 방향(아래쪽)으로 정리된 데이터를 열 방향(오른쪽)으로 바꾸거나 그 반대의 경우에는 복사한 후 '선택하여 붙여넣기' 기능의 '행/열 바꿈' 옵션을 사용해 붙여넣는 방법이 편리합니다. 다만 이렇게 작업하면 데이터가 변경될 경우에 다시 작업해야 하므로 불편합니다. OFFSET 함수를 이용한 수식을 사용하면 이런 불편함 없이 행/열을 전환해 데이터를 참조할 수 있습니다.

\ **예제 파일** PART 02 \ CHAPTER 08 \ OFFSET 함수−행,열 전환.xlsx /

자주 사용하는 수식 패턴

행 방향 데이터를 열 방향으로 참조

  =OFFSET(기준 위치, COLUMN(A1), 0)

＊**기준 위치** : 참조할 첫 번째 셀

열 방향 데이터를 행 방향으로 참조

  =OFFSET(기준 위치, 0, ROW(A1))

＊**기준 위치** : 참조할 첫 번째 셀

01 예제 파일을 열고 B6:B10 범위에 입력된 행 방향 데이터를 오른쪽 표의 E5:I5 범위(열 방향)에 참조한 후 참조된 데이터를 다시 행 방향으로 전환해보겠습니다.

◢	A	B	C	D	E	F	G	H	I	J
1										
2					대 진 표					
3										
5		선수								
6		박지훈								
7		유준혁								
8		이서연								
9		김민준								
10		최서현								
11										

02 E5셀에 참조할 범위(B6:B10) 내 첫 번째 셀을 참조하는 다음 수식을 입력합니다.

E5셀 : =OFFSET($B$5, 1, 0)

E5	▼	:	×	✓	fx	=OFFSET($B$5, 1, 0)			
▲	A	B	C	D	E	F	G	H	I	J
1										
2					대 진 표					
3										
5		선수			박지훈					
6		박지훈								
7		유준혁								
8		이서연								
9		김민준								
10		최서현								

Plus⁺ 수식 이해하기

이 수식은 B5셀에서 행 방향으로 한 칸 아래 셀을 참조하라는 의미이므로 B6셀을 참조합니다. 이 수식을 오른쪽으로 복사할 때, OFFSET 함수의 두 번째 인수를 1에서 2, 3, 4, … 등으로 변경하면 다음과 같은 결과가 얻어집니다.

```
=OFFSET($B$5, 1, 0)  →  B6셀을 참조
=OFFSET($B$5, 2, 0)  →  B7셀을 참조
=OFFSET($B$5, 3, 0)  →  B8셀을 참조
...
```

OFFSET 함수를 사용할 경우 먼저 숫자로 위치를 확인하고 이를 다른 함수로 계산해 얻을 수 있으면 좀 더 쉽게 수식을 구성할 수 있습니다.

---

03 E5셀의 수식을 다음과 같이 변경하고 E5셀의 채우기 핸들을 I5셀까지 드래그해 복사합니다.

E5셀 : =OFFSET($B$5, COLUMN(A1), 0)

E5	▼	:	×	✓	fx	=OFFSET($B$5, COLUMN(A1), 0)			
▲	A	B	C	D	E	F	G	H	I	J
1										
2					대 진 표					
3										
5		선수			박지훈	유준혁	이서연	김민준	최서현	
6		박지훈								
7		유준혁								
8		이서연								
9		김민준								

Plus⁺ 수식 이해하기

수식을 오른쪽으로 복사할 때 1, 2, 3, … 과 같은 일련번호를 얻으려면 COLUMN 함수를 사용합니다. COLUMN 함수는 참조 위치의 열 번호를 반환하는 함수로, **COLUMN(A1)**과 같이 사용하면 수식을 오른쪽으로 복사할 때 일련번호가 반환됩니다. 이렇게 하면 행 방향 데이터를 열 방향으로 참조할 수 있습니다.

LINK COLUMN 함수는 'No. 109 특정 문자 반복 입력하기 – REPT'(316쪽)에서 자세히 설명합니다.

04 이번에는 참조한 열 방향 데이터를 행 방향으로 참조하겠습니다. D6셀에 다음 수식을 입력하고 D6 셀의 채우기 핸들을 D10셀까지 드래그해 복사합니다.

D6셀 : =OFFSET($D$5, 0, ROW(A1))

Plus⁺ 수식 이해하기

이번 수식은 **03** 과정에서 사용한 수식과 기본적으로 동일합니다. **ROW(A1)**은 1을 반환하므로 이번 수식은 다음 수식과 동일합니다.

> **=OFFSET($D$5, 0, 1)**

그러면 D5셀에서 열 방향으로 한 칸 이동한 위치가 참조되므로 E5셀을 참조하는 수식이 됩니다. OFFSET 함수의 세 번째 인수를 **ROW(A1)** 함수로 계산했으니 수식을 행 방향(아래쪽)으로 복사할 때 이 값은 1, 2, 3,… 과 같은 일련번호를 반환하여 다음과 같은 셀들이 참조됩니다.

> **=OFFSET($D$5, 0, 1)** → E5셀을 참조
> **=OFFSET($D$5, 0, 2)** → F5셀을 참조
> **=OFFSET($D$5, 0, 3)** → G5셀을 참조
> …

이처럼 OFFSET 함수를 사용해 행 방향을 열 방향으로, 또는 그 반대로 참조할 수 있습니다.

지그재그로 입력된 데이터를 행 방향으로 누적해 쌓기

표에 데이터가 지그재그(열과 행 방향으로)로 입력되어 있다면 피벗 테이블을 포함한 엑셀의 여러 기능을 효과적으로 사용할 수 없습니다. 이 경우 데이터를 다시 행 방향(아래쪽)으로 누적해 쌓아야 하는데, 이런 작업에도 OFFSET 함수가 유용합니다. 이때 참조해올 값의 위치를 계산하는 방법이 복잡한데, 이렇게 표를 변환하는 작업은 실무에서 매우 유용하므로 잘 이해해두는 것이 좋습니다.

\ **예제 파일** PART 02 \ CHAPTER 08 \ OFFSET 함수-표 변환.xlsx /

01 예제 파일을 열고 왼쪽 표를 오른쪽 표 형식으로 정리해보겠습니다. 왼쪽 표는 동일한 제품의 일별 판매량을 오른쪽 방향으로 입력했는데, 이 데이터를 순서대로 행 방향으로 누적해 정리할 것입니다.

품명	3/1	3/2	3/3	3/4	3/5		품명	날짜	수량
품명 A	22	4	22	38	18				
품명 B	24	20	18	4	18				
품명 C	12	10	6	6	16				
품명 D	30	32	2	14	16				
품명 E	4	24	34	30	18				

테이블 변환

입력 방향

02 먼저 품명을 참조하겠습니다. 왼쪽 표에서 동일한 제품의 데이터가 3월 1일~5일까지 입력되어 있으므로 품명은 I열에 다섯 번씩 연속해 참조되어야 합니다. I6셀에 다음 수식을 입력하고 I6셀의 채우기 핸들을 I10셀까지 드래그해 복사합니다.

I6셀 : =OFFSET($B$5, 1, 0)

I6 ＝OFFSET($B$5, 1, 0)

품명	3/1	3/2	3/3	3/4	3/5		품명	날짜	수량
품명 A	22	4	22	38	18		품명 A		
품명 B	24	20	18	4	18		품명 A		
품명 C	12	10	6	6	16		품명 A		
품명 D	30	32	2	14	16		품명 A		
품명 E	4	24	34	30	18		품명 A		

테이블 변환

03 동일한 일련번호를 다섯 개씩 반환하는 수식을 작성하겠습니다. L6셀에 다음 수식을 입력하고 L6셀의 채우기 핸들을 L19셀까지 드래그해 복사합니다.

L6셀 : =INT((ROW(A1)−1)/5)+1

04 **03** 과정에서 작성한 수식을 I6셀의 OFFSET 함수 두 번째 인수에 반영합니다. I6셀의 수식을 다음과 같이 변경하고 I6셀의 채우기 핸들을 I19셀까지 드래그해 복사합니다.

I6셀 : =OFFSET($B$5, INT((ROW(A1)−1)/5)+1, 0)

TIP 수식의 결과로 품명이 정확하게 다섯 번씩 반복해서 참조됩니다. 참고로 위 화면은 구성 상 전체 데이터가 표시되도록 하지 않은 것이므로, 예제 파일을 열어 작업할 때는 수식을 I30셀까지 복사해야 합니다.

05 이번에는 날짜를 참조하겠습니다. 먼저 규칙 유형을 확인하기 위해 J6셀에 다음 수식을 입력합니다.

J6셀 : =OFFSET($B$5, 0, 1)

Plus⁺ 수식 이해하기

C5:G5 범위의 날짜를 참조하기 위한 수식으로, 여기서 사용된 OFFSET 함수는 B5셀에서 열 방향으로 한 칸 이동한 C5셀을 참조합니다. 날짜는 C5셀부터 G5셀까지 순서대로 참조하며, 5일까지 모두 참조했으면 다시 1일부터 참조해야 합니다.

그러므로 OFFSET 함수의 세 번째 인수가 1, 2, 3, 4, 5, 1, 2, 3, 4, 5, 1, 2, 3, 4, 5,… 와 같이 반복되어야 C5:G5 범위 내 값을 제대로 참조할 수 있습니다.

06 1에서 5까지의 일련번호가 반복되도록 수식을 작성합니다. M6셀에 다음 수식을 입력하고 M6셀의 채우기 핸들을 M19셀까지 드래그해 복사합니다.

M6셀 : =MOD(ROW(A1)−1, 5)+1

Plus⁺ 수식 이해하기

동일한 일련번호가 반복해서 반환되도록 하려면 **03** 과정과는 달리 나눗셈의 나머지를 반환하는 수식을 작성합니다. 이번 수식은 **ROW(A1)**에서 1을 뺀 값을 5로 나눈 나머지 값에 다시 1을 더하는 계산식입니다. 이것을 계산 과정대로 정리하면 다음과 같습니다.

❶	❷	❸	❹
ROW(A1)	❶−1	MOD(❷, 5)	❸+1
1	0	0	1
2	1	1	2
3	2	2	3
4	3	3	4
5	4	4	5
6	5	0	1
⋯	⋯	⋯	⋯

즉, 이번 수식은 **ROW(A1)** 함수로 일련번호를 반환한 후 1을 빼고 5로 나눈 나머지 값을 구해 1을 더하는 방법으로 1, 2, 3, 4, 5 일련번호를 반복해서 얻습니다.

07 06 과정의 수식을 J6셀의 OFFSET 함수 세 번째 인수에 넣어 수식을 완성합니다. J6셀의 수식을 다음과 같이 수정하고 J6셀의 채우기 핸들을 J19셀까지 드래그해 복사합니다.

J6셀 : =OFFSET($B$5, 0, MOD(ROW(A1)-1, 5)+1)

TIP 수식을 정확하게 입력하면 C5:G5 범위의 날짜가 반복해서 참조됩니다. 이 작업 역시 모든 데이터를 반환하도록 하려면 J30셀까지 수식을 복사해야 합니다.

08 마지막으로 해당 제품의 날짜별 판매 수량을 참조하겠습니다. 먼저 패턴을 파악하기 위해 K6셀에 다음 수식을 입력합니다.

K6셀 : =OFFSET($B$5, 1, 1)

Plus⁺ 수식 이해하기

이번 수식에서 사용한 OFFSET 함수는 B5셀에서 행 방향으로 한 칸, 열 방향으로 한 칸 떨어진 위치의 셀(C6)을 참조합니다. 이 수식을 복사해 사용하려면 OFFSET 함수의 두 번째 인수 값은 1, 1, 1, 1, 1, 2, 2, 2, 2, 2, 3, 3, 3, 3, 3, 4, …와 같이 변경되어야 하고, 세 번째 인수 값은 1, 2, 3, 4, 5, 1, 2, 3, 4, 5, 1, 2, … 와 같이 변경되어야 합니다. 이 값들은 우리가 L, M열에서 이미 구한 적 있습니다. 그러므로 L열과 M열에 작성한 수식을 OFFSET 함수의 두 번째와 세 번째 인수로 지정하면 원하는 참조 작업을 할 수 있습니다.

09 K6셀의 OFFSET 함수 두 번째와 세 번째 인수 부분에 L열과 M열의 수식을 넣습니다. K6셀의 수식을 다음과 같이 변경하고 K6셀의 채우기 핸들을 K19셀까지 드래그해 복사합니다.

K6셀 : =OFFSET($B$5, INT((ROW(A1)−1)/5)+1, MOD(ROW(A1)−1, 5)+1)

Plus⁺ 수식 이해하기

이번 수식은 I열과 J열의 패턴을 그대로 OFFSET 함수에 전달한 것으로, I열과 J열의 수식을 잘 이해했다면 어렵지 않게 작성할 수 있습니다. 각각의 수식 설명은 이전 과정의 수식 설명을 참고합니다. 이런 패턴으로 표를 변경하는 작업은 실무에서 꽤 유용하므로 이 예제에서 OFFSET 함수를 사용한 부분을 잘 이해해두기 바랍니다.

참고로 이렇게 구성된 표에서 K열의 수량을 참조하는 작업은 INDEX, MATCH 함수로도 할 수 있습니다. 수식은 다음과 같습니다.

=INDEX($C$6:$G$10, MATCH(I6, $B$6:$B$10, 0), MATCH(J6, $C$5:$G$5, 0))

이처럼 원하는 결과를 얻기 위해 다양한 함수를 사용해 보는 것은 수식을 이해하고 활용하는 데 매우 중요한 과정입니다.

일정 간격으로 떨어진 위치 참조하기

연속된 범위의 데이터를 참조하는 작업은 쉽지만 떨어져 있는 위치의 데이터를 참조하는 작업은 어렵습니다. 하지만 떨어져 있는 위치가 일정한 간격을 유지하고 있다면 OFFSET 함수로 참조할 값의 위치를 계산할 수 있습니다. 이 방법은 기존의 방법과 유사하지만, 일정 간격으로 떨어진 위치의 셀을 참조하기 위해 떨어진 간격에 해당하는 숫자를 곱하는 방법을 사용합니다. 이 방법은 기존 방법의 응용이기 때문에 No.186~187에서 살펴본 OFFSET 함수 활용 방법을 먼저 잘 이해하고 있어야 합니다.

\ 예제 파일 PART 02 \ CHAPTER 08 \ OFFSET 함수–간격.xlsx \

자주 사용하는 수식 패턴

일정 간격으로 떨어진 위치 참조

=OFFSET(기준 위치, (ROW(A1)−1)*간격, 0)

* **기준 위치** : 참조할 첫 번째 셀
* **간격** : 참조할 셀들이 몇 칸 떨어져 있는지를 나타내는 숫자 값

01 예제 파일을 열고 I열에 입력되어 있는 직원을 순서대로 1, 2, 3, 4, 5조로 나누어보겠습니다. I3, I8, I13셀의 직원을 1조에 등록할 것입니다.

02 먼저 직원을 순서대로 참조할 패턴을 찾습니다. B6셀에 다음 수식을 입력해 I3셀을 참조합니다.

B6셀 : =OFFSET($I$3, 0, 0)

> **Plus⁺ 수식 이해하기**
>
> 이번 수식에서 사용한 OFFSET 함수는 I3셀에서 행 방향과 열 방향으로 모두 0칸씩 이동하므로 I3셀이 참조됩니다. 수식을 행 방향(B7, B8셀)으로 복사할 경우에 OFFSET 함수의 두 번째 인수는 0, 5, 10이 되어야 합니다.

03 행 방향으로 수식을 복사할 때 결과 값이 0, 5, 10으로 반환되도록 수식을 구성하겠습니다. G6셀에 다음 수식을 입력하고 G6셀의 채우기 핸들을 G8셀까지 드래그해 복사합니다.

G6셀 : =(ROW(A1)−1)*5

04 **03** 과정의 수식을 B6셀의 OFFSET 함수에 적용합니다. B6셀의 수식을 다음과 같이 변경하고 B6 셀의 채우기 핸들을 B8셀까지 드래그해 복사합니다.

B6셀 : =OFFSET($I$3, (ROW(A1)−1)∗5, 0)

TIP 수식이 제대로 작성되면 I3, I8, I13 셀의 값이 B6:B8 범위에 나타납니다.

05 수정된 수식을 열 방향으로 복사해서 사용하려면, 오른쪽으로 복사할 때마다 행이 한 칸씩 아래로 내려가도록 참조합니다. B9셀에 다음 수식을 입력하고 B9셀의 채우기 핸들을 F9셀까지 드래그해 복사합니다.

B9셀 : =COLUMN(A1)−1

TIP 열 번호를 반환하는 **COLUMN(A1)** 부분에서 1을 빼면 0, 1, 2, 3, 4를 결과로 반환받을 수 있습니다.

06 **05** 과정의 수식을 B6셀의 수식에 반영하겠습니다. 참조할 셀은 행 방향으로만 이동해야 하므로 OFFSET 함수의 두 번째 인수에 반영합니다. B6셀의 수식을 다음과 같이 변경하고 B6셀의 채우기 핸들을 B8셀까지 드래그한 후, 바로 채우기 핸들을 F8셀까지 드래그해 복사합니다.

B6셀 : =OFFSET($I$3, (ROW(A1)−1)*5+(COLUMN(A1)−1), 0)

Plus⁺ 수식 이해하기

I열의 직원 데이터를 B6:F8 범위로 참조할 때, OFFSET 함수의 두 번째 인수는 다음과 같아야 합니다.

0	1	2	3	4
5	6	7	8	9
10	11	12	I3	14

위 값은 G6:G8 범위에서 구한 값과 B9:F9 범위의 값이 교차되는 위치의 값을 더한 값과 동일합니다. 이 값을 OFFSET 함수의 두 번째 인수에 전달하면 각각 다음과 같은 의미가 됩니다.

OFFSET(I3, 0, 0)	OFFSET(I3, 1, 0)	OFFSET(I3, 2, 0)	OFFSET(I3, 3, 0)	OFFSET(I3, 4, 0)
OFFSET(I3, 5, 0)	OFFSET(I3, 6, 0)	OFFSET(I3, 7, 0)	OFFSET(I3, 8, 0)	OFFSET(I3, 9, 0)
OFFSET(I3, 10, 0)	OFFSET(I3, 11, 0)	OFFSET(I3, 12, 0)	OFFSET(I3, 13, 0)	OFFSET(I3, 14, 0)

그러면 다음과 같은 셀이 참조됩니다.

I3	I4	I5	I6	I7
I8	I9	I10	I11	I12
I13	I14	I15	I16	I17

이런 과정을 통해 하나의 열 데이터가 5x3 행렬 범위(B6:F8)에 지그재그로 참조됩니다.

항상 고정된 위치를 참조하기 - INDIRECT

워크시트 내 셀에 새로운 셀/행/열을 삽입하면 수식에서 참조한 셀 주소가 자동으로 변경됩니다. 또한 삭제 등을 하면 #REF! 오류가 발생하기도 합니다. 이런 점은 당연하게 받아들여야 하지만, 셀 위치가 변경되어도 수식의 참조 위치가 변경되지 않도록 하고 싶은 경우가 있습니다. 이런 경우에는 INDIRECT 함수를 사용합니다. INDIRECT 함수는 이름이나 셀 주소를 텍스트 값으로 받아 해당 위치를 참조하는 간접 참조 함수로, 참조할 위치를 고정시키는 용도로 사용할 때 편리합니다.

\ 예제 파일 PART 02 \ CHAPTER 08 \ INDIRECT 함수.xlsx /

새 함수

INDIRECT (❶ 참조 문자열, ❷ 참조 유형)

참조 문자열에 해당하는 셀(또는 범위, 이름) 위치의 값을 참조합니다.

인수	❶ 참조 문자열 : 셀 주소 또는 정의된 이름에 해당하는 텍스트 문자열 ❷ 참조 유형 : 셀 주소의 유형을 선택하는 옵션	
	참조 유형	**설명**
	TRUE 또는 생략	A1 스타일의 셀 주소
	FALSE	R1C1 스타일의 셀 주소
사용 예	=INDIRECT("A1") A1셀을 참조하며, A1셀의 위치가 변경되어도 항상 A1셀을 참조합니다.	

01 예제 파일을 열고 C5셀을 선택하면 수식 입력줄에서 **=C8** 수식을 확인할 수 있습니다. 주가 데이터가 계속 추가된다고 가정할 때, 항상 첫 번째 날짜 데이터가 참조되도록 해보겠습니다.

C5			fx	=C8				
▲	A	B	C	D	E	F	G	H	I
1									
2			**일별 주가 시세**						
3									
5		금일 종가	122,500						
6									
7		체결시각	종가	전일비	시가	고가	저가	거래량	
8		3월 23일	122,500	1,500	123,000	123,500	121,500	1,126,401	
9		3월 22일	121,000	1,500	121,500	123,000	120,000	1,428,252	
10		3월 21일	123,000	2,000	122,000	123,500	121,500	835,396	
11		3월 20일	120,500	2,500	122,000	123,500	119,500	1,324,109	
12		3월 19일	120,000	500	121,500	121,500	119,500	848,884	

TIP 주가 시세 데이터를 HTS 프로그램이나 웹상에서 복사하면 B열의 날짜 데이터가 항상 내림차순(최신 날짜 순)으로 표시됩니다.

02 표에 새로운 날짜의 주가 데이터를 추가하겠습니다. 8행에 빈 행을 하나 삽입하고 화면과 같이 3월 26일 종가 데이터를 입력합니다. 그러면 C5셀에는 C8셀의 값 대신 위치가 옮겨진 C9셀의 종가 데이터가 표시됩니다.

C8		:	×	✓	fx	125000		
◢	A	B	C	D	E	F	G	H	I

일별 주가 시세

	금일 종가	122,500	◀- -

	체결시각	종가	전일비	시가	고가	저가	거래량
8	3월 26일	125,000					
9	3월 23일	122,500	- -1,500	123,000	123,500	121,500	1,126,401
10	3월 22일	121,000	1,500	121,500	123,000	120,000	1,428,252
11	3월 21일	123,000	2,000	122,000	123,500	121,500	835,396

TIP 빈 행을 추가할 때는 8행을 선택하고 [홈] 탭–[셀] 그룹–[삽입] 명령을 클릭합니다.

03 C5셀이 항상 C8셀 위치를 고정해 참조하도록 C5셀의 수식을 다음과 같이 변경합니다.

C5셀 : =INDIRECT("C8")

C5		:	×	✓	fx	=INDIRECT("C8")		
◢	A	B	C	D	E	F	G	H	I

일별 주가 시세

	금일 종가	125,000

	체결시각	종가	전일비	시가	고가	저가	거래량
8	3월 26일	125,000					
9	3월 23일	122,500	1,500	123,000	123,500	121,500	1,126,401
10	3월 22일	121,000	1,500	121,500	123,000	120,000	1,428,252

Plus⁺ 수식 이해하기

이번 수식에서 가장 중요한 부분은 참조할 C8셀의 주소를 INDIRECT 함수 안에서 큰따옴표(")로 묶어 입력한 것입니다. 이렇게 하면 "C8"은 C8셀을 의미하지 않고 'C8'이라는 텍스트 문자열이 됩니다. INDIRECT 함수는 함수 내 참조 문자열이 셀 또는 범위의 주소이거나 정의된 이름일 때 해당 위치를 참조하는 함수이므로, 이번 수식은 C8셀을 참조하는 다음 수식과 동일합니다.

=C8

INDIRECT 함수를 사용하면 셀을 직접 참조하는 것이 아니기 때문에 다른 셀을 삽입/삭제해도 참조 위치가 변경되지 않습니다.

---

04 수식이 제대로 동작하는지 확인하기 위해 8행에 빈 행을 추가하고 3월 27일 종가 데이터를 추가합니다. 그러면 C5셀에 새로 추가된 종가가 참조됩니다.

C8		:	×	✓	fx	130000		
◢	A	B	C	D	E	F	G	H	I

일별 주가 시세

	금일 종가	130,000

	체결시각	종가	전일비	시가	고가	저가	거래량
8	3월 27일	130,000					
9	3월 26일	125,000					
10	3월 23일	122,500	1,500	123,000	123,500	121,500	1,126,401
11	3월 22일	121,000	1,500	121,500	123,000	120,000	1,428,252
12	3월 21일	123,000	2,000	122,000	123,500	121,500	835,396
13	3월 20일	120,500	2,500	122,000	123,500	119,500	1,324,109
14	3월 19일	120,000	500	121,500	121,500	119,500	848,884

여러 시트에 흩어져 있는 데이터를 하나로 취합하기

여러 시트에 동일한 템플릿을 복사해 데이터를 기록하는 분들이 많습니다. 그런 방식의 작업은 권장하지 않지만, 여러 시트에 흩어져 있는 값을 하나의 시트로 취합해야 한다면 INDIRECT 함수를 사용합니다. INDIRECT 함수를 사용하려면 여러 시트에서 사용 중인 표의 구성이 동일해야 하며, 동일한 위치에 데이터가 기록되어 있어야 합니다. 이런 경우 변화하는 시트명과 셀 주소를 INDIRECT 함수 안에서 계산해 참조하면 여러 시트에 흩어져 있는 데이터를 하나로 취합할 수 있습니다.

\ 예제 파일 PART 02 \ CHAPTER 08 \ INDIRECT 함수−시트.xlsx /

01 예제 파일을 열고 'sample' 시트를 선택해보면 직원(B열)의 월별 판매 실적을 기록하도록 표가 구성되어 있고, 월별 판매 실적은 모두 해당 월 시트에 정리되어 있습니다. 월별 시트의 데이터를 순서대로 참조해와서 이 표를 완성해보겠습니다.

02 시트 탭에서 '1월', '2월', '3월' 시트를 선택하면 다음과 같이 월별 판매실적이 정리된 표를 확인할 수 있습니다. 각 시트의 표는 모두 동일하며, B열의 직원도 모두 같은 순서로 정리되어 있습니다.

여기서는 '1월'~'3월' 시트만 확인했지만, '4월'~'6월' 시트도 모두 확인해봅니다.

03 다시 'sample' 시트로 이동해서 C6셀에 첫 번째 직원(박지훈)의 1월 실적을 참조합니다. C6셀을 선택하고 다음 수식을 입력하거나, 등호를 먼저 입력하고 '1월' 시트 탭을 선택한 후 F6셀을 마우스로 클릭하고 Enter 키를 누릅니다.

C6셀 : ='1월'!F6

Plus+ 수식 이해하기

이번 수식은 '1월' 시트에서 박지훈 직원의 실적 합계를 계산해놓은 F6셀을 참조하는 수식인데, 수식을 오른쪽으로 복사할 때 순서대로 다른 월의 판매실적이 집계되도록 하려면 이번 수식이 다음과 같이 변경되어야 합니다.

='2월'!F6

='3월'!F6

='4월'!F6

…

---

04 시트명을 5행에서 참조해 계산하도록 C6셀의 수식을 다음과 같이 변경하고 C6셀의 채우기 핸들을 H6셀까지 드래그해 복사합니다.

C6셀 : =INDIRECT(" ' " & C$5 & " '!F6")

이번 예제에서는 시트명이 C5:H5 범위에 미리 입력되어 있으므로 이 값을 사용합니다. 다만, 이번 수식을 다음과 같이 입력하면 원하는 값을 참조할 수 없습니다.

=C¢5 & "!" & $F$6

위 수식은 C5셀의 값을 참조하고 '!' 텍스트 값과 F6셀의 값을 연결한 값(1월!)을 반환하기 때문입니다. 그러므로 INDIRECT 함수를 사용해 참조해야 합니다. INDIRECT 함수를 사용하려면 C5셀의 월 값을 참조해와야 하므로, C5셀의 값과 참조할 셀 주소를 문자열로 연결해야 합니다. 그러면 다음과 같은 수식이 됩니다.

=INDIRECT(C$5 & "!F6")

이렇게 해도 올바른 값이 전달되지만, **03** 과정의 수식에서 확인할 수 있듯이 시트명(1월)은 작은따옴표(')로 묶여 있습니다. 시트명이 숫자로 시작하거나 띄어쓰기가 되어 있으면 작은따옴표(')로 묶는 것이 맞으므로 이번 수식에서처럼 C5셀의 앞뒤에 작은따옴표(')를 붙인 것입니다.

=INDIRECT(" ' " & C$5 & "'!F6")

---

05 다른 직원의 데이터도 올바로 참조해오는지 확인하기 위해 C6:H6 범위를 선택하고 채우기 핸들을 H10셀까지 드래그해 복사합니다.

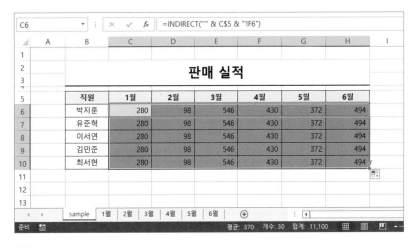

TIP 수식을 복사했을 때 결과가 모두 동일한 이유는 INDIRECT 함수 내의 참조할 셀 주소가 모두 F6셀이기 때문입니다.

06 참조할 셀 주소도 변경되도록 C6셀의 수식을 다음과 같이 변경하고 C6셀의 채우기 핸들을 H6셀까지 드래그한 후 다시 채우기 핸들을 H10셀까지 드래그해 복사합니다.

C6셀 : =INDIRECT("'" & C$5 & "'!F" & ROW(A6))

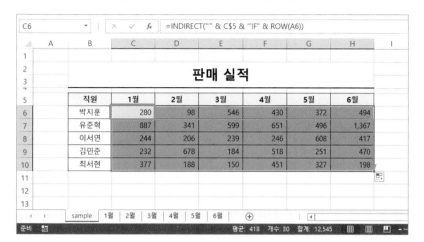

이번 수식이 이전 수식과 다른 부분은 참조할 셀 주소 중 행 주소를 ROW 함수를 사용해 계산한 것입니다. 정확하게는 참조할 셀 주소인 F6셀의 6 부분을 **ROW(A6)**으로 계산한 것입니다. 이렇게 하면 수식을 행 방향(아래쪽)으로 복사할 때 행 주소가 F6, F7, F8, … 과 같이 변경되어 직원의 데이터를 순서대로 참조할 수 있습니다.

배열 수식

배열의 이해

엑셀에는 일반 수식과 달리 배열(Array) 이라는 공간을 이용한

별도의 수식 계산 방법이 있습니다. 배열을 이용하는 수식을 배열 수식이라고 하는데,

배열 수식은 Enter 키를 눌러 입력하는 일반 수식과는 달리 Ctrl + Shift + Enter 키를 눌러 입력해야 합니다.

배열 수식을 제대로 활용하려면 먼저 함수에 대해 정확하게 이해하고 있어야 하며

배열에 어떤 계산 결과 값이 저장되는지 알고 있어야 합니다. 함수에 대해서는 PART 02를 참고하면 되고,

배열(Array)에 저장되는 계산 결과 값을 이해하려면 차원과 행렬 두 가지 개념을 알아야 합니다.

여기서 살펴보는 내용을 통해 배열에 대한 감을 잡기 바랍니다.

배열 수식을 입력하고
일반 수식과 구분하기

배열 수식은 제대로 이해하고 사용하면 좋지만 처음부터 완벽하게 이해하기는 쉽지 않습니다. 그러므로 이론적으로 접근하는 것보다는 배열 수식을 입력하고 구분하는 방법을 먼저 살펴보는 것이 좋습니다. 배열 수식은 일반 수식과는 달리 Ctrl + Shift + Enter 키를 눌러 입력해야 하며, 배열 수식으로 인식되면 수식 입력줄의 수식이 중괄호({ })로 묶여 표시됩니다. 그러므로 배열 수식인지 아닌지 점검하려면 수식 입력줄을 확인합니다. 수식을 일반 수식과 배열 수식으로 나눠 입력하면서 배열 수식을 입력하는 방법을 익히고 배열 수식이 일반 수식과 어떻게 다른지 알아보겠습니다.

예제 파일 PART 03 \ CHAPTER 09 \ 배열 수식.xlsx

01 예제 파일을 열고 견적서의 판매액 총액을 계산해보겠습니다. 먼저 판매액을 계산하기 위해 F7셀에 다음 수식을 입력하고 F7셀의 채우기 핸들을 F11셀까지 드래그해 복사합니다.

F7셀 : =D7*E7

02 계산된 판매액을 더해 총액을 구하기 위해 F5셀에 다음 수식을 입력합니다.

F5셀 : =SUM(F7:F11)

> **Plus⁺ 수식 이해하기**
>
> 이렇게 총액을 구하려면 F7:F11 범위에 판매액을 모두 계산한 후 총액을 구하는 것이 올바른 방법입니다. 총액만 알면 되는 경우에는 판매액을 먼저 계산하는 과정이 번거로울 수 있지만, 일반 수식으로는 판매액을 먼저 계산하지 않으면 총액을 계산할 수 없습니다.

03 판매액 계산 과정을 거치지 않고 총액을 구해보겠습니다. 빠른 실행 도구 모음의 [실행 취소] 명령을 여러 번 클릭해 **01~02** 과정을 취소한 후 F5셀에 다음 수식을 입력합니다.

F5셀 : =SUM(D7:D11*E7:E11)

		견 적 서				
				총액		#VALUE!
	번호	제품	단가	수량	판매액	
	1	잉크젯복합기 AP-3200	75,000	10		
	2	잉크젯복합기 AP-4900	95,000	6		
	3	레이저복합기 L800	450,000	10		
	4	열제본기 TB-8200	150,000	10		
	5	바코드 Z-750	54,000	20		

F5 ▼ : × ✓ fx =SUM(D7:D11*E7:E11)

Plus⁺ 수식 이해하기

이번 수식에서 #VALUE! 오류가 발생한 이유는 일반 수식은 **D7:D11*E7:E11**과 같은 범위 연산(범위 전체를 한 번에 연산하는 것)을 지원하지 않기 때문입니다.

---

04 F5셀의 수식을 배열 수식으로 입력하기 위해 F5셀의 수식 입력줄을 클릭하고 Ctrl + Shift + Enter 키를 누릅니다.

F5셀 : =SUM(D7:D11*E7:E11)

TIP F5셀의 수식이 배열 수식으로 올바로 입력되면 수식 입력줄의 수식이 중괄호({ })로 묶입니다.

F5 ▼ : × ✓ fx {=SUM(D7:D11*E7:E11)}

		견 적 서				
				총액		8,400,000
	번호	제품	단가	수량	판매액	
	1	잉크젯복합기 AP-3200	75,000	10		
	2	잉크젯복합기 AP-4900	95,000	6		
	3	레이저복합기 L800	450,000	10		
	4	열제본기 TB-8200	150,000	10		
	5	바코드 Z-750	54,000	20		

Plus⁺ 배열 수식

배열 수식은 셀을 하나씩 연산하지 않고 범위 전체를 한 번에 연산할 수 있으며, 이런 과정을 통해 수식의 계산 과정을 단축시킬 수 있는 특징이 있습니다. 이번 수식은 다음과 같은 방법으로 계산됩니다.

D7:D11		E7:E11		배열		SUM
75,000		10		750,000		
95,000		6		570,000		
450,000	×	10	=	4,500,000		8,400,000
150,000		10		1,500,000		
54,000		20		1,080,000		

배열 수식은 범위를 연산해 한 번에 원하는 결과를 돌려받는 것 같지만 위 화면처럼 '배열'이라는 공간을 생성해 D7:D11 범위와 E7:E11 범위의 값을 곱한 결과를 저장해놓고, SUM함수로 생성된 배열 내 숫자 값을 모두 더해 결과를 반환합니다.

이번에 확인한 배열 수식의 특징은 다음과 같습니다.

- 첫째, 범위를 통째로 연산할 수 있습니다.
- 둘째, 계산 과정을 단축할 수 있습니다.

행렬(Matrix)과 차원 이해하기

행렬(Matrix)은 숫자를 행과 열로 구분해 나열한 것으로, 행이나 열을 한 개만 사용하는 행렬을 '1차원 행렬'이라고 하며, 행과 열을 여러 개 사용하는 행렬을 '2차원 행렬'이라고 합니다. 엑셀의 워크시트는 2차원 행렬을 종이에 구현한 것으로, 엑셀의 데이터 범위는 모두 1차원 또는 2차원 행렬 중 하나가 될 수 있습니다. 배열 수식은 범위 연산을 할 수 있으며, 이렇게 연산된 결과는 1차원 또는 2차원 행렬에 저장됩니다. 이렇게 저장된 공간을 엑셀에서는 '배열'이라고 합니다. 그러므로 배열 수식을 제대로 활용하려면 행렬과 차원에 대해 정확하게 이해하고 있어야 합니다.

예제 파일 없음

1차원 행렬

행이나 열이 한 개인 데이터를 '1차원 행렬'이라고 합니다. 다음은 한 개의 열로 구성된 4×1 행렬(4행과 1열 사용)의 예입니다.

$$\begin{bmatrix} 1 \\ 2 \\ 3 \\ 4 \end{bmatrix}$$

워크시트에서 한 개의 열로 사용하는 1차원 행렬은 다음과 같습니다.

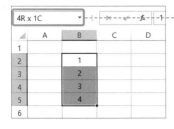

B2:B5 범위를 선택하면 이름 상자에 4R×1C라는 표시가 나타납니다. 이것은 4×1 행렬을 의미합니다.

다음은 한 개의 행으로 구성된 1×4 행렬(1행과 4열 사용)입니다.

$$\begin{bmatrix} 1 & 2 & 3 & 4 \end{bmatrix}$$

워크시트에서 한 개의 행을 사용하는 1차원 행렬은 다음과 같습니다.

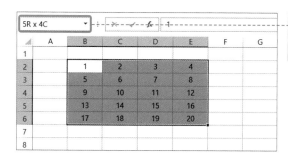

> B2:E2 범위를 선택하면 이름 상자에 1R×4C라는 표시가
> 나타납니다. 이것은 1×4 행렬을 의미합니다.

2차원 행렬

행과 열을 모두 여러 개 사용하는 행렬을 '2차원 행렬'이라고 합니다. 다음은 두 개의 행과 두 개의 열을 사용하는 2×2 행렬의 모습입니다.

$$\begin{bmatrix} 1 & 2 \\ 3 & 4 \end{bmatrix}$$

워크시트에 입력된 2차원 행렬은 다음과 같습니다.

> 행과 열 방향으로 입력된 B2:E6 범위를 선택하면 이
> 름 상자에 5R×4C라는 표시가 나타납니다. 이것은
> 5×4 행렬을 의미합니다.

배열 수식은 범위 연산의 결과를 배열에 저장해놓고 사용하므로, 배열에 어떤 값이 저장되어 있는지 모르면 배열 수식을 이해하기 어렵습니다. 그러므로 데이터 범위를 행렬로 인식하는 것이 배열 수식을 이해하는 첫걸음입니다. 이후 배열에 저장된 값을 확인하는 방법과 행렬끼리 계산된 결과가 저장되는 행렬에 대해 이해할 수 있다면 배열 수식의 주요 원리를 제대로 이해하고 활용할 수 있습니다.

배열에 저장된 값 확인 방법

194

배열은 메모리 공간에 생성되므로 사용자가 배열에 저장된 값을 눈으로 확인하기 쉽지 않아 배열 수식을 이해하기 어려운 것입니다. 다른 사람이 작성해놓은 배열 수식을 이해하고 활용하려면 배열 내에 저장된 값을 확인하는 방법을 알아야 합니다. 엑셀에는 배열에 저장된 값을 확인할 수 있는 여러 가지 방법이 있습니다. 이런 방법들을 잘 이해한다면 배열 수식에 한발 더 다가갈 수 있습니다.

예제 파일 PART 03 \ CHAPTER 09 \ 배열.xlsx

01 예제 파일의 E5셀에는 배열 수식이 입력되어 있습니다. 해당 배열 수식에서 생성된 배열 값을 확인해보겠습니다.

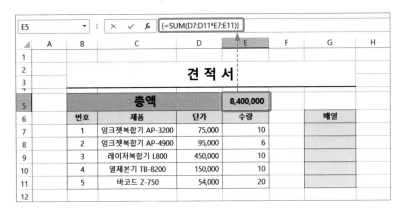

02 E5셀이 선택된 상태에서 [수식] 탭-[수식 분석] 그룹-[수식 계산] 명령(⑥)을 클릭합니다. '수식 계산' 대화상자에서 〈계산〉 버튼을 클릭하면 중괄호로 묶인 배열 내 값을 확인할 수 있습니다. 배열 값을 확인한 후 〈닫기〉 버튼을 클릭해 대화상자를 닫습니다.

E5셀 : =SUM({750000;570000;4500000;150000;1080000**})**

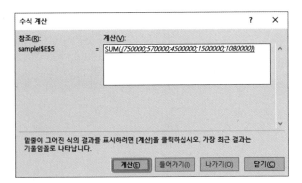

'수식 계산' 대화상자에서 중괄호({}) 안에 표시되는 값이 바로 배열에 저장된 값입니다. 각 값 사이에 있는 세미콜론(;)은 행을 구분하는 구분 문자로, 이를 통해 다음과 같이 다섯 개의 행으로 구분된 1차원 행렬(5×1)로 값이 저장되어 있음을 알 수 있습니다.

$$\begin{bmatrix} 750000 \\ 570000 \\ 4500000 \\ 150000 \\ 1080000 \end{bmatrix}$$

즉 범위 연산(D7:D11*E7:E11)은 배열에 위와 같이 계산된 후 SUM 함수에서 모두 더해져 총액이 계산되는 과정으로 결과가 구해집니다.

03 이번에는 워크시트에서 배열 값을 확인하겠습니다. E5셀의 배열 수식은 5×1 행렬로 배열을 생성하므로, 워크시트의 데이터 범위를 같은 크기로 선택한 후 범위 연산을 배열 수식으로 입력합니다. G7:G11 범위(5×1 행렬)를 선택하고 다음 수식을 작성한 후 [Ctrl] + [Shift] + [Enter] 키를 눌러 입력합니다.

G7:G11 범위 : =D7:D11*E7:E11

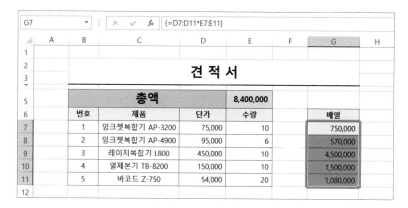

배열과 워크시트는 최대 2차원 행렬로 데이터를 저장할 수 있으므로, 워크시트 내 데이터 범위를 배열과 동일한 크기로 선택하고 범위 연산을 하면 배열의 값이 해당 데이터 범위에 연동되어 표시됩니다.

G7:G11 범위에 반환된 값은 생성된 배열과 1:1로 대응하므로 셀을 하나씩 선택해 수식을 고치거나 삭제할 수는 없습니다. 만약 배열이 반환된 범위 내 셀 하나를 [Del] 키를 눌러 지우려고 하거나, 셀 하나의 수식만 수정(예를 들면 G7셀의 수식)하려고 하면 다음과 같은 오류 메시지 창이 표시됩니다.

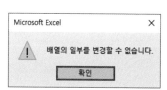

배열과 연동된 데이터 범위 내 수식을 수정하거나 삭제하려면 전체 범위(G7:G11)를 선택하고 작업해야 합니다.

04 수식에서 배열에 저장된 값을 바로 확인할 수도 있습니다. E5셀을 선택하고 수식 입력줄에서 **D7:D11*E7:E11**(범위 연산 부분으로 배열을 생성하는 부분)을 선택하고 F9 키를 누릅니다.

	A	B	C			F	G	H
SUM			✕ ✔ fx	=SUM{750000;570000;4500000;1500000;1080000})				
				SUM(**number1**, [number2], ...)				
1								
2			**견 적 서**					
3								
5			**총액**		1080000})		**배열**	
6		번호	제품	단가	수량			
7		1	잉크젯복합기 AP-3200	75,000	10		750,000	
8		2	잉크젯복합기 AP-4900	95,000	6		570,000	
9		3	레이저복합기 L800	450,000	10		4,500,000	
10		4	열제본기 TB-8200	150,000	10		1,500,000	
11		5	바코드 Z-750	54,000	20		1,080,000	
12								

TIP 수식에서 배열의 결과를 확인한 후 Enter 키를 누르면 참조한 범위와의 연결이 끊기고 배열의 값만 남으므로, 배열을 확인한 후에는 Esc 키를 눌러 수식 모드를 해제합니다.

배열에 직접 값을 저장해 사용하기

사용자는 값을 워크시트에 저장하지 않고 배열에 기록해 사용할 수 있습니다. 배열을 이용하면 셀에 값이 입력되지 않으므로 워크시트를 깔끔하게 관리할 수 있습니다. 배열을 이용하려면 수식 내에서 중괄호({ }) 안에 쉼표(,)와 세미콜론(;) 구분 문자를 사용해 원하는 값을 입력합니다. 다만, 배열을 사용해 값을 저장하면 수식이 길어지는 단점이 있으므로 이름 정의를 함께 사용하는 것이 좋습니다.

예제 파일 PART 03 \ CHAPTER 09 \ 배열 상수.xlsx

01 예제 파일의 E6셀에는 D열의 점수를 오른쪽 표에서 찾아 평가 점수를 참조해오도록 VLOOKUP 함수를 사용해 작성한 수식이 입력되어 있습니다. 표를 줄이기 위해 오른쪽 표 데이터를 직접 배열에 저장해보겠습니다.

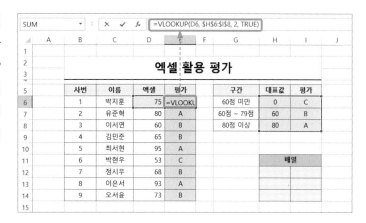

02 H6:H8 범위의 값을 배열에 기록하겠습니다. 배열에 기록된 값을 눈으로 확인하기 위해 H12:H14 범위(3×1 행렬)를 선택하고 다음 수식을 작성한 후 Ctrl + Shift + Enter 키를 눌러 입력합니다.

H12:H14 범위 : ={0;60;80}

H12	▼ : × ✓ *fx*	{={0;60;80}}							
◢	A	B	C	D	E	F	G	H	I	J

	사번	이름	엑셀	평가		구간	대표값	평가
			엑셀 활용 평가					
6	1	박지훈	75	B		60점 미만	0	C
7	2	유준혁	80	A		60점 ~ 79점	60	B
8	3	이서연	60	B		80점 이상	80	A
9	4	김민준	65	B				
10	5	최서현	95	A				
11	6	박현우	53	C			**배열**	
12	7	정시우	68	B			0	
13	8	이은서	93	A			60	
14	9	오서윤	73	B			80	

TIP H12:H14 범위 내 배열 값은 확인한 후 삭제합니다. 단축키 Ctrl + Z 를 눌러 실행을 취소하거나 H12:H14 범위를 선택하고 Del 키를 눌러 지웁니다.

03 이번에는 행 데이터(H6:I6)를 배열 상수로 입력하겠습니다. 배열에 기록된 값을 눈으로 확인하기 위해 H12:I12 범위를 선택하고 다음 수식을 작성한 후 Ctrl + Shift + Enter 키를 눌러 입력합니다.

H12:I12 범위 : ={0, "C"}

TIP H12:I12 범위 내 배열 값도 확인 후 삭제합니다.

04 동일한 방법으로 H6:I8 범위의 값을 모두 배열에 입력하겠습니다. H12:I14 범위를 선택하고 다음 수식을 작성한 후 [Ctrl] + [Shift] + [Enter] 키를 눌러 입력합니다.

H12:I14 범위 : ={0,"C";60,"B";80,"A"}

> **TIP** 배열 상수에서 열 구분은 쉼표(,) 구분 문자를, 행 구분은 세미콜론(;) 구분 문자를 사용합니다.

05 배열 상수를 E열의 수식에 적용하겠습니다. E6셀의 수식을 다음과 같이 변경하고 E6셀의 채우기 핸들을 E14셀까지 드래그해 복사합니다.

E6셀 : =VLOOKUP(D6, {0,"C";60,"B";80,"A"}, 2, TRUE)

> **TIP** 수식을 이처럼 변경하면 G:I열의 표는 더 이상 필요 없으므로 삭제합니다.

Plus⁺ 수식 이해하기

이번 수식은 [Ctrl] + [Shift] + [Enter] 키가 아니라 [Enter] 키를 눌러 입력합니다. 이번 수식에서는 VLOOKUP 함수의 두 번째 인수였던 $H$6:$I$8 범위를 배열 상수를 이용해 배열에 값을 저장하고 사용한 것이므로, 계산된 값을 배열을 생성해 저장할 필요가 없어 일반 수식처럼 [Enter] 키를 이용해 입력하는 것입니다.

배열(행렬)의 연산

엑셀의 워크시트는 2차원 행렬 구조이며, 데이터가 입력된 범위를 연산하면 데이터 범위의 행렬에 맞는 크기의 배열 공간이 생성됩니다. 그러므로 범위 연산으로 생성되는 배열은 1차원(또는 2차원) 행렬 구조입니다. 배열에 저장된 값을 이해해야 배열 수식을 제대로 활용할 수 있습니다. 다양한 범위 연산의 결과로 생성되는 배열에 저장된 값을 확인하는 방법에 대해 알아보겠습니다.

예제 파일 PART 03 \ CHAPTER 09 \ 행렬 연산.xlsx

동일한 개수를 갖는 1차원 행렬 연산

구성원의 개수가 동일한 1차원 행렬의 연산은 같은 크기의 새로운 행렬을 생성해 계산 결과를 저장합니다. 예를 들어 동일한 3×1 행렬 두 개를 연산하면 계산 결과도 3×1 행렬(배열)에 저장됩니다.

$$\begin{bmatrix} 1 \\ 2 \\ 3 \end{bmatrix} + \begin{bmatrix} 2 \\ 3 \\ 4 \end{bmatrix} = \begin{bmatrix} 3 \\ 5 \\ 7 \end{bmatrix}$$

01 예제 파일의 'sample1' 시트에서 1차원 행렬 연산 결과로 생성되는 배열을 확인해보겠습니다.

번호	고객	제품	단가	수량	판매액
		동일한 개수를 갖는 1차원 행렬 연산			
1	동남무역 ㈜	흑백레이저복사기 TLE-5000	597,900	3	
2	동남무역 ㈜	잉크젯복합기 AP-3200	84,800	6	
3	동남무역 ㈜	오피스 Z-03	80,400	10	
4	한남상사 ㈜	프리미엄복사지A4 2500매	16,800	5	
5	한남상사 ㈜	복사지A4 1000매	5,100	1	
6	한남상사 ㈜	바코드 BCD-100 Plus	90,300	7	
7	한남상사 ㈜	복사지A4 2500매	14,400	8	
8	금화트레이드 ㈜	링제본기 ST-100	161,900	9	
9	금화트레이드 ㈜	컬러레이저복사기 XI-2000	1,050,000	2	
				총액	

02 G16셀에서 범위 연산을 수행하도록 다음 수식을 작성하고 Ctrl + Shift + Enter 키를 눌러 입력합니다.

G16셀 : =E6:E14*F6:F14

	A	B	C	D	E	F	G
				동일한 개수를 갖는 1차원 행렬 연산			
5		번호	고객	제품	단가	수량	판매액
6		1	동남무역 ㈜	흑백레이저복사기 TLE-5000	597,900	3	
7		2	동남무역 ㈜	잉크젯복합기 AP-3200	84,800	6	
8		3	동남무역 ㈜	오피스 Z-03	80,400	10	
9		4	한남상사 ㈜	프리미엄복사지A4 2500매	16,800	5	
10		5	한남상사 ㈜	복사지A4 1000매	5,100	1	
11		6	한남상사 ㈜	바코드 BCD-100 Plus	90,300	7	
12		7	한남상사 ㈜	복사지A4 2500매	14,400	8	
13		8	금화트레이드 ㈜	링제본기 ST-100	161,900	9	
14		9	금화트레이드 ㈜	컬러레이저복사기 XI-2000	1,050,000	2	
15							
16						총액	1,793,700
17							

Plus⁺ 수식 이해하기

두 범위(E6:E14와 F6:F14)는 9×1 행렬과 동일하므로, 두 범위를 연산하면 결과 값이 9×1 행렬에 해당하는 배열에 저장됩니다.

E6:E14		F6:F14		9×1 배열
597,900		3		1,793,700
84,800		6		508,800
80,400		10		804,000
16,800	×	5	=	84,000
5,100		1		5,100
…		…		…
1,050,000		2		2,100,000

다만, 배열 수식을 G16셀에 입력했으므로 배열의 모든 값이 표시되지 못하고 첫 번째 값(1,793,700)만 셀에 표시됩니다.

---

03 총액을 구하기 위해, 배열에 저장된 값을 SUM 함수를 사용해 모두 더합니다. G16셀의 수식을 다음과 같이 수정하고 Ctrl + Shift + Enter 키를 눌러 입력합니다.

G16셀 : =SUM(E6:E14*F6:F14)

	A	B	C	D	E	F	G
				동일한 개수를 갖는 1차원 행렬 연산			
5		번호	고객	제품	단가	수량	판매액
6		1	동남무역 ㈜	흑백레이저복사기 TLE-5000	597,900	3	
7		2	동남무역 ㈜	잉크젯복합기 AP-3200	84,800	6	
8		3	동남무역 ㈜	오피스 Z-03	80,400	10	
9		4	한남상사 ㈜	프리미엄복사지A4 2500매	16,800	5	
10		5	한남상사 ㈜	복사지A4 1000매	5,100	1	
11		6	한남상사 ㈜	바코드 BCD-100 Plus	90,300	7	
12		7	한남상사 ㈜	복사지A4 2500매	14,400	8	
13		8	금화트레이드 ㈜	링제본기 ST-100	161,900	9	
14		9	금화트레이드 ㈜	컬러레이저복사기 XI-2000	1,050,000	2	
15							
16						총액	7,500,000
17							

TIP 배열 수식

배열에 저장된 값을 SUM 함수로 모두 더하면 이전과는 달리 배열 내 숫자가 모두 더해진 결과 값(7,500,000)이 셀에 반환됩니다. 이렇게 범위 연산을 하면 배열이 생성되지만, 셀 하나를 선택해 수식을 입력하면 첫 번째 값만 표시되며, 셀 하나에 하나의 값만 반환되도록 해야 합니다.

04 배열에 저장된 값을 확인하기 위해 G6:G14 범위(9×1 행렬)를 선택하고 다음 수식을 작성한 후 Ctrl + Shift + Enter 기를 눌러 입력합니다.

G6:G14 범위 : =E6:E14 * F6:F14

G6			✕ ✓ fx	{=E6:E14*F6:F14}		
A	B	C	D	E	F	G
1						
2			**동일한 개수를 갖는 1차원 행렬 연산**			
3						
5	번호	고객	제품	단가	수량	판매액
6	1	동남무역 ㈜	흑백레이저복사기 TLE-5000	597,900	3	1,793,700
7	2	동남무역 ㈜	잉크젯복합기 AP-3200	84,800	6	508,800
8	3	동남무역 ㈜	오피스 Z-03	80,400	10	804,000
9	4	한남상사	프리미엄복사지A4 2500매	16,800	5	84,000
10	5	한남상사	복사지A4 1000매	5,100	1	5,100
11	6	한남상사	바코드 BCD-100 Plus	90,300	7	632,100
12	7	한남상사	복사지A4 2500매	14,400	8	115,200
13	8	금화트레이드 ㈜	링제본기 ST-100	161,900	9	1,457,100
14	9	금화트레이드 ㈜	컬러레이저복사기 XI-2000	1,050,000	2	2,100,000
15						
16					총액	7,500,000

개수가 맞지 않는 1차원 행렬 연산

1차원 행렬을 연산할 경우, 행렬 내 구성원(값)의 개수가 동일해야 합니다. 만약 개수가 맞지 않는 1차원 행렬을 연산하면, 배열은 개수가 많은 쪽의 1차원 행렬 크기로 생성해 계산 결과를 저장합니다. 이때 주의할 점은 배열의 크기가 다르므로 1:1 매칭되지 않는 값은 배열에 #N/A 오류 값으로 저장된다는 것입니다. 예를 들어 3×1 행렬과 2×1 행렬을 연산하면 배열에는 3×1 행렬이 새로 생성됩니다. 배열의 첫 번째 행과 두 번째 행에는 계산된 결과가 반환되지만 세 번째 행에는 #N/A 오류가 저장됩니다.

$$\begin{bmatrix} 1 \\ 2 \\ 3 \end{bmatrix} + \begin{bmatrix} 2 \\ 3 \end{bmatrix} = \begin{bmatrix} 3 \\ 5 \\ \#N/A \end{bmatrix}$$

01 'sample2' 시트를 선택하고, 개수가 맞지 않는 1차원 행렬 연산을 진행해보겠습니다.

A	B	C	D	E	F	G	H
1							
2			**개수가 맞지 않는 1차원 행렬 연산**				
3							
5	번호	고객	제품	단가	수량	판매액	
6	1	동남무역 ㈜	흑백레이저복사기 TLE-5000	597,900	3		
7	2	동남무역 ㈜	잉크젯복합기 AP-3200	84,800	6		
8	3	동남무역 ㈜	오피스 Z-03	80,400	10		
9	4	한남상사 ㈜	프리미엄복사지A4 2500매	16,800	5		
10	5	한남상사 ㈜	복사지A4 1000매	5,100	1		
11	6	한남상사 ㈜	바코드 BCD-100 Plus	90,300	7		
12	7	한남상사 ㈜	복사지A4 2500매	14,400	8		
13	8	금화트레이드 ㈜	링제본기 ST-100	161,900			
14	9	금화트레이드 ㈜	컬러레이저복사기 XI-2000	1,050,000			
15							
16					총액		
17							

sample1 | sample2 | sample3 | ⊕

준비

02 G16셀에 다음 배열 수식을 작성하고 Ctrl + Shift + Enter 키를 눌러 입력합니다. #N/A가 반환됩니다.

G16셀 : =SUM(E6:E14*F6:F12)

Plus⁺ 수식 이해하기

이번 수식에서 범위 연산에 사용하는 E6:E14 범위는 9×1 행렬이고, F6:F12 범위는 7×1 행렬입니다. 이를 계산하면 9×1 행렬에 해당하는 배열이 생성되어 저장됩니다.

위에서 확인할 수 있듯이, 생성된 배열에는 #N/A 오류가 반환되는 부분이 있습니다. 이 부분은 기존 범위 내 항목이 매칭되지 않는 경우로, 이렇게 배열 내에 #N/A 오류가 있으므로 SUM 함수의 결과도 #N/A 오류가 반환됩니다. 그러므로 배열 수식에서 #N/A 오류가 발생한 경우 범위 연산을 하고 있다면 먼저 항목의 개수가 일치하는지 확인합니다.

---

03 배열에 생성된 값을 확인하기 위해 G6:G14 범위(9×1 행렬)를 선택하고 다음 수식을 작성한 후 Ctrl + Shift + Enter 키를 눌러 입력합니다. G13:G14 범위에 #N/A 오류가 반환됩니다.

G6:G14 범위 : =E6:E14*F6:F12

방향이 다른 1차원 행렬 연산

1차원 행렬은 행 또는 열이 하나입니다. 다음과 같이 서로 방향이 다른 1차원 행렬을 연산하면 각각 가장 큰 크기의 행과 열로 만들어진 2차원 행렬에 연산 결과를 반환합니다. 예를 들어 3×1 행렬과 1×3 행렬을 연산하면 3×3 크기의 행렬에 계산 결과가 저장됩니다.

$$
\begin{bmatrix} 1 \\ 2 \\ 3 \end{bmatrix} + \begin{bmatrix} 1 & 2 & 3 \end{bmatrix} = \begin{bmatrix} 2 & 3 & 4 \\ 3 & 4 & 5 \\ 4 & 5 & 6 \end{bmatrix}
$$

01 'sample3' 시트를 열고 K16셀에 구구단의 평균을 구해보겠습니다. K16셀에 다음 수식을 작성하고 Ctrl + Shift + Enter 키를 눌러 입력합니다. 평균이 25로 반환됩니다.

K16셀 : =AVERAGE(B6:B14*C5:K5)

Plus+ 수식 이해하기

B6:B14 범위(9×1 행렬)와 C5:K5 범위(1×9 행렬)를 연산하면 9×9 행렬 크기의 배열에 계산 결과가 저장됩니다. B6:B14 범위 내 항목과 C5:K5 범위 내 항목이 하나씩 곱해지면서 9×9 행렬 크기의 배열에 구구단 결과가 저장되므로 AVERAGE 함수를 사용해 배열 내 값의 평균을 구하면 구구단의 평균이 구해집니다. 구구단의 합계는 이번 수식에서 AVERAGE 함수를 SUM 함수로 변경하면 구할 수 있습니다.

02 배열에 저장된 값을 확인해보겠습니다. C6:K14 범위(9×9 행렬)를 선택하고 다음 수식을 작성한 후 Ctrl + Shift + Enter 키를 눌러 입력하면 배열 내 값이 데이터 범위에 표시됩니다.

C6:K14 범위 : =B6:B14*C5:K5

상태 표시줄에서 자동 요약된 평균 값을 보면 K16셀의 결과가 올바른 것을 확인할 수 있습니다.

03 배열에는 숫자뿐 아니라 텍스트도 저장할 수 있습니다. 구구단 결과가 아니라 계산식을 표시하려면 C6:K14 범위를 선택한 상태로 수식을 다음과 같이 수정하고 Ctrl + Shift + Enter 키를 눌러 입력합니다.

C6:K14 범위 : =B6:B14 & " × " & C5:K5

C6		fx	{=B6:B14 & " x " & C5:K5}								
	A	B	C	D	E	F	G	H	I	J	K	L

방향이 다른 1차원 행렬 연산

구구단	1	2	3	4	5	6	7	8	9
1	1 x 1	1 x 2	1 x 3	1 x 4	1 x 5	1 x 6	1 x 7	1 x 8	1 x 9
2	2 x 1	2 x 2	2 x 3	2 x 4	2 x 5	2 x 6	2 x 7	2 x 8	2 x 9
3	3 x 1	3 x 2	3 x 3	3 x 4	3 x 5	3 x 6	3 x 7	3 x 8	3 x 9
4	4 x 1	4 x 2	4 x 3	4 x 4	4 x 5	4 x 6	4 x 7	4 x 8	4 x 9
5	5 x 1	5 x 2	5 x 3	5 x 4	5 x 5	5 x 6	5 x 7	5 x 8	5 x 9
6	6 x 1	6 x 2	6 x 3	6 x 4	6 x 5	6 x 6	6 x 7	6 x 8	6 x 9
7	7 x 1	7 x 2	7 x 3	7 x 4	7 x 5	7 x 6	7 x 7	7 x 8	7 x 9
8	8 x 1	8 x 2	8 x 3	8 x 4	8 x 5	8 x 6	8 x 7	8 x 8	8 x 9
9	9 x 1	9 x 2	9 x 3	9 x 4	9 x 5	9 x 6	9 x 7	9 x 8	9 x 9

평균 25

Plus⁺ 수식 이해하기

C6:K14 범위에 반환된 결과는 구구단 수식으로는 조금 어색합니다. 반환된 결과를 익숙한 모양으로 하려면 수식을 다음과 같이 수정합니다.

=C5:K5 & " x " & B6:B14

구구단의 결과도 함께 반환되도록 하려면 수식을 다음과 같이 수정합니다.

=C5:K5 & " x " & B6:B14 & " = " & C5:K5*B6:B14

1차원 배열의 방향을 바꾸는 방법

1차원 배열은 하나의 행이나 열이 한 개이며, 필요하다면 행을 열로, 또는 열을 행으로 바꿀 수 있습니다. 1차원 행렬의 방향을 변경해 연산하면 2차원 배열을 돌려받을 수 있으므로 범위 연산을 좀 더 다양한 방법으로 활용할 수 있습니다. 배열의 방향을 바꿀 때 사용하는 TRANSPOSE 함수는 반드시 반환할 방향에 맞는 데이터 범위를 선택하고 배열 수식으로 입력해야 합니다. 배열의 방향을 바꿔 범위 연산을 해서 원하는 결과를 반환받는 배열 수식 작성 방법에 대해 알아보겠습니다.

예제 파일 PART 03 \ CHAPTER 09 \ TRANSPOSE 함수.xlsx

새 함수

TRANSPOSE (❶ 배열)

데이터 범위(또는 배열) 내 행과 열을 바꿔 반환합니다.

구문	❶ 배열 : 행과 열을 바꿀 데이터 범위 및 배열
특이사항	TRANSPOSE 함수는 바꿀 행(또는 열) 범위를 정확하게 선택하고 배열 수식으로 입력해야 합니다.
사용 예	=TRANSPOSE(A1:A5) B1:F1 범위를 선택하고 위 수식을 배열 수식으로 입력하면 A1:A5 범위 내 값이 B1:F1 범위에 반환됩니다.

N (❶ 값)

인수로 전달된 값을 숫자로 변환한 결과를 반환합니다.

구문	❶ 값 : 변환할 값으로, 데이터 형식에 따라 다음과 같이 변환됩니다.		
	데이터 형식	샘플	변환 결과
	숫자	1,000	1,000
	날짜	2019-01-01	43466
	시간	9:00 AM	0.375
	논리 값	TRUE	1
	논리 값	FALSE	0
	텍스트	엑셀	0
사용 예	=N(TRUE) 1이 반환됩니다.		

01 예제 파일을 열고 1일 참가자(B열)와 15일 참가자(C열) 중에서 몇 명이 중복 참가했는지 E6셀에 구해보겠습니다.

	참가자		중복 참가자 수	검증
	1일	15일		1일 / 15일
	황철수	김지훈		
	장선희	오동준		
	배재호	오민수		
	오동준	유석주		
	전영주	조정래		
	한재규	진재석		
	심영호	채선영		
	진재석	현민		
	정백수			
	조정한			
	김지훈			

> **TIP** G:O열의 표는 배열에 저장된 값을 시각적으로 확인할 용도로 만든 것입니다.

02 B7:B17 범위와 C7:C14 범위의 값을 크로스 체크하면 중복을 확인할 수 있습니다. 그런데 B7:B17 범위와 C7:C14 범위는 모두 열 범위이므로, 배열에 크로스 체크된 결과를 반환하려면 범위 하나를 행 범위로 전환해 연산해야 합니다. 먼저 B7:B17 범위(11×1 행렬)의 값을 G7:G17 범위(11×1 행렬)에 표시합니다. G7:G17 범위를 선택하고 다음 수식을 작성한 후 Ctrl + Shift + Enter 키를 눌러 입력합니다.

G7:G17 범위 : =B7:B17

G7 셀 수식: {=B7:B17}

	참가자		중복 참가자 수	검증
	1일	15일		1일 / 15일
	황철수	김지훈		황철수
	장선희	오동준		장선희
	배재호	오민수		배재호
	오동준	유석주		오동준
	전영주	조정래		전영주
	한재규	진재석		한재규
	심영호	채선영		심영호
	진재석	현민		진재석
	정백수			정백수
	조정한			조정한
	김지훈			김지훈

Plus+ 수식 이해하기

이런 경우에는 G7셀에 **=B7** 수식을 입력하고 G7셀의 채우기 핸들을 G17셀까지 드래그해 수식을 복사하는 것이 일반적입니다. 다만, 오른쪽 표는 배열 수식의 계산 과정을 이해하고자 범위 연산의 과정을 표시하기 위해 만든 것이므로 B7:B17 범위의 값을 참조하는 것보다는 B7:B17 범위의 값을 배열(11×1 행렬)에 저장하는 것으로 이해합니다.

03 이번에는 C7:C14 범위(8×1 행렬)의 값을 H6:O6 범위(1×8 행렬)에 반환합니다. H6:O6 범위를 선택하고 다음 수식을 작성한 후 Ctrl + Shift + Enter 키를 눌러 입력합니다.

H6:O6 범위 : =TRANSPOSE(C7:C14)

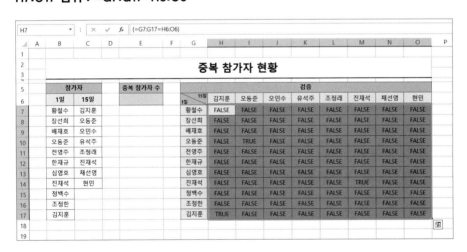

TIP TRANSPOSE 함수는 1차원 행렬의 방향을 행에서 열로, 열에서 행으로 바꿔줍니다. 이번 수식에서는 C7:C14 범위(8×1 행렬)가 인수로 전달되어 TRANSPOSE 함수가 1×8 행렬로 값을 반환하므로, 동일한 크기의 범위(H6:O6)를 선택하고 배열 수식으로 입력해야 합니다.

04 반환된 두 범위를 비교해 2차원 배열로 크로스 체크한 결과를 반환하겠습니다. H7:O17 범위를 선택하고 다음 수식을 작성한 후 Ctrl + Shift + Enter 키를 눌러 입력합니다.

H7:O17 범위 : =G7:G17=H6:O6

1일 15일	김지훈	오동준	오민수	유석주	조정래	진재석	채선영	현민
황철수	FALSE	FALSE	FALSE	FALSE	FALSE	FALSE	FALSE	FALSE
장선희	FALSE	FALSE	FALSE	FALSE	FALSE	FALSE	FALSE	FALSE
배재호	FALSE	FALSE	FALSE	FALSE	FALSE	FALSE	FALSE	FALSE
오동준	FALSE	TRUE	FALSE	FALSE	FALSE	FALSE	FALSE	FALSE
전영주	FALSE	FALSE	FALSE	FALSE	FALSE	FALSE	FALSE	FALSE
한재규	FALSE	FALSE	FALSE	FALSE	FALSE	FALSE	FALSE	FALSE
심영호	FALSE	FALSE	FALSE	FALSE	FALSE	FALSE	FALSE	FALSE
진재석	FALSE	FALSE	FALSE	FALSE	FALSE	TRUE	FALSE	FALSE
정백수	FALSE	FALSE	FALSE	FALSE	FALSE	FALSE	FALSE	FALSE
조정한	FALSE	FALSE	FALSE	FALSE	FALSE	FALSE	FALSE	FALSE
김지훈	TRUE	FALSE	FALSE	FALSE	FALSE	FALSE	FALSE	FALSE

Plus⁺ 수식 이해하기

1일 참가자와 15일 참가자가 중복됐는지 확인하려면, G7:G17 범위와 H6:O6 범위 내 값을 크로스 체크해 같은 값인지 여부를 판단합니다. G7:G17 범위는 11×1 행렬이고, H6:O6 범위는 1×8 행렬이므로, 두 범위를 연산하면 11×8 행렬의 배열이 생성됩니다. 생성된 배열의 값을 확인하기 위해 H7:O17 범위를 선택하고 이번 수식을 배열 수식으로 입력하면 크로스 체크된 결과가 논리 값(TRUE, FALSE)으로 반환됩니다. 여기서 TRUE 값이 반환된 개수를 세면 중복 참가자 수를 알 수 있습니다.

05 배열에 저장된 TRUE 값의 개수를 세는 방법은 논리 값을 숫자로 변환한 후 그 값을 모두 더하는 것입니다. H7:O17 범위에 반환된 논리 값을 숫자로 변환하기 위해 N 함수를 사용합니다. H7:O17 범위의 수식을 다음과 같이 변경하고 Ctrl + Shift + Enter 키를 눌러 입력합니다.

H7:O17 범위 : =N(G7:G17=H6:O6)

참가자		중복 참가자 수	검증							
1일	15일		1일\15일	김지훈	오동준	오민수	유석주	조정래	진재석	채선영	현민
황철수	김지훈		황철수	0	0	0	0	0	0	0	0
장선희	오동준		장선희	0	0	0	0	0	0	0	0
배재호	오민수		배재호	0	0	0	0	0	0	0	0
오동준	유석주		오동준	0	1	0	0	0	0	0	0
전영주	조정래		전영주	0	0	0	0	0	0	0	0
한재규	진재석		한재규	0	0	0	0	0	0	0	0
심영호	채선영		심영호	0	0	0	0	0	0	0	0
진재석	현민		진재석	0	0	0	0	0	1	0	0
정백수			정백수	0	0	0	0	0	0	0	0
조정한			조정한	0	0	0	0	0	0	0	0
김지훈			김지훈	1	0	0	0	0	0	0	0

Plus⁺ 수식 이해하기

N 함수는 논리 값 중 TRUE는 1로, FALSE는 0으로 반환하므로, 1을 더하면 몇 건이 매칭되는지 확인할 수 있습니다. 그러므로 중복 참가자 수는 =SUM(N7:O17) 수식으로 확인할 수 있습니다.

---

06 **02~05** 과정을 하나의 수식으로 완성해 E6셀에 중복 참가자 수를 세보겠습니다. E6셀에 다음 수식을 작성하고 Ctrl + Shift + Enter 키를 눌러 입력합니다. 중복 인원이 세 명인 것을 확인할 수 있습니다.

E6셀 : =SUM(N(B7:B17=TRANSPOSE(C7:C14)))

참가자		중복 참가자 수	검증							
1일	15일	3	1일\15일	김지훈	오동준	오민수	유석주	조정래	진재석	채선영	현민
황철수	김지훈		황철수	0	0	0	0	0	0	0	0
장선희	오동준		장선희	0	0	0	0	0	0	0	0
배재호	오민수		배재호	0	0	0	0	0	0	0	0
오동준	유석주		오동준	0	1	0	0	0	0	0	0
전영주	조정래		전영주	0	0	0	0	0	0	0	0
한재규	진재석		한재규	0	0	0	0	0	0	0	0
심영호	채선영		심영호	0	0	0	0	0	0	0	0
진재석	현민		진재석	0	0	0	0	0	1	0	0
정백수			정백수	0	0	0	0	0	0	0	0
조정한			조정한	0	0	0	0	0	0	0	0
김지훈			김지훈	1	0	0	0	0	0	0	0

TIP 이번 수식은 B7:B17=TRANSPOSE(C7:C14)의 결과를 배열에 저장한 후 N 함수로 논리 값을 1, 0으로 변환하고 SUM 함수로 모두 더해 중복 개수를 확인한 것입니다.

논리 값의 AND, OR 연산 이해하기

범위 연산에서 비교 연산자를 사용하면 논리 값(TRUE, FALSE)이 배열에 저장됩니다. 이렇게 생성된 배열을 또 다른 연산을 통해 숫자로 돌려받을 수 있습니다. 이를 '논리 값 연산'이라고 하는데, 논리 값의 곱셈과 덧셈 연산은 AND, OR 함수의 결과와 동일하므로 배열 수식은 이런 특징을 이용해 다양한 조건을 처리하는 수식을 생성할 수 있습니다. 논리 값 연산은 배열 수식을 이해하는 데 있어 굉장히 중요한 부분입니다. 논리 값을 연산했을 때 배열에 저장되는 값이 얼마인지 정확하게 알아야 배열 수식의 계산 과정을 이해할 수 있습니다.

\ 예제 파일 PART 03 \ CHAPTER 09 \ 논리 연산.xlsx /

논리 값의 연산

데이터 범위(또는 배열) 내 행과 열을 바꿔 반환합니다.

데이터 형식			결과
TRUE		TRUE	1
TRUE		FASLE	0
FALSE	×	TRUE	0
FALSE		FALSE	0

논리 값을 곱해 1이 나오는 경우는 모든 값이 TRUE인 경우입니다. 그러므로 여러 조건을 모두 만족하는 경우를 배열 수식으로 구성하려면 조건식을 곱셈 연산해 1이 나오는지 확인합니다. 이런 조건 판단을 'AND 조건'이라고 하며, COUNTIFS, SUMIFS, AVERAGEIFS와 같은 함수가 AND 조건을 처리하는 대표적인 함수입니다.

논리 값을 더하면 다음과 같은 결과 값이 배열에 저장됩니다.

데이터 형식			결과
TRUE		TRUE	2
TRUE		FASLE	1
FALSE	+	TRUE	1
FALSE		FALSE	0

논리 값을 모두 더해 1 이상이 나오는 경우는 TRUE가 하나라도 존재하는 경우입니다. 그러므로 하나의 조건이라도 만족하는 경우를 배열 수식으로 구성하려면 조건식을 덧셈 연산해 1 이상이 나오는지 확인합니다. 이런 조건 판단을 'OR 조건'이라고 하며, 엑셀 함수는 대부분 OR 조건을 처리하지 못하므로 OR 조건을 판단하려면 배열 수식으로 처리해야 하는 경우가 생깁니다.

01 논리 값의 곱셈 연산을 통해 AND 조건을 어떻게 처리할 수 있는지 확인해보겠습니다. 예제 파일을 열고 왼쪽 표의 직원 데이터에서 여자이면서 5년 이상 근속한 직원 수를 세는 작업을 해보겠습니다. 먼저 여자인지 여부를 판단하는 범위 연산을 하기 위해 K6:K14 범위를 선택하고 다음 수식을 작성한 후 Ctrl + Shift + Enter 키를 눌러 입력합니다.

K6:K14 범위 : =E6:E14="여"

> **Plus⁺ 수식 이해하기**
>
> 이번 수식은 범위 연산을 하는 조건식이 배열에 저장될 때 그 값을 시각적으로 확인하기 위해 작성한 것입니다. 수식에서 참조하는 E6:E14 범위는 9×1 행렬이므로 배열 수식으로 입력하면 크기가 같은 9×1 행렬의 배열이 생성되며, 생성된 배열에는 E6:E14 범위의 각 셀 값이 '여'인지 판단한 결과가 논리 값으로 저장됩니다.

02 이번에는 5년 이상 근속했는지 여부를 판단하기 위한 범위 연산 수식을 작성하겠습니다. L6:L14 범위를 선택하고 다음 수식을 작성한 후 Ctrl + Shift + Enter 키를 눌러 입력합니다.

L6:L14 범위 : =F6:F14>=5

> **Plus⁺ 수식 이해하기**
>
> 이번 수식도 **01** 과정과 동일하게 배열에 저장된 값을 시각적으로 확인하기 위해 작성한 것입니다. 이렇게 범위의 값을 한 번에 판단하는 조건식을 작성하면 배열에는 TRUE, FALSE와 같은 논리 값이 저장되며, 논리 값의 연산을 통해 여러 조건을 모두 만족하는 AND 조건이나 하나의 조건이라도 맞는지 판단하는 OR 조건을 처리할 수 있습니다.

03 첫 번째 조건은 '여자'이면서 5년 이상 근속한 인원이므로, K열과 L열에 반환받은 논리 값이 모두 TRUE인 경우입니다. 그러므로 배열 내 논리 값을 곱셈 연산으로 계산합니다. M6:M14 범위(9×1 행렬)를 선택하고 다음 수식을 작성한 후 Ctrl + Shift + Enter 키를 눌러 입력합니다.

M6:M14 범위 : =K6:K14*L6:L14

	A	B	C	D	E	F	G	H	I	J	K	L	M	N
M6				fx	{=K6:K14*L6:L14}									
1														
2						논리값의 연산								
3														
5		사번	이름	직위	성별	근속년	거주		수식		논리값1	논리값2	연산	
6		1	박지훈	부장	남	10	서울				FALSE	TRUE	0	
7		2	유준혁	과장	남	8	서울				FALSE	TRUE	0	
8		3	이서연	과장	여	5	일산				TRUE	TRUE	1	
9		4	김민준	대리	남	1	분당				FALSE	FALSE	0	
10		5	최서현	사원	여	2	인천				TRUE	FALSE	0	
11		6	박현우	대리	남	3	서울				FALSE	FALSE	0	
12		7	정시우	사원	남	2	인천				FALSE	FALSE	0	
13		8	이은서	사원	여	1	일산				TRUE	FALSE	0	
14		9	오서윤	사원	여	1	서울				TRUE	FALSE	0	
15														
16														

Plus⁺ 수식 이해하기

K열과 L열에 반환된 논리 값을 곱하면 둘 다 TRUE인 경우에만 1이 반환됩니다. 그러므로 반환된 값을 더하면 COUNTIFS 함수와 같이 두 개의 조건(여자이면서 5년 이상 근속한)을 모두 만족하는 인원을 확인할 수 있습니다. 이처럼 모든 조건을 만족하는 경우를 확인할 때는 논리 값을 반환하는 조건식을 여러 개 작성한 후 조건식을 곱하는 연산을 합니다.

COUNTIFS, SUMIFS, AVERAGEIFS 함수는 모두 2007 버전에서 추가한 함수입니다. XLS 확장자로 저장된 파일을 2003 버전에서 열면 #NAME! 오류가 반환되므로 이번과 같은 배열 수식을 활용합니다.

---

04 M열에 계산된 값을 SUM 함수로 더하면 두 조건을 모두 만족하는 인원 수가 반환됩니다. 02~04 과정을 압축해 하나의 수식으로 완성하겠습니다. I6셀에 다음 수식을 작성하고 Ctrl + Shift + Enter 키를 눌러 입력합니다.

I6셀 : =SUM((E6:E14="여")*(F6:F14>=5))

	A	B	C	D	E	F	G	H	I	J	K	L	M	N
I6				fx	{=SUM((E6:E14="여")*(F6:F14>=5))}									
1														
2						논리값의 연산								
3														
5		사번	이름	직위	성별	근속년	거주		수식		논리값1	논리값2	연산	
6		1	박지훈	부장	남	10	서울		1		FALSE	TRUE	0	
7		2	유준혁	과장	남	8	서울				FALSE	TRUE	0	
8		3	이서연	과장	여	5	일산				TRUE	TRUE	1	
9		4	김민준	대리	남	1	분당				FALSE	FALSE	0	
10		5	최서현	사원	여	2	인천				TRUE	FALSE	0	
11		6	박현우	대리	남	3	서울				FALSE	FALSE	0	
12		7	정시우	사원	남	2	인천				FALSE	FALSE	0	
13		8	이은서	사원	여	1	일산				TRUE	FALSE	0	
14		9	오서윤	사원	여	1	서울				TRUE	FALSE	0	
15														

TIP SUM 함수를 SUMPRODUCT 함수로 변경하면 Enter 키로 수식을 입력할 수 있습니다.

이번 수식은 02~04 과정의 수식을 한 번에 작성한 것으로, 여자이면서 5년 이상 근속한 직원의 수를 반환합니다. 이 수식은 다음과 같이 COUNTIFS 함수를 사용한 일반 수식으로 대체할 수 있습니다.

=COUNTIFS(E6:E14, "여", F6:F14, ">=5")

COUNTIFS 함수의 두 번째 인수인 **여**는 앞에 같다(=)는 연산자를 생략한 것이므로, 이번에 작성한 배열 수식의 조건을 범위와 비교 문자열 부분으로 나눠 입력한 것이라고 볼 수 있습니다. 다음은 두 수식을 비교한 것입니다.

=COUNTIFS(E6:E14, "여", F6:F14, ">=5")
　　　　　　　❶　　　　　❷

=SUM((E6:E14="여")*(F6:F14>=5))
　　　　　　　❶　　　　❷

위 두 수식은 동일한 수식이지만 계산 속도는 COUNTIFS 함수가 더 빠르므로 SUM 함수를 사용한 배열 수식은 배열 수식의 원리를 이해하는 용도로만 사용합니다.

05 이번에는 '과장'이거나 '일산'에 거주하는 직원, 즉 OR 조건에 해당하는 건수를 세는 작업을 해보겠습니다. 먼저 I6셀과 K6:M14 범위를 선택하고 Del 키를 눌러 삭제합니다. 그런 다음, '과장'인지 여부를 확인하기 위해 K6:K14 범위를 선택하고 다음 수식을 작성한 후 Ctrl + Shift + Enter 키를 눌러 입력합니다.

K6:K14 범위 : =D6:D14="과장"

TIP K6:K14 범위의 수식은 배열에 저장될 값을 눈으로 확인하기 위해 작성한 것으로, 입력한 배열 수식의 결과가 논리 값으로 반환됩니다.

06 이번에는 일산에 거주하는지 여부를 배열 수식으로 판단하겠습니다. L6:L14 범위를 선택하고 다음 수식을 작성한 후 Ctrl + Shift + Enter 키를 눌러 입력합니다.

L6:L14 범위 : =G6:G14="일산"

	A	B	C	D	E	F	G	H	I	J	K	L	M	N
1														
2						논리값의 연산								
3														
5		사번	이름	직위	성별	근속년	거주		수식		논리값1	논리값2	연산	
6		1	박지훈	부장	남	10	서울				FALSE	FALSE		
7		2	유준혁	과장	남	8	서울				TRUE	FALSE		
8		3	이서연	과장	여	5	일산				TRUE	TRUE		
9		4	김민준	대리	남	1	분당				FALSE	FALSE		
10		5	최서현	사원	여	2	인천				FALSE	FALSE		
11		6	박현우	대리	남	3	서울				FALSE	FALSE		
12		7	정시우	사원	남	2	인천				FALSE	FALSE		
13		8	이은서	사원	여	1	일산				FALSE	TRUE		
14		9	오서윤	사원	여	1	서울				FALSE	FALSE		
15														
16														

TIP G6:G14 범위 각 셀의 값이 '일산'인지 여부를 논리 값으로 반환합니다.

07 '과장'이거나 '일산'에 거주하는 조건이므로, 반환된 두 개의 논리 값을 더하는 연산을 합니다. M6:M14 범위를 선택하고 다음 수식을 작성한 후 Ctrl + Shift + Enter 키를 눌러 입력합니다.

M6:M14 범위 : =K6:K14+L6:L14

	A	B	C	D	E	F	G	H	I	J	K	L	M	N
1														
2						논리값의 연산								
3														
5		사번	이름	직위	성별	근속년	거주		수식		논리값1	논리값2	연산	
6		1	박지훈	부장	남	10	서울				FALSE	FALSE	0	
7		2	유준혁	과장	남	8	서울				TRUE	FALSE	1	
8		3	이서연	과장	여	5	일산				TRUE	TRUE	2	
9		4	김민준	대리	남	1	분당				FALSE	FALSE	0	
10		5	최서현	사원	여	2	인천				FALSE	FALSE	0	
11		6	박현우	대리	남	3	서울				FALSE	FALSE	0	
12		7	정시우	사원	남	2	인천				FALSE	FALSE	0	
13		8	이은서	사원	여	1	일산				FALSE	TRUE	1	
14		9	오서윤	사원	여	1	서울				FALSE	FALSE	0	
15														
16														

TIP M6:M14 범위에 반환된 값은 0, 1, 2 값 중 하나입니다. 0은 모든 조건이 맞지 않고, 1은 한 개만 맞고, 2는 두 개를 모두 만족한다는 의미입니다. 그러므로 1 이상의 값은 최소 한 개의 조건은 만족한다는 의미로 이해할 수 있습니다.

08 이제 **06~08** 과정의 수식을 하나로 압축하는 배열 수식을 작성하겠습니다. I6셀에 다음 수식을 작성하고 Ctrl + Shift + Enter 키를 눌러 입력합니다.

I6셀 : =SUM(N((D6:D14="과장")+(G6:G14="일산")>=1))

I6			✕ ✓ fx	{=SUM(N((D6:D14="과장")+(G6:G14="일산")>=1))}									
▲	A	B	C	D	E	F	G	H	I	J	K	L	M	N

논리값의 연산

사번	이름	직위	성별	근속년	거주		수식		논리값1	논리값2	연산
1	박지훈	부장	남	10	서울		3		FALSE	FALSE	0
2	유준혁	과장	남	8	서울				TRUE	FALSE	1
3	이서연	과장	여	5	일산				TRUE	TRUE	2
4	김민준	대리	남	1	분당				FALSE	FALSE	0
5	최서현	사원	여	2	인천				FALSE	FALSE	0
6	박현우	대리	남	3	서울				FALSE	FALSE	0
7	정시우	사원	남	2	인천				FALSE	FALSE	0
8	이은서	사원	여	1	일산				FALSE	TRUE	1
9	오서윤	사원	여	1	서울				FALSE	FALSE	0

Plus⁺ 수식 이해하기

이번 수식에서 **D6:D14="과장"**과 **G6:G14="일산"**을 더하는 부분은 정확하게 M6:M14 범위와 동일한 값이 배열에 저장됩니다. 이 값이 1이상인지 여부를 판단하면 다시 TRUE, FALSE 논리 값이 배열에 저장되며, 그중 TRUE 값을 1로 변환한 후 합계를 구합니다. 변환 작업에는 N 함수를 사용합니다.

조건1+조건2	>=1	N
0	FALSE	0
1	TRUE	1
2	TRUE	1
0	FALSE	0
0	FALSE	0
…	…	…
0	FALSE	0

이 값을 모두 더하면 OR 조건을 처리할 수 있습니다. COUNTIFS, SUMIFS, AVERAGEIFS 함수는 모두 AND 조건만 처리할 수 있고 OR 조건은 처리할 수 없으므로 이와 같은 배열 수식을 작성해 여러 상황에 이용하도록 합니다. 이번 수식은 다음과 같은 일반 수식으로 대체할 수 있습니다.

```
=COUNTIF(D6:D14, "과장")+
  COUNTIF(G6:G14, "일산") –
  COUNTIFS(D6:D14, "과장", G6:G14, "일산")
```

위 수식은 D6:D14 범위에서 '과장'을 세고 G6:G14 범위에서 '일산'을 세어 더한 후, '과장'과 '일산' 두 조건을 모두 만족해 두 번 센 경우를 COUNTIFS 함수로 계산해 뺀 것입니다.

SUM 함수를 사용한 배열 수식을 SUMPRODUCT 함수를 사용한 일반 수식으로 전환하기

배열 수식은 수식의 중간 과정에서 계산된 값을 배열에 저장해놓고 사용하도록 하기 위해 Ctrl + Shift + Enter 키를 눌러 입력해야 합니다. 배열 수식에서 가장 많이 사용하는 함수는 SUM 함수인데, SUM 함수를 사용한 배열 수식은 SUMPRODUCT 함수로 대체할 수 있습니다. SUMPRODUCT 함수를 사용하면 Enter 키로 수식을 입력할 수 있어 편리합니다. SUMPRODUCT 함수는 자체적으로 배열을 활용할 수 있으므로, 배열 수식 입력 과정이 불편하다면 SUM 함수 대신 SUMPRODUCT 함수를 사용합니다.

예제 파일 PART 03 \ CHAPTER 09 \ 배열 수식–SUMPRODUCT.xlsx

자주 사용하는 수식 패턴

SUM 함수를 사용한 배열 수식

=SUM((조건 범위1=조건1)*(조건 범위2=조건2))   Ctrl + Shift + Enter

* 다중 조건의 건수를 세는 배열 수식으로, COUNTIFS 함수로 대체할 수 있습니다.

SUMPRODUCT 함수를 사용한 일반 수식

=SUMPRODUCT((조건 범위1=조건1)*(조건 범위2=조건2))

* 함수 내 구성은 SUM 함수를 사용한 배열 수식과 동일하며, 함수만 SUMPRODUCT 함수로 대체합니다.

01 예제 파일을 열고 J6셀을 선택하면 다음과 같은 배열 수식을 확인할 수 있습니다. 현재 파일에 사용된 배열 수식을 SUMPRODUCT 함수를 사용한 일반 수식으로 변경해보겠습니다.

J6셀 : =SUM((E6:E14="여")*(F6:F14>=5))

J6			fx	{=SUM((E6:E14="여")*(F6:F14>=5))}						
	A	B	C	D	E	F	G	H	I	J	K	L
1											
2			SUMPRODUCT 함수를 사용해 일반수식으로 대체								
3											
5		사번	이름	직위	성별	근속년	거주		조건	배열수식	일반수식
6		1	박지훈	부장	남	10	서울		여자 직원이면서 5년이상 근속	1	
7		2	유준혁	과장	남	8	서울		과장 또는 일산 거주자	3	
8		3	이서연	과장	여	5	일산				
9		4	김민준	대리	남	1	분당				
10		5	최서현	사원	여	2	인천				
11		6	박현우	대리	남	3	서울				

TIP 이번 수식은 'No. 198 논리 값의 AND, OR 연산 이해하기'(674쪽)에서 설명한 수식으로, 여자이면서 5년 이상 근속한 직원 수를 셉니다.

02 **01** 과정 수식에서 SUM 함수를 SUMPRODUCT 함수로 대체해 K6셀에 입력합니다. 일반 수식이므로 Enter 키를 눌러 입력합니다.

K6셀 : =SUMPRODUCT((E6:E14="여")*(F6:F14>=5))

| K6 | ▼ | : | × | ✓ | fx | =SUMPRODUCT((E6:E14="여")*(F6:F14>=5)) |

	A	B	C	D	E	F	G	H	I	J	K	L
1												
2				**SUMPRODUCT 함수를 사용해 일반수식으로 대체**								
3												
5		사번	이름	직위	성별	근속년	거주		조건	배열수식	일반수식	
6		1	박지훈	부장	남	10	서울		여자 직원이면서 5년이상 근속	1	1	
7		2	유준혁	과장	남	8	서울		과장 또는 일산 거주자	3		
8		3	이서연	과장	여	5	일산					
9		4	김민준	대리	남	1	분당					
10		5	최서현	사원	여	2	인천					
11		6	박현우	대리	남	3	서울					
12		7	정시우	사원	남	2	인천					
13		8	이은서	사원	여	1	일산					
14		9	오서윤	사원	여	1	서울					
15												

Plus⁺ 수식 이해하기

SUMPRODUCT 함수는 자체적으로 배열을 이용하는 함수이므로 **(E6:E14="여")*(F6:F14>=5)**의 계산 결과가 자동으로 배열에 저장되어 배열 결과 값의 합계를 반환합니다.

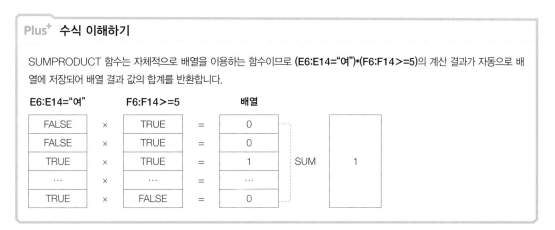

---

03 SUMPRODUCT 함수를 사용할 때 조심할 점은, 두 배열을 곱셈 연산하지 않고 다음과 같이 쉼표로 구분해 입력하면 제대로 된 결과가 반환되지 않는다는 것입니다. K6셀의 수식을 다음과 같이 수정해 결과를 확인해봅니다.

K6셀 : =SUMPRODUCT((E6:E14="여"), (F6:F14>=5))

| K6 | ▼ | : | × | ✓ | fx | =SUMPRODUCT((E6:E14="여"), (F6:F14>=5)) |

	A	B	C	D	E	F	G	H	I	J	K	L
1												
2				**SUMPRODUCT 함수를 사용해 일반수식으로 대체**								
3												
5		사번	이름	직위	성별	근속년	거주		조건	배열수식	일반수식	
6		1	박지훈	부장	남	10	서울		여자 직원이면서 5년이상 근속	1	0	
7		2	유준혁	과장	남	8	서울		과장 또는 일산 거주자	3		
8		3	이서연	과장	여	5	일산					
9		4	김민준	대리	남	1	분당					
10		5	최서현	사원	여	2	인천					
11		6	박현우	대리	남	3	서울					
12		7	정시우	사원	남	2	인천					
13		8	이은서	사원	여	1	일산					
14		9	오서윤	사원	여	1	서울					
15												

(E6:E14="여")와 (F6:F14>=5)의 반환값은 모두 배열에 논리 값(TRUE, FALSE)으로 저장됩니다. SUMPRODUCT 함수는 배열 내 숫자 값만 계산할 수 있으므로 이번과 같이 논리 값이 저장된 배열은 계산되지 않습니다.

만약 별도의 곱셈 연산 없이 SUMPRODUCT 함수로 계산 결과를 돌려받고 싶다면 N 함수를 사용해 배열 내 논리 값을 숫자로 변환한 후에 계산 삭입를 해야 합니다.

=SUMPRODUCT(N(E6:E14="여"), N(F6:F14>=5))

그러므로 SUMPRODUCT 함수를 사용할 때 논리 값을 반환하는 조건식이 있으면, 곱셈이나 덧셈 연산을 통해 숫자로 변환하거나 N 함수를 사용해 논리 값을 숫자로 변환한 후 계산해야 합니다.

---

04 J7셀에는 '과장' 또는 '일산' 거주자의 수를 집계하는 배열 수식이 입력되어 있습니다.

J7셀 : =SUM(N((D6:D14="과장")+(G6:G14="일산")>=1))

| J7 | ▼ | : | × | ✓ | f_x | {=SUM(N((D6:D14="과장") + (G6:G14="일산") >= 1))} |

	A	B	C	D	E	F	G	H	I	J	K	L
1												
2												
3				**SUMPRODUCT 함수를 사용해 일반수식으로 대체**								
4												
5		사번	이름	직위	성별	근속년	거주		조건	배열수식	일반수식	
6		1	박지훈	부장	남	10	서울		여자 직원이면서 5년이상 근속	1	0	
7		2	유준혁	과장	남	8	서울		과장 또는 일산 거주자	3		
8		3	이서연	과장	여	5	일산					
9		4	김민준	대리	남	1	분당					
10		5	최서현	사원	여	2	인천					
11		6	박현우	대리	남	3	서울					
12		7	정시우	사원	남	2	인천					
13		8	이은서	사원	여	1	일산					
14		9	오서윤	사원	여	1	서울					
15												

05 04 과정의 수식을 SUMPRODUCT 함수로 대체하겠습니다. K7셀의 수식을 다음과 같이 수정하고 Enter 키를 눌러 입력합니다.

K7셀 : =SUMPRODUCT(N((D6:D14="과장")+(G6:G14="일산")>=1))

| K7 | ▼ | : | × | ✓ | f_x | =SUMPRODUCT(N((D6:D14="과장")+(G6:G14="일산") >= 1)) |

	A	B	C	D	E	F	G	H	I	J	K	L
1												
2				**SUMPRODUCT 함수를 사용해 일반수식으로 대체**								
3												
4												
5		사번	이름	직위	성별	근속년	거주		조건	배열수식	일반수식	
6		1	박지훈	부장	남	10	서울		여자 직원이면서 5년이상 근속	1	0	
7		2	유준혁	과장	남	8	서울		과장 또는 일산 거주자	3	3	
8		3	이서연	과장	여	5	일산					
9		4	김민준	대리	남	1	분당					
10		5	최서현	사원	여	2	인천					
11		6	박현우	대리	남	3	서울					
12		7	정시우	사원	남	2	인천					
13		8	이은서	사원	여	1	일산					
14		9	오서윤	사원	여	1	서울					
15												

TIP OR 조건은 덧셈(+) 연산을 하므로 SUM 함수를 SUMPRODUCT 함수로 변경만 하면 제대로 된 결과가 반환됩니다.

SUMPRODUCT 함수로 대체하지 못하는 SUM 함수를 사용한 배열 수식

SUM 함수를 사용한 배열 수식은 대부분 SUMPRODUCT 함수로 대체할 수 있지만, 모든 경우의 수식을 대체할 수 있는 것은 아닙니다. 대체하지 못하는 가장 일반적인 상황은 데이터 범위에 #DIV/0!, #N/A와 같은 수식 오류가 포함된 경우로, 이럴 때 SUMPRODUCT 함수로 대체하면 결과가 제대로 반환되지 않을 수 있습니다. SUM 함수를 SUMPRODUCT 함수로 대체했을 때 원하는 결과가 반환되지 않는다면 SUM 함수를 사용한 배열 수식을 사용합니다.

\ 예제 파일 PART 03 \ CHAPTER 09 \ 배열 수식-SUM.xlsx /

자주 사용하는 수식 패턴

범위 내 수식 오류를 제외하고 집계하는 수식

=SUM(IFERROR(집계 범위, 0))

Ctrl + Shift + Enter

* **집계 범위** : 집계할 숫자 값이 입력된 데이터 범위

01 예제 파일의 E10셀에는 SUM 함수를 사용한 수식이 입력되어 있습니다. 집계 범위 내에 #DIV/0! 오류가 발생한 셀이 있으므로 결과에도 #DIV/0! 오류가 반환되었습니다. 오류가 발생한 셀을 무시하고 집계하는 배열 수식을 작성해보겠습니다.

E10		fx	=SUM(E6:E9)				
A	B	C	D	E	F	G	H
		부서별 실적 집계표					
연	분기	영업1부		영업2부		영업1부	영업2
	1사분기	29,069,650		#DIV/0!			
전년	2사분기	61,103,100		72,682,900			
	3사분기	62,402,750		71,289,450			
	4사분기	94,959,350		50,316,250			
전년 매출		247,534,850		#DIV/0!			
	1사분기	67,745,600		#DIV/0!			
금년	2사분기	88,188,800		91,104,550			
	3사분기	168,184,100		154,869,600			
	4사분기	310,380,005		144,918,355			
금년 매출		634,498,505		#DIV/0!			

> **Plus⁺ 수식 이해하기**
>
> 엑셀의 수식은 참조한 범위 내에 수식 오류가 발생하면 연산을 하지 못하고 해당 오류를 그대로 반환합니다. 이런 오류를 제외하고 집계하려면 2010 버전부터 제공된 AGGREGATE 함수를 사용하는 것이 좋습니다. 이번에 작업하는 내용은 SUM 함수를 사용한 배열 수식 중 SUMPRODUCT 함수를 사용하면 안 되는 경우를 설명하기 위한 것입니다.
>
> **LINK** AGGREGATE 함수 사용 방법은 'No. 141 오류 값을 제외한 집계하기 – AGGREGATE'(451쪽)에서 자세히 설명합니다.

02 매출이 제대로 집계되도록 하려면 범위 내 오류 값을 0으로 변경합니다. 배열에 저장될 값을 확인하기 위해 H6:H9 범위(4×1 행렬)를 선택하고 다음 수식을 작성한 후 Ctrl + Shift + Enter 키를 눌러 입력합니다.

H6:H9 범위 : =IFERROR(E6:E9, 0)

H6	: × ✓ fx	{=IFERROR(E6:E9, 0)}

	A	B	C	D	E	F	G	H	I
1									
2			**부서별 실적 집계표**						
3									
5		연	분기	영업1부	영업2부		영업1부	영업2부	
6			1사분기	29,069,650	#DIV/0!			-	
7		전년	2사분기	61,103,100	72,682,900			72,682,900	
8			3사분기	62,402,750	71,289,450			71,289,450	
9			4사분기	94,959,350	50,316,250			50,316,250	
10		전년 매출		247,534,850	#DIV/0!				
11			1사분기	67,745,600	#DIV/0!				
12		금년	2사분기	88,188,800	91,104,550				
13			3사분기	168,184,100	154,869,600				
14			4사분기	310,380,005	144,918,355				
15		금년 매출		634,498,505	#DIV/0!				
16									

Plus⁺ 수식 이해하기

IFERROR 함수는 수식 오류가 발생할 때 대체할 값을 지정하는 함수입니다. 한 번에 하나의 값만 대체할 수 있지만 배열 수식으로 입력했으므로 **IFEEOR(E6:E9, 0)** 수식은 E6:E9 범위 내 수식 오류(#DIV/0!)를 0으로 대체한 결과를 배열에 저장합니다.

---

03 수식 오류가 발생하지 않은 범위에서도 수식이 문제가 없는지 확인하겠습니다. G6:G9 범위를 선택하고 다음 수식을 작성한 후 Ctrl + Shift + Enter 키를 눌러 입력합니다.

G6:G9 범위 : =IFERROR(D6:D9, 0)

G6	: × ✓ fx	{=IFERROR(D6:D9, 0)}

	A	B	C	D	E	F	G	H	I
1									
2			**부서별 실적 집계표**						
3									
5		연	분기	영업1부	영업2부		영업1부	영업2부	
6			1사분기	29,069,650	#DIV/0!		29,069,650	-	
7		전년	2사분기	61,103,100	72,682,900		61,103,100	72,682,900	
8			3사분기	62,402,750	71,289,450		62,402,750	71,289,450	
9			4사분기	94,959,350	50,316,250		94,959,350	50,316,250	
10		전년 매출		247,534,850	#DIV/0!				
11			1사분기	67,745,600	#DIV/0!				
12		금년	2사분기	88,188,800	91,104,550				
13			3사분기	168,184,100	154,869,600				
14			4사분기	310,380,005	144,918,355				
15		금년 매출		634,498,505	#DIV/0!				
16									

TIP IFERROR 함수는 오류가 발생할 경우에만 두 번째 인수 값으로 대체하므로, 오류가 없을 때는 원래 값이 그대로 반환됩니다.

04 이제 SUM 함수를 사용해 전년 매출을 집계하겠습니다. D10셀에 다음 수식을 작성하고 Ctrl + Shift + Enter 키를 눌러 입력한 후 D10셀의 채우기 핸들(⊞)을 E10셀까지 드래그해 복사합니다.

D10셀 : =SUM(IFERROR(D6:D9, 0))

Plus⁺ 수식 이해하기

이번 수식은 **01~02** 과정의 수식을 하나로 합친 것입니다. IFERROR 함수 부분이 정확하게 G6:H9 범위의 결과를 배열로 반환하므로, SUM 함수로 합쳐도 #DIV/0! 오류가 반환되지 않고 제대로 된 계산 결과가 반환됩니다.

---

05 이번에는 SUMPRODUCT 함수를 사용해 금년 매출을 집계하겠습니다. D15셀에 다음 수식을 작성하고 Enter 키를 눌러 입력한 후 D15셀의 채우기 핸들(⊞)을 E15셀까지 드래그해 복사합니다.

D15셀 : =SUMPRODUCT(IFERROR(D11:D14, 0))

06 **05** 과정의 수식을 배열 수식으로 입력하겠습니다. D15셀의 수식 입력줄을 클릭하고 Ctrl + Shift + Enter 키를 눌러 수식을 입력한 후 D15셀의 채우기 핸들(⊞)을 E15셀까지 드래그해 복사합니다.

D15셀 : =SUMPRODUCT(IFERROR(D11:D14, 0))

연	분기	영업1부	영업2부		영업1부	영업2부
		부서별 실적 집계표				
전년	1사분기	29,069,650	#DIV/0!		29,069,650	
	2사분기	61,103,100	72,682,900		61,103,100	72,682,900
	3사분기	62,402,750	71,289,450		62,402,750	71,289,450
	4사분기	94,959,350	50,316,250		94,959,350	50,316,250
전년 매출		247,534,850	194,288,600			
금년	1사분기	67,745,600	#DIV/0!			
	2사분기	88,188,800	91,104,550			
	3사분기	168,184,100	154,869,600			
	4사분기	310,380,005	144,918,355			
금년 매출		634,498,505	390,892,505			

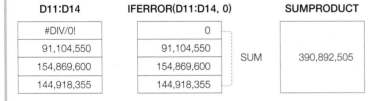

CHAPTER

10

배열 수식

배열 수식은 배열이라는 공간을 활용하는 수식으로,

배열 수식을 이용하려면 먼저 엑셀의 함수에 대해 잘 이해하고 있어야 하며,

배열의 차원과 범위 연산의 결과로 저장된 값에 대해서도 알아야 합니다.

함수에 대해서는 PART 02에서 다루었으며, 배열에 대해서는 CHAPTER 09에서 설명했습니다.

여기서는 함수와 배열을 활용해 원하는 결과를 반환하도록 하는 배열 수식 작성 방법에 대해

실무에서 자주 사용하는 예제 중심으로 설명합니다.

배열 수식은 일반 수식으로 처리하기 어려운 계산을 하거나

수식의 과정을 단축시킬 수 있는 장점이 있어 여러 상황에서 유용하게 쓰입니다.

하지만 일반 수식에 비해 느린 단점이 있으므로,

데이터가 많거나 빠른 계산 속도가 필요한 경우에는 사용하지 않는 것이 바람직합니다.

집계 함수에 IF 조건을 추가하는 배열 수식

201

COUNTIF 함수나 SUMIF 함수는 사용자가 조건을 추가할 수 있다는 점에서 크게 매력적입니다. 하지만 MAX 함수나 MIN 함수 등 대부분의 엑셀 집계 함수에는 함수명 뒤에 IF가 붙는 함수가 제공되지 않습니다. 현재 IF 조건을 사용할 수 있는 함수는 COUNT, SUM, AVERAGE, MAX, MIN 함수 뿐입니다. 배열 수식을 이용하면 이런 함수 이외의 함수로도 IF 조건을 처리할 수 있습니다.

\ 예제 파일 PART 03 \ CHAPTER 10 \ 집계-단일 조건.xlsx

자주 사용하는 수식 패턴

IF 조건을 추가하는 배열 수식

=함수(IF(조건 범위=조건, 집계 범위))

Ctrl + Shift + Enter

* **함수** : SUM, COUNT, AVERAGE, MAX, MIN, STDEV, VAR와 같은 집계 함수
* **조건 범위** : 조건을 확인할 데이터 범위
* **조건** : 조건 범위에서 확인할 값 조건
* **집계 범위** : 함수로 집계하려는 숫자 값이 입력된 범위

01 예제 파일을 열고 왼쪽 표의 E열에 있는 판매건수 데이터를 조건에 따라 집계해보겠습니다. 우선 E열의 판매건수에서 성별이 '남'인 숫자만 구분해 배열에 저장합니다. F6:F14 범위를 선택하고 다음 수식을 작성한 후 Ctrl + Shift + Enter 키를 눌러 입력합니다.

F6:F14 범위 : =IF(D6:D14="남", E6:E14)

F6				fx	{=IF(D6:D14="남", E6:E14)}					
▲	A	B	C	D	E	F	G	H	I	J	K
1											
2				집계, 통계 함수에 IF 조건을 추가							
3											
5		사번	이름	성별	판매건수	남			요약		
6		1	박지훈	남	72	72			합계	최대	
7		2	유준혁	남	88	88		남			
8		3	이서연	여	78	FALSE					
9		4	김민준	남	52	52					
10		5	최서현	여	98	FALSE					
11		6	박현우	남	66	66					
12		7	정시우	남	72	72					
13		8	이은서	여	87	FALSE					
14		9	오서윤	여	75	FALSE					
15											

E열의 모든 숫자를 계산할 것이 아니라 성별에 따른 판매건수만 필요하다면, IF 함수를 사용해 한 번에 데이터를 구분할 수 있습니다. IF 함수는 TRUE, FALSE에 따른 대체 값을 반환하므로 이번 수식은 다음과 같은 과정을 통해 계산됩니다.

D6:D14="남"	E6:E14		9×1 배열
TRUE	72		72
TRUE	88		88
FALSE	78	=	FALSE
TRUE	52		52
…			…
FALSE	75		FALSE

이처럼 IF 함수를 사용해 범위 내 값을 한 번에 비교하면 조건에 맞는 값은 숫자가, 조건에 맞지 않는 값은 FALSE 값이 배열에 저장됩니다. 대부분의 집계/통계 함수는 계산 작업에서 논리 값은 제외하므로 이렇게 하면 다양한 조건을 처리하는 배열 수식을 생성할 수 있습니다.

F6:F14 범위 내 값은 정확하게 9×1 크기의 행렬에 저장된 값을 범위에 반환하므로, 이 값을 가지고 SUM, MAX 등의 집계 함수를 사용하면 조건에 맞는 결과를 반환받을 수 있습니다.

02 성별이 남자인 직원의 판매건수 합계를 구하겠습니다. I7셀에 다음 수식을 작성하고 Ctrl + Shift + Enter 키를 눌러 입력합니다.

I7셀 : =SUM(IF(D6:D14="남", E6:E14))

03 집계 함수를 SUM에서 MAX로 변경해 남자 직원의 판매건수 중 가장 큰 값을 확인하겠습니다. J7셀에 다음 수식을 작성하고 Ctrl + Shift + Enter 키를 눌러 입력합니다.

J7셀 : =MAX(IF(D6:D14="남", E6:E14))

J7			✕ ✓ fx	{=MAX(IF(D6:D14="남", E6:E14))}						
	A	B	C	D	E	F	G	H	I	J	K

	사번	이름	성별	판매건수	남		요약		
								합계	최대
	1	박지훈	남	72	72		남	350	88
	2	유준혁	남	88	88				
	3	이서연	여	78	FALSE				
	4	김민준	남	52	52				
	5	최서현	여	98	FALSE				
	6	박현우	남	66	66				
	7	정시우	남	72	72				
	8	이은서	여	87	FALSE				
	9	오서윤	여	75	FALSE				

집계, 통계 함수에 IF 조건을 추가

다중 조건을 모두 만족하는
집계 작업하기

202

엑셀에서 데이터를 집계하다 보면, 다중 조건을 처리하는 함수, 예를 들면 COUNTIF, COUNTIFS, SUMIF, SUMIFS 함수 등이 매우 유용하다는 것을 알 수 있습니다. 하지만 대부분의 집계 함수는 단일 조건을 처리하는 함수가 지원되지 않으므로 조건을 지정한 결과를 얻고 싶다면 배열 수식을 사용해야 합니다. 조건을 둘 이상 처리해 집계해야 하는 경우에 배열 수식을 작성하는 방법에 대해 알아보겠습니다.

\ **예제 파일** PART 03 \ CHAPTER 10 \ 집계-다중 조건.xlsx /

자주 사용하는 수식 패턴

AND 조건을 만족하는 집계

=함수(IF((조건 범위1=조건1)*(조건 범위2=조건2)*…, 집계 범위))

Ctrl + Shift + Enter

* **함수** : 집계 함수
* **조건 범위** : 조건을 확인할 데이터 범위
* **조건1, 조건2** : 조건 범위에서 확인할 데이터 값
* **집계 범위** : 함수로 집계하려는 숫자 값이 입력된 범위

OR 조건을 만족하는 집계

=함수(IF((조건 범위=조건1)+(조건 범위=조건2), 집계 범위))
=함수(IF(조건 범위={"조건1","조건2"}, 집계 범위))

Ctrl + Shift + Enter

* **함수** : 집계 함수
* **조건 범위** : 조건을 확인할 데이터 범위
* **조건1, 조건2** : 조건 범위에서 OR 조건으로 만족해야 할 값
* **집계 범위** : 함수로 집계하려는 숫자 값이 입력된 범위

01 예제 파일을 열고 왼쪽 표에서 조건에 맞는 판매건수를 찾아 오른쪽 표에 합계를 구해보겠습니다. 조건은 I6:J6 범위에 입력되어 있습니다.

사번	이름	지역	성별	판매건수		통계	
						서울/경기	인천/남
1	박지훈	서울	남	72	합계		
2	유준혁	경기	남	80			
3	이서연	인천	여	78			
4	김민준	서울	남	52			
5	최서현	서울	여	94			
6	박현우	인천	남	66			
7	정시우	인천	남	74			
8	이은서	서울	여	87			
9	오서윤	경기	여	75			

집계, 통계 함수에 IFS 조건을 추가

02-1 서울과 경기 지역의 판매건수 합계를 구해보겠습니다. 먼저 집계할 조건에 맞는 데이터만 배열에 넣기 위해 I7셀에 다음 수식을 입력합니다.

I7셀 : =IF((D6:D14="서울")+(D6:D14="경기"), F6:F14)

F6	▼ : × ✓ fx	=IF((D6:D14="서울")+(D6:D14="경기"), F6:F14)							

	A	B	C	D	E	F	G	H	I	J	K	L	M
1													
2			**집계, 통계 함수에 IFS 조건을 추가**										
3													
5		사번	이름	지역	성별	판매건수		**통계**					
6		1	박지훈	서울	남	72			서울/경기	인천/남			
7		2	유준혁	경기	남	80		합계	=IF((D6:D14="서울")+(D6:D14="경기"), F6:F14)				
8		3	이서연	인천	여	78							
9		4	김민준	서울	남	52							
10		5	최서현	서울	여	94							
11		6	박현우	인천	남	66							
12		7	정시우	인천	남	74							
13		8	이은서	서울	여	87							
14		9	오서윤	경기	여	75							
15													

TIP 아직 완성된 수식이 아니므로 **02-2** 과정까지 진행한 후에 입력합니다.

Plus⁺ 수식 이해하기

이번 수식은 서울과 경기 지역 판매건수의 합계를 구하려고 하므로, D6:D14 범위 내 값이 '서울'이거나 '경기'여야 합니다. 이것은 OR 조건이므로, IF 함수를 사용할 때 두 개의 범위 연산을 덧셈 연산으로 계산한 후 이 값이 0이 아닐 때 F6:F14 범위의 숫자가 배열에 저장되도록 한 것입니다.

참고로 이번 수식에는 IF 함수의 첫 번째 인수에 덧셈 연산만 하지 이 값이 얼마여야 하는지 비교하는 부분은 없습니다. 이해를 돕기 위해 다음과 같이 수정할 수 있습니다.

=IF(((D6:D14="서울")+(D6:D14="경기"))>0, F6:F14)

왜 위와 같이 비교 연산자로 값을 비교하는 부분이 나오지 않는지 이해하려면 다음 계산 과정을 통해 배열 수식이 어떻게 계산되는지 확인해보는 것이 좋습니다.

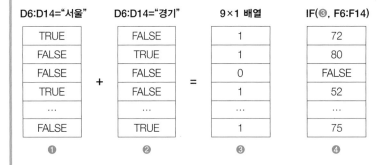

위 화면에서 ❸ 부분의 9×1 배열 부분을 보면 **(D6:D14="서울")+(D6:D14="경기")**의 계산 값이 배열에 0과 1로 저장됩니다. 0은 논리 값으로 FALSE이며 1은 논리 값으로는 TRUE입니다. (참고로 0이 아닌 값이 정확하게 TRUE와 연결됩니다.)

그러므로 IF 함수에 의해, 9×1 배열의 값이 1이면 F6:F14 범위 내 값으로 대체되고, 0이면 FALSE가 반환됩니다.

02-2 배열의 값을 모두 더해 서울과 경기 지역의 판매건수의 합계를 구합니다. 수식을 다음과 같이 완성하고 Ctrl + Shift + Enter 키를 눌러 입력합니다.

I7셀 : =SUM(IF((D6:D14="서울")+(D6:D14="경기"), F6:F14))

Plus+ 수식 이해하기

02-1 과정을 제대로 이해했다면 **02-2**는 해당 숫자의 합계를 구하는 것이므로 이해하기 수월합니다. 이 결과가 맞는지 확인하려면 왼쪽 표에 자동 필터를 설정하고 조건에 맞는 값만 필터링한 후 범위를 선택하고 상태 표시줄의 자동 요약을 참고합니다.

이처럼 SUM 함수와 IF 함수를 사용하면 다양한 조건을 처리할 수 있습니다. 이번 수식을 일반 수식으로 변경하면 다음과 같습니다.

=COUNTIF(D6:D14, "서울")+COUNTIF(D6:D14, "경기")

---

03 OR 조건을 처리하는 배열 수식을 좀 더 간결하게 입력하려면 I7셀의 수식을 다음과 같이 수정하고 Ctrl + Shift + Enter 키를 눌러 입력합니다.

I7셀 : =SUM(IF((D6:D14={"서울","경기"}), F6:F14))

이번 수식에서는 배열 상수인 **{"서울", "경기"}**를 이용해 OR 조건을 단순하게 입력했습니다. 참고로 배열 상수를 쉼표(,) 구분 문자를 사용해 입력했으므로 열이 두 개인 1×2 행렬 구조가 됩니다. 그러므로 이번 수식에서 IF 함수의 첫 번째 인수 부분은 9×1 행렬과 1×2 행렬을 서로 비교한 9×2 행렬에 논리 값이 반환됩니다. 반환된 논리 값은 IF 함수에 의해 TRUE가 모두 F6:F14 범위의 값으로 대체됩니다.

{"서울", "경기"}

서울	경기

D6:D14	9×2 배열			IF(, F6:F14)	
서울	TRUE	FALSE		72	FALSE
경기	FALSE	TRUE		FALSE	80
인천	FALSE	FALSE	=	FALSE	FALSE
서울	TRUE	FALSE		52	FALSE
…	…	…		…	…
경기	FALSE	TRUE		FALSE	75

이렇게 저장된 배열의 값을 모두 더하면 이전과 동일한 서울과 경기 지역 판매건수의 합계가 구해집니다. 참고로 이번 배열 수식은 서로 방향이 다른 1차원 행렬을 연산하는 것이 핵심이므로 배열 상수로 값을 입력할 때 반드시 값을 쉼표(,) 구분 문자로 구분해 입력해야 합니다.

LINK 배열 상수에 대해서는 'No. 195 배열에 직접 값을 저장해 사용하기'(661쪽)에서 자세히 설명합니다.

04-1 이번에는 J7셀에 인천 지역 남자 직원의 판매건수 합계를 구하겠습니다. 집계할 조건에 맞는 데이터만 배열에 넣기 위해 다음 수식을 먼저 입력합니다.

J7셀 : =IF((D6:D14="인천")*(E6:E14="남"), F6:F14)

J7		× ✓ fx	=IF((D6:D14="인천")*(E6:E14="남"), F6:F14)									
▲	A	B	C	D	E	F	G	H	I	J	K	L	M
1												
2			**집계, 통계 함수에 IFS 조건을 추가**									
3												
5		사번	이름	지역	성별	판매건수			통계			
6		1	박지훈	서울	남	72			서울/경기	인천/남		
7		2	유준혁	경기	남	80		합계	460	=IF((D6:D14="인천")*(E6:E14="남"), F6:F14)		
8		3	이서연	인천	여	78						
9		4	김민준	서울	남	52						
10		5	최서현	서울	여	94						
11		6	박현우	인천	남	66						
12		7	정시우	인천	남	74						
13		8	이은서	서울	여	87						
14		9	오서윤	경기	여	75						
15												

TIP 완성된 수식이 아니므로 **04-2** 과정까지 진행한 후에 수식을 입력합니다.

이번 수식에서는 인천 지역 남자 영업사원의 판매건수 합계를 구하려고 하므로, D6:D14 범위 내 값이 '인천'이면서 E6:E14 범위의 값이 '남'이어야 합니다. 이것은 AND 조건이므로, IF 함수를 사용할 때 두 개의 범위 연산을 곱셈 연산으로 계산한 후 이 값이 1일 때 F6:F14 범위의 숫자가 배열에 저장되도록 한 것입니다.

D6:D14="인천"		E6:E14="남"		9×1 배열		IF(❶, F6:F14)
FALSE		TRUE		0		FALSE
FALSE		TRUE		0		FALSE
…	×	…	=	…		…
TRUE		TRUE		1		74
FALSE		FALSE		0		FALSE
FALSE		FALSE		0		FALSE
❶		❷		❸		❹

04-2 배열에 저장된 값을 더해 여러 조건을 모두 만족하는 판매건수의 합계를 구합니다. J7셀의 수식을 다음과 같이 수정하고 Ctrl + Shift + Enter 키를 눌러 입력합니다.

J7셀 : =SUM(IF((D6:D14="인천")*(E6:E14="남"), F6:F14))

J7 | : × ✓ fx | {=SUM(IF((D6:D14="인천")*(E6:E14="남"), F6:F14))}

집계, 통계 함수에 IFS 조건을 추가

사번	이름	지역	성별	판매건수		통계	
						서울/경기	인천/남
1	박지훈	서울	남	72	합계	460	140
2	유준혁	경기	남	80			
3	이서연	인천	여	78			
4	김민준	서울	남	52			
5	최서현	서울	여	94			
6	박현우	인천	남	66			
7	정시우	인천	남	74			
8	이은서	서울	여	87			
9	오서윤	경기	여	75			

04-1 과정을 잘 이해했다면 이번 수식은 SUM 함수로 모든 숫자를 더해 반환하는 것이므로 쉽습니다. 이번 수식은 다음과 같이 일반 수식으로 변경할 수 있습니다.

=SUMIFS(F6:F14, D6:D14, "인천", E6:E14, "남")

SUMPRODUCT 함수를 사용하도록 하려면 다음과 같이 변경합니다.

=SUMPRODUCT((D6:D14="인천")*(E6:E14="남"), F6:F14)

또는

=SUMPRODUCT((D6:D14="인천")*(E6:E14="남")*(F6:F14))

상, 하위 n개의 평균(집계) 값 계산하기

전체 데이터 중에서 상위/하위 n개 데이터만 집계해야 한다면 먼저 상위/하위 n개 데이터를 LARGE/ SAMLL 함수로 반환받은 후에 작업해야 합니다. 한 번에 바로 n개 데이터를 집계하려면 LARGE, SMALL 함수를 반환받을 상위/하위 값을 배열에 저장해 사용하는 배열 수식을 이용합니다.

예제 파일 PART 03 \ CHAPTER 10 \ 집계-상,하위 n개.xlsx

자주 사용하는 수식 패턴

상위 n개의 평균

=AVERAGE(LARGE(집계 범위, ROW(1:N)))

Ctrl + Shift + Enter

* **집계 범위** : 집계할 숫자 데이터가 입력된 범위
* **n** : 집계할 마지막 n번째 인덱스 번호

위 수식에서 상위 값이 아니라 하위 값을 집계하려면 LARGE 함수 대신 SMALL 함수를 사용하며, AVERAGE 함수 대신 SUM 함수와 같은 다른 집계 함수를 사용할 수도 있습니다.

01-1 예제 파일을 열고 각 연도별 상위/하위 세 개 매출 평균을 구해보겠습니다. 먼저 상위 세 개 매출을 배열에 저장하겠습니다. C13셀에 다음 수식을 작성합니다.

C13셀 : =LARGE(C6:C11, ROW(1:3))

	A	B	C	D	E	F	G	H	I	J	K
C13					fx	=LARGE(C6:C11, ROW(1:3))					
1											
2				영업사원 매출 분석 자료							
3											
5		담당	2012년	2013년	2014년	2015년	2016년	2017년	2018년	2019년	
6		박지훈	610	1,200	1,820	2,200	2,400	2,560	2,300	2,500	
7		유준혁	1,200	1,500	1,650	1,850	2,900	3,200	3,300	3,200	
8		이서연	540	460	1,200	1,330	1,750	1,600	1,900	2,400	
9		김민준	520	740	1,290	1,800	2,400	1,600	1,900	1,640	
10		최서현	810	820	940	1,200	850	700	950	1,200	
11		박현우	540	1,600	1,200	1,800	1,400	2,300	2,200	2,600	
12		평균	703	1,053	1,350	1,697	1,950	1,993	2,092	2,257	
13		상위 3개 평균	=LARGE(C6:C11, ROW(1:3))								
14		하위 3개 평균									
15											

AVERAGE 함수로 계산한 평균 값입니다.

TIP 아직 수식이 완성되지 않았으므로 **01-2** 과정까지 진행한 후에 입력합니다.

이번 수식을 이해하려면 LARGE 함수의 두 번째 인수에 ROW 함수를 사용한 부분을 먼저 알아야 합니다. **ROW(1:3)** 은 1:3 행의 행 번호를 반환하는데, 이를 배열 상수로 치면 **{1;2;3}** 값입니다. 이 값을 LARGE 함수의 두 번째 인수에 전달하면 배열에 C6:C11 범위 내 상위 세 개의 숫자 값이 저장됩니다. 이렇게 범위 연산을 하지 않고 함수에 범위를 인수로 전달하면 해당 인수에 해당하는 배열이 생성됩니다.

그러므로 이번 수식에서는 **ROW(1:3)** 부분이 배열을 생성하는데, ROW 함수는 행을 참조하므로 행이 세 개, 열이 한 개인 3×1 행렬에 값이 반환됩니다.

LARGE 함수

C6:C11		ROW(1:3)		3×1 배열
610		1		1,200
1,200		2	=	810
540		3		610
520				
…				
540				

만약 1×3 배열을 생성하려면 **ROW(1:3)** 대신 **COLUMN(A:C)** 나 **{1,2,3}** 과 같은 배열 상수를 사용합니다.

01-2 배열에 저장된 값의 평균을 구하겠습니다. C13셀의 수식을 다음과 같이 완성하고 ⌈Ctrl⌉ + ⌈Shift⌉ + ⌈Enter⌉ 키를 눌러 입력한 후 C13셀의 채우기 핸들을 J13셀까지 드래그해 복사합니다.

C13셀 : =AVERAGE(LARGE(C6:C11, ROW(1:3)))

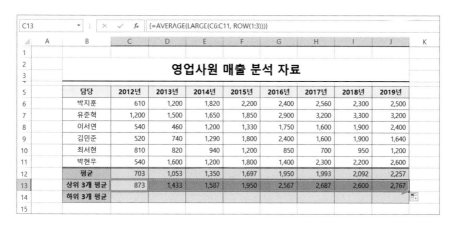

02 배열 수식의 결과가 맞게 계산되었는지 검증하겠습니다. C6:C11 범위에서 가장 큰 숫자 세 개를 선택하고 상태 표시줄의 자동 요약 결과에서 평균을 확인해 C13셀의 결과가 맞는지 봅니다.

03 같은 방법으로 하위 세 개 매출 평균을 계산하겠습니다. C14셀에 다음 수식을 작성하고 Ctrl + Shift + Enter 키를 눌러 입력한 후 C14셀의 채우기 핸들을 J14셀까지 드래그해 복사합니다.

C14셀 : =AVERAGE(SMALL(C6:C11, ROW(1:3)))

일정 간격으로 떨어진
열/행 집계하기

표에서 일정 간격으로 떨어진 위치를 집계해야 하는 경우가 있습니다. 집계할 데이터를 구분할 수 있는 조건이 없다면 셀을 하나씩 선택해 집계해야 하는데, 그러면 잘못된 위치를 선택할 수도 있고 수식 자체를 구성하는 것도 너무 불편해집니다. 이런 경우, 열/행 번호를 떨어진 간격에 해당하는 숫자로 나눈 나머지 값으로 집계할 열/행을 구분해 배열에 필요한 값만 저장해놓고 집계합니다.

\ **예제 파일** PART 03 \ CHAPTER 10 \ 집계−일정 간격.xlsx

자주 사용하는 수식 패턴

일정 간격 떨어진 위치 집계(열)

=SUM(IF(MOD(COLUMN(집계 범위), 간격)=번호, 집계 범위))

Ctrl + Shift + Enter

* **집계 범위** : 집계할 숫자 데이터가 입력된 범위
* **간격** : 집계할 열이 떨어진 간격, 세 칸씩 떨어져 있다면 이 값은 3이 됩니다.
* **번호** : 집계 범위 내 열 번호를 간격으로 나눠 얻은 나머지 값으로, 예를 들어 간격을 3으로 지정해 나눴다면 나머지 값은 0, 1, 2 값이 반환되므로 이 중에서 집계하려는 열의 번호를 입력합니다.

행 간격이 일정한 위치를 집계하려면 COLUMN 함수를 ROW 함수로 변경합니다.

01 예제 파일을 열고 1사분기~4사분기 실적 중 왼쪽 열의 숫자만 K열에 모두 더해보겠습니다. 이 예제는 간단하므로 **=C6+E6+G6+H6**과 같은 수식을 사용할 수도 있지만, 복잡한 표에서는 그런 식으로 수식을 작성하는 작업은 한계가 있으므로 배열 수식을 이용합니다.

	품명	1사분기		2사분기		3사분기		4사분기		합계
					제품 판매 실적					
6	잉크젯복합기 AP-3200	210	3,000	280	4,000	270	4,400	140	1,400	
7	무한잉크젯복합기 AP-3300W	30	7,300	160	29,000	360	86,000	760	110,000	
8	잉크젯복합기 AP-5500	200	5,700	150	4,300	340	9,600	110	2,600	
9	레이저복합기 L200	120	1,300	600	6,200	310	3,600	410	4,500	
10	레이저복합기 L500	46	1,100	20	570	110	3,400	600	11,000	
11	레이저복합기 L650	170	5,400	260	7,200	210	6,700	640	16,000	
12	무한레이저복합기 L800C	120	6,900	160	8,000	130	7,200	620	24,000	
13	흑백레이저복사기 TLE-5000	37	1,300	140	4,600	210	7,800	420	11,000	
14	컬러레이저복사기 XI-2000	150	1,700	170	1,500	160	1,900	120	1,300	

02-1 먼저 집계할 범위의 열 번호를 배열에 저장하고, 2로 나눈 나머지 값으로 변환합니다.

K6셀 : =MOD(COLUMN(C6:J6), 2)

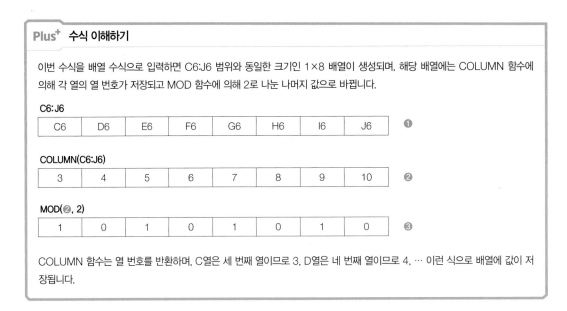

TIP 아직 수식이 완성되지 않았으므로 **02-3** 과정까지 진행한 후에 수식을 입력합니다.

Plus⁺ 수식 이해하기

이번 수식을 배열 수식으로 입력하면 C6:J6 범위와 동일한 크기인 1×8 배열이 생성되며, 해당 배열에는 COLUMN 함수에 의해 각 열의 열 번호가 저장되고 MOD 함수에 의해 2로 나눈 나머지 값으로 바뀝니다.

C6:J6

C6	D6	E6	F6	G6	H6	I6	J6	❶

COLUMN(C6:J6)

3	4	5	6	7	8	9	10	❷

MOD(❷, 2)

1	0	1	0	1	0	1	0	❸

COLUMN 함수는 열 번호를 반환하며, C열은 세 번째 열이므로 3, D열은 네 번째 열이므로 4, … 이런 식으로 배열에 값이 저장됩니다.

02-2 배열에 저장된 값 중 1 위치가 C, E, G, I열이므로, 1일 때 C6:J6 범위 내 값이 배열에 저장될 수 있도록 K6셀의 수식을 다음과 같이 수정합니다.

K6셀 : =IF(MOD(COLUMN(C6:J6), 2)=1, C6:J6)

	품명	1사분기		2사분기		3사분기		4사분기		합계
6	잉크젯복합기 AP-3200	210	3,000	280	4,000	270	4,400	140	1,400	=1, C6J6)
7	무한잉크젯복합기 AP-3300W	30	7,300	160	29,000	360	86,000	760	110,000	
8	잉크젯복합기 AP-5500	200	5,700	150	4,300	340	9,600	110	2,600	
9	레이저복합기 L200	120	1,300	600	6,200	310	3,600	410	4,500	
10	레이저복합기 L500	46	1,100	20	570	110	3,400	600	11,000	
11	레이저복합기 L650	170	5,400	260	7,200	210	6,700	640	16,000	
12	무한레이저복합기 L800C	120	6,900	160	8,000	130	7,200	620	24,000	
13	흑백레이저복사기 TLE-5000	37	1,300	140	4,600	210	7,800	420	11,000	
14	컬러레이저복사기 XI-2000	150	1,700	170	1,500	160	1,900	120	1,300	

TIP 아직 수식이 완성되지 않았으므로 **02-3** 과정까지 진행한 후에 수식을 입력합니다.

예제의 표에서 C, E, G, I 열의 숫자를 집계하면 되는데, 이 열은 모두 홀수 열입니다. 홀수인 열은 MOD 함수로 나눴을 때 1이 반환되므로, IF 함수를 사용해 배열 내 값이 1인 경우에만 C6:F6 범위의 값으로 대체하도록 수식을 구성하였습니다.

1×8 배열

1	0	1	0	1	0	1	0

IF(배열=1, C6:J6)

210	FALSE	280	FALSE	270	FALSE	140	FALSE

이번 수식은 다양하게 변형할 수 있으며, IF 함수에서 1과 같은지 비교하는 부분은 생략해도 됩니다. 어차피 MOD 함수의 결과로 1, 0만 반환되므로 1은 TRUE, 0은 FALSE로 구분됩니다.

=IF(MOD(COLUMN(C6:J6), 2), (C6:J6))

또한 이번과 같이 홀수 열만 집계한다면 IF 함수 없이 다음과 같은 방법으로 계산해도 됩니다.

=MOD(COLUMN(C6:J6), 2)*(C6:J6)

MOD 함수를 사용해 2로 나눈 나머지 값을 구하면 1, 0만 반환되므로, C6:J6 범위와 곱셈 연산하면 나머지 값이 1인 위치(홀수 열)의 숫자만 남습니다.

또는 MOD 함수 대신 숫자 값이 홀수인지 여부를 판단하는 ISODD 함수를 사용해도 됩니다.

=ISODD(COLUMN(C6:J6))*(C6:J6)

ISODD 함수는 숫자 값이 홀수인 경우에만 TRUE 값을 반환하므로, COLUMN 함수에서 반환하는 열 번호를 ISODD 함수로 홀수인지 판단한 후 C7:J7 범위와 곱셈 연산하면 TRUE인 부분의 숫자만 남습니다. 만약 짝수 열을 집계하려면 ISODD 함수 대신 짝수 값인 경우에만 TRUE 값을 반환하는 ISEVEN 함수를 사용합니다.

02-3 배열에 원하는 값만 저장되므로 이제 SUM 함수를 사용해 모두 더합니다. K6셀의 수식을 다음과 같이 완성하고 Ctrl + Shift + Enter 키를 눌러 입력한 후 K6셀의 채우기 핸들(⊞)을 K14셀까지 드래그해 복사합니다.

K6셀 : =SUM(IF(MOD(COLUMN(C6:J6), 2)=1, C6:J6))

K6		✕ ✓ fx	{=SUM(IF(MOD(COLUMN(C6:J6), 2)=1, C6:J6))}								
A	B	C	D	E	F	G	H	I	J	K	L
	제품 판매 실적										
	품명	1사분기		2사분기		3사분기		4사분기		합계	
	잉크젯복합기 AP-3200	210	3,000	280	4,000	270	4,400	140	1,400	900	
	무한잉크젯복합기 AP-3300W	30	7,300	160	29,000	360	86,000	760	110,000	1,310	
	잉크젯복합기 AP-5500	200	5,700	150	4,300	340	9,600	110	2,600	800	
	레이저복합기 L200	120	1,300	600	6,200	310	3,600	410	4,500	1,440	
	레이저복합기 L500	46	1,100	20	570	110	3,400	600	11,000	776	
	레이저복합기 L650	170	5,400	260	7,200	210	6,700	640	16,000	1,280	
	무한레이저복합기 L800C	120	6,900	160	8,000	130	7,200	620	24,000	1,030	
	흑백레이저복사기 TLE-5000	37	1,300	140	4,600	210	7,800	420	11,000	807	
	컬러레이저복사기 XI-2000	150	1,700	170	1,500	160	1,900	120	1,300	600	

로또 당첨 번호와 일치하는 번호 세기

205

데이터 범위 내에 특정 값이 있는지 확인하고 싶다면 MATCH 함수로 찾거나 COUNTIF 함수로 세어 보면 됩니다. 이때 확인할 값이 여러 개이고 몇 개의 값이 있는지 확인해야 한다면 MATCH 함수보다는 COUNTIF 함수를 사용하는 것이 좋습니다. 다만 이런 작업은 여러 숫자를 모두 세어야 하므로 수식이 길어집니다. 이런 경우에는 수식의 길이를 줄일 수 있는 배열 수식이 유용합니다.

\ 예제 파일 PART 03 \ CHAPTER 10 \ 집계-로또.xlsx /

자주 사용하는 수식 패턴

지정된 범위 내에 값이 몇 개 일치하는지 세기

=SUM(COUNTIF(집계 범위, 입력 범위))

Ctrl + Shift + Enter

* **집계 범위** : 원본 데이터 범위
* **입력 범위** : **집계 범위**에서 개수를 셀 데이터가 입력된 범위

01 예제 파일을 열고 5회차 선택 번호가 당첨 번호(C5:H5)와 몇 개 일치하는지 확인해보겠습니다. 우선 일반 수식을 이용해 당첨 번호와 몇 개 일치하는지 확인하기 위해 J8셀에 다음 수식을 입력하고 J8셀의 채우기 핸들을 J12셀까지 드래그해 복사합니다.

J8셀 : =COUNTIF($C$5:$H$5, C8)+COUNTIF($C$5:$H$5, D8)+
COUNTIF($C$5:$H$5, E8)+COUNTIF($C$5:$H$5, F8)+
COUNTIF($C$5:$H$5, G8)+COUNTIF($C$5:$H$5, H8)

| J8 | | | fx | =COUNTIF($C$5:$H$5,C8)+COUNTIF($C$5:$H$5,D8)+ COUNTIF($C$5:$H$5,E8)+COUNTIF($C$5:$H$5,F8)+ COUNTIF($C$5:$H$5,G8)+COUNTIF($C$5:$H$5,H8) |

▲	A	B	C	D	E	F	G	H	I	J	K	L
1												
2					로또 당첨 번호							
3												
4												
5		당첨번호	26	2	25	40	45	10				
6												
7		회차	번호1	번호2	번호3	번호4	번호5	번호6	보너스	일치	보너스	
8		1	40	3	11	6	35	7	33	1		
9		2	27	12	43	26	3	13	32	1		
10		3	10	25	45	26	12	2	40	5		
11		4	31	32	24	20	11	43	10	-		
12		5	15	29	10	24	34	26	19	2		
13												

02 3회차(10행) 번호가 다섯 개 일치되었으니, 보너스 번호(I열)가 당첨 번호(C5:H5)와 일치하는지 확인해야 합니다. K8셀에 다음 수식을 입력하고 K8셀의 채우기 핸들을 K12셀까지 드래그해 복사합니다.

K8셀 : =IF(J8=5, COUNTIF($C$5:$H$5, I8), 0)

03-1 결과는 맞지만 **01** 과정 수식이 너무 길기 때문에 배열 수식을 이용해 짧게 구성해보겠습니다. J8셀에 다음 수식을 작성합니다.

J8셀 : =COUNTIF($C$5:$H$5, C8:H8)

TIP 아직 수식이 완성되지 않았으므로 **03-2** 과정까지 진행한 후에 수식을 입력합니다.

이번에 작성 중인 수식은 COUNTIF 함수의 두 번째 인수에 셀 하나가 아니라 확인할 숫자 범위 전체(C8:H8)를 전달했습니다. 이 수식을 배열 수식으로 입력하면 C8:H8 범위와 동일한 크기의 1×6 행렬 크기의 배열이 생성되며, 이 배열에는 COUNTIF 함수로 C5:H5 범위에서 C8:H8 범위 내 셀 값을 센 결과가 저장됩니다.

셀 위치

C8	D8	E8	F8	G8	H8

1×6 배열

1	0	0	0	0	0

이렇게 함수의 인수에 범위를 전달해 배열에 저장된 값을 저장하면 수식의 길이를 줄일 수 있습니다.

03-2 배열에 저장된 값을 모두 더하면 C8:H8 범위의 번호에 당첨 번호에 몇 개 있는지 한 번에 셀 수 있습니다. J8셀의 수식을 다음과 같이 완성하고 Ctrl + Shift + Enter 키를 눌러 입력한 후 J12셀까지 드래그해 복사합니다.

J8셀 : =SUM(COUNTIF ($C$5:$H$5, C8:H8))

TIP 이번 수식에서는 배열에 저장된 숫자를 모두 더하도록 SUM 함수를 사용했습니다. 이 수식은 SUMPRODUCT 함수를 사용하도록 변경할 수 있으며, Enter 키로 입력할 수 있고, 결과는 동일합니다.

04-1 다른 방법으로 번호가 몇 개 일치하는지 확인하겠습니다. J8셀에 다음 수식을 작성합니다.

J8셀 : =$C$5:$H$5= TRANSPOSE(C8:H8)

TIP 아직 수식이 완성되지 않았으므로 **04-3** 과정까지 진행한 후에 수식을 입력합니다.

이번에 작성 중인 수식은 1차원 행렬 연산 중 방향이 서로 다른 행렬을 교차 연산해 2차원 행렬에 연산 결과를 저장하는 방법을 사용합니다. 숫자가 매칭되는지 확인하려는 범위(C5:H5, C8:H8)가 모두 1×6 행렬이므로, 범위 하나를 6×1로 변경해야 합니다.

이번 수식에서는 C8:H8 범위를 TRANSPOSE 함수를 사용해 6×1 행렬로 변경했지만, C5:H5 범위를 변경해도 됩니다.

=TRANSPOSE($C$5:$H$5)=C8:H8

이렇게 두 범위를 교차하면서 값이 같은지 매칭하면 다음과 같은 6×6 행렬(2차원 행렬)에 결과가 저장됩니다.

C5:H5

26	2	25	40	45	10

TRANSPOSE(C8:H8)　　　　6×6 배열

TRANSPOSE(C8:H8)		FALSE	FALSE	FALSE	TRUE	FALSE	FALSE
40		FALSE	FALSE	FALSE	TRUE	FALSE	FALSE
3		FALSE	FALSE	FALSE	FALSE	FALSE	FALSE
11		FALSE	FALSE	FALSE	FALSE	FALSE	FALSE
6		FALSE	FALSE	FALSE	FALSE	FALSE	FALSE
35		FALSE	FALSE	FALSE	FALSE	FALSE	FALSE
7		FALSE	FALSE	FALSE	FALSE	FALSE	FALSE

이번 수식에서 같은지 비교했으므로, 배열에는 TRUE, FALSE 값이 저장되며, TRUE 값은 매칭되는 값이 있다는 의미입니다.

04-2 배열에 저장된 TRUE를 더하기 위해 숫자로 변경하겠습니다. J8셀의 수식을 다음과 같이 완성합니다.

J8셀 : =N($C$5:$H$5=TRANSPOSE(C8:H8))

TIP 아직 수식이 완성되지 않았으므로 **04-3** 과정까지 진행한 후에 수식을 입력합니다.

04-3 배열에 저장된 값을 더해 일치하는 건수를 셉니다. J8셀의 수식을 다음과 같이 완성하고 Ctrl + Shift + Enter 키를 눌러 입력한 후 J8셀의 채우기 핸들을 J12셀까지 드래그해 복사합니다.

J8셀 : =SUM(N($C$5:$H$5=TRANSPOSE(C8:H8)))

	A	B	C	D	E	F	G	H	I	J	K	L
1												
2						로또 당첨 번호						
3												
4												
5			당첨번호	26	2	25	40	45	10			
6												
7			회차	번호1	번호2	번호3	번호4	번호5	번호6	보너스	일치	보너스
8			1	40	3	11	6	35	7	3	1	-
9			2	27	12	43	26	3	13	32	1	-
10			3	10	25	45	26	12	2	40	5	1
11			4	31	32	24	20	11	43	10	-	-
12			5	15	29	10	24	34	26	19	2	-
13												

(셀 참조: J8 {=SUM(N($C$5:$H$5=TRANSPOSE(C8:H8)))})

중복 데이터에서 고유 항목 개수 세기

대량의 데이터를 다루다 보면 중복 데이터가 쌓이기 마련입니다. 이런 경우 고유한 항목 개수를 세야하는 상황이 생기는데, 엑셀에는 고유 항목 개수를 세는 함수가 없어 여러 번 수식을 사용해 중복 값을 확인해야 합니다. 그런 과정을 생략하고 바로 고유 항목 개수를 세려면 배열 수식을 사용합니다. 하나또는 여러 개의 조건이 모두 일치하는 경우의 고유 항목 개수를 세는 배열 수식 작성 방법에 대해 알아보겠습니다.

예제 파일 PART 03 \ CHAPTER 10 \ 집계−고유 항목.xlsx

자주 사용하는 수식 패턴

고유 항목 세기 (단일 조건)

=SUM(1/COUNTIF(중복 범위, 중복 범위))

* **중복 범위** : 중복 데이터가 입력된 데이터 범위

[Ctrl] + [Shift] + [Enter]

고유 항목 세기 (다중 조건)

=SUM(1/COUNTIFS(중복 범위1, 중복 범위1, 중복 범위2, 중복 범위2, …))

* **중복 범위** : 중복 데이터가 입력된 데이터 범위

[Ctrl] + [Shift] + [Enter]

01 예제 파일의 H6셀에는 다음 수식이 입력되어 있습니다. 왼쪽 표의 고객 업체가 몇 개인지 세는 수식입니다. 아래 표에 중복을 배제한 업체 수를 구해보겠습니다.

H6셀 : =COUNTA(B6:B14)

	A	B	C	D	E	F	G	H	I
H6				f_x =COUNTA(B6:B14)					
1									
2					**고객 대장**				
3									
5		회사명	담당자	전화번호	주소		조건	업체수	
6		하나무역 ㈜	김연두	02-575-5776	서울 종로구 동망산길		전체 업체	9	
7		선우테크 ㈜	조고운	02-681-6889	서울 도봉구 마들로11길				
8		㈜ 스마트	김영광	02-989-9889	서울 마포구 동교로51길				
9		열린교역 ㈜	조다운	032-576-4568	인천 연수구 비류대로347번길		고유 업체		
9							조건	업체수	
10		경남교역 ㈜	현주원	070-3292-3778	인천 남구 주안로		회사명 일치		
11		하린 ㈜	채연주	02-2522-5234	서울 동대문구 한천로		전화번호/주소 일치		
12		리오산업 ㈜	유우주	02-851-2954	서울 서초구 사평대로6길				
13		상일P&G ㈜	박민	02-575-5776	서울 종로구 동망산길				
14		선우테크 ㈜	김민주	02-681-6889	서울 서대문구 가좌로				
15									

02-1 고유 항목 개수를 세는 함수는 없으므로, 배열에 회사 수를 세어 중복을 배제할 수 있도록 합니다. H10셀에 다음 수식을 작성합니다.

H10셀 : =COUNTIF(B6:B14, B6:B14)

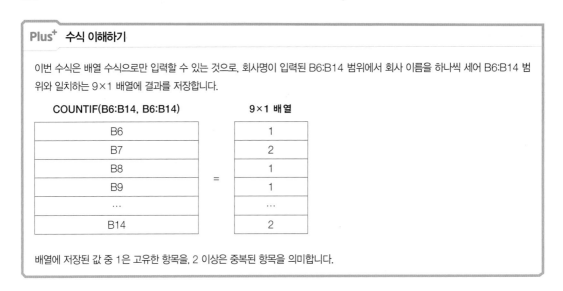

TIP 아직 수식이 완성되지 않았으므로 **02-3** 과정까지 진행한 후에 수식을 입력합니다.

Plus⁺ 수식 이해하기

이번 수식은 배열 수식으로만 입력할 수 있는 것으로, 회사명이 입력된 B6:B14 범위에서 회사 이름을 하나씩 세어 B6:B14 범위와 일치하는 9×1 배열에 결과를 저장합니다.

COUNTIF(B6:B14, B6:B14)   9×1 배열

B6
B7
B8
B9
…
B14

=

1
2
1
1
…
2

배열에 저장된 값 중 1은 고유한 항목을, 2 이상은 중복된 항목을 의미합니다.

02-2 배열에 저장된 값 중 중복이 하나로 처리되도록 하려면 배열 내 값으로 1을 나누는 연산을 합니다. H10셀의 수식을 다음과 같이 수정합니다.

H10셀 : =1/COUNTIF(B6:B14, B6:B14)

배열에 저장된 값으로 1을 나누게 하면, 고유한 항목은 1/1이므로 한 개로 처리되고, 중복된 항목은 1/2, 1/2이므로 더해야 한 개로 처리됩니다. 이처럼 수식을 조정하면 배열의 값이 오른쪽 표와 같이 변화됩니다.

수식에서 중복이 발생했을 때 이를 한 개로 처리하기 위해 많이 사용하는 계산 방법으로, 여러 상황에서 활용할 수 있으므로 잘 알아두는 것이 좋습니다.

9×1 배열

1/1
1/2
1/1
1/1
…
/2

02-3 SUM 함수를 사용해 배열에 저장된 값을 더하겠습니다. H10셀의 수식을 다음과 같이 완성하고 Ctrl + Shift + Enter 키를 눌러 입력합니다.

H10셀 : =SUM(1/COUNTIF(B6:B14, B6:B14))

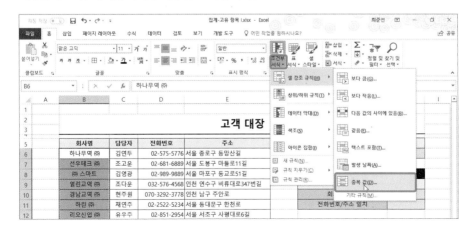

TIP H10셀에는 H6셀보다 한 개 적은 값이 반환됩니다. 이는 중복된 업체가 하나 있다는 의미입니다.

03 중복된 값을 확인하겠습니다. B6:B14 범위를 선택하고 [홈] 탭-[스타일] 그룹-[조건부 서식] 명령 내 [셀 강조 규칙]-[중복 값] 메뉴를 선택합니다.

04 '중복 값' 대화상자가 표시되고, B6:B14 범위의 중복 값에 별도의 서식이 적용됩니다. 〈확인〉 버튼을 클릭합니다.

> **TIP** B6:B14 범위에 표시된 서식은 기본 서식이며, 다른 서식을 지정하려면 '중복 값' 대화상자의 [적용할 서식] 콤보상자에서 [사용자 지정 서식]을 선택하고 원하는 서식을 설정합니다.

05 이번에는 H11셀에 전화번호와 주소가 모두 동일한 경우를 중복 조건으로 하는 고유 항목 수를 구해 보겠습니다. H11셀에 다음 수식을 작성하고 Ctrl + Shift + Enter 키를 눌러 입력하면 H11셀에 8이 반환됩니다.

H11셀 : =SUM(1/COUNTIFS(D6:D14, D6:D14, E6:E14, E6:E14))

Plus⁺ 수식 이해하기

이번 수식이 02 과정의 고유 항목 세는 수식과 다른 부분은 COUNTIF 함수 대신 COUNTIFS 함수를 사용했다는 점입니다. 이번 수식에서 COUNTIFS 함수를 사용할 때 생성되는 9×1 배열에는 다음과 같은 값이 순서대로 계산되어 최종 결과가 반환됩니다.

COUNTIFS(…)	1/❶	SUM(❷)
2	1/2	
1	1/1	
1	1/1	
1	1/1	8
…	…	
2	1/2	
1	1/1	
❶	❷	

이런 방법은 조건이 추가되었다는 점만 다르고 기존 계산 방법과 동일합니다.

---

06 D6:E14 범위를 선택하고 **03~04** 과정과 같은 방법으로 조건부 서식을 이용해 중복 데이터 위치를 표시합니다. 전화번호가 중복되는 것은 두 건이고, 주소까지 동일한 것은 한 건이라는 것을 확인할 수 있습니다.

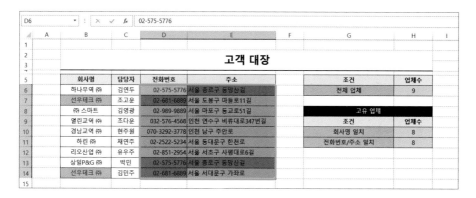

Plus⁺ 작업 이해하기

조건부 서식을 적용하면 D6:E6 범위와 D13:E13 범위 내 값이 모두 일치하는 것을 알 수 있습니다. D7셀과 D14셀의 전화번호도 동일하지만 주소가 동일하지 않으므로 이번 수식에서는 중복으로 처리되지 않습니다. 즉 전체 업체 수는 9이고, 중복된 업체 수는 1이므로 반환 값인 8이 맞는 것을 알 수 있습니다.

SUMIF 함수로
3차원 참조 사용하기

배열 수식

207

엑셀은 여러 시트에서 동일한 위치의 셀을 간편하게 집계할 수 있도록 3차원 참조 방식을 지원합니다.
다만 3차원 참조를 이용할 수 있는 함수는 제한적입니다. 예를 들어 SUM 함수는 3차원 참조를 지원하
지만 SUMIF와 같이 사용자가 조건을 지정할 수 있는 함수들은 3차원 참조를 사용할 수 없습니다. 이
런 경우 배열 수식을 이용해 3차원 참조 방식으로 여러 시트의 데이터를 한 번에 집계할 수 있습니다.

예제 파일 PART 03 \ CHAPTER 10 \ 집계-3차원참조.xlsx

자주 사용하는 수식 패턴

3차원 참조 사용 SUMIF 함수 계산

=SUM(SUMIF(INDIRECT("'" & 시트 이름 & "'range"), criteria, INDIRECT("'" &
시트 이름 & "'sum_range")))

Ctrl + Shift + Enter

* **시트 이름** : 참조할 시트의 이름이 입력된 데이터 범위
* range, criteria, sum_range 인수의 사용 방법은 SUMIF 함수와 동일하지만 range, sum_range는 주소를 텍스트 값으로
입력해야 합니다.

01 예제 파일의 'sample' 시트에는 다음과 같은 표가 있습니다. 각 영업사원별 매출을 '1월', '2월', '3월'
시트에서 모두 더해 1사분기 매출 실적을 집계해보겠습니다.

02 시트 탭에서 '1월', '2월', '3월' 탭을 선택해 영업사원의 월별 매출을 확인합니다. 월별 시트의 매출이 모두 순위대로 나열되어 있어서 참조할 영업사원 위치가 일정하지 않습니다.

03 만약 모든 시트의 영업사원 데이터가 같은 위치에 있다면 3차원 참조를 사용해 1사분기 매출 실적을 집계할 수 있습니다. E6셀에 다음 수식을 입력합니다.

E6셀 : =SUM('1월:3월'!D6)

Plus⁺ 수식 이해하기

연속된 여러 시트 내 동일한 셀(또는 범위)을 참조하는 방법을 '3차원 참조'라고 합니다. 이번 수식은 '1월', '2월', '3월' 시트의 모든 D6셀을 더합니다. 다만 이런 3차원 참조는 SUM, COUNT, COUNTA, AVERAGE와 같이 조건을 설정하지 않는 함수에서만 사용할 수 있습니다.

---

04 영업사원 이름 위치에 따라 매출을 집계하기 위해 SUMIF 함수를 사용하겠습니다. E6셀의 수식을 다음과 같이 수정합니다. 그러면 #VALUE! 오류가 반환됩니다.

E6셀 : =SUMIF('1월:3월'!C6:C14, D6, '1월:3월'!D6:D14)

TIP SUMIF 함수와 같이 사용자가 조건을 설정할 수 있는 함수는 3차원 참조를 사용할 수 없습니다.

05 배열 수식을 사용해 SUMIF 함수에서 3차원 참조를 이용할 수 있도록 하겠습니다. 먼저 참조할 시트 이름을 B6:B8 범위에 **1월, 2월, 3월**순으로 입력합니다.

06 입력한 시트 이름을 참조해 계산하도록 INDIRECT 함수를 사용하겠습니다. E6셀의 수식을 다음과 같이 변경하고 Ctrl + Shift + Enter 키를 눌러 입력합니다.

E6셀 : =SUMIF(INDIRECT(**"'"** & $B$6:$B$8 & **"'!C6:C14"), D6, INDIRECT(**"'"** & $B$6:$B$8 & **"'!D6:D14")**)**

Plus⁺ 수식 이해하기

이번 수식은 **04** 과정의 수식에서 사용한 SUMIF 함수의 첫 번째와 세 번째 인수 부분에 INDIRECT 함수를 사용한 것입니다. 변경된 부분은 다음과 같습니다.

'1월:3월'!C6:C14 → INDIRECT("'" & $B$6:$B$8 & "'!C6:C14")
'1월:3월'!D6:D14 → INDIRECT("'" & $B$6:$B$8 & "'!D6:D14")

즉, '1월:3월' 시트 이름 부분을 INDIRECT 함수를 사용해 B6:B8 범위에서 참조해오고 있습니다. 이렇게 구성된 수식을 배열 수식으로 입력하면 세 시트의 결과가 3×1 행렬 크기의 배열에 저장됩니다.

SUMIFS(❶,	❷,	❸)	3×1 배열
'1월'!C6:C14		'1월'!D6:D14	8,310,530
'2월'!C6:C14	D6	'2월'!D6:D14	= 5,069,455
'3월'!C6:C14		'3월'!D6:D14	27,518,180

다만, 배열에 저장된 값을 추가로 처리하는 부분이 없으므로 첫 번째 시트의 결과만 셀에 반환됩니다. 이번 수식에서 반환된 E6 셀의 값은 '1월' 시트에 있는 '김민준' 직원의 매출과 동일합니다.

	A	B	C	D	E
1					
2		**1월 영업사원 매출**			
3					
5		순위	영업사원	매출	
6		1등	박지훈	16,911,100	
7		2등	박현우	14,259,905	
8		3등	최서현	9,564,610	
9		4등	이서연	8,990,930	
10		5등	유준혁	8,656,740	
11		6등	김민준	8,310,530	
12		7등	오서윤	7,585,100	

07 배열 내 값을 모두 더한 값이 반환되도록 E6셀의 수식을 다음과 같이 변경하고 `Ctrl` + `Shift` + `Enter` 키를 눌러 입력한 후 E6셀의 채우기 핸들(⊞)을 E14셀까지 드래그해 복사합니다.

E6셀 : =SUM(SUMIF(INDIRECT("'" & $B$6:$B$8 & "'!C6:C14"), D6, INDIRECT("'" & $B$6:$B$8 & "'!D6:D14")))

E6				fx	{=SUM(SUMIF(INDIRECT("'" & $B$6:$B$8 & "'!C6:C14"), D6, INDIRECT("'" & $B$6:$B$8 & "'!D6:D14")))}							
	A	B	C	D	E	F	G	H	I	J	K	L
1												
2		**SUMIF 함수 - 3차원 참조**										
3												
5		집계시트		영업사원	매출							
6		1월		김민준	40,898,165							
7		2월		박지훈	58,644,640							
8		3월		박현우	43,834,195							
9				오서윤	16,423,545							
10				유준혁	40,748,340							
11				이서연	45,839,860							
12				이은서	9,346,320							
13				정시우	18,227,915							
14				최서현	27,741,915							
15												

Plus⁺ 수식 이해하기

이 방법을 이용하면 SUMIF 함수와 같이 3차원 참조를 사용하지 못하는 함수로 3차원 참조를 이용해 원하는 결과를 얻을 수 있어 매우 편리합니다. 하지만, 정확하게 3차원 참조를 이용하는 것은 아니므로 '1월'부터 '3월' 시트 사이에 다른 시트를 삽입해도 E6:E14 범위에 입력해놓은 수식은 해당 시트의 데이터를 자동으로 인식하지 못합니다.

항상 B6:B8 범위에 입력된 시트만 집계할 수 있으므로 해당 범위 내 시트 이름을 변경하는 작업을 진행해야 합니다. 집계할 시트가 변동되는 경우가 많다면, B5:B8 범위를 엑셀 표로 등록한 후 구조적 참조 구문을 사용하도록 수식을 변경하는 것이 좋습니다.

LINK 엑셀 표 등록하는 방법은 'No. 055 엑셀 표로 변환하기'(139쪽)에서, 구조적 참조를 사용하는 방법은 'No. 059 계산된 열과 구조적 참조 이해하기'(150쪽)에서 자세히 설명합니다.

필터로 화면에 표시된 데이터에 추가 조건 설정해 집계하기

208

자동 필터를 이용하면서 화면에 표시된 데이터에 COUNTIF, SUMIF 등의 함수를 사용해 추가 조건에 맞는 데이터만 따로 집계하고 싶은 경우가 있습니다. 이때 COUNTIF, SUMIF 등의 함수는 화면에 표시된 데이터만 집계하는 방법이 제공되지 않아 사용하기 어렵고, SUBTOTAL, AGGREGATE 함수는 화면에 표시된 데이터만 집계할 수는 있지만 추가 조건을 설정할 수 없습니다. 그러므로 이런 경우에는 별도의 배열 수식을 사용해 원하는 결과를 집계하는 방법을 사용합니다.

\ 예제 파일 PART 03 \ CHAPTER 10 \ 집계-필터.xlsx

자주 사용하는 수식 패턴

필터로 추출된 데이터에 추가 조건 설정

**=SUM(SUBTOTAL(함수 번호, OFFSET(시작 셀, ROW(집계 범위)−ROW(시작 셀),0))
*(조건 범위=확인 조건))**

Ctrl + Shift + Enter

* **함수 번호** : SUBTOTAL 함수에서 집계하려는 함수 번호(447쪽 참고)
  103, 3은 COUNTIF 함수
  109, 9는 SUMIF 함수를 대체하려고 할 때 사용
* **집계 범위** : SUBTOTAL 함수에서 집계하려는 대상 범위
* **시작 셀** : **집계 범위** 내 첫 번째 셀
* **조건 범위** : 추가 조건을 설정할 대상 범위
* **확인 조건** : **조건 범위**에서 확인할 조건

01 예제 파일을 열고 아래 표에 필터를 설정하고 화면에 표시된 데이터에 추가 조건을 설정해 데이터를 요약해보겠습니다.

A	B	C	D	E	F	G
	요약	영업부	인사부	총무부		
	부서 ▼	이름 ▼	직위 ▼	급여 ▼	순위 ▼	
	영업부	박지훈	부장	6,444,000		
	영업부	유준혁	과장	4,438,000		
	영업부	이서연	대리	3,566,000		
	영업부	김민준	사원	2,480,000		
	영업부	최서현	사원	2,680,000		
	영업부	박현우	사원	2,668,000		
	인사부	이은서	과장	3,950,000		
	인사부	오서윤	대리	3,350,000		
	인사부	허영원	사원	2,480,000		
	인사부	구현상	사원	2,580,000		
	총무부	천보람	과장	3,950,000		
	총무부	홍다림	대리	3,335,000		
	총무부	강민영	사원	2,480,000		
	총무부	정다정	사원	2,480,000		
	총무부	김상아	사원	2,530,000		

02 자동 필터를 이용해 데이터를 제한
한 후 개수를 세어보겠습니다. D5셀의 아
래 화살표를 클릭해 '사원'만 선택하고 C3
셀에 다음 수식을 입력해 화면에 표시된
직원 이름을 셉니다.

C3셀 : =SUBTOTAL(103, 이름)

C3				fx	=SUBTOTAL(103, 이름)	
	A	B	C	D	E	F	G
1							
2		요약	영업부	인사부	총무부		
3			8				
4							
5		부서	이름	직위	급여	순위	
9		영업부	김민준	사원	2,480,000		
10		영업부	최서현	사원	2,680,000		
11		영업부	박현우	사원	2,668,000		
14		인사부	허영원	사원	2,480,000		
15		인사부	구현상	사원	2,580,000		
18		총무부	강민영	사원	2,480,000		
19		총무부	정다정	사원	2,480,000		
20		총무부	김상아	사원	2,530,000		

03-1 배열을 이용해 계산하도록 SUBTOTAL 함수의 두 번째 인수 범위를 다음과 같이 변경합니다.

C3셀 : =SUBTOTAL(103, OFFSET(C6, ROW(이름)–ROW(C6), 0))

SUM				fx	=SUBTOTAL(103, OFFSET(C6, ROW(이름)-ROW(C6), 0))	
	A	B	C	D	E	F	G
1							
2		요약	영업부	인사부	총무부		
3			ROW(C6), 0))				
4							
5		부서	이름	직위	급여	순위	
9		영업부	김민준	사원	2,480,000		
10		영업부	최서현	사원	2,680,000		
11		영업부	박현우	사원	2,668,000		
14		인사부	허영원	사원	2,480,000		
15		인사부	구현상	사원	2,580,000		
18		총무부	강민영	사원	2,480,000		
19		총무부	정다정	사원	2,480,000		
20		총무부	김상아	사원	2,530,000		

TIP 아직 수식이 완성되지 않았으므로 **03-2** 과정까지 진행한 후에 수식을 입력합니다.

SUBTOTAL 함수는 조건을 추가할 수 없으므로, 기존 수식을 배열을 이용하도록 변경하면 배열 수식의 범위 연산을 통한 조건을 추가할 수 있습니다. 이번 수식은 기존 수식의 **이름** 부분을 OFFSET 함수로 변경한 것입니다.

이번 수식을 제대로 이해하려면 먼저 **ROW(이름)−ROW(C6)** 부분을 제대로 이해해야 합니다. 다음과 같은 과정으로 계산이 이뤄집니다.

ROW(이름)		ROW(C6)		15×1 배열		OFFSET(C6, ❶, 0)		SUBTOTAL(103, ❷)
6				0		C6		0
7				1		C7		0
8				2		C8		0
9	+	6	=	3		C9		1
10				4		C10		1
…				…		…		…
2				14		C20		1
				❶		❷		

위 다이어그램을 보면 이해할 수 있듯이 **ROW(이름)−ROW(C6)**은 15x1 크기의 배열에 0~14까지의 번호를 반환받기 위한 것으로, 이렇게 하면 참조 범위 내 셀을 하나씩 배열 내에서 참조할 수 있습니다. 그러면 SUBTOTAL 함수로 전체 범위가 아니라 범위 내 셀을 하나씩 집계할 수 있도록 할 수 있습니다. SUBTOTAL 함수는 COUNTA 함수를 사용하도록 103번 함수 번호를 사용했으므로, 화면에 표시된 셀은 1, 화면에 표시되지 않은 셀은 0이 반환되며, 이 값이 배열 내에 저장됩니다.

참고로 **ROW(이름)−ROW(C6)** 부분은 다음과 같은 수식으로 대체할 수 있습니다.

=ROW(INDIRECT("1:" & COUNTA(이름)))−1

LINK 이런 패턴은 'No. 213 동일한 구분 문자가 여러 개일 때 마지막 구분 문자의 좌/우 자르기'(746쪽)에 계산 과정이 자세히 설명되어 있습니다. **ROW(범위)−ROW(첫 번째 셀)**과 함께 자주 사용되는 패턴이므로 잘 알아둘 것을 권합니다.

03-2 배열 내 값을 모두 더해 **02**에서 사용한 수식과 동일한 결과가 반환되는지 확인합니다. C3셀의 수식을 다음과 같이 수정하고 Ctrl + Shift + Enter 키를 눌러 입력합니다.

C3셀 : =SUM(SUBTOTAL(103, OFFSET(C6, ROW(이름)−ROW(C6), 0)))

	A	B	C	D	E	F	G
			fx	{=SUM(SUBTOTAL(103, OFFSET(C6, ROW(이름)−ROW(C6			
1							
2		요약	영업부	인사부	총무부		
3			8				
4							
5		부서	이름	직위	급여	순위	
9		영업부	김민준	사원	2,480,000		
10		영업부	최서현	사원	2,680,000		
11		영업부	박현우	사원	2,668,000		
14		인사부	허영원	사원	2,480,000		
15		인사부	구현상	사원	2,580,000		
18		총무부	강민영	사원	2,480,000		
19		총무부	정다정	사원	2,480,000		
20		총무부	김상아	사원	2,530,000		

SUM 함수를 사용했으므로 배열 내 값이 모두 더해지며, 수식의 결과는 **02** 과정의 수식과 정확하게 동일한 8을 반환합니다. 이 것은 현재 화면에 표시된 데이터 중에서 '이름' 열에 입력된 셀 개수를 센 것으로, 이렇게 하면 배열을 이용해서 같은 결과를 얻을 수 있다는 것을 알 수 있습니다.

04 배열 수식에 조건을 추가해 각 부서의 '사원' 직원 수를 세겠습니다. C3셀의 수식을 다음과 같이 수정하고 Ctrl + Shift + Enter 키를 눌러 입력한 후 C3셀의 채우기 핸들을 E3셀까지 드래그해 복사합니다.

C3셀 : =SUM(SUBTOTAL(103, OFFSET($C$6, ROW(이름)−ROW($C$6), 0))*(부서=C2))

C3	▾	:	× ✓ fx	{=SUM(SUBTOTAL(103, OFFSET($C$6, ROW(이름)-ROW($C$6), 0))*(부서=C2))}						
◢	A	B	C	D	E	F	G	H	I	J
1										
2		요약	영업부	인사부	총무부					
3			3	2	3					
4										
5		부서 ▾	이름 ▾	직위 ▾	급여 ▾	순위 ▾				
9		영업부	김민준	사원	2,480,000					
10		영업부	최서현	사원	2,680,000					
11		영업부	박현우	사원	2,668,000					
14		인사부	허영원	사원	2,480,000					
15		인사부	구현상	사원	2,580,000					
18		총무부	강민영	사원	2,480,000					
19		총무부	정다정	사원	2,480,000					
20		총무부	김상아	사원	2,530,000					
21										

Plus⁺ 수식 이해하기

이번 수식은 이전 수식에서 한 가지를 변경하고 한 가지를 추가했습니다.

변경한 부분은 C6셀을 참조하는 방법으로, 수식을 C3셀에서 E3셀까지 복사했으므로 시작 셀 위치가 고정되도록 절대 참조 방식을 사용했습니다.

추가된 부분은 기존 배열에 **(부서=C2)** 조건식을 곱한 것으로, 이 부분 때문에 다음과 같이 계산됩니다.

셀 위치		15×1 배열		(부서=C2)		15×1 배열		SUM(❶)
C6		0		C6		0		
C7		1		C7		0		
C8		2		C8		0		
C9	×	3		C9	=	1		3
C10		4		C10		1		
…		…		…		…		
C20		14		C20		1		
						❶		

이렇게 배열을 이용하면 화면에 표시된 데이터에 별도의 조건을 추가 적용할 수 있습니다.

05 이번에는 각 부서의 화면에 표시된 급여 총액을 계산하도록 수식을 변경합니다. C3셀의 수식을 다음과 같이 수정하고 [Ctrl]+[Shift]+[Enter] 키를 눌러 입력한 후 C3셀의 채우기 핸들을 E3셀까지 드래그해 복사합니다.

C3 셀 : =SUM(SUBTOTAL(109, OFFSET($E$6, ROW(급여)−ROW($E$6), 0)*(부서=C2))

	A	B	C	D	E	F	G	H	I	J
			{=SUM(SUBTOTAL(109, OFFSET($E$6, ROW(급여)-ROW($E$6), 0))*(부서=C2))}							
1										
2		요약	영업부	인사부	총무부					
3			7,828,000	5,060,000	7,490,000					
4										
5		부서 ▽	이름 ▽	직위 ▼	급여 ▽	순위 ▽				
9		영업부	김민준	사원	2,480,000					
10		영업부	최서현	사원	2,680,000					
11		영업부	박현우	사원	2,668,000					
14		인사부	허영원	사원	2,480,000					
15		인사부	구현상	사원	2,580,000					
18		총무부	강민영	사원	2,480,000					
19		총무부	정다정	사원	2,480,000					
20		총무부	김상아	사원	2,530,000					
21										

TIP 수식의 결과가 보기 좋게 표시되도록 C3:E3 범위에 쉼표 스타일(▾)을 적용했습니다.

Plus⁺ 수식 이해하기

이번 수식에서 변경된 것은 다음 두 가지입니다.

● 첫째, SUBTOTAL 함수의 함수 번호를 **103**(COUNTA)에서 **109**(SUM)로 변경해 개수를 세지 않고 숫자의 합계를 반환하도록 했습니다.

● 둘째, OFFSET 함수의 대상 범위를 '이름' 열에서 '급여' 열로 변경했습니다. 이전 **03~04** 과정의 수식은 '이름' 열의 데이터에서 조건에 맞는 데이터를 세어 반환하는 것이었다면 이번 수식은 '급여' 열의 숫자를 더해야 하므로 OFFSET 함수의 대상 범위가 변경됩니다.

나머지 부분은 **04** 과정과 동일하므로 **03~04** 과정의 '수식 이해하기'를 참고합니다.

---

06 이번에 각 부서의 직원 급여 순위를 구하겠습니다. [데이터] 탭-[정렬 및 필터] 그룹-[지우기] 명령(✎·)을 클릭해 데이터를 모두 표시합니다. 그런 다음, F6셀에 다음 수식을 작성하고 [Ctrl]+[Shift]+[Enter] 키를 눌러 입력한 후 F6셀의 채우기 핸들을 F20셀까지 드래그해 복사합니다.

F6셀 : =SUM(SUBTOTAL(103, OFFSET($E$6, ROW(급여)−ROW($E$6), 0)*(급여>E6))+1

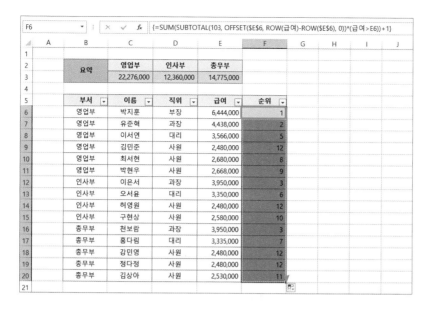

SUBTOTAL 함수는 순위를 구하는 RANK 함수의 역할을 대신 할 수 없습니다. 다만 순위는 개수를 세는 방법과 동일하므로 COUNTIF 함수처럼 동작하도록 하기 위해 다음과 같이 구성하였습니다.

● 첫째, SUBTOTAL 함수의 첫 번째 인수인 **함수 번호**를 **103**으로 설정해 개수를 세도록 합니다.
● 둘째, OFFSET 함수는 '급여' 범위(E열)를 대상으로 작업하도록 구성합니다.
● 셋째, '급여' 범위에서 내 급여(E6)보다 큰 값을 갖는 셀의 개수를 셉니다.

순위는 기본적으로 범위 내에서 내 값보다 큰 값의 개수를 세어 1을 더하는 연산을 해 구하면 되므로, 이렇게 하면 조건에 맞는 화면에 표시된 데이터의 순위를 구할 수 있습니다.

07 원하는 조건만 화면에 표시할 경우에도 순위가 제대로 표시되는지 확인합니다. D5셀의 아래 화살표 단추를 클릭하여 '사원' 데이터만 화면에 표시한 후 F열의 순위를 확인하면 화면에 표시된 데이터에 맞게 순위가 조정된 것을 알 수 있습니다.

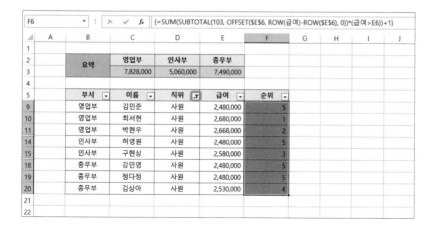

매출이 증가 추세인지
감소 추세인지 표시하기

209

지난 10년 동안의 매출이 전체적으로 증가하고 있는지 감소하고 있는지 판단하려면 회귀 분석의 선형 추세로 구분하거나, 매출 증감 횟수나 금액 등을 이용할 수 있습니다. 이런 방법은 각각 장단점이 있으므로 상황에 맞게 사용할 수 있어야 합니다. 여기에서는 배열수식을 이용해 증가와 감소 추세를 구분하는 몇 가지 방법에 대해 알아보겠습니다.

\ **예제 파일** PART 03 \ CHAPTER 10 \ 집계-증감.xlsx

자주 사용하는 수식 패턴

증감 횟수의 합계

=SUM(N((다음 범위-이전 범위)>0))

Ctrl + Shift + Enter

* **다음 범위** : 판단할 데이터 범위의 두 번째 셀부터 마지막 셀까지의 범위로, 범위가 A1:A10이면 **다음 범위**는 A2:A10 범위입니다.
* **이전 범위** : 판단할 데이터 범위 내 첫 번째 셀부터 마지막 바로 이전 셀까지의 범위로, 범위가 A1:A10이면 **이전 범위**는 A1:A9 범위입니다.

위 수식은 증가 횟수를 집계하므로, 감소 횟수를 집계하려면 **>0**을 **<0**으로 변경합니다.

증감액 합계

=SUM(IF(다음 범위-이전 범위>0, 다음 범위-이전 범위))

Ctrl + Shift + Enter

* **다음 범위** : 판단할 데이터 범위의 두 번째 셀부터 마지막 셀까지의 범위로, 범위가 A1:A10이면 **다음 범위**는 A2:A10 범위입니다.
* **이전 범위** : 판단할 데이터 범위 내 첫 번째 셀부터 마지막 바로 이전 셀까지의 범위로, 범위가 A1:A10이면 **이전 범위**는 A1:A9 범위입니다.

위 수식은 증감액 합계를 집계하므로, 감소액 합계를 집계하려면 **>0**을 **<0**으로 변경합니다.

선형 추세의 기울기로 증감 판단

=IF(SLOPE(범위, ROW(범위)-ROW(첫 번째 셀)+1)>0, "상승", "하락")

Ctrl + Shift + Enter

* **범위** : 판단하려는 데이터 범위
* **첫 번째 셀** : 범위 내 첫 번째 셀

새 함수

SLOPE (**①** Y축 범위, **②** X축 범위)

두 데이터 간 선형 회귀선(y=mx+b)의 기울기(m)를 반환합니다.

인수	**①** Y축 범위 : 차트의 y축에 해당하는 데이터 범위입니다. **②** X축 범위 : 차트의 x축에 해당하는 데이터 범위입니다.
사용 예	**=SLOPE(B1:B10, A1:A10)** B1:B10 범위와 A1:A10 범위의 선형 추세

01 예제 파일의 B:C열에는 연도별 매출이 입력되어 있습니다. 전체 기간 동안 매출이 증가 추세인지 감소 추세인지 몇 가지 집계 작업을 통해 결과를 알아보겠습니다.

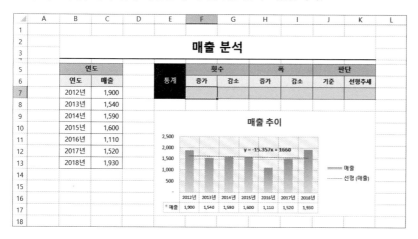

Plus 예제 살펴보기

이번 예제에서 차트에 표시된 빨간색 점선은 차트의 추세선을 이용해 선형 추세선을 삽입한 것이고, **y=−15.357x+1660** 방정식은 선형 추세선을 그릴 때 사용된 방정식을 추세선 서식 옵션으로 추가한 것입니다. 추세선은 데이터 계열의 추이를 살펴볼 때 유용하게 사용할 수 있는 도구로, 추세선 모양만 보면 아직 매출이 하락 추세라는 것을 확인할 수 있습니다. 다만 추세선이 항상 올바른 결과를 반환하는 것은 아니므로, 판단의 참고 자료로 사용할 수 있도록 예제에 추가해놓은 것입니다.

02 먼저 전체 기간 중에서 매출이 증가된 횟수를 세어보겠습니다. F7셀에 다음 수식을 작성하고 Ctrl + Shift + Enter 키를 눌러 입력합니다.

F7셀 : =SUM(N((C8:C13−C7:C12)>0))

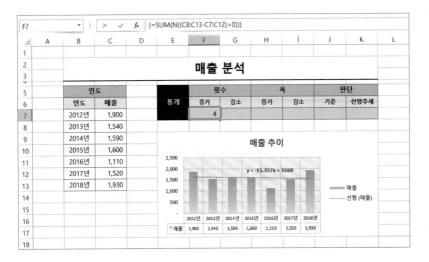

Plus⁺ 수식 이해하기

2012년부터 2018년까지 매출이 몇 번 증가했는지 세기 위한 수식입니다. 증감 값을 따로 구하지 않았으므로, 배열에 증감 값을 저장해놓고 0보다 큰 값이 몇 번 나왔는지 확인합니다.

C8:C13−C7:C12	❶>0	N(❷)	SUM(❸)
-360	FALSE	0	
50	TRUE	1	
10	TRUE	1	
-490	FALSE	0	4
410	TRUE	1	
410	TRUE	1	
❶	❷	❸	

증감 값을 구하려면 다음 연도에서 이전 연도를 빼야 하므로 **C8:C13−C7:C12**와 같이 범위 연산을 하는 것이 이번 수식의 핵심입니다. 이번 수식에서 N 함수는 논리 값을 숫자로 변환하기 위한 것이므로 음수 연산자를 두 번 사용하여 다음과 같이 변환할 수 있습니다.

=SUM(−−(C8:C13−C7:C12>0))

또한 SUM 함수 역시 SUMPRODUCT 함수를 사용해 Ctrl + Shift + Enter 키 대신 Enter 키로 수식을 입력할 수 있습니다.

03 전체 기간에서 매출이 감소된 횟수를 세어보겠습니다. G7셀에 다음 수식을 작성하고 Ctrl + Shift + Enter 키를 눌러 입력합니다.

G7셀 : =SUM(N((C8:C13−C7:C12)<0))

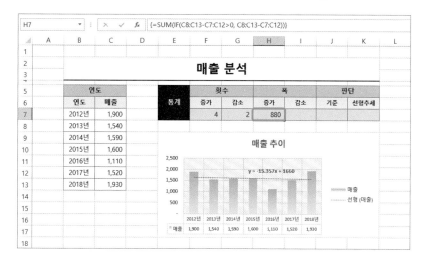

> **Plus⁺ 수식 이해하기**
>
> 이번 수식은 **02** 과정에서 사용한 수식과 동일하므로 해당 과정의 '수식 이해하기'를 참고합니다. 이렇게 배열 수식을 이용해 매출의 증감 횟수를 확인할 수 있습니다. 다만 F7:G7 범위에 반환된 값을 보면 증가 4회, 감소 2회로 매출이 증가된 횟수가 더 많은 것을 알 수 있습니다. 이 결과만 보면 매출이 증가 추세에 있다고 얘기할 수 있지만, 차트를 보면 매출이 증가 추세에 있다고 표현하기에는 애매한 부분이 있습니다.

04 매출의 증감액 합계를 구해보겠습니다. 먼저 증가액 합계를 구하기 위해 H7셀에 다음 수식을 작성하고 Ctrl + Shift + Enter 키를 눌러 입력합니다.

H7셀 : =SUM(IF(C8:C13−C7:C12>0, C8:C13−C7:C12))

Plus⁺ 수식 이해하기

2012년부터 2018년까지 매출이 증가된 액수를 모두 합하기 위한 수식입니다. 기본 원리는 **02** 과정과 동일하므로, 해당 설명을 참고하면 배열 수식이 어떻게 계산되는지 이해할 수 있을 것입니다.

이번 수식은 다음과 같이 곱셈 연산을 사용하는 수식으로 변경할 수 있습니다.

=SUM(((C8:C13−C7:C12)>0)*(C8:C13−C7:C12))

C8:C13−C7:C12>0		C8:C13−C7:C12		6×1 배열	SUM(**①**)
FALSE		-360		0	
TRUE		50		50	
TRUE	×	10	=	10	880
FALSE		-490		0	
TRUE		410		410	
TRUE		410		410	
				①	

이처럼 다양한 변형 수식을 생각해보면 배열 수식을 이해하고 활용하는 데 많은 도움이 됩니다.

05 매출의 감소액 합계를 구합니다. I7셀에 다음 수식을 작성하고 Ctrl + Shift + Enter 키를 눌러 입력합니다.

I7셀 : =SUM(IF(C8:C13−C7:C12<0, C8:C13−C7:C12))

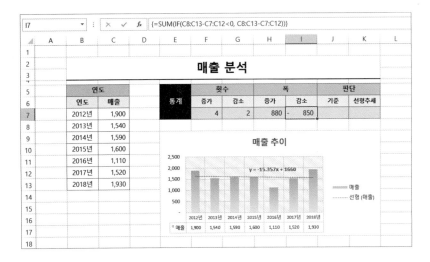

Plus⁺ 수식 이해하기

이번 수식은 **04** 과정에서 사용한 수식과 동일하므로 해당 과정의 '수식 이해하기'를 참고합니다. H7:I7 범위에 계산된 값을 보면 매출 증가액은 880이고 감소액은 −850입니다. 이것만 보면 매출이 소폭 증가하고 있다고 판단할 수 있습니다.

06 매출 증감액 총액으로 매출의 상승/하락을 판단하려면 J7셀에 다음 수식을 입력합니다.

J7셀 : =IF(H7>ABS(I7), "상승", "하락")

Plus⁺ 수식 이해하기

이번 수식은 매출의 상승/하락을 판단하기 위한 것으로, H7셀과 I7셀의 값을 비교해야 합니다. I7셀은 음수 금액이 될 수밖에 없으므로 ABS 함수를 사용해 양수로 변환한 후에 비교합니다. 이번 수식을 보면 매출 증가액이 감소액보다 소폭 높으므로 매출은 상승하고 있다고 판단합니다.

---

07 차트의 추세선에 표시된 기울기 값으로 상승/하락을 판단하겠습니다. 먼저 선형 추세의 기울기 값을 얻기 위해 K7셀에 다음 수식을 입력합니다. 반환된 값은 차트의 추세선에 표시된 방정식의 기울기 값과 동일합니다.

K7셀 : =SLOPE(C7:C13, ROW(C7:C13)−ROW(C7)+1)

선형 추세선은 **y=mx+b** 방정식으로 그려집니다. m은 SLOPE 함수로 반환받을 수 있습니다. 이번 수식에서 SLOPE 함수의 첫 번째 인수는 **C7:C13** 범위로, 차트로 치면 y축의 값입니다. 이 부분은 이해하기 어렵지 않지만, 두 번째 인수인 **ROW(C7:C13)-ROW(C7)+1**은 잘 이해되지 않을 것입니다. 차트의 x축에는 2012년~2018년 항목이 표시되는데, 이 값은 숫자가 아니므로 이런 경우 회귀 분석은 x축 값으로 일련번호를 사용합니다. **ROW(C7:C13)-ROW(C7)+1**은 일련번호를 얻기 위해 사용한 부분으로, 다음과 같은 계산 과정을 거쳐 7×1 배열에 일련번호를 반환합니다.

ROW(C7:C13)		ROW(C7)		7×1 배열		❶+1
7				0		1
8				1		2
9	−	7	=	2		3
10				3		4
…				…		…
13				6		7
				❶		

이런 계산 방법은 배열을 이용하는데, 이번 수식은 Enter 키를 눌러 입력했다는 점이 잘 이해되지 않을 수 있습니다. 이것은 SLOPE 함수가 SUMPRODUCT 함수처럼 자체적으로 배열을 이용할 수 있는 함수이기 때문입니다.

이 과정을 통해 선형 추세선의 기울기가 양수라면 상승 추이를, 음수라면 하락 추이라고 이해할 수 있습니다.

08 기울기 값으로 상승/하락을 판단하기 위해 K7셀의 수식을 다음과 같이 수정합니다.

K7셀 : =IF(SLOPE(C7:C13, ROW(C7:C13)-ROW(C7)+1)>0, "상승", "하락")

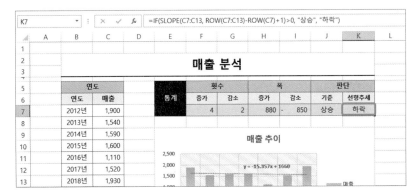

앞에서도 설명했듯이 이런 작업에서 반드시 무엇을 사용해야 한다는 법칙은 없으므로, 다양한 방법을 이용해 상승/하락을 판단할 수 있습니다. 'No. 024 연평균 성장률과 예상 실적 계산하기'(68쪽)에서 설명한 연평균 성장률을 이용해 상승/하락을 판단할 수도 있습니다. 이 값의 연평균 성장률을 구하려면 다음과 같은 수식을 사용합니다.

=RATE((2018-2012), 0, -C7, C13)

이를 계산하면 0.26% 정도가 반환되므로, 연평균 성장률로 판단하면 매출은 소폭 상승했다고 할 수 있습니다.

동일한 값이 최대 몇 번 연속됐는지 세어 표시하기

210

특정 범위에 입력된 값 중 일부 값이 몇 번 연속해서 나왔는지, 특히 가장 많이 연속된 횟수는 몇 회인지 확인해야 하는 경우가 있습니다. 이런 경우는 배열 수식을 이용하지 않으면 결과를 구하기가 쉽지 않습니다. 이런 작업은 구간 내 개수를 쉽게 확인할 수 있는 FREQUENCY 함수를 사용해 전체 범위 내 셀 개수를 확인하고 그 중에서 가장 큰 값을 반환하도록 수식을 구성합니다.

\ 예제 파일 PART 03 \ CHAPTER 10 \ 집계-연속.xlsx /

자주 사용하는 수식 패턴

최대 연속 표시 횟수

=MAX(FREQUENCY(IF(범위=연속 값, ROW(범위)), IF(범위<>연속 값, ROW(범위))))

Ctrl + Shift + Enter

* **범위** : 집계할 데이터가 입력된 범위로, 범위 내 데이터가 행 방향으로 입력되어 있다면 ROW 함수를 사용하고, 열 방향으로 입력되어 있다면 COLUMN 함수를 사용합니다.
* **연속 값** : 범위 내에서 연속되었는지 확인할 값

01 예제 파일의 R7셀에는 다음 수식이 입력되어 있습니다. R열에 입력된 수식은 C:Q열에서 '지' 값(지각)이 입력된 셀의 개수를 세어 반환합니다. 전체 지각 횟수 중에서 연속된 지각 횟수가 최대 몇 회인지 확인해보겠습니다.

R7셀 : =COUNTIF(C7:Q7, "지")

| R7 | ▼ : × ✓ ƒx | =COUNTIF(C7:Q7,"지") |

	A	B	근태현황 1	2	3	4	5	6	7	8	9	10	11	12	13	14	15	집계 지각	연속	최근일주일	U
2,3			**근 태 관 리**																		
5,6		직원																지각	연속	최근일주일	
7		박지훈			지				지	지								3			
8		유준혁																0			
9		이서연						지	지		지	지						4			
10		김민준																0			
11		최서현	지		지		지	지	지	지								6			
12		박현우																0			
13		정시우					지											1			
14		이은서											지	지				2			
15		오서윤					지											1			

02-1 연속된 횟수를 세는 함수는 없으므로 배열을 이용해 계산하겠습니다. C:Q열의 값을 숫자로 바꾸고 FREQUENCY 함수를 사용해 연속된 개수를 셉니다. S7셀에 배열 내 C:Q열의 값을 숫자로 저장하는 부분을 먼저 작성합니다.

S7셀 : =IF(C7:Q7="지", COLUMN(C7:Q7))

TIP 아직 수식이 완성되지 않았으므로 **02-3** 과정까지 진행한 후에 수식을 입력합니다.

Plus⁺ 수식 이해하기

이번 수식은 C7:Q7 범위 내 '지' 값이 입력된 위치를 숫자로 변환하기 위한 부분이므로, 개수를 셀 때 가장 빠르고 정확한 함수인 FREQUENCY 함수를 사용합니다. 이번 수식을 배열 수식으로 입력하면 다음 과정을 통해 1×15 배열 내 FALSE 값과 열 번호가 저장됩니다.

셀 위치

C7	D7	E7	F7	G7	H7	I7	J7	K7	L7	⋯	P7	Q7
			지				지	지		⋯		

IF(C7:Q7="지", COLUMN(C7:Q7))

FALSE	FALSE	FALSE	6	FALSE	FALSE	FALSE	10	11	FALSE	⋯	FALSE	FALSE

집계할 범위가 C7:Q7과 같이 열 방향 데이터이므로 COLUMN 함수를 사용해 숫자로 변환합니다. 만약 데이터가 행 방향이라면 수식의 COLUMN 함수 부분을 ROW 함수로 변경해야 합니다.

02-2 배열에 저장된 값으로 개수를 세겠습니다. FREQUENCY 함수를 사용하도록 S7셀의 수식을 다음과 같이 수정합니다.

S7셀 : =FREQUENCY(IF(C7:Q7="지", COLUMN(C7:Q7)), IF(C7:Q7<>"지", COLUMN(C7:Q7)))

TIP 아직 수식이 완성되지 않았으므로 **02-3** 과정까지 진행한 후에 수식을 입력합니다.

이번 수식을 이해하려면 FREQUENCY 함수에 대해 알아야 하고 첫 번째 인수와 두 번째 인수에 전달된 배열 내 값이 어떻게 저장되는지 이해하고 있어야 합니다.

LINK FREQUENCY 함수에 대한 설명은 'No. 114 FREQUENCY 함수로 구간별 개수 세기'(338쪽)를 참고합니다.

FREQUENCY 함수의 첫 번째 인수는 1×15 배열에 먼저 저장된 값이며, 두 번째 인수로는 '지' 값이 입력되지 않은 위치의 열 번호가 저장됩니다. 이렇게 하면 첫 번째 1×15 배열이 데이터 값이 되고 두 번째 1×15 배열이 구간의 값이 됩니다. 구간 값에서 FALSE는 모두 무시되며 구간의 값보다 작거나 같은 숫자의 개수를 세므로, FREQUENCY 함수는 세 개의 FALSE 값을 제외한 1×12 배열에 개수를 센 결과를 다음과 같이 반환합니다.

1×15 배열 ❶

FALSE	FALSE	FALSE	6	FALSE	FALSE	FALSE	10	11	FALSE	⋯	FALSE	FALSE

IF(C7:Q7<>"지", COLUMN(C7:Q7)) ❷

3	4	5	FALSE	7	8	9	FALSE	FALSE	12	⋯	16	17

FREQUENCY(❶, ❷)

0	0	0	1	0	0	2	⋯	0	0

연속된 숫자의 개수를 세려면 이처럼 FREQUENCY 함수를 사용하는 것이 가장 편리합니다.

02-3 배열에 저장된 값에서 최대값을 구하면 반복된 지각 횟수 중에서 최대로 연속 지각한 횟수를 알 수 있습니다. S7셀의 수식을 다음과 같이 완성하고 Ctrl + Shift + Enter 키를 눌러 입력한 후 S7셀의 채우기 핸들을 S15셀까지 드래그해 복사합니다.

S7셀 : =MAX(FREQUENCY(IF(C7:Q7="지", COLUMN(C7:Q7)), IF(C7:Q7<>"지", COLUMN(C7:Q7))))

| | S7 | | ✕ ✓ fx | {=MAX(FREQUENCY(IF(C7:Q7="지", COLUMN(C7:Q7)), IF(C7:Q7<>"지", COLUMN(C7:Q7))))} |

근 태 관 리

직원	근태현황															집계		
	1	2	3	4	5	6	7	8	9	10	11	12	13	14	15	지각	연속	최근일주일
박지훈			지					지	지							3	2	
유준혁																0	0	
이서연								지	지		지	지				4	2	
김민준																0	0	
최서현		지		지		지	지	지	지							6	4	
박현우																0	0	
정시우							지									1	1	
이은서													지	지		2	2	
오서윤							지									1	1	

03 최근 일주일 데이터에서의 지각 횟수를 집계하겠습니다. T7셀에 다음 수식을 입력하고 T7셀의 채우기 핸들을 T15셀까지 드래그해 복사합니다.

T7셀 : =COUNTIF(OFFSET(Q7, 0, 0, 1, −7), "지")

| T7 | | | × ✓ fx | =COUNTIF(OFFSET(Q7, 0, 0, 1, -7),"지") | | | | | | | | | | | | | | | | | | | | |

직원						근태현황												집계		
	1	2	3	4	5	6	7	8	9	10	11	12	13	14	15	지각	연속	최근일주일
박지훈			지				지	지									3	2	1
유준혁																	0	0	0
이서연								지	지		지	지					4	2	4
김민준																	0	0	0
최서현		지		지		지	지	지	지								6	4	1
박현우																	0	0	0
정시우					지												1	1	0
이은서												지	지				2	2	2
오서윤					지												1	1	0

Plus⁺ 수식 이해하기

예제에서 최근 일주일은 9일~15일입니다. 이 범위를 K9:Q9로 참조하지 않고 OFFSET 함수를 사용한 이유는 날짜 데이터가 계속 추가되는 경우에는 K9:Q9와 같이 참조할 수 없기 때문입니다. 물론 이번에 사용한 **OFFSET(Q7, 0, 0, 1, −7)**도 추가된 날짜 데이터를 자동으로 인식할 수는 없지만 OFFSET 함수를 사용하는 경우에는 다양한 변형이 가능하므로 이런 작업은 OFFSET 함수를 사용하는 것이 좋습니다.

예를 들어 이번 예제에서 마지막 날짜를 기준으로 항상 왼쪽으로 일곱 셀을 대상으로 동작해야 한다면 수식을 다음과 같이 변경할 수 있습니다.

=OFFSET(B7, 0, COUNT(6:6), 1, −7)

위 수식은 B7셀부터 열 방향으로 6행에 숫자 값이 입력된 셀 개수(15)만큼 이동(Q7셀)한 후 행 하나, 왼쪽으로 일곱 열을 포함하는 범위(K9:Q9)를 참조합니다.

위 수식을 사용하면 예제의 표에서 Q열과 R열 사이에 열을 추가하고 날짜를 16, 17, ⋯ 등으로 추가해도 정확하게 마지막 일곱 개의 근태 데이터를 대상으로 작업하도록 할 수 있습니다.

04 OFFSET 함수를 사용하면 수식이 복잡해지므로 이름을 정의해 사용하겠습니다. T7셀을 선택하고 [수식] 탭-[정의된 이름] 그룹-[이름 정의] 명령(▣)을 클릭한 후 '새 이름' 대화상자를 다음과 같이 구성하고 〈확인〉 버튼을 클릭합니다.

이름 : 최근일주일

참조 대상 : =OFFSET(Q7, 0, 0, 1, −7)

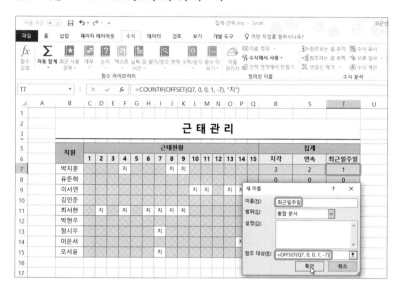

05 정의된 이름을 사용해 최근 일주일 이내 연속 지각한 최대 횟수를 구하겠습니다. T7셀의 수식을 다음과 같이 수정하고 Ctrl + Shift + Enter 키를 눌러 입력한 후 T7셀의 채우기 핸들을 T15셀까지 드래그해 복사합니다.

T7셀 : =MAX(FREQUENCY(IF(최근일주일="지", COLUMN(최근일주일)),
IF(최근일주일<>"지", COLUMN(최근일주일))))

Plus⁺ 수식 이해하기

이번 수식은 **02-3**에서 작성한 수식과 완전히 동일합니다. 집계 범위가 C7:Q7에서 **최근일주일** 이름으로 변경된 점만 다르므로 자세한 설명은 **02-1~02-3**을 참고합니다.

주민등록번호에서 성별, 연령대별 집계하기

211

주민등록번호와 같이 여러 의미를 담고 있는 값에서 필요한 정보만 집계하고 싶은 경우가 있습니다. 이런 경우에는 대부분 원하는 부분을 먼저 잘라내고 변환한 다음 조건에 맞는 값을 구분해 집계하는 방법을 사용합니다. 주민등록번호로 확인 가능한 성별과 연령대별 집계 작업을 하는 배열 수식 사용 방법에 대해 알아보겠습니다.

예제 파일 PART 03 \ CHAPTER 10 \ 편집─주민등록번호 I.xlsx

자주 사용하는 수식 패턴

주민등록번호에서 성별 집계

=SUM(N(MOD(MID(범위, 8, 1), 2)=N(성별="남")))

[Ctrl] + [Shift] + [Enter]

* **범위** : 주민등록번호가 입력된 데이터 범위로, 주민등록번호는 yymmdd-1234567 형식이어야 합니다.
* **성별** : 성별을 구분하는 값이 입력된 셀

주민등록번호에서 연령대 집계

=SUM(N(INT((YEAR(TODAY())-YEAR(TEXT(LEFT(범위, 6), "00-00-00"))+1)/10)
& "0대"=연령대))

[Ctrl] + [Shift] + [Enter]

* **범위** : 주민등록번호가 입력된 데이터 범위
* **연령대** : 10대, 20대, 30대, … 와 같은 연령대 문자열

01 예제 파일을 열고 왼쪽 표에 입력된 주민등록번호에서 성별, 연령대별 직원 수를 배열 수식을 이용해 오른쪽 표에 집계해보겠습니다.

	A	B	C	D	E	F	G	H	I
1									
2			주민등록번호로 성별, 연령대 구하기						
3									
5		사번	이름	직위	주민등록번호		성별	인원	
6		1	박지훈	부장	750219-1234567		남		
7		2	유준혁	차장	820304-1234567		여		
8		3	이서연	과장	841208-2134567				
9		4	김민준	대리	870830-1234567		연령대	인원	
10		5	최서현	주임	900919-2134567		10대		
11		6	박현우	주임	880702-1234567		20대		
12		7	정시우	사원	920529-1234567		30대		
13		8	이은서	사원	940109-2134567		40대		
14		9	오서윤	사원	930127-2134567		50대		
15									

02-1 성별이 따로 구분되어 있지 않으므로, 주민등록번호의 뒤 첫 번째 숫자를 잘라 성별을 구분합니다. H6 셀에 다음 수식을 작성합니다.

H6셀 : =MID(E6:E14, 8, 1)

	A	B	C	D	E	F	G	H	I
1									
2			**주민등록번호로 성별, 연령대 구하기**						
3									
5		사번	이름	직위	주민등록번호		성별	인원	
6		1	박지훈	부장	750219-1234567		남	14, 8, 1)	
7		2	유준혁	차장	820304-1234567		여		
8		3	이서연	과장	841208-2134567				
9		4	김민준	대리	870830-1234567		연령대	인원	
10		5	최서현	주임	900919-2134567		10대		
11		6	박현우	주임	880702-1234567		20대		
12		7	정시우	사원	920529-1234567		30대		
13		8	이은서	사원	940109-2134567		40대		
14		9	오서윤	사원	930127-2134567		50대		
15									

TIP 아직 수식이 완성되지 않았으므로 02-3 과정까지 진행한 후에 수식을 입력합니다.

Plus⁺ 수식 이해하기

이번 수식을 배열 수식으로 입력하면, 주민등록번호의 뒤 첫 번째 숫자를 잘라 배열에 저장합니다.

셀 위치	9×1 배열
E6	1
E7	1
E8	2
E9	1
E10	2
…	…
E14	2

주민등록번호의 뒤 첫 번째 숫자가 홀수면 남자, 짝수면 여자를 의미합니다.

LINK 이번 배열 수식을 좀 더 잘 이해하고 싶다면 'No. 087 셀 값의 일부를 잘라 사용하기 – LEFT, MID, RIGHT'(236쪽)를 참고합니다.

02-2 배열에 저장된 값이 홀수인지 여부를 판단해야 하므로 H6셀의 수식을 다음과 같이 변경합니다.

H6셀 : =MOD(MID(E6:E14, 8, 1), 2)=1

	A	B	C	D	E	F	G	H	I
1									
2			**주민등록번호로 성별, 연령대 구하기**						
3									
5		사번	이름	직위	주민등록번호		성별	인원	
6		1	박지훈	부장	750219-1234567		남	1), 2)=1	
7		2	유준혁	차장	820304-1234567		여		
8		3	이서연	과장	841208-2134567				
9		4	김민준	대리	870830-1234567		연령대	인원	
10		5	최서현	주임	900919-2134567		10대		
11		6	박현우	주임	880702-1234567		20대		
12		7	정시우	사원	920529-1234567		30대		
13		8	이은서	사원	940109-2134567		40대		
14		9	오서윤	사원	930127-2134567		50대		
15									

TIP 아직 수식이 완성되지 않았으므로 02-3 과정까지 진행한 후에 수식을 입력합니다.

배열에 저장된 값을 MOD 함수를 사용해 2로 나누면 2로 나눈 나머지 값이 배열에 저장됩니다. 이 값이 1이면 홀수이고 남자를 의미하며, 0이면 짝수이고 여자를 의미합니다.

9×1 배열	MOD(❶, 2)	❷=1
1	1	TRUE
1	1	TRUE
2	0	FALSE
1	1	TRUE
2	0	FALSE
…	…	…
2		FALSE
❶	❷	

숫자가 홀수인지 판단하는 이번 수식은 MOD 함수 대신 ISODD 함수를 사용해 다음과 같이 작성해도 됩니다.

=ISODD(MID(E6:E14, 8, 1))

LINK ISODD 함수에 대해서는 'No. 081 IS 계열 함수를 사용하는 조건식 구성하기 – ISERROR, IFERROR'(211쪽)를 참고합니다.

02-3 배열에 반환된 논리 값을 숫자로 변환해 더하면 남자의 직원 수를 구할 수 있습니다. H6셀의 수식을 다음과 같이 변경하고 Ctrl + Shift + Enter 키를 눌러 입력합니다.

=SUM(N(MOD(MID(E6:E14, 8, 1), 2)=1)))

TIP N 함수는 논리 값의 TRUE를 1로, FALSE를 0으로 변환하므로, 1로 변환된 숫자를 모두 더하면 남자의 인원 수가 됩니다.

02-4 여자 직원 수를 함께 세려면 기존 수식에서 1인지 묻는 부분을 변경합니다. H6셀의 수식을 다음과 같이 변경하고 Ctrl + Shift + Enter 키를 눌러 입력한 후 H6셀의 채우기 핸들을 H7셀까지 드래그해 복사합니다.

H6셀 : =SUM(N(MOD(MID($E$6:$E$14, 8, 1), 2)=N(G6="남")))

	A	B	C	D	E	F	G	H	I
1									
2			주민등록번호로 성별, 연령대 구하기						
3									
5		사번	이름	직위	주민등록번호		성별	인원	
6		1	박지훈	부장	750219-1234567		남	5	
7		2	유준혁	차장	820304-1234567		여	4	
8		3	이서연	과장	841208-2134567				
9		4	김민준	대리	870830-1234567		연령대	인원	
10		5	최서현	주임	900919-2134567		10대		
11		6	박현우	주임	880702-1234567		20대		
12		7	정시우	사원	920529-1234567		30대		
13		8	이은서	사원	940109-2134567		40대		
14		9	오서윤	사원	930127-2134567		50대		

Plus⁺ 수식 이해하기

이번 수식을 한 번에 작성하지 않고 각각 다음과 같이 입력해도 됩니다.

H6셀 : =SUM(N(MOD(MID(E6:E14, 8, 1), 2)=1))
H7셀 : =SUM(N(MOD(MID(E6:E14, 8, 1), 2)=0))

Ctrl + Shift + Enter

다만 따로 입력하면 여러 번 수식을 입력해야 하므로, 한 번에 수식을 입력하기 위해 **02-3** 수식에서 다음과 같은 부분을 수정했습니다.

● 첫째, E6:E14 범위를 참조하는 방법을 절대 참조 방식으로 변경했습니다.
● 둘째, MOD 함수의 반환 값이 1인지 묻는 부분을 **N(G6="남")**과 같이 변경했습니다.
  G6셀의 값이 '남'인지 비교하면 TRUE, FALSE 값이 반환되는데, N 함수를 사용하면 TRUE는 1, FALSE는 0이 반환되므로 1(홀수), 0(짝수)을 구분해 성별에 따른 직원 수를 셀 수 있습니다.

03-1 이번에는 연령대별 직원 수를 집계하겠습니다. 연령대를 파악하려면 나이를 먼저 계산해야 하므로 주민등록번호에서 생년월일을 반환받아 배열에 저장해놓습니다. H10셀에 다음 수식을 작성합니다.

H10셀 : =TEXT(LEFT(E6:E14, 6), "00-00-00")

	A	B	C	D	E	F	G	H	I
1									
2			주민등록번호로 성별, 연령대 구하기						
3									
5		사번	이름	직위	주민등록번호		성별	인원	
6		1	박지훈	부장	750219-1234567		남	5	
7		2	유준혁	차장	820304-1234567		여	4	
8		3	이서연	과장	841208-2134567				
9		4	김민준	대리	870830-1234567		연령대	인원	
10		5	최서현	주임	900919-2134567		10대	00-00")	
11		6	박현우	주임	880702-1234567		20대		
12		7	정시우	사원	920529-1234567		30대		
13		8	이은서	사원	940109-2134567		40대		
14		9	오서윤	사원	930127-2134567		50대		
15									

TIP 아직 수식이 완성되지 않았으므로 **03-4** 과정까지 진행한 후에 수식을 입력합니다.

이번 수식은 주민등록번호의 앞 여섯 자리를 잘라낸 후 TEXT 함수로 날짜 형식으로 변환합니다.

셀 위치	LEFT(⋯)	TEXT(❶, "00-00-00")
F6	750219	75-02-19
E7	820304	82-03-04
E8	841208	84-12-08
E9	870830	87-08-30
E10	900919	90-09-19
…	…	…
E14	930127	93-01-27

❶

이렇게 하면 앞 두 자리 연도가 30 미만이면 2000년대 날짜로, 30 이상이면 1900년대 날짜로 자동 변환할 수 있습니다. 다만 TEXT 함수의 반환 값은 텍스트 형식이므로, 정확한 날짜 형식으로 변환하려면 수식을 다음과 같이 구성해야 합니다.

=--TEXT(LEFT(E6:E14, 6), "00-00-00")

이번 수식에서 음수 기호(-)를 사용해 올바른 날짜 값으로 변환하지 않은 이유는 나이 계산에서 사용될 YEAR 함수가 텍스트 형식의 날짜 데이터도 정확하게 인식하기 때문입니다.

03-2 배열에 저장된 생년월일로 나이를 계산하기 위해 H10셀의 수식을 다음과 같이 변경합니다.

H10셀 : =YEAR(TODAY())-YEAR(TEXT(LEFT(E6:E14, 6), "00-00-00"))+1

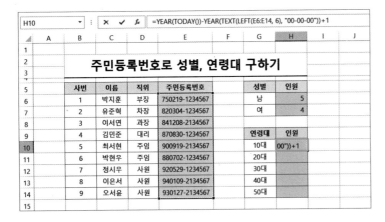

TIP 아직 수식이 완성되지 않았으므로 **03-4** 과정까지 진행한 후에 수식을 입력합니다.

수식 이해하기

나이 계산식은 **=올해연도 − 출생연도+1** 계산식으로 얻을 수 있습니다. 이번 수식은 다음과 같이 계산되면서 직원의 나이를 배열에 저장합니다.

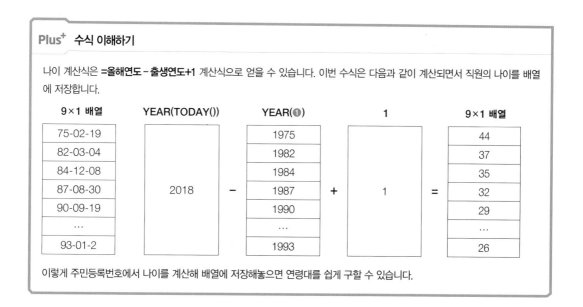

이렇게 주민등록번호에서 나이를 계산해 배열에 저장해놓으면 연령대를 쉽게 구할 수 있습니다.

03-3 나이를 10으로 나누고 '0대'를 붙여 연령대로 변환하겠습니다. H10셀의 수식을 다음과 같이 변경합니다.

H10셀 : =INT((YEAR(TODAY())−YEAR(TEXT(LEFT(E6:E14, 6), "00−00−00"))+1)/10) & "0대"

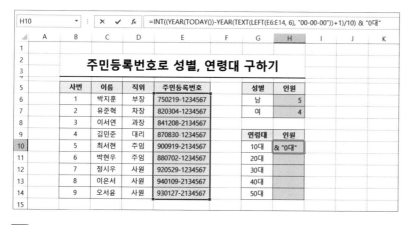

TIP 아직 수식이 완성되지 않았으므로 **03-4** 과정까지 진행한 후에 수식을 입력합니다.

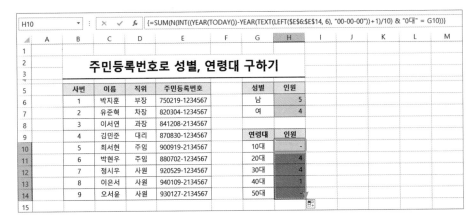

03-4 배열에 저장된 값을 G10:G13 범위의 값과 비교하겠습니다. H10셀의 수식을 다음과 같이 완성하고 E6:E14 범위의 참조 방식을 절대 참조로 변경한 후 Ctrl + Shift + Enter 키를 눌러 입력합니다. 그런 다음 H10셀의 채우기 핸들을 H14셀까지 드래그해 복사합니다.

H10셀 : =SUM(N(INT((YEAR(TODAY())−YEAR(TEXT(LEFT($E$6:$E$14, 6), "00−00−00"))+1)/10) & "0대" =G10))

| H10 | ▼ : × ✓ fx | {=SUM(N(INT((YEAR(TODAY())-YEAR(TEXT(LEFT($E$6:$E$14, 6), "00-00-00"))+1)/10) & "0대" = G10))} |

◢	A	B	C	D	E	F	G	H	I	J	K	L	M
1													
2			**주민등록번호로 성별, 연령대 구하기**										
3													
5		사번	이름	직위	주민등록번호		성별	인원					
6		1	박지훈	부장	750219-1234567		남	5					
7		2	유준혁	차장	820304-1234567		여	4					
8		3	이서연	과장	841208-2134567								
9		4	김민준	대리	870830-1234567		연령대	인원					
10		5	최서현	주임	900919-2134567		10대	-					
11		6	박현우	주임	880702-1234567		20대	4					
12		7	정시우	사원	920529-1234567		30대	4					
13		8	이은서	사원	940109-2134567		40대	1					
14		9	오서윤	사원	930127-2134567		50대	-					
15													

주민등록번호 검증하기

주민등록번호와 같은 코드 값은 특별한 규칙에 의해 생성되기 때문에 규칙만 알고 있으면 해당 값이 올바로 입력됐는지 여부를 점검하기 쉽습니다. 주민등록번호의 경우는 마지막 숫자가 특정 계산식으로 구해지므로 해당 계산식으로 주민등록번호가 바르게 입력되었는지 확인할 수 있습니다. 입력된 주민등록번호를 검증하는 배열 수식 작성 방법에 대해 알아보겠습니다.

예제 파일 PART 03\CHAPTER 10\편집-주민등록번호 II.xlsx

Plus⁺ 주민등록번호 마지막 숫자의 계산 원리

주민등록번호의 마지막 숫자는 검증 번호로, 다음과 같은 계산 방법으로 생성됩니다.

● 첫째, 주민등록번호의 앞 열두 자리 숫자에 각각 2, 3, 4, 5, 6, 7, 8, 9, 2, 3, 4, 5를 곱한 후 모두 더합니다.

● 둘째, 더한 값을 11로 나눈 나머지를 구하고, 그 나머지 값을 11에서 뺍니다.

● 셋째, 계산된 값을 10으로 나눈 나머지 값이 주민등록번호의 마지막 숫자입니다.

자주 사용하는 수식 패턴

주민등록번호의 마지막 검증 번호 생성

=MOD(11-MOD(SUM(MID(주민등록번호, ROW($1:$12), 1)*
{2;3;4;5;6;7;8;9;2;3;4;5}), 11), 10)

⟨Ctrl⟩ + ⟨Shift⟩ + ⟨Enter⟩

* **주민등록번호** : 주민등록번호, 또는 주민등록번호가 입력된 셀로 주민등록번호는 하이픈(-) 없이 숫자 열세 자리로 입력되어 있어야 합니다. 만약 하이픈(-)이 포함된 열네 자리로 입력되어 있다면 1위 수식에서 **주민등록번호** 부분을 다음과 같이 변경합니다.

SUBSTITUTE(주민등록번호, "-", " ")

* **{2;3;4;5;6;7;8;9;2;3;4;5}** : 주민등록번호를 검증할 때 사용하는 번호를 배열 상수로 입력한 것으로, 배열 상수 내 값은 행을 구분하는 세미콜론(;)으로 입력되어야 합니다.

01 예제 파일을 열고 E열에 입력된 주민등록번호가 올바른지 검증해보겠습니다. 참고로 E열에는 주민 등록번호가 하이픈(–) 없이 숫자로만 입력되어 있으며, 하이픈(–)은 셀 서식에서 [기타]–[주민등록번호] 서식을 적용해 표시한 것입니다.

02-1 주민등록번호의 앞 12자리 값을 계산하기 위해 하나씩 잘라 배열에 저장하겠습니다. F6셀에 다음 수식을 작성합니다.

F6셀 : =MID(E6, ROW($1:$12), 1)

	A	B	C	D	E	F	G	H
1								
2				직원 명부				
3								
5		사번	이름	직위	주민등록번호	검증		
6		1	박지훈	부장	750219-1288205	$1:$12), 1)		
7		2	유준혁	차장	810304-1222412			
8		3	이서연	과장	841208-2134567			
9		4	김민준	대리	870830-1725109			
10		5	최서현	주임	900919-2430061			
11								
12								
13								

TIP 아직 수식이 완성되지 않았으므로 **02-2** 과정까지 진행한 후에 수식을 입력합니다.

이번 수식을 배열 수식으로 입력하면 주민등록번호의 첫 번째 숫자부터 열두 번째 숫자까지 하나씩 잘라 배열에 저장합니다. 이 것은 주민등록번호가 올바른지 검증하기 위한 절차 중 첫 번째 단계로, 다음과 같은 값이 배열에 저장됩니다.

12×1 배열

7
5
0
2
1
9
1
…
5

12×1 배열에 값이 저장된 이유는 MID 함수의 두 번째 인수인 **ROW($1:$12)** 때문입니다. 만약 1×12 배열에 값을 저장하려면 **COLUMN(A:L)**과 같은 수식을 사용합니다.

=MID(E6, COLUMN(A:L), 1)

1×12 배열

7	5	0	2	1	9	1	2	8	8	2	5

원하는 방향으로 배열을 생성하고 원하는 값을 저장하는 방법은 간단해 보이지만 배열 수식을 자유자재로 다루기 위해 꼭 필요한 기술 중 하나입니다.

02-2 배열에 저장된 주민등록번호를 순서대로 특정 값과 곱한 후 그 값을 모두 더합니다. F6셀의 수식을 다음과 같이 완성하고 Ctrl + Shift + Enter 키를 눌러 입력합니다.

F6셀 : =SUM(MID(E6, ROW($1:$12), 1)*{2;3;4;5;6;7;8;9;2;3;4;5})

F6		:	× ✓	fx	{=SUM(MID(E6, ROW($1:$12), 1) * {2;3;4;5;6;7;8;9;2;3;4;5})}			
▲	A	B	C	D	E	F	G	H	I
1								
2				**직원 명부**				
3								
5		사번	이름	직위	주민등록번호	검증		
6		1	박지훈	부장	750219-1288205	182		
7		2	유준혁	차장	810304-1222412			
8		3	이서연	과장	841208-2134567			
9		4	김민준	대리	870830-1725109			
10		5	최서현	주임	900919-2430061			
11								

이번 수식에서 주의할 점은 계산에 사용된 {2;3;4;5;6;7;8;9;2;3;4;5} 배열 상수의 구분 문자를 세미콜론(;)을 사용해 12×1 행렬로 입력한 부분입니다. MID 함수에서 ROW 함수를 사용해 12×1 배열에 주민등록번호가 저장되므로, 이 값과 계산할 배열 상수 역시 같은 방향으로 계산 값이 저장되어야 올바른 결과를 얻을 수 있습니다.

MID(…)		배열 상수		12×1 배열		SUM
7		2		14		
5		3		9		
0		4		0		
2		5		10		
1	×	6	=	6		182
9		7		45		
1		8		8		
…		…		…		
0		5		0		

주민등록번호의 앞 열두 자리를 지정된 숫자와 연산해 계산된 결과가 12×1 배열에 저장되며, 이 값을 SUM 함수로 모두 더하면 주민등록번호를 검증하기 위해 계산할 중간 값을 셀에서 확인할 수 있습니다.

참고로 {2;3;4;5;6;7;8;9;2;3;4;5} 배열 상수는 수식에서 사용하려면 입력하기 쉽지 않으므로, 실제 업무에서는 이름에 정의하고 사용하는 것이 더 편리합니다.

LINK 배열 상수를 이름으로 정의하는 방법은 'No. 043 상수를 이름으로 정의하기'(114쪽)를 참고합니다.

02-3 SUM 함수로 집계한 값을 11로 나눈 나머지를 구하고, 그 나머지 값을 11에서 뺀 결과를 구합니다. F6셀의 수식을 다음과 같이 수정하고 [Ctrl]+[Shift]+[Enter] 키를 눌러 입력한 후 F6셀의 채우기 핸들을 F10셀까지 드래그해 복사합니다.

F6셀 : =11-MOD(SUM(MID(E6, ROW($1:$12), 1)*{2;3;4;5;6;7;8;9;2;3;4;5}), 11)

| F6 | | × ✓ fx | {=11-MOD(SUM(MID(E6, ROW($1:$12), 1) * {2;3;4;5;6;7;8;9;2;3;4;5)), 11)} | | | | | |

직원 명부

사번	이름	직위	주민등록번호	검증
1	박지훈	부장	750219-1288205	5
2	유준혁	차장	810304-1222412	2
3	이서연	과장	841208-2134567	7
4	김민준	대리	870830-1725109	9
5	최서현	주임	900919-2430061	11

계산된 숫자를 11로 나눈 나머지 값은 0~10 사이의 값이 반환될 수 있습니다. 나머지 값을 다시 11에서 빼면 11~1 값이 반환됩니다. F6:F10 범위에는 모두 1~11 사이의 값이 반환됩니다.

02-4 반환된 결과는 검증 번호로, 주민등록번호의 맨 마지막 자리에는 0~9 사이의 값만 들어갈 수 있으므로 다시 10으로 나눈 나머지 값을 구합니다. F6셀의 수식을 다음과 같이 수정하고 Ctrl + Shift + Enter 키를 눌러 입력한 후 F6셀의 채우기 핸들을 F10셀까지 드래그해 복사합니다.

F6셀 : =MOD(11−MOD(SUM(MID(E6, ROW($1:$12), 1)*{2;3;4;5;6;7;8;9;2;3;4;5}), 11), 10)=−−RIGHT(E6)

F6				fx {=MOD(11-MOD(SUM(MID(E6, ROW($1:$12), 1) * {2;3;4;5;6;7;8;9;2;3;4;5}), 11), 10)=--RIGHT(E6)}								
	A	B	C	D	E	F	G	H	I	J	K	L	M
1													
2				**직원 명부**									
3													
5		사번	이름	직위	주민등록번호	검증							
6		1	박지훈	부장	750219-1288205	TRUE							
7		2	유준혁	차장	810304-1222412	TRUE							
8		3	이서연	과장	841208-2134567	TRUE							
9		4	김민준	대리	870830-1725109	TRUE							
10		5	최서현	주임	900919-2430061	TRUE							
11													

Plus⁺ 수식 이해하기

02-3 과정에서 확인된 값을 10으로 나눠 0~9 사이의 값이 반환되도록 합니다. 이렇게 반환된 값이 주민등록번호의 마지막 검증 번호입니다. 그러므로 이렇게 계산한 값과 E6셀의 주민등록번호 마지막 숫자가 같아야 합니다. (틀리면 올바른 주민등록번호가 아닙니다.)

E6셀의 마지막 숫자를 잘라낼 때 RIGHT 함수 앞에 음수 연산자(−)를 두 번 사용한 이유는 RIGHT 함수의 반환 값이 텍스트 형식이기 때문에 이를 다시 숫자로 변환하기 위해서입니다.

동일한 구분 문자가 여러 개일 때 마지막 구분 문자의 좌/우 자르기

텍스트를 특정 구분 문자의 좌/우로 잘라내려면 보통 LEFT, MID, FIND 등의 함수나 텍스트 나누기 등의 기능을 사용합니다. 다만, 동일한 구분 문자가 여러 번 반복되고, 마지막 또는 특정 위치를 기준으로 구분해야 한다면 한 번에 결과를 반환받기가 쉽지 않습니다. 배열에 잘라낼 구분 문자의 위치를 저장하고, 원하는 위치에서 좌/우 문자열을 구분하는 방법에 대해 알아보겠습니다.

예제 파일 PART 03 \ CHAPTER 10 \ 편집—구분 문자.xlsx

자주 사용하는 수식 패턴

구분 문자의 마지막 위치에서 왼쪽 부분 잘라내기

=LEFT(텍스트, MAX(IFERROR(FIND(구분 문자, 텍스트, ROW(INDIRECT("1:" & LEN(텍스트)))), 0))−1)

Ctrl + Shift + Enter

* **텍스트** : 자를 값을 포함하는 값을 갖는 셀 또는 문자열
* **구분 문자** : 자르려는 문자열과 문자열 사이에 위치한 문자

01 예제 파일의 C열에는 주소와 우편번호가 함께 기록되어 있습니다. 이 전체 주소에서 주소와 우편번호를 D열과 E열에 구분해보겠습니다.

회사	전체주소	주소	우편번호
	주 소 분 리		
영재교역 ㈜	서울특별시 서대문구 가좌로 16-5 03661		
극동상사 ㈜	서울특별시 용산구 녹사평대로 168-8 04390		
성은상사 ㈜	부산광역시 동구 망양로 877-1 48702		
한남상사 ㈜	인천광역시 서구 경명대로 82 22755		
신명산업 ㈜	서울특별시 마포구 고산11길 10-4 04105		
신흥유통 ㈜	인천광역시 연수구 벤처로 12번길 28 22011		
연세무역 ㈜	인천광역시 남동구 구월로 265 21542		
한영상사 ㈜	서울특별시 성동구 강변북로 360 04772		
용도교역 ㈜	대전광역시 서구 계백로 1384 35400		
힐조교역 ㈜	서울특별시 마포구 마포대로 112 04213		
가림상사 ㈜	서울특별시 중구 동호로 318-2 04615		
S&C무역 ㈜	서울특별시 강북구 덕릉로 109 01069		

02-1 주소는 모두 공백 문자(" ")로 구분되어 있으므로, 공백 구분 문자의 위치를 배열에 저장하기 위해 D6셀에 다음과 같이 수식을 작성합니다.

D6셀 : =FIND(" ", C6, {1;2;3;4;5;6;7;8;9;10})

SUM	▼	:	×	✓	*fx*	=FIND(" ", C6, {1;2;3;4;5;6;7;8;9;10})	

	A	B	C	D	E	F
1						
2			**주 소 분 리**			
3						
4						
5		회사	전체주소	주소	우편번호	
6		영재교역 ㈜	서울특별시 서대문구 가좌로 16-5 03661	=FIND(" ", C6, {1;2;3;4;5;6;7;8;9;10})		
7		극동상사 ㈜	서울특별시 용산구 녹사평대로 168-8 04390			
8		성은상사 ㈜	부산광역시 동구 망양로 877-1 48702			
9		한남상사 ㈜	인천광역시 서구 경명대로 82 22755			
10		신명산업 ㈜	서울특별시 마포구 고산11길 10-4 04105			
11		신흥유통 ㈜	인천광역시 연수구 벤처로 12번길 28 22011			
12		연세무역 ㈜	인천광역시 남동구 구월로 265 21542			
13		한영상사 ㈜	서울특별시 성동구 강변북로 360 04772			
14		용도교역 ㈜	대전광역시 서구 계백로 1384 35400			
15		힐조교역 ㈜	서울특별시 마포구 마포대로 112 04213			
16		가림상사 ㈜	서울특별시 중구 동호로 318-2 04615			
17		S&C무역 ㈜	서울특별시 강북구 덕릉로 109 01069			
18						

TIP 아직 수식이 완성되지 않았으므로 **02-2** 과정까지 진행한 후에 수식을 입력합니다.

Plus⁺ 수식 이해하기

이번 수식에서는 공백 구분 문자의 위치를 찾기 위해 FIND 함수를 사용했습니다. 이번 수식에서는 FIND 함수의 세 번째 인수에 {1;2;3;4;5;6;7;8;9;10} 배열 상수를 사용한 것에 주목해야 합니다. 이렇게 하면 공백 문자(" ")를 C6셀의 첫 번째~열 번째 문자 위치에서 찾은 결과가 10×1 행렬에 저장됩니다.

C6 문자열	10×1 배열
서	6
울	6
특	6
별	6
시	6
	6
서	11
대	11
문	11
구	11

'서울특별시 서대문구 가좌로 16-5 03661' 주소의 첫 번째 문자(서) 위치부터 공백 문자(" ")를 찾으면 오른쪽 방향으로 첫 번째에 위치한 공백 문자가 찾아집니다. 이 위치는 6이며, 두 번째~여섯 번째 문자까지는 모두 6이 반환되고, 일곱 번째 문자(서) 위치부터는 '서대문구' 다음의 공백 문자 위치인 11이 반환됩니다.

이렇게 FIND 함수의 세 번째 인수에 숫자를 넣어 사용하면 해당 숫자 위치 다음의 특정 문자 위치를 배열에 저장할 수 있습니다. 참고로 여기서 사용한 {1;2;3;4;5;6;7;8;9;10} 배열 상수는 이해를 돕기 위해 사용한 것으로, 처음부터 끝까지 모두 검색하려면 1~문자 개수까지의 숫자가 배열 상수에 전달되어야 합니다.

02-2 배열에 저장된 값에서 가장 큰 값(마지막 구분 문자 위치)을 확인하기 위해 MAX 함수를 사용하겠습니다. D6셀의 수식을 다음과 같이 완성하고 Ctrl + Shift + Enter 키를 눌러 입력합니다.

D6셀 : =MAX(FIND(" ", C6, {1;2;3;4;5;6;7;8;9;10}))

D6		× ✓ fx	{=MAX(FIND(" ", C6, {1;2;3;4;5;6;7;8;9;10}))}		
	A	B	C	D	F
1					
2			**주 소 분 리**		
3					
5		회사	전체주소	주소	우편번호
6		영재교역 ㈜	서울특별시 서대문구 가좌로 16-5 03661	11	
7		극동상사 ㈜	서울특별시 용산구 녹사평대로 168-8 04390		
8		성은상사 ㈜	부산광역시 동구 망양로 877-1 48702		
9		한남상사 ㈜	인천광역시 서구 경명대로 82 22755		
10		신명산업 ㈜	서울특별시 마포구 고산11길 10-4 04105		
11		신흥유통 ㈜	인천광역시 연수구 벤처로 12번길 28 22011		
12		연세무역 ㈜	인천광역시 남동구 구월로 265 21542		
13		한영상사 ㈜	서울특별시 성동구 강변북로 360 04772		
14		용도교역 ㈜	대전광역시 서구 계백로 1384 35400		
15		힐조교역 ㈜	서울특별시 마포구 마포대로 112 04213		
16		가림상사 ㈜	서울특별시 중구 동호로 318-2 04615		
17		S&C무역 ㈜	서울특별시 강북구 덕릉로 109 01069		
18					

TIP 배열에 저장된 값 중 가장 큰 값이 반환됩니다.

02-3 FIND 함수의 세 번째 인수를 배열 상수에서 함수로 대체해 전체 문자 위치에서 마지막 위치를 찾도록 하겠습니다. FIND 함수의 세 번째 인수 부분을 다음과 같이 수정하고 Ctrl + Shift + Enter 키를 눌러 입력합니다. 그러면 #VALUE! 오류가 발생합니다.

D6셀 : =MAX(FIND(" ", C6, ROW(INDIRECT("1:" & LEN(C6)))))

D6		× ✓ fx	{=MAX(FIND(" ", C6, ROW(INDIRECT("1:" & LEN(C6)))))}		
	A	B	C	D	E	F
1					
2			**주 소 분 리**		
3					
5		회사	전체주소	주소	우편번호
6		영재교역 ㈜	서울특별시 서대문구 가좌로 16-5 03661	#VALUE!	
7		극동상사 ㈜	서울특별시 용산구 녹사평대로 168-8 04390		
8		성은상사 ㈜	부산광역시 동구 망양로 877-1 48702		
9		한남상사 ㈜	인천광역시 서구 경명대로 82 22755		
10		신명산업 ㈜	서울특별시 마포구 고산11길 10-4 04105		
11		신흥유통 ㈜	인천광역시 연수구 벤처로 12번길 28 22011		
12		연세무역 ㈜	인천광역시 남동구 구월로 265 21542		
13		한영상사 ㈜	서울특별시 성동구 강변북로 360 04772		
14		용도교역 ㈜	대전광역시 서구 계백로 1384 35400		
15		힐조교역 ㈜	서울특별시 마포구 마포대로 112 04213		
16		가림상사 ㈜	서울특별시 중구 동호로 318-2 04615		
17		S&C무역 ㈜	서울특별시 강북구 덕릉로 109 01069		
18					

이번 수식을 이해하려면 먼저 수정한 부분에 대해 알아야 합니다. 단순하게 **{1;2;3;4;5;6;7;8;9;10}** 배열 상수를 대체하려면 **ROW($1:$10)**과 같은 수식을 사용합니다. 하지만 C6셀에는 25개의 문자가 입력되어 있으므로 **ROW($1:$25)**와 같아야 합니다. 다른 주소를 모두 고려할 때, 시작 값은 같지만 마지막 문자 개수는 모두 다르므로 LEN 함수를 사용해 문자의 개수를 세어야 합니다. 그러면 **"1:" & LEN(C6)**과 같이 구성하면 되지만, 이렇게 하면 참조되지 않고 텍스트 문자열이 되므로, INDIRECT 함수를 사용해 참조로 변경한 후 ROW 함수를 사용해 배열에 **{1;2;3;4;…;25}**까지 반환되도록 한 것입니다. 이렇게 하면 전체 문자 개수에 맞게 다음 공백 문자 위치가 25×1 배열에 저장됩니다.

25×1 배열

6
6
…
11
…
15
…
20
…
#VALUE!
…
#VALUE!

위 배열에서 20 이후에 #VALUE! 오류가 발생한 이유는 C6셀에 입력된 주소의 마지막 번지수(16-5) 뒤의 공백 문자(" ")가 마지막 문자이고 그 이후에는 공백 문자가 없기 때문입니다. 그래서 FIND 함수에 #VALUE! 오류가 발생했고, 배열 내 오류가 존재하므로 MAX 함수도 동일한 오류 값을 반환한 것입니다. 그러므로 배열의 값을 사용해 마지막 위치를 알아내려면 #VALUE! 오류를 배열 내 다른 값보다 작은 값으로 대체해야 합니다.

02-4 배열에 저장된 #VALUE! 오류를 0으로 대체하기 위해 IFERROR 함수를 추가로 사용하겠습니다. D6셀의 수식을 다음과 같이 수정하고 Ctrl + Shift + Enter 키를 눌러 입력한 후 D6셀의 채우기 핸들을 D17셀까지 드래그해 복사합니다.

D6셀 : =MAX(IFERROR(FIND(" ", C6, ROW(INDIRECT("1:" & LEN(C6)))), 0))

D6	▾ : × ✓ fx	{=MAX(IFERROR(FIND(" ", C6, ROW(INDIRECT("1:" & LEN(C6)))), 0))}			
◢	A	B	C	D	E	F

	A	B	C	D	E	F
1						
2			주 소 분 리			
3						
5		회사	전체주소	주소	우편번호	
6		영재교역 ㈜	서울특별시 서대문구 가좌로 16-5 03661	20		
7		극동상사 ㈜	서울특별시 용산구 녹사평대로 168-8 04390	22		
8		성은상사 ㈜	부산광역시 동구 망양로 877-1 48702	19		
9		한남상사 ㈜	인천광역시 서구 경명대로 82 22755	17		
10		신명산업 ㈜	서울특별시 마포구 고산11길 10-4 04105	21		
11		신흥유통 ㈜	인천광역시 연수구 벤처로 12번길 28 22011	22		
12		연세무역 ㈜	인천광역시 남동구 구월로 265 21542	18		
13		한영상사 ㈜	서울특별시 성동구 강변북로 360 04772	19		

TIP IFREEOR 함수를 사용해 배열의 #VALUE! 오류를 0으로 변경하면 수식에서 마지막 공백 문자 위치가 반환됩니다.

02-5 마지막 공백 문자(" ") 위치를 모두 찾았으므로, LEFT 함수를 사용해 왼쪽 부분(우편번호를 제외한 주소)을 잘라내겠습니다. D6셀의 수식을 다음과 같이 수정하고 Ctrl + Shift + Enter 키를 눌러 입력한 후 D6셀의 채우기 핸들을 D17셀까지 드래그해 복사합니다.

D6셀 : =LEFT(C6, MAX(IFERROR(FIND(" ", C6, ROW(INDIRECT("1:" & LEN(C6)))), 0))-1)

	A	B	C	D	E	F
				D6 ▾ : × ✓ fx {=LEFT(C6, MAX(IFERROR(FIND(" ", C6, ROW(INDIRECT("1:" & LEN(C6)))), 0))-1)}		
1						
2			주 소 분 리			
3						
5		회사	전체주소	주소	우편번호	
6		영재교역 ㈜	서울특별시 서대문구 가좌로 16-5 03661	서울특별시 서대문구 가좌로 16-5		
7		극동상사 ㈜	서울특별시 용산구 녹사평대로 168-8 04390	서울특별시 용산구 녹사평대로 168-8		
8		성은상사 ㈜	부산광역시 동구 망양로 877-1 48702	부산광역시 동구 망양로 877-1		
9		한남상사 ㈜	인천광역시 서구 경명대로 82 22755	인천광역시 서구 경명대로 82		
10		신명산업 ㈜	서울특별시 마포구 고산11길 10-4 04105	서울특별시 마포구 고산11길 10-4		
11		신흥유통 ㈜	인천광역시 연수구 벤처로 12번길 28 22011	인천광역시 연수구 벤처로 12번길 28		
12		연세무역 ㈜	인천광역시 남동구 구월로 265 21542	인천광역시 남동구 구월로 265		
13		한영상사 ㈜	서울특별시 성동구 강변북로 360 04772	서울특별시 성동구 강변북로 360		
14		용도교역 ㈜	대전광역시 서구 계백로 1384 35400	대전광역시 서구 계백로 1384		
15		힐조교역 ㈜	서울특별시 마포구 마포대로 112 04213	서울특별시 마포구 마포대로 112		
16		가림상사 ㈜	서울특별시 중구 동호로 318-2 04615	서울특별시 중구 동호로 318-2		
17		S&C무역 ㈜	서울특별시 강북구 덕릉로 109 01069	서울특별시 강북구 덕릉로 109		
18						

TIP LEFT 함수를 사용해 공백 문자의 마지막 위치에서 바로 이전(-1) 문자까지 잘라냅니다.

03 이번에는 전체 주소에서 우편번호 부분만 잘라내기 위해 E6셀에 다음 수식을 입력하고 E6셀의 채우기 핸들을 E17셀까지 드래그해 복사합니다.

E6셀 : =MID(C6, LEN(D6)+2, 100)

	A	B	C	D	E	F
				E6 ▾ : × ✓ fx =MID(C6, LEN(D6)+2, 10)		
1						
2			주 소 분 리			
3						
5		회사	전체주소	주소	우편번호	
6		영재교역 ㈜	서울특별시 서대문구 가좌로 16-5 03661	서울특별시 서대문구 가좌로 16-5	03661	
7		극동상사 ㈜	서울특별시 용산구 녹사평대로 168-8 04390	서울특별시 용산구 녹사평대로 168-8	04390	
8		성은상사 ㈜	부산광역시 동구 망양로 877-1 48702	부산광역시 동구 망양로 877-1	48702	
9		한남상사 ㈜	인천광역시 서구 경명대로 82 22755	인천광역시 서구 경명대로 82	22755	
10		신명산업 ㈜	서울특별시 마포구 고산11길 10-4 04105	서울특별시 마포구 고산11길 10-4	04105	
11		신흥유통 ㈜	인천광역시 연수구 벤처로 12번길 28 22011	인천광역시 연수구 벤처로 12번길 28	22011	
12		연세무역 ㈜	인천광역시 남동구 구월로 265 21542	인천광역시 남동구 구월로 265	21542	
13		한영상사 ㈜	서울특별시 성동구 강변북로 360 04772	서울특별시 성동구 강변북로 360	04772	
14		용도교역 ㈜	대전광역시 서구 계백로 1384 35400	대전광역시 서구 계백로 1384	35400	
15		힐조교역 ㈜	서울특별시 마포구 마포대로 112 04213	서울특별시 마포구 마포대로 112	04213	
16		가림상사 ㈜	서울특별시 중구 동호로 318-2 04615	서울특별시 중구 동호로 318-2	04615	
17		S&C무역 ㈜	서울특별시 강북구 덕릉로 109 01069	서울특별시 강북구 덕릉로 109	01069	
18						

TIP D열에 주소 부분이 모두 잘라졌으므로, 해당 문자 개수의 다음(공백 문자), 다음(우편번호 시작 위치) 위치부터 끝까지 잘라내면 우편번호만 얻을 수 있습니다.

범위 내 조건에 맞는 값만 구분 문자로 연결해 반환하기

214

엑셀 2016 버전부터는 범위 내 값을 구분 문자로 구분해 연결할 수 있는 TEXTJOIN 함수를 사용할 수 있습니다. 다만 이 함수는 조건을 따로 지정할 수 없기 때문에 선택된 범위 내 값만 연결할 수 있습니다. 이 함수로 원하는 조건에 맞는 값만 연결하도록 하려면 배열 수식을 사용해야 합니다. 조건에 맞는 값을 연결해 반환하는 배열 수식 작성 방법에 대해 알아보겠습니다.

\ 예제 파일 PART 03 \ CHAPTER 10 \ 편집-조건 연결.xlsx

자주 사용하는 수식 패턴

조건에 맞는 값만 연결

=TEXTJOIN(구분 문자, TRUE, IF(범위=조건, 연결 범위, " "))

Ctrl + Shift + Enter

* **구분 문자** : 연결할 값을 구분할 문자
* **범위** : 조건을 확인할 데이터 범위
* **조건** : 범위 내에서 확인할 조건 값
* **연결 범위** : 연결할 값이 입력된 데이터 범위

01 예제 파일을 열고 왼쪽 표의 데이터에서 조건에 맞는 직원 이름만 오른쪽 표에 쉼표(,)로 구분해 입력해보겠습니다.

	A	B	C	D	E	F	G	H	I
1									
2				직 원 명 부					
3									
5		사번	이름	직위	입사일		직위	이름	
6		1	박지훈	부장	2004-05-14		부장		
7		2	유준혁	차장	2008-10-17		차장		
8		3	이서연	과장	2013-05-01		과장		
9		4	김민준	과장	2017-04-01		대리		
10		5	최서현	대리	2016-05-03		사원		
11		6	박현우	대리	2015-10-17				
12		7	정시우	사원	2017-01-02				
13		8	이은서	사원	2017-03-05		연도	입사자	
14		9	오서윤	사원	2016-11-15		2017년		
15									

02-1 먼저 직위별 직원 이름을 반환하겠습니다. 조건에 맞는 값만 배열에 저장하도록 하기 위해 H6셀에 다음 수식을 작성합니다.

H6셀 : =IF($D$6:$D$14=G6, $C$6:$C$14, " ")

H6		✕ ✓ fx	=IF($D$6:$D$14=G6, $C$6:$C$14, "")					

	A	B	C	D	E	F	G	H	I
1									
2					식 원 명 부				
3									
5		사번	이름	직위	입사일		직위	이름	
6		1	박지훈	부장	2004-05-14		부장	$D$14=G6, $C$6:$C$14, "")	
7		2	유준혁	차장	2008-10-17		차장		
8		3	이서연	과장	2013-05-01		과장		
9		4	김민준	과장	2017-04-01		대리		
10		5	최서현	대리	2016-05-03		사원		
11		6	박현우	대리	2015-10-17				
12		7	정시우	사원	2017-01-02				
13		8	이은서	사원	2017-03-05		연도	입사자	
14		9	오서윤	사원	2016-11-15		2017년		
15									

TIP 아직 수식이 완성되지 않았으므로 **02-2** 과정까지 진행한 후에 수식을 입력합니다.

Plus⁺ 수식 이해하기

이번 수식을 배열 수식으로 입력하면 D6:D14 범위 내 값이 G6셀과 같은 경우 C6:C14 범위에서 같은 위치의 값이 배열에 저장되며, 같지 않으면 빈 문자(" ")가 배열에 저장됩니다.

D6:D14=G6	IF(❶, C6:C14, " ")
TRUE	박지훈
FALSE	" "
FALSE	" "
FALSE	" "
FALSE	" "
…	…
FALSE	" "
❶	

이번 수식이 기존의 배열 수식과 다른 점은 IF 함수의 세 번째 인수에 빈 문자(" ")를 추가해 배열에 빈 문자가 저장되도록 한 것입니다. 이것은 나중에 배열 내 값을 하나로 연결해야 하기 때문으로, 세 번째 인수에 빈 문자를 지정하지 않으면 FALSE 값이 배열에 저장되어, 배열 내 값을 하나로 연결할 때 FALSE 논리 값이 연결된 상태로 반환되기 때문입니다.

02-2 배열에 저장된 값을 TEXTJOIN 함수를 사용해 쉼표(,) 구분 문자로 구분해 연결하겠습니다. H6셀의 수식을 다음과 같이 완성하고 Ctrl + Shift + Enter 키를 눌러 입력한 후 H6셀의 채우기 핸들을 H10셀까지 드래그해 복사합니다.

H6셀 : =TEXTJOIN(",", TRUE, IF($D$6:$D$14=G6, $C$6:$C$14, " "))

H6	▼	:	×	✓	*fx*	{=TEXTJOIN(",", TRUE, IF($D$6:$D$14=G6, $C$6:$C$14, ""))}

	A	B	C	D	E	F	G	H	I
1									
2					직 원 명 부				
3									
5		사번	이름	직위	입사일		직위	이름	
6		1	박지훈	부장	2004-05-14		부장	박지훈	
7		2	유준혁	차장	2008-10-17		차장	유준혁	
8		3	이서연	과장	2013-05-01		과장	이서연,김민준	
9		4	김민준	과장	2017-04-01		대리	최서현,박현우	
10		5	최서현	대리	2016-05-03		사원	정시우,이은서,오서윤	
11		6	박현우	대리	2015-10-17				
12		7	정시우	사원	2017-01-02				
13		8	이은서	사원	2017-03-05		연도	입사자	
14		9	오서윤	사원	2016-11-15		2017년		
15									

TIP TEXTJOIN 함수로 배열 내 값을 쉼표(,) 구분 문자로 연결합니다.

LINK TEXTJOIN 함수 사용 방법은 'No. 096 범위 내 셀 값을 구분 문자로 연결하기 – TEXTJOIN'(273쪽)을 참고합니다.

03 동일한 방법으로 2017년 입사자를 H14셀에 쉼표(,) 구분 문자로 구분해 반환하겠습니다. H14셀에 다음 수식을 작성하고 Ctrl + Shift + Enter 키를 눌러 입력합니다.

H14셀 : =TEXTJOIN(",", TRUE, IF(TEXT(E6:E14, "yyyy년")=G14, C6:C14, " "))

H14	▼	:	×	✓	*fx*	{=TEXTJOIN(",", TRUE, IF(TEXT(E6:E14, "yyyy년")=G14, C6:C14, ""))}

	A	B	C	D	E	F	G	H	I
1									
2					직 원 명 부				
3									
5		사번	이름	직위	입사일		직위	이름	
6		1	박지훈	부장	2004-05-14		부장	박지훈	
7		2	유준혁	차장	2008-10-17		차장	유준혁	
8		3	이서연	과장	2013-05-01		과장	이서연,김민준	
9		4	김민준	과장	2017-04-01		대리	최서현,박현우	
10		5	최서현	대리	2016-05-03		사원	정시우,이은서,오서윤	
11		6	박현우	대리	2015-10-17				
12		7	정시우	사원	2017-01-02				
13		8	이은서	사원	2017-03-05		연도	입사자	
14		9	오서윤	사원	2016-11-15		2017년	김민준,정시우,이은서	
15									

셀에 입력된 문자를
오름차순으로 정렬하기

쇼핑몰 등에서 구입하는 제품에는 옵션을 선택해야 하는 경우가 많은데, 이때 선택한 옵션에 따라 배송할 물건에 변화가 생길 수 있습니다. 옵션이 순서대로 기록되는 경우라면 상관이 없지만, 사용자가 선택한 순서로 옵션이 기록된다면 배송 작업을 할 때 혼란스러울 수 있습니다. 이런 경우 선택된 옵션 코드를 순서대로 정렬하면 업무 효율성을 높일 수 있는데, 이런 작업은 배열 수식으로 할 수 있습니다. 다만 옵션은 반드시 하나의 문자로 구성되어야 하며, 두 개 이상의 문자로 구성되어 있다면 매크로를 이용해야 합니다.

\ 예제 파일 PART 03 \ CHAPTER 10 \ 편집-문자 정렬.xlsx

자주 사용하는 수식 패턴

셀에 입력된 문자를 오름차순 정렬

=TEXTJOIN(구분 문자, TRUE, SUBSTITUTE(CHAR(SMALL(CODE(MID(셀, ROW(INDIRECT("1:" & LEN(셀))), 1)), ROW(INDIRECT("1:" & LEN(셀))))), 구분 문자, " "))

Ctrl + Shift + Enter

* **구분 문자** : 셀에 입력된 문자를 구분하는 구분 문자
* **셀** : 정렬할 문자가 입력된 셀

문자를 내림차순으로 정렬하려면 SMALL 함수를 LARGE 함수로 대체합니다. 그리고 이번 배열 수식은 문자를 하나씩만 입력하는 경우에만 가능하며 C1, B1과 같이 두 자리 문자로 구성된 경우에는 사용할 수 없습니다. 참고로 이번 수식에서는 **ROW(INDIRECT("1:" & LEN(셀)))** 부분이 두 번 반복되므로, 수식을 좀 더 간편하게 작성하려면 이름으로 정의해 작업하는 것이 좋습니다.

01 예제 파일을 열고 F열의 옵션을 영어 알파벳 순서에 맞게 오름차순으로 정렬해보겠습니다.

번호	고객	분류	제품	옵션	옵션정렬
			주 문 대 장		
1	S&C무역 ㈜	복사기	컬러레이저복사기 XI-3200	C,B	
2	S&C무역 ㈜	바코드스캐너	바코드 Z-350	A,C	
3	S&C무역 ㈜	팩스	잉크젯팩시밀리 FX-1050	C,D,B	
4	드림씨푸드 ㈜	복사용지	프리미엄복사지A4 2500매	B,A	
5	드림씨푸드 ㈜	바코드스캐너	바코드 BCD-100 Plus	C,B	
6	자이언트무역 ㈜	복사용지	고급복사지A4 500매	D,A	
7	자이언트무역 ㈜	바코드스캐너	바코드 Z-350	D,B,C	
8	자이언트무역 ㈜	바코드스캐너	바코드 BCD-100 Plus	B,A	
9	진왕통상 ㈜	복합기	잉크젯복합기 AP-3300	B,A,D	
10	진왕통상 ㈜	복합기	잉크젯복합기 AP-3200	C,A	

02-1 옵션 문자를 하나씩 배열에 저장한 후 정렬 작업을 위해 문자 코드로 변환하겠습니다. G6셀에 다음 수식을 작성합니다.

G6셀 : =CODE(MID(F6, {1;2;3}, 1))

G6		× ✓ fx	=CODE(MID(F6, {1;2;3}, 1))				

	A	B	C	D	E	F	G	H
1								
2					**주 문 대 장**			
3								
5		번호	고객	분류	제품	옵션	옵션정렬	
6		1	S&C무역 ㈜	복사기	컬러레이저복사기 XI-3200	C,B	;2;3}, 1))	
7		2	S&C무역 ㈜	바코드스캐너	바코드 Z-350	A,C		
8		3	S&C무역 ㈜	팩스	잉크젯팩시밀리 FX-1050	C,D,B		
9		4	드림씨푸드 ㈜	복사용지	프리미엄복사지A4 2500매	B,A		
10		5	드림씨푸드 ㈜	바코드스캐너	바코드 BCD-100 Plus	C,B		
11		6	자이언트무역 ㈜	복사용지	고급복사지A4 500매	D,A		
12		7	자이언트무역 ㈜	바코드스캐너	바코드 Z-350	D,B,C		
13		8	자이언트무역 ㈜	바코드스캐너	바코드 BCD-100 Plus	B,A		
14		9	진왕통상 ㈜	복합기	잉크젯복합기 AP-3300	B,A,D		
15		10	진왕통상 ㈜	복합기	잉크젯복합기 AP-3200	C,A		
16								

TIP 아직 수식이 완성되지 않았으므로 **02-3** 과정까지 진행한 후에 수식을 입력합니다.

Plus⁺ 수식 이해하기

이번 수식을 배열 수식으로 입력하면 F6셀의 값이 한 문자씩 배열에 저장된 후 문자 코드 값으로 변환됩니다.

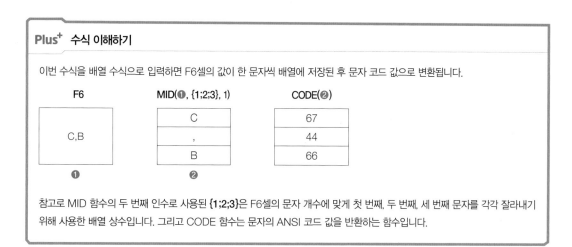

F6
C,B
❶

MID(❶, {1;2;3}, 1)
C
,
B
❷

CODE(❷)
67
44
66

참고로 MID 함수의 두 번째 인수로 사용된 {1;2;3}은 F6셀의 문자 개수에 맞게 첫 번째, 두 번째, 세 번째 문자를 각각 잘라내기 위해 사용한 배열 상수입니다. 그리고 CODE 함수는 문자의 ANSI 코드 값을 반환하는 함수입니다.

02-2 배열 내 값을 작은 순서로 나열하면 오름차순으로 정렬하는 것과 같습니다. G6셀의 수식을 다음과 같이 변경합니다.

G6셀 : =SMALL(CODE (MID(F6, {1;2;3}, 1)), {1;2;3})

G6		× ✓ fx	=SMALL(CODE(MID(F6, {1;2;3}, 1)), {1;2;3})			

	A	B	C	D	E	F	G
1							
2					**주 문 대 장**		
3							
5		번호	고객	분류	제품	옵션	옵션정렬
6		1	S&C무역 ㈜	복사기	컬러레이저복사기 XI-3200	C,B	)), {1;2;3})
7		2	S&C무역 ㈜	바코드스캐너	바코드 Z-350	A,C	
8		3	S&C무역 ㈜	팩스	잉크젯팩시밀리 FX-1050	C,D,B	
9		4	드림씨푸드 ㈜	복사용지	프리미엄복사지A4 2500매	B,A	
10		5	드림씨푸드 ㈜	바코드스캐너	바코드 BCD-100 Plus	C,B	
11		6	자이언트무역 ㈜	복사용지	고급복사지A4 500매	D,A	
12		7	자이언트무역 ㈜	바코드스캐너	바코드 Z-350	D,B,C	
13		8	자이언트무역 ㈜	바코드스캐너	바코드 BCD-100 Plus	B,A	
14		9	진왕통상 ㈜	복합기	잉크젯복합기 AP-3300	B,A,D	
15		10	진왕통상 ㈜	복합기	잉크젯복합기 AP-3200	C,A	

TIP 아직 수식이 완성되지 않았으므로 **02-3** 과정까지 진행한 후에 수식을 입력합니다.

02-3 배열 내 값을 하나로 연결해 눈으로 결과를 확인하겠습니다. G6셀의 수식을 다음과 같이 완성하고 Ctrl + Shift + Enter 키를 눌러 입력합니다.

G6셀 : =CONCAT(CHAR(SMALL(CODE(MID(F6, {1;2;3}, 1)), {1;2;3})))

| G6 | ▼ : × ✓ fx | {=CONCAT(CHAR(SMALL(CODE(MID(F6, {1;2;3}, 1)), {1;2;3})))} |

▲	A	B	C	D	E	F	G	H
1								
2				**주 문 대 장**				
3								
5		번호	고객	분류	제품	옵션	옵션정렬	
6		1	S&C무역 ㈜	복사기	컬러레이저복사기 XI-3200	C,B	,BC	
7		2	S&C무역 ㈜	바코드스캐너	바코드 Z-350	A,C		
8		3	S&C무역 ㈜	팩스	잉크젯팩시밀리 FX-1050	C,D,B		
9		4	드림씨푸드 ㈜	복사용지	프리미엄복사지A4 2500매	B,A		
10		5	드림씨푸드 ㈜	바코드스캐너	바코드 BCD-100 Plus	C,B		
11		6	자이언트무역 ㈜	복사용지	고급복사지A4 500매	D,A		
12		7	자이언트무역 ㈜	바코드스캐너	바코드 Z-350	D,B,C		
13		8	자이언트무역 ㈜	바코드스캐너	바코드 BCD-100 Plus	B,A		
14		9	진왕통상 ㈜	복합기	잉크젯복합기 AP-3300	B,A,D		
15		10	진왕통상 ㈜	복합기	잉크젯복합기 AP-3200	C,A		
16								

03-1 {1;2;3} 배열 상수 부분을 F6셀의 문자 개수에 맞게 수정하겠습니다. G6셀의 수식을 다음과 같이 변경하고 Ctrl + Shift + Enter 키를 눌러 입력합니다.

G6셀 : =CONCAT(CHAR(SMALL(CODE(MID(F6, ROW(INDIRECT("1:" & LEN(F6))), **1)),** ROW(INDIRECT("1:" & LEN(F6))))))

03-2 ROW 함수가 두 번 사용되면서 수식이 길어지므로 이름으로 정의해 사용하겠습니다. G6셀을 선택한 상태에서 [수식] 탭-[정의된 이름] 그룹-[이름 정의] 명령(🗐)을 클릭합니다. '새 이름' 대화상자에서 다음과 같이 설정하고 〈확인〉 버튼을 클릭합니다.

이름 : 인덱스
참조 대상 : =ROW(INDIRECT("1:" & LEN(F6)))

03-3 정의된 이름을 사용하도록 G6셀의 수식을 다음과 같이 수정하고 Ctrl + Shift + Enter 키를 눌러 입력합니다.

G6셀 : =CONCAT (CHAR(SMALL(CODE(MID (F6, 인덱스, 1)), 인덱스)))

G6			fx	{=CONCAT(CHAR(SMALL(CODE(MID(F6, 인덱스, 1)), 인덱스)))}		

주 문 대 장

번호	고객	분류	제품	옵션	옵션정렬
1	S&C무역 ㈜	복사기	컬러레이저복사기 XI-3200	C,B	,BC
2	S&C무역 ㈜	바코드스캐너	바코드 Z-350	A,C	
3	S&C무역 ㈜	팩스	잉크젯팩시밀리 FX-1050	C,D,B	
4	드림씨푸드 ㈜	복사용지	프리미엄복사지A4 2500매	B,A	
5	드림씨푸드 ㈜	바코드스캐너	바코드 BCD-100 Plus	C,B	
6	자이언트무역 ㈜	복사용지	고급복사지A4 500매	D,A	
7	자이언트무역 ㈜	바코드스캐너	바코드 Z-350	D,B,C	
8	자이언트무역 ㈜	바코드스캐너	바코드 BCD-100 Plus	B,A	
9	진왕통상 ㈜	복합기	잉크젯복합기 AP-3300	B,A,D	
10	진왕통상 ㈜	복합기	잉크젯복합기 AP-3200	C,A	

04 반환된 값을 보면 쉼표(,) 구분 문자의 위치가 잘못되었으므로 쉼표(,) 구분 문자를 삭제하고 TEXTJOIN 함수를 사용해 다시 연결하겠습니다. G6셀의 수식을 다음과 같이 변경하고 Ctrl + Shift + Enter 키를 눌러 입력한 후 G6셀의 채우기 핸들을 G15셀까지 드래그해 복사합니다. F열의 옵션이 순서대로 정렬된 결과가 반환됩니다.

G6셀 : =TEXTJOIN(",", TRUE, SUBSTITUTE(CHAR(SMALL(CODE(MID(F6, 인덱스, 1)), 인덱스)), ",", " "))

G6			fx	{=TEXTJOIN(",", TRUE, SUBSTITUTE(CHAR(SMALL(CODE(MID(F6, 인덱스, 1)), 인덱스)), ",", ""))}		

주 문 대 장

번호	고객	분류	제품	옵션	옵션정렬
1	S&C무역 ㈜	복사기	컬러레이저복사기 XI-3200	C,B	B,C
2	S&C무역 ㈜	바코드스캐너	바코드 Z-350	A,C	A,C
3	S&C무역 ㈜	팩스	잉크젯팩시밀리 FX-1050	C,D,B	B,C,D
4	드림씨푸드 ㈜	복사용지	프리미엄복사지A4 2500매	B,A	A,B
5	드림씨푸드 ㈜	바코드스캐너	바코드 BCD-100 Plus	C,B	B,C
6	자이언트무역 ㈜	복사용지	고급복사지A4 500매	D,A	A,D
7	자이언트무역 ㈜	바코드스캐너	바코드 Z-350	D,B,C	B,C,D
8	자이언트무역 ㈜	바코드스캐너	바코드 BCD-100 Plus	B,A	A,B
9	진왕통상 ㈜	복합기	잉크젯복합기 AP-3300	B,A,D	A,B,D
10	진왕통상 ㈜	복합기	잉크젯복합기 AP-3200	C,A	A,C

Plus⁺ 수식 이해하기

이번 수식에서는 **03-3**까지 사용했던 CONCAT 함수를 빼고 TEXTJOIN 함수를 사용했습니다. 이것은 쉼표(,) 구분 문자가 제자리에 표시되지 않기 때문으로, SUBSTITUTE 함수로 쉼표(,) 구분 문자를 삭제하고 TEXTJOIN 함수로 쉼표(,) 구분 문자를 다시 지정합니다.

3×1 배열

,
B
C

❶

SUBSTITUTE(❶, ",", " ")

" "
B
C

❷

TEXTJOIN(",", TRUE, ❷)

B,C

셀 값 중 숫자, 영어, 한글 분리하기

셀 값에 텍스트와 숫자가 혼합되어 있을 때 한글이나 영어, 숫자만 분리해내고 싶은 경우가 있습니다. 이런 경우는 셀에 입력된 문자의 유니코드 값을 확인해 필요한 문자만 분리해낸 다음 다시 합치는 방법을 사용해야 합니다. No. 213~214의 방법을 조합할 수 있다면 이번 수식은 비교적 간단하게 구성할 수 있을 것입니다.

\ **예제 파일** PART 03 \ CHAPTER 10 \ 편집−한글숫자분리.xlsx

새 함수

UNICODE (❶ 텍스트)

텍스트 문자열의 첫 번째 문자에 할당된 유니코드를 반환합니다.

구문	❶ 텍스트 : 유니코드를 확인할 텍스트 문자(열)
사용 예	=UNICODE("A") 대문자 'A'의 유니코드인 65를 반환합니다.

자주 사용하는 수식 패턴

문자 분리

=CONCAT(IF((UNICODE(MID(셀, ROW(INDIRECT("1:" & LEN(셀))), 1))>=48)*
(UNICODE(MID(셀, ROW(INDIRECT("1:" & LEN(셀))), 1))<=57),
MID(셀, ROW(INDIRECT("1:" & LEN(셀))), 1), " "))

Ctrl + Shift + Enter

* **셀** : 숫자에 해당하는 문자를 포함한 값이 입력된 셀

수식 내의 48, 57은 특정 문자를 의미하는 숫자로, 분리해낼 데이터에 따라 다음 표를 참고해 적용합니다.

구분	코드	문자	비고
숫자	48	0	숫자 시작 문자
	57	9	숫자 끝 문자
영어	65	A	영어 대문자 시작 문자
	90	Z	영어 대문자 끝 문자
	a	97	영어 소문자 시작 문자
	z	122	영어 소문자 끝 문자
한글	가	44032	한글 시작 문자
	힣	55203	한글 끝 문자

한글을 분리하는 경우에는 UNICODE 함수를 반드시 사용해야 하며, 영어나 숫자면 CODE 함수를 사용해도 됩니다. 참고로 이번 수식에서는 MID(셀, ROW(INDIRECT("1:" & LEN(셀))), 1) 부분이 세 번 반복되므로 되도록이면 이름을 정의한 후에 사용할 것을 권합니다.

01 예제 파일을 열고 B열의 회사명에서 사명과 우편번호를 분리해보겠습니다.

	A	B	C	D	E
1					
2		**한글/숫자 분리**			
3					
5		회사	사명	우편번호	
6		뉴럴네트워크 04390			
7		반디상사 (48702)			
8		(04615) 동남무역			
9		12244 동광			
10		대림인터내셔널12979			
11					

TIP B열에 입력된 데이터에서 한글은 사명이고 숫자는 우편번호입니다.

02-1 한글과 숫자를 구분하기 위해 문자를 하나씩 잘라 배열에 저장하겠습니다. C6셀에 다음 수식을 작성합니다.

C6셀 : =MID(B6, ROW(INDIRECT("1:" & LEN(B6))), 1)

SUM		:	×	✓	fx	=MID(B6, ROW(INDIRECT("1:" & LEN(B6))), 1)

	A	B	C	D	E
1					
2		**한글/숫자 분리**			
3					
5		회사	사명	우편번호	
6		뉴럴네트워크 04390	:T("1:" & LEN(B6))), 1)		
7		반디상사 (48702)			
8		(04615) 동남무역			
9		12244 동광			
10		대림인터내셔널12979			
11					

TIP 아직 수식이 완성되지 않았으므로 **02-4** 과정까지 진행한 후에 수식을 입력합니다.

Plus⁺ 수식 이해하기

이번 수식을 배열 수식으로 입력하면, B6셀의 데이터가 문자 하나씩 배열에 저장됩니다.

B6	ROW(INDIRECT("1:" & LEN(B6)))	MID(❶, ❷, 1)
	1	뉴
	2	럴
	3	네
뉴럴네트워크 04390	4	트
	…	…
	11	9
	12	0
❶	❷	

이런 수식 패턴은 셀 값에서 문자를 하나씩 잘라 배열에 저장하고 싶을 때 자주 사용하므로 잘 알아두는 것이 좋습니다.

02-2 배열에 저장된 값은 한글과 숫자를 구분하기 위해 수식 내에서 여러 번 사용해야 하므로 이름으로 정의합니다. C6셀에서 Esc 키를 눌러 입력된 수식을 취소한 후 [수식] 탭-[정의된 이름] 그룹-[이름 정의] 명령(🖳)을 클릭합니다. '새 이름' 대화상자가 열리면 다음과 같이 설정하고 〈확인〉 버튼을 클릭합니다.

이름 : 문자

참조 대상 : =MID($B6, ROW(INDIRECT("1:" & LEN($B6))), 1)

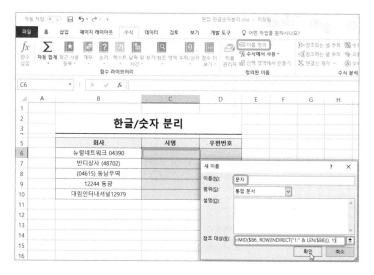

TIP 수식 내에서 동일한 부분이 반복되는 경우 이름으로 정의해 사용하면 수식의 길이를 줄일 수 있습니다.

Plus⁺ 수식 이해하기

이번에 이름으로 정의된 것은 **02-1**에서 작성한 수식과 B6셀을 참조하는 방식이 다릅니다. B6셀을 참조할 때 열을 고정($B6)한 것은 정의된 이름을 C열과 D열에서 모두 사용해야 하기 때문입니다. 만약 **B6**과 같이 상대 참조 방식으로 참조하면 B6셀이 아니라 C6셀의 왼쪽 셀을 참조하는 것이므로, D6셀에서 정의된 이름을 사용하면 C6셀의 값을 참조하게 됩니다.

02-3 배열에 저장된 문자 중 한글을 구분해보겠습니다. UNICODE 함수를 사용해 C6셀에 다음과 같은 수식을 작성합니다.

C6셀 : =(UNICODE(문자)>=44032)*(UNICODE(문자)<=55203)

▲	A	B	C	D	E	F
1						
2		한글/숫자 분리				
3						
5		회사	사명	우편번호		
6		뉴럴네트워크 04390	=44032)*(UNICODE(문			
7		반디상사 (48702)				
8		(04615) 동남무역				
9		12244 동광				
10		대림인터내셔널12979				
11						

TIP 아직 수식이 완성되지 않았으므로 **02-4** 과정까지 진행한 후에 수식을 입력합니다.

이번 수식을 배열 수식으로 입력하면 배열에 저장된 문자의 UNICODE 값을 확인해 해당 값이 44032(가)~55203(힣) 사이의 값인지 검토해 배열에 0과 1이 저장됩니다.

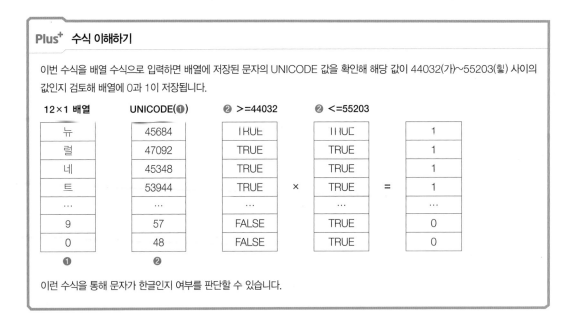

이런 수식을 통해 문자가 한글인지 여부를 판단할 수 있습니다.

02-4 배열에 한글이 구분됐다면, 한글에 해당하는 문자만 CONCAT 함수로 연결합니다. C6셀의 수식을 다음과 같이 완성하고 [Ctrl] + [Shift] + [Enter] 키를 눌러 입력한 후 C6셀의 채우기 핸들을 C10셀까지 드래그해 복사합니다.

C6셀 : =CONCAT(IF((UNICODE(문자)>=44032)*(UNICODE(문자)<=55203), 문자, " "))

Plus⁺ 수식 이해하기

이번 수식을 배열 수식으로 입력하면 배열에 저장된 값을 IF 함수로 판단해 **1(TRUE)**은 해당 위치의 문자가 저장되고 **0(FALSE)**은 빈 문자(" ")로 대체됩니다. 그런 다음 CONCAT 함수로 배열 내 값을 연결해 반환하면 한글 문자로만 구성된 값이 반환됩니다.

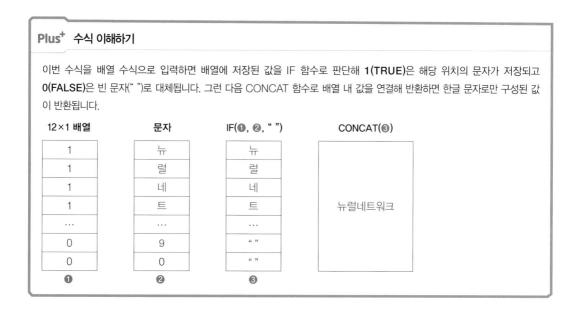

03 같은 방법으로 숫자를 구분하기 위해 D6셀에 다음 수식을 작성하고 Ctrl + Shift + Enter 키를 눌러 입력한 후 D6셀의 채우기 핸들을 D10셀까지 드래그해 복사합니다.

D6셀 : =CONCAT(IF((UNICODE(문자)>=48)*(UNICODE(문자)<=57), 문자, " "))

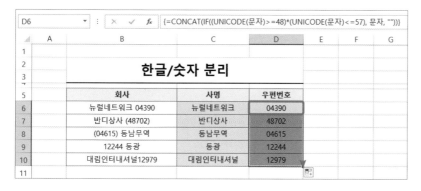

TIP 02-4 과정과 동일한 방법으로 작성한 수식으로, 숫자만 필요하므로 UNICODE 함수는 CODE 함수로 변경할 수 있습니다.

날짜만 입력된 데이터에서 월별, 분기별 집계하기

날짜가 입력된 데이터에서 따로 월, 분기, 월, 주 등을 계산해놓지 않고 바로 집계표에서 분기별, 월별 실적을 집계해야 하는 경우가 있습니다. 배열 수식은 범위 연산을 통해 과정을 단축할 수 있어 이런 식의 집계 작업이 가능합니다. 하지만 이런 경우는 대개 데이터가 많으므로 이런 방법으로 수식을 작성하면 계산 속도가 떨어지므로 권장하지 않습니다. 상황에 따라 별도의 작업 없이 빠르게 원하는 결과를 얻어야 하는 경우에만 사용하는 것이 좋습니다.

예제 파일 PART 03 \ CHAPTER 10 \ 집계−날짜 단위.xlsx

자주 사용하는 수식 패턴

연도/월/요일별 집계

=SUM((TEXT(날짜 범위, 서식 코드)=날짜 단위)*(집계 범위))

Ctrl + Shift + Enter

* **날짜 범위** : 날짜가 입력된 데이터 범위
* **서식 코드** : 집계할 날짜 단위를 의미하는 서식 코드, 예를 들어 네 자리 연도별 집계를 하려면 서식 코드는 **yyyy**이며, 단위가 포함된 경우라면 **yyyy년**과 같이 입력해야 합니다.
* **날짜 단위** : 집계하려는 날짜 단위(연도, 월, 요일)
* **집계 범위** : 조건을 만족할 때 더할 숫자가 입력된 범위

반기별 집계

=SUM((−−TEXT(날짜 범위, "m")<7)*(집계 범위))

Ctrl + Shift + Enter

* **날짜 범위** : 날짜가 입력된 데이터 범위
* **<7** : 상반기 조건으로 '하반기'를 집계하려면 **>6**과 같이 변경합니다.
* **집계 범위** : 조건을 만족할 때 더할 숫자가 입력된 범위

분기별 집계

=SUM((ROUNDUP(TEXT(날짜 범위, "m")/3, 0)=분기)*(집계 범위))

Ctrl + Shift + Enter

* **날짜 범위** : 날짜가 입력된 데이터 범위
* **분기** : 분기를 의미하는 숫자
* **집계 범위** : 조건을 만족할 때 더할 숫자가 입력된 범위

01 예제 파일을 열고 왼쪽의 '판매대장' 엑셀 표에서 월과 분기별 매출을 집계해보겠습니다.

	A	B	C	D	E	F	G	H	I	J	K	L	M
1													
2					**매출 실적 집계표**								
3													
5		거래번호	주문일	제품	수량	판매액			Q1			Q2	
6		N-0705	2018-01-01	컬러레이저복사기 XI-3200	3	2,998,800		월	매출		월	매출	
7		N-0705	2018-01-01	바코드 Z-350	3	144,900		1월			4월		
8		N-0705	2018-01-01	잉크젯팩시밀리 FX-1050	3	142,200		2월			5월		
9		N-0706	2018-01-04	프리미엄복사지A4 2500매	9	160,200		3월			6월		
10		N-0706	2018-01-04	바코드 BCD-100 Plus	7	605,500							
11		N-0707	2018-01-05	고급복사지A4 500매	2	7,000		분기	매출		분기	매출	
12		N-0707	2018-01-05	바코드 Z-350	7	324,100		1사분기			2사분기		
13		N-0707	2018-01-05	바코드 BCD-100 Plus	8	836,000							
425		N-0861	2018-06-30	오피스 Z-01	2	94,000							
426		N-0861	2018-06-30	잉크젯복합기 AP-3200	10	893,000							
427		N-0861	2018-06-30	고급복사지A4 5000매	5	148,500							
428		N-0862	2018-06-30	고급복사지A4 2500매	2	28,800							
429		N-0862	2018-06-30	잉크젯팩시밀리 FX-1050	1	60,700							
430		N-0862	2018-06-30	RF OA-200	1	32,200							
431		N-0862	2018-06-30	레이저복합기 L200	8	1,190,160							
432													

TIP 예제의 왼쪽 표는 '엑셀 표'로 등록된 것으로 표 이름은 '판매대장'입니다.

LINK 엑셀 표에 대한 내용은 No. 054~063을 참고합니다.

02-1 월별 데이터를 구분해 배열에 저장하기 위해, I7셀에 다음 수식을 작성합니다.

I7셀 : =TEXT(판매대장[주문일], "m월")=H7

	A	B	C	D	E	F	G	H	I	J	K	L	M
SUM				fx	=TEXT(판매대장[주문일], "m월")=H7								
1													
2					**매출 실적 집계표**								
3													
5		거래번호	주문일	제품	수량	판매액			Q1			Q2	
6		N-0705	2018-01-01	컬러레이저복사기 XI-3200	3	2,998,800		월	매출		월	매출	
7		N-0705	2018-01-01	바코드 Z-350	3	144,900		1월	"m월")=H7		4월		
8		N-0705	2018-01-01	잉크젯팩시밀리 FX-1050	3	142,200		2월			5월		
9		N-0706	2018-01-04	프리미엄복사지A4 2500매	9	160,200		3월			6월		
10		N-0706	2018-01-04	바코드 BCD-100 Plus	7	605,500							
11		N-0707	2018-01-05	고급복사지A4 500매	2	7,000		분기	매출		분기	매출	
12		N-0707	2018-01-05	바코드 Z-350	7	324,100		1사분기			2사분기		
13		N-0707	2018-01-05	바코드 BCD-100 Plus	8	836,000							
425		N-0861	2018-06-30	오피스 Z-01	2	94,000							
426		N-0861	2018-06-30	잉크젯복합기 AP-3200	10	893,000							
427		N-0861	2018-06-30	고급복사지A4 5000매	5	148,500							
428		N-0862	2018-06-30	고급복사지A4 2500매	2	28,800							
429		N-0862	2018-06-30	잉크젯팩시밀리 FX-1050	1	60,700							
430		N-0862	2018-06-30	RF OA-200	1	32,200							
431		N-0862	2018-06-30	레이저복합기 L200	8	1,190,160							
432													

TIP 아직 수식이 완성되지 않았으므로 **02-2** 과정까지 진행한 후에 수식을 입력합니다.

이번 수식을 배열 수식으로 입력하면, 배열에 '주문일' 열의 데이터 중에서 '1월'(H7셀) 데이터만 TRUE 값으로 저장됩니다. 보통 TEXT 함수는 하나의 값을 원하는 값으로 변환할 수 있지만, 배열 수식으로 입력하면 범위 내 셀 값을 모두 변환하고 그 값을 배열에 저장합니다.

TEXT(…)

| 1월 |
| 1월 |
| … |
| 2월 |
| 2월 |
| … |
| 3월 |
| … |
| 6월 |

❶

❶=H7

| TRUE |
| TRUE |
| … |
| FALSE |
| FALSE |
| … |
| FALSE |
| … |
| FALSE |

위 다이어그램에서 확인할 수 있듯이 **판매대장[주문일]**은 C6:C431 범위이므로 426×1 배열이 생성됩니다. 이렇게 많은 데이터가 배열에 저장되면 리소스가 많이 사용되어 파일이 느려질 수 있습니다.

02-2 월별 매출을 집계하기 위해 I7셀의 수식을 다음과 같이 완성하고 Ctrl + Shift + Enter 키를 눌러 입력한 후 I7셀의 채우기 핸들을 I9셀까지 드래그해 복사합니다.

I7셀 : =SUM((TEXT(판매대장[주문일], "m월")=H7)*(판매대장[판매액]))

이번 수식은 **02-1** 과정에서 저장된 배열의 값과 **판매대장[판매액]** 범위(F6:F431)의 값을 곱해 그 결과를 배열에 저장하고 SUM 함수로 더한 값을 반환합니다.

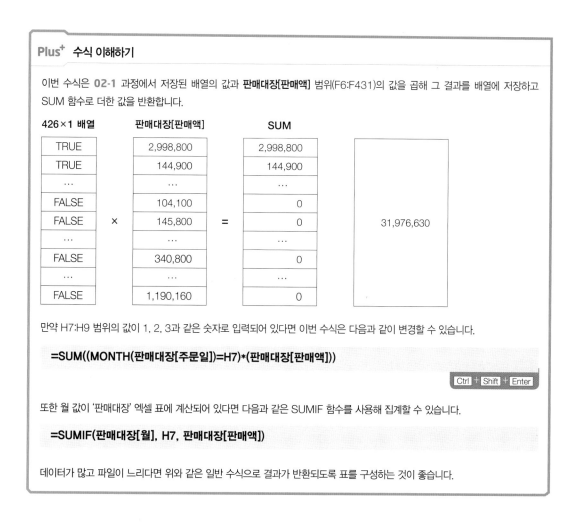

만약 H7:H9 범위의 값이 1, 2, 3과 같은 숫자로 입력되어 있다면 이번 수식은 다음과 같이 변경할 수 있습니다.

=SUM((MONTH(판매대장[주문일])=H7)*(판매대장[판매액]))

<kbd>Ctrl</kbd> + <kbd>Shift</kbd> + <kbd>Enter</kbd>

또한 월 값이 '판매대장' 엑셀 표에 계산되어 있다면 다음과 같은 SUMIF 함수를 사용해 집계할 수 있습니다.

=SUMIF(판매대장[월], H7, 판매대장[판매액])

데이터가 많고 파일이 느리다면 위와 같은 일반 수식으로 결과가 반환되도록 표를 구성하는 것이 좋습니다.

03-1 분기별 데이터를 구분해 배열에 저장하기 위해 I12셀에 다음 수식을 작성합니다.

I12셀 : =ROUNDUP(TEXT(판매대장[주문일], "m")/3, 0) & "사분기"=H12

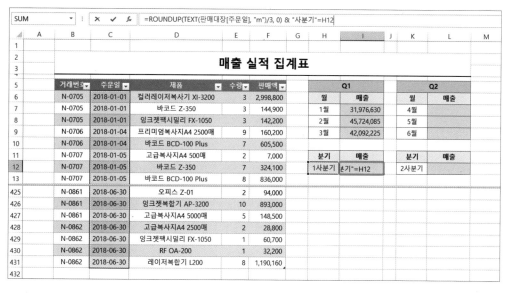

TIP 아직 수식이 완성되지 않았으므로 **03-2** 과정까지 진행한 후에 수식을 입력합니다.

이번 수식은 기존 배열 수식과 유사하지만, 월을 분기로 변환하기 위한 부분이 추가되어 있습니다. 전체 계산 과정은 다음의 다이어그램을 참고합니다.

TEXT(…)	ROUNDUP(❶/3, 0)	❷&사분기	❸=H12
1	1	1사분기	TRUE
1	1	1사분기	TRUE
…	…	…	…
2	1	1사분기	TRUE
2	1	1사분기	TRUE
…	…	…	…
3	1	1사분기	TRUE
…	…	…	…
6	2	2사분기	FALSE
❶	❷	❸	❹

수식 내 TEXT 함수 부분은 기존 설명처럼 MONTH 함수로 대체할 수 있습니다.

LINK ROUNDUP 함수를 이용해 월을 분기로 바꾸는 방법에 대한 설명은 'No. 154 날짜에서 반기/분기 그룹화하기'(498쪽)를 참고합니다.

03-2 분기별 매출을 집계하기 위해 I12셀의 수식을 다음과 같이 완성하고 Ctrl + Shift + Enter 키를 눌러 입력합니다.

I12셀 : =SUM((ROUNDUP(TEXT(판매대장[주문일], "m")/3, 0) & "사분기"=H12)
***(판매대장[판매액]))**

| I12 | | × ✓ fx | {=SUM((ROUNDUP(TEXT(판매대장[주문일], "m")/3, 0) & "사분기"=H12) * (판매대장[판매액]))} |

◢	A	B	C	D	E	F	G	H	I	J	K	L	M
1													
2				**매출 실적 집계표**									
3													
4													
5		거래번호	주문일	제품	수량	판매액			Q1			Q2	
6		N-0705	2018-01-01	컬러레이저복사기 XI-3200	3	2,998,800		월	매출		월	매출	
7		N-0705	2018-01-01	바코드 Z-350	3	144,900		1월	31,976,630		4월		
8		N-0705	2018-01-01	잉크젯팩시밀리 FX-1050	3	142,200		2월	45,724,085		5월		
9		N-0706	2018-01-04	프리미엄복사지A4 2500매	9	160,500		3월	42,092,225		6월		
10		N-0706	2018-01-04	바코드 BCD-100 Plus	7	605,500							
11		N-0707	2018-01-05	고급복사지A4 500매	2	7,000		분기	매출		분기	매출	
12		N-0707	2018-01-05	바코드 Z-350	7	324,100		1사분기	119,792,940		2사분기		
13		N-0707	2018-01-05	바코드 BCD-100 Plus	8	836,000							
425		N-0861	2018-06-30	오피스 Z-01	2	94,000							
426		N-0861	2018-06-30	잉크젯복합기 AP-3200	10	893,000							
427		N-0861	2018-06-30	고급복사지A4 5000매	5	148,500							
428		N-0862	2018-06-30	고급복사지A4 2500매	2	28,800							
429		N-0862	2018-06-30	잉크젯팩시밀리 FX-1050	1	60,700							
430		N-0862	2018-06-30	RF OA-200	1	32,200							
431		N-0862	2018-06-30	레이저복합기 L200	8	1,190,160							
432													

TIP 수식에 대한 설명은 **02-2**의 '수식 이해하기'를 참고합니다.

04 2사분기도 같은 방법으로 배열 수식을 사용해 매출을 집계합니다. L7셀과 L12셀에 각각 다음 수식을 작성하고 Ctrl + Shift + Enter 키를 눌러 입력합니다. L7셀의 채우기 핸들을 L9셀까지 드래그해 복사합니다.

L7셀 : =SUM((TEXT(판매대장[주문일], "m월")=K7)*(판매대장[판매액]))

L12셀 : =SUM((ROUNDUP(TEXT(판매대장[주문일], "m")/3, 0) & "사분기"=K12)*(판매대장[판매액]))

L12	▼	:	× ✓	fx	{=SUM((ROUNDUP(TEXT(판매대장[주문일], "m")/3, 0) & "사분기"=K12) * (판매대장[판매액]))}							

	A	B	C	D	E	F	G	H	I	J	K	L	M
1													
2					**매출 실적 집계표**								
3													
5		거래번호	주문일	제품	수량	판매액		Q1			Q2		
6		N-0705	2018-01-01	컬러레이저복사기 XI-3200	3	2,998,800		월	매출		월	매출	
7		N-0705	2018-01-01	바코드 Z-350	3	144,900		1월	31,976,630		4월	30,464,255	
8		N-0705	2018-01-01	잉크젯팩시밀리 FX-1050	3	142,200		2월	45,724,085		5월	43,999,975	
9		N-0706	2018-01-04	프리미엄복사지A4 2500매	9	160,200		3월	42,092,225		6월	46,822,740	
10		N-0706	2018-01-04	바코드 BCD-100 Plus	7	605,500							
11		N-0707	2018-01-05	고급복사지A4 500매	2	7,000		분기	매출		분기	매출	
12		N-0707	2018-01-05	바코드 Z-350	7	324,100		1사분기	119,792,940		2사분기	121,286,970	
13		N-0707	2018-01-05	바코드 BCD-100 Plus	8	836,000							
425		N-0861	2018-06-30	오피스 Z-01	2	94,000							
426		N-0861	2018-06-30	잉크젯복합기 AP-3200	10	893,000							
427		N-0861	2018-06-30	고급복사지A4 5000매	5	148,500							
428		N-0862	2018-06-30	고급복사지A4 2500매	2	28,800							
429		N-0862	2018-06-30	잉크젯팩시밀리 FX-1050	1	60,700							
430		N-0862	2018-06-30	RF OA-200	1	32,200							
431		N-0862	2018-06-30	레이저복합기 L200	8	1,190,160							
432													

평일과 주말, 휴일 근무를 구분해 급여 계산하기

218

두 날짜 사이의 평일 날짜만 계산하려면 NETWORKDAYS 함수를 사용합니다. 여기에서 주말(토/일)을 분리하거나 휴일을 따로 계산해야 한다면 NETWORKDAYS 함수만으로는 어렵습니다. 이런 경우에는 날짜의 요일을 구분할 수 있어야 하며, 휴일 날짜가 따로 기록되어 있어야 합니다. 여기서는 두 날짜 사이의 근무일 중에서 평일, 주말, 휴일을 따로 구분해 계산하는 방법에 대해 알아보겠습니다.

\ **예제 파일** PART 03 \ CHAPTER 10 \ 날짜-평일,주말.xlsx /

자주 사용하는 수식 패턴

두 날짜 사이의 주말 세기

=SUM(N(WEEKDAY(ROW(INDIRECT(시작일 & ":" & 종료일)), 2)>5))

Ctrl + Shift + Enter

* **시작일** : 날짜 차이를 계산하기 위한 시작 날짜
* **종료일** : 날짜 차이를 계산하기 위한 종료 날짜

두 날짜 사이의 휴일(평일) 세기

=SUM((휴일 목록>=시작일)*(휴일 목록<=종료일)*(WEEKDAY(휴일 목록, 2)<6))

Ctrl + Shift + Enter

* **휴일 목록** : 휴일 날짜가 기록된 데이터 범위

01 예제 파일을 열고 아르바이트 근무일 중 평일, 주말, 휴일을 구분해 급여를 계산해보겠습니다. (평일, 주말, 휴일의 일급이 다르게 책정되어 있습니다.)

| E7 | | | × ✓ fx | =DATEDIF(C7, D7+1, "D") | | | | |

아르바이트 급여 계산

이름	시작일	종료일	일수	평일	주말/휴일		급여
					주말	휴일	
황영남	5월 30일	6월 7일	9	6			
장미자	5월 2일	5월 16일	15	11			
김완순	5월 5일	5월 24일	20	13			
김찬진	5월 4일	5월 19일	16	11			
서태진	5월 4일	5월 8일	5	3			
안재혁	5월 21일	6월 15일	26	18			

LINK E열의 근무일수는 DATEDIF 함수를 사용해 계산했으며, DATEDIF 함수에 대해서는 'No. 161 입사일에서 근속 기간 구하기 – DATEDIF'(521쪽)를 참고합니다.

LINK F열의 평일 근무일수는 NETWORKDAYS 함수를 사용해 계산했으며, NETWORKDAYS 함수에 대해서는 'No. 153 주말과 휴일을 배제한 종료일(배송 예정일) 계산하기'(493쪽)를 참고합니다.

02 계산할 두 날짜의 일련번호를 확인하겠습니다. C7:D7 범위를 선택하고 [홈] 탭-[표시 형식] 그룹에서 [표시 형식]을 [일반]으로 설정하면 C7:D7 범위의 값이 날짜 일련번호로 변경됩니다.

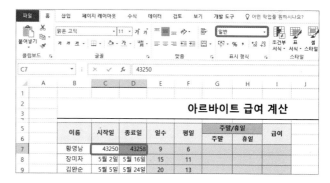

TIP 이 과정은 반드시 필요한 것은 아니며, 이후 작성될 배열 수식을 좀 더 잘 이해할 수 있도록 추가한 내용입니다.

03-1 먼저 날짜를 계산하기 위해 시작일과 종료일 사이의 모든 날짜를 배열에 저장하겠습니다. G7셀에 다음 수식을 작성합니다.

G7셀 : =ROW(43250:43258)

	A	B	C	D	E	F	G	H	I	J	K	L	M	N
1														
2					**아르바이트 급여 계산**									
3														
5		이름	시작일	종료일	일수	평일	주말/휴일 주말	휴일	급여		구분 구분	일급		
6														
7		황영남	43250	43258	9	6	50:43258)				평일	30,000		
8		장미자	5월 2일	5월 16일	15	11					주말	40,000		
9		김완순	5월 5일	5월 24일	20	13					휴일	50,000		
10		김찬진	5월 4일	5월 19일	16	11								
11		서태진	5월 4일	5월 8일	5	3					휴일	휴일	설명	
12		안재혁	5월 21일	6월 15일	26	18					05월 01일	화	노동절	
13											05월 05일	토	어린이날	

TIP 아직 수식이 완성되지 않았으므로 **03-3** 과정까지 진행한 후에 수식을 입력합니다.

Plus⁺ 수식 이해하기

이번 수식은 ROW 함수에 C7:D7 범위의 날짜 일련번호를 전달한 것으로, 이 수식을 배열 수식으로 입력하면 43250과 43258행 사이의 모든 행 번호가 9×1 배열에 저장됩니다. 날짜 일련번호도 정수이고 행 번호도 정수이므로 배열에 저장된 행 번호는 다음과 같은 날짜 값과 동일합니다.

9×1 배열	의미
43250	2018-05-30
43251	2018-05-31
43252	2018-06-01
43253	2018-06-02
43254	2018-06-03
43255	2018-06-04
43256	2018-06-05
43257	2018-06-06
43258	2018-06-07

이렇게 두 날짜 사이의 모든 날짜를 배열로 저장해 사용하려고 할 때 ROW 함수를 사용할 수 있습니다.

03-2 배열에 저장된 날짜의 요일번호를 확인해 주말인지 여부를 판단하겠습니다. G7셀의 수식을 다음과 같이 완성합니다.

G7셀 : =WEEKDAY(ROW(43250:43258), 2)>5

	A	B	C	D	E	F	G	H	I	J	K	L	M	N
SUM 수식 입력줄: =WEEKDAY(ROW(43250:43258), 2)>5

아르바이트 급여 계산

이름	시작일	종료일	일수	평일	주말/휴일		급여		구분	
					주말	휴일			구분	일급
황영남	43250	43258	9	6	3258), 2)>5				평일	30,000
장미자	5월 2일	5월 16일	15	11					주말	40,000
김완순	5월 5일	5월 24일	20	13					휴일	50,000
김찬진	5월 4일	5월 19일	16	11						
서태진	5월 4일	5월 8일	5	3					휴일	휴일	설명
안재혁	5월 21일	6월 15일	26	18					05월 01일	화	노동절
									05월 05일	토	어린이날
									05월 22일	화	석가 탄신일
									06월 06일	수	개천절

TIP 아직 수식이 완성되지 않았으므로 **03-3** 과정까지 진행한 후에 수식을 입력합니다.

Plus⁺ 수식 이해하기

WEEKDAY 함수를 사용하면 날짜 일련번호에서 요일 번호가 반환됩니다. 이번 수식과 같이 WEEKDAY 함수의 두 번째 인수를 **2**로 설정하면 요일별로 **1**(월)~**7**(일)의 값이 반환됩니다.

WEEKDAY(⋯)	의미	❶>5
3	수	FALSE
4	목	FALSE
5	금	FALSE
6	토	TRUE
7	일	TRUE
1	월	FALSE
2	화	FALSE
3	수	FALSE
4	목	TRUE

❶

그러므로 WEEKDAY 함수의 반환 값이 5를 초과하는지 확인하면 평일과 주말을 구분할 수 있습니다.

03-3 배열에 저장된 논리 값을 숫자로 변환해 더하면 주말의 건수를 확인할 수 있습니다. G7셀의 수식을 다음과 같이 변경하고 [Ctrl] + [Shift] + [Enter] 키를 눌러 입력합니다.

G7셀 : =SUM(N(WEEKDAY(ROW(43250:43258), 2)>5))

> **TIP** 배열의 논리 값을 N 함수로 1, 0으로 변경하고 SUM 함수로 모두 더하면 주말 건수가 바로 확인됩니다.

03-4 03-3 과정의 수식은 제대로 계산되지만 날짜가 고정되어 복사할 수 없습니다. 그러므로 날짜 값이 C열과 D열의 날짜를 참조하도록 변경할 것입니다. G7셀의 수식을 다음과 같이 변경하고 [Ctrl] + [Shift] + [Enter] 키를 눌러 입력한 후 G7셀의 채우기 핸들을 G12셀까지 드래그해 복사합니다.

G7셀 : =SUM(N(WEEKDAY(ROW(INDIRECT(C7 & ":" & D7)), 2)>5))

Plus⁺ 수식 이해하기

날짜 일련번호를 참조할 때 다음과 같이 해도 될 것이라고 생각할 수 있습니다.

　=ROW(C7 & ":" & D7)

하지만 이렇게 하면 & 연산자가 텍스트 값을 반환해 다음과 같은 수식이 됩니다.

　=ROW("43250:43258")

제대로 된 날짜 일련번호로 전달되지 않기 때문에, 두 날짜 사이의 모든 날짜가 배열에 저장되지 못합니다.

그러므로 '43250:43258' 텍스트 값을 참조로 변경하기 위해 INDIRECT 함수를 ROW 함수 안에 사용한 것입니다.

04 이번에는 휴일 근무일수만 확인하겠습니다. H7셀에 다음 수식을 작성하고 ⌈Ctrl⌉+⌈Shift⌉+⌈Enter⌉ 키를 눌러 입력한 후 H7셀의 채우기 핸들을 H12셀까지 드래그해 복사합니다.

H7셀 : =SUM(($K$12:$K$15>=C7)*($K$12:$K$15<=D7)*(WEEKDAY($K$12:$K$15, 2)<6))

| H7 | ▼ | : | × | ✓ | *fx* | {=SUM(($K$12:$K$15>=C7)*($K$12:$K$15<=D7)*(WEEKDAY($K$12:$K$15, 2)<6))} | | | | | |

	A	B	C	D	E	F	G	H	I	J	K	L	M	N
1														
2					아르바이트 급여 계산									
3														
4											구분			
5			이름	시작일	종료일	일수	평일	주말/휴일		급여	구분	일급		
6								주말	휴일		평일	30,000		
7			황영남	43250	43258	9	6	2	1		주말	40,000		
8			장미자	5월 2일	5월 16일	15	11	4	0		휴일	50,000		
9			김완순	5월 5일	5월 24일	20	13	6	1					
10			김찬진	5월 4일	5월 19일	16	11	5	0					
11			서태진	5월 4일	5월 8일	5	3	2	0		휴일	휴일	설명	
12			안재혁	5월 21일	6월 15일	26	18	6	2		05월 01일	화	노동절	
13											05월 05일	토	어린이날	
14											05월 22일	화	석가 탄신일	
15											06월 06일	수	개천절	
16														

Plus⁺ 수식 이해하기

이번 수식은 **03** 과정의 수식과 유사하면서도 다른 부분이 있습니다. 이 계산 작업을 위해서는 시작일과 종료일 사이에 휴일이 포함되어 있고, 또한 주말을 G열에서 이미 계산했으므로 휴일이 평일인 경우로 제한해야 합니다. 이런 것을 모두 수식 내에서 구성하면 4×1 배열에 다음과 같은 값이 저장됩니다.

K12:K15>=C7		K12:K15<=D7		WEEKDAY()<6		4×1 배열
FALSE		TRUE		TRUE		0
FALSE	×	TRUE	×	FALSE		0
FALSE		TRUE		TRUE		0
TRUE		TRUE		TRUE		1

배열의 값을 SUM 함수로 모두 더하면 1이 반환되며, 이 값은 시작일, 종료일 사이에 휴일이 하루 있다는 것을 의미합니다. 사실 이번과 같이 전체 일수에서 평일, 주말을 구분했다면 휴일은 복잡한 배열 수식 없이 다음과 같이 계산할 수 있습니다.

=전체일수−(평일+주말)

이번 수식은 기존에 미리 주말과 평일이 계산되지 않은 상태에서 휴일 날짜를 계산할 때 사용하면 좋습니다.

05 근무일수를 평일, 주말, 휴일로 구분했으므로 이제 급여를 계산하겠습니다. I7셀에 다음 수식을 작성하고 Ctrl + Shift + Enter 키를 눌러 입력한 후 I7셀의 채우기 핸들을 I12셀까지 드래그해 복사합니다.

I7셀 : =SUM((F7:H7)*TRANSPOSE($L$7:$L$9))

Plus⁺ 수식 이해하기

F7:H7 범위는 1×3 행렬이고 L7:L9 범위는 3×1 행렬이므로 바로 연산할 수 없습니다. 둘 중 하나의 방향을 TRANSPOSE 함수로 변경해야 범위 연산이 가능하므로, 이번 수식에서는 L7:L9 범위를 TRANSPOSE 함수를 사용해 3×1 행렬이 1×3 행렬로 변경해 계산합니다.

F7:H7

6	2	1

×

TRANSPOSE(L7:L9)

30,000	40,000	50,000

=

1×3 배열

180,000	80,000	50,000

이렇게 배열에 계산된 값을 SUM 함수로 합치면 310,000이 반환되어 급여가 계산됩니다.

매월 마지막 금요일 날짜 계산하기

219

엑셀에는 날짜를 계산하는 다양한 함수가 있지만, 원하는 모든 기능이 제공되는 것은 아닙니다. 특히 특정 요일에 해당하는 날짜를 매월 계산해 얻기는 쉽지 않은데, 계산에 필요한 날짜를 배열에 저장할 수 있다면 원하는 날짜를 구할 수 있습니다. 여기서는 매월 마지막 금요일 날짜를 반환받을 수 있는 날짜 계산 방법에 대해 알아보겠습니다.

예제 파일 PART 03 \ CHAPTER 10 \ 날짜–마지막 금요일.xlsx

자주 사용하는 수식 패턴

조건에 맞는 모든 값 참조

=MAX((WEEKDAY(DATE(연도, 월+1, 1–ROW($1:$7))=5)*
DATE(연도, 월+1, 1–ROW($1:$7)))

Ctrl + Shift + Enter

=INDEX(DATE(연도, 월+1, 1–ROW($1:$7)),
MATCH(5, WEEKDAY(DATE(연도, 월+1, 1–ROW($1:$7)), 2), 0))

Ctrl + Shift + Enter

* **연도** : 네 자리 숫자 연도
* **월** : 1~12까지의 월 숫자

01 예제 파일의 I열에 매월 마지막 금요일 날짜를 반환해보겠습니다.

연도		월	종료일	요일	마지막 영업일	요일	마지막 금요일	요일
2018		1	2018-01-31	수	2018-01-31	수		토
		2	2018-02-28	수	2018-02-28	수		토
		3	2018-03-31	토	2018-03-30	금		토
		4	2018-04-30	월	2018-04-30	월		토
		5	2018-05-31	목	2018-05-31	목		토
		6	2018-06-30	토	2018-06-29	금		토
		7	2018-07-31	화	2018-07-31	화		토
		8	2018-08-31	금	2018-08-31	금		토
		9	2018-09-30	일	2018-09-28	금		토
		10	2018-10-31	수	2018-10-31	수		토
		11	2018-11-30	금	2018-11-30	금		토

매월 마지막 금요일 계산

E6 =DATE($B$6, D6+1, 0)

LINK E열에는 월의 마지막 일이 계산되어 있으며, 계산 방법은 No. 147을 참고합니다.

LINK F, H, J열에는 요일이 계산되어 있으며, 계산 방법은 No. 145를 참고합니다.

LINK G열에는 마지막 영업일이 계산되어 있으며, 계산 방법은 No. 153을 참고합니다.

02-1 매월 마지막 특정 요일의 날짜는 매월 종료일부터 7일 이내에 존재합니다. 이런 날짜 데이터는 배열을 이용하면 쉽게 얻을 수 있습니다. I6셀에 다음 수식을 작성합니다.

I6셀 : =DATE($B$6, D6+1, {0, −1, −2, −3, −4, −5, −6})

| D6 | ▼ | : | × ✓ | fx | =DATE($B$6, D6+1, {0, -1, -2, -3, -4, -5, -6}) |

연도		월	종료일	요일	마지막 영업일	요일	마지막 금요일	요일
2018		1	2018-01-31	수	2018-01-31	수	2, -3, -4, -5, -6))	토
		2	2018-02-28	수	2018-02-28	수		토
		3	2018-03-31	토	2018-03-30	금		토
		4	2018-04-30	월	2018-04-30	월		토
		5	2018-05-31	목	2018-05-31	목		토
		6	2018-06-30	토	2018-06-29	금		토
		7	2018-07-31	화	2018-07-31	화		토
		8	2018-08-31	금	2018-08-31	금		토
		9	2018-09-30	일	2018-09-28	금		토
		10	2018-10-31	수	2018-10-31	수		토
		11	2018-11-30	금	2018-11-30	금		토
		12	2018-12-31	월	2018-12-31	월		토

TIP 아직 수식이 완성되지 않았으므로 **02-4** 과정까지 진행한 후에 수식을 입력합니다.

Plus⁺ 수식 이해하기

이 수식을 배열 수식으로 입력하면, DATE 함수의 세 번째 인수에 배열 상수를 이용해 0부터 −6번째 해당하는 날짜를 계산하므로 해당 월의 마지막 일부터 거꾸로 7일간의 날짜 데이터가 7×1 행렬 크기 배열에 저장됩니다.

수식	결과	7×1 배열
DATE($B$6, D6+1, 0)	DATE(2018, 2, 0)	2018-01-31
DATE($B$6, D6+1, -1)	DATE(2018, 2, -1)	2018-01-30
DATE($B$6, D6+1, -2)	DATE(2018, 2, -2)	2018-01-29
DATE($B$6, D6+1, -3)	DATE(2018, 2, -3)	2018-01-28
DATE($B$6, D6+1, -4)	DATE(2018, 2, -4)	2018-01-27
DATE($B$6, D6+1, -5)	DATE(2018, 2, -5)	2018-01-26
DATE($B$6, D6+1, -6)	DATE(2018, 2, -6)	2018-01-25

해당 월의 마지막 특정 요일은 항상 마지막 일을 포함한 7일 이내에 포함되므로, 이 날짜 값을 배열에 저장해놓으면 원하는 결과를 얻는 데 도움이 됩니다.

02-2 이전 수식의 배열 상수 부분을 다른 계산식으로 대체하겠습니다. I6셀의 수식을 다음과 같이 수정합니다.

I6셀 : =DATE($B$6, D6+1, 1−ROW($1:$7))

| D6 | ▼ | : | × ✓ | fx | =DATE($B$6, D6+1, 1-ROW($1:$7)) |

연도		월	종료일	요일	마지막 영업일	요일	마지막 금요일	요일
2018		1	2018-01-31	수	2018-01-31	수	1, 1-ROW($1:$7)	토
		2	2018-02-28	수	2018-02-28	수		토
		3	2018-03-31	토	2018-03-30	금		토
		4	2018-04-30	월	2018-04-30	월		토
		5	2018-05-31	목	2018-05-31	목		토
		6	2018-06-30	토	2018-06-29	금		토
		7	2018-07-31	화	2018-07-31	화		토
		8	2018-08-31	금	2018-08-31	금		토
		9	2018-09-30	일	2018-09-28	금		토
		10	2018-10-31	수	2018-10-31	수		토
		11	2018-11-30	금	2018-11-30	금		토
		12	2018-12-31	월	2018-12-31	월		토

TIP 아직 수식이 완성되지 않았으므로 **02-4** 과정까지 진행한 후에 수식을 입력합니다.

02-3 배열에 저장된 날짜 데이터에서 요일을 확인하겠습니다. I6셀의 수식을 다음과 같이 수정합니다.

I6셀 : =WEEKDAY(DATE($B$6, D6+1, 1−ROW($1:$7)), 2)=5

| SUM | ▼ : × ✓ ƒx | =(WEEKDAY(DATE($B$6, D6+1, 1-ROW($1:$7)), 2)=5 |

	A	B	C	D	E	F	G	H	I	J
1										
2					**매월 마지막 금요일 계산**					
3										
5		연도		월	종료일	요일	마지막 영업일	요일	마지막 금요일	요일
6		2018		1	2018-01-31	수	2018-01-31	수	$1:$7)), 2)=5	토
7				2	2018-02-28	수	2018-02-28	수		토
8				3	2018-03-31	토	2018-03-30	금		토
9				4	2018-04-30	월	2018-04-30	월		토
10				5	2018-05-31	목	2018-05-31	목		토
11				6	2018-06-30	토	2018-06-29	금		토
12				7	2018-07-31	화	2018-07-31	화		토
13				8	2018-08-31	금	2018-08-31	금		토
14				9	2018-09-30	일	2018-09-28	금		토
15				10	2018-10-31	수	2018-10-31	수		토
16				11	2018-11-30	금	2018-11-30	금		토
17				12	2018-12-31	월	2018-12-31	월		토
18										

TIP 아직 수식이 완성되지 않았으므로 02-4 과정까지 진행한 후에 수식을 입력합니다.

02-4 배열에서 금요일 위치를 확인했으므로, 기존 날짜 값과 곱한 후 가장 큰 값을 반환하도록 합니다. I6셀의 수식을 다음과 같이 완성하고 [Ctrl]+[Shift]+[Enter] 키를 눌러 입력한 후 I6셀의 채우기 핸들을 I17셀까지 드래그해 복사합니다.

I6셀 : =MAX((WEEKDAY(DATE($B$6, D6+1, 1−ROW($1:$7)), 2)=5)*DATE($B$6, D6+1, 1−ROW($1:$7)))

Plus⁺ 수식 이해하기

WEEKDAY 함수는 날짜 값의 요일 인덱스 번호를 반환하므로 반환된 값에서 금요일에 해당하는 번호를 확인합니다.

7×1 배열		DATE(⋯)		7×1 배열	MAX
FALSE		2018-01-31		0	
FALSE		2018-01-30		0	
FALSE		2018-01-29		0	
FALSE	×	2018-01-28	=	0	2018-01-26
FALSE		2018-01-27		0	
TRUE		2018-01-26		2018-01-26	
FALSE		2018-01-25		0	

이런 수식은 다양한 방법으로 변형할 수 있습니다. 다음과 같이 MATCH 함수로 5(금요일)의 위치를 찾아 INDEX 함수로 해당 날짜를 반환하는 방식도 사용할 수 있습니다.

```
=INDEX(DATE($B$6, D6+1, 1−ROW($1:$7)),
       MATCH(5, WEEKDAY(DATE($B$6, D6+1, 1−ROW($1:$7)), 2), 0))
```

[Ctrl]+[Shift]+[Enter]

03 다른 연도의 날짜도 제대로 계산되는지 확인하기 위해 B6셀의 연도를 2020으로 변경해봅니다.

B6			× ✓ *fx*	2020						
	A	B	C	D	E	F	G	H	I	J	K

매월 마지막 금요일 계산

	연도		월	종료일	요일	마지막 영업일	요일	마지막 금요일	요일
	2020		1	2020-01-31	금	2020-01-31	금	2020-01-31	금
			2	2020-02-29	토	2020-02-28	금	2020-02-28	금
			3	2020-03-31	화	2020-03-31	화	2020-03-27	금
			4	2020-04-30	목	2020-04-30	목	2020-04-24	금
			5	2020-05-31	일	2020-05-29	금	2020-05-29	금
			6	2020-06-30	화	2020-06-30	화	2020-06-26	금
			7	2020-07-31	금	2020-07-31	금	2020-07-31	금
			8	2020-08-31	월	2020-08-31	월	2020-08-28	금
			9	2020-09-30	수	2020-09-30	수	2020-09-25	금
			10	2020-10-31	토	2020-10-30	금	2020-10-30	금
			11	2020-11-30	월	2020-11-30	월	2020-11-27	금
			12	2020-12-31	목	2020-12-31	목	2020-12-25	금

근삿값 위치 찾아 참조하기

엑셀에서 데이터를 참조할 때, 정확하게 일치하는 값이 아니라 근삿값을 찾아 참조해야 하는 경우가 있습니다. 데이터가 오름차순이나 내림차순으로 정렬되어 있다면, VLOOKUP 함수나 INDEX, MATCH 함수를 사용한 일반 수식으로 해결할 수 있지만, 정렬되어 있지 않다면 근삿값을 찾기가 쉽지가 않습니다. 그런 경우에는 배열 수식 작성 방법을 잘 알아둘 필요가 있습니다.

\ 예제 파일 PART 03 \ CHAPTER 10 \ 참조−근삿값.xlsx

자주 사용하는 수식 패턴

기준에 가장 가까운 값 위치 찾기

=MATCH(MIN(ABS(범위−기준 값)), ABS(범위−기준 값), 0)

Ctrl + Shift + Enter

* **범위** : 숫자 값 데이터 범위
* **기준 값** : 범위 내에서 확인할 기준이 되는 숫자 값

새 함수

ABS (❶ 숫자)

숫자 값에서 부호를 제외한 절댓값을 반환합니다.

구문	❶ 숫자 : 절댓값을 구하려는 숫자
사용 예	=ABS(−1) 부호(−)를 제외한 1이 반환됩니다.

01 예제 파일을 열고 F6셀의 근속기간 기준에 가장 가까운 근속기간을 가진 직원을 참조해보겠습니다.

D열의 근속기간은 y.m을 의미하는 값으로, 3.5는 3년 6개월입니다.

	A	B	C	D	E	F	G	H
1								
2			**해외 법인 발령자 선발**					
3								
5		사번	이름	근속기간		기준	이름	
6		1	허영원	1.07		3		
7		2	서보석	2.02				
8		3	구현상	3.44				
9		4	천보람	2.31				
10		5	홍다림	4.77				
11		6	강민영	2.23				
12		7	유예찬	2.82				
13		8	김보배	4.16				
14		9	김영재	1.00				
15								

02-1 근삿값은 두 값의 차이가 가장 적은 값이므로, 근속기간에서 기준 값을 뺀 차이의 절댓값을 구해 배열에 저장합니다. G6셀에 다음 수식을 작성합니다.

G6셀 : =ABS(D6:D14-F6)

TIP 아직 수식이 완성되지 않았으므로 **02-2** 과정까지 진행한 후에 수식을 입력합니다.

	A	B	C	D	E	F	G	H
	SUM					f_x	=ABS(D6:D14-F6)	
1								
2			**해외 법인 발령자 선발**					
3								
5		사번	이름	근속기간		기준	이름	
6		1	허영원	1.07		3	D6:D14-F6)	
7		2	서보석	2.02				
8		3	구현상	3.44				
9		4	천보람	2.31				
10		5	홍다림	4.77				
11		6	강민영	2.23				
12		7	유예찬	2.82				
13		8	권보배	1.16				
14		9	김영재	1.00				
15								

Plus⁺ 수식 이해하기

이번 수식을 배열 수식으로 입력하면, D6:D14 범위와 동일한 크기인 9×1 행렬 크기의 배열에 D6:D14 범위의 각 셀에서 F6 셀의 값을 뺀 결과가 저장되며 이 값의 절댓값이 계산되어 배열에 저장됩니다.

D6:D14	F6	9×1 배열	ABS(❶)
1.07		-1.93	1.93
2.02		-0.98	0.98
…	3	…	…
2.82		-0.18	0.18
4.16		1.16	1.16
1.00		-2.00	2.00

        −   =   ❶

배열에 저장된 값 중 가장 작은 값의 위치를 찾으면 근삿값의 위치를 찾을 수 있습니다.

02-2 배열에 저장된 값 중 가장 작은 값의 위치를 찾습니다. G6셀의 수식을 다음과 같이 완성하고 Ctrl + Shift + Enter 키를 눌러 입력합니다.

G6셀 : =MATCH(MIN(ABS(D6:D14-F6)), ABS(D6:D14-F6), 0)

	A	B	C	D	E	F	G	H	I
	G6					f_x	{=MATCH(MIN(ABS(D6:D14-F6)), ABS(D6:D14-F6), 0)}		
1									
2			**해외 법인 발령자 선발**						
3									
5		사번	이름	근속기간		기준	이름		
6		1	허영원	1.07		3	7		
7		2	서보석	2.02					
8		3	구현상	3.44					
9		4	천보람	2.31					
10		5	홍다림	4.77					
11		6	강민영	2.23					
12		7	유예찬	2.82					
13		8	김보배	4.16					
14		9	김영재	1.00					
15									

03 MATCH 함수로 위치를 찾았으므로 INDEX 함수로 직원 이름을 참조합니다. G6셀의 수식을 다음과 같이 수정하고 Ctrl + Shift + Enter 키를 눌러 입력합니다.

G6셀 : =INDEX(C6:C14, MATCH(MIN(ABS(D6:D14–F6)), ABS(D6:D14–F6), 0))

G6		▼	:	×	✓	fx	{=INDEX(C6:C14, MATCH(MIN(ABS(D6:D14-F6)), ABS(D6:D14-F6), 0))}			
⊿	A	B	C	D	E	F	G	H	I	J	K
1											
2			해외 법인 발령자 선발								
3											
5		사번	이름	근속기간		기준	이름				
6		1	허영원	1.07		3	유예찬				
7		2	서보석	2.02							
8		3	구현상	3.44							
9		4	천보람	2.31							
10		5	홍다림	4.77							
11		6	강민영	2.23							
12		7	유예찬	2.82							
13		8	김보배	4.16							
14		9	김영재	1.00							
15											

TIP MATCH 함수로 찾은 위치의 값을 INDEX 함수로 D6:D14 범위에서 참조하면 F6셀의 값과 가장 근접한 근속기간 값을 참조할 수 있습니다.

대/소문자를 구분해 원하는 값 참조하기

다른 표의 값을 참조할 때 찾을 값의 대/소문자를 구분해야 하는 경우가 있습니다. 엑셀의 참조 함수 중에는 대/소문자를 구분해주는 함수가 없으므로 일반 수식으로 처리하기는 쉽지 않습니다. 하지만 배열 수식을 사용하면 FIND 함수나 EXACT 함수를 사용해 대/소문자를 구분한 위치를 배열에 저장해 필요한 값을 참조해올 수 있습니다. 대/소문자를 구분해 원하는 값을 참조해오는 방법에 대해 알아보 겠습니다.

예제 파일 PART 03 \ CHAPTER 10 \ 참조-대,소문자.xlsx

자주 사용하는 수식 패턴

대/소문자 구분해 찾기

> **=MATCH(TRUE, EXACT(찾을 값, 찾을 범위), 0)**

`Ctrl` + `Shift` + `Enter`

* **찾을 값** : 대/소문자를 구분해 찾고 싶은 값
* **찾을 범위** : **찾을 값**이 포함된 데이터 범위

EXACT 함수를 사용할 경우 **찾을 값**과 **찾을 범위** 인수의 순서를 바꿔도 됩니다.

> **=MATCH(TRUE, ISNUMBER(FIND(찾을 값, 찾을 범위)), 0)**

`Ctrl` + `Shift` + `Enter`

* **찾을 값** : 대/소문자를 구분해 찾고 싶은 값
* **찾을 범위** : **찾을 값**이 포함된 데이터 범위

FIND 함수를 사용하는 수식은 대/소문자를 구분하는 용도보다 No. 220에서 활용한 것처럼 일부 단어가 포함된 경우를 찾으려 는 경우에 더 자주 사용됩니다.

새 함수

EXACT (❶ 텍스트1, ❷ 텍스트2)

두 값을 비교해 같으면 TRUE, 틀리면 FALSE를 반환합니다.

구문	❶ 텍스트 : 비교할 텍스트 문자열로 대/소문자를 구분합니다.
사용 예	=EXACT("A", "a") 'A'는 대문자이고 'a'는 소문자이므로 FALSE를 반환합니다.

01 예제 파일의 E6셀에는 VLOOKUP 함수를 사용한 수식이 입력되어 있습니다. x1의 단가인 160,000을 참조해오지 못하고 X1의 단가인 190,000을 참조해오고 있어 VLOOKUP 함수가 대/소문자를 구분하지 못하는 것을 확인할 수 있습니다. 대/소문자를 구분하는 단가를 참조해보겠습니다.

E6셀 : =VLOOKUP(C6, H6:I11, 2, FALSE)

02-1 대/소문자를 구분해 x1 품번의 위치를 구분하기 위해 E6셀에서 Del 키를 눌러 기존 수식을 지우고 다음과 같이 작성합니다.

E6셀 : =ISNUMBER(FIND(C6, $H$6:$H$11))

TIP 아직 수식이 완성되지 않았으므로 **02-3** 과정까지 진행한 후에 수식을 입력합니다.

Plus⁺ 수식 이해하기

이번 수식을 배열 수식으로 입력하면, C6셀의 값을 H6:H11 범위에서 찾은 결과가 6×1 배열에 저장됩니다. 그런 다음 ISNUMBER 함수로 숫자가 반환되는 위치를 찾으면 대/소문자를 구분한 x1 품번의 위치를 정확하게 찾을 수 있습니다.

FIND(C6, H6:H11)

#VALUE!
#VALUE!
#VALUE!
1
#VALUE!
#VALUE!

❶

ISNUMBER(❶)

FALSE
FALSE
FALSE
TRUE
FALSE
FALSE

이렇게 FIND 함수를 사용해 대/소문자 위치를 구분할 수 있지만, 정확한 위치 확인을 위해서는 ISNUMBER 함수를 추가로 사용해야 합니다. 대/소문자를 구분해 정확하게 두 값이 일치하는지 확인해주는 EXACT 함수를 사용하면 수식의 길이를 줄일 수 있습니다.

02-2 FIND 함수와 ISNUMBER 함수를 사용하면 수식이 길어지므로 대/소문자를 구분하면서 두 값을 비교해주는 EXACT 함수를 사용하도록 수식을 변경하겠습니다. E6셀의 수식을 다음과 같이 수정합니다.

E6셀 : =EXACT(C6, $H$6:$H$11)

E6	fx	=EXACT(C6, $H$6:$H$11)	

대/소문자 구분해 단가 참조

번호	품번	수량	단가		분류	품번	단가
1	x1	2	I$6:$H$11)		NOTE	X1	190,000
2	X1	3			NOTE	X3	240,000
					NOTE	X5	280,000
					TAB	x1	160,000
					TAB	x2	280,000
					TAB	x3	310,000

TIP 아직 수식이 완성되지 않았으므로 **02-3** 과정까지 진행한 후에 수식을 입력합니다.

Plus+ 수식 이해하기

EXACT 함수는 인수에 전달된 값을 비교해 일치 여부를 반환하는데, 대/소문자를 구분할 수 있습니다. 하지만 한 번에 하나씩만 값을 비교할 수 있는데, 이번과 같이 두 번째 인수에 범위를 전달해 배열 수식으로 입력하면 해당 범위에 맞는 6×1 배열에 일치 결과가 저장됩니다.

EXACT(C6, H6:H11)

FALSE
FALSE
FALSE
TRUE
FALSE
FALSE

이 결과는 정확하게 FIND, ISNUMBER 함수를 중첩한 **02-1** 과정 수식의 결과와 동일합니다.

02-3 배열 내 TRUE 값 위치를 찾을 수 있도록 E6셀의 수식을 다음과 같이 수정하고 Ctrl + Shift + Enter 키를 눌러 입력한 후 E6셀의 채우기 핸들을 E7셀까지 드래그해 복사합니다.

E6셀 : =MATCH(TRUE, EXACT(C6, $H$6:$H$11), 0)

E6	fx	{=MATCH(TRUE, EXACT(C6, $H$6:$H$11), 0)}	

대/소문자 구분해 단가 참조

번호	품번	수량	단가		분류	품번	단가
1	x1	2	4		NOTE	X1	190,000
2	X1	3	1		NOTE	X3	240,000
					NOTE	X5	280,000
					TAB	x1	160,000
					TAB	x2	280,000
					TAB	x3	310,000

03 MATCH 함수로 위치를 찾았으니 INDEX 함수로 I열의 단가를 참조해옵니다. E6셀의 수식을 다음과 같이 완성하고 Ctrl + Shift + Enter 키를 눌러 입력한 후 E6셀의 채우기 핸들을 E7셀까지 드래그해 복사합니다.

E6셀 : =INDEX($I$6:$I$11, MATCH(TRUE, EXACT(C6, $H$6:$H$11), 0))

E6		▼ :	× ✓ fx	{=INDEX($I$6:$I$11, MATCH(TRUE, EXACT(C6, $H$6:$H$11), 0))}					
⊿	A	B	C	D	E	F	G	H	I	J
1										
2				대/소문자 구분해 단가 참조						
3										
5		번호	품번	수량	단가		분류	품번	단가	
6		1	x1	2	160,000		NOTE	X1	190,000	
7		2	X1	3	190,000		NOTE	X3	240,000	
8							NOTE	X5	280,000	
9							TAB	x1	160,000	
10							TAB	x2	280,000	
11							TAB	x3	310,000	
12										

특정 단어가 포함됐는지 확인해 데이터 분류하기

222

엑셀의 참조 함수를 사용하면 찾는 값과 정확하게 일치하거나 일부가 일치하는 경우의 값을 참조할 수 있습니다. 하지만 특정 단어가 포함됐는지 확인해야 한다면 FIND, SEARCH 함수를 사용해 전체 문자열에서 해당 단어를 찾아 반환 결과를 배열에 저장해놓고 배열 내 숫자가 반환된 위치를 확인하는 방법을 사용해야 합니다. 이런 방법은 No. 219에서도 한 번 사용해 봤으므로, 이번에 사용하는 수식과 어떤 차이가 있는지 잘 이해하면서 학습합니다.

\ 예제 파일 PART 03 \ CHAPTER 10 \ 참조-단어 I.xlsx /

자주 사용하는 수식 패턴

특정 단어가 포함된 위치 찾기

=MATCH(TRUE, ISNUMBER(FIND(범위, 값)), 0)

Ctrl + Shift + Enter

* **범위** : 찾을 단어가 모두 입력된 데이터 범위
* **값** : 단어가 포함됐는지 확인하려는 값

이 수식에서 FIND 함수는 SEARCH 함수로 대체할 수 있습니다.

01 예제 파일을 열고 오른쪽 표의 분류를 참조해보겠습니다. 제품(C열)에 포함 단어(F열)의 값이 포함된 경우에 분류(G열)의 값을 참조할 것입니다.

	A	B	C	D	E	F	G	H
1								
2			**단어가 포함된 것을 찾아 참조**					
3								
5		No	제품	분류		포함 단어	분류	
6		1	지문인식 FPIN-1000+			복합	복합기	
7		2	잉크젯팩시밀리 FX-1000			복사	복사기	
8		3	흑백레이저복사기 TLE-8100C			팩시	팩스	
9		4	잉크젯복합기 AP-3300			제본	제본기	
10		5	잉크젯팩시밀리 FX-2000+			지문	출퇴근기록기	
11		6	컬러레이저복사기 XI-3200			바코드	바코드스캐너	
12		7	무한잉크젯복합기 AP-5500W					
13		8	열제본기 TB-8200					
14		9	레이저복합기 L500					
15		10	바코드 BCD-100 Plus					
16								

02-1 제품명에 단어가 포함됐는지 확인해 배열에 저장하도록 D6셀에 다음 수식을 작성합니다.

D6셀 : =ISNUMBER(FIND($F$6:$F$11, C6))

| C6 | ▼ | : | × | ✓ | fx | =ISNUMBER(FIND($F$6:$F$11, C6)) |

▲	A	B	C	D	E	F	G	H
1								
2			**단어가 포함된 것을 찾아 참조**					
3								
5		**No**	**제품**	**분류**		**포함 단어**	**분류**	
6		1	지문인식 FPIN-1000+	6:$F$11, C6))		복합	복합기	
7		2	잉크젯팩시밀리 FX-1000			복사	복사기	
8		3	흑백레이저복사기 TLE-8100C			팩시	팩스	
9		4	잉크젯복합기 AP-3300			제본	제본기	
10		5	잉크젯팩시밀리 FX-2000+			지문	출퇴근기록기	
11		6	컬러레이저복사기 XI-3200			바코드	바코드스캐너	
12		7	무한잉크젯복합기 AP-5500W					
13		8	열제본기 TB-8200					
14		9	레이저복합기 L500					
15		10	바코드 BCD-100 Plus					
16								

TIP 아직 수식이 완성되지 않았으므로 **02-2** 과정까지 진행한 후에 수식을 입력합니다.

Plus⁺ 수식 이해하기

이번 수식을 배열 수식으로 입력하면, F6:F12 범위 내 단어가 C6셀에 포함됐는지 확인한 결과가 배열에 먼저 저장된 후 배열의 값이 ISNUMBER 함수에 의해 논리 값으로 변환됩니다.

F6:F12	C6	FIND(❶, ❷)	ISNUMBER(❸)
복합		#VALUE!	FALSE
복사		#VALUE!	FALSE
팩시	지문인식 FPIN-1000+	#VALUE!	FALSE
제본		#VALUE!	FALSE
지문		1	TRUE
바코드		#VALUE!	FALSE
❶	❷	❸	

배열에 저장된 값 중 TRUE가 나오는 위치는 FIND 함수로 숫자가 반환된 위치와 동일합니다. 그러므로 MATCH 함수로 TRUE가 나오는 위치를 찾으면 어떤 단어가 포함됐는지 확인할 수 있습니다.

02-2 배열에서 TRUE 값이 저장된 위치를 MATCH 함수로 찾겠습니다. D6셀의 수식을 다음과 같이 완성하고 Ctrl + Shift + Enter 키로 입력한 후 D6셀의 채우기 핸들을 D15셀까지 드래그하면 단어가 포함된 위치를 한 번에 찾을 수 있습니다.

D6셀 : =MATCH(TRUE, ISNUMBER(FIND($F$6:$F$11, C6)), 0)

D6		✕ ✓ fx	{=MATCH(TRUE, ISNUMBER(FIND($F$6:$F$11, C6)), 0)}				
	A	B	C	D	E	F	G	H
1								
2			단어가 포함된 것을 찾아 참조					
3								
5		No	제품	분류		포함 단어	분류	
6		1	지문인식 FPIN-1000+	5		복합	복합기	
7		2	잉크젯팩시밀리 FX-1000	3		복사	복사기	
8		3	흑백레이저복사기 TLE-8100C	2		팩시	팩스	
9		4	잉크젯복합기 AP-3300	1		제본	제본기	
10		5	잉크젯팩시밀리 FX-2000+	3		지문	출퇴근기록기	
11		6	컬러레이저복사기 XI-3200	2		바코드	바코드스캐너	
12		7	무한잉크젯복합기 AP-5500W	1				
13		8	열제본기 TB-8200	4				
14		9	레이저복합기 L500	1				
15		10	바코드 BCD-100 Plus	6				
16								

Plus⁺ 수식 이해하기

MATCH 함수의 첫 번째 인수가 TRUE이고 세 번째 인수가 0이면, 두 번째 인수에서 저장될 배열 내에서 TRUE 값이 저장된 첫 번째 위치를 찾으라는 의미입니다. 이렇게 하면 특정 단어가 포함된 위치를 간단하게 확인할 수 있습니다.

---

03 INDEX 함수로 MATCH 함수에서 찾은 위치에 해당하는 분류 값을 참조하겠습니다. D6셀의 수식을 다음과 같이 완성하고 Ctrl + Shift + Enter 키를 눌러 입력한 후 D6셀의 채우기 핸들을 D15셀까지 드래그해 복사합니다.

D6셀 : =INDEX($G$6:$G$11, MATCH(TRUE, ISNUMBER(FIND($F$6:$F$11, C6)), 0))

D6		✕ ✓ fx	{=INDEX($G$6:$G$11, MATCH(TRUE, ISNUMBER(FIND($F$6:$F$11, C6)), 0))}				
	A	B	C	D	E	F	G	H
1								
2			단어가 포함된 것을 찾아 참조					
3								
5		No	제품	분류		포함 단어	분류	
6		1	지문인식 FPIN-1000+	출퇴근기록기		복합	복합기	
7		2	잉크젯팩시밀리 FX-1000	팩스		복사	복사기	
8		3	흑백레이저복사기 TLE-8100C	복사기		팩시	팩스	
9		4	잉크젯복합기 AP-3300	복합기		제본	제본기	
10		5	잉크젯팩시밀리 FX-2000+	팩스		지문	출퇴근기록기	
11		6	컬러레이저복사기 XI-3200	복사기		바코드	바코드스캐너	
12		7	무한잉크젯복합기 AP-5500W	복합기				
13		8	열제본기 TB-8200	제본기				
14		9	레이저복합기 L500	복합기				
15		10	바코드 BCD-100 Plus	바코드스캐너				
16								

TIP INDEX 함수는 MATCH 함수로 찾은 위치의 값을 참조만 합니다.

여러 단어가 모두 포함됐는지 확인해 값 참조하기

셀에 입력된 값에 특정 단어가 포함됐는지 여부만 확인하는 것은 쉽지만 여러 단어가 모두 포함된 경우를 처리해야 한다면 수식을 간단하게 구성하기는 쉽지 않습니다. 이런 경우에는 확인할 단어를 하나씩 매칭한 후 모든 결과가 만족하는 경우를 추가로 확인해야 합니다. 과정이 늘어나므로 수식도 길어질 수밖에 없지만 이런 방법을 통하면 여러 단어가 모두 포함된 위치를 찾을 수 있습니다.

\ 예제 파일 PART 03 \ CHAPTER 10 \ 참조-단어 II.xlsx /

기본적인 동작은 No. 222와 동일하므로 이 예제를 진행하기 전에 앞의 No. 222를 참고합니다.

자주 사용하는 수식 패턴

여러 단어가 모두 포함된 값을 참조

=INDEX(참조 범위,
  MATCH(1, ISNUMBER(FIND(단어 범위1, 셀))*
     ISNUMBER(FIND(단어 범위2, 셀))*…, 0))

Ctrl + Shift + Enter

* **참조 범위** : 참조할 값이 입력된 데이터 범위
* **단어 범위** : 매칭할 단어가 입력된 데이터 범위
* **셀** : 단어가 포함됐는지 확인할 값이 입력된 셀

01 예제 파일을 열고 왼쪽 표에서 단가를 I열에 참조해보겠습니다. H열의 품명 중 C:E열의 단어가 모두 포함된 경우의 단가를 참조할 것입니다.

	A	B	C	D	E	F	G	H	I	J
1										
2					여러 단어 매칭					
3										
5		번호	분류	컬러	공급방식	단가		품명	단가	
6		1	잉크젯	흑백	일반	100		흑백잉크젯복합기 (일반방식)		
7		2	잉크젯	흑백	무한	120		컬러 무한잉크젯복합기		
8		3	잉크젯	컬러	일반	150		무한 컬러레이저 복합기		
9		4	잉크젯	컬러	무한	180				
10		5	레이저	흑백	일반	220				
11		6	레이저	흑백	무한	250				
12		7	레이저	컬러	일반	300				
13		8	레이저	컬러	무한	350				
14										

02-1 먼저 C열의 분류가 품명에 포함됐는지 여부를 배열에 저장하겠습니다. I6셀에 다음 수식을 작성합니다.

I6셀 : =ISNUMBER(FIND($C$6:$C$13, H6))

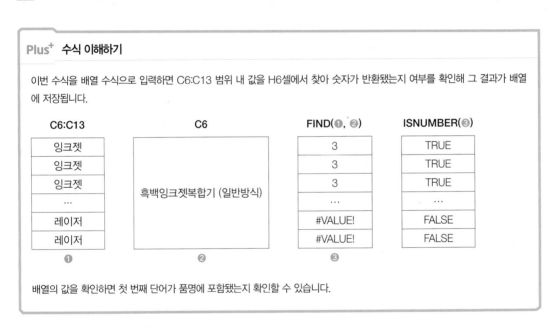

TIP 아직 수식이 완성되지 않았으므로 **02-3** 과정까지 진행한 후에 수식을 입력합니다.

Plus⁺ 수식 이해하기

이번 수식을 배열 수식으로 입력하면 C6:C13 범위 내 값을 H6셀에서 찾아 숫자가 반환됐는지 여부를 확인해 그 결과가 배열에 저장됩니다.

C6:C13	C6	FIND(❶, ❷)	ISNUMBER(❸)
잉크젯		3	TRUE
잉크젯		3	TRUE
잉크젯	흑백잉크젯복합기 (일반방식)	3	TRUE
…		…	…
레이저		#VALUE!	FALSE
레이저		#VALUE!	FALSE
❶	❷	❸	

배열의 값을 확인하면 첫 번째 단어가 품명에 포함됐는지 확인할 수 있습니다.

02-2 두 번째, 세 번째 단어(D:E열)가 포함됐는지 모두 확인하겠습니다. I6셀의 수식을 다음과 같이 변경합니다.

I6셀 : =ISNUMBER(FIND($C$6:$C$13, H6)) *
ISNUMBER(FIND($D$6:$D$13, H6)) *
ISNUMBER(FIND($E$6:$E$13, H6))

TIP 아직 수식이 완성되지 않았으므로 **02-3** 과정까지 진행한 후에 수식을 입력합니다.

Plus⁺ 수식 이해하기

이번 수식은 **02-1** 과정의 수식을 D, E열로 확장한 것이므로 **02-1** 과정에서 설명한 8×1 배열이 세 개 생성됩니다. 모든 단어가 포함됐는지 확인해야 하므로 배열을 곱셈 연산합니다.

8×1 배열(C열)		8×1 배열(D열)		8×1 배열(E열)		
TRUE		TRUE		TRUE		1
TRUE		TRUE		FALSE		0
TRUE		FALSE		TRUE		0
TRUE	×	FALSE	×	FALSE	=	0
FALSE		TRUE		TRUE		0
…		…		…		…
FALSE		FALSE		FALSE		0

이렇게 연산된 결과에서 1이 반환되면 모든 단어가 포함된 것으로 이해할 수 있습니다.

02-3 배열에 저장된 **1**의 위치를 찾으면 모든 단어가 포함된 위치를 찾을 수 있습니다. I6셀의 수식을 다음과 같이 완성하고 Ctrl + Shift + Enter 키를 눌러 입력한 후 I6셀의 채우기 핸들을 I8셀까지 드래그해 복사합니다.

I6셀 : =MATCH(1, ISNUMBER(FIND($C$6:$C$13, H6))*
ISNUMBER(FIND($D$6:$D$13, H6))*
ISNUMBER(FIND($E$6:$E$13, H6)), 0)

| I6 | | × ✓ fx | {=MATCH(1, ISNUMBER(FIND($C$6:$C$13, H6)) *
ISNUMBER(FIND($D$6:$D$13, H6)) *
ISNUMBER(FIND($E$6:$E$13, H6)), 0)} | | | | | | |

	A	B	C	D	E	F	G	H	I	J
1										
2						여러 단어 매칭				
3										
5		번호	분류	컬러	공급방식	단가		품명	단가	
6		1	잉크젯	흑백	일반	100		흑백잉크젯복합기 (일반방식)	1	
7		2	잉크젯	흑백	무한	120		컬러 무한잉크젯복합기	4	
8		3	잉크젯	컬러	일반	150		무한 컬러레이저 복합기	8	
9		4	잉크젯	컬러	무한	180				
10		5	레이저	흑백	일반	220				
11		6	레이저	흑백	무한	250				
12		7	레이저	컬러	일반	300				
13		8	레이저	컬러	무한	350				
14										

03 이제 단가를 참조하겠습니다. I6셀의 수식을 다음과 같이 수정하고 Ctrl + Shift + Enter 키를 눌러 입력한 후 I6셀의 채우기 핸들을 I8셀까지 드래그해 복사합니다.

I6셀 : =INDEX($F$6:$F$13, MATCH(1, ISNUMBER(FIND($C$6:$C$13, H6))*
ISNUMBER(FIND($D$6:$D$13, H6))*
ISNUMBER(FIND($E$6:$E$13, H6)), 0))

| I6 | | × ✓ fx | {=INDEX($F$6:$F$13, MATCH(1, ISNUMBER(FIND($C$6:$C$13, H6)) *
ISNUMBER(FIND($D$6:$D$13, H6)) *
ISNUMBER(FIND($E$6:$E$13, H6)), 0))} | | | | | | |

	A	B	C	D	E	F	G	H	I	J
1										
2						여러 단어 매칭				
3										
5		번호	분류	컬러	공급방식	단가		품명	단가	
6		1	잉크젯	흑백	일반	100		흑백잉크젯복합기 (일반방식)	100	
7		2	잉크젯	흑백	무한	120		컬러 무한잉크젯복합기	180	
8		3	잉크젯	컬러	일반	150		무한 컬러레이저 복합기	350	
9		4	잉크젯	컬러	무한	180				
10		5	레이저	흑백	일반	220				
11		6	레이저	흑백	무한	250				
12		7	레이저	컬러	일반	300				
13		8	레이저	컬러	무한	350				
14										

여러 조건을 모두 만족하는 위치를 찾아 참조하기

224

VLOOKUP 함수나 MATCH 함수는 모두 한 개의 열 데이터 범위에서 원하는 값의 위치를 찾을 수 있습니다. (MATCH 함수는 행 범위도 가능합니다.) 하지만 상황에 따라 동시에 두 개 이상의 데이터 범위에서 원하는 값이 모두 존재하는 위치를 찾아야 할 때가 있습니다. 이런 경우에는 MATCH 함수를 사용하는 배열 수식이나 LOOKUP 함수를 사용합니다. LOOKUP 함수는 SUMPRODUCT 함수처럼 자체적으로 배열을 이용하는 함수이기 때문에 일반 수식으로 입력합니다.

\ **예제 파일** PART 03 \ CHAPTER 10 \ 참조-다중 조건.xlsx /

자주 사용하는 수식 패턴

여러 조건을 모두 만족하는 위치 찾기

> **=MATCH(1, (범위1=조건1)*(범위2=조건2)*…, 0)**

Ctrl + Shift + Enter

* **범위** : 조건을 확인할 하나의 열(또는 행) 데이터 범위
* **조건** : 범위에서 비교할 값

> **=MATCH(조건1 & 조건2 & …, 범위1 & 범위2 & …, 0)**

Ctrl + Shift + Enter

* **범위** : 조건을 확인할 하나의 열(또는 행) 데이터 범위
* **조건** : 범위에서 비교할 값

여러 조건을 모두 만족하는 위치를 찾아 값 참조하기

> **=LOOKUP(1, 1/((범위1=조건1)*(범위2=조건2)*…), 참조 범위)**

Ctrl + Shift + Enter

* **범위** : 조건을 확인할 하나의 열(또는 행) 데이터 범위
* **조건** : 범위에서 비교할 값
* **참조 범위** : 참조할 값이 있는 열(또는 행) 데이터 범위

LOOKUP 함수는 SUMPRODUCT 함수처럼 자체적으로 배열을 사용하는 함수로, 일반 수식으로 입력합니다.

01 예제 파일의 F6셀에는 다음 수식이 입력되어 있습니다. 오른쪽 표를 보면 '노트북'의 'X-3'는 2,057,000원입니다. 단가를 제대로 참조해오지 못한 이유는 모델명으로만 단가를 참조했기 때문으로, 분류와 모델명이 모두 일치하는 경우의 단가를 참조해오도록 수식을 수정해야 합니다.

F6셀 : =VLOOKUP(D6, $J$6:$K$10, 2, FALSE)

F6			× ✓ fx	=VLOOKUP(D6, $J$6:$K$10, 2, FALSE)							
	A	B	C	D	E	F	G	H	I	J	K	L

02-1 F6:F13 범위 내 수식을 모두 지우고, 분류와 모델명이 일치하는 위치를 배열에 저장하도록 F6셀에 다음과 같은 수식을 작성합니다.

F6셀 : =($I$6:$I$10=C6)*($J$6:$J$10=D6)

> **TIP** 아직 수식이 완성되지 않았으므로 **02-2** 과정까지 진행한 후에 수식을 입력합니다.

Plus⁺ 수식 이해하기

이번 수식을 배열 수식으로 입력하면, I6:I10 범위에서 C6셀과 비교한 결과와 J6:J10 범위에서 D6셀과 비교한 결과를 곱해 5×1 배열에 0과 1 값이 저장됩니다.

I6:I10=C6		J6:J10=D6		5×1 배열
FALSE		TRUE		0
FALSE		FALSE		0
FALSE	×	FALSE	×	0
TRUE		FALSE		0
TRUE		TRUE		1

생성된 배열에 저장된 값이 1이면 두 범위의 비교 결과가 모두 TRUE인 것이므로, 두 조건을 모두 만족하는 위치입니다.

02-2 배열에 저장된 1의 위치를 MATCH 함수로 찾겠습니다. F6셀의 수식을 다음과 같이 완성하고 Ctrl + Shift + Enter 키를 눌러 입력한 후 F6셀의 채우기 핸들을 F13셀까지 드래그해 복사합니다.

F6셀 : =MATCH(1, ($I$6:$I$10=C6)*($J$6:$J$10=D6), 0)

02-3 다른 방법으로 위치를 찾아보겠습니다. F6셀의 수식을 다음과 같이 수정하고 Ctrl + Shift + Enter 키를 눌러 입력한 후 F6셀의 채우기 핸들을 F13셀까지 드래그해 복사합니다.

F6셀 : =MATCH(C6 & D6, $I$6:$I$10 & $J$6:$J$10, 0)

Plus⁺ 수식 이해하기

이번 수식은 **02-2** 과정의 수식과 결과가 완전히 같으므로 동일한 위치를 찾는 수식인 것을 알 수 있습니다. MATCH 함수의 두 번째 인수 부분만 이해하면 나머지는 쉽습니다. 이번 수식은 두 범위의 값을 & 연산자를 사용해 하나로 연결한 값을 배열에 저장합니다.

I6:I10		J6:J10		5×1 배열
카메라		X-3		카메라X-3
카메라		X-5		카메라X-5
카메라	&	X-7	×	카메라X-7
노트북		X-1		노트북X-1
노트북		X-3		노트북X-3

이렇게 저장된 배열에서 C6셀과 D6셀의 값을 연결한 위치를 찾습니다. 이번 수식과 **02-2** 과정의 수식은 동일하며, 어떤 수식을 써도 결과는 동일합니다.

03 위치를 찾았으므로 이제 단가를 참조하겠습니다. F6셀의 수식을 다음과 같이 수정하고 `Ctrl` + `Shift` + `Enter` 키를 눌러 입력한 후 F6셀의 채우기 핸들을 F13셀까지 드래그해 복사합니다.

F6셀 : =INDEX($K$6:$K$10, MATCH(C6 & D6, $I$6:$I$10 & $J$6:$J$10, 0))

F6			fx	{=INDEX($K$6:$K$10, MATCH(C6 & D6, $I$6:$I$10 & $J$6:$J$10, 0))}

번호	분류	모델명	수량	단가	판매		분류	모델명	단가
1	노트북	X-3	2	2,057,000	4,114,000		카메라	X-3	450,000
2	카메라	X-7	3	830,000	2,490,000		카메라	X-5	580,000
3	노트북	X-1	1	1,320,000	1,320,000		카메라	X-7	830,000
4	카메라	X-5	2	580,000	1,160,000		노트북	X-1	1,320,000
5	카메라	X-3	1	450,000	450,000		노트북	X-3	2,057,000
6	노트북	X-1	1	1,320,000	2,640,000				
7	노트북	X-3	3	2,057,000	6,171,000				
8	카메라	X-5	4	580,000	2,320,000				

다중 조건의 참조

04 일반 수식으로 처리하고 싶다면 LOOKUP 함수를 사용합니다. F6셀의 수식을 다음과 같이 수정하고 `Enter` 키를 눌러 입력한 후 F6셀의 채우기 핸들을 F13셀까지 드래그해 복사합니다.

F6셀 : =LOOKUP(1, 1/(($I$6:$I$10=C6)*($J$6:$J$10=D6)), $K$6:$K$10)

F6			fx	=LOOKUP(1, 1/(($I$6:$I$10=C6)*($J$6:$J$10=D6)), $K$6:$K$10)

번호	분류	모델명	수량	단가	판매		분류	모델명	단가
1	노트북	X-3	2	2,057,000	4,114,000		카메라	X-3	450,000
2	카메라	X-7	3	830,000	2,490,000		카메라	X-5	580,000
3	노트북	X-1	1	1,320,000	1,320,000		카메라	X-7	830,000
4	카메라	X-5	2	580,000	1,160,000		노트북	X-1	1,320,000
5	카메라	X-3	1	450,000	450,000		노트북	X-3	2,057,000
6	노트북	X-1	1	1,320,000	2,640,000				
7	노트북	X-3	3	2,057,000	6,171,000				
8	카메라	X-5	4	580,000	2,320,000				

다중 조건의 참조

Plus⁺ 수식 이해하기

LOOKUP 함수는 자체적으로 배열을 이용하므로, LOOKUP 함수의 특성을 사용하면 일반 수식으로도 같은 결과를 얻을 수 있습니다. 이번 수식을 이해하려면 LOOKUP 함수의 두 번째 인수 부분을 먼저 이해해야 합니다.

I6:I10=C6		J6:J10=D6		5×1 배열		1/❶
FALSE		TRUE		0		#DIV/0!
FALSE		FALSE		0		#DIV/0!
FALSE	×	FALSE	=	0		#DIV/0!
TRUE		FALSE		0		#DIV/0!
TRUE		TRUE		1		1
				❶		

마지막에 1을 나누는 연산을 하는 이유는 LOOKUP 함수가 정확한 값의 위치가 아니라 근삿값의 위치를 찾는 함수이므로 찾을 값을 제외하고는 모두 #DIV/0! 오류를 발생시키기 위해서입니다. LOOKUP 함수는 오류가 발생한 위치는 무시하므로 이렇게 해야 원하는 위치를 정확하게 찾을 수 있습니다. LOOKUP 함수가 마지막 1의 위치를 찾아 세 번째 인수의 K6:K10 범위 내 마지막 단가를 참조해오도록 하면 **03** 과정의 배열 수식과 정확하게 동일한 결과를 반환하도록 할 수 있습니다.

텍스트와 숫자가 혼합된 표에서 값이 입력된 마지막 위치를 찾아 참조하기

특정 데이터 범위에서 마지막 값의 위치를 찾아 참조하는 방법은 이 책에서 이미 설명한 바 있습니다. 다만 해당 방법은 입력된 데이터의 형식이 모두 숫자이거나 텍스트인 경우에만 사용할 수 있으며, 숫자나 텍스트와 같이 데이터 형식이 혼합된 열/행에서는 사용할 수 없습니다. 여기에서는 배열 수식을 이용해 여러 데이터 형식이 섞여 있는 데이터 범위 내 마지막 위치를 찾아 필요한 값을 참조해오는 방법에 대해 알아보겠습니다.

예제 파일 PART 03 \ CHAPTER 10 \ 참조-마지막값.xlsx

새 함수

ADDRESS (❶ 행 번호, ❷ 열 번호, ❸ 참조 방식, ❹ 참조 스타일, ❺ 시트

행 번호, 열 번호 위치의 셀 주소를 반환합니다.

| 구문 | ❶ 행 번호 : 참조할 셀의 행 번호
❷ 열 번호 : 참조할 셀의 열 번호
❸ 참조 방식 : 반환할 셀 주소의 참조 방식(상대, 절대, 혼합 참조) 옵션

┌─────────┬──────────────┬─────────┐
│ 옵션 │ 참조 스타일 │ 반환 │
│ 1 또는 생략 │ 절대 참조 │ \$A\$1 │
│ 2 │ 혼합 참조(행 고정) │ A\$1 │
│ 3 │ 혼합 참조(열 고정) │ \$A1 │
│ 4 │ 상대 참조 │ A1 │
└─────────┴──────────────┴─────────┘

❹ 참조 스타일 : A1 스타일이나 R1C1 방식의 참조 스타일 중 하나를 선택

┌─────────┬──────────────┐
│ 옵션 │ 참조 스타일 │
│ TRUE 또는 생략 │ A1 스타일 │
│ FALSE │ R1C1 스타일 │
└─────────┴──────────────┘

❺ 시트 : 참조할 워크시트 이름, 예를 들어 =ADDRESS(1,1,,, "Sheet1")은 'Sheet1!\$A\$1' 문자열을 반환합니다. |
| 사용 예 | **=ADDRESS(1, 1)**
첫 번째 행, 첫 번째 열을 의미하므로 '\$A\$1' 문자열이 반환됩니다.

=ADDRESS(1, 1, 4)
'A1' 문자열이 반환됩니다.

=ADDRESS(1, 1,,, "sample")
시트 이름이 포함된 'sample!\$A\$1' 문자열이 반환됩니다. |

자주 사용하는 수식 패턴

행의 마지막 위치 찾아 참조

=INDIRECT(ADDRESS(행 번호, MAX((범위<>" ")*COLUMN(범위))))

`Ctrl` + `Shift` + `Enter`

* **행 번호 :** 참조한 셀이 행 범위
* **범위 :** 마지막 위치를 확인하고 싶은 데이터 범위

=MATCH(조건1 & 조건2 & …, 범위1 & 범위2 & …, 0)

`Ctrl` + `Shift` + `Enter`

* **범위 :** 조건을 확인할 하나의 열(또는 행) 데이터 범위
* **조건 :** 범위에서 비교할 값

열의 마지막 위치 찾아 참조

=INDIRECT(ADDRESS(MAX((범위<>" ")*ROW(범위)), 열 번호))

`Ctrl` + `Shift` + `Enter`

* **열 번호 :** 참조할 셀의 열 번호
* **범위 :** 마지막 위치를 확인하고 싶은 데이터 범위

---

01 예제 파일을 열고 각 직원의 마지막 근무일을 C열에 반환해보겠습니다. D6:O10 범위에 값이 입력된 마지막 위치를 마지막 근무일로 하겠습니다.

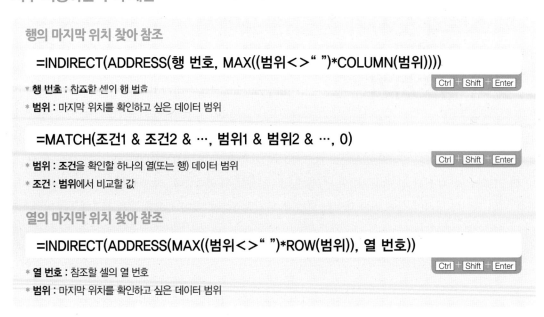

02-1 값이 입력된 열 번호를 배열에 저장하기 위해 C6셀에 다음 수식을 작성합니다.

C6셀 : =(D6:O6<>" ")*COLUMN(D6:O6)

TIP 아직 수식이 완성되지 않았으므로 **02-2** 과정까지 진행한 후에 수식을 입력합니다.

이번 수식을 배열 수식으로 입력하면, D6:O6 범위에서 값이 입력된 위치의 열 번호가 배열에 저장됩니다.

D6:O6<>" "

FALSE	TRUE	TRUE	TRUE	FALSE	TRUE	TRUE	TRUE	FALSE	FALSE	FALSE	FALSE

×

COLUMN(D6:O6)

4	5	6	7	8	9	10	11	12	13	14	15

=

1×12 배열

0	5	6	7	0	9	10	11	0	0	0	0

배열에 저장된 값 중 가장 큰 값이 데이터가 입력된 마지막 셀의 열 번호입니다.

02-2 마지막 위치를 확인하겠습니다. C6셀의 수식을 다음과 같이 완성하고 Ctrl + Shift + Enter 키를 눌러 입력한 후 C6셀의 채우기 핸들을 C10셀까지 드래그해 복사합니다.

C6셀 : =MAX((D6:O6<>" ")*COLUMN(D6:O6))

C6		▼	:	×	✓	fx	{=MAX((D6:O6<>"")*COLUMN(D6:O6))}

⊿	A	B	C	D	E	F	G	H	I	J	K	L	M	N	O	P
1																
2						**마지막 근무일 참조**										
3																
5		직원	마지막	1일	2일	3일	4일	5일	6일	7일	8일	9일	10일	11일	12일	
6		남영재	11		A	P	S		A	P	S					
7		배요한	14							A	P	S	5	A		
8		김은하	13	A	P	S	A	P	S		5	5	5			
9		천유리	12				A	5	P	S	A	5				
10		정소라	11	A	P	S	5	5	5	A	P					
11																

MAX 함수는 배열의 가장 큰 숫자 값을 반환합니다. C6셀에 반환된 11은 11번 열에 마지막 값이 입력되어 있다는 것을 의미하는데, 6행에서 마지막에 입력된 값은 K6셀입니다. K열은 열한 번째 열이므로, C6셀에 반환된 값은 제대로 된 결과입니다.

열 번호만으로는 INDEX 함수를 사용해 필요한 값을 참조해오지 못하므로(INDEX 함수는 열의 인덱스 번호가 필요합니다.) 이번 수식의 결과는 INDEX 함수에서 사용할 수 없습니다. 그러므로 열 번호를 이용해 참조할 셀 주소를 완성하고, 완성된 셀 주소를 이용해 원하는 값을 참조합니다.

03 참조할 셀의 열 번호를 알았으므로 ADDRESS 함수로 셀 주소를 완성합니다. C6셀의 수식을 다음과 같이 수정하고 [Ctrl]+[Shift]+[Enter] 키를 눌러 입력한 후 C6셀의 채우기 핸들을 C10셀까지 드래그해 복사합니다.

C6셀 : =ADDRESS(5, MAX((D6:O6<>" ")*COLUMN(D6:O6)))

> **Plus⁺ 수식 이해하기**
>
> ADDRESS 함수는 첫 번째와 두 번째 인수에 행과 열 번호를 받아 해당 위치의 셀 주소를 반환합니다. ADDRESS 함수의 첫 번째 인수인 5는 5행을 의미하고 두 번째 인수에 전달된 부분은 데이터가 입력된 마지막 열 번호이므로, 데이터가 입력된 마지막 셀과 같은 열의 5행에 해당하는 셀 주소가 반환됩니다. 수식에서 반환된 결과는 모두 데이터가 입력된 마지막 위치의 5행 셀 주소라는 것을 확인할 수 있습니다.

04 셀 주소만으로는 해당 위치의 값을 가져올 수 없으므로 INDIRECT 함수로 해당 셀 위치의 값을 참조합니다. C6셀의 수식을 다음과 같이 수정하고 [Ctrl]+[Shift]+[Enter] 키를 눌러 입력한 후 C6셀의 채우기 핸들을 C10셀까지 드래그해 복사합니다.

C6셀 : =INDIRECT(ADDRESS(5, MAX((D6:O6<>" ")*COLUMN(D6:O6))))

Plus⁺ 수식 이해하기

ADDRESS 함수로 셀 주소를 완성해 INDIRECT 함수로 참조하는 이런 패턴은 INDEX, MATCH 함수만큼은 아니지만 배열 수식에서 원하는 값을 참조할 때 자주 사용됩니다.

만약 이번 수식처럼 ADDRESS 함수와 INDIRECT 함수를 사용하고 싶지 않다면 **02-2** 과정의 수식을 다음과 같이 변경합니다.

> **=MAX((D6:O6<>" ")*(COLUMN(D6:O6)−3))**
>
> Ctrl + Shift + Enter

COLUMN 함수의 연산 부분에서 3을 빼는 이유는 COLUMN 함수에서 참조하는 범위가 D열부터 시작되기 때문입니다. D열이면 네 번째 열이므로, 이 열이 첫 번째 열이 되려면 3을 빼야 합니다.

수식을 이렇게 바꿨다면, INDEX 함수를 사용해 다음과 같이 마지막 근무일을 참조할 수 있습니다.

> **=INDEX($D$5:$O$5, 1, MAX((D6:O6<>" ")*(COLUMN(D6:O6)−3)))**
>
> Ctrl + Shift + Enter

수식을 다양하게 변화시키는 연습은 수식을 보다 잘 이해하는 데 도움이 되니 여러 방법으로 원하는 결과를 얻어보세요.

조건에 맞는 모든 값을
순서대로 참조하기

VLOOKUP, INDEX, MATCH 함수 등 엑셀의 참조 함수는 조건에 맞는 첫 번째 값만 참조해올 수 있습니다. 하지만, 조건에 맞는 값이 여러 개이고 이를 순서대로 모두 참조해오고 싶다면 기존 함수만으로는 원하는 결과를 얻을 수 없습니다. 이런 경우 배열 수식을 사용해 값을 순서대로 참조할 수 있는데, 이 방법은 여러 가지로 자유롭게 변형할 수 있으므로 배열 수식의 계산 원리를 잘 이해해두고 응용하도록 합니다.

\ 예제 파일 PART 03 \ CHAPTER 10 \ 참조-모두.xlsx /

자주 사용하는 수식 패턴

조건에 맞는 모든 값 참조

=INDIRECT(ADDRESS(SMALL(IF(범위=찾을 값, ROW(범위)), ROW(A1)), 열 번호)

Ctrl + Shift + Enter

* **범위** : 찾을 값(조건)을 검색할 데이터 범위
* **찾을 값** : 범위에서 찾고 싶은 값
* **열 번호** : 참조해올 값이 입력된 열의 인덱스 번호

01 예제 파일을 열고 왼쪽의 직원 명단에서 특정 직위에 해당하는 이름을 모두 참조해보겠습니다. F6:F11 범위에는 이름이 참조될 때 인덱스 번호를 반환하는 수식이 입력되어 있습니다.

F6			:	✕ ✓ fx	=IF(G6<>"", COUNTA($G$6:G6), "")		
◢	A	B	C	D	E	F	G	H

	번호	이름	직위		번호	대리	
	1	김영광	대리				
	2	구현상	주임				
	3	현주원	사원				
	4	채연주	대리				
	5	황용기	주임				
	6	민기용	사원				
	7	박민	대리				
	8	남건우	주임				
	9	심은하	사원				
	10	강우리	사원				

직원 명단

02-1 직위가 '대리'인 직원의 위치를 확인하기 위해, 직위가 '대리'인 셀의 행 번호를 배열에 저장하겠습니다. G6셀에 다음 수식을 작성합니다.

G6셀 : =IF($D$6:$D$15=$G$5, ROW($D$6:$D$15))

TIP 아직 수식이 완성되지 않았으므로 02-2 과정까지 진행한 후에 수식을 입력합니다.

번호	이름	직위		번호	대리
			직원 명단		
1	김영광	대리			D6:$D$15))
2	구현상	주임			
3	현주원	사원			
4	채연주	대리			
5	황용기	주임			
6	민기용	사원			
7	박민	대리			
8	남건우	주임			
9	심은하	사원			
10	강우리	사원			

02-2 배열에 저장된 행 번호에서 작은 값을 순서대로 반환받기 위해 SMALL 함수를 사용하겠습니다. G6셀의 수식을 다음과 같이 완성하고 Ctrl + Shift + Enter 키를 눌러 입력한 후 G6셀의 채우기 핸들을 G11셀까지 드래그해 복사합니다.

G6셀 : =SMALL(IF($D$6:$D$15=$G$5, ROW($D$6:$D$15)), ROW(A1))

| G6 | | ▼ | : × ✓ | fx | {=SMALL(IF($D$6:$D$15=$G$5, ROW($D$6:$D$15)), ROW(A1))} | | | |

직원 명단

번호	이름	직위		번호	대리
1	김영광	대리		1	6
2	구현상	주임		2	9
3	현주원	사원		3	12
4	채연주	대리		#NUM!	#NUM!
5	황용기	주임		#NUM!	#NUM!
6	민기용	사원		#NUM!	#NUM!
7	박민	대리			
8	남건우	주임			
9	심은하	사원			
10	강우리	사원			

Plus⁺ 수식 이해하기

SMALL 함수는 범위 내에서 n번째로 작은 값을 되돌려주는 함수로, 이번과 같이 **=SMALL(배열, ROW(A1))** 수식을 구성하고 행 방향으로 수식을 복사하면 다음과 같이 배열 내 가장 작은 숫자 값부터 순서대로 값을 반환합니다.

=SMALL(배열, 1)

=SMALL(배열, 2)

...

=SMALL(배열, n)

배열에는 숫자 값과 논리 값이 저장되므로, 숫자가 모두 반환되면 더 이상 반환할 값이 없어 #NUM! 오류가 반환됩니다. 이런 오류는 뒤에서 IFERROR 함수를 사용해 셀에 표시되지 않도록 할 예정입니다.

---

03 반환된 행 번호로 셀 주소를 만들어 INDIRECT 함수로 참조하겠습니다. G6셀의 수식을 다음과 같이 수정하고 [Ctrl]+[Shift]+[Enter] 키로 입력한 후 G6셀의 채우기 핸들을 G11셀까지 드래그해 복사합니다.

G6셀 : =INDIRECT(ADDRESS(SMALL(IF($D$6:$D$15=$G$5, ROW($D$6:$D$15)), ROW(A1)), 3))

| G6 | | ▼ | : × ✓ | fx | {=INDIRECT(ADDRESS(SMALL(IF($D$6:$D$15=$G$5, ROW($D$6:$D$15)), ROW(A1)), 3))} | | | | |

직원 명단

번호	이름	직위		번호	대리
1	김영광	대리		1	김영광
2	구현상	주임		2	채연주
3	현주원	사원		3	박민
4	채연주	대리		#NUM!	#NUM!
5	황용기	주임		#NUM!	#NUM!
6	민기용	사원		#NUM!	#NUM!
7	박민	대리			
8	남건우	주임			
9	심은하	사원			
10	강우리	사원			

SMALL 함수에서 반환된 행 번호에서 셀을 참조할 수 있는 셀 주소로 변환하려면 ADDRESS 함수를 사용합니다. 이번 수식에서 ADDRESS 함수 부분만 보면 다음과 같습니다.

=ADDRESS(행 번호, 3)

ADDRESS 함수의 두 번째 인수에 사용된 **3**은 3번 열을 의미하므로 C열에 해당합니다. 그러므로 C열의 행 번호 위치의 셀 주소(C6, C9, C12)가 반환됩니다. 셀 주소만으로는 값을 참조해올 수 없으므로, 이번 수식에서는 INDIRECT 함수를 함께 사용해 해당 셀 위치의 값을 참조하도록 한 것입니다.

04 마지막으로 #NUM! 오류를 표시하지 않기 위해 IFERROR 함수를 사용합니다. G6셀의 수식을 다음과 같이 수정하고 Ctrl + Shift + Enter 키를 눌러 입력한 후 G6셀의 채우기 핸들을 G11셀까지 드래그해 복사합니다.

G6셀 : =IFERROR(INDIRECT(ADDRESS(SMALL(IF($D$6:$D$15=$G$5, ROW($D$6:$D$15)), ROW(A1)), 3)), " ")

TIP IFERROR 함수를 이용해 #NUM! 오류를 빈 문자(" ")로 대체합니다.

05 G5셀의 직위를 '사원'으로 변경해 수식이 올바른 결과를 반환하는지 확인하겠습니다. 직위를 변경했을 때 그에 맞는 직원 이름이 반환되면 제대로 동작하는 것입니다.

TIP G5셀에는 [유효성 검사]의 [목록] 조건이 설정되어 있습니다.

불규칙하게 병합된 셀을 순서대로 참조하기

병합된 셀의 값을 순서대로 참조해야 하는 경우가 있습니다. 병합된 셀을 인식해 동작하는 함수는 없으므로, 병합된 셀이 일정한 간격으로 구성됐다면 INDEX 함수나 OFFSET 함수를 사용할 수 있지만 일정한 간격이 아니라면 배열 수식을 사용할 수 있어야 합니다. 병합된 셀은 첫 번째 셀에만 값이 입력되어 있고 나머지는 빈 셀이므로 값이 입력된 셀의 행 위치를 찾아 값을 참조하는 방법을 사용합니다.

\ 예제 파일 PART 03 \ CHAPTER 10 \ 참조–병합.xlsx /

자주 사용하는 수식 패턴

병합된 셀 값 순서대로 참조

=INDIRECT(ADDRESS(SMALL(IF(범위<>" ", ROW(범위)), ROW(A1)), 열 번호))

Ctrl + Shift + Enter

* **범위** : 병합된 셀이 포함된 데이터 범위
* **열 번호** : 범위의 열 번호, 참고로 A열이면 열 번호는 1입니다.

INDIRECT(ADDRESS( )) 부분은 INDEX 함수나 OFFSET 함수로 대체할 수 있으며, 그런 경우 SMALL 함수의 **ROW(범위)** 에서 행 번호를 조정해야 할 수 있습니다.

01 예제 파일을 열고 왼쪽 표의 C열에 입력된 고객 이름을 H열에 순서대로 참조해보겠습니다.

	A	B	C	D	E	F	G	H	I
1									
2				거래 고객 명단					
3									
4									
5		번호	고객	제품	수량		번호	고객 명단	
6		1	금화트레이드 ㈜	컬러레이저복사기 XI-3200	1		1		
7				바코드 Z-350	2		2		
8				잉크젯팩시밀리 FX-1050	1		3		
9		2	대림인터내셔널 ㈜	프리미엄복사지A4 2500매	3		4		
10				바코드 BCD-100 Plus	5				
11		3	S&C무역 ㈜	고급복사지A4 500매	2				
12				바코드 Z-350	5				
13				바코드 BCD-100 Plus	2				
14		4	동남무역 ㈜	바코드 Z-350	4				
15				잉크젯복합기 AP-3300	3				
16									

02 먼저 병합된 셀의 첫 번째 셀들의 행 번호를 배열에 저장하기 위해 H6셀에 다음 수식을 작성하고 Ctrl + Shift + Enter 키를 눌러 입력한 후 H6셀의 채우기 핸들을 H9셀까지 드래그해 복사합니다.

H6셀 : =SMALL(IF($C$6:$C$15<>" ", ROW($C$6:$C$15)), ROW(A1))

H6		✕ ✓ fx	{=SMALL(IF($C$6:$C$15<>"", ROW($C$6:$C$15)), ROW(A1))}					
	A	B	C	D	E	F	G	H	I

	번호	고객	제품	수량		번호	고객 명단
6			컬러레이저복사기 XI-3200	1		1	6
7	1	금화트레이드 ㈜	바코드 Z-350	2		2	9
8			잉크젯팩시밀리 FX-1050	1		3	11
9	2	대림인터내셔널 ㈜	프리미엄복사지A4 2500매	3		4	14
10			바코드 BCD-100 Plus	5			
11	3	S&C무역 ㈜	고급복사지A4 500매	2			
12			바코드 Z-350	5			
13			바코드 BCD-100 Plus	2			
14	4	동남무역 ㈜	바코드 Z-350	4			
15			잉크젯복합기 AP-3300	3			

거래 고객 명단

Plus+ 수식 이해하기

이번 수식은 병합된 셀이 포함된 C6:C15 범위에서 병합된 셀의 첫 번째 셀들의 행 번호를 배열에 저장합니다.

C6:C15	❶<>" "	IF(❷, ROW(C6:C15))
금화트레이드 ㈜	TRUE	6
	FALSE	FALSE
	FALSE	FALSE
대림인터내셔널 ㈜	TRUE	9
	FALSE	FALSE
S&C 무역 ㈜	TRUE	11
	FALSE	FALSE
	FALSE	FALSE
동남무역 ㈜	TRUE	14
	FALSE	FALSE
❶	❷	

이번 수식은 기본적인 동작 방법이 'No. 226 조건에 맞는 모든 값을 순서대로 참조하기'(804쪽)에서 알아본 방법과 동일합니다.

03 배열에 저장된 행 번호를 이용해 C열의 값을 참조하도록 ADDRESS 함수와 INDIRECT 함수를 중첩 적용하겠습니다. H6셀에 다음 수식을 작성하고 Ctrl + Shift + Enter 키를 눌러 입력한 후 H6셀의 채우기 핸들을 H9셀까지 드래그해 복사합니다.

H6셀 : =INDIRECT(ADDRESS(SMALL(IF($C$6:$C$15<>" ", ROW($C$6:$C$15)), ROW(A1)), 3))

H6		× ✓ fx	{=INDIRECT(ADDRESS(SMALL(IF($C$6:$C$15<>"", ROW($C$6:$C$15)), ROW(A1)), 3))}					
▲	A	B	C	D	E	F	G	H	I
1									
2				거래 고객 명단					
3									
5		번호	고객	제품	수량		번호	고객 명단	
6		1	금화트레이드 ㈜	컬러레이저복사기 XI-3200	1		1	금화트레이드 ㈜	
7				바코드 Z-350	2		2	대림인터내셔널 ㈜	
8				잉크젯팩시밀리 FX-1050	1		3	S&C무역 ㈜	
9		2	대림인터내셔널 ㈜	프리미엄복사지A4 2500매	3		4	동남무역 ㈜	
10				바코드 BCD-100 Plus	5				
11		3	S&C무역 ㈜	고급복사지A4 500매	2				
12				바코드 Z-350	5				
13				바코드 BCD-100 Plus	2				
14		4	동남무역 ㈜	바코드 Z-350	4				
15				잉크젯복합기 AP-3300	3				
16									

Plus⁺ 수식 이해하기

이번 수식은 다음과 같이 배열에 저장된 **행 번호**를 ADDRESS 함수에서 열 번호 **3**과 결합해 C열의 병합된 셀들의 첫 번째 셀 주소를 반환하도록 한 것입니다.

=ADDRESS(행 번호, 3)

그런 다음 INDIRECT 함수로 반환된 셀 주소(C6, C9, C11, C14)의 값을 하나씩 참조한 것입니다.

---

04 ADDRESS 함수와 INDIRECT 함수를 중첩하는 수식은 INDEX 함수로 대체할 수 있습니다. H6셀의 수식을 다음과 같이 수정하고 Ctrl + Shift + Enter 키를 눌러 입력한 후 H6셀의 채우기 핸들을 H9셀까지 드래그해 복사하면 **03** 과정과 동일한 결과를 얻을 수 있습니다.

H6셀 : =INDEX($C$6:$C$15, SMALL(IF($C$6:$C$15<>" ", ROW($C$6:$C$15)−5), ROW(A1)))

H6		× ✓ fx	{=INDEX($C$6:$C$15, SMALL(IF($C$6:$C$15<>"",ROW($C$6:$C$15)-5),ROW(A1)))}					
▲	A	B	C	D	E	F	G	H	I
1									
2				거래 고객 명단					
3									
5		번호	고객	제품	수량		번호	고객 명단	
6		1	금화트레이드 ㈜	컬러레이저복사기 XI-3200	1		1	금화트레이드 ㈜	
7				바코드 Z-350	2		2	대림인터내셔널 ㈜	
8				잉크젯팩시밀리 FX-1050	1		3	S&C무역 ㈜	
9		2	대림인터내셔널 ㈜	프리미엄복사지A4 2500매	3		4	동남무역 ㈜	
10				바코드 BCD-100 Plus	5				
11		3	S&C무역 ㈜	고급복사지A4 500매	2				
12				바코드 Z-350	5				
13				바코드 BCD-100 Plus	2				
14		4	동남무역 ㈜	바코드 Z-350	4				
15				잉크젯복합기 AP-3300	3				
16									

이번 수식을 조금 간략하게 정리하면 다음과 같습니다.

=INDEX($C$6:$C$15, 배열-5)

배열에 저장된 값은 행 번호로 6, 9, 11, 14입니다. INDEX 함수를 사용하려면 n번째 인덱스 값이 반환되어야 합니다. C6:C15 범위 내에서 6, 9, 11, 14는 인덱스 값으로 변환하면 1, 4, 6, 9입니다. 그러므로 배열의 값에서 5를 뺀 후 INDEX 함수로 해당 위치의 값을 참조하는 것입니다. 예를 들어 이번 수식에서는 배열의 값이 6일 때는 5를 빼서 1 위치의 값을 참조하므로 C6셀을 참조합니다.

만약 ROW 함수에서 5를 빼지 않고 작업하려면 INDEX 함수의 첫 번째 인수를 1행부터 참조하도록 합니다.

=INDEX($C$1:$C$15, SMALL(IF(C6:C15<>" ", ROW(C6:C15)), ROW(A1)))

Ctrl + Shift + Enter

05 또는 OFFSET 함수를 사용해도 됩니다. H6셀의 수식을 다음과 같이 수정하고 Ctrl + Shift + Enter 키를 눌러 입력한 후 H6셀의 채우기 핸들을 H9셀까지 드래그해 복사하면 **03** 과정과 동일한 결과를 얻을 수 있습니다.

H6셀 : =OFFSET($C$1, SMALL(IF($C$6:$C$15<>" ", ROW($C$6:$C$15)-1), ROW(A1)), 0)

OFFSET 함수는 기준 위치에서 n번째로 떨어진 위치의 셀 값을 참조할 수 있으므로, OFFSET 함수를 사용하려면 이번 수식처럼 ROW 함수의 반환 값에서 1을 뺄 위치로 이동하도록 해야 합니다. 이번 수식을 간략하게 요약하면 다음과 같습니다.

=OFFSET($C$1, 배열-1, 0)

Ctrl + Shift + Enter

즉, OFFSET 함수를 사용해 C1셀에서 행 방향으로, 배열에 저장된 숫자(행 번호)에서 1을 뺀 위치로 이동한 셀을 참조하라는 의미입니다. 예를 들어 배열에 저장된 값이 6일 때는 C1셀에서 행 방향으로 다섯 칸 떨어진 위치(C6셀)의 값을 참조합니다.

배열 수식

범위 내 가장 빈번하게 나오는 항목 참조하기

숫자 중에서 가장 빈번하게 나오는 값은 '최빈값'이라고 하며, MODE.SNGL(또는 MODE 함수), MODE.MULT 함수를 사용해 구할 수 있습니다. 하지만, 여러 데이터 형식이 섞여 입력된 경우나 텍스트 값으로만 입력된 경우에는 빈번하게 입력된 값을 반환받기 어렵습니다. 이런 경우에 배열 수식을 이용해 범위 내 특정 값이 입력된 횟수를 배열에 저장해놓고 가장 많이 입력된 위치를 찾아 참조하면 조금 복잡하더라도 원하는 결과를 돌려받을 수 있습니다.

예제 파일 PART 03 \ CHAPTER 10 \ 참조–최빈값.xlsx

자주 사용하는 수식 패턴

범위 내 가장 많이 입력된 값 참조

=INDEX(범위, MATCH(MAX(COUNTIF(범위, 범위)), COUNTIF(범위, 범위), 0))

Ctrl + Shift + Enter

* **범위** : 참조할 데이터가 입력된 범위

n번째 빈도의 값을 참조하려면 MAX 함수 대신 LARGE 함수를 사용합니다.

범위 내 특정 집계 값이 가장 큰 값 참조

=INDEX(범위, MATCH(MAX(SUMIF(범위, 범위, 집계 범위)), SUMIF(범위, 범위, 집계 범위), 0))

Ctrl + Shift + Enter

* **범위** : 참조할 데이터가 입력된 범위
* **집계 범위** : 집계할 숫자가 입력된 데이터 범위

n번째로 큰 값을 참조하려면 MAX 함수 대신 LARGE 함수를 사용합니다.

01 예제 파일을 열고 왼쪽 표의 판매대장에서 가장 빈번하게 주문된 제품과 판매량이 가장 큰 제품을 오른쪽 I열에 집계해보겠습니다.

	A	B	C	D	E	F	G	H	I	J
1										
2				**판 매 대 장**						
3										
5		번호	고객	제품	단가	수량	판매		최다 주문 제품	
6		1	스타백화점 ㈜	RF OA-200	40,300	1	40,300			
7		2	스타백화점 ㈜	고급복사지A4 500매	4,000	2	8,000			
8		3	S&C무역 ㈜	고급복사지A4 500매	3,900	2	7,800		최다 판매 수량 제품	
9		4	S&C무역 ㈜	복사지A4 2500매	12,800	5	64,000			
10		5	대림인터내셔널 ㈜	고급복사지A4 500매	4,000	4	16,000			
11		6	대림인터내셔널 ㈜	잉크젯복합기 AP-3200	85,500	8	684,000			
12		7	한정교역 ㈜	RF OA-300	46,800	3	140,400			
13		8	한정교역 ㈜	잉크젯팩시밀리 FX-1050	50,500	5	252,500			

02-1 먼저 가장 빈번하게 주문된 제품을 확인하겠습니다. 배열에 각 제품이 몇 번 입력되어 있는지 세어 그 값을 저장하도록 I6셀에 다음 수식을 작성합니다.

I6셀 : =COUNTIF(D6:D15, D6:D15)

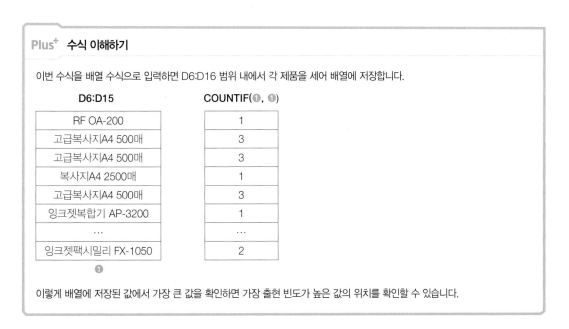

TIP 아직 수식이 완성되지 않았으므로 **02-3** 과정까지 진행한 후에 수식을 입력합니다.

Plus⁺ 수식 이해하기

이번 수식을 배열 수식으로 입력하면 D6:D16 범위 내에서 각 제품을 세어 배열에 저장합니다.

D6:D15	COUNTIF(❶, ❶)
RF OA-200	1
고급복사지A4 500매	3
고급복사지A4 500매	3
복사지A4 2500매	1
고급복사지A4 500매	3
잉크젯복합기 AP-3200	1
…	…
잉크젯팩시밀리 FX-1050	2

❶

이렇게 배열에 저장된 값에서 가장 큰 값을 확인하면 가장 출현 빈도가 높은 값의 위치를 확인할 수 있습니다.

02-2 배열에 저장된 값은 수식 내에서 여러 번 사용해야 하므로 이름을 정의해 사용합니다. Esc 키를 눌러 수식 입력을 취소하고, [수식] 탭-[정의된 이름] 그룹-[이름 정의] 명령(⊞)을 클릭합니다. '새 이름' 대화상자가 표시되면 다음과 같이 설정하고 〈확인〉 버튼을 클릭합니다.

이름 : 주문횟수
참조대상 : =COUNTIF($D$6:$D$15, $D$6:$D$15)

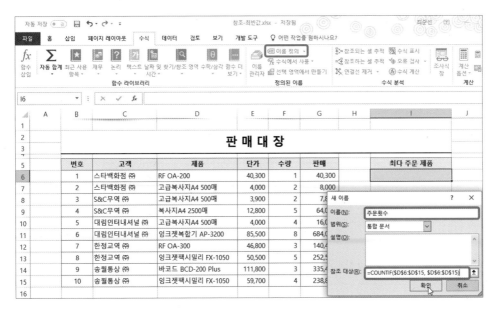

TIP 이런 이름은 보통 여러 곳에서 사용할 수 있으므로, 위치가 변경되지 않도록 이름 정의를 할 때 절대 참조 방식으로 정의하는 것이 좋습니다.

02-3 배열 내에서 최대값의 위치를 찾도록 I6셀에 다음 수식을 작성하고 Ctrl + Shift + Enter 키를 눌러 입력합니다.

I6셀 : =MATCH(MAX(주문횟수), 주문횟수, 0)

Plus⁺ 수식 이해하기

이번 수식에서 사용한 **주문횟수** 이름은 이름 정의와 동시에 배열에 계산된 값이 저장되므로, 수식을 굳이 배열 수식으로 입력하지 않고 Enter 키를 눌러 입력할 수 있습니다. 이번 수식을 Ctrl + Shift + Enter 키로 입력한 이유는 이름을 정의하지 않을 경우에는 배열 수식으로 입력해야만 하기 때문입니다. 이번에 사용한 수식 자체는 간단하게 배열 내에 저장된 값 중에서 가장 큰 값이 처음 나타나는 위치를 반환합니다.

03 INDEX 함수로 제품명을 참조하겠습니다. I6셀의 수식을 다음과 같이 수정하고 Ctrl + Shift + Enter 키를 눌러 입력합니다.

I6셀 : =INDEX(D6:D15, MATCH(MAX(주문횟수), 주문횟수, 0))

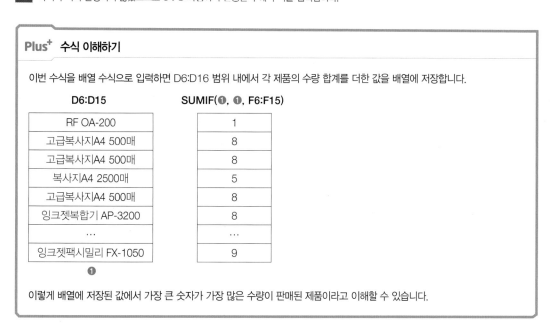

> **TIP** 이번 수식 역시 일반 수식으로 입력해도 동일한 결과를 얻을 수 있습니다.

04-1 이번에는 가장 많은 수량을 판매한 제품을 참조하기 위해 I9셀에 다음 수식을 작성합니다.

I9셀 : =SUMIF(D6:D15, D6:D15, F6:F15)

> **TIP** 아직 수식이 완성되지 않았으므로 **04-3** 과정까지 진행한 후에 수식을 입력합니다.

Plus⁺ 수식 이해하기

이번 수식을 배열 수식으로 입력하면 D6:D16 범위 내에서 각 제품의 수량 합계를 더한 값을 배열에 저장합니다.

D6:D15	SUMIF(❶, ❶, F6:F15)
RF OA-200	1
고급복사지A4 500매	8
고급복사지A4 500매	8
복사지A4 2500매	5
고급복사지A4 500매	8
잉크젯복합기 AP-3200	8
…	…
잉크젯팩시밀리 FX-1050	9

❶

이렇게 배열에 저장된 값에서 가장 큰 숫자가 가장 많은 수량이 판매된 제품이라고 이해할 수 있습니다.

04-2 배열에 저장된 값은 수식 내에서 여러 번 사용해야 하므로 이름을 정의합니다. Esc 키를 눌러 수식 입력을 취소하고, [수식] 탭–[정의된 이름] 그룹–[이름 정의] 명령(▣)을 클릭합니다. '새 이름' 대화상자가 열리면 다음과 같이 설정하고 〈확인〉 버튼을 클릭합니다.

이름 : 판매수량
참조 대상 : =SUMIF($D$6:$D$15, $D$6:$D$15, $F$6:$F$15)

TIP 아직 수식이 완성되지 않았으므로 **04-3** 과정까지 진행한 후에 수식을 입력합니다.

04-3 MATCH 함수로 가장 큰 값의 위치를 찾아 INDEX 함수로 제품을 참조하겠습니다. I9셀의 수식을 다음과 같이 수정하고 Ctrl + Shift + Enter 키를 눌러 입력합니다.

I9셀 : =INDEX(D6:D16, MATCH(MAX(판매수량), 판매수량, 0))

번호	고객	제품	단가	수량	판매	최다 주문 제품
1	스타백화점 ㈜	RF OA-200	40,300	1	40,300	고급복사지A4 500매
2	스타백화점 ㈜	고급복사지A4 500매	4,000	2	8,000	최다 판매 수량 제품
3	S&C무역 ㈜	고급복사지A4 500매	3,900	2	7,800	
4	S&C무역 ㈜	복사지A4 2500매	12,800	5	64,000	잉크젯팩시밀리 FX-1050
5	대림인터내셔널 ㈜	고급복사지A4 500매	4,000	4	16,000	
6	대림인터내셔널 ㈜	잉크젯복합기 AP-3200	85,500	8	684,000	
7	한정교역 ㈜	RF OA-300	46,800	3	140,000	
8	한정교역 ㈜	잉크젯팩시밀리 FX-1050	50,500	5	252,500	
9	송월통상 ㈜	바코드 BCD-200 Plus	111,800	3	335,400	
10	송월통상 ㈜	잉크젯팩시밀리 FX-1050	59,700	4	238,800	

TIP 이번 수식 역시 이름 정의를 사용했으므로 일반 수식처럼 Enter 키를 눌러 입력할 수 있습니다.

중복 데이터 중에서 고유 항목만 순서대로 참조하기

중복된 값이 있는 데이터에서 고유한 값만 추출하고 싶은 경우에는 '고급 필터'나 '중복된 항목 제거' 명령을 사용하는 것이 일반적입니다. 중복을 제거하고 고유 값만 반환하는 구글 스프레드시트의 UNIQUE와 같은 함수가 엑셀에는 제공되지 않기 때문입니다. 그러므로 수식으로 고유한 항목만 추출하려면 배열 수식을 사용할 수 있어야 합니다. 기본적인 원리는 유사하니 앞에서 배운 내용을 좀 더 잘 이해하는 데 도움이 될 것입니다.

예제 파일 PART 03\CHAPTER 10\참조-중복 제외 I.xlsx

자주 사용하는 수식 패턴

고유 항목 추출

=IFERROR(INDEX(중복 범위, MATCH(0, COUNTIF(머리글 범위, 중복 범위), 0)), " ")

`Ctrl` + `Shift` + `Enter`

* **중복 범위** : 중복된 데이터가 입력된 범위
* **머리글 범위** : 중복된 데이터를 추출할 열의 머리글 범위로, 반드시 **시작 셀:시작 셀** 방식으로 참조해야 합니다. 또한 왼쪽 시작 셀은 절대 참조로, 오른쪽 시작 셀은 상대 참조로 참조해야 합니다. 예를 들어 머리글이 C1셀에 입력되어 있다면 **$C$1:C1**과 같이 참조해야 합니다.

01 예제 파일을 열고 C열의 고객 명단에서 중복을 뺀 고유 회사명을 I열에 순서대로 참조해보겠습니다.

거래번호	고객	제품	단가	수량	판매	고객 명단
N-0731	S&C무역 ㈜	고급복사지A4 500매	3,900	2	7,800	
N-0731	S&C무역 ㈜	복사지A4 2500매	12,800	5	64,000	
N-0732	대림인터내셔널 ㈜	고급복사지A4 5000매	29,400	4	117,600	
N-0732	대림인터내셔널 ㈜	잉크젯복합기 AP-3200	85,500	8	684,000	
N-0733	네트워크통상 ㈜	RF OA-300	46,800	3	140,400	
N-0733	네트워크통상 ㈜	잉크젯팩시밀리 FX-1050	50,500	5	252,500	
N-0734	길가온교역 ㈜	바코드 BCD-200 Plus	111,800	3	335,400	
N-0734	길가온교역 ㈜	잉크젯팩시밀리 FX-1050	59,700	4	238,800	
N-0735	동경무역 ㈜	프리미엄복사지A4 2500매	20,000	4	80,000	
N-0735	동경무역 ㈜	고급복사지A4 5000매	29,100	10	291,000	
N-0735	동경무역 ㈜	링제본기 ST-100	164,700	8	1,317,600	
N-0735	동경무역 ㈜	잉크젯팩시밀리 FX-1050	50,000	10	500,000	

중복 제외 명단 만들기

02-1 수식으로 고유한 항목을 참조할 범위 내 C6:C17 범위의 값이 존재하는지 세어 배열에 저장하겠습니다. I6셀에 다음 수식을 작성합니다.

I6셀 : =COUNTIF($I$5:I5, $C$6:$C$17)

| C6 | ▼ | : | × | ✓ | fx | =COUNTIF($I$5:I5, $C$6:$C$17) | | | | |

	A	B	C	D	E	F	G	H	I
1									
2			**중복 제외 명단 만들기**						
3									
5		거래번호	고객	제품	단가	수량	판매		고객 명단
6		N-0731	S&C무역 ㈜	고급복사지A4 500매	3,900	2	7,800		=COUNTIF($I$5:I5, $C
7		N-0731	S&C무역 ㈜	복사A4 2500매	12,800	5	64,000		
8		N-0732	대림인터내셔널 ㈜	고급복사지A4 5000매	29,400	4	117,600		
9		N-0732	대림인터내셔널 ㈜	잉크젯복합기 AP-3200	85,500	8	684,000		
10		N-0733	네트워크통상 ㈜	RF OA-300	46,800	3	140,400		
11		N-0733	네트워크통상 ㈜	잉크젯팩시밀리 FX-1050	50,500	5	252,500		
12		N-0734	길가온교역 ㈜	바코드 BCD-200 Plus	111,800	3	335,400		
13		N-0734	길가온교역 ㈜	잉크젯팩시밀리 FX-1050	59,700	4	238,800		
14		N-0735	동경무역 ㈜	프리미엄복사지A4 2500매	20,000	4	80,000		
15		N-0735	동경무역 ㈜	고급복사지A4 5000매	29,100	10	291,000		
16		N-0735	동경무역 ㈜	링제본기 ST-100	164,700	8	1,317,600		
17		N-0735	동경무역 ㈜	잉크젯팩시밀리 FX-1050	50,000	10	500,000		
18									

TIP 아직 수식이 완성되지 않았으므로 **02-2** 과정까지 진행한 후에 수식을 입력합니다.

Plus⁺ 수식 이해하기

이번 수식을 이해하는 데 가장 중요한 부분은 COUNTIF 함수의 첫 번째 인수인 **$I$5:I5**입니다. I5셀은 머리글이 입력된 위치이고, I열은 고유한 항목이 계속해서 수식으로 참조될 위치입니다. 이 범위를 수식에서 참조할 때 콜론(:) 연산자를 사용해 I5셀을 연속해 참조하는데, 콜론 왼쪽의 셀 주소는 절대 참조로 참조하고 오른쪽 셀 주소는 상대 참조 방식으로 참조했습니다. 이렇게 하면 수식을 복사할 때 I5셀부터 참조할 범위가 하나씩 증가합니다.

    I6셀 : =COUNTIF($I$5:I5, $C$6:$C$17)

    I7셀 : =COUNTIF($I$5:J6, $C$6:$C$17)

    I8셀 : =COUNTIF($I$5:I7, $C$6:$C$17)

    ...

이번 수식을 배열 수식으로 입력하면 COUNTIF 함수의 두 번째 인수 범위(C6:C17, 12×1 행렬) 크기의 배열에 개수를 센 결과가 저장됩니다.

I5:I5	C6:C17	COUNTIF(❶, ❷)
	S&C무역 ㈜	0
	S&C무역 ㈜	0
	대림인터내셔널 ㈜	0
고객명단	대림인터내셔널 ㈜	0
	네트워크통상 ㈜	0
	...	...
	동경무역 ㈜	0
❶	❷	

배열에 저장된 0은 아직 참조되지 않은 위치이므로 첫 번째 0의 위치에 해당하는 회사명을 참조합니다.

02-2 배열에 0이 나타나는 첫 번째 위치가 다음 고유 항목의 위치입니다. MATCH 함수로 해당 위치를 찾도록 I6셀의 수식을 다음과 같이 수정하고 Ctrl + Shift + Enter 키를 눌러 입력합니다.

I6셀 : =MATCH(0, COUNTIF($I$5:I5, $C$6:$C$17), 0)

> **TIP** 처음 이 수식을 입력하면 0이 나오는 첫 번째 위치는 무조건 1입니다.

03 INDEX 함수를 사용해 해당 위치의 값을 참조하겠습니다. I6셀의 수식을 다음과 같이 수정하고 Ctrl + Shift + Enter 키를 눌러 입력한 후 I6셀의 채우기 핸들을 I12셀까지 드래그해 복사합니다.

I6셀 : =INDEX($C$6:$C$17, MATCH(0, COUNTIF($I$5:I5, $C$6:$C$17), 0))

수식을 복사하면 중복되지 않는 고유 회사명만 반환되며, I11:I12 범위에는 #N/A 오류가 반환됩니다. #N/A 오류가 반환되는 것을 표시하지 않으려면 IFERROR 함수를 추가로 사용하면 됩니다.

=IFERROR(기존 수식, " ")

`Ctrl` + `Shift` + `Enter`

이번 수식을 제대로 이해하기 위해 다음 다이어그램을 확인합니다. 먼저 I7셀의 배열에 저장된 값은 다음과 같습니다.

I5:I6	C6:C17	COUNTIF(❶, ❷)
고객명단	S&C무역 ㈜	1
	S&C무역 ㈜	1
	대림인터내셔널 ㈜	0
S&C무역 ㈜	대림인터내셔널 ㈜	0
	네트워크통상 ㈜	0
	...	...
	동경무역 ㈜	0
❶	❷	

그러므로 I7셀에는 첫 번째 0 위치에 해당하는 '대림인터내셔널 ㈜'가 참조됩니다.

I8셀에 저장된 값은 다음과 같습니다.

I5:I7	C6:C17	COUNTIF(❶, ❷)
고객명단	S&C무역 ㈜	1
	S&C무역 ㈜	1
S&C무역 ㈜ ㈜	대림인터내셔널 ㈜	1
	대림인터내셔널 ㈜	1
	네트워크통상 ㈜	0
대림인터내셔널 ㈜	...	...
	동경무역 ㈜	0
❶	❷	

그러므로 I8셀에는 첫 번째 0 위치인 '네트워크통상 ㈜'가 참조됩니다.

중복 데이터 중에서 조건에 맞는 고유 항목만 참조하기

중복 데이터에서 고유 항목만 참조할 때 빈 셀이 포함되어 있거나 특정 조건에 해당하는 고유 항목만 참조해야 하는 경우가 있습니다. 고유 항목만 참조하려면 No. 229에서 소개한 수식을 사용하면 되지만, 이런 경우에는 빈 셀을 제외하거나 원하는 조건을 추가해야 하므로 조건을 추가하는 방법만 알고 있으면 어렵지 않게 처리할 수 있습니다. 중복 데이터에서 고유 항목만 추출하는 작업을 진행하고자 할 때 다양한 조건을 처리하는 방법에 대해 알아보겠습니다.

\ **예제 파일** PART 03 \ CHAPTER 10 \ 참조-중복 제외 II.xlsx

자주 사용하는 수식 패턴

빈 셀 제외 고유 항목 추출

=IFERROR(INDEX(중복 범위, MATCH(0, COUNTIF(머리글 범위, IF(중복 범위<>" ", 이전 셀, 중복 범위)), 0)), " ")

`Ctrl` + `Shift` + `Enter`

* **중복 범위** : 중복된 데이터가 입력된 범위
* **머리글 범위** : 중복된 데이터를 추출할 열의 머리글 범위로, 반드시 **시작 셀:시작 셀** 방식으로 참조해야 합니다. 또한 왼쪽 시작 셀은 절대 참조로, 오른쪽 시작 셀은 상대 참조로 참조해야 합니다. 예를 들어 머리글이 C1셀에 입력되어 있다면 **$C$1:C1**과 같이 참조해야 합니다.
* **이전 셀** : 참조할 수식이 입력될 바로 이전 셀

특정 조건에 해당하는 고유 항목 추출

=IFERROR(INDEX(중복 범위, MATCH(1, (COUNTIF(머리글 범위, 중복 범위)=0) *(조건 범위=값), 0)), " ")

`Ctrl` + `Shift` + `Enter`

* **중복 범위** : 중복된 데이터가 입력된 범위
* **머리글 범위** : 중복된 데이터를 추출할 열의 머리글 범위로, 반드시 **시작 셀:시작 셀** 방식으로 참조해야 합니다. 또한 왼쪽 시작 셀은 절대 참조로, 오른쪽 시작 셀은 상대 참조로 참조해야 합니다. 예를 들어 머리글이 C1셀에 입력되어 있다면 **$C$1:C1**과 같이 참조해야 합니다.
* **조건 범위** : 조건을 확인할 데이터 범위
* **값** : 조건 범위에서 매칭할 값

01 예제 파일을 열고 'sample1' 시트의 E6셀을 보면 No. 229에서 사용한 고유 항목을 반환하는 수식이 입력되어 있습니다. 이 수식은 B열의 고객명에서 중복을 제거한 고유 항목을 반환하고 있는데, 빈 셀이 포함되어 있어 E7셀에는 0 값이 반환되어 있습니다.

02 빈 셀을 제외하고 값을 참조하도록 수정하겠습니다. E6셀의 수식에서 COUNTIF 함수의 두 번째 인수 부분을 다음과 같이 수정하고 E6셀의 채우기 핸들을 E12셀까지 드래그해 복사합니다.

E6셀 : =INDEX($B$6:$B$17, MATCH(0, COUNTIF($E$5:E5, IF($B$6:$B$17=" ", E5, $B$6:$B$17)), 0))

수식을 복사하면 빈 셀을 제외하고 중복되지 않는 고유 회사명이 반환됩니다. #N/A 오류가 표시되지 않도록 하려면 IFERROR 함수를 추가로 사용합니다.

=IFERROR(기존수식, " ")

`Ctrl` + `Shift` + `Enter`

이번 수식을 제대로 이해하려면 배열의 값이 어떻게 저장되는지 확인할 수 있어야 합니다. E6셀의 경우는 다음과 같습니다.

E5:E5	IF(B6:B17=" ", E5, B6:B17)	COUNTIF(❶, ❷)
	S&C무역 ㈜	0
	고객명단	1
	대림인터내셔널 ㈜	0
고객명단	고객명단	1
	네트워크통상 ㈜	0
	…	…
	고객명단	1
❶	❷	

그러므로 E6셀에는 첫 번째 0 위치에 해당하는 'S&C무역 ㈜'이 참조됩니다. E7셀의 경우는 배열이 다음과 같이 변경되면서 '대림인터내셔널 ㈜'가 반환됩니다.

E5:E6	IF(B6:B17=" ", E6, B6:B17)	COUNTIF(❶, ❷)
고객명단	S&C무역 ㈜	1
	S&C무역 ㈜	1
S&C무역 ㈜	대림인터내셔널 ㈜	0
	S&C무역 ㈜	1
	네트워크통상 ㈜	0
대림인터내셔널 ㈜	…	…
	S&C무역 ㈜	1
❶	❷	

03 이번에는 'sample2' 시트의 E6셀을 선택해봅니다. 왼쪽 표의 제품 중에서 중복을 뺀 고유한 제품명만 반환되는 것을 확인할 수 있습니다. 이 경우 특정 회사(E5셀)와의 거래 제품 중 중복을 뺀 결과만 반환하도록 수식을 수정하겠습니다.

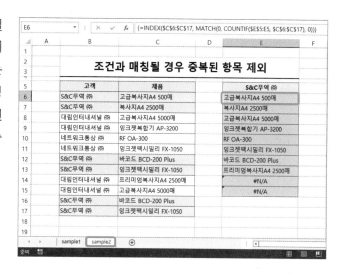

04-1 먼저 B열의 고객이 E5셀의 값과 동일하고 아직 참조되지 않은 위치를 배열에 저장하도록 E6셀의 수식을 다음과 같이 수정합니다.

E6셀 : =INDEX($C$6:$C$17, MATCH(0, (COUNTIF($E$5:E5, $C$6:$C$17)=0)*($B$6:$B$17= $E$5), 0))

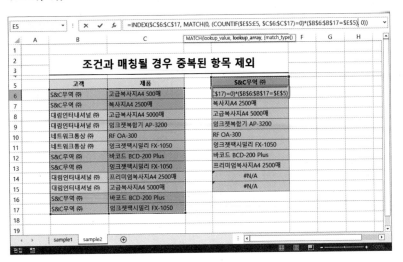

TIP 아직 수식이 완성되지 않았으므로 **04-2** 과정까지 진행한 후에 수식을 입력합니다.

Plus⁺ 수식 이해하기

이번 수식을 제대로 이해하려면 배열에 저장된 값을 정확하게 이해해야 합니다. 먼저 이번 수식은 MATCH 함수의 두 번째 인수를 다음과 같이 변경하였습니다.

(COUNTIF($E$5:E5, $C$6:$C$17)=0)*($B$6:$B$17=$E$5)

그러면 배열은 다음과 같은 계산 과정을 거쳐 배열에 값을 저장합니다. 다음은 E6셀의 수식에서 생성되는 배열을 설명한 것입니다.

COUNTIF(⋯)	❶=0		B6:B17=E5		
0	TRUE		TRUE		1
0	TRUE		TRUE		1
0	TRUE		FALSE		0
0	TRUE	×	FALSE	=	0
0	TRUE		FALSE		0
…	…		…		…
0	TRUE		TRUE		1
❶					

이번 수식이 E7셀로 복사되면 첫 번째 COUNTIF 함수로 계산되는 배열의 값이 변경되면서 배열에 저장되는 값의 위치가 달라집니다.

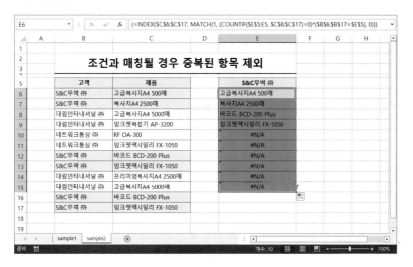

COUNTIF(…)		①=0			B6:B17=E5				
1		FALSE			TRUE			0	
0		TRUE			TRUE			1	
0		TRUE			FALSE			0	
0		TRUE	×		FALSE		=	0	
0		TRUE			FALSE			0	
…		…			…			…	
0		TRUE			TRUE			1	
①									

그러므로 배열에 저장된 값 중 1의 위치를 찾아 반환하도록 하면 조건을 만족하는 제품의 고유 항목만 참조할 수 있습니다.

04-2 배열에 저장된 값 중 1의 위치를 찾도록 E6셀의 수식을 다음과 같이 수정하고 ⌈Ctrl⌋+⌈Shift⌋ +⌈Enter⌋ 키를 눌러 입력한 후 E6셀의 채우기 핸들을 E15셀까지 드래그해 복사합니다.

E6셀 : =INDEX($C$6:$C$17, MATCH(1, (COUNTIF($E$5:E5, $C$6:$C$17)=0)*($B$6:$B$17= $E$5), 0))

E6		: × ✓ fx	{=INDEX($C$6:$C$17, MATCH(1, (COUNTIF($E$5:E5, $C$6:$C$17)=0)*($B$6:$B$17=$E$5), 0))}						
▲	A	B	C	D	E	F	G	H	
1									
2		**조건과 매칭될 경우 중복된 항목 제외**							
3									
5		고객	제품		S&C무역 ㈜				
6		S&C무역 ㈜	고급복사지A4 500매		고급복사지A4 500매				
7		S&C무역 ㈜	복사지A4 2500매		복사지A4 2500매				
8		대림인터내셔널 ㈜	고급복사지A4 5000매		바코드 BCD-200 Plus				
9		대림인터내셔널 ㈜	잉크복합기 AP-3200		잉크젯팩시밀리 FX-1050				
10		네트워크통상 ㈜	RF OA-300		#N/A				
11		네트워크통상 ㈜	잉크젯팩시밀리 FX-1050		#N/A				
12		S&C무역 ㈜	바코드 BCD-200 Plus		#N/A				
13		S&C무역 ㈜	잉크젯팩시밀리 FX-1050		#N/A				
14		대림인터내셔널 ㈜	프리미엄복사지A4 2500매		#N/A				
15		대림인티내셔널 ㈜	고급복사지A4 5000매		#N/A				
16		S&C무역 ㈜	바코드 BCD-200 Plus						
17		S&C무역 ㈜	잉크젯팩시밀리 FX-1050						
18									
19									

sample1 sample2 ⊕

준비 개수: 10 100%

TIP #N/A 오류가 표시되지 않도록 하려면 IFERROR 함수를 추가합니다.

데이터 정렬해 표시하기

엑셀의 집계 작업이 끝난 뒤에는 반드시 정렬 작업이 따라옵니다. 데이터는 표시할 순서에 따라 오름차순(가나다 순) 또는 내림차순(큰 숫자 순)으로 정렬합니다. 이런 작업을 정렬 명령을 이용하지 않고 하려면 배열 수식을 이용합니다. 이번 수식을 작성할 수 있으려면, 정렬의 개념을 원하는 순서로 값을 참조하는 것이라고 생각할 수 있어야 합니다.

\ **예제 파일** PART 03 \ CHAPTER 10 \ 참조-정렬.xlsx /

자주 사용하는 수식 패턴

데이터 정렬

=INDEX(범위, MATCH(ROW(A1), COUNTIF(범위, "<" & 범위)+1, 0))

Ctrl + Shift + Enter

* **범위** : 정렬할 데이터가 입력된 데이터 범위

　　　참고로 중복된 데이터가 존재할 때는 잘못된 결과를 반환됩니다.

이번 수식은 오름차순 정렬 결과를 반환합니다. 내림차순 결과를 얻으려면 COUNTIF 함수의 작다(<) 연산자를 크다(>) 연산자로 변경합니다.

01 예제 파일을 열고 B열의 제품명을 F열에 가나다 순(오름차순)으로 정렬해보겠습니다.

	A	B	C	D	E	F	G	H	I
1									
2				거 래 명 세 서					
3									
5		제품	단가	수량	판매		번호	품명	
6		컬러레이저복사기 XI-3200	1,176,000	2	2,352,000		1		
7		잉크젯복합기 AP-3200	89,300	2	178,600		2		
8		링제본기 ST-100	127,800	3	383,400		3		
9		흑백레이저복사기 TLE-5000	597,900	4	2,391,600		4		
10		바코드 Z-350	48,300	1	48,300		5		
11		프리미엄복사지A4 2500매	17,800	15	267,000		6		
12		지문인식 FPIN-1000+	116,300	4	465,200		7		
13									

Plus+ 데이터 정렬의 이해

숫자만 큰 값, 작은 값으로 분류할 수 있는 것이 아니라, 텍스트도 큰 값, 작은 값으로 분류할 수 있습니다. 윈도우에 사용되는 모든 문자가 특정 코드로 관리되기 때문입니다. '가'가 '나'보다 실제로 작다고 할 수는 없지만, 컴퓨터에서는 '가'가 '나'보다 작은 값입니다. 그러므로 수식으로 정렬하려면 입력된 값의 순위를 구해 작은 값부터 순서대로 참조합니다.

02-1 숫자 값이면 RANK 함수를 사용해 순위를 구하지만, 텍스트 값은 COUNTIF 함수로 순위를 구합니다. 정렬할 데이터의 순위 값을 배열에 저장하기 위해 H6셀에 다음 수식을 작성합니다.

H6셀 : =COUNTIF($B$6:$B$12, "<" & $B$6:$B$12)

	A	B	C	D	E	F	G	H	I
								=COUNTIF($B$6:$B$12, "<" & $B$6:$B$12)	

거 래 명 세 서

제품	단가	수량	판매		번호	품명
컬러레이저복사기 XI-3200	1,176,000	2	2,352,000		1	:$12, "<" & $B$6:$B$12)
잉크젯복합기 AP-3200	89,300	2	178,600		2	
링제본기 ST-100	127,800	3	383,400		3	
흑백레이저복사기 TLE-5000	597,900	4	2,391,600		4	
바코드 Z-350	48,300	1	48,300		5	
프리미엄복사지A4 2500매	17,800	15	267,000		6	
지문인식 FPIN-1000+	116,300	4	465,200		7	

TIP 아직 수식이 완성되지 않았으므로 **02-3** 과정까지 진행한 후에 수식을 입력합니다.

Plus⁺ 수식 이해하기

이번 수식을 배열 수식으로 입력하면 COUNTIF 함수의 두 번째 인수 범위(B6:B12, 7×1 행렬) 크기의 배열에 다음 값이 저장됩니다.

B6:B12	COUNTIF(❶, "<" & ❶)
컬러레이저복사기 XI-3200	4
잉크젯복합기 AP-3200	2
링제본기 ST-100	0
흑백레이저복사기 TLE-5000	6
바코드 Z-350	1
프리미엄복사지A4 2500매	5
지문인식 FPIN-1000+	3

❶

배열에 저장된 값은, 해당 셀 위치의 값보다 작은 값이 n개 있다는 결과로 이해하면 됩니다. 예를 들어 배열의 첫 번째 위치에 저장된 4는 B6셀의 값보다 작은 값이 네 개라는 의미이므로, 오름차순으로 정렬할 때 다섯 번째 위치에 표시됩니다.

02-2 배열에 저장된 값을 순위로 변경하기 위해, H6셀의 수식을 다음과 같이 수정합니다.

H6셀 : =COUNTIF($B$6:$B$12, "<" & $B$6:$B$12)+1

	A	B	C	D	E	F	G	H	I
								=COUNTIF($B$6:$B$12, "<" & $B$6:$B$12)+1	

거 래 명 세 서

제품	단가	수량	판매		번호	품명
컬러레이저복사기 XI-3200	1,176,000	2	2,352,000		1	:$12, "<" & $B$6:$B$12)+1
잉크젯복합기 AP-3200	89,300	2	178,600		2	
링제본기 ST-100	127,800	3	383,400		3	
흑백레이저복사기 TLE-5000	597,900	4	2,391,600		4	
바코드 Z-350	48,300	1	48,300		5	
프리미엄복사지A4 2500매	17,800	15	267,000		6	
지문인식 FPIN-1000+	116,300	4	465,200		7	

TIP 아직 수식이 완성되지 않았으므로 **02-3** 과정까지 진행한 후에 수식을 입력합니다.

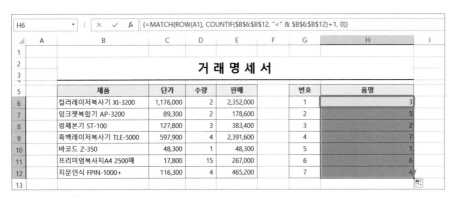
02-3 MATCH 함수를 사용해 순위의 위치를 찾겠습니다. H6셀의 수식을 다음과 같이 완성하고 [Ctrl] + [Shift] + [Enter] 키를 눌러 입력한 후 H6셀의 채우기 핸들을 H12셀까지 드래그해 복사합니다.

H6셀 : =MATCH(ROW(A1), COUNTIF($B$6:$B$12, "<" & $B$6:$B$12)+1, 0)

	A	B	C	D	E	F	G	H	I
H6		{=MATCH(ROW(A1), COUNTIF($B$6:$B$12, "<" & $B$6:$B$12)+1, 0)}							
1									
2				거 래 명 세 서					
3									
5		제품	단가	수량	판매		번호	품명	
6		컬러레이저복사기 XI-3200	1,176,000	2	2,352,000		1	3	
7		잉크젯복합기 AP-3200	89,300	2	178,600		2	5	
8		링제본기 ST-100	127,800	3	383,400		3	2	
9		흑백레이저복사기 TLE-5000	597,900	4	2,391,600		4	7	
10		바코드 Z-350	48,300	1	48,300		5	1	
11		프리미엄복사지A4 2500매	17,800	15	267,000		6	6	
12		지문인식 FPIN-1000+	116,300	4	465,200		7	4	
13									

03 MATCH 함수로 찾은 위치의 값을 참조하겠습니다. H6셀의 수식을 다음과 같이 수정하고 Ctrl + Shift + Enter 키를 눌러 입력한 후 H6셀의 채우기 핸들을 H12셀까지 드래그해 복사합니다.

H6셀 : =INDEX($B$6:$B$12, MATCH(ROW(A1), COUNTIF($B$6:$B$12, "<" & $B$6:$B$12)+1, 0))

TIP H6:H12 범위에 참조된 값은 B6:B12 범위의 값을 오름차순으로 정렬한 결과와 동일합니다.

04 내림차순으로 정렬하려면 H6셀의 수식에서 비교 연산자의 방향을 반대로 변경합니다. H6셀의 수식을 다음과 같이 수정하고 Ctrl + Shift + Enter 키를 눌러 입력한 후 H6셀의 채우기 핸들을 H12셀까지 드래그해 복사합니다.

H6셀 : =INDEX($B$6:$B$12, MATCH(ROW(A1), COUNTIF($B$6:$B$12, ">" & $B$6:$B$12)+1, 0))

Plus+ 수식 이해하기

비교 연산자의 방향을 반대로 바꾸면 COUNTIF 함수의 조건이 해당 값보다 큰 값이 몇 개 있는지 확인하는 것으로 변경됩니다. 이렇게 하면 내림차순으로 순위를 구한 것과 동일한 결과가 배열에 저장되고, MATCH 함수로 위치를 순서대로 확인해 INDEX 함수로 값을 참조하면 내림차순으로 정렬된 결과가 얻어집니다.

참고로, 이렇게 수식 내 일부만 수정하려는 경우에는 H6:H12 범위를 선택하고 단축키 Ctrl + H 를 눌러 '바꾸기' 대화상자가 열리면 [찾을 내용]에는 <를, [바꿀 내용]에는 >를 입력하고 〈모두 바꾸기〉 버튼을 클릭해도 됩니다.

예제 파일 다운로드

이 책에 사용된 모든 예제 파일은 한빛미디어 홈페이지(www.hanbit.co.kr/media)에서 다운로드할 수 있습니다.
예제 파일은 따라 하기를 진행할 때마다 사용되므로 컴퓨터에 복사해두고 활용합니다.

1 한빛미디어 홈페이지 (www.hanbit.co.kr/media)로
접속합니다. 로그인 후 화면 오른쪽 아래에서
[자료실] 버튼을 클릭합니다

2 자료실 도서 검색란에 도서명을 입력하고,
찾는 도서가 나타나면 [예제소스]를 클릭합니다.

3 선택한 도서 정보가 표시되면 오른쪽에 있는
[다운로드] 아이콘을 클릭합니다.
- 다운로드한 예제 파일은 일반적으로
  [다운로드] 폴더에 저장되며,
  사용하는 웹브라우저 설정에 따라 다를 수 있습니다.

독자 Q&A

학습하다 부딪히는 문제가 있다면 한빛미디어 홈페이지(www.hanbit.co.kr/media)에서 화면 왼쪽 아래에 있는
[지원] 버튼을 클릭해 문의하거나 저자 네이버 카페로 보내 쉽게 해결할 수 있습니다.